Thinking Security
생각하는 보안

Thinking Security

생각하는 보안

진화하는 해커를 어떻게 막을 것인가?

스티븐 M. 벨로빈 지음 | 고은혜 옮김 | 정예원 감역

정보문화사
Information Publishing Group

Addison
Wesley

생각하는 보안

초판 1쇄 인쇄 | 2016년 10월 25일
초판 1쇄 발행 | 2016년 10월 30일

지 은 이 | 스티븐 M. 벨로빈
옮 긴 이 | 고은혜
감   역 | 정예원
발 행 인 | 이상만
발 행 처 | 정보문화사

책 임 편 집 | 최동진
편 집 진 행 | 노미라

주   소 | 서울시 종로구 대학로 12길 38 (정보빌딩)
전   화 | (02)3673-0037(편집부) / (02)3673-0114(代)
팩   스 | (02)3673-0260
등   록 | 1993년 8월 20일 제1-1013호
홈 페 이 지 | www.infopub.co.kr

I S B N | 978-89-5674-705-7

수많은 이유와 감사의 마음을 담아 다이앤Diane에게
이 책을 바칩니다.
그리고 이제는 책을 그만 쓰라고 하지만,
집에 같이 살지 않으니까 그럴 권한이 없어진
레베카Rebecca와 다니엘Daniel에게 이 책을 바칩니다.

목차

대부분의 컴퓨터 보안책은 무엇을 해야 하고, 무엇을 피해야 하는지 설명하지만, 이 책에서는 그렇게 해야 하는 이유에 대해 설명합니다.

보안을 위해서 안티바이러스 소프트웨어를 구동하고, 방화벽을 갖추며, 모든 것을 잠그고, 매우 긴 체크리스트를 따르고, 눈에 보이는 것은 모두 암호화하고, 네트워크로 들어가는 모든 것을 감시하고, 비싼 컨설턴트를 초대하는 등 보안과 관련되어 해야 할 일과 하지 말아야 할 일 목록은 매우 길지만, 결과는 실망스러운 경우가 많습니다. 기업들은 보안에 상당한 액수를 투자하고 있지만, 컴퓨터와 관련된 대규모의 공격 기사는 계속 발생하고 있습니다. 이것은 분명히 무엇인가가 잘못된 게 틀림없습니다.

문제의 근원은 양면성을 가지고 있습니다. 우리는 잘못된 것들로부터 중요한 것을 보호하기 위해 비용을 지출하고 있지만, 그 과정에서 생산성이 떨어진다는 단점이 있습니다. 치안이 안 좋은 동네에서도 주차할 수 있도록 차의 기능을 향상시켜 주는 자동차의 잠금 장치와는 달리 컴퓨터 보안은 사용자가 치안이 안 좋은 동네에서도 안전할 수 있게 해 주는 게 아니라 사용자가 무엇인가를 하지 못하게 가로막는 경향이 있습니다. 직원을 포함해서 사람들은 생산적이기를 원합니다. 이들이 보안 대책을 귀찮아할 때 정말 피해를 입는 것은 무엇일까요? 그것은 바로 '보안security'입니다!

행동보다는 말하기가 더 쉽지만, 보안에도 양면성이 있습니다. 보안을 유지하려면 우선 올바른 것들을 보호하고 직원들이 올바르게 행동하기 쉽도록 만들어주어야 합니다. 이렇게 하려면 단순한 체크리스트 이상이 필요합니다. 즉 실제적 위협과 기술에 대한 깊은 고찰이 요구되는데, 이 책에서는 바로 이러한 보안에 대해 어떻게 생각해야 할지를 다룹니다.

올바른 것 보호하기

보안은 '여러분이 누구에 대해서', '무엇을 보호하려고 하는지' 아는 것부터 시작됩니다. 이러한 두 가지 질문으로 시작하지 않는 보안과 관련된 조언은 틀린 것이어서 결국 엉뚱한 곳에 너무 많이 노력하게 됩니다. 외국 정보기관으로부터 국가 보안 기밀을 보호하고 있다면, 이제까지 고안된 모든 방어책과 아직 고안되지 않은 것들까지 모두 동원해야 합니다. 또한 도난, 매수, 협박에 대한 방어책도 필요합니다.

뉴스를 보면 이런 경향이 바뀌고 있는 것 같지만, 우리들의 적은 스파이가 아닙니다. [Barret 2015] 오늘날 전형적인 공격자는 돈이 목적이기 때문에 공격자가 여러분의 컴퓨터와 네트워크를 통해 어떻게 돈벌이를 할지에 대해 자문해 보아야 합니다. 독자가 은행에서 일하고 있다면, 이곳은 당연히 '돈이 있는 곳'이라고 답변할 것입니다. 하지만 이 세상의 모든 컴퓨터는 악당이 우리에게서 재산을 훔칠 수 있는 도구가 될 수 있으므로 조금이라도 방심하면 안 됩니다. 이런 공격은 타깃형일 때보다 기회를 노리는 경우가 많고 리스크의 종류는 매우 다양합니다.

결국 방어책은 '돈에 대한 것'이라는 결론이 나옵니다. 그런데 위험에 놓인 자산을 지키기 위해 자산의 가치보다 더 많은 비용을 투입한다면 비효율적입니다. 그러므로 '아마추어들은 알고리즘에 대해 걱정한다. 하지만 프로는 경제적인 면에 대해 걱정한다.' 라는 명언을 꼭 기억하세요. [Schiffman 2007] 여러분의 목표는 시스템 침투를 불가능하게 만드는 것이 아니라 너무 많은 비용을 쓰지 않으면서도 적들은 매우 많은 비용을 들여야만 침투할 수 있도록 만드는 것입니다.

전형적인 예로 비밀번호를 살펴봅시다. 30년 이상 우리는 보안이 약한 비밀번호는 좋지 않다는 이야기를 들어왔습니다. [Morris and Thompson 1979] 이 말은 정말 맞습니다. 실제로 비밀번호를 간단하게 설정해서 적이 침투하는 일이 발생하고 있습니다. 또한 비밀번호를 절대로 기록해 두면 안 된다는 조언도 들어왔습니다. 하지만 1979년 이후 세상은 많이 변했습니다. 필자가 아주 강력한 비밀번호를 설정했다고 가정해 봅시다. 그런데 아주 강한 비밀번호를 하나만 지정한 게 아니라 필자가 로그인해야 하는 웹사이트마다 모두 다른 비밀번호를 설정했다면 어떻게 될까요? 필자가 이 모든 비밀번호를 기억할 수 없기 때문에 몇 개의 비밀번호는 분명히 잊어버릴 것이므로 비밀번

비밀번호 복구 메커니즘에 의존해야 하는 상황이 발생합니다. 그런데 이 메커니즘은 무엇인가요? 많은 웹사이트에서 이런 메커니즘은 단지 이메일을 통해 비밀번호를 알려 줄 뿐입니다. 그렇다면 내 계정의 보안은 내 이메일의 보안에 달려있게 됩니다. 그런데 문제는 여기에서 끝나지 않습니다.

많은 사람들에게 실제의 위협은 비밀번호 추측 공격이 아니라 키스트로크 로거 keystroke logger입니다. 즉 누군가 또는 무언가가 몰래 내 컴퓨터에 악성 코드, 즉 악성 소프트웨어를 심어두었다면, 이 소프트웨어가 비밀번호를 포함한 모든 키 입력을 기록합니다. 여러분이 기억하고 있는 아주 강력한 비밀번호라고 해도 그것을 입력하는 순간 여러분의 계정이 위태로워집니다. [D. Florêncio, Harley, Coskun 2007] 반면 비밀번호가 복구 메커니즘을 통해 이메일로 왔는데, 이것을 복사해서 붙여넣으면 입력하지 않았기 때문에 좀 더 안전합니다. 그렇다면 이메일 계정은 어떨까요? 많은 사람들은 메일 서비스 회사에 이메일 비밀번호를 저장합니다. 이렇게 하면 비밀번호 입력 때문에 발생하는 문제는 피할 수 있습니다. 하지만 이 비밀번호를 입력하는 순간 원래 웹사이트의 비밀번호 강화 메커니즘이 모두 소용없어집니다. 왜냐하면 훔친 이메일 비밀번호로 악당들이 다른 웹사이트의 비밀번호를 알아낼 것이기 때문입니다.

그렇다면 비밀번호 보안은 단순한 체크리스트를 통해 우리가 신뢰해 온 것보다 훨씬 더 복잡한 문제입니다. 안전하고 완벽한 비밀번호를 사용해야 하고, 정확한 위협에 대해 올바른 방식으로 보호해야 합니다. 이것에 대한 완벽한 해답은 없습니다. 이러한 문제와 관련된 최선의 선택을 내리려면 상호작용과 장·단점 선택, 그리고 위협에 대해 이해해야 합니다. 다시 말해서 체크리스트만으로는 충분하지 않으며, 어떤 일을 해야 하는 이유를 반드시 이해해야 합니다.

올바른 일 처리하기

아주 오래 전, 다이얼식 액세스가 사용되던 시절에 보안을 걱정한 실리콘밸리의 한 기업이 있었습니다. 이들은 모뎀을 찾아 모든 전화번호를 다이얼링하고 비밀번호 추측 공격을 하던 해커를 의미하는 '워다이얼러war-dialer'들을 걱정했습니다. 그래서 결국 이 회사는 '모뎀 사용 금지'라는 아주 극단적인 결론을 내렸습니다.

그런데 이러한 조치는 실리콘밸리의 문화와 맞지 않았습니다. 수많은 최고의 개발자들이 잠옷차림으로 24시간 내내 일하기를 좋아하던 문화와 갈등을 빚게 된 것이 문제였습니다. 개발자들은 동네 근처의 컴퓨터상점에 가서 29.95달러짜리 모뎀을 구매한 후 사무실 전화선에 연결하고 퇴근했습니다. 이것이 기업보안팀에게 발각되면서 디지털 전화 시스템을 설치하여 이 일을 방지했지만, 아직 디지털 전화용 모뎀은 구할 수 없는 시절이었습니다. 일반적인 아날로그 전화선을 받으려면 허가 담당 부사장의 서명을 받아야 했습니다. 이로서 모든 게 해결된 것처럼 보였지만, 보안팀에서는 현대 기업이 활동할 때 꼭 필요한 기기인 팩스기를 금지하지는 못했습니다. 그래서 갑자기 수많은 엔지니어들이 사무실에 팩스선이 필요하다고 요청했고, 이러한 요청은 당연히 승인을 받았습니다. 결국 29.95달러짜리 모뎀들은 팩스를 보내고 받는 데도 사용되었습니다. 결국 100% 거짓 요청은 아니었던 것입니다.

이제 모두가 만족했습니다. 보안팀은 다이얼식 선이 없다는 것을 알기 때문에 만족했고, 엔지니어들은 욕조 안에서도 로그인이 가능했기 때문에 행복했습니다. 회사에 불만을 품은 전임 직원 하나가 보호 수단이 부족해진 비공식 모뎀을 통해 시스템에 침입하기 전까지는 모든 게 좋아 보였습니다. 하지만 문제가 발생했을 때 보안팀은 모뎀을 모두 없앴다고 알고 있기 때문에 어리둥절해졌습니다.

만약 이렇게 처리하는 대신 중앙 관리형 모뎀 풀pool에 허용되는 인증과 로그인 목록을 인사팀 데이터베이스에 연결했다면 어떻게 되었을까요? 그랬다면 보안적인 면에서도 충분히 안전하고, 사람들이 규칙을 우회하려는 유혹에 빠지지도 않으면서 생산성도 향상되었을 것입니다.

보안: 넘치지도, 부족하지도 않게, 딱 적당히

이들 두 가지 시나리오에는 많은 공통점이 있지만, 아무 것도 없는 상태에서는 보안을 유지할 수 없다는 것이 가장 중요합니다. 보안에는 인적 요소가 크게 작용하는데, 사람들의 행동 방식에 맞춰지지 않은 보안 솔루션이라면 좋은 것이든지, 나쁜 것이든지 실패할 수밖에 없습니다.

　또 한 가지 중요한 점은 방어책은 실제 위협에 제대로 맞춰진 것이 아닐 때가 많다는 것입니다. 강력한 비밀번호는 키스트로크 로거에 대해 무력한 면이 있는데도 수많은 사용자들이 이런 규칙을 따라야 한다는 것에 짜증을 냅니다. 더욱 심각한 것은 아주 조금씩 다른 수많은 규정을 지켜야 한다는 점입니다. 강력한 비밀번호일수록 잊어버리기도 쉬워서 웹사이트에는 비밀번호 찾기 기능을 반드시 설계해야만 합니다. 일반적으로 이러한 방식은 메인 인증 설계보다 훨씬 약합니다. 예를 들어 세라 페일린(Sarah Palin, 2008년 부통령 후보로 나섰던 미국의 여성 정치인, 유세 과정에서 여러 가지 논란과 구설수에 휘말렸다. - 역자 주)의 이메일 계정 해킹 사건이 있습니다. [Zetter 2010] 페일린이 이용했던 사이트는 복구 코드를 개발하고, 데이터를 수집 및 저장하며, 다양한 질문에 대답하느라 큰 어려움을 겪었습니다. 물론 사람들은 비밀번호를 잊어버리기 쉬우니까 이 사이트는 이런 일을 해야만 했습니다. 하지만 이러한 어려움보다 강력한 비밀번호에 의존하는 것이 진짜 결함이었던 것입니다.

　이와 비슷한 예로, 모뎀을 금지한 것도 워다이얼러war-dialer들을 막으려는 의도에서 실행된 일이었습니다. 하지만 불만스러워하는 내부 직원들의 공격을 무시했기 때문에 생산성이 매우 떨어졌습니다. 이 회사는 너무 많은 모뎀을 소매가로 구매하는 문제가 생겼고, 추가 전화선 비용도 지나치게 많이 지출해야 했습니다.

　몇 년 안에 여러분의 상사는 새로운 호그와트(Herkawat, 해리포터 시리즈에 나오는 호그와트 마법학교의 말장난 - 역자 주) 공격과 Kushghab.com의 소프트웨어로 이 공격을 막는 방법에 대한 기사를 읽게 될 것입니다. 그러면 이 회사의 제품을 구매해야 할까요? 그리고 이런 일은 어떻게 결정해야 할까요? 필자는 이런 질문에 대한 답을 독자 여러분이 이 책에서 찾기를 바랍니다. 무작위 비밀번호 생성기에서는 나올 수 없는 공격과 제품명이라도 좋습니다.[1]

---

1 "APG(Automated Password Generator, 자동 비밀번호 생성기)" http://www.adel.nursat.kz/apg

당황한 독자들을 위한 가이드

이 책은 보안에 대한 초급 개론서가 아닙니다. 시스템 관리자, IT 매니저, 보안 총책임자, 시스템 설계자가 되기를 원하는 이들을 위한 대학원 강좌 정도로 생각하면 됩니다. 필자는 독자들이 방화벽이 무엇인지, 대칭키 암호화와 공용키 암호화의 차이는 무엇인지를 이미 알고 있다고 간주하겠습니다. 아마도 일반적인 체크리스트를 이미 보았을 것이고, 체크리스트를 기반으로 하는 보안 파트너 인증도 받아보았을 것이며, 이에 따른 사전 준비 사항도 대부분 따라보았을 것입니다.

버퍼 오버플로, 크로스 사이트 스크립팅, SQL 인젝션 공격을 어떻게 피하는지에 대해서는 설명하지 않을 것입니다. 왜냐하면 이런 것을 다루는 책은 많기 때문입니다. 이 책의 목적은 보안적 의사 결정의 합의에 대해 생각하는 방법, 보안 실패의 결과를 처리할 수 있는 설계법, 그리고 아키텍처를 고안하는 방법을 가르치는 것입니다. 10년 후 인터넷이 어떻게 변할지, 그때 인기를 끌 서비스나 기기가 무엇인지 필자는 모릅니다. 하지만 아직 여러분의 차고나 기숙사 방에서 고안해 내는 단계까지도 오지 않은 놀라운 신제품이 계속 나올 것임은 확신합니다. 그런 신제품에 어떻게 대항할 것이며, 그런 신제품을 어떻게 보호할 것인가요? 체크리스트는 사람들이 정답을 아는 경우에는 유용하지만, 때로는 정답이 없는 것들도 있습니다.

'Part 1. 문제 정의하기'에서는 '보안'이라는 주제에 대해 어떻게 생각해야 할지와 관련된 사고방식을 다루면서 공격할 수도 있는 적들에 대해 논의할 것입니다. 그리고 'Part 2. 테크놀로지'에서는 방화벽 같은 보안 기술뿐만 아니라 무선 커뮤니케이션의 특별한 속성과 같은 기본적인 기술 문제에 대해 생각해 볼 것입니다. 'Part 3. 안전한 운영'에서는 이 모든 것을 종합적으로 정리해 보겠습니다. 실제의 시스템을 어떻게 구축하고 운영해야 할까요? 우리는 불완전한 세상에서 살고 있으므로 문제는 지금 바로 해결할 필요가 있습니다. 마지막으로 'Part 4. 미래'에서는 이런 원칙을 몇 가지 사례 연구를 통해 보여주고, 이 분야의 미래에 대해 아주 초기 단계의 아이디어를 제공할 것입니다.

사라진 링크

조지 R.R. 마틴은 '발라 모굴리스Valar morghulis …, 모든 인간은 죽는다.'라고 썼습니다. [George R.R. Martin 2000] 이와 같은 원칙은 웹페이지 링크에도 통하는 것 같습니다. 이 책에 있는 URL은 2015년 8월에 확인했지만, 여러분이 이 책을 읽는 시점에는 일부 링크가 더 이상 연결되지 않을 수도 있습니다. 미 대법원조차도 이 문제 때문에 골치를 앓고 있습니다. [Zittrain, Albert, Lessig 2014] 지금으로서는 좋은 해결책이 없지만, 웨이백 머신(Wayback Machine, https://www.archive.org)을 사용하면 아마도 이전 웹을 찾아볼 수도 있을 것입니다.

감사의 말씀

필자는 컴퓨터 보안 방법을 발명하지도 않았고 독학으로 배우지도 않았지만, 세 명의 거인 덕분에 많은 것을 배울 수 있었습니다. 즉 벨연구소Bell Labs의 프레드 그램프Fred Grampp, NSA 국립컴퓨터보안센터와 연구실Labs and the NSA's National Computer Security Center의 밥 모리스Bob Morris, 채플 힐Chapel Hill에 있는 노스캐롤라이나대학교의 프레드 브룩스Fred Brooks가 그들입니다. 그램프가 준 비밀번호와 로그파일, 소셜 엔지니어링에 대한 교훈은 정말 소중한 것이었습니다. 모리스는 안전한 OS용 디자인을 소개할 때마다 "백업과 복구는 어떻게 하죠?"라고 질문하여 활용성에 대해 고민하는 방법을 가르쳐주었습니다. 발표자가 대답하지 못한다면 시스템이 지나치게 안전한 것일까요? 모리스는 보안에 대한 평가에서 경제적 요소가 어떤 역할을 하는지에 대해서도 알려주었습니다. 브룩스는 소프트웨어 시스템에 대해 생각하는 방법을 알려주었고 버그투성이 코드의 문제에 대해 고통스러운 깨달음을 주었습니다.

　이 책을 쓰면서 필자가 귀찮게 굴었던 많은 분들께도 진심으로 감사드립니다. 감사의 마음을 편의상 알파벳 순으로 쓰겠지만, 이 밖에도 도움을 주신 분들이 매우 많습니다. 랜디 부시Randy Bush, 빌 체스윅Bill Cheswick, 리처드 클레이튼Richard Clayton, 그렉 콘티Greg Conti, 심슨 가핑클Simson Garfinkel, 리바이 군더트Levi Gundert, 폴 호프먼Paul Hoffman, 러스 허슬리Russ Housley, 마르티자 존슨Maritza Johnson, 브라이언 커니건Brian Kernighan, 안젤로스 케로미티스Angelos Keromytis, 브라이언 크렙스Brian Krebs, 발라 크리슈나무르티Bala Krishnamurthy, 수잔 란다우Susan Landau, 파비언 먼로즈Fabian Monrose, 케이틀린 모리아티Kathleen Moriarty, 케빈 폴슨Kevin Poulsen, 애비 루빈Avi Rubin, 애덤 쇼스탁Adam Shostack, 살 스톨포Sal Stolfo, 롭 토마스Rob Thomas, 윈 트리스Win Treese, 폴 반 우쇼트Paul van Oorschot, 그리고 이 책의 출판을 위해 함께 작업한 애디슨 웨슬리Addison-Wesley의 모든 분들도 빠뜨릴 수 없습니다. 존 풀러John Fuller, 스테파니 긱스Stephanie Geels, 줄리 나힐Julie Nahil, 멜리사 파나고스Melissa Panagos, 마크 타웁Mark Taub, 존 웨이트John Wait, 그 밖의 여러분들께 감사드립니다. 이 책에 오류가 있다면 그것은 모두 필자의 책임입니다.

— 스티브 벨로빈Steve Bellovin

https://www.cs.columbia.edu/~smb

[**Part 1**]

문제 정의하기

01장

서론

"너는 누구지?" 애벌레가 물었다.

대화를 시작하기에 그다지 유쾌한 질문은 아니었다. 앨리스Alice는 약간 머리를 굴려서 "지금은 잘 모르겠어요. 오늘 아침에 일어났을 때는 누군지 알았는데, 그 이후로 여러 번 바뀐 것 같거든요."라고 대답했다.

"그게 무슨 말이야? 네가 누군지 설명을 해!" 애벌레가 엄하게 말했다.

"그것을 설명할 수 없을 것 같아요. 왜냐하면 지금 저는 제 자신이 아니거든요." 앨리스가 대답했다.

"무슨 소리인지 모르겠어." 애벌레가 대꾸했다.

"더 확실하게 표현하지 못하겠어요. 저도 이해가 안 되거든요. 하루에 이렇게 자꾸 몸집이 달라지니까 저도 헷갈려요."

앨리스가 아주 예의바르게 대답했다.

"그렇지 않아." 애벌레가 말했다.

"음, 여러분은 아닐지도 모르겠네요." 앨리스가 대답했다.

Through the Looking-Glass, and What Alice Found There
— 루이스 캐롤LEWIS CARROLL

1.1 변화

컴퓨터산업의 가장 눈에 띄는 특징 중 하나는 빠르게 변화한다는 점입니다. 이렇게 빠르게 변화하는 과정에서 흥미로운 네 가지 측면은 성능 향상(오늘날의 컴퓨터가 훨씬 빠름), 기능 개선(몇 년 전만 해도 할 수 없었던 일을 오늘날에는 가능), 가격, 환경(사람들과 기업 모두 더 많은 일을 해내므로 우리는 이들과 전자적으로 상호작용 가능)으로, 이들 모두 보안에 큰 영향을 미쳤습니다.

필자는 최근에 수표를 우편으로 받은 후 휴대폰으로 사진 촬영하여 예금한 경험이 있습니다. 이런 일이 가능하려면 은행이 처리해야 하는 기술 보안의 도전 과제가 무엇인지 생각해 봅시다.

- 계정에 올바른 사람이 연결되어 있다고 매우 확실하게 확신해야 한다.

- 이 서버 응용 프로그램은 사용 가능한 은행 계좌를 건드릴 수 있기 때문에 모든 종류의 공격에 대해 보안이 매우 견고해야 한다. 특히 사용자의 입력에 따라 계좌에 돈을 입금할 수 있는데, 이전의 온라인 응용 프로그램은 보안상의 방안으로서 의도적으로 이것을 차단했다.

- 사람이나 소프트웨어에 의해 수표 이미지 부분의 금액을 검증하는 입금 방법은 조건적이어야 한다. 즉 시스템의 몇몇 민감한 부분은 공격자의 허위 이미지 파일을 처리할 수 있어야 한다.

- 큰 이미지 파일의 업로드를 허용해야 하므로 이에 맞는 대역폭과 디스크 공간 등이 필요하다.

- 휴대폰의 운영체제는 악성 앱이 훔쳐보거나 은행 거래를 수정할 수 없게 충분히 안전해야 한다.

- 모든 트래픽은 암호화되어야 한다.

- 전화는 적절한 대상에 대한 연결을 보장해야 한다.

- 모든 거래에 대한 적절한 감사 추적이 필요하다.

- 모든 것은 '기존의' 웹 애플리케이션 — 이 자체가 15년도 되지 않은 신기술로, 이보다 더 역사가 짧을 수도 있지만 — 과 창구 직원, 원래 COBOL로 작성되어 거대한 메인프레임용 펀치카드에 입력되었을 수도 있지만, 이제는 CTO의 태블릿에서 메인프레임 에뮬레이터로도 실행할 수 있는 레거시 백엔드back-end 시스템과 매끄럽게 연동되어야 한다.

- 이러한 모든 변경 사항을 고려하여 전체 아키텍처의 보안적 특성을 재검토해야 한다.

분명 필자가 이용하는 은행과 수많은 다른 은행들이 필요한 변화를 이루어냈기 때문에 응용 프로그램이 작동하는 것입니다. 이에 따라 시스템 설계자는 무슨 일을 해야 하는지 파악했고, 보안 전문가와 프로그래머, 네트워크 엔지니어, 그리고 그 밖의 모든 사람들이 필요한 사항을 처리했습니다.

　　내부 논쟁이 어떠했을지 상상해 보면 재미있습니다. 보안 전문가가 "아니, 그렇게 하면 안 됩니다! 백엔드back-end 프로세스가 온라인 입금을 수락할 만큼 견고하지 않아요."라고 했을까요? 사용자 경험팀은 계정 설정을 위한 인증 과정을 놓고 보안팀과 싸워야만 했을까요? 변호사들은 사기 거래에 대비하여 전화나 물리적 위치를 얼마나 잘 추적할 수 있을지 알고 싶어 했을까요? 보안팀장은 여전히 "아니요, 안 돼요. 너무 위험하다니까요!"라고 했을까요?

　　가끔은 '안 된다'가 실제로 정답일 때도 있습니다. 하지만 앞에서 설명한 것처럼 기능과 환경은 변하고 있습니다. 컴퓨터 산업에서 할 수 있는 최악의 실수는 오늘의 질문에 대해 태평스럽게 어제의 답변을 내놓는 것입니다. 두 번째로 나쁜 실수는 생각해 보지도 않고 어제의 답변을 거부하는 것입니다. 기술적이고 경제적인 제약은 변하지 않았을 수도 있지만, 전혀 다른 이유로 같은 대답이 정답이 될 수도 있습니다. 이 문제의 관건은 '정확한 분석'입니다.

1.2 변화에 적응하기

변화와 변화의 가능성에 대처하는 방법은 매우 다양합니다. 미래에 발생할 수 있는 모든 비상사태를 충분히 처리 가능한 수단을 남겨두거나, 변화를 끝까지 거부하다가 발길질을 하고 고래고래 소리치며 질질 끌려가거나, 사업을 접거나, 싫든 좋든 모든 변화를 수용하거나, 문제가 요구하는 냉정하고 주의 깊은 분석을 모두 그만둘 수도 있습니다.

　　이 중에서도 가장 간단하고 일반적인 옵션은 가능한 모든 비상 계획을 세워두는 것입니다. 결국 수년 넘게 사업을 해 본 사람이라면 변화란 일어날 수밖에 없고, 그것도

해커 hacker

고대의 어느 날, 당시의 영국 국왕은 아직까지 추앙받는 건축가 크리스토퍼 렌 경Sir Christopher Wren에게 그가 설계한 세인트폴 대성당이 "끔찍하고, 거만하며, 부자연스럽다!"라고 말했습니다. 원래 왕들은 통찰력으로 칭송받는 경우가 매우 드뭅니다.

* * *

하지만 이 국왕과 크리스토퍼 경은 칭송을 받을 운명이었습니다. 이 성당이 '장엄한', '당당한', 그리고 '독창적인'이라고 묘사하는 시대로 바뀌었기 때문에!

A Tragedy of Errors

— 폴 앤더슨POUL ANDERSON

단어의 의미는 시간이 흐름에 따라 변합니다. 옛날에 '해커'는 최소한의 필요한 것만 학습하기를 선호하는 대부분의 사용자와는 달리, 실제로 '프로그래밍'이 가능하고, 시스템의 상세한 것들을 탐험하는 것을 즐기며, 자신의 능력을 높이려고 하는 사람'을 의미했습니다.[a] 하지만 오늘날에는 해커를 이런 뜻으로 사용하지 않습니다. 필자는 이 책에서 '해커'라는 단어를 사전적 의미인 '자신의 기술을 이용하여 컴퓨터 파일이나 네트워크에 무단 접근을 시도하는 사람'으로 사용할 것입니다. 보안에 대한 저서에서는 이것이 일반적인 해커의 정의입니다. 옥스포드 영어사전에서는 '해커hacker'라는 단어를 1976년에 처음 사용했는데, 같은 해에 '프로그래밍 또는 컴퓨터 사용 자체에 열정을 가진 사람'이라고 설명했다는 것은 기억해 둘만 합니다. 해커에 대한 좀 더 오래된 의미를 찾아보면, 1481년에는 '난도질하는 것, 나무 베기, 땅을 가는 행위, 벌목꾼, 큰 칼, 괭이, 곡괭이'를, 1581년에는 '커터, 살인마, 깡패'를 의미했습니다.

---

a "뉴 해커스 딕셔너리" http://outpost9.com/reference/jargon/jargon 23.html#SEC30

예측할 수 없는 방식으로 발생한다는 것을 잘 알고 있습니다. 그런데 이런 접근법에는 몇 가지 문제점이 있습니다. 우선 비상 계획은 보기가 안 좋고 시스템을 흉하게 만들어 버린다는 것입니다. 존 포스텔John Postel은 이렇게 말했습니다. [Comerford 1988]

> 화낼 만도 하다. 나는 우주탐사와 같이 약간 다른 방식으로 생각해 보았는데, 초기에 우리는 IP, TCP 등 우주궤도와 같은 일관된 경로를 생각해 냈다. 지난 몇 년 동안 발생한 일은 IETFInternet Engineering Task Force, 국제인터넷기술위원회가 이보다 더 나을 것도 없는 대안적 접근법으로 나머지 공간을 채우고 있다는 것이다. 모든 가능한 대안을 쓰고 있지만, 이것은 도움이 되지 않는다.

게다가 모든 것을 미리 계획하면 시스템이 복잡하고 비대해집니다. 오늘날 메모리와 CPU는 중요한 자원이 아니지만, 이러한 시스템을 구축하고, 유지 보수 및 구성하기 위한 엔지니어링 시간 차원의 비용은 더 듭니다. 보안적 관점에서 복잡함은 치명적으로 위험합니다. 왜냐하면 설계하고 구축한 설계자와 프로그래머부터 이것을 구성하는 엔지니어까지 아무도 이렇게 복잡한 시스템을 이해하지 못하기 때문입니다. 1994년에 진행된 한 연구를 살펴보면, 보안 결함의 약 25%가 코드가 아니라 명세상의 버그에 의한 것으로 나타났습니다. [LANDWEHR et al. 1994] 이것은 단지 프로그래밍의 문제가 아니라는 것을 의미합니다.

복잡함 — 이 경우는 필요에 의한 복잡함 — 이 어떻게 보안 문제로 이어지는지 사례를 살펴봅시다. 웹 포스팅을 살펴보면 [Chan 2011] 애플의 스마트 커버가 어떻게 iOS 5.0의 애플 아이패드 2의 보안 잠금을 무효화하는 데 사용되는지 자세히 설명하고 있습니다. 애플에 대한 광적인 붐에 동참하지 않은 이들을 위해 설명하자면 스마트 커버는 자석을 이용해 아이패드 2에 부착됩니다. 커버를 열면 아이패드 2의 내부 센서는 자석이 떨어진 것을 인식하여 디스플레이를 켭니다. 또한 아이패드 2의 전원을 끄기 위해 몇 초 동안 전원 버튼을 누르면 확인 요청 메시지가 나타나는데, 이때 화면의 지정된 영역을 손가락으로 밀면 전원이 꺼집니다. 공격은 다음과 같이 작동합니다.

- 암호가 활성화된 아이패드 2를 잠근다.

- 끄기 슬라이더가 화면에 나타날 때까지 전원 버튼을 누른다.

- 스마트 커버를 닫는다.

- 스마트 커버를 연다.

- 탭해서 취소한다.

이런 공격은 어떻게 발견된 것일까요?

단순히 꺼진 아이패드 2 화면의 홈 버튼을 누르면 잠금 화면이 켜지고, 아무것도 하지 않으면 10초 후에 다시 화면이 꺼집니다. 한편 스마트 커버를 열면 60초 동안 화면이 켜지고, 아무것도 하지 않으면 다시 꺼집니다. 반면 화면이 꺼진 상태에서 전원 끄기를 시작했다가 아무것도 하지 않으면, 30초 후 기기가 아주 어두우면서도 상호작용이 되지 않는 바탕화면으로 바뀝니다. [Niven, Pournelle 1993] 다시 말해서 디스플레이를 켜려면 여러 가지 서로 다른 순서로 진행할 수 있는 것입니다. 앞에서 설명한 포스팅에서 필자는 '누가 어떻게 알아냈는지 모르겠지만, 이 방법은 확실히 먹힌다.'라고 썼습니다.

그림 1.1에 나타난 상태 전환을 살펴봅시다. 이 그림에서는 커버가 덮인 화면과 잠긴 화면, 이 두 가지 화면의 상태를 수치로 표현했습니다. 전환은 입력에 따라 달라지고, 반론의 여지는 있지만 그래프에 별개의 노드로 나타나야 합니다. 하지만 행동 양식을 보면 메모리에는 단일 코드 경로만 있다는 것을 암시하는데, 이것이 공격의 열쇠입니다.

보안 담당자처럼 생각하는 사람은 예기치 않은 변화가 발생할 경우 무슨 일이 일어날 것인지 궁금할 것입니다('2장. 보안에 대한 생각' 참고). 특히 확인 상태에서 커버가 덮인 상태까지 표시된 점선을 살펴봅시다. 커버를 열면 두 개의 서로 다른 상태가 될 수 있기 때문에 이 상태에 대한 메모리는 분명히 존재합니다. 그렇다면 이 메모리는 항상 제대로 초기화될까요? 분명히 그렇지 않습니다. 이 경우 실제의 전환은 잠금 화면 상태가 아니라 홈 화면 상태로 이루어집니다.

변화가 생기면 복잡해지지만, 모든 변화에 저항하는 두 번째 흔한 선택은 분명히 매우 위험합니다. 이것에 대해 장황하게 설명하는 대신 "개인용 컴퓨터는 업계에서 몰락할 것이다."라고 주장한 켄 올슨Ken Olsen의 말로 끝내겠습니다. [Rifkin 2011] 올슨은 이제는 없어진 컴퓨터회사인 디지털이큅먼트코퍼레이션Digital Equipment Corporation의 공동 설립자였습니다. 바깥세상을 무시하는 것 자체는 보안에 위험이 되지 않습니다. 하지만 컴퓨터 보안의 목적이 보안 그 자체가 아니라 다른 기업이 적절하게 운영될 수 있게 하

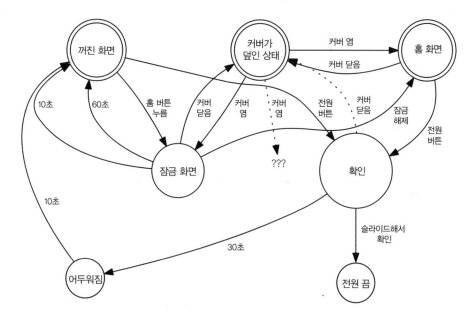

그림 1.1 아이패드 2의 잠금을 풀거나 전원을 끄는 단순화한 상태 전이도. 활동은 커버가 덮인 상태나 홈 화면, 또는 꺼진 화면에서 시작한다. 점선은 공격을 보여주는데, 커버가 열려있을 때는 세 가지의 가능한 상태가 있고, 잠금 화면에서 꺼진 화면으로 가는 두 개의 다른 방법이 있다.

고 (일부의 경우에는) 수익을 내도록 하는 것이므로 이 점은 강조할 필요가 있습니다. 사업체, 학교, 정부기관, 병원의 목적은 안전이 아니고, 이런 조직의 실제 목적을 수행하는 데 보안이 도움이 되는 것입니다.

변화를 대하는 세 번째 선택은 수용으로, 새로운 디바이스가 출시되면 사용해 보고, 새로운 서비스가 나오면 설치하는 것입니다. 리스크는 늘 분명히 예견할 수 없기 때문에 이러다 보면 재앙이 닥칠 수도 있습니다. 몇 년 전 브루스 슈나이어Bruce Schneier는 전 세계의 모든 문자를 다 처리하는 표준인 유니코드의 보안 위험에 대해 집필했습니다. [Schneier 2000] 필자는 당시 이 의견에 대해 회의적이었지만, 슈나이어는 정확했습니다. 첫 번째 공격은 꽤 뻔한 것이었는데, 같은 모양의 서로 다른 문자, 예를 들어 키릴문자의 'a'와 라틴문자 'a'는 코드 포인트가 다르기 때문에 도메인 'http://www.pаypal.com/'은 'http://www.paypal.com'과 다르지만, 화면상에서는 똑같이 표시됩니다. [Schneier 2005] 최근에는 이보다 더 미묘한 공격이 발견되었는데, 오른쪽에서 왼쪽으로 렌더링하는 — 히브리어와 아랍어 같은 언어에 필요한 — 유니코드

Unicode 메타문자를 사용하여 일부 파일에서 `.exe` 확장자를 숨기는 것입니다. [Krebs 2011b] 이런 경우를 처리하려면 단순히 좋은 코드뿐만 아니라 사람들의 행동 방식과 함께 다양한 언어의 두드러진 특성에 대한 이해가 필요합니다.

인터넷에서 전 세계 인구의 많은 부분을 제외하지 않으려면 유니코드와 같은 것이 꼭 필요하다는 것에 유의해야 합니다. 인터넷은 모두에게 열려있어야 합니다. 이런 문제는 미리 고려하지 못해서 일어났다고 할 수만은 없습니다. 수천 년 전 언어가 생겨날 당시, "먼 훗날 사람들이 컴퓨터라는 것을 쓰게 될 텐데, 바다 건너 미개인들과 우리의 문자를 그 물건으로 같이 처리해야 할 것이니, 우리 모두 적는 방향과 사용할 문자들을 맞추는 게 좋겠어."라고 모든 언어가 모여서 회의를 할 수는 없었으니까요. 서로 다른 두 개의 바이트 스트링이 시각적으로는 화면에서 똑같이 표시되고, 화면을 보는 인간은 내부적 프로세스의 차이점을 인지할 수 없다는 전형적인 위험 케이스가 유니코드에 있다는 것을 누군가 깨닫기 전까지는 새로운 기술의 도입과 분석을 위한 시간이 필요했던 것뿐입니다.

1.3 보안 분석

변화를 다루는 네 번째, 그리고 가장 좋은 방법은 바로 '분석analysis'입니다. 모두가 분석하려고 하지만 분석이 쉬운 일은 아닙니다. 제대로 분석하려면 지름길을 선택하는 것이 아니라 문제를 처음부터 차근차근 밝혀야 합니다. 새로운 시스템의 컴포넌트들은 무엇인가요? 이들의 블랙박스 속성black-box properties은 무엇인가요? 그 밖에 우리가 알고 있거나 추측할 수 있는 것은 무엇인가요? 입력과 출력은 어떤가요? 어떻게 결합되어 있나요? 모든 입력은 '안전'한가요? 그렇지 않다면, 어떻게 안전하게 만들 수 있을까요?

'07장. 비밀번호와 인증'에서 훨씬 더 깊이 설명하겠지만, 비밀번호의 문제를 살펴봅시다. 1979년 모리스Morris와 톰슨Thompson은 추측 가능한 비밀번호가 보안적인 면에서 매우 위험하다는 것을 이미 증명했습니다. [1979] 이후 '강력한 패스워드 선택'은 모든 보안 체크리스트의 필수 항목이 되었습니다. 하지만 두 사람이 다룬 것은 원격 접속과 다중 사용자 시분할 시스템time-sharing system을 위한 로그인 비밀번호였습니다. 물리적으로 안전한 기계에 있는 서버용 BIOS 비밀번호는 이와 매우 다른 환경입니다. 그렇다면 이런 환경에서도 같은 규칙이 적용될까요? 집에 있는 데스크톱 컴퓨터는 어떨까요? 이 컴퓨터는 나 혼자 사용하는 것이고, 원격 로그인할 경우에는 로그인 패스워드가 허용되지 않도록 설정해 두었다면, 과연 강력한 비밀번호가 필요할까요? 필자의 경우에는 항상 제대로 설정할 것이라고 확신할 수 없기 때문에 강력한 비밀번호를 설정해 두곤 합니다. 게다가 애플의 시스템 업데이트가 그 파일을 변경할 수도 있으니까 말입니다.

'과거의 격언은 무시하라!'라고 하고 싶겠지만, 이것도 올바른 조언은 아닙니다. 환경적이든지, 위협에 근거하든지, 또는 보호하려는 에셋에 근거하든지 이러한 가정의 배경을 확실히 검토해야 합니다. 사실 다양한 가정, 특히 내포된 점을 정리하는 것은 보안에서 가장 어려운 일입니다. 반면 몇 가지 가정은 많은 지혜를 담고 있기 때문에 모두 제쳐버리면 안 됩니다. 복잡성이 보안성을 떨어뜨린다는 필자의 기준은 50여 년 간의 현장 경험과 수많은 사람들의 연구를 근거로 한 필자의 개인적인 체크리스트 항목 중 하나에 불과합니다.

컴퓨터 업계의 엄청나고 급격한 변화에도 불구하고 위협의 성격은 많이 바뀌지 않았습니다. 물론 기술적인 세부 사항은 시간이 지남에 따라 진화하고, 적어도 웹 서버가 등장하기 전에는 이런 것에 대한 보안법을 알 필요가 없었습니다. 하지만 웹 서버가 존재한다면, 또는 미래에 뭐가 될지는 몰라도 '이러쿵'이라는 서버가 존재한다면, 이것을 보호할 상세한 내용을 알아야만 합니다. 또한 다음과 같은 질문에 대답할 수 있는 것이 더욱 중요합니다.

- '이러쿵' 서버가 필요한가? 더 정확하게는 비즈니스적으로, 즉 '우리 기업의 목적'을 이루기 위해 이 서버가 필요한가?
- '이러쿵' 서버의 리스크는 무엇인가? 이러한 리스크는 어떻게 개선할 수 있을까?
- 이러한 분석을 얼마나 확신하는가?
- 해당 서비스를 운영하는 비즈니스적 가치보다 잔존 리스크가 더 큰가, 아니면 작은가?

세계곳곳에서 상당 기간 동안 '이러쿵' 서버를 운영하기 전까지는 보안 체크리스트만으로 이런 질문의 해답을 찾을 수는 없을 것입니다. 하지만 이 시점이 오면 이미 사업이 한참 궤도에 오른 후일 것입니다. 그리고 보안 관점에서는 더욱 심각하게도 동료 직원들이 외부 '이러쿵' 서버를 상당 기간 동안, 위험을 인지하지 못한 채 사용하고 있을 수도 있습니다. '이러쿵'을 '소셜 미디어'나 '스마트폰' 또는 '클라우드 저장 서비스'로 바꿔 봅시다.

조직이나 서비스 보안은 한 번에 끝낼 수 있는 일이 아닙니다. 앞에서 설명한 것처럼 기술은 변화하고 소프트웨어는 업데이트됩니다. 끊임없이 새로운 장치와 새로운 연결 방식이 생기고, 새로운 위협과 새로운 방어가 발생하고 있습니다. 이와 별개로 보안 솔루션 설계는 그 자체가 반복적인 프로세스입니다. 회사의 보안팀이나 더 작은 조직의 보안 기능이라도 일반적으로 의미 있는 보호 아키텍처를 설계해서 그냥 옆 사무실의 애플리케이션 개발자에게 일을 휙 넘겨버릴 수는 없습니다. 설사 그렇다고 해도 이런 아키텍처를 가져가면, 애플리케이션 프로그래머가 설계자에게 다시 던져버릴 것입니다. 정확히 어디서라고 말할 수는 없지만, 필자는 /dev/null을 채워넣기는 매우 어렵다는 것을 목격하곤 합니다.

보안 그룹이 단독으로 구상한 보안 솔루션은 비용과 기능성 같은 이슈에 너무 신경을 안 쓴다는 것이 문제입니다. 단지 보안 솔루션 자체의 비용이나 추가 개발이 문제가 아니라 오히려 직원 모두의 급여가 될 실제 제품의 기능이나 시장에 주는 매력이 떨어지는 결과를 낳는 것이 더 큰 문제입니다. 아무도 참고 쓰지 않을 정도로 완벽한 보안 서비스는 결국 쓸모없는 것입니다. 이런 보안 솔루션은 거부해도 될 뿐만 아니라 반드시 거부해야만 합니다. 모든 것을 고려할 때 적절한 프로세스는 다음과 같습니다. 이것은 매우 중요하기 때문에 다시 한 번 더 강조하겠습니다.

1. 리스크에 놓인 에셋을 식별한다.

2. 각 에셋에 관심을 가질 적을 확인하고, 그 가능성을 평가한다.

3. 애플리케이션 기술을 선택한다.

4. 각 부분에 대한 취약성을 평가한다.

5. 후보가 되는 방어 솔루션을 식별한다.

6. 보안이 침해될 경우 애플리케이션의 피해 비용을 포함한 제반 비용을 추정한다.

이것은 반복적인 과정입니다. 많은 솔루션은 그 자체에 보호되어야 할 새로운 에셋asset이 포함되어 있게 마련입니다. 게다가 사용자가 안정적인 해답을 찾아내어도 외부 세상이 멈춰있지 않습니다. 새로운 구현, 새로운 로드, 새로운 비즈니스 요구 사항 등이 발생하기 때문에 보안 분석 담당자라면 결코 일자리를 못 구할 일은 생기지 않을 것입니다.

하지만 이것을 어떻게 달성할 수 있을까요? 서비스가 아주 초창기라면 어떻게 이런 분석을 할 수 있을까요? 이에 대한 정의는 이 책의 주제이기도 하므로 자주 반복하는 것보다 더 나은 해답을 제안하는 편이 더 나을 것 같습니다. 공식적인 보안 시스템 설계 이론이 없으므로, 그리고 앞으로도 몇 년 동안은 이런 이론이 나올 것 같지 않으므로 우리는 과거로부터 배울 필요가 있습니다. 좀 더 구체적으로 말하자면, 오늘날의 보안 기술을 연역적으로 살펴보면서 적절한 설계 원칙을 도출할 수 있습니다. 이런 기술을 귀납적으로 살펴볼 때 미래의 '이러쿵' 서비스와 더 먼 미래의 '저러쿵', '어쩌구' 서비스에 대해서도 추론할 수 있습니다.

'5장. 방화벽과 침입 탐지 시스템'에서 더 자세히 다루겠지만, 간단한 예로 방화벽을 살펴봅시다. 빌 체스윅Bill Cheswick과 필자가 방화벽에 대한 책을 쓰면서 [1994] 1994년 방화벽이 왜 작동할 수 있었는지 살펴볼 당시, 우리는 다음과 같이 기본 가정을 세웠습니다. 내부에서 발생하는 모든 트래픽은 매우 작은 수의 관문chokepoint을 통해 외부 인터넷에 도달하고, 내부에는 착한 사람만 존재하며, 방화벽은 운영상 보안 정책에 일치하지 않는 것으로 정의된 내부로 들어오는 나쁜 것들을 걸러냅니다. 이런 원칙이 오늘날에도 맞을까요? 대체로 그렇지 않습니다. 노트북과 스마트폰은 장벽을 넘어 보호받지 못하는 외부를 돌아다니게 됩니다. 악성 코드는 조직의 내부에 적을 끌어들이고, 정책은 최신 제로데이0-day 공격에 감염된 PDF 파일과 같은 것들을 설명하기에 충분할 만큼 강력하지 않고, 그럴 수도 없습니다. 방화벽이 쓸모없다고 결론짓고 싶을 정도입니다.

하지만 원칙을 좀 더 자세히 살펴보면, 오히려 방화벽을 조금 다르게 사용할 수 있다는 것을 알 수 있습니다. 원칙이 아직도 통용되는 특수한 상황을 찾을 수 있다면 — 서버 컴플렉스가 좋은 예 — 여전히 강력한 방어책으로 방화벽을 신뢰할 수 있습니다. 좀 더 나아가 이러한 원칙을 명확한 가이드라인으로 인지하면, 모든 모바일기기는 직접적으로든지, 가상 사설망VPN:Virtual Private Network을 통해서든지 서버 네트워크에 허용하지 않는 등 강제로 집행해야 하는 운영상의 정책을 세울 수도 있습니다. 그러면 해당 서버 컴플렉스 개발자와 관리자에게 어떤 리소스를 제공해야 하는지도 알 수 있습니다.

우리는 이런 식으로 미래를 향해 가야 합니다. 과거를 그냥 버려서도, 과거가 우리를 구속하게 해서도 안 됩니다. 오히려 과거를 지침서로 삼아야 합니다.

1.4 용어에 대해

"당신, 그 단어를 계속 사용하는데, 당신이 생각하는 그 의미로 들리지 않아."

Inigo in The Princess Bride
— 윌리엄 골드만WILLIAM GOLDMAN

이미 '해커'의 의미와 이 단어를 사용하는 이유를 6쪽에서 설명했으므로 더 이상 설명할 필요는 없을 것 같습니다. 타깃형 공격자targetier, APT, 안드로메다인 등과 같은 생소한 용어는 '3장. 위협 모델'에서 설명하겠습니다. 독자들이 모두 이해하고 있다는 가정 하에 RSA, MAC 어드레스, ARP 스푸핑 등의 기술적인 용어를 자유롭게 사용했습니다. 왜냐하면 서문에 설명했듯이 이 책은 입문용 교과서가 아니기 때문입니다.

마지막으로 이 책에서 종종 '비즈니스' 또는 '사업적 목적'과 같은 문구를 사용할 것입니다. 그렇다고 해서 이 책이 수익 사업 분야를 위해서만 집필되었다는 뜻은 절대 아닙니다. 필자는 실제로 업계에서 일한 적이 있지만, 지금은 교수로 재직하고 있으며, 미국 연방통상위원회Federal Trade Commission의 최고 기술자로 일한 경험도 있습니다. 이런 모든 조직에는 돈을 벌거나, 학생을 가르치거나, 연구를 하거나, 나라를 지키거나, 여러분의 재산을 보호하는 등의 목표가 있습니다. 이 중 어떤 곳에서든지 컴퓨터 분야를 포함해서 하는 '일'은 이러한 목표를 더욱 증진시키는 것입니다. 독자들이 이 책을 더 쉽게 이해할 수 있게 일반적으로 이 모든 것을 포함시키면서 더욱 일반적이고 간단한 표현을 사용했습니다. 만약 모호한 용어가 있으면 여러분의 분야에 해당하는 다른 용어로 적절하게 바꿔서 읽기를 바랍니다.

02장

보안에 대한 생각

"생각하라, 젊은이여, 생각하라! 네 생각의 명확성과 인식의 진위에 따라 패트롤 Patrol과 전 문명의 미래가 달려있음을 알라! 과거 그 어느 때보다 지금은 더욱 그렇다."

Mentor of Arisia in Second Stage Lensman
— 에드워드 엘머 스미스E. E. "DOC" SMITH

2.1 보안 사고방식

필자는 이 직업의 가장 좋은 점은 악한 생각을 하고도 우쭐해할 수 있는 점이라고 종종 말하곤 했습니다. 그런데 놀랍게도 이것이 쉬운 일은 아닙니다. 대부분의 사람들에게는 악당처럼 생각하기가 매우 어렵습니다. 그럼에도 불구하고 이런 능력은 보안을 유지해야 하는 사람들이 해야 할 일의 핵심입니다. 브루스 슈나이어Bruce Schneier는 몇 년 전 에세이에서 이것에 대해 매우 잘 설명했습니다. [Schneier 2008]

엉클 밀튼 인더스트리Uncle Milton Industries 장난감회사는 1956년 이후 개미농장을 아이들에게 판매해 왔다. 몇 년 전 나는 친구와 함께 개미농장 장난감을 사서 포장을 푼 적이 있었는데, 진짜 개미는 박스에 없었다. 대신 카드가 한 장 들어있었는데, 주소를 적어 보내면 장난감회사가 개미를 보내주겠다고 적혀있었다. 우리는 우편발송으로 개미를 받을 수 있다는 것에 깜짝 놀랐다. 나는 장난감회사에 이렇게 회신했다.

"정말로 놀랍네요. 아무 주소나 적어넣으면 누구에게나 살아있는 개미를 포장해서 보내겠다는 거군요."

다르게 표현하자면, 보안 전문가는 어떤 메커니즘을 살펴보고 "이것으로 다른 무엇을 할 수 있을까? 원래 의도된 목적 대신 내가 원하는 어떤 것을 또 할 수 있을까?"라고 생각할 것입니다.

이런 '다른 방식으로 생각하기' 중 하나는 모든 과정을 일련의 단계로 고려하는 것입니다. 그리고 각 단계는 일련의 입력을 받아들이는 사람이나 장치에 의해 좌우됩니다. 자, 그러면 스스로에게 물어봅시다. 이러한 입력 중 하나가 잘못되거나 손상된 경우에는 어떻게 될까요? 유용한 결과가 나올까요? 자신이 잘못 입력할 수도 있을까요? 방어책이 오류를 발견하고 무엇인가 조치를 취할 수 있을까요?

브루스의 이야기로 되돌아가 봅시다. 이 회사의 누군가는 카드를 읽고 어딘가로 개미를 보낼 것입니다. 그러나 개미를 보내는 주소 입력은 카드를 작성하는 사람의 통제하에 있기 때문에 간단하게 위조될 수 있습니다. 브루스는 설명하지 않았지만, 입력이라는 또 하나의 문제가 있습니다. 그렇다면 여러분은 이것을 찾아낼 수 있을까요?

* * *

여러분 중 대부분은 답을 알고 있을 것입니다. 만약 답을 아직 찾지 못한 독자라면 다음을 생각해 봅시다. 이 장난감회사는 어떻게 카드가 합법적인 카드인지 확인할 수 있을까요? 즉 어떻게 실제로 제품을 구입한 사람들에게만 개미를 보낸다고 확신할까요?

옛날이었다면 구별하기는 쉬웠을 것입니다. 카드는 의심할 여지없이, 심지어 최고급 타자기로 입력한다고 해도 매우 쉽게 구별할 수 있게 인쇄된 것이었습니다. 인쇄된 문서를 위조하려면 인쇄소를 이용해야만 하는데, 이러한 과정은 별것도 아닌 이익을 위해 너무 많이 노력해야 한다는 것이 문제입니다. 그러나 요즘 거의 모든 사람들은 워드프로세서뿐만 아니라 많은 글꼴과 높은 품질의 프린터 등에 매우 쉽게 접근할 수 있어서 아주 조금만 노력해도 이런 양식을 쉽게 재현할 수 있습니다. 또한 괜찮은 스캐너만 있으면 이런 일은 너무 쉬워집니다. 종이로 된 다른 중요한 문서도 쉬운 위조 때문에 문제가 되고 있습니다. 심지어 비행기 탑승권이 위조된 일도 있습니다. [Soghoian 2007]

그 다음 장벽은 아마 카드가 인쇄된 종이입니다. 이건 좀 더 어렵지만, 충분히 비슷한 것을 구할 수 있을 것입니다. 컴퓨터 전문가라면 이런 위조에 대한 대책은 명백합니다. 각 카드에 일련번호를 넣어 사용되지 않은 유효한 개미 요청 데이터베이스를 조회합니다. 그리고 카드에 홀로그램과 같은 보안 실seal을 추가하고, [Simske et al. 2008] 소비자에게 구매 영수증의 사본과 포장 박스에 있던 UPC 바코드를 보내라고 요청합니다. 위조하기 어려운 종이조각을 만드는 것은 오래 전부터 연구되었던 문제인데, 그 완성본이 바로 우리가 항상 사용하는 지폐입니다. 자, 이제 문제가 해결되었나요?

하지만 아직 해결되지 않았습니다. 문제가 생겨도 우리는 인지할 수 없습니다. 방어적인 기술에는 비용과 시간이 드는데, 이런 투자를 할 만한 가치가 있을까요? 개미를 달라는 요청의 위조율은 얼마나 될까요? 가짜로 개미를 배달해 달라고 하는 미성년 위조자는 몇 명이나 될까요? 좀 더 정확하게 분석하면, 방어의 비용이 공격으로 인한 손실보다 더 많은가요, 또는 더 적은가요? 이것은 모든 보안 전문가들이 매일 암기하고 반복해야 할 중요한 사항입니다. 보안의 목적은 단지 보안 자체를 강화하는 것이 아니라 손실을 방지하는 것입니다. 보안에 대한 불필요한 지출은 그 자체가 순손실입니다.

이러한 예시는 또 하나의 교훈을 줍니다. 오래 전에는 위조를 어렵게 하는 것이 보안 대책이었지만, 이제는 기술이 개선되어 이러한 방법이 더 이상 효력이 없어질 수도 있다는 의문이 생깁니다. 컴퓨터 분야는 계속 변화되고 있습니다. 오늘의 질문에 어제의 방식으로 답하는 것은 재앙을 불러오는 지름길입니다.

2.2 목표 이해하기

무엇을 하려고 하나요? 보안 목표는 무엇인가요? 이런 질문은 진부한 것처럼 보이겠지만, 사실은 그렇지 않습니다. 이 질문에 잘못 답하면 잘못된 가정을 바탕으로 쓸데없는 큰 지출이 이어질 것입니다. 일반적으로 보안에 너무 적게 투자하는 것은 위협을 받아들이지 못하기 때문입니다.

보안에 대한 실패는 너무나 자주 죄처럼 취급되고 있습니다. '해킹된다'는 것은 잘못된 판단이나 한 수 위의 공격자에 의한 결과로 인식되는 것이 아니라 오히려 커다란 도덕적 실패에 대해 신이 주는 형벌로 간주됩니다. 하지만 책임자는 실수를 저지른 것이 아니라 오히려 동정을 받아야 하는, 외면의 늪에 빠진 가련한 영혼입니다. 또한 유닉스 스타일의 농담에 나오는 컴퓨터의 신$DEITY으로부터 축복을 받은 정직한 사람들인 우리에게는 절대로 이런 일이 일어날 수 없습니다.

사실 이런 말은 모두 소용없습니다. 무엇보다도 보안은 경제적인 의사 결정입니다. 여러분은 유형이든지, 무형이든지 금전적 가치가 있는 특정 자산을 보호하려고 노력할 것입니다. 여러분은 이것을 보호하기 위해 그것의 가치보다 더 적은 비용을 쓰는 것이 목표일 것입니다. 국가의 영광이나 생명과 같은 것을 비용으로 교환하는 것이 불편하다면, 이렇게 접근해 봅시다. 주어진 금액을 지출하여 이런 데 취할 수 있는 최선의 보호책은 무엇인가요? 즉 안티바이러스 소프트웨어나 안전벨트 사용률을 늘리는 것과 같은 추가 비용 지출은 더 많은 생명을 구할 수 있을까요? 해킹은 이보다 어마어마한 실패를 불러올 수도 있고, 산출된 피해액에 대한 책임과 함께 나쁜 평판까지 지게 될 것입니다. 하지만 이것이 죄악은 아니고 잘못 처리한 것에 대해 크게 비판받을 일도 아닙니다.

그렇다면 무엇을 보호해야 하나요? 여기에는 여러 가지 답이 있지만, 이 책을 읽고 있는 독자라면 아직도 이것에 대답할 준비가 안 되었을 것입니다. 하지만 여러분도 보안에 대해 기여할 수 있고, 또 그래야만 합니다. 어떤 시스템에 대한 적절한 답은 최악의 적이 해당 컴퓨터를 통제할 경우 일어날 수 있는 가장 최악의 피해를 기준으로 도출해야 합니다. 그 피해는 컴퓨터를 교체하는 데 드는 비용 정도로 끝나지 않습니다.

1982년에 일어난 사건에 대해 살펴봅시다. '핵과 관련되지 않은 것으로는 역사상 가장 대규모의 폭발'이 발생했는데, 이것은 CIA가 캐나다 회사로부터 소프트웨어를 탈취한 후 제어하여 구 소련 가스관을 망가뜨렸다는 사건이었습니다. [R. A. Clarke and Knake 2010; Hollis 2011; Reed 2004] 물론 극단적인 이야기지만, 할리우드 극작가들은 더 자극적인 시나리오도 상상해내고 있습니다. 이 이야기도 누군가의 상상력일 수

심각한 적들에 대해

주기적으로 일어나는 엄청나게 많은 보안 사고의 중심에는 코드의 일부가 해당되는 것처럼 보입니다. 예를 들어 2001년 가트너그룹Gartner Group은 다음과 같은 내용이 담긴 권고문을 배포했습니다.

이 책에서는 대부분 평범한 종류의 공격을 다루겠지만, 가끔 스턱스넷Stuxnet과 같은 것을 만들 수 있거나 방어 대행업체에 잠입할 수 있는 심각한 적에 대해서도 논의할 것입니다. 우리 모두 이들이 누구인지 알고 있습니다. 여러분이 미국인이라면 아마도 중국 인민해방군 61398부대[Mandiant 2013]와 러시아[NCIX 2011]를, 중국인이라면 NSA[Sanger, Barboza, and Perlroth 2013; Tatlow 2013; Whitney 2013]를 비난할 것입니다. 프랑스와 다른 유럽 국가도 마찬가지일 것이고, [Gallagher 2012; MacAskill 2013] 특히 스노든Snowden의 폭로를 탓할 것입니다. 이란인이라면 이스라엘 8200부대에 책임을 돌릴 것이고, [2012 UPI] 이스라엘은 이란을 등에 업은 몇몇 팔레스타인 첩보 단체에게 손가락질할 것입니다. 몇몇 나라에서는 정부를 탓하는 사람도 있을 수 있지만, 정부는 아마 그런 설명을 금지하고 싶을 것입니다.

필자는 어느 누구의 편도 들지 않겠습니다. 읽기 편하고 너무 격식을 차리지 않게 '민족국가'와 같은 문구를 피하고 대신 간단한 고유명사를 선택했습니다. 찾아보니 도시 국가는 거의 남아 있지 않고, 필자가 알고 있는 한 이 중 어디에도 '사이버전' 부대는 없었습니다. 바로 은하계 근처에 있는 '안드로메다'와 안드로메다인 해커부대 MI-31입니다. 물론 독자는 마음속으로 이 고유명사를 여러분을 공격할 수 있는 가상의 국가인 루리타니아Ruritania, 워훈Warhoon, 안도라Andorra[a] 또는 다른 나라나 도시 국가로 바꿔서 생각해도 좋습니다. (사실 이 책의 LATEX 소스 파일에서는 \Enemy, \Enemyan, \Unit을 사용했기 때문에 언제든지 원할 때 이 명칭을 바꿀 수 있습니다.)

위협을 분류하기 위해 필자는 '아마추어 해커joy hack', '기회주의적 공격oppertunistic attack', 그리고 '타깃형 공격targeted attack'이라는 문구를 사용하겠습니다. 자세한 설명은 다음 장을 참조하세요.

---

[a] "Andorra" http://people.wku.edu/charles.smith/MALVINA/mr005.htm

---

있습니다. 대부분의 공개된 보고서는 리드Reed가 게시한 원본 보고서에서 나온 것 같습니다. [2004] 리드는 내부자이면서 정보 전체에 대한 접근 권한을 가졌을 수도 있지만, 미국 정부의 사이버 무기 기술력을 잠재적인 적에게 경고하기 위해 의도적으로 유출했거나 날조한 것이 아닌 이상 이런 정보의 기밀이 해제된 이유를 이해하기는 어렵습니다.

이 책에서 설명한 세부 내용과 인용문은 [R. A. Clarke and Knake 2010, p. 92~93]에서 발췌한 것입니다. 이 주제에 대해 많이 연구한 제터Zetter는 이런 일이 실제였는지조차 의심합니다. [Zetter 2014] 경쟁자를 돕기 위해 기밀 비즈니스 문서를 훔치도록 설계된 악성 코드는 어떨까요? 이 일은 실제로 발생했습니다. [Harper 2013; B. Sullivan 2005] 회사가 청구서를 지불하지 않는 상습 연체자로 보이게끔 전자자금 이체를 막는 웜worm일 수도 있습니다. 이것이 안 될 이유는 무엇인가요? 말도 안 되는 소리로 들린다면, [Markoff and Shanker 2009]를 살펴봅시다. 미국은 후세인이 군대에 군수품 등을 지원하는 데 사용하는 자금을 막기 위해 이라크 은행 시스템을 해킹할지 심각하게 고민했습니다. "우리는 실제 이체를 중단할 수 있다는 걸 알고 있었습니다. 그럴 도구를 갖고 있었으니까!"라고 고급 기밀 계획이 개발중이던 당시 펜타곤에서 일했던 한 고위 관리자가 말했습니다. 이 모든 일이 일어날 수도 있었습니다.

보통 공장의 지붕은 떨어지는 유성에 버틸 만큼 튼튼하지 않습니다. 사무실 빌딩 부지를 선택할 때 아마도 굴착기가 천연가스 파이프라인에 접근하여 이것에 구멍을 내는 일까지는 걱정하지 않을 것입니다. 대부분 안내 데스크의 지붕 위에 숨어있다가 한밤중에 잠긴 문을 열고 몰래 침투하는 스파이는 아무도 예측하지 않을 것입니다. 이러한 모든 위협은 사이버에서나 물리적으로 가능하지만, 일반적으로 발생할 수 없기 때문에 걱정할 만한 가치가 없습니다. 이것이 바로 필자가 강조하고 싶은 부분입니다.

대부분의 경우 적절한 방어 태세는 경제적인 질문을 던지는 것입니다. 성경 레위기 Leviticus(이집트에서 독립한 히브리인들이 지켜야 할 율법과 형벌, 속죄 방법을 나열함 – 역자 주)에서도 시스템이 해킹되었다고 해서 가족으로부터 추방당하지는 않았습니다. 노트북이 바이러스에 감염되었다고 해서 자격이 부족한 사람이 되는 것도 아닙니다. 하지만 그 노트북의 내용이 백업되어 있지 않다면, 아마도 나쁜 시스템 관리자라고 할 수 있습니다. 공개용 핫스팟hotspot에 연결할 때 암호화를 사용하지 않는 것은 부주의한 일이고, 주요 공급업체의 패치를 무시하는 것도 어리석은 짓입니다. 그리고 해커로 인한 것이든지, 아니면 떠도는 우주광선이 디스크드라이브 컨트롤러를 망가뜨린 것이든지 모든 컴퓨터 시스템을 손실로부터 복구하는 방법을 알아야 합니다.

일반적으로 편집증은 피하고 전문성을 포용해야 합니다. 안티 UFO 방어에 사용되는 엑스레이 레이저 배터리용 네트워크를 실행하는 경우라면 아마도 라우터 콤플렉스를 목표로 안드로메다인이 발사한 유성 충돌에 대해 걱정해야 할 것입니다. 한편 보호하려는 네트워크가 큰 보석상의 체인점 현금등록기를 제어한다면, MI-31이 문제가 아니라 최신 장비를 갖춘 사이버 절도범을 공격자로 간주해야 할 것입니다. 어쨌든 무엇을 보호할 것인지, 무엇을 보험으로 처리할 것인지, 그리고 어떤 것은 신경쓸 필요가 전혀 없는 것인지 결정해야 합니다. 이러한 연습 없이는 적당한 방어책을 도입할 수 없습니다. 가능한 위협에 대한 브레인스토밍brainstorming은 쉽지만 어떤 것이 현실적인 위협인지 결정하려면 전문 지식이 필요합니다.

경험적 법칙에는 두 가지가 있습니다. 첫째, 위협과 성가신 골칫거리를 구별해야 합니다. 둘째, 보호를 위해 얼마나 노력해야 할지 그 범위를 제대로 가늠해야 합니다. 이번에는 이것에 대한 몇 가지 구체적인 예시를 살펴보겠습니다.

세무국 보고서에는 고위직 임원에 대한 급여를 인상시키면서 이들의 급여명세서에 인쇄되는 금액은 그대로 두는 정교한 악성 코드를 상상해 봅시다. 경영진이 세금 환급을 신청하면, 이들이 제출한 급여 액수가 상당히 낮기 때문에 세무 감사가 나올 것입니다. 그러면 무슨 일이 생길까요? 결국 사건이 해프닝으로 끝날 가능성이 매우 높습니다. 변호사들과 회계사들이 달려들어 이러한 상황을 설명하는 데 시간을 좀 들여야 하겠지만, 연봉 계약서와 연간 수익 보고서, 은행 기록 및 다른 컴퓨터 시스템, 이사회의 회의록, 그리고 법적 증거의 유효성을 높이기 위한 업계 경쟁 구도 전문 외부 컨설팅회사와의 논의 등의 증거 자료가 충분할 것입니다. 다시 말해서 이것은 단지 번거로운 공격에 불과합니다. 반면 고가의 교체하기 어려운 장비를 손상시키는 악성 코드는 심각한 위협이 됩니다. 스턱스넷Stuxnet이나 전기 발전기를 파괴한 '오로라Aurora' 테스트를 생각해 보세요. [Meserve 2007; Zetter 2014]

더욱 그럴 듯한 시나리오는 중요한 기업 기밀을 훔치려는 악성 코드입니다. 무작위적인 바이러스 작성자로부터 국가 정보기관에 이르는 공격자, 그리고 페인트 제조사부터 방어 외주업체와 관련된 피해자 등이 관련된 분명한 사건은 현실에서도 충분히 있는 실제적인 위협입니다. [NCIX 2011] 그럼에도 불구하고 중요한 비밀을 보호하는 것은 어렵습니다. 왜냐하면 격리하기 쉬운 단일 위치에 모아둔 경우가 드물기 때문입니다. 하지만 이런 기밀은 공격해 볼만한 가치가 충분합니다.

여기에서도 몇 가지 분석이 필요합니다. 적이 실제로 여러분의 비밀을 사용할 수 있을까요? 만약 적이 외국 정부나 매우 큰 기업으로부터 비밀리에 지원을 받을 수 없다면, 이런 큰돈의 지출은 감당할 수 없을 것입니다. 악당들에게는 안 된 일이지만, 이런 자금을 댈 만한 경쟁사들이 항상 나타나지는 않습니다. [Domin 2007]

주의 깊은 분석만큼 중요한 것은 없습니다. 보유 자산을 평가하고, 자산을 보호하기 위해 무엇을 해야 할지 예측하며, 침투의 가능성과 비용을 추측하고, 그에 따라 자산을 할당해야 합니다. 보호에 관한 질문 중 하나인 네트워크를 보호할 것인지, 아니면 호스트를 보호할 것인지에 대한 문제는 특히 자세히 살펴볼 필요가 있습니다. 우리는 종종 '네트워크 보안network security'이라는 분야의 명칭 때문에 오해하곤 하는데, '네트워크 보안'이 '네트워크를 보호하는 것'이라고 생각하면 곤란합니다. 노상강도가 도로의 일부를 훔치는 것이 아닌 것처럼 네트워크는 도로와 같이 단순히 공격자가 사용하는 통로일 뿐입니다.

몇 가지 예외는 있지만, 공격자는 네트워크 자체에는 관심이 없습니다. 연결성은 오늘날 어디에나 구축되어 있고, 지금보다 더 나은 연결성이 필요한 공격자는 드뭅니다. 특히 스팸 및 DDoS 공격 실행에는 연결성이 좋은 호스트를 원하겠지만, 파이프 자체는 특별히 보호할 필요가 없습니다. 하지만 호스트와 파이프를 함께 보호하는 것은 좋습니다.

몇 가지 중요한 특수 케이스가 있는데, 가장 눈에 띄는 것은 ISP입니다. ISP는 연결을 제공하는 것이 목적이므로 네트워크를 공격하면 사업의 핵심이 차단됩니다. 주된 위협은 DDoS 공격입니다. 이것은 심지어 ISP의 네트워크에 직접 연결되지도 않았으므로 ISP에서는 제어할 수도 없는 호스트로부터 오는 공격을 완화시키는 것에 유의해야 합니다.

ISP와 고객에게 모두 영향을 미치는 두 가지 특수한 경우도 살펴보겠습니다. 첫 번째는 ISP에 사이트를 연결하는 데 사용하는 액세스 네트워크이고, 두 번째는 매우 낮은 대역폭 같은 비정상적인 특성 때문에 추가 바이트가 골칫거리가 될 수 있는 네트워크입니다. 이러한 상황에서는 인프라에 대한 대단치 않은 공격으로도 완전한 서비스 거부까지 갈 수 있습니다. 이전과 마찬가지로 네트워크 운영자는 문제를 일으키는 호스트에 대한 직접적인 제어권이 거의 또는 전혀 없으므로 이에 대한 대응 계획은 네트워크 운영 측면에서 세워야 합니다.

보호해야 하는 것이 무엇인지와 어디를 방어해야 하는지를 혼동하지 말아야 합니다. 호스트 보호에는 네트워크 방화벽이나 네트워크에 있는 침입 방지 시스템을 사용하는 방법이 최선일 것입니다. 반대로 안전하지 않은 네트워크를 처리하는 가장 좋은 방법은 호스트에 대한 암호화 소프트웨어 설치일 때가 많습니다.

이 모든 문제가 혼합된 '클라우드cloud'는 중요한 특수 경우입니다. 클라우드 자원을 보호하려면 어떤 특별한 사전 조치를 취해야 할까요? 이 문제는 '10장. 클라우드와 가상화'에서 자세히 설명하겠습니다. 지금으로서는 "클라우드는 안전한가?"라는 것은 잘못된 질문입니다. 좀 더 정확하게 묻는다면 "물론 그렇지 않다."라는 쓸모없는 답만 할 수 있습니다. 이러한 질문보다는 오히려 클라우드가 충분히 안전한지, 클라우드를 사용하는 것이 직접 처리하는 것보다 더 나은지, 더 나쁜지를 묻는 것이 맞습니다.

2.3 시스템 문제로서의 보안

> 하나의 물리적 법칙을 변경하는 것은 땅콩을 딱 한 알만 먹으려는 것과 같다.
>
> The Theory and Practice of Teleportation
> — 래리 니븐LARRY NIVEN

자, 보안 퀴즈 하나를 내보겠습니다. 경쟁업체 CEO가 쓰는 노트북에서 어떤 정보를 훔치고 싶다고 가정해 봅시다. 여러분이라면 어떻게 하겠나요?

(a) 새로운 JPG 처리의 제로데이 버그를 찾아서 이 CEO에게 감염된 이미지를 메일로 보낸다.

(b) 기존의 JPG 버그를 찾아서 CEO에게 이미지 파일을 메일로 보낸다.

(c) 바이러스가 감염된 여러분이 제어하는 웹사이트, 즉 워터링 홀watering hole을 사용하도록 유인한다.

(d) 미리 이 사람의 사무실을 방문해서 부비트랩boobytrapp USB를 컴퓨터에 살짝 끼워놓는다.

(e) 노트북을 가지고 해외로 나갈 때까지 기다린 후 세관 직원을 매수하거나 다른 방식으로 유도하여 여러분을 위해 이 노트북을 '검문Inspection'하도록 한다.

(f) 해외 출장을 기다리는 대신 비서를 매수하여 위와 같은 일을 하도록 지시한다.

(g) 청소부를 매수한다.

(h) 집에 노트북을 가져갈 때까지 기다렸다가 보안 수준이 낮은 가정용 네트워크를 통해 공격한다. NSA는 내부 직원의 이러한 행위도 위협으로 간주한다.[1]

(i) 시스템 관리자가 기업 내 패치와 안티바이러스 업데이트를 배포하는 파일 서버에 침투한 후 악성 코드를 심는다.

(j) 여러분이 가진 시스템 중 하나를 통해 해당 시스템에서 트래픽을 우회할 수 있도록 악성 DHCP 서버를 설치하거나 ARP를 변조하여 다운로드한 콘텐츠를 여러분이 조작할 수 있도록 한다.

(k) 공항으로 CEO를 따라가서 불량 액세스 포인트를 만들어 트래픽을 캡처한다.

(l) CEO가 묵는 호텔에 가서 기업 VPN에 암호화된 연결을 해독한다.

(m) 맞춤형 바이러스로 회사 안의 누군가를 감염시킨 후 임원실로 확산되기를 바란다.

(n) 스피어 피싱spear-phishing 메일을 보내고 위조된 회사 웹사이트로 불러낸다. CEO가 노트북에서도 웹사이트와 같은 암호를 사용할 것이라고 가정하고 파일 공유 서비스에 연결한다.

(o) CEO가 발표하는 프레젠테이션이 끝날 때까지 기다렸다가 발표 후 참석자와 이야기하면서 주의가 산만한 틈을 타 노트북을 훔친다.

물론 이들 중 일부는 터무니없는 생각입니다. 마찬가지로 조건만 맞다면 모두 다 성공할 수도 있습니다. 마지막 예는 실제로 퀄컴Qualcomm CEO에게 일어났던 일입니다.[2] 사실 실제 성공했던 몇 가지 공격은 생략했습니다. 그렇다면 과연 이러한 공격에 대해 어떻게 방어해야 할까요?

요점은 보호할 자산이 단 하나뿐이라도 방심해서는 안 된다는 것입니다. 공격할 방

---

1 "홈 네트워크 안전 유지를 위한 최선의 방법(Best Practices for Keeping Your Home Network Secure)" https://www.nsa.gov/ia/ files/factsheets/I43V Slick Sheets/Slicksheet BestPracticesForKeepingYourHomeNetworkSecure.pdf

2 "노트북과 함께 사라진 퀄컴 기밀(Qualcomm Secrets Vanish with Laptop)" http://www.infosyssec.com/securitynews/0009/2776.html

법은 많지만, 이들 모두를 감시해야 합니다. 더욱이 시스템이 복잡할 때 실제로 위험은 연속된 보안 실패로부터 올 수 있습니다. 필자가 쓴 책인 『Firewall』[Cheswick and Bellovin 1994, p. 8~9]에서는 다음과 같은 하나의 사례를 설명했습니다.

프로덕션 게이트웨이 시스템production gateway system에 주말 동안 장애가 발생했고, 시스템 운영자가 백업 전문가의 장애를 쉽게 복구하기 위해 게스트 계정을 추가했습니다. 하지만 해당 계정은 보호되거나 삭제되지 않았기 때문에 주말이 끝나기 전에 아마추어 해커가 그것을 발견했습니다. 또 다른 사건에서는 필자가 한 제품의 보안 감사로 있을 때 개발자 중 한 사람이 해킹 혐의로 체포되었다는 것을 알게 되었습니다. 백도어가 코드베이스에 삽입되어 있는지 의심스러웠습니다. 확인 결과, 두 개의 구멍이 발견되었는데, 그 중 하나는 또 다른 개발자가 만든 오류였습니다. 아이러니하게도 그녀는 감사팀의 일원이었습니다. 그런데 다른 하나의 구멍 때문에 필자는 진지하게 고민했습니다. 왜냐하면 흔한 설정 오류 하나와 두 개의 독립적인 버그 때문이었는데, 그 중 하나의 설명은 코드와 일치하지 않아서 문제가 발생한 것이었습니다. 오늘까지도 필자는 이것을 고의로 심은 것이었는지 확신할 수 없습니다.

복잡한 시스템에는 복잡한 장애가 발생합니다! 정의상 일어날 수 있는 모든 상호작용을 인지하는 것은 불가능합니다. 설상가상 문제는 동적이어서 네트워크의 한 부분에 있는 소프트웨어나 구성의 변화는 다른 곳의 보안 문제를 초래할 수 있습니다. 1995년쯤에 있었던 일반적이면서 단순한 방화벽의 형태를 살펴봅시다. 보안상 안전했을 수도 있겠지만, 그 자체로 서로 무해하고 관련 없는 두 개의 기술 개발이 결합되면서 다음과 같은 문제가 발생했습니다. [D. M. Martin, Rajagopalan, Rubin 1997]

첫 번째는 파일 전송 프로토콜FTP을 위한 투명 프록시transparent proxy의 개발이었습니다. [Postel and Reynolds 1985] 기본적으로 FTPFile Transfer Protocol는 서버에서 클라이언트까지 실제 데이터를 전송하기 위해 인바운드 콜inbound call을 요청합니다. 그러면 일반적으로 연결되는 호스트와 포트는 클라이언트에 의해 FTP 서버로 전송됩니다. 물론 방화벽은 무해한 인바운드 콜을 데이터의 송·수신만큼 위험하지 않을 경우에도 허용하지 않습니다. 이에 대한 해결책은 더 똑똑한 방화벽입니다. 지능이 높은 방화벽은 커맨드 스트림을 검사하고, FTP 전송에 어떤 포트가 사용되었는지 학습한 후 일시적으로 그에 맞는 규칙을 생성하여 FTP 통신을 허용합니다. 이런 방법은 보안 취약점을 만들

그림 2.1 SQL 인젝션 공격

지 않으면서 기능적인 문제를 모두 해결했습니다.

두 번째 기술 개발은 웹 브라우저에 자바Java를 도입한 것입니다. [Arnold and Gosling 1996; Lindholm and Yellin 1996] 자바는 안전하다고 가정되었고, 사용자를 보호하기 위해 다양한 제한 사항이 도입되었습니다. [McGraw and Felten 1999] 여러 가지 제한 사항 중 하나는 네트워킹에 대한 것인데, 자바 애플릿은 네트워크 I/O가 가능하지만, 다운로드가 이루어졌던 호스트로만 할 수 있습니다. 물론 FTP를 사용하는 네트워크도 포함되지만, 여기에서 문제가 분명히 보입니다. 악성 애플릿이 FTP를 이용해서 임의의 포트에서 무작위의 보호된 호스트에 연결하도록 방화벽을 허용하는 것입니다.

철학적 고민의 부재로 인해 이러한 실패 상황이 발생했기 때문에 우리는 더욱 깊이 고민할 필요가 있습니다. 첫째, 방화벽에서 FTP를 처리하는 것은 모든 방화벽을 설계할 때 내부에 좋은 사람들만 있다고 생각하여 악의적인 FTP 요청은 발생할 수 없다고 잘못 가정하는 결과입니다. 그러나 악성 애플릿은 사람이 아닌 악의적 행위자이고, 방화벽 설계자가 미처 예측하지 못한 시나리오입니다. 한편 자바 보안 모델의 설계자는 사용자를 위험하게 하지 않으면서도 가능한 많은 기능을 활용하도록 만들려고 했습니다. 1995년에는 FTP를 이런 방식으로 처리하는 것을 제외하더라도 방화벽 자체가 흔하지 않았기 때문에 자바가 이러한 시나리오를 처리하지 못한 것은 놀랄 일도 아닙니다. 사실 이러한 문제는 지금 논쟁할 가치가 없습니다. 웹 사용의 증가로 인해 FTP 서버 사용이 줄어들었기 때문에 방화벽에서 FTP 지원을 비활성화하는 것도 합리적입니다.

사용자가 FTP 명령 채널 [Ford-Hutchinson 2005]을 암호화한다면, 방화벽이 포트 번호를 볼 수 없고, 문제가 없을 경우 포트의 개방이 불가능할 것입니다. 이후 '더 똑똑해진 방화벽', '자바의 배포', '웹의 증가와 FTP의 쇄락', '암호화된 FTP의 표준화'라는 네 가지 서로 다른 개발이 합쳐져서 보안 위협의 이유가 되었다가 이것을 방지하게 되었습니다.

기업 네트워크의 보호는 복잡하지만, 그만큼 복잡한 매우 중요한 사례가 있습니다. 실제는 상호연결된 수많은 컴퓨터로 구현되었지만, '단일' 기능을 보호하는 것입니다. 일반적인 전자상거래 웹사이트를 살펴봅시다. 고객에게는 단일한 시스템으로 보이지만, 이런 회사에서 일했던 사람들은 이런 생각에 이미 웃고 있을 것입니다. 최소화해서 말해도 웹 서버는 커다란 백엔드back-end 데이터베이스용 프론트엔드front end에 불과합니다. 더 일반적으로는 재고, 고객 프로파일, 주문 현황, 판매 세율, 선물카드 등이 있는 다수의 백엔드 데이터베이스, 고객 관리 링크, 네트워크 운영 그룹, 외부 콘텐츠 공급자, 개발자 사이트 및 시스템 관리 링크 등이 있습니다. 특히 외주 처리하는 경우 고객 관리 링크라는 자체만으로도 설정이 복잡합니다. 이 중에서 어느 하나라도 침해 사고가 발생할 통로가 될 수 있습니다.

SQL 인젝션 공격은 웹 서버가 데이터베이스에 부주의하게 전달할 때 발생합니다(그림 2.1 참고). 고객 관리 담당자는 분류된 데이터베이스에서 잘못된 입력값을 수정하기 위한 권한을 반드시 갖고 있어야 하는데, 이들의 시스템에 대한 침투는 매우 심각한 결과를 발생시킬 수 있습니다. 시스템 관리자는 거의 무슨 일이든지 할 수 있고, 그에 따른 위협이 어떨지는 쉽게 상상할 수 있을 것입니다. 이렇게 설정하면, 방화벽은 최소한의 도움에 불과합니다. 따라서 가장 큰 위험은 방화벽이 허용해야 하는 프로토콜에서 온다는 것에 주의해야 합니다. 예를 들어 SQL 인젝션 공격은 HTTP를 통해서 웹 서버로 전달되고, 이후 표준 프로토콜로써 데이터베이스에 정상적인 쿼리를 수행합니다.

2.4 악당처럼 생각하기

보안 실행에서 가장 어려운 일 중 하나는 어린 시절에 받은 훈련을 모두 잊어야 한다는 것입니다. 여러분은 악한 생각은 하지 않도록 배웠을 것입니다. 실제로 악한 일을 저지를 의도가 없다면 옳지 않은 일을 계획할 필요가 없고, 당연히 해서는 안 되는 무언가를 하고 싶은 생각이 없을 것입니다. 그런데 보안 전문가가 된다는 것은 그 반대입니다. 이번 장의 시작 부분에서 설명한 것처럼 이 일은 선한 일을 위해 악한 생각을 함께 해야 합니다. 쉽지는 않지만 반드시 그래야만 합니다. 그렇다면 당신은 악당들을 어떻게 생각하나요?

그 출발점은 이미 논의한 대로 자산을 파악하는 것입니다. 모든 보안 책에서 설명하는 버퍼 오버플로와 SQL 인젝션, 확인되지 않은 입력값, 패스워드 추측 등에 대한 체크리스트를 뛰어넘는 취약점을 식별하는 것은 더욱 어려운 일입니다. 그렇다면 새로운 구성에서 새로운 결함을 어떻게 발견할 수 있을까요? 여러분이 완전히 다른 종류의 인터넷 행동 양식, 즉 대규모의 P2P^{Peer to Peer,} 파일 공유와 같은 것을 개발한다면, 어디가 위험한지 어떻게 알아낼 수 있을까요?

이것은 요리책의 레시피처럼 정해진 방법은 없지만, 대충 생각해 보아도 그 과정은 뻔합니다. 공격자는 경계를 넘어서기 때문에 방어책도 경계를 넘어야 합니다. 예를 들어 특정 모듈이 알파벳의 A, D, F, G, V, X만 포함하는 입력 메시지를 받아들인다고 가정해 봅시다. 다른 문자가 입력되면 문제가 생길 것이라고 추측하기는 쉽지만, 이것을 어떻게 방지하느냐가 문제입니다. 이때 분명한 두 개의 수정 방법은 한 모듈의 입력 필터링이나 다른 모듈의 출력 필터링인데, 정답은 둘다 해당됩니다. 대신 추가로 로그를 남깁니다. 출력 필터링은 당연히 업스트림 모듈이 올바르게 작동하도록 보장합니다.

통신 루틴을 호출하고, 여섯 개의 적절한 허용 문자를 사용하여 메시지를 암호화하는 것이 실제로는 자연스러운 코드 경로일 수도 있습니다. 몇몇 나쁜 사람이 Q, Z, 심지어 J나 þ와 같은 문자를 보낼 다른 방법을 찾는 것을 제외하면 전혀 잘못될 수 없습니다. 무작위적인 인터넷 노드가 이런 까다로운 모듈에 메시지를 보낼 수 있을까요? 인트라넷^{Intranet}에 있는 전복된 노드는 어떨까요? 같은 시스템에 있는 또 다른 모듈은 어떨까요? 공격자는 어떤 랜에 접근 권한을 얻어 올바른 지점에 닿을 수 있을까요? 전복되어 쓰레기를 보내도록 조정할 수 있는 사소하고 민감하지 않은 모듈이 있을까요? 물론 이런 일은 일어나선 안 되지만, 방어 분석가는 이런 것들을 모두 찾아내야 합니다. 그런데 이 모두를 찾기는 불가능하므로 입력 필터링 및 다른 보안책이 실패한 지점이 어디인지 알려줄 로그 기록을 넣고 싶을 것입니다.

위의 시나리오에서 배울 수 있는 또 다른 교훈이 있습니다. 시스템에서 유동적인 부분이 많을수록 분석은 더욱 어렵다는 것입니다. 간단히 말해서 코드가 없으면 시스템이 전복될 수도 없습니다. 이와 같이 복잡성은 항상 우리의 적입니다. 이것은 모듈 안에서도 마찬가지인데, 웹 서버는 훨씬 더 복잡하기 때문에 간단한 인증 서버보다 보안면에서 구멍이 더 많을 수 있습니다. 따라서 인증 서버가 더 민감한 데이터를 포함해도설계상의 단점이 될 확률은 적습니다.

적을 본보기로 따라하려고 할 때 가장 중요한 문제는 보안 취약점이 무엇인가입니다. 즉 어떤 시스템 구성 요소가 뚫릴 가능성이 더 큰가가 가장 중요합니다. 이것을 측정하는 절대적인 방법은 없지만, 다음과 같은 몇 가지 규칙은 있습니다. 이런 질문은 '11장. 안전한 시스템 구축하기'에서 더욱 자세히 다룰 것입니다.

- 외부로부터 받는 입력값을 처리하는 모듈이 더 취약하다.

- 권한이 필요한 모듈은 공격 대상이 될 가능성이 높다.

- 다른 모든 조건이 같다면 더 복잡한 모듈이나 시스템에 보안 결함이 있을 가능성이 높다.

- 더욱 다양한 입력 언어를 받아들이는 모듈에 파싱 문제가 있을 가능성이 더 크다.

인적 요소를 무시하지 말아야 합니다. 물론 직원을 매수할 수 있는 것은 MI-31 정도뿐이지만, 실제로든지, 상상으로든지 누군가가 원한을 품는다면 큰 피해를 줄 수 있습니다. 상사가 여러분에게 와서 "크리스를 해고하려 한다!"라고 하는데, 크리스가 모든 패스워드와 취약점을 알고 있는 시스템 관리자라면 어떻게 할 것인가요? 또는 "노조가 파업하려고 하는데, 전자 피켓 라인을 못 만들게 막을 수 있을까?" 또는 "내일 대규모 구조 조정이 있을 텐데, 시스템을 보호할 수 있을까?"라고 묻는다면 어떨까요? 결국 이 모든 것이 현실적인 문제입니다. (사실 필자는 이 세 가지 질문을 모두 받아보았습니다.) 함께 일하는 동료를 불신하는 것은 확실히 여러분과 다른 사람의 사기를 떨어뜨립니다. 하지만 모두를 신뢰하는 것도 많이 위험할 뿐만 아니라 스트레스 상황에서는 똑같이 문제를 만들 수 있습니다. 주어진 역할에 충실해야 하지만, 이때 사람이 아니라 역할이라는 데 주의해야 합니다. 그리고 어떤 피해를 줄 수 있을지, 이것을 어떻게 방지할지 고민해야 합니다. 그런데 이런 대답은 기술적이라기보다 절차적일 수 있습니다.

예를 들어 가짜 사용자가 시스템에 추가되는 경우 나쁜 일이 일어날 수 있다는 분석이 나오면, 별도의 그룹이 새로운 사용자 리스트를 신입 직원 데이터베이스 등에 대조하여 감사를 시행해야 합니다.

콘티Conti와 캐롤랜드Caroland는 학생들이 부정행위를 하게 되는 또 다른 교육학적 아이디어를 던졌습니다. [2011] 학생들이 불만을 갖도록 의도적으로 불공정한 시험을 치르게 한 것입니다. 학생들에게 부정행위가 허용된다고 하면서도 오직 적발되는 경우에만 처벌받는다고 했습니다. 학생들은 실험자들이 원하는 대로 엄청나게 창의적인 반응을 보였습니다. 보안을 깨는 것은 규칙을 따르지 않는 것이며, 이것을 어떻게 하는지 모르는 사람이라면 적을 적절히 예측할 수 없습니다. 그 결과, 다음과 같이 매우 정확한 결론을 내릴 수 있었습니다.

여러분 자신과 학생들에게 부정행위를 가르쳐라. 우리는 늘 테두리 안에만 색을 칠하고, 규칙을 따르며, 절대로 부정행위는 하지 않도록 배웠다. 하지만 사이버 보안을 위해서라면 이런 사고방식을 버려야 한다. 수많은 방어책 중 단 하나의 결함만 발견하면 성공할 수 있는, 결의에 차 있고 창의적인 악당을 무찌르기는 어렵다. 우리의 두 손과 두뇌를 꽁꽁 묶어두면 안 된다. 우리가 진정으로 최고의 정보 보안 전문가를 만들기 원한다면, 적과 같이 생각하는 것은 필수적인 기술이다. 부정행위에 대한 연습은 긴 여운을 주었다. 이후 학생들에게 효과적으로 시스템을 평가하는 방법을 가르치고, 상상력을 갖도록 동기를 부여할 수 있었다. 부정행위를 통해 학생들이 생각하는 보안과 신뢰 모델에 대한 추측에 도전할 것이고, 일부는 이런 과정을 불편하게 느낄 것이다. 하지만 원래 그렇게 디자인된 것이므로 상관없다. 해커와 같이 생각하는 절차를 학습해서 최고의 보안 시스템을 구축하는 데 필요한 창의적 사고를 발휘할 수 있도록 노력하는 것이다. 결국 효과적인 레드팀이 되어 침투 테스트를 하고, 공격에 방어하며, 윤리적 해킹 활동을 실시하는 것이다.

악당들의 활동에 대한 보고서를 열심히 보면 도움이 됩니다. 업계 신문은 유용하지만, 사후에 알리는 경향이 있기 때문에 여러분은 이것보다 앞서고 싶을 것입니다. 악당들이 원하는 특정적인 것에 먼저 초점을 맞춰봅시다. 여러분이 안드로메다의 타깃이 될 것이라고 생각한다면, 아마 국가 방첩기관과 이야기해야 할 것입니다. (여러분은 보안 도급 업체이고 MI-31이 원하는 것을 알고 있어도 이 단계를 건너뛰어서는 안 됩니다. 이들이 쓰는 방식은 중간 타깃의 침투를 포함해서 모두 중요하며, 방첩 요원들은 무슨 일이 일어나고 있는지 알고 싶어 합니다.)

수년 동안 진행된 공격 대상 선택의 변화는 매우 두드러집니다. 일반적으로 해커들은 보안 커뮤니티보다 앞서가며, 보안 담당자들이 문제를 파악하기 전에 공격의 기회를 잘 포착해 왔습니다. 이러한 공격 가능성은 항상 인지되었고 이를 경고하는 사람들도 있었지만, 너무 많은 전문가가 고정된 위협 모델만 추측해 왔습니다.

순수한 아마추어 해킹으로부터의 첫 번째 주목할 만한 변화는 1993년 말에 일어났습니다. 적들은 평문 패스워드에 대한 '계속되는 네트워크 모니터링 공격'이라고 설명했습니다.[3] 더욱 흥미로운 것은 많은 ISP가 백본 링크backbone link에 직접적으로 연결된 워크스테이션을 갖고 있었다는 것입니다. 당시의 LAN 기술이 스위칭되지 않은 이더넷임을 고려하면, 공격자가 침투한 경우 모든 시스템이 도청 장비로 변할 수 있습니다. 이와 같이 제대로 설치된 기계는 널리 알려지지 않았기 때문에 공격자가 도청의 기회를 어떻게 알아냈는지는 확실하지 않습니다. 하지만 사건의 본질은 선한 사람들은 해당 기기의 설치로 인한 보안 관련 영향을 이해하지 못했지만, 악당들은 그 본질을 잘 알고 있었다는 점입니다.

공격자의 공격 대상 선정은 특히 DNS 서버에 대한 관심으로 수년에 걸쳐 정교화되었지만, 2003년경에 큰 변화가 일어났습니다. 인터넷을 채우던 스플래시 웜들splashy warms이 갑자기 특별한 이유도 없이 거의 활동을 멈추고, 대신 '소빅 바이러스sobig virus'라는 금전적인 이유로 스팸을 보내는 악성 코드가 그 자리를 대신한 것입니다. [Roberts 2003] 바이러스 제작자가 스패머spammer와 동맹을 맺고, 이들에게 돈을 지불한 스패머들의 아름다운 메일이 우리의 수신 메일함을 꽉 채우게 되었습니다. 선한 사람들이 무슨 일이 일어난 것인지 이해하는 데 약간 시간이 걸렸는데, 감염된 무작위의 PC들은 단지 해커들이 자기 실력을 자랑하려는 목적으로 침입자들을 허용하는 선에서 멈추지 않았습니다. 즉 악당들이 '발상을 전환한' 것입니다. 이것은 웹사이트 피싱 및 키스트로

---

3 "CERT Advisory CA-1994-01 지속되는 네트워크 모니터링 공격(CERT Advisory CA-1993-01 Ongoing Network Monitoring Attacks)" http://www.cert.org/advisories/CA-1994-01.html

크 로거keystroke logger의 형태로 널리 퍼졌습니다. 이제 이것은 경제적인 이득이 인터넷을 공격하는 주된 동기가 되었습니다.

그 다음 변화는 곧이어 타이탄 레인Titan Rain 공격과 함께 일어났습니다. [Thornburgh 2005] 중국이 널리 퍼트린 이 공격은 미국 정부 사이트에 대한 타깃형 산업 스파이 공격으로 보입니다. 사이버 간첩 활동의 개념은 새로운 것이 아닙니다. 사실 인터넷의 초기에 [Stoll 1988; Stoll 1989] 실제로 이런 시도가 있었지만, 대규모 공격은 놀라운 것이었습니다. 오늘날 우리는 일반적으로 주요국 정부의 사이버전 부대가 높은 품질의, 군사화된 악성 코드Stuxnet, Duqu와 Flame를 만들어내는 새로운 시대에 살고 있는지도 모릅니다. [Goodin 2012b; Markoff 2011b; Sanger 2012; Zetter 2014]

그렇다면 이러한 모든 사건의 공통점은 무엇일까요? 플레임의 암호 해독학적 요소를 제외하면, 이런 공격에서 특별히 독창적이거나 뛰어난 면은 없고 단지 더 많은 노력을 기울인 결과물이라는 사실입니다. [Fillinger 2013; Goodin 2012b; Zetter 2014] 이들 사건은 공격자들이 인터넷에 일어난 변화의 중요성을 깨달았다는 점이 핵심입니다. 1990년 미군은 아주 적은 몇몇의 연구실을 제외하고는 온라인 상태가 아니기 때문에 공격자들이 공격할 수 없다고 말했습니다. 그런데 현실에서는 온라인 상태가 되면서 해커들이 달려든 것입니다.

이러한 사건의 본질적인 문제는 방어측이 아니라 공격자에 의한 공격 대상과 기회에 대한 앞선 생각 때문에 발생한 것이어서 어떤 의미에서는 이해되는 면이 있습니다. 관리자에게 이전에는 실제로 결코 위협이 된 적은 없던 공격에 대한 방어의 필요성을 설득하고 자금을 받는 것은 어려운 일이지만, 이렇게 변명할 일만도 아닙니다. '배에는 잠수함과 표적, 이렇게 단 두 종류만 있을 뿐'이라는 해군 속담이 있습니다. 사이버 공간에서도 마찬가지로 '악성 코드'와 '표적'이라는 두 종류의 소프트웨어만 있을 뿐이고, 선한 이들은 천진하게 더 많은 타깃을 만들어내고 있는 것입니다. 다음의 예측하지 못한 단계는 사이버전쟁이 될까요? 이것은 이 책의 범위를 넘는 매우 복잡한 주제입니다. 필자는 언론에서 말하는 최악의 시나리오가 신빙성이 있다고 생각하지는 않지만, 여러분이 믿는 것보다는 더 엄청난 잠재적인 위험이 있을 것이라고 생각합니다. 여기서 요점은 이 장의 제목과 일치합니다. 내년의 타깃이 누가 될 것인지에 대해서는 '발상을 전환'해야 합니다. 새로운 서비스를 도입한다면, 이를 망칠 수 있는 명확하지 않은 방법을 모두 생각해야 합니다.

목표 선정을 떠나서 방어자들은 시스템이 어떻게 악용되는지 생각해야 합니다. 설계 단계에서 당장 있는 버그보다 장기적 추세에 더 관심을 가져야 합니다. 도청, SQL 인젝션 공격, 버퍼 오버플로 등은 수십 년 동안 우리와 함께했으므로 이것에 항상 대비하여 시스템을 보호해야 합니다. 일부 모듈의 $e^{\pi i}$ 버전상의 특정 취약점은 운영에서는 관심을 갖겠지만, 이것을 처리하려면 복잡한 문제가 생깁니다. 따라서 공급업체로부터 패치를 얻을 때까지 좀 더 집중적으로 모니터링하는 방법 외에는 딱히 할 수 있는 게 없을 것입니다. 그렇다면 이러한 위험을 감수할 만큼 서비스의 가용성이 중요할까요? 여러분만이 이 질문에 답할 수 있지만, 답이 필요한 질문임에는 틀림없습니다.

하지만 악당의 관점에서 고려하세요. 여러분이 해커라고 가정하고, 새로운 취약점을 공격할 수 있는 코드를 얻거나 작성했다고 생각해 봅시다. 그렇다면 그것으로 과연 무엇을 할 것인가요? 단일 대상을 공격할까요? 많은 대상을 공격할까요? 정말 작동하는지 잠시 기다릴까요? 일부 공격자는 지금 무엇을 훔칠 수 있을까에 집중하면서 즉시

사이버전쟁?

[Bellovin 2013]에서 사이버전쟁cyberwar에 대한 아이디어를 정립했지만, 여기에서 간단하게 필자의 의견을 말해보겠습니다. 첫째, '사이버전쟁' 같은 것은 없습니다. 사이버 무기든, 아니든 무기를 사용하는 전쟁만 있을 뿐입니다. 둘째, 누군가가 악성 코드, 핵탄두 ICBM이나 더 나은 석궁 같은 새로운 무기를 갖춘다는 이유만으로 전쟁이 시작되지는 않습니다. 무기는 전쟁을 가능하게 할 수 있지만, 다른 이유로 전쟁이 시작되기도 합니다. 냉전이 정점에 있던 동안에는 몇몇 전략가가 BOOB Bolt Out Of the Blue 공격을 예상했고, 오늘날에도 이것은 일어날 가능성이 있습니다. 더욱이 사이버 공격은 특성상 전략보다는 전술적 무기에 더욱 적합합니다. 이 마지막 의견에 대한 좀 더 자세한 내용은 [Libicki 2009]를 참고하세요.

어떤 악의적 상호작용이 반드시 전쟁으로 이어지거나 개전 이유를 구성한다는 뜻은 아닙니다. DDoS 공격은 공습과 같은 범주에 들지 않으며, 정부 후원의 사이버 간첩 행위는 특공대의 습격과는 다릅니다. 간단한 지표를 적용해 봅시다. 스파이 활동과 같은 행위에 인공위성을 사용한다면, 이것은 어떻게 분류할 것인가요? 드론에 의한 행위는? 특수 부대는? 정보기관의 스파이는? 지역에서 뽑았지만 외국의 지령을 받는 스파이 또는 공작원은? 타국의 자금이나 다른 지원을 받는 지역 단체는? 첩보 활동은 분명 전쟁으로 이어지지 않으며, 허위 정보전도 마찬가지입니다. 물리적 피해를 야기하는 행위여도 전쟁을 유발할 수도, 아닐 수도 있습니다. 분명하게, 반복적으로 이루어지지 않는 한 일반적으로 전면전은 발생하지 않습니다.

만족하려고 합니다. 다른 공격자들, 특히 더 뛰어난 자들은 장기적으로 보면서 당장 무엇인가 유용한 결과가 나오지는 않아도 관심 대상들에 대한 초기 침투에 새로운 코드를 사용했다가 나중에 다시 돌아올 수 있게 백도어back door를 설치할 것입니다.

03장

위협 모델

"그런데 우리는 상대를 비하하고 그들을 해적이라고 부름으로써 우리 자신에 대해 지나친 과신을 쌓아가고 있다. 이들은 하찮은 존재가 아니며, 그럴 리도 없다. 보스코니아 Boskonia는 그저 한 인종 또는 시스템을 뛰어넘는 존재임에 분명하다. 아마도 은하계 전체에 걸친 문화일 가능성이 높다. 보상과 처벌의 견고한 시스템을 통해 권위를 유지하는 완전한 독재체제이다. 우리의 눈에는 근본적으로 잘못되었지만, 잘 돌아가고 있다. 그것도 아주 훌륭하게 말이다! 우리와 똑같이 조직적이고, 분명히 기지, 선박, 그리고 인력까지 잘 갖추고 있다."

Kimball Kinnison in Galactic Patrol
— 에드워드 엘머 스미스 E. E. "DOC" SMITH

3.1 당신의 적은 누구인가?

가장 단순한 이 보안 문제에 대한 정답은 '상황에 따라 다르다'입니다. 보안은 절대적인 정답이 있는 문제가 아니라 여러 가지 제약과 목표를 고려하여 최고의 전략을 선택하는 문제입니다.

　여러분이 보안 컨설턴트라고 가정해 봅시다. 고객을 방문할 경우 시스템을 보호할 수 있는지 질문할 것입니다. 이때 고객에게 물어보아야 할 첫 번째 질문은 항상 "무엇으로부터 어떤 것을 보호하려고 하십니까?"여야 합니다. 이 회사 CEO의 어릴 적 친구이면서 라이벌이기도 한 사람에 대한 것이라면 스패머 spammer에 대한 방어 정도만으로도 충분하겠지만, 스패머에 대한 방어책으로 안드로메다인들을 막기는 힘들 것입니다.

위협이란, '동기가 있고 취약점을 악용할 수 있는 상대'로 정의됩니다. [Schneider 1999] 위협 모델을 정의하는 데에는 누군가 원할 수도 있는 여러분의 자산을 파악하고, 잠재적 공격자들의 능력을 식별하는 일까지 포함됩니다. 이 과정을 거쳐야만 얼마나 강력하게 방어해야 할지, 어떤 취약점을 조치해야 하는 것인지 알 수 있습니다. 대학교의 전산센터를 운영한다면 (대학교 도서관의 로그인 자격 증명은 열심히 찾아야 하겠지만) 아마 처리해야 할 특별한 위협은 없을 것입니다. 반면 회사의 제품이 일급 기밀에 해당하여 회사조차 무엇을 만드는지 알 수 없도록 운영되는 경우라면, 물리적 보안과 내부 직원에 대한 공갈협박 같은 것이 주요한 우려 사항이 됩니다. 리스크에 대한 정확한 이해는 보안에 관련해서 취해야 할 올바른 자세와 이에 따라 사이트에 대한 프로필에 어느 정도의 비용을 들일지 선택하는 데 필수적입니다.

1990년대에는 대부분의 해커가 10대에서 20대 초반의 남성들로(실제 거의 모두가 남성), 뚫기 어렵다는 시스템에 침투하여 서로 총명함을 경쟁했기 때문에 '조이 해커joy hacker'라고 불렸습니다. 스파이 행위가 동기였던 침입자가 없었다는 것은 아니라고 클리프 스톨Cliff Stoll이 설명했고 [Stoll 1988; Stoll 1989], 돈 파커Donn Parker는 무려 1976년에 이미 금전적 이득을 이유로 컴퓨터 범죄를 저지르는 이들이 존재한다고 언급했습니다. [Parker 1976] 하지만 초기 인터넷 침해 사건의 대부분은 단지 '그것이 거기 있으니까'라는 동기에서 이루어졌습니다.

하지만 세상은 달라졌고, 오늘날 대부분의 문제는 특정한 목표를 노리고 움직이는 이들에 의해 발생합니다. 이데올로기적 목적을 추구하기 위해 시스템을 해킹하는 핵티비스트hacktivist도 있지만, 법을 어길 이런저런 계획을 짜고 있지 않을 때는 컴퓨터 시스템에 침입하여 돈을 벌어들이는 범죄자들에 의해 대부분의 문제가 발생합니다. 이들은 다양한 책략을 활용하지만, 주로 스팸 발송과 자격증명을 많이 훔칩니다. 사실 여러분이 받는 대부분의 스팸은 해킹된 개인용 컴퓨터에서 전송되는데, 이것은 다음과 같은 중요한 결과를 갖습니다. 인터넷에 연결된 컴퓨터, 즉 대부분의 컴퓨터는 많은 공격자들에게 가치가 있습니다. 당신의 컴퓨터에 국방 기밀이 담겨있거나 절대 컴퓨터로 은행에 로그인하지 않는다고 해도 이메일을 보낼 수만 있다면 악당들에게 유용할 것이므로 반드시 보호해야 합니다.

이와 같은 이유 때문에 이 책에서는 위협 모델에 계층을 둔 것입니다. 가장 큰 위협을 주는 계층에는 국가 안보 시스템에 대한 안드로메다의 공격이 있습니다. 하지만 중간 위협 계층의 범위는 상당히 폭넓습니다. 여러분 시스템에 대한 리스크가 어느 정도인지 개략적으로 측정하는 것은 간단합니다. 해당 시스템을 전복시키면 범죄자는 얼마나 돈을 벌 수 있을까요? 예를 들어 중소기업에서 은행 업무용으로 사용되는 컴퓨터는 주요한 공격 대상입니다. 대기업은 엄청나게 더 복잡한 지불 구조를 사용하고, 대기업의 소비자들은 일반적으로 은행 계좌에 많은 돈을 갖고 있지 않지만, 중소기업은 꽤 많은 금액을 갖고 있을 것입니다. 그래서 공격자는 애써서 이러한 기계를 직접 장악하거나 키스트로크 로거를 설치하여 로그인 자격 증명을 수집하는 것입니다.

공격자들이 개인용 컴퓨터에 입력된 신용카드 번호를 훔쳐내는 것처럼 보이지 않는 이유는 굳이 노력할 필요가 없기 때문입니다. 훔친 신용카드 번호는 시장에서 충분히 대량으로 공급될 뿐만 아니라 가치도 낮아 하나당 몇 달러이면 살 수 있습니다. [Krebs 2008; Riley 2011] 그렇기 때문에 신용카드 번호를 한 번에 한두 개씩 모으는 것은 효율성이 매우 떨어지는 것이지요. (손쉬운 신원 도용을 위한 정보는 더욱 저렴해서 소량은 한 사람당 0.25달러 정도, 대량 구매 시에는 한 사람당 0.16달러입니다. [Krebs 2011a]) 하지만 카드 번호의 대규모 데이터베이스는 훨씬 더 많이 관심의 대상이 되며, 매우 규모가 큰 데이터베이스가 침해된 적도 있습니다. 뉴욕타임즈 매거진 기사에서는 알베르토 곤잘레스Alberto Gonzalez가 아마도 가장 성공한 범죄자일 것이라고 썼습니다. [Verini 2010]

수년간 정부 기관에서 일했던 곤잘레스Gonzalez와 그의 해커팀 및 공모자들은 미국에서 인지도가 가장 높은 회사인 오피스맥스, BJ 홀세일 클럽, 데이브 & 버스터 레스토랑, TJ 맥스 & 마샬 의류 체인점 등의 고객 데이터베이스에 있는 약 1억 8,000만 개의 지불 카드 계정에 접근했다. 이들은 타깃Target, 반스 앤 노블Barnes & Noble, JCPenney, 스포츠 어소리티Sports Authority, 보스턴 마켓Boston Market 및 세븐일레븐7-Eleven의 은행 시스템 네트워크도 해킹했다. 곤잘레스 사건 담당 검사에 따르면 "곤잘레스와 그의 조직에 의한 피해자 규모는 타의 추종을 불허한다."라고 말했다.

피해 액수는 40억 달러를 넘어섰고, 곤잘레스는 수백만 달러를 벌어들였습니다. [Meyers 2009]

곤잘레스가 공격한 대상 중 가장 흥미로운 것은 미국에서 가장 큰 지불 카드 프로세서 중 하나인 허틀랜드^{Heartland} 결제 시스템이었습니다. 타임지는 '당시 허틀랜드가 무언가 잘못되었다는 것을 알아챘을 때는 그 규모가 믿을 수 없을 정도로 어마어마하 게컸고, 약 1억 3,000개의 거래 데이터가 노출되었다.'라고 썼습니다. 동시에 '아마도 25만 개 이상의 업체에 영향을 줄 것이다.'라고 전했습니다. 특히 흥미로운 것은 공격 대상의 선정 방식이었는데, 대부분의 사람들은 이러한 것들이 있는지조차 알지 못했습 니다. 그런데 곤잘레스는 지불 시스템을 연구하여 이에 대해 충분히 공부하고, 그 중 주요한 곳을 해킹한 것입니다.

대부분의 컴퓨터는 물론 1억 8,000만 개의 카드 번호를 저장하거나 처리하지 않습니 다. 분명 극소수의 시스템은 이런 작업을 수행하는데, 이 경우 매우 강력한 보안이 장 점입니다. 이보다는 적지만, 꽤 많은 시스템이 대형 데이터베이스 기기, 관리자, 체인 망의 개별 상점, 심지어 매장 시스템^{POS} 등에 연결되는데, 이들 모두 위협 모델에 추가 되어야 합니다. 이러한 컴퓨터를 제어하면 공격자는 이를 통해 돈을 벌 수 있고, 결국 돈은 대부분의 인터넷 범죄의 뿌리가 됩니다.

사실 급증하는 '지하 경제'는 인터넷에 거점을 두고 있습니다. 해커와 이들에게 돈을 주는 스패머, DDoS 공격자, 피싱 사기 및 선급금 사기(일명 '419') 등을 저지르는 자들이 인터넷에서 활동합니다. 지구 어딘가에 있는 누군가가 훔친 신용카드를 통해 어떤 물 건을 빈 집으로 주문합니다. 그러면 다른 누군가가 이 배송품을 가져와서 범인에게 다 시 발송하거나, 현금으로 환불받아 범인에게 송금합니다. 하드웨어를 지향하는 공격자 는 입력하는 PIN 번호를 찍을 수 있는 카메라를 갖춘 가짜 ATM 기기를 만듭니다.

이 중 대다수의 범죄자들은 다른 유형의 범죄 행위와도 관련이 있습니다. 이들에게 인터넷은 단지 불법으로 돈을 벌 수 있는 또 하나의 수단일 뿐입니다. 2012년 국제적인 인터넷 범죄망에 대한 기습 체포가 이루어졌을 때 '금융 데이터, 해킹 팁, 악성 코드, 스파이웨어 및 아이패드와 아이폰 같은 장물'까지 제공하는 웹사이트의 압류가 포함되 었습니다. 이러한 혐의로 체포된 범죄자 중 일부는 장물 배송과 '선글라스나 공기청정 기, 인조 마리화나와 같은 물품을 몰래 받을 수 있도록 하는 배달 서비스를 제공'한 혐 의를 받았습니다. [N. D. Schwartz 2012] 정보의 자유가 제공되어야 한다는 신념을 가 질 수도 있겠지만, 선글라스는 왜 굳이 포함되었을까요?

주요 기업에서 일하는 직원의 경우에도 항상 신뢰할 수는 없다는 것을 유념해야 합니다. 곤잘레스의 공범 중 한 명인 스티븐 와트Stephen Watt는 해킹 범죄 당시에 모건 스탠리Morgan Stanley에서 일했지만, [Zetter 2009c] 자기 회사와 연결된 범죄 행위는 전혀 저지르지 않은 것으로 조사됐습니다. 내부자의 사기는 매우 심각한 문제가 되기 때문에 공개적으로 논의되는 일은 거의 없습니다.

3.2 공격자의 종류

위협을 시각화하는 가장 쉬운 방법은 공격자의 실력, 그리고 공격자가 특정인을 원하는지 또는 무작위적인 대상을 노리는지의 두 축으로 측정하는 위협 매트릭스입니다(그림 3.1 참고).

저자가 언급하는 조이 해커란, 할리우드식 고정 관념에 가깝습니다. 부모님 집 지하실에 빈 탄산음료 캔과 피자박스를 쌓아두고 살면서 컴퓨터를 통해서만 외부 세계와 접촉하며, 여자친구란 전혀 모르는 10대에서 20대의 컴퓨터광 말입니다. [M. J. Schwartz 2012] 어느 정도 영리해서 피해를 줄 수는 있지만, 따로 목표가 있는 게 아니라 단지 해킹 자체와 그 과정에서 얻는 지식을 즐기기 때문에 영향력은 무작위적이고 제한적입니다. 조이 해킹은 단지 도덕성이 결여된 젊은이다운 실험이라고 할 수 있습니다.

위와 같이 진부한 묘사는 대부분 맞지 않지만 실제로 조이 해커는 존재합니다. 그러나 보안적 관점에서 성별, 부모, 지하실, 피자, 연애에 대한 관심의 유무는 아무 관련이 없습니다. 초점이 맞지 않은 위협의 본성과 여러분이 신경쓰지 않는다면 나타나게 될 잠재적 위험이 중요하므로 실수하지 말아야 합니다. 조이 해커는 여러분을 해칠 수 있지만,

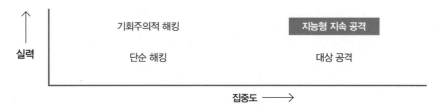

그림 3.1 위협 매트릭스

일반적인 관심만으로도 충분할 것입니다. 너무 어려운 공격 대상일 경우 더욱 간단한 공격 대상으로 옮겨갈 것입니다. 결국 정의상 조이 해커는 그리 뛰어나지 않습니다.

이와 관련된 (하지만 덜 위험한) 위협은 아마추어 해커script kiddie입니다. 아마추어 해커는 자기가 무슨 일을 벌이고 있는지 제대로 알지 못합니다. 다양한 공격을 시도할 수는 있지만, 다른 사람들이 만들어 판매하는 도구를 사용하는 데 그칩니다.

조이 해커가 진화하면 ('성장'이라고 표현하고 싶지 않지만) 두 축 중 하나를 따라 이동할 수 있습니다. 단순히 실력을 키운다면 공격은 여전히 임의적이지만 더욱 정교해집니다. 하지만 특정한 시스템이 아니라 단지 다른 이의 시스템을 원하는 것뿐입니다. 특정 유형의 기기나(공격 도구가 특정 버전의 윈도우에만 적합할 수도 있기 때문에) 대역폭에는 신경쓸 수도 있지만, 정확하게 공격하려는 컴퓨터가 누구의 것인지는 상관 없습니다. 대부분의 웜과 다양한 악성 코드가 이런 식입니다. 확산되어가다가 유용한 것이 잡히면 그 배후에 있는 해커가 혜택을 얻고 수익도 챙길 것입니다.

기회주의적 해커는 더욱 숙련된 기술을 갖고 있기 때문에 조이 해커보다 훨씬 더 위험합니다. 여러 가지 취약점 및 공격 기법을 알 것이며, 더 크고 다양한 무기를 갖고 있을 것입니다. 심지어 당장 사용할 수 있는 제로데이 공격 도구도 갖추었을 가능성이 있습니다. 하지만 공격은 무작위적이어서 특정한 사람을 노리지는 않습니다. 여러분이 이들을 화나게 했거나 이들을 괴롭히라고 고용된 경우에는 잠깐 관심을 쏟을 수 있지만(209쪽 예시 참고), 대체로 공격 대상을 특별히 선택하는 것은 아닙니다.

선별하지 않는다고 해서 해를 끼치지 않는 것은 아닙니다. 오늘날 인터넷에 널리 퍼져있는 수많은 봇넷botnet은 바로 이런 악당들에게 책임이 있을 것입니다. 봇넷은 스팸 메일을 발송하고 DDoS 공격 등을 시작합니다. 수많은 사이트의 경우 기회주의적 해커야말로 실제 막아야 하는 위협입니다.

타깃형 공격자들targetiers은 특정 개인이나 조직을 구체적으로 겨냥합니다. 오래된 농담을 빌어 설명하자면, 친구보다 빨리 달리는 것으로는 부족하고 곰보다 빨라야만 안전한 것입니다. 곰, 즉 공격자의 실력에 따라 정말 힘든 일이 될 수 있습니다. 타깃형 공격자는 다양한 방식으로 정찰을 하고, 때로는 물리적으로 직접 쓰레기통을 뒤지는 일도 기꺼이 합니다.

이러한 유형은 상당히 위험합니다. 실력이 없는 공격자라고 해도 쉽게 DDoS 공격용 패키지를 구입할 수 있고, 더 뛰어난 공격자라면 제로데이를 구입할 수도 있습니다. 실력이 충분하다면 우리 메트릭스 축의 오른쪽 위로 올라가 지능형 지속 공격자APTs로 분류될 수도 있습니다.

타깃형 공격자 중 특히 치명적인 부류는 어둠의 편에 서게 된 내부자입니다. 검은 돈을 받았든지, 복수를 원하는 것이든지, 이들은 방어 메커니즘 가장 깊숙한 곳까지 손댈 수 있으며 시스템을 훤히 꿰뚫고 있습니다. 설상가상으로 인간의 본성이란 자기 자신은 의심하지 않는 법입니다. 이것이 FBI 조사가 로버트 핸슨Robert Hanssen 사건에서 난항에 부딪혔던 이유였습니다. [Fine 2003; Wise 2002]

3.3 지능형 지속 공격

Apt: 북극의 괴물. 거대하고 흰털로 뒤덮인 이 괴물은 다리가 여섯 개인데, 이 중 짧고 육중한 네 다리는 눈과 얼음 위에서 이동하는 데 쓰며, 길고 튼튼한 목의 양쪽에 달린 어깨로부터 앞으로 길게 뻗은 두 팔 끝에는 하얗고 털이 없는 손이 있어 먹잇감을 붙잡는 데 쓴다. 머리와 입은 하마를 닮았지만, 아래쪽 턱뼈에서는 억센 두 개의 상아가 약간 아래쪽으로 튀어나와 있다. 수천 개의 홑눈으로 구성된 타원형의 커다란 두 겹눈이 두개골의 꼭대기 중앙에서부터 머리의 양쪽으로 상아 바로 위까지 길게 자리를 잡고 있는데, 이 강력한 무기는 사실 눈 바로 밑에

서 자라나오는 것이다. 각각의 홑눈마다 눈꺼풀이 있어 Apt는 마음대로 원하는
홑눈을 선택해서 감을 수 있다.

Thuvia, Maid of Mars
— 에드거 라이스 비로우즈EDGAR RICE BURROUGHS

위협 모델 중 가장 중요한 APTAdvanced Persistent Threats, 지능형 지속 공격는 이 책에서 안드로메
다인이 감행한다고 보는 공격 유형입니다. APT에 대한 정의는 내려지지 않았지만, 일
반적으로 APT는 공격 대상에 대한 첩보망을 갖추고 쉽게 막을 수 없는 기술적 공격을
가하는 것을 뜻합니다. 또한 APT에도 레벨이 있어서 곤잘레스 등은 앞의 차트에서 해당
사분면에 들어간다고 볼 수도 있지만, 주요 국가 수준의 첩보망은 갖추지 못했습니다.

실제 APT 공격의 가장 잘 문서화된 예제는 스턱스넷으로, 이란의 우라늄 원심 분
리기를 겨냥한 것이 분명한 악성 코드입니다. [Falliere, Murchu, Chien 2011; Zetter
2014] 어디에서 이 공격을 했는지는 분명하지 않지만, 언론 보도는 이스라엘과 미국
을 비난(혹은 인정이라고 하는 편이 나을까요?)했습니다. [Broad, Markoff, Sanger 2011;
Williams 2011] 스턱스넷은 APT에 대한 모든 정의를 충족합니다.

실제 침투 코드는 네 가지의 서로 다른 제로데이 공격과 공급업체 또는 커뮤니티에
알려져 있지 않은 취약점을 이용했습니다. (사실 그 중 두 개는 보고되었지만, 커뮤니티에
의해 간과되거나 무시되었습니다. 그러나 스턱스넷 배후에 있는 사람들은 그렇지 않았을 것입니
다. 이러한 공격을 읽었는지, 재발견한 것인지에 대한 여부는 아직 알려지지 않았습니다.) 스턱
스넷은 인터넷이나 이란의 인트라넷을 통해 확산된 것이 아니라 LAN을 통해 이동하거
나 USB 플래시디스크를 통해 사이트마다 옮겨다녔습니다. 공격자는 분명 확산 계획을
미리 세웠으며 [Markoff 2011a], 공격 대상에 대한 좋은 경로를 학습했을 수도 있습니
다. [Falliere, Murchu, Chien 2011; Zetter 2014] 일단 악성 코드가 침투한 후, 특수 모
듈이 원심분리기 모터를 제어하는 프로그램 가능 로직 제어 장치PLCs를 감염시켰습니
다. 모터의 속도는 최대한 손상을 일으키는 패턴으로 변했고, 모니터링 화면에서는 플
랜트 운영자가 늘 보는 평소대로의 화면을 보여주었으며, 비상 정지 버튼은 작동하지
않았습니다.

스턱스넷에 관한 다른 흥미로운 일도 있습니다. 이 악성 코드는 원심분리기 플랜트

에 사용된 PLC^{Programmable Logic Controllers}의 특정 모델만 공격합니다. 또한 합법적인 대만 기업이 소유하는 공개키로 서명되어 있는 장치 드라이버를 설치했는데, 이 키도 손상되었습니다. 뿐만 아니라 윈도우와 PLCs에서 존재가 감지되지 않도록 하는 루트킷 소프트웨어를 사용했습니다. 이러한 점을 고려하면 스턱스넷에 대한 몇 가지 사항을 추론할 수 있습니다. 먼저 공격을 감행한 자는 가치가 높은 공격 대상을 겨냥한다는 것을 알고 있었습니다. 제로데이는 거의 모두 들어보긴 했겠지만 드문 공격 방식이기 때문입니다. 더 중요한 것은 APT가 제로데이의 주요 사용자로 보인다는 점입니다. [Bathchelder et al. 2013, p.9] 더욱이 일단 발각되는 경우 제로데이는 쓸모없어집니다. 업체들은 취약점을 패치하고 백신 소프트웨어는 악용을 인지하게 됩니다. 단일 공격에서 네 가지의 제로데이를 썼다는 것은 공격 대상 시스템을 정말로 제거하고 싶어 했다는 점을 강하게 암시합니다.

다음으로 흥미로운 점은 공격자가 공격 대상에 대해 '얼마나 정보력이 있었는가'입니다. 공격자는 플래시 드라이브 공격을 확산시킬 수 있는 조직의 링크 모음을 알고 있었을 뿐만 아니라, 사용중인 PLC가 어떤 유형인지, 어느 정도의 모터 속도가 가장 큰 피해를 주는지도 정확하게 알고 있었습니다. 그렇다면 이것을 현장에 있는 스파이로부터 알아냈을까요? 아니면 전형적인 첩보 작전을 활용했을까요? 이런 것을 학습하고 정보를 빼낼 수 있는 또 다른 웜일까요? 마지막 경우와 같은 스턱스넷의 변종이 발견되었는데, [Markoff 2011b] 플레임의 목표가 바로 이런 것이었다고 [Nakashima, G. Miller, Tate 2012; Zetter 2014] 일부 자료는 전하고 있습니다. 위에서 설명한 처음 두 개의 가설은 안드로메다인의 MI-31 또는 언론 보도가 정확하다면 NSA나 8200부대 같은 조직과 협업하는 지능적인 스파이가 있음을 강력하게 시사합니다.

마지막으로 스턱스넷에 대한 정말 흥미로운 것은 스턱스넷을 만드는 데 사용된 자원입니다. 시만텍은 적어도 5명에서 10명 정도의 '핵심 개발자'가 반년 동안 만들고, 테스트, 관리, 정보 수집 등을 위해 추가 자원이 필요했을 것이라고 추정했습니다. 다시 말해서 공격에 많은 자원을 기꺼이 투입할 고도화된 적이었음을 의미합니다. 필자가 블로그에 적은 것처럼 스턱스넷은 '무기화된 소프트웨어'였습니다. [Bellovin 2010]

스턱스넷이 APT 공격의 전형적인 예시지만, 다른 것들도 있습니다. 2009년 말에 중국발로 추정되는 구글^{Google} 침투 공격이 있었는데, [Jacobs and Helft 2010] 이것이

APT의 경우로 종종 거론됩니다. 또 다른 유명한 사건은 RSA에 대한 공격인데, [Markoff 2011c] 이 공격에 대해서는 아직도 의문이 제기되고 있습니다. [Richnond 2011]

APT 공격에는 어떤 요건이 있을까요? RSA 블로그의 필자인 유리 리브너^{Uri Rivner}가 작성한 포스팅은 정확한 맥락을 제공하고 있습니다. [Rivner 2011]

> APT 배후에서 활동하는 이들이 첫 번째로 하는 일은 특정 직원들에 대해 공개적으로 접근 가능한 정보를 구하는 것으로, 소셜 미디어 사이트를 가장 선호한다. 이런 정보를 깊고 해당 사용자에게 스피어 피싱 이메일을 보낸다. 이런 이메일은 공격 대상과 관련된 내용을 사용할 때가 많다. 예를 들어 사용자가 재무 부서에 있다면, 규제 관리에 관련된 조언을 담는 식이다.

리브너는 계속해서 어떻게 제로데이 공격이 사용되었는지 이야기했지만, 그것은 크게 중요하지 않습니다. 제로데이든, 돈이든 필요한 이상을 쓸 사람은 없습니다. 공격자는 제한되어 있고, 이런 공격을 수행할 수 있는 이들은 심지어 안드로메다인들 중에서도 매우 드뭅니다.

많은 기업들이 지능형 지속 공격^{APT}의 피해를 당했다고 자랑스럽게 발표하는 것도 흥미롭습니다. 내부 보안이 너무 뛰어나서 APT급이 아니라면 뚫을 수 없다고 광고하고 싶은 것일까요? 아니면 이런 지능형 공격의 주의를 끌 만큼 중요한 기업이라고 자랑하고 싶은 것일까요?

'동기가 있고 취약점을 악용할 수 있는 상대'라는 위협의 정의로 되돌아가 봅시다. 역량은 가장 쉬운 부분일 수 있습니다. 수많은 기회주의적 해커가 제로데이 공격 코드를 찾을 수 있고, 아마추어 해커라고 해도 피싱 메일을 보낼 수 있습니다. 정말로 중요한 것은 동기입니다. 당신을 노리는 것은 누구일까요? 기업의 은행계좌와 같이 평범한 것에 관심있는 사람이 제로데이 공격 코드로 당신을 공격할 수도 있겠지만, 아마도 그럴 가능성은 매우 낮을 것입니다. 당신에 대한 공격에 실패하면 다른 공격 대상도 많으니 아마 다른 곳으로 움직일 것입니다. 하지만 당신이 안드로메다에 대한 반격 무기를 만든다면, 당신을 반드시 꺾어야 하므로 MI-31이 더 새롭고 더 지능적인 공격을 시도할 것입니다. APT의 공격 대상이 될 수 있는지의 여부를 결정할 때 가장 중요한 문제는 적이 정확히 원하는 바로 그것을 당신이 갖고 있는지의 여부입니다.

지능형 공격자가 모두 같은 것을 원하지 않는다는 점을 기억해야 합니다. 무기라면 안드로메다 군대의 관심을 끌겠지만, 그것만이 리스크는 아닙니다. 일부 국가의 정보기관은 국가 경제의 이익을 위해 움직일 수 있습니다. 이미 1991년도에 에어프랑스 항공의 일등석에는 기업 임원의 대화를 도청하는 버그가 있다고 보고되었습니다. [Rawnsley 2013] 전쟁에서 군사 표적이 될 수 있는 기업이라면 '사전 준비'를 위해 침투당할 수도 있습니다. [National Research Council 2010]

APT 공격자는 가장 강력한 암호화로도 막을 수 없습니다. 피해자의 방어책에는 다른 취약점도 있을 텐데, 우회 방법이 있는데도 굳이 강력한 수비를 뚫을 필요가 있을까요? 이런 방법보다는 엔드포인트endpoint에 악성 코드를 심어서 암호화되기 전이나 해독된 후의 평문을 읽도록 하는 편이 쉽습니다. 이 악성 코드에 파일 암호화에 사용된 패스워드를 알아낼 수 있는 키스트로크 로거를 포함하면 더 좋습니다.[1]

안드로메다 MI-31은 온라인에만 의존하지 않습니다. 소프트웨어에서 교묘한 취약점을 찾는 것은 학문적으로도 관심을 받긴 하지만, 프로는 결과에만 관심이 있습니다. 중요한 컴퓨터에 침입하는 가장 쉬운 방법이 남의 집에 잠입하는 것이라면, 이들은 그 방식을 선택할 것입니다. 안전한 암호화 시스템에 대해 이야기하면서 로버트 모리스Robert Morris는 다음과 같이 설명했습니다. "여전히 메시지를 받을 수 있지만, 아마 암호 해독을 통하지는 않을 것이다. 이런 쪽에 종사한다면 비교적 저렴하고 신뢰할 수 있는 방법을 찾을 것이다. 절도나 뇌물 또는 협박, 이렇게 세 가지는 암호 해독만큼 중요하다." [Kolata 2001]

APT의 잠재적인 공격 대상이라고 생각되면 무엇을 해야 할까요? 일반적인 기술적 대비는 모두 취해야 하지만, 정의상으로는 이것만으로 충분하지 않고 두 가지 필수 사항이 더 있는데, 제대로 된 사용자 교육('14장. 사람들' 참고)과 적절한 프로세스('16장. 보안 프로세스' 참고)입니다. 마지막으로는 여러분이 속한 국가의 방첩기관에 알려야 하는데, 이 시점에서는 아마도 이 기관에서 먼저 연락을 했을 수도 있습니다.

모든 의과 신입생들이 듣는 충고가 도움이 될 것 같습니다. 질주하는 말발굽소리를

---

1 법에 의해 키스트로크 로거를 심은 예는 미 합중국 대 스카포(Scarfo), 범죄 번호 No. 00-404 (D.N.J.) (2001), http://epic.org/crypto/scarfo.html에서 확인할 수 있다. 정부는 실제로 이런 일을 하고 있다. [Paul 2011].

듣고 얼룩말이라고 생각하지 말아야 한다는 것입니다. 물론 얼룩말도 있긴 하지만, 그냥 말이라고 생각하는 쪽이 개연성이 더 높습니다. 공격에서도 마찬가지입니다. 공격처럼 보이는 많은 것들은 단지 일반적인 오류나 잘못된 설정이고, 지능형 타깃 공격으로 보이는 수많은 경우가 평범하고 흔한 기회주의적 악성 코드입니다. APT 공격을 받는 경우 누구의 짓인지 알고 있다고 가정하지 마세요.

사실 정말 APT라고 가정조차 하지 말아야 합니다. 2014년 JP모건 체이스[JPMorgan Chase]가 해킹되었을 때 언론은 다음과 같이 외국 정부가 연루되었다고 추측했습니다. [Perlroth and Goldstein 2014]

> 연구자들은 해킹 방식의 정교함을 고려할 때 몇 달 간 공격이 계획되었고, 외국 정부의 협조 또는 지원을 받았을 가능성이 있다고 전했다. 브리핑에서는 현재의 가설로는 대부분의 해커가 러시아에 살고 있을 가능성이 높다고 발표했다.
>
> 또한 이들에게 빠져나간 돈이 없다는 것이 반드시 정부 지원을 받은 스파이에 의한 소행을 의미하는 것은 아니라고 했다. 다만 은행에서 해커들이 고객 계좌를 빼내기 전에 저지할 수 있었던 것이라고 전했다.

하지만 조사가 더 진행된 후 이야기는 달라졌습니다. [Goldstein 2015] "JP모건 체이스에서 해킹 사실을 발견한 직후 연방수사국의 전문가들은 이 공격이 특별히 정교하지 않았다고 은행의 보안 전문가의 의견과 다르게 판단했다. 이 해킹의 성공은 은행이 대규모 디지털 네트워크의 한 부분인 원격 서버에 대한 적절한 업데이트를 실패했던 탓이 컸다."라고 말입니다.

책임을 시인하는 것은 비즈니스에서 가장 어려운 부분 중 하나입니다. 국립아카데미 보고서에서는 전임 법무부 관계자의 말을 이렇게 인용했습니다. "정부 관계자들이 공격의 근원지, 의도 및 범위에 대해서 높은 자신감을 표명하는데, 나중에는 모든 측면에서 이들이 잘못한 것으로 밝혀지는 상황을 너무 많이 보았다. 즉 이들은 틀리는 경우가 많은데 그것에 대한 가능성을 결코 의심하지 않는다." [Owens, Dam, and Lin 2009, p.142]

3.4 무엇이 위험할까?

여러분이 가진 가치 있는 것은 무엇일까요? '질문하는 것'보다 더 좋은 방법은 "공격자가 원할 만한 것을 내가 갖고 있는가?"라고 '궁금해 하는 것'입니다.

일반적으로 모든 컴퓨터에는 ID, 대역폭 및 자격 증명 등 특정한 요소가 있습니다. 이 모든 것이 일부 공격자에게는 중요할 수 있습니다. 물론 특정 컴퓨터의 가치는 어떤 접근 권한이 승인되어 있는지에 따라 다를 것입니다. 오래되고 느리지만 온라인뱅킹에 사용하는 컴퓨터는 실제로 몇몇 사람들에게는 매력적일 것입니다. 더욱이 거의 임의의 패턴을 보이는 비 APT 공격은 실제로 공격을 받았을 수도 있습니다. 일단 모든 컴퓨터는 위험하다고 보는 것이 좋습니다. '이 기기에는 중요한 게 없어!'라고 말하는 것은 변명에 불과합니다. 이 점은 모든 리스크 산정의 시작점이 되어야 합니다.

일반적인 기기의 경우 상위 레벨로 조정하는 것은 기기의 특성에 따라 달라집니다. 대역폭이 좋고 IP 주소가 고정된 컴퓨터는 피싱 사기를 위한 가짜 웹 서버나 훔친 데이터의 아카이브 등 다양한 유형의 불법 호스팅 서버로 사용될 수 있습니다. 빠른 링크로 피해자에게 더 많은 쓰레기를 보낼 수 있기 때문에 이런 기기는 DDoS 봇넷 노드로도 가치가 있습니다.(쉽게 업데이트할 수 있고, 유연한 공격을 위한 페이로드 모듈payload module을 옮길 수 있기 때문에 지하 경제의 봇들은 '보트boat'라고 말합니다. 오늘 DDoS 엔진으로 쓰인 기기가 내일은 와레즈warez 아카이브를 호스팅하고, 모레는 피싱 사이트가 될 수도 있습니다.)

더욱 흥미롭고 리스크가 큰 부류는 현금화할 수 있는 특정 자산이 있는 컴퓨터입니다. 대규모 암호 파일이나 고객 데이터베이스는 판매할 수 있습니다. 가격은 어떤 데이터 필드가 포함되어 있는지에 따라 다릅니다. 특히 이름, 주소, 유효 기간, 카드 승인번호CVV2s 등이 연결되어 있다면, 대량의 신용카드 번호는 큰 수익이 됩니다. 이메일 주소 목록은 직접 사용하거나 다른 스패머에게 명단을 되팔 수도 있어 스패머가 좋아합니다. 진짜 웹 서버가 악성 코드 배포기로 바뀔 수도 있습니다.

특정 조직은 해당 분야의 사람들에게 유용한 데이터를 가지고 있을 때가 많습니다. 학교의 관리자 컴퓨터는 성적을 가짜로 올려주는 이들에게 가치가 있고, 기업 임원들은 경쟁사 시스템을 해킹한 혐의로 기소된 적이 있습니다. [Harper 2013; B. Sullivan 2005] 또한 기업들이 환경 단체의 컴퓨터를 해킹한 혐의로 기소된 적도 있습니다. [Jolly 2011]

리스크에 놓인 기기들과 밀접한 관련이 있는 시스템은 실제 공격 대상 기기와 연결된 클라이언트 머신입니다. 여기에서 로그인 자격 증명을 도용하거나 관심 있는 데이터를 얻기 위해 전체 시스템을 탈취할 수도 있습니다.

큰 회사에서 일한다면 가치 있는 것을 모두 파악할 수 없다는 또다른 문제에 부딪칠 수 있습니다. 사실 가장 가치 있는 데이터는 철통같이 지켜지므로, 이런 데이터를 갖고 있는 부서 이름은 들어보지도 못할 것입니다. 반면 공격자는 순전히 우연히, 또는 다른 유용한 정보원을 통해 이런 것을 알 수도 있습니다. 예를 들어 주요 기업의 채용이 때로는 업계 신문이나 경영 전문지에 언급됩니다. 회사가 현재 하는 일과 관련 없는 특정 전문성이 있는 새로운 경영진이 고용되었다면, 이것은 뉴스이지만 컴퓨터 보안 전문가인 당신은 보지 못했을 소식일 수도 있습니다. 그러나 이 회사나 기술을 눈여겨보던 악당이라면 이 새로운 경영진을 공격 대상으로 삼을 수 있습니다.

해결책은 물론 실행하기보다 말로 하기가 쉽겠지만, 회사의 내적인 협업에 달려있습니다. 가치 있는 데이터를 보유한 모든 비즈니스군은 보안 그룹에게 이를 알려야 합니다. 무엇인지만 말해서는 안 되고, 그 가치와 라이벌이 어떤 종류인지 정확히 알고 보고해야 합니다. 다른 회사인가? 그 회사의 기업 윤리가 해이한가? 지적 재산권을 존중하지 않는 국가에 본사를 두고 있는 회사인가? 중요하지 않은 외국의 정보기관인가? 안드로메다인가? 사내 협력도 충분히 어렵겠지만, 정말 어려운 부분은 보안에 관련 없는 이들에게 위협의 본질을 이해시키는 것입니다. 회의론자들이 많아졌기 때문에 실제로는 없는 위협에 대해 지나치게 수선을 피우고 잡음이 많이 생길 수도 있습니다. (그런 분들에게는 이 책을 읽어보라고 권합니다.) 다시 말해서 도입해야 하는 방어 시스템이 무엇인지에 대한 문제는 어떤 자산이 위험에 처했는지 확인하는 것과는 별개의 문제입니다.

3.5 레거시 시스템의 문제

리스크를 식별할 때 레거시 시스템을 방치해선 안 됩니다. 아무 것도 없는 것을 새로 개발하는 일은 매우 드물어서, 사실상 사소하지 않은 거의 모든 소프트웨어의 개발 프로젝트는 원시적 코드를 기반으로 하거나, 한물간 하드웨어에서 더 이상 사용하지 않는 OS로 실행하는 아주 구식의 데이터베이스 시스템과 통신해야 합니다. 이런 시스템에 대해 손을 대는 것은 경제성이 매우 떨어질 것입니다. 이 컴퓨터에 설치된 응용 프로그램은 특정 배포 버전과 OS 패치 수준에 묶여 있는 경우가 많습니다. 하지만 현재 대부분의 [Chen et al. 2005] 코드가 작동하기 때문에 이런 것을 개선하는 데 엄청난 돈을 쓰는 것은 예산에 포함되지 않았을 것입니다. 게다가 조직에서 볼 때 이것은 다른 누군가 만든 시스템이며, 이런 것을 고치는 것은 여러분의 소관이 아닙니다. 하지만 당신의 새로운 응용 프로그램이 다른 사람이 옛날에 엉망으로 만든 코드로 가는 통로를 열어주었기 때문에 침투된다면 누구의 문제인지 알게 됩니다.

어쨌든 자산은 존재하고, 이런 자산의 보호는 당신의 분석에 들어가야 합니다. 처음부터 제대로 디자인되었다면 우아하거나, 완전하거나, 저렴한 해결책이 가능했겠지만, 완벽한 선견지명을 갖는 것은 불가능합니다. 이 문제는 '11.5 레거시 시스템'에서 다시 설명하겠습니다.

[Part 2]

테크놀로지

04장

안티바이러스 소프트웨어

"이렇게 설명해 볼게. 너한테 자동 다이얼 링크 기능이 있는 컴퓨터가 있어. 거기에 바이러스 프로그램을 넣으면 무작위로 전화번호를 돌려서 또 다른 자동 다이얼이 되는 컴퓨터를 찾는 거야. 이런 컴퓨터에 연결되면 바이러스 프로그램은 새 컴퓨터에 자기를 심어. 아니, 오히려 바이러스 프로그램으로 새 컴퓨터를 다시 프로그래밍하고 원래 컴퓨터에서는 자신을 지우는 거야. 두 번째 기계는 이제 무작위로 전화하기 시작해서 세 번째 기계를 찾게 돼. 어떤 건지 알겠어?"

* * *

"생각하면 재미있지만, 이 시스템에서 탈출하는 것은 지옥 같아. 이걸 작성한 사람이 몇 가지 특별한 선물을 끼워넣어 두었거든. 음, 자세한 설명은 생략할게. 그 사람이 만든 두 번째 프로그램이 있다는 것만 알려주지. 백신VACCINE이라는 건데, 이건 돈을 내야 쓸 수 있어."

Don Handley in When Harlie Was One
— 데이비드 제럴드DAVID GERROLD

4.1 특성

안티바이러스 소프트웨어는 기존의 보안 전문가를 애먹이는 것 중 하나입니다. 백신은 필요 없어야 하고, 작동하면 안 되며, 보안의 필수로 절대로 나열되어서도 안 됩니다. 하지만 안티바이러스 소프트웨어는 필요하고, 해결책이 될 때가 많으며, 항상 그런 것은 아니지만 때로는 정말 중요합니다.

바이러스는 한때 개인용 컴퓨터PC의 '초보적인' 운영 및 보안 환경의 산물이자, 결과로 간주되었습니다. 초기 애플Apple과 마이크로소프트Microsoft 세계에서 프로그램은 전체

하드웨어의 권한으로 실행되었으며, 운영체제는 완전히 발달한 운영체제라기보다 프로그램 로더program loader와 일상적인 유틸리티 세트였다고 보는 게 맞습니다. 실제 OS는 파일에 대한 보호 모드와 접근을 제어하고, 이러한 세계에서 바이러스가 발생할 수 없다는 것이 대부분의 의견이었습니다.

이것은 어느 정도 사실이었습니다. 어떤 바이러스도 부트 섹터의 드라이브에 접근할 수 있는 권한이 없었기 때문에 부트 섹터 바이러스는 존재할 수 없었습니다. 마찬가지로 일반적인 사용자의 프로그램에 대해 모든 쓰기가 보호되었기 때문에 어떤 바이러스도 시스템 파일을 감염시킬 수 없었습니다.

하지만 이러한 믿음을 흔든 두 가지 사건이 일어났습니다. 첫째, 1988년 인터넷 웜(모리스웜)은 거의 권한이 없는데도 확산되었습니다. [Eichin, Rochlis 1989; Spafford 1989] 이 웜은 버그 코드와 사용자마다의 신뢰 패턴을 악용했습니다. 둘째, 톰 더프Tom Duff는 유닉스 시스템의 셸 스크립트shell script까지 감염시킬 수 있는 바이러스 제작이 가능하다는 것을 보여주었습니다. [Duff 1989a; Duff 1989b] 이런 일이 왜 일어날 수 있는지 이해하기 위해서는 바이러스가 존재하는 환경을 더 깊이 살펴보아야 합니다.

OS란, 하드웨어를 운영하는 코드와 해당 OS 전용 '가상 명령어virtual instruction'를 포함하는 명령어 중에서 권한이 제한된 사용자 프로그램들의 하위 집합이라는 것은 OS 커뮤니티에 알려진 일반적인 이야기였습니다. 흔히 '시스템 호출'이라고 알려진 가상 명령어는 소켓을 생성하고, 파일에 사용하며, 권한을 변경하는 등의 작업을 수행합니다. 가상머신은(VMware와 같은 하드웨어 가상화와 혼동하지 말아야 합니다.) 이더넷 어댑터나 하드 드라이브 같은 것은 없고, 대신 TCP/IP와 파일 시스템이 있습니다. 초기 DOS와 MAC OS 프로그램은 오늘날의 운영체제를 제공하는 가상 명령어뿐만 아니라 해당 하드웨어에 대한 전체 접근 권한을 갖고 있기 때문에 부트 섹터에 덮어쓸 수 있습니다. 모리스와 더프는 (그리고 물론 '바이러스virus'라는 용어를 사용한 첫 번째 학술 문서이면서 바이러스의 존재와 확산의 이론적 모델을 보여준 프레드 코헨Fred Cohen의 논문[1986]에서도) 접근 권한 명령어를 통한 액세스는 굳이 필요하지 않고 OS의 가상 명령어 모음만으로도 충분하다는 것을 보여주었습니다. 이 두 가지에서 좀 더 나아가 생각해 봅시다.

먼저 (더프가 시각적으로 표현하고, 코헨에 의해 공식적으로 모델화된) 바이러스의 효과적인 대상 환경은 이를 실행하는 파일(혹은 다른 리소스)에 사용자가 무엇을 쓸 수 있는지

초기 운영체제는 왜 그렇게 원시적이었을까?

컴퓨터 역사에서 자주 등장하는 수수께끼는 바로 개인용 컴퓨터에 '진짜' 운영체제, 즉 일정 정도의 보호와 접근 제어를 갖춘 시스템을 만드는 데 왜 그렇게 오랜 시간이 걸렸는가 하는 점입니다. 이에 대한 해답은 어쩌면 당연히 경제적 측면에 뿌리를 두고 있지만, 뻔한 이유 때문만은 아니었습니다.

초기 유닉스 시스템의 경우 유닉스에 대한 고전적 논문에서 리치[Ritchie]와 톰슨[Thompson] [1974]은 최소 4만 달러의 비용으로 하드웨어를 구동시키면서 144KB의 램과 50MB의 디스크를 가진 기계를 설명했습니다. 분명 이런 종류 중에서도 대형 컴퓨터였으며, 더 작은 시스템이었어도 충분했을 것입니다.

1987년에 소개된 애플 매킨토시 SE를 살펴보면[a], 최소 사양은 리치와 톰슨의 것보다 훨씬 더 좋은 256KB 램입니다. 이와 비슷하게 1983년에는 최소 128KB로 IBM PC XT가 출시됐습니다. [Morse 1982] 이것도 충분한 메모리임에 분명합니다. 더 나아가 1986년에 IBM은 메모리 관리와 보호 모드를 지원하는 인텔[Intel] 80286 칩[Intel 1983]이 내장된 기계를 출시했습니다. 그러면 무엇이 문제였을까요?

한 가지 제약은 디스크였습니다. 초기 시스템에서는 하드 드라이브가 필수가 아니었는데, 플로피디스크는 너무 느렸습니다. 그런데도 심지어 초기 IBM 시스템/360s는 테이프에서만 실행되도록 구성되어 있었습니다. (필자는 1968년 테이프 운영체제인 TOS/360을 사용했습니다). 하드 드라이브가 없는 진짜 OS란 터무니없는 개념이므로 진짜 문제는 소프트웨어 호환성이었습니다.

마이크로소프트와 IBM의 초기 관계의 중심이었던 디스크 운영체제, 즉 DOS는 진짜 OS를 구동할 수 있는 많은 하드웨어가 생겨나기 전부터 존재했습니다. 윈도우 3.1은 단지 DOS를 예쁘게 덮어놓은 것에 불과했을 뿐, BIOS를 호출하여 디스크에 접근하고, 그래픽카드 드라이버를 직접 로딩하는 등의 기능이 가능한 구식 애플리케이션의 지원이 필요했습니다. 그래서 모든 것을 위한 장치 드라이버를 직접 제공하는 진정한 의미의 첫 번째 윈도우 운영체제 버전인 윈도우 95가 등장했을 때 이전 응용 프로그램과의 호환성이란, DOS 모드가 계속 지원된다는 것을 뜻했습니다. 윈도우 XP는 마침내 파일 접근 컨트롤을 탑재했지만, 많은 윈도우 애플리케이션은 1995년에 와서야 전체 OS 권한으로 실행된다는 가정 하에 개발되었기 때문에 일반적인 사용자 계정에서는 작동하지 않았습니다. 2007년 윈도우 비스타에 와서야 마침내 전체 보호와 권한이 없는 사용자 환경이 실제로 작동하는 윈도우 버전이 생긴 것입니다. 그때까지 사용자들은 원래의 IBM PC가 출시된 1981년에 내려진 결정에 대해 대가를 치를 수 밖에 없었습니다.[b] 멜린다 쇼어[Melinda Shore]의 말에 의하면, "하드웨어는 짧고, 소프트웨어는 길다."라는 것이지요.

---

a "Macintosh SE: 기술 명세" http://support.apple.com/kb/SP191

b "IBM 아카이브: IBM PC의 탄생" http://www-03.ibm.com/ibm/history/exhibits/pc25/pc25 birth.html

에 따라 제한됩니다. 그렇다면 파일 권한이 미치는 효과는 효과적인 대상 환경의 크기를 제한하는 것이지, 이를 제거하는 것은 아닙니다. 이렇게 파일 권한은 바이러스를 느리게 전파하지만, 방지하지는 못합니다. 즉 이런 가상 명령어 세트는 '실제 명령어＋가상 명령어 세트'처럼 바이러스를 호스팅하며, 다만 바이러스가 빠르게 증식하지 못하게 할 뿐입니다.

효과적인 대상 환경 이외에 바이러스 전파 모델링의 주요 인자는 확산 속도, 다시 말해서 바이러스가 다른 타깃 환경에 적용되는 속도입니다. 다른 타깃 환경에 대한 적용이란, 감염 가능한 새로운 파일의 생성을 의미합니다. 그래서 쓰기 권한이 다르기 때문에 효과적인 대상 환경이 있는 매우 다른 사용자가 이를 실행하는 것을 뜻합니다. (좀 더 상세하고 공식적인 전파 모델을 보려면 [Staniford, Paxson, Weaver 2002]를 참고하세요.)

적합한 바이러스 환경의 두 번째로 중요한 일반적 인자는 파일 권한이 갖는 역할보다 더 중요합니다. 하드웨어, 심지어는 운영체제가 아니어도 충분히 강력한 실행 환경이라면 무엇이든지 바이러스를 호스팅할 수 있습니다. '충분히 강력한'의 뜻을 정의하기는 쉽습니다. 자신을 다른 위치로 복제하여 다른 효과적 대상 환경에서 실행할 수 있도록 하면 됩니다. 같은 컴퓨터의 다른 사용자이든, 다른 컴퓨터이든 상관없지만, 다른 컴퓨터일 경우 웜의 경우처럼 자동으로 전송되거나 사람이 파일을 전송할 수도 있습니다. 가상의 명령어 세트 모델로 되돌아가서 I/O 기능이 충분히 강력하다면 모든 프로그램 가능 환경은 조건을 충족합니다. 비주얼베이직 애플리케이션VBA에 접근할 수 있는 마이크로소프트 오피스 문서가 매우 전형적인 예로, 다른 예도 많습니다. 이 책의 원서 편집에 쓰인 라텍스LATEX 시스템이 이와 비슷하게 파일을 쓰는 기능이 있지만, 몇 년 전에 현재 디렉토리 파일만으로 이 기능은 제한적이 되었습니다. 하나 이상의 라텍스 문서를 포함하는 디렉토리는 거의 없기 때문에 사실상 효과적인 대상 환경을 동결시킨 것입니다. 포스트스크립트PostScript도 이와 비슷한 경우인데, 포스트스크립트 바이러스의 디자인(그리고 제약)에 대해서는 독자 여러분이 직접 연습해 보기 바랍니다. 심지어 LISP 바이러스류도 번졌습니다. [Zwienenberg 2012]

가상 명령어 세트에 대해 하나 더 알아두어야 하는 중요한 것은 단지 시스템 설계자가 의도한 것이 아니라 실제 명령어 세트라는 것입니다. IBM 7090 컴퓨터에서 STORE ZERO 명령어가 실수로 있었던 것처럼 [Kernig 2008], 바이러스 제작자는 프로그래머들의 예상을 뛰어넘기 위해 기본 플랫폼의 버그를 악용할 수도 있습니다. IBM '크리스마스카드Christmas Card' 바이러스[1]가 사용자들의 순진함 때문에 전파된 것을 보면 알 수 있듯이 버그가 반드시 필요한 것은 아니지만, 확실히 버그가 방어에 더 어려움을 주는 것은 사실입니다.

이러한 점들을 종합하면, 운영 시스템의 전형적인 보호 모델이 바이러스를 방지하지 못하는 이유를 알 수 있습니다. 바이러스는 단일 방어 영역 안에서 번성하고, 일반적인 협업에 의해 확산될 수 있습니다. 더프의 실험은 아무나 내용을 변경할 수 있는world-writable 파일과 디렉토리의 보급에 의존하지만, 이런 것이 꼭 필요한 것은 아닙니다. 유닉스 사용자라면 거의 실행 파일을 공유하지 않기 때문에 감염된 유닉스 실행 파일을 포함한 더프의 디자인은 이렇게 대충 관리되는 시스템이 아니라면 제대로 먹히지 않을 것입니다. 하지만 워드나 포스트스크립트 등과 같은 환경에서는 고유한 형태의 악성 코드를 호스팅할 수 있고 그런 예도 많습니다.

필연적으로 전통적인 운영체제 보호 모델이면서 격리된 신뢰 컴퓨팅 기반TCB ; Trusted Computing Base은 그 자체로 사용자의 시스템을 보호하지 않습니다. 또한 안전한 컴퓨터 시스템을 위한 미 국방부의 1980년대의 고풍스러운 명세인 오렌지북Orange Book [DoD 1985a]이 바이러스에 대한 방어로 불충분한 이유도 설명됩니다. 바이러스는 보안 모델을 위반하지 않으므로 이를 통해서는 막을 수 없습니다. 간단히 말해서 전통적인 운영체제 설계 패러다임은 바이러스를 막지 않고, 막을 수도 없습니다. 이것이 바이러스 백신 프로그램이 필요한 이유입니다.

바이러스 검사기가 작동되지 '말아야 하는' 이유를 이해하려면, 그 기능이 어떻게 작동하는지 이해해야 합니다. 바이러스 검사기가 파일을 분석하여 파일이 악성인지, 아닌지 선험적으로 알 수 있다면 물론 좋습니다. [Bellovin 2003] 하지만 '악성' 문제는 해결할 수 없습니다. 튜링turing과 중단halting 문제에 위배되는 것은 해결될 수 없기 때문에 체험적인 해결책이 필요합니다. [Cohen 1987]

오늘날 바이러스 검사기는 주로 시그니처에 의존하여 알려진 바이러스의 코드 정보를 담은 데이터베이스와 파일을 대조하여 검사합니다. 일치하는 코드는 바이러스의 복

---

1 "크리스마스 카드 바이러스, (부디) 종결되다" http://catless.ncl.ac.uk/Risks/5.81.html#subj1

제 메커니즘이나 페이로드payload의 일부일 수 있습니다.

이런 종류의 패턴 매칭에는 확실한 단점이 있습니다. 먼저 패턴 매칭이 성공하려면 최신의 완전한 시그니처 데이터베이스를 갖고 있어야 합니다. 새로운 바이러스는 기존의 데이터베이스에 있는 어떤 것과도 일치하지 않을 것이므로 고객은 1회성 구매에 그치는 것이 아니라 패턴을 업데이트하기 위해 정기 결제를 해야 한다는 뜻이므로, 백신 회사는 이를 좋아하고 완전히 합법적인 방법으로 수익을 낼 수 있습니다.

바이러스 제작자는 시그니처 데이터베이스에 대해 분명한 대응을 사용해서 실제 바이러스에 대해 다양한 난독화와 변형을 도입했습니다. 일부 바이러스는 대부분의 형태를 암호화하므로 백신 소프트웨어는 해독기를 인식해야 합니다. 다른 경우는 NOP를 삽입하거나, 코드 일부를 재배열하거나, 동등한 것으로 명령 시퀀스를 대체하는 등으로 변형됩니다.

자연히 안티바이러스 공급업체도 가만히 있지만은 않았습니다. 위에서 설명한 해독기와 같이 변치 않는 코드를 찾는 것이 확실한 방어책이고, 짧은 패턴의 복합적인 순서를 찾고, NOP를 삭제하는 등의 기술도 채택했습니다. 궁극적으로는 정적 시그니처 분석기가 어디까지 해낼 수 있는지에 대해서는 제한적입니다. 사실 실험을 통해 '시그니처 기반 방식과 특정 통계적 모델로 자체 수정하는 셸 코드 모델링의 어려움은 아주 다루기 힘들어 보인다' [Song et al. 2010]는 것이 증명되었으므로 근본적으로 다른 접근 방식이 필요한 것입니다.

오늘날 널리 쓰이는 바이러스 백신 프로그램은 샌드박스 또는 다른 방식으로 제어되는 실행 방식을 활용하고 있습니다. 이것은 다음 두 가지 전제를 기초로 합니다. 첫째, 바이러스 코드는 확실한 제어권을 얻기 위해 일반적으로 프로그램을 시작할 때나 그에 근접한 때 실행됩니다. 둘째, 바이러스의 행동 양식은 정상적인 프로그램과 근본적으로 다릅니다. 정상적인 프로그램은 부트 블록을 열려고 하지도 않고, 다른 실행 파일을 검색하거나 이를 수정하려고도 하지 않습니다. 이러한 행동 패턴이 탐지되고 시그니처 데이터베이스 프로그램에 해당 행동 양식의 바이트 패턴이 있다면 [Hofmeyr, Somayaji, Forrest 1998] 그 프로그램은 아마도 악성 코드일 것입니다. 하지만 '아마도' 라는 말에 주의해야 합니다. 안티바이러스 프로그램은 올바른 결과를 보장하지 않습니다. 위에서 말한 대로 바이러스를 놓칠 수도 있고(미탐지), 잘못 탐지하여(오탐지) 완벽히 무결한 파일을 악성 코드라고 표시하기도 합니다.

두 번째 접근법은 오늘날 조금씩 사용되고 있으며 미래에는 주류로 떠오를 이상 감지 접근법입니다. 이상 감지는 통계를 기반으로 하는데, 정상 프로그램과 문서의 속성은 악성 코드의 속성과 다르므로 이 방법으로 오탐false positive을 피할 수 있습니다.

그런데 일반 파일과 악성 코드를 구분하는 데 유용한 기능을 어떻게 식별할 것인가가 어렵습니다. 오늘날 많은 제품들이 데이터 마이닝data mining [Lee, Stolfo 1998]을 선택하고 있지만, 이것만이 유일한 해답은 아닙니다. 또 다른 연구에서는 워드 문서에서 n-gram의 빈도를 확인한 후 셸 코드, 특히 셸을 호출하기 위해 의도된 머신코드의 탐지를 시도했습니다. [W.-J. Li et al. 2007] 이론상으로 마이크로소프트 오피스 문서에는 모두 나타날 수 있습니다. '현대의 문서 형식은 근본적으로 실행할 수 있는 객체의 객체-컨테이너입니다.' 적법한 문서의 일부 구간은 셸 코드를 포함할 가능성이 훨씬 적습니다. 리Li와 동료들은 다양한 n-gram의 빈도를 계산하여 감염된 문서를 매우 성공적으로 탐지할 수 있다는 것을 발견했습니다.

무엇이 정상인지 '알아야' 하기 때문에 이상 탐지기에도 훈련training이 필요합니다. 일반적으로 분석기에 감염되지 않은 파일을 대량으로 넣어서 이를 기반으로 통계 프로파일을 구축하고, 이 프로파일을 새로운 악성 코드를 잡는 데 사용합니다.

무엇이 '정상'인지는 시간의 흐름과 위치에 따라 자연스럽게 변합니다. 워드 문서에 사진을 자주 포함하는 사이트는 그렇지 않은 사이트와 크게 달라 보일 것입니다. 마찬가지로 새로운 기능이 추가되면서 통계값은 변할 것이므로 이상 탐지 데이터베이스도 자주 업데이트해야 합니다.

이상 탐지에서 문제는 이미 언급했듯이 오탐false positive입니다. 시그니처 방식도 이러한 문제가 있을 수 있지만, 오탐률은 이상 탐지에서 훨씬 높습니다. 사용자가 직접 혹은 사용하는 애플리케이션의 변화 때문에 다른 일을 하는 여러 가지 일들이 악성 코드와 마찬가지로 비정상으로 보일 수 있습니다. 이 경우 다른 사이트와 이상 정보를 상호 연결해서 이 문제를 부분적으로 해결할 수 있습니다. [Debar, Wespi 2001; Valdes, Skinner 2001] 파일이 약간 이상하지만 명확하게 표시할 정도의 수준이 아닌 경우에는 백신 공급업체에 업로드하여 다른 사이트의 비슷한 파일과 비교해 볼 수 있습니다.

퍼즐의 마지막 조각은 '새로운 악성 코드를 어떻게 찾을까'입니다. 때때로 감염되었다고 추정되는 시스템이나 파일은 백신 회사로 보내지는데, 사실 스턱스넷Stuxnet과 플레임Flame이 이렇게 해서 발견되었습니다. [Falliere, Murchu, Chien 2011; Zetter 2012; Zetter 2014] 일반적으로 공급업체에서 감염을 찾습니다. 공급업체는 패치되지 않은 기기를 설치한 후 이 기기로 들어오는 스팸 메일 목록을 입수하고, 첨부 파일을 열고 실행하는 등의 활동을 지속합니다. 또한 감염된 것으로 알려진 곳에도 자주 출몰합니다. 특히 성인 사이트는 악성 코드를 배포하는 곳으로 악명이 높은데, 적절한 스크립팅 기술이 개발되기 전에 일부 업체는 하루 종일 포르노를 보는 직원을 두기도 했습니다. (입증되지 않은 증거를 보면, 많은 사람이 재미있겠다고 생각하는 이런 직업은 사실 굉장히 지루할 수도 있습니다.)

4.2 안티바이러스 소프트웨어의 관리와 사용법

안티바이러스 소프트웨어는 자동 탐지 및 공격 기술이 아니므로 변화하는 위협 환경과 컴퓨팅 환경 때문에 지속적인 주의가 필요합니다. 그리고 미탐false negative 및 오탐false positive 처리, 효율성, 언제 어떤 것을 스캔해야 하는가, 그리고 사용자 교육 같은 운영적 요소도 고려해야 합니다.

최신 시그니처와 이상 데이터베이스의 필요성은 더욱 명백해졌습니다. 반면 운영 환경이 바이러스 검사와 상호작용하는 방식은 덜 분명합니다. 예를 들어 마이크로소프트 오피스를 사용하지 않는다면 워드 문서를 다루는 스캐너가 필요 없지만, 사용하는 경우에는 필요합니다. 때로는 환경적인 영향이 더 미묘하고 심각할 수 있습니다. 한 번은 서로 다른 세 가지 버전의 설치 프로그램이 특정 스캐너에서 바이러스로 잘못 표시된 적이 있습니다.[2] 이것은 해당 인스톨러에 우연히 바이러스의 시그니처와 일치하는 비정상적인 코드 시퀀스가 있었기 때문으로 보입니다.

여러 가지 다른 요인도 상호작용합니다. 불충분하거나 낡은 데이터베이스 때문에 종종 발생하는 미탐지 문제를 살펴봅시다. 많은 이들이 서로 다른 두 개의 백신 브랜드를

---

2 "페가수스 메일(Pegasus Mail) v4.5x 출시" http://www.pmail.com/v45x.htm

구동하여 서로 다른 바이러스 패턴 모음의 장점을 극대화하기를 추천합니다. 물론 비용, 성능, 그리고 오탐률의 증가에 대해 신경쓰지 않는다면, 이것도 충분히 합리적입니다. 오탐률이 충분히 낮다고 가정하고 하나의 솔루션을 메일 게이트웨이, 웹 프록시, 그리고 파일 서버 등이 있는 네트워크 진입점에 이용하고, 다른 솔루션은 엔드 시스템에 이용하는 것입니다. 이러면 수많은 데스크톱과 노트북에 각각 두 개의 다른 패키지를 설치할 필요가 없기 때문에 비용면에서도 크게 도움이 됩니다.

하지만 이러한 전략은 네트워크 기반 스캐너가 암호화된 내용을 다룰 수 없다는 결함이 있습니다. 오늘날 암호화된 이메일은 흔치 않고, 암호화된 웹 트래픽은 널리 쓰이며, 웹 프록시는 검사 없이 HTTPS를 통과합니다. 게다가 악성 코드에서 사용되는 암호화된 .zip 파일의 경우에는 메시지의 본문에 패스워드가 있습니다.

대부분의 상황에서 암호화 문제에 대한 적절한 대응은 바로 무시하는 것입니다. 엔드 시스템에 백신 소프트웨어가 있다면, 아마도 악성 코드를 잡을 것입니다. 주요 스캐너가 놓치는 것은 대부분 희귀한 바이러스이고, 흔한 바이러스는 모두 처리할 수 있습니다.

물론 안드로메다인의 표적이 된다고 생각하면 더욱 걱정이 될 것이고, 결국 안드로메다인은 당신에게 이용할 제로데이를 찾아낼 것입니다. 하지만 제로데이는 알려지지 않은 것이기 때문에 누구의 시그니처 파일에도 없으며, MI-31이라면 여러 종류의 스캐너에서 자신들의 코드가 방해받지 않고 통과하게 만들 수 있습니다. 그러나 다른 사람이 이런 악성 코드를 눈치채고 분석한다면 이런 시그니처가 개발되었다는 것을 알 수 있습니다. 스턱스넷Stuxnet이 바로 이렇게 발각되었는데, 이런 경우 엔드 시스템 스캐너는 이전의 감염을 잡아낼 것입니다.

이상 탐지기는 또 하나의 해결책입니다. (여기에 흥미로운 이중성이 있습니다. 앞에서 설명한 것처럼 이상 탐지기는 감염되지 않은 파일에 대한 학습이 필요합니다. 정의한 대로 제로데이 공격은 학습 데이터에 없기 때문에 나중에 잡힐 것입니다. 반면 이전에 제로데이 사례가 없다는 것은 시그니처 파일 안에 이 데이터가 없다는 것을 의미합니다. 세계는 이렇게 깔끔하게 두 가지 분류로 나뉘어 다른 두 기술은 서로 다른 두 기간과 일치하게 됩니다. 다만 어떤 것이 발견되지 않았다고 해서 존재하지 않는다는 뜻은 아니라는 점에 주의해야 합니다. 특히 안드로메다인의 정교한 공격은 꽤 오랫동안 발견되지 않을 수도 있습니다. 다시 말해서 스턱스넷과 플레임 모두 이런 경우입니다.)

다양한 안티바이러스 스캐너를 사용하는 것은 불안정한 보안을 잘못으로 취급하지 않아야 하는 전형적인 이유입니다. 경제적으로 생각해 봅시다. 조금 더 보호하기 위해 너무 큰 비용을 들일 필요는 없습니다. 엔드 시스템을 최신으로 패치하고, 현재의 안티바이러스 소프트웨어를 설치하는 등 잘 관리하면, 인프라 기반 스캐닝은 추가 레이어가 될 것입니다. 추가 레이어는 유용하기 때문에 가능하다면 무시해서는 안 됩니다. 결국 문제는 금전적인 비용이 아니라 기능적 손실과 사용자 습관의 잘못된 고착에서 발생하는 비용입니다.

생각해 봅시다. 여러분의 환경에서 .zip 파일을 흔하게 전송할 경우 .zip 파일을 막으면 생산성을 해칠 수 있습니다. 사용자는 확장자를 변경하는 방식으로 우회 방법을 빠르게 학습할 텐데, 사용자가 보안 메커니즘을 우회하도록 가르치는 것은 절대로 좋은 생각이 아닙니다.

시스템이 감염된 후 바이러스를 탐지할 수 있는 기회를 무시하지 마세요. 오늘날 대부분의 바이러스는 무작위적인 악의적 장난을 위해서가 아니라 매우 구체적인 목표를 가지고 설계됩니다. 이런 행동 유형을 찾는 것이야말로 감염된 시스템을 찾기에 좋은 방법입니다.

어떤 유형의 탐지를 사용할지는 바이러스의 목표에 따라 다르며, 바이러스에 대해 모르기 때문에 여러 가지를 도입해야 할 수도 있습니다. '5.5 유출 탐지'에서 설명하겠지만, 탐지의 한 형태는 데이터 도난을 찾기 위해 아웃바운드 트래픽을 보는 유출 탐지extrusion detection입니다. 특히 안드로메다인이 공격하는 표적의 피해자라면 전매 데이터가 빈번한 목표이기 때문에 이런 탐지는 매우 유용합니다. 또 다른 좋은 방법은 명령 및 제어 트래픽을 찾는 것입니다. 감염된 시스템은 종종 피어 투 피어peer-to-peer 네트워크를 통해 관리되는 봇넷의 일부가 되는데, 유익한 접근법이 몇 가지 있지만 발견하기가 어렵습니다. 트래픽 흐름 가시화도 한 가지 접근법입니다. [D. Best et al. 2011; T. Taylor et al. 2009] 해당 시스템의 밀도를 잘 알고 있는 경우 클라이언트 투 클라이언트client-to-client 트래픽을 찾아볼 수 있는데, 이러한 행위는 P2P 네트워크를 제외하고는 흔치 않습니다.

4.3 안티바이러스가 항상 필요할까?

안티바이러스 소프트웨어를 둘러싼 쟁점 중 가장 이슈가 되는 것은 어떤 기기에 이 소프트웨어를 사용해야 하는가입니다. 어떤 사람들은 모든 곳에 사용해야 한다고 하고, 또 어떤 사람들은 절대 사용하지 말아야 한다고 주장합니다. 절대적인 선언은 늘 잘못된 것이니, 분석적으로 문제에 접근해 봅시다.

안티바이러스 패키지는 방어의 또 다른 계층으로, 위의 분석에 따라 OS가 잡을 수 없는 위협으로부터 보호합니다. 또한 어떻게든지 다른 계층을 통과해 들어온 공격을 차단할 수 있습니다. 경우에 따라 이것은 타이밍 문제이기도 한데, 새로운 보안 취약점은 해결하기 어려울 수 있기 때문입니다. 공급업체는 당연히 패치를 배포하기 전에 테스팅과 품질 보증을 통해 개선하기를 원하기 때문이기도 합니다. 안티바이러스 업체는 자문 서비스를 하기 때문에 훨씬 더 빨리 시그니처 업데이트를 제공할 수 있습니다. 아주 강하게 말하면, 안티바이러스 패키지와 OS 간의 책임 분할은 마치 C 컴파일러(유닉스 운영체제에서 C 언어의 원시 프로그램을 읽어와서 오류가 있는지 검사하는 프로그램)인 lint와 같습니다. [S. C. Johnson 1978]

> 결론적으로 두 개의 프로그램을 사용하는 일반적인 개념은 좋은 것 같다. 컴파일러는 프로그램을 텍스트 문자에서 실행할 수 있는 비트로 신속하고 정확하게 변환하는 데 집중하고, lint는 휴대성, 스타일 및 효율성의 문제에 집중한다. lint의 부정확성 및 과도한 보수주의는 짜증나는 요소이지만, 치명적이지는 않기 때문에 잘못되더라도 문제가 되지 않는다. lint가 이런 측면을 다룰 것을 알고 있기 때문에 컴파일러가 빠르게 돌아갈 수 있는 것이다.

그렇습니다. 하지만 프로그래머가 lint 경고를 무시하는 것과는 달리, 바이러스 검사 해제는 매우 까다로운 결정일 뿐만 아니라 대부분의 사용자에게는 권한을 넘어서는 일이란 것이 매우 중요한 한 가지 차이점입니다. 무작위의 인터넷 사이트에서 프로그램을 다운로드하는 것은 위험하고, 메이저급 공급업체의 공식 배포 페이지에서 소프트웨어를 설치하는 것은 안전하다는 것을 사람들이 안다고 말하고 싶을 것입니다. 실제로 많은 합법적인 패키지는 인스톨러를 실행하기 전에 바이러스 스캐너를 끄도록 주의를 주기 때문에 간단한 일이 아닙니다. 우연히 타이밍이 일치하거나 소프트웨어 설치와 함께 발동되는 악성 코드를 제외해도 마이크로소프트웨어 CD [Barnett 2009], IBM 데스크톱 [Weil 1999], 델 서버의 메인보드 [Oates 2010], 심지어 디지털 액자 [Gage 2008]에 이르기까지 막 포장을 뜯은 새 제품들도 바이러스에 감염된 경우가 있습니다.

안티바이러스 기술을 생략하고 싶은 경우는 대부분 시스템의 용량과 연결성 때문입니다. 안티바이러스 패키지는 일반적인 사용자의 데스크톱 컴퓨터 환경을 위해 개발된 것처럼 보일 것입니다. 결국 끊임없이 위험한 웹사이트를 방문하고, 의심스러운 파일을 다운로드하며, 온갖 종류의 유혹적인 (하지만 완전히 사기인) 이메일을 수신하는 것은 사용자이기 때문입니다. 하지만 서버는 어떤가요? 임베디드embedded 시스템은? 에어갭airgap으로 보호한 시스템은? 에어갭 배후에 있는 임베디드 시스템은? 이 모든 것이 취약할 수 있지만, 그 방식은 서로 다릅니다.

서버는 정확히 서버이기 때문에 감염될 수 있습니다. 서버는 특정 요청을 수신하며, 서비스하는 응용 프로그램에 버그가 있는 경우 악성 코드에 취약해질 수 있습니다. 이런 상황에서 서버가 서비스하는 것은 버퍼 오버플로와 SQL 인젝션 등과 같은 대다수의 일반적인 공격에 매우 취약합니다. 백신 프로그램의 운영에 대한 정의에서 시그니처가 오직 자기 복제 프로그램과 일치해야 한다는 요구 사항이 없다는 것을 알아야 합니다. 다양한 지속적 악성 코드를 포함하여 어떤 것이든지 매치시킬 수 있습니다. 사실 '안티바이러스antivirus'라는 단어는 부적절합니다. 안티바이러스는 오히려 안티파일 소프트웨어에 가깝고, 해당 파일이 스캔하려는 유형을 알고 있는 한, 특정 패턴과 일치하는 모든 파일에 표시할 수 있습니다.

자동차, 프린터, 토스터, DVD 플레이어, 텔레비전 등을 실행하는 작은 컴퓨터라고 할 수 있는 임베디드 기기는 상당히 취약합니다. [Cui, Stolfo 2010] 놀랍게도 이런 시스템은 범용 운영체제(모두는 아니지만 거의 윈도우)로 제어하는 경우가 많은데, 패치가 거의 이루어지지 않습니다. 주소 공간 바이러스 스캐닝은 특별할 게 없습니다. 검사하는 물건이 동료의 데스크톱인지 사무실 온도 제어기인지는 알 수 없지만, 올바른 방법으로 응답한다면 감염될 수 있습니다. 게다가 이런 장치를 관리하는 소프트웨어는 자주 업데이트되지 않기 때문에 일반적으로 아주 오래된 해킹에도 취약합니다. 또한 안타깝게도 안티바이러스 소프트웨어가 없거나, 설치되어 있어도 시그니처 데이터베이스가 아주 오래된 것입니다. (어떤 OS의, 어떤 버전이 차의 타이어 압력을 모니터링하는 데 구동되나요? 이 버전의 OS는 취약할 수도 있습니다. [Rouf et al. 2010] 게다가 자동차 바퀴에는 무선으로 로컬 연결되지만, 인터넷은 연결되지 않으므로 자동으로 시그니처 업데이트를 다운로드할 수 없다는 데 주의해야 합니다. 어쩌면 정비사가 정기적으로 기본 소프트웨어를 업데이트할 수도 있지만, 안 할 수도 있습니다.) 심지어 원자력발전소조차 감염된 적이 있습니다. [Poulsen 2003; Wuokko 2003]

데이비스 베세Davis-Besse 원자력발전소는 어떻게 감염되었을까요? 이런 공격이 차단되도록 적절하게 구성한 방화벽이 있었지만, 방화벽은 인터넷으로의 직접 연결만 보호했습니다. 그런데 슬래머 웜slammer warm이 계약업체의 기기 한 대를 감염시켰고, 해당업체는 발전소 운영자에게 직접 연결되어 있었습니다. 이 링크는 방화벽에 의해 보호되지 않아서 웜이 원자력발전소 운영자의 네트워크에 있는 패치되지 않은 서버를 공격할 수 있었습니다. 다시 말해서 문제를 방지할 수 있는 방법은 많았지만 실패한 것입니다.

외부 세계에 직접적으로든지, 간접적으로든지 네트워크에 연결되지 않은 에어갭airgap 시스템이 때론 기기 보안을 위한 최후의 수단으로 보여집니다. 그램프Grampp와 모리스Morris는 '안전한 컴퓨터 시스템을 실행하는 것은 쉽다. 단지 모든 전화 접속 연결을 분리하고, 직접 유선으로 연결된 단말기만 허용하며, 이 기기와 해당 단말기만 보호된 방에 넣고, 문 앞에 경비를 세우면 된다.'라고 썼습니다. [1984] 하지만 안타깝게도 여러 면에서 오히려 이러한 시스템은 덜 안전합니다.

그러면 어떻게 공격할 수 있을까요? 가장 쉬운 방법은 USB 플래시디스크를 통하는 것입니다. 실제로 스틱스넷이 이란의 원심 분리기 발전소로 침투할 때 정확히 이런 방식을 쓴 것으로 생각되는데, 사용된 제로데이 중 하나가 플래시디스크에서 자동 실행 코드를 발동시켰기 때문입니다. [Falliere, Murchu, Chien 2011] 한동안 미군은 이런 메커니즘을 통해 발생한 심각한 네트워크 침투 때문에 플래시 드라이브의 사용을 금지했습니다. [Lynn III 2010] 이들 사건에서 누가 감염된 플래시디스크를 제공했을까요? (적어도 공개적으로는) 알려지지 않았지만, 우연히 주차장에서 USB를 주운 적법한 사용자였을 수도 있습니다. 적어도 한 테스트에서 대부분의 사용자는 그런 장난에 속았습니다. [Kenyon 2011] 아니면 적법하게 에어갭을 통과해서 통신하도록 되어 있는 기기가 새로운 소프트웨어를 제공하거나 아웃바운드 보고서를 수신하는 과정에서 감염되었을 수도 있습니다. 또한 통신용 플래시 드라이브를 해당 시스템에 꽂았을 때 드라이브나 USB에 있는 적법한 파일이 감염되어 에어갭 너머로 감염이 전달되었을 수도 있습니다. 게다가 인터넷에 통신할 수 없는 시스템에 패치와 시그니처 파일을 업데이트하는 어려움이 추가되어 토폴로지 분리 덕분에 보안이 확보되었다고 오해하고 안심한 관리자가 다른 방식으로 기기를 보호하려는 노력을 기울이지 않아도 된다고 생각해서 안심하게 된 것입니다.

　xkcd의 만화는 잘못되었을까요(그림 4.1 참고)? 투표기기에 대한 안티바이러스 소프트웨어의 설치가 필요하고 또 적절할까요? 수많은 다른 상황처럼 이것은 때에 따라 다르고, 오탐이 있을 수도 있습니다. 실제로 투표 시스템의 백신 소프트웨어는 밝혀진 문제 때문에 비난받았습니다. [Flaherty 2008] 그러나 투표 시스템은 인증받은 소프트웨어만 실행하도록 신중하게 제어되어야 합니다. [Flaherty 2008]

　다른 소프트웨어와 다르게, 프리미어Premier에 대해 알려진 문제는 선거 시스템을 인증해야 하는 연방정부의 규정 때문에 고객에 대한 코딩 수정 전송으로는 코드를 수정할 수 없다고 리갈Rigall이 전했다. 시스템의 변경은 반드시 미국 선거관리위원회를 통과해야 하며, 전국의 각 선거위원회에서 필요한 승인과 검토 절차를 제외한다고 해도 인증과 승인을 위해서는 평균 2년 정도 소요된다고 한다.

인증된 소프트웨어만 실행하고 적절한 절차를 따랐다면, 어떠한 공격의 기회도 불가능하며, 이에 따라 보호를 위한 추가 기능은 필요 없습니다.

　하지만 두 번째 가정에 주의하세요. (데이비스 베세Davis-Besse 원자력발전소도 기억하세요.) 실제로 선거 시스템은 제대로 보호되지 못할 때가 많습니다. 프린스턴대학교의 저명한 컴퓨터과학 교수 에드 펠튼Ed Felten은 동네를 돌아다니면서 보호되지 않은 기계를 촬영하는 습관이 있습니다. [2009] 시스템은 물리적으로 접근할 수 있는 이들에 대해 안전하지 않습니다. 이에 대한 보고서는 엄청나게 많지만, 캘리포니아의 레드팀의 요약 보고서인 '위에서 아래까지Top to Bottom'의 리뷰는 상황이 어디까지 악화될 수 있는지를 명확하게 보여주었습니다. [Bishop 2007] 보호용 봉인 스티커도 조작에 대해 효과적인 방어가 아닙니다. [Appel 2011] 간단히 말해서 이론적으로는 바이러스 백신 소프트웨어가 필요 없지만, 취약점이 너무 많아서 기기의 모든 소프트웨어를 교체해도 그

프리미어 일렉션 솔루션사는 (전신 다이볼드) 오하이오 투표기기에
멕아피 안티바이러스 소프트웨어를 설치해 생긴 오류에 대해 비난을 받았다.

그림 4.1 안티바이러스 소프트웨어가 있는 투표 시스템

와 동시에 공격자가 보호 메커니즘을 비활성화할 수 있는 경우만 제외하면 실제로 백신 프로그램은 도움이 됩니다. 그런데 어떻게, 언제, 그리고 누가 시그니처 데이터베이스를 업데이트할까요?

(전자투표 시스템 보안과 정확성의 문제는 상당히 흥미롭지만, 다행히 대부분은 이 책의 범위를 벗어납니다. 수많은 컴퓨터 과학자들은 직접 전자투표DRE ; Directing Recording Electronic 시스템에 대해 매우 우려한다고 설명하는 정도로 맺겠습니다. 좀 더 자세한 내용은 [Rubin 2006]이나 [D. W. Jones, Simons 2012]를 참고하세요.)

안티바이러스 소프트웨어가 필요 없는 또 한 가지 상황은 바이러스의 영향이 너무 약해서 굳이 보호책을 적용해야 할지 의심스러운 경우입니다. 이 경우 혜택은 별로 없지만, 소프트웨어 가격에 오탐 가능성과 시스템 효율성 저하 비용까지 지불하게 됩니다. Mac OS X가 2015년 9월 현재 이런 범주에 들어맞는데, 플랫폼의 인기가 늘고 있어 조만간 이 범주에서 벗어나게 될 것 같습니다. 다시 말해서 바이러스 백신 소프트웨어는 추상적인 기술이 아니므로 실제적인 과거의 위협에 대해서만 보호할 수 있습니다. 위협이 없다면 시그니처 데이터베이스에 넣을 것이 없습니다. Mac에 대한 가장 심각한 공격은 사회공학이나 자바의 취약점 중 하나를 이용하는데, 전자는 사용자 교육을 통해('14장. 사람들' 참고), 후자는 자바가 포함되어 있지 않은 Mac OS X의 최신 버전으로의 업그레이드를 통해 피할 수 있습니다. (마이크로소프트 오피스 매크로 바이러스는 이론상으로는 Mac에 영향을 줄 수 있지만, 오래 전 마이크로소프트가 수정해서 없앤 것으로 보였

습니다. 하지만 일부에서는 이 바이러스가 다시 돌아오기 시작했다고 말합니다. [Ducklin 2015])
이것은 이상 탐지를 위한 Mac OS X 파일 기본 데이터를 수집하기에 좋은 기회입니다.
결국 매우 낮은 감염률을 감안하면, 예상치 못한 악성 코드를 여러분의 모델에 부주의
하게 훈련시킬 일은 없을 것입니다.

마지막으로 한 가지 경고할 것이 있는데, 보안의 초점을 안드로메다에 맞추고 있다
해서 안티바이러스 보호를 무시하지 마세요. 물론 백신이 제로데이 공격을 막지는 못
하겠지만, 충분히 공격 가능한 오래된 취약점이 있다면 MI-31을 기꺼이 사용할 수 있
습니다. 저렴한 무기로 충분하다면 굳이 비싼 무기를 사용할 필요가 없기 때문입니다.

4.4 분석

안티바이러스, 더 적절하게 말해서 악성 코드를 방지하는anti-malware 소프트웨어는 오늘
날의 보안 환경의 중심이지만, 안타깝게도 그 효능을 잃어가고 있습니다. 최근에는 중
소기업의 뱅킹 자격 증명을 훔치는 것이 목표인 악성 코드 프로그램의 샘플에 주목한
기사가 보도되었습니다. [Krebs 2012] 이 악성 코드는 https://www.virustotal.com
을 통해 복합적인 스캐너로 빠르게 번졌지만, 대부분은 탐지되지 않았습니다. 단지 평
균 24.47%와 중간값 기준 19%의 스캐너만 이러한 파일을 잡아낼 수 있는데, 신뢰하는
대부분의 방어책이 보통은 실패한다는 것을 의미합니다. 보호된다고 가정한 상태에서
무턱대고 첨부 파일을 클릭했다가는 충격에 빠질 수 밖에 없습니다. 사람들이 피싱 메
시지를 클릭하지 못하게 하거나, 버그가 없거나 발빠르게 패치되는 소프트웨어와 같은
다른 방어책은 심지어 더욱 의심스러워 보이기까지 합니다. 그렇다면 도움이 될 만한
기술적 변화가 생길까요?

변화 가능성이 가장 높은 두 가지 영역은 시그니처 기반 탐지와 이상 기반 탐지의 효
력입니다. 전자가 하락하면서 이상 기반 탐지에 대한 의존성이 올라가겠지만, 현 시점
에서 이상 기반 탐지의 오탐률이 충분한지는 명확하지 않습니다.

시그니처 기반 검사가 사장死藏되었다는 사실은 꽤 오랫동안 유포되어 왔으며, 아직
완전히 끝난 것은 아닙니다. 바이러스 제작자가 기술을 향상시킬 수 있지만, 오랜 시간

동안 이 기술에 투자한 안티바이러스 회사도 많기 때문에, 이러한 탐지 기술의 중단은 갑작스러운 단종이라기보다 긴 하락세로 나타날 가능성이 매우 높습니다. 분명히 빠른 업데이트가 가능한 것은 이상 탐지기가 인간의 분석에 도움이 되는 충분히 의심스러운 것들을 표시했기 때문입니다.

이상 탐지는 항상 같은 유형으로 작동하는 시스템에서 최상의 성능을 발휘합니다. 예를 들어 도서관이나 인터넷카페의 공공 컴퓨터보다는 임베디드 기기가 더 나은 환경이라고 할 수 있습니다. 사용 패턴의 변화는 오탐 급증의 계기가 될 수 있는데, 이것은 현재 기술적 한계가 아니라 이 기술 고유의 문제입니다. 정의하자면 이상 탐지기는 지금까지 일어났던 행동 양식과 일치하지 않는 것을 찾기 때문입니다. (정상적 변화는 발생하게 마련입니다. 필자가 '유포bruited'와 '단종cessation'이라고 무심코 설명한 이전 단락을 살펴봅시다. 필자는 글을 쓸 때 이들 두 단어를 거의 사용하지 않지만, 한 문단 안에서 나타났습니다. 이상 탐지기를 구동한다면 아마 필자가 쓰지 않은 문장이라고 — 부정확하게! — 판별할 수도 있습니다. 그렇다고 필자가 이 두 단어를 의식적으로 쓴 것이 아니라 단지 그 시점에 머릿속에서 떠오른 것일 뿐입니다.)

사용이 늘고 있는 또 다른 기술은 디지털 서명 파일입니다. 디지털 서명 파일은 구현법이 굉장히 중요하기 때문에 효과도 천차만별입니다. 디지털 서명 파일의 기본적인 개념은 실행 파일을 디지털로 서명하여 바이러스로 손상되지 않았다는 것을 사용자에게 보장하는 것입니다. 누가 서명하는가, 서명하는 개인키는 누가 보호하는가('8장. 공개키 인프라' 참고), 언제, 어떻게 검사를 수행하는지에 대한 문제는 있습니다. 앞으로 설명할 한계는 구현에 대한 것이 아니라 디지털 서명의 개념적인 속성이라는 것에 주의하세요.

수많은 개발자들이 '마이크로소프트 장치 드라이버 모델Microsoft device driver model'이라는 마이크로소프트가 서명한 키와 인증서를 갖고 있습니다. (애플의 Mac OS X에 대한 게이트키퍼gatekeeper 시스템도 같은 모델을 사용합니다.) 이러한 설계는 저급 바이러스 제작자에 대한 일부 보안은 제공하지만, 안드로메다에 대해서는 보호할 수 없습니다. 신뢰받는 대상이 너무 많은데, 경험에 따르면 적어도 몇 번은 충분히 주의를 주어도 실패하게 마련입니다. MI-31이라면 가짜 개발 기업을 만들고, 매우 합법적인 인증서를 획득할 수 있습니다. (CIA는 은밀하게 항공사도 운영하는데 [M. Best 2011], 소프트웨어 개발 회사는 항공사보다 훨씬 저렴합니다.)

아이폰과 아이패드, 그리고 다른 애플 제품에 사용되는 iOS 서명 모델은 매우 다릅니다. 애플만 유일하게 서명할 수 있으며, 승인 전에 명목상으로는 프로그램을 자세히 조사합니다. 애플이 보호할 개인키는 오직 하나뿐이지만, 이 키가 손상된다면 엄청난 피해가 올 수 있습니다. 따라서 하급 공격자들이 공격할 위험은 적지만, 매우 고도화된 공격자들로부터의 리스크가 더 큽니다. 또한 애플이 얼마나 일을 잘 하고 있는지 의심할 수도 있고, 숨겨진 취약점을 영리하게 찾아낼 수도 있습니다.

안드로이드는 흥미롭게 변형됩니다. 즉 응용 프로그램은 공개키를 갖고 이 공용키를 이런 응용 프로그램 업데이트를 증명하는 데 사용합니다. 따라서 누구든지 개인키를 획득할 경우, 예를 들어 감염된 Furious Avians 게임 앱은 가짜의 악의적인 업데이트를 만들 수 있지만, 감염되지 않은 Nerds with Friends 게임은 그렇지 않기 때문에 해당 게임만 설치한 사용자는 위험에 노출되지 않습니다.

시그니처를 검사하는 시기는 매우 중요합니다. 파일이 로딩될 때마다 검사한다면 (예를 들어 iOS) 현재 구동되고 있는 악성 코드로부터 디스크 변조가 보호됩니다. 하지만 검사하는 코드 자체가 악의적인 공격으로 뚫릴 리스크는 있습니다. 루트 권한이 아닌, 사용자 권한으로 침투한 악성 코드의 경우에는 그대로 보호를 받을 수 있습니다. 하이퍼바이저 hypervisor나 멀틱스 Multics 애호가라면 'Ring 0'라고 부를 좀 더 하위 계층에서 시그니처 검사를 수행하는 것도 방법입니다. [Organick 1972]

다른 서명 체계와의 상호작용도 있습니다. iOS 모델에서 (그리고 하나뿐인 키는 도난당한 적이 없다고 가정하면) 공격자는 반드시 모든 검사를 비활성화하거나, 대체용 인증키를 설치하고 기기의 모든 실행 파일들을 다시 서명할 엄두도 못 낼 만큼 값비싼 작업을 해야 합니다. 장치 드라이버 모델에서 바이러스는 서명키를 포함하고 이를 통해 바이러스가 수정하는 파일만 다시 인증하는 데 쓸 수 있습니다.

일부 시스템은 설치할 때만 서명을 확인합니다. 이러면 이미 설치된 프로그램에 대한 변경에 대해서는 보호할 수 없습니다. 업체가 제공한 것을 그대로 이용할 수 있도록 보장하기는 하지만, 도중에 발생하는 감염으로부터는 보호하지 않습니다. SiN 게임의 일부 카피에 이런 일이 발생했는데, 일부 부차적인 다운로드 서버가 CIH 바이러스에 감염되었고 [Lemos 1998] 마이크로소프트에서 출시한 CD들이 감염된 근본 원인도 해당 바이러스였을 수 있습니다. [Barnett 2009] 결국 많은 요소들이 적용에 의존하지만,

드라이브 바이 다운로드drive-by-download에 대해서는 보호받는다는 것이 중요합니다.

안티바이러스 방어책으로서 서명된 코드의 활용성은 좀 더 지켜보아야 합니다. 더욱이 두세 개의 주요 공급업체에 너무 큰 권력을 부여하는 현 상황에 대한 사회적 비용에 대해서도 비교 검토할 필요가 있습니다.

안티바이러스의 또 한 가지 기술적 트렌드는 더 적은 권한으로 응용 프로그램을 실행하는 샌드박스의 사용이 증가하고 있다는 것입니다. 이 개념은 여러 해 동안 연구 단체의 검토 대상이었습니다. 그러다가 오래 전에 멀틱스는 복합적인 보호링을 사용자 프로그램에까지 지원했지만, [Organick 1972] 이를 효과적으로 사용한 사용자는 극소수였습니다. 최근에는 다른 연구에 모든 사용자가 권한은 더 적으면서 매우 많은 하위 사용자를 생성할 수 있도록 설계된 '하위 운영체제'용 필자의 설계도 포함되어 있습니다. [S. Ioannidis and Bellovin 2001; S. Ioannidis, Bellovin, and J. Smith 2002] 상업 시장에서는 윈도우와 Mac OS X가 웹 브라우저와 일부 위험한 응용 프로그램을 위해 샌드박스sandbox를 사용합니다. 특히 어도비Adobe는 윈도우 비스타와 이후 버전에서 샌드박스를 통해 인기와 문제를 동시에 안고 있는 PDF 뷰어를 구동할 수 있도록 수정했습니다.

하지만 샌드박스의 장점은 격리된 응용 프로그램이 외부 세계와 얼마나 많은 상호작용이 필요한가, 그리고 이런 상호작용이 얼마나 효과적으로 안전하게 유지되는가에 따라 결정적으로 영향을 받습니다. 예를 들어 첨부 파일이 있는 이메일 메시지를 샌드박스에 있는 메일 프로그램이 처리하는 경우를 살펴봅시다. 파일에 바이러스가 포함되어 있다면 최선의 경우 메일 샌드박스에서 실행을 허용하지 않기 때문에 파일 열기가 막힐 것이고, 최소한 파일이 실행된다고 해도 메일 프로그램 자체보다도 더 적은 권한으로 실행될 것입니다. 한편 첨부 파일의 편집을 원한다면 정상적으로 열리기를 원할 것이고, 그렇다면 동료로부터 받은 문서가 아니라 사실 동료 컴퓨터에 있는 바이러스에 의해 생성된 문서일 수도 있다는 위험을 감수할 것입니다.

샌드박스의 최종적 형태는 가상머신VM ; Virtual Machine입니다(10.2절 참고). 다른 저서에서 설명한 것처럼 [Bellovin 2006b] 악성 코드가 가상머신에서 실행되고 있기 때문에 안전하다고 가정하는 것은 적이 당신의 데이터센터 랙rack에 1U 높이의 서버를 설치하게 두는 것과 같습니다. 이런 기기를 신뢰하여 랜에 연결하겠나요? 상호작용을 의도하거나 기대하지 않는다고 해도 아마 이것은 심각한 위험이라고 생각할 것입니다. VM이라고 더 나은 것은 아니며, 일반적으로 응용 프로그램은 시스템의 다른 부분과 상호작용할 필요가 있습니다.

본질적으로 샌드박스는 효과적인 명령 세트와 그 안에서 실행되는 프로그램이 효과를 미치는 대상 환경을 모두 줄여줄 수 있습니다. 이러한 특성이 합쳐지면 바이러스와 웜의 확산을 대폭 줄이거나 막을 수 있습니다.

그렇다면 백신 소프트웨어를 실행해야 할까요? 일반적인 데스크톱 시스템이면 대답은 아마 "그렇다!"일 것입니다. 백신은 상대적으로 저렴한 보호 수단이며, 보통 큰 문제가 없습니다. 마찬가지로 서버나 방화벽에 상주하는 스캐너는 악의적인 인바운드 악성 코드가 사용자에게 도달하기 전에 분명히 차단할 수 있습니다. 단 여러분의 환경과 정책은 정기적으로 업데이트되어야 합니다. 단순히 정기적 업데이트 메커니즘이 부족하기 때문에 대부분의 임베디드 시스템을 정기적으로 업데이트하는 것은 분명한 낭비입니다. 게다가 공격자가 임베디드 기기에 일부 파일을 다운로드하고 실행할 수 있다면 아마도 더욱 큰 구조적 문제가 될 것입니다.

05장

방화벽과 침입 탐지 시스템

신비의 힘을 가진 오각형 그리드 소환에는 몇 가지 용도가 있다. 힐베르트Hilbert 공간의 광대한 나락으로부터 영혼을 소환하는 것도 그 중 하나이다. 또한 (대부분 인간과 같은 생명이 살기에는 완전히 부적합한) 다른 공간으로 향하는 관문을 열려는 멍청하고 무모한 자들도 사용할 수 있다. 마지막으로 촉수 같은 것이 달린 외계 아마추어 해커의 공격에 취약하고 버그투성이인 공상과학 소설 속 보호막과 같은 방화벽을 생성하는 데도 사용할 수 있다. 그렇기 때문에 상식이 있는 사용자라면 무턱대고 사용하지 않는 것이다.

The Apocalypse Codex
— 찰스 스트로스CHARLES STROSS

5.1 방화벽이 하지 않는 것

상용 인터넷시대가 시작된 이래 방화벽은 방어의 중심이 되었습니다. 그동안 필자가 공동 저자로 참여한 두 권의 책 [Cheswick and Bellovin 1994; Cheswick, Bellovin, Rubin 2003]을 포함해서 방화벽에 대한 많은 책이 출간되었습니다. 이들 책에서는 방화벽의 활용성, 특히 방화벽이 제공하는 보호는 몇 년에 걸쳐 크게 줄어들었다고 설명했습니다. 이제는 기업의 보안적인 측면에서 범용 방화벽이 여전히 자본적인 면과 운영적인 면에서, 그리고 생산성 비용에 가치가 있는지 물어볼 시점이 되었습니다.

이전 컴퓨터시대의 초기 멤버인 빌 체스윅Bill Cheswick과 필자가 『방화벽과 인터넷 보안Firewalls and Internet Security』1판을 썼을 당시에는 노트북이 희귀했고 와이파이Wi-Fi와 호텔 브로드밴드broadband는 존재하지도 않았으며, 스마트폰은 꿈조차 꾸지 못하는 때였습니다. 그 당시 외부 사용자는 이메일을 읽으려면 방화벽을 통해 시분할time-sharing 시스템으로 로그인했고, 기업 인터넷이 다른 회사와 연결되는 경우는 매우 적었습니다. 웹조차 새로운 개념이어서 웹에 대한 한 부분은 인쇄 직전 책에 추가했습니다. 하지만 그러면서도 유용한 리소스의 위치를 명시하는 데 'URL'이란 용어를 쓰자는 의견을 필자들은 거절했습니다.

오늘날에는 이 중 어떤 것도 맞지 않습니다. 일반적인 대규모 방화벽을 통하는 연결은 수백 개, 수천 개의 링크를 넘는 엄청난 양입니다. 매우 오래 전에 AT&T가 비즈니스 파트너 회사에 최소한 200여 개의 링크가 있다고 설명했는데 [Cheswick, Bellovin, Rubin 2003, p.Xiii], 그동안 이런 종류의 기업간 상호접속은 크게 증가했습니다. 직원들은 개인 소유의 기기를 포함하여 다양한 기기를 통해 이동중에도 원격 통신을 지속합니다. 직원들의 BYOD 기기 사용을 제한하려는 시도는 대개 실패했습니다('14장. 사람들' 참고). 특히 이메일 수신 같이 직원과 회사 간의 중요한 트래픽은 암호화하기 쉽지만, 방화벽에서의 검토 과정을 추가하면 암호화가 더 이상 종단간end to end으로 수행되지 않기 때문에 오히려 보안을 약화시킬 수 있습니다. 그렇다면 이전의 방화벽은 어떨까요? 실제로 좋은 점이 있을까요? 필자는 방화벽 자체가 잘못이었다고 말하는 게 아니며, 그렇게 믿지도 않습니다. 오히려 세상은 변했기 때문에 종래의 방어책에 대한 결정은 재검토되어야 하고, 필요하면 포기해야 한다고 말하고 싶습니다.

필자가 쓴 방화벽의 내용으로 돌아가 봅시다. 실제 문제는 버그가 많은 코드였는데, 방화벽의 목적은 악당들이 버그를 악용하지 못하게 하는 것이었습니다. 오늘날의 방화벽은 그럴 수 없다는 것을 보여주었습니다. $\aleph_0$개의 다른 장치에서 매일 웹 브라우저는 악성 코드에 노출되며, 모든 프록시와 VPN을 끄기 전에는 호텔 네트워크를 사용할 수 없습니다. 마찬가지로 비공식적이고, 승인되지 않은 개인 소유의 외부 이메일 계정으로 온갖 위험한 것들이 매일 들어오는데, 사람들은 직원용 노트북으로 이런 계정을 확인합니다. (물론 많은 보안 정책이 이러한 행동을 금지합니다. 또한 직원들이 집에서나 이동중에 일을 하려고 데이터를 플래시 드라이브에 복사하는 것도 금지되어 있습니다. 이것에 대해서는 '14장. 사람들'을 참고하세요.)

현대에는 대부분의 컴퓨터 — 아마도 태블릿이나 스마트폰은 (아직) 예외일 수도 있지만 — 에는 모두 방화벽이 내장되어 있기 때문에 제대로 설정되었다면(15.3절 참고) 적은 비용으로 더 큰 보안을 유지할 수도 있습니다. 이러한 기기를 암호화 기반의 분산형 방화벽 기술을 사용하도록 강화한다면 좀 더 나아질 것입니다. [Bellovin 1999]

5.2 방화벽 이론

기본적으로 전통적인 방화벽은 토폴로지적topological 관문을 활용하는 보안 정책 적용 장치인데, 이것을 분석적으로 살펴봅시다. 효과적으로 방화벽이 작동하기 위해 필요한 세 가지 속성은 다음과 같습니다.

1. 방화벽은 반드시 토폴로지의 관문에 배치되어야 한다. 형태적으로 네트워크를 그래프라고 보면, 방화벽은 두 개 또는 그 이상의 분리된 컴포넌트로 이러한 그래프를 분할하는 절단 지점으로 간주할 수 있다.

2. 방화벽의 '내부' 노드는 동일한 보안 정책을 공유한다. (보안 정책을 만드는 데 대한 자세한 설명은 16.2절을 참고한다.)

3. '내부'의 모든 노드는 반드시 '좋은' 것이어야 한다. 반면 외부에 위치한 모든 노드는 실제로 '나쁘지는' 않아도 신뢰하지 않는다.

이러한 조건 중 하나 또는 그 이상이 유지되지 못하면 방화벽은 성공할 수 없습니다. 오늘날 일반적인 기업에서는 이 조건을 모두 충족하지 못합니다.

[속성 1]은 일반적인 회사에서 '방화벽 자체'를 통과하지 않는 링크의 개수가 실패 요인입니다. 공급자, 고객, 벤처 파트너 회사, 아웃소싱으로 연결되는 링크가 여기에 해당합니다.

[속성 2]는 오늘날 사용하는 컴퓨터의 수 때문에 실패합니다. 노드가 너무 많으면 정책은 크게 달라질 수밖에 없습니다. 방화벽이 처음 인기를 끌었을 때는 소수의 직원만 인터넷 연결이 필요했습니다. 실용적인 목적 때문에 웹도 없었고, 비즈니스에서 이메일도 사용하지 않았습니다. 문서는 스캔해서 첨부하는 것이 아니라 팩스로 처리되었습

니다. 어떤 이유에서든 기업이 다른 회사에 연결해야 하는 경우에는 전화국에서 회선을 임대했지만, 대부분의 회사는 내부적으로도 그다지 연결되어 있지 않았기 때문에 이런다고 해서 노출이 심해진 것도 아니었습니다. (TCP/IP를 지원하는 최초의 마이크로소프트 운영체제인 윈도우 95의 출시 1년 반 전쯤에 방화벽이 나온 것을 기억하세요. TCP/IP를 구할 수 있어도 외부 업체의 애드온add-on 제품이었고, 대부분의 기기들은 이런 방법으로 업그레이드되지 않았습니다.)

[속성 3]은 부분적으로는 내부 인구가 많기 때문에, 다른 한편으로는 모바일 노드 때문에 실패합니다. 외부에서 감염된 경우 방화벽 내부에 들어오면 실제 악당이 됩니다.

이 때문에 방화벽은 위의 조건에 부합하는 환경에서는 유효합니다. 중요하지만 무시되는 사례를 들자면, 대부분은 방화벽으로 보호받습니다. (물론 학부모와 청소년은 적절한 보안 정책이나 심지어 '좋은' 행동 방식과 어긋난 행동을 하는 경우가 있습니다. 게다가 소비자들도 스마트폰과 노트북을 가지고 있습니다. 컴퓨터를 잘 아는 부모는 때때로 별도의 '청소년 인터넷'을 구성해서 '부모의 인터넷'과 격리합니다.)

[속성 3]은 예외이지만 이 세 개의 속성이 절대적이지 않다는 점은 알아두어야 합니다. 물론 약간의 편차는 허용할 수 있습니다. 두세 개 정도의 방화벽을 세워 — 그 이상 늘리면 정책 조정이 어렵고, 다른 방화벽을 통과하여 트래픽이 우회할 수 있는 기회가 너무 많습니다. — 메일 서버 등의 기기용으로 적은 수의 다양한 정책을 둘 수도 있습니다.

이런 모델에서라면 방화벽을 효과적으로 사용하는 시나리오를 구성할 수 있습니다. 다만 악화되는 케이스는 단일 시스템입니다. 방화벽이 네트워크 인터페이스와 TCP/IP 스택 사이에 배치된다면, 이들 세 가지 조건을 확실히 만족시킵니다. 재미있는 것은 정책이 어디에서 생기는가입니다. 현재 모든 운영체제는 관리자가 시스템 정책을 설정하도록 허용합니다. 일부 패키지는 중앙 관리자가 많은 엔드포인트end point에 정책을 설정합니다. 마지막으로 분할에 암호로 증명된 ID를 사용하는 경우 (그래서 물리적인 것보다 가상의 네트워크 토폴로지를 사용할 때) [Bellovin 1999]에서 말한 분산형 방화벽이 완성됩니다.

더욱 흥미로운 것은 부서별 프린트 서버입니다. 이 정책은 매우 간단해서 부서원이라면 누구나 인쇄할 수 있고, 외부인은 아무도 인쇄할 수 없기 때문에 [속성 2]가 충족됩니다. 한 부서에는 일반적으로 많은 인원이 연결되어 있지 않기 때문에 [속성 1]을 만족시킵니다. 마지막으로 정책에 의해 내부에 있는 사람은 누구나 프린터를 사용할 수 있기 때문에 정의상 모두 좋은 사람들이 되면서 마지막 속성을 만족합니다.

그런데 여기에 한 가지 문제가 있습니다. 예를 들어 부서의 경우 공급업체에 대한 외부로의 링크가 있으면 해당 링크의 반대쪽에 있는 시스템은 프린터 접근이 금지되어야 합니다. 해당 접속을 처리하는 라우터의 패킷 필터로 조치를 취하거나 (위협 모델에 대한 아래의 설명에 따라) 방치될 수 있습니다.

다른 선택지로는 무엇이 있는지 물어보는 것은 당연합니다. 네트워크에 연결된 모든 장치에는 일종의 접근 제어가 필요하지만, 많은 기기가 그렇지 않거나 제대로 제어되지 못합니다. 전형적인 프린터의 예를 들면 TLS나 로그인과 암호를 지원하지 않는데, 이것은 많은 컴퓨터가 해당 프린터로 접근하는 데 문제가 생기기 때문입니다. 하지만 어느 정도의 접근 통제는 필요합니다. 심심한 청소년들이 프린트 용지를 다 써서 없애버리거나 프린터 하드웨어에 대해 서비스 거부 공격하는 것을 원치 않는다면 말입니다. [Cui, Stolfo 2011] (필자는 최근 IPv6를 지원하는 새로운 가정용 프린터를 구입했지만, 접근 제어 옵션이 없어서 바로 이 기능을 꺼버렸습니다. 프린터의 IP 주소를 아는 사람이라면 누구든지 접근할 수 있기 때문입니다.)

일반적으로 부서나 다른 작은 그룹에서 사용되는 공용 서비스가 있는데, 파일 서버가 그 전형적인 예에 해당합니다. 파일 서버는 인증 기능을 갖춘 경우가 많지만, 그럼에도 불구하고 제공하는 서비스가 충분히 민감하다면 (적어도 과거에는 코드에 버그가 많았습니다.) 보호 계층을 추가하는 것이 좋습니다.

이러한 문제에 대한 해결책은 제한된 자원 앞에 위치하는 단순한 방화벽인 포인트 방화벽입니다. 이렇게 제한된 범위 때문에 포인트 방화벽은 잘 작동합니다. 셀 수 없이 많은 기기를 보호하지 않고, 복잡한 규칙을 적용하지 않으면서 수천 개의 예외를 처리하지 않기 때문입니다. 게다가 더욱 미묘한 철학적 차이가 있으므로 주된 기능이 버그 회피가 아니라 오히려 추가적인 접근 제어 메커니즘이라는 점입니다. 하지만 보안 정책을 의무적으로 강화해야 하므로 방화벽이라고 할 수 있습니다.

우리 모델에 위협 환경을 추가하면 더 일반화할 수 있습니다. 특히 서로 다른 위협 수준에 대해 별도의 속성을 평가할 것입니다. 이러면 기업 방화벽이 기술력이 낮은 해커를 약간 보호하는 것을 볼 수 있습니다. 자, 그러면 먼저 조이 해커joy hacker를 살펴봅시다.

[속성 2]는 실질적으로 적용됩니다. 일반적으로 모든 이들이 조이 해커의 공격에 대해 같은 정책을 갖고 있습니다. 단순한 '인바운드 호출 금지' 정책에 특정 바이러스 스캐너가 탑재된 게이트웨이를 통해 모든 메일과 웹 트래픽을 강제하도록 추가 규정하면 악당들이 행하는 보통의 모든 공격은 처리됩니다.

[속성 1]은 [속성 2]보다 좀 더 미묘합니다. 일시적으로 다른 회사에 대한 링크를 무시하면 일반적으로 얼마 안 되는 ISP로의 연결만 남는데, 이는 방화벽의 전형적인 위치여서 [속성 1]이 만족됩니다.

이 시나리오에서 가장 재미있는 것은 [속성 3]입니다. 조이 해커 수준에서는 모든 직원들은 정직하고 좋은 사람들이라고 생각할 수 있습니다. 횡령, 내부 거래, 그리고 비품 창고나 인쇄용지 따위의 사소한 절도는 일정 비율이 발생하게 마련입니다. (벨연구소는 비품을 집으로 가져가는 것을 막기 위해 고리 네 개짜리 노트를 비치했습니다.). 하지만 낮은 수준의 기술적 범법 행위는 국지적인 경향이 있습니다. 직원들은 알고 있는 것을 공격할 것이고, 정의상 서투른 공격자는 특히 다른 회사로 뻗어나갈 네트워크 토폴로지를 배울 수 있는 도구나 지식이 없으므로 [속성 1]과 [속성 3]을 만족합니다.

모바일 기기에 의한 위험은 남아있지만, 오늘날 위험한 바이러스는 아마추어 해커의 소행이 아닙니다. 따라서 기존 기업 방화벽이 어느 정도 보호를 제공한다는 결론을 내릴 수 있습니다.

기회주의적 해커를 고려하면 우리의 보안은 무너지며, MI-31을 상대한다면 모든 기대를 버려야 합니다. 기회주의 해커는 정교한 바이러스와 웜 공격으로 상호연결된 회사를 공격하거나 경로를 개척하는 등의 작업을 할 수 있으므로 [속성 1]은 실패합니다. 정교한 공격자는 취약한 정책을 찾아 악용할 수 있으므로 [속성 2]도 실패합니다. 하지만 외부 링크를 보호할 수 있다면 가장 큰 위험은 적어도 부분적으로 보호할 수 있습니다('11장. 안전한 시스템 구축하기' 참고).

타깃형 공격자는 기술적인 기량이 뛰어나지는 않지만, 여러분을 표적으로 합니다. 적어도 이러한 사람들은 물리적 공격도 불사할 것이므로 [속성 3]은 실패합니다. 이들의 기술적 능력에 따라 회사 간의 링크를 공격할 수도 있으므로 [속성 1]도 실패합니다. 다시 말해서 기업 방화벽은 상위의 공격자들에 대해서는 보호하지 못합니다.

이들 세 가지 속성은 항상 적용 가능했습니다. 그러나 1990년대 중반에는 위협의 프로파일이 지금과 매우 달랐습니다. 클리프 스톨Cliff Stoll의 비밀경찰 휘하에 있던 독일민주공화국을 제외하면 타깃형 공격자나 안드로메다인은 거의 없었습니다. [1988; 1989] 기회주의적인 공격자들은 있었고 이 중에서 뛰어난 이들도 있긴 했지만, 회사들은 상호연결되어 있지 않았고, 모바일기기도 거의 없었기 때문에 이들의 활동 범위는 제한적이었습니다.

* * *

방화벽은 작동하는 하나의 레이어만 보호할 수 있다는 것도 알아야 합니다. 예를 들어 전형적인 패킷 필터는 레이어 3과 레이어 4의 일부(포트 제어)에서 작동하기 때문에 IP 주소와 서비스로 필터링할 수 있습니다. MAC 주소는 볼 수 없고 (특히 하나의 홉hop 이상 떨어진 곳을 절대 보지 않기 때문에) 이메일 메시지 안에 무엇이 있는지도 볼 수 없습니다. 이때 좋은 방화벽은 다양한 레이어에서 작동해야 한다는 것이 문제입니다. 감지하기 힘든 TCP의 시맨틱을 갖고 노는 공격자를 처리하려면 TCP 정규화가 필요할 수도 있고, [Handley, Kreibich, Paxson 2001] 바이러스에 대한 이메일 검사 및 악성 웹사이트 차단 등이 반드시 필요합니다. 더 나아가 수년간 점점 더 많은 비웹 통신 프로토콜non-web protocol을 TCP 또는 TCP+TLS에 직접 넣는 게 아니라 HTTP나 HTTPS에 넣는 추세여서 간단한 포트 번호 필터링이나 서킷 레이어링은 더 이상 효과가 없습니다. (HTTP는 '만능 방화벽 열쇠'라고도 부릅니다.) 실제로 방화벽에서도 FTP와 X11 애플리케이션 프록시에 대한 필요성을 설명했는데, 이후 이런 필요성이 훨씬 더 시급해졌습니다.

높은 수준의 프로토콜에 대한 관심이 늘면서 심층 패킷 검사DPI의 결과값이 상승했습니다. [N. Anderson 2007] DPIDeep Packet Inspection 방화벽 규칙과 정책은 다소 무작위적인 패킷 조각을 보도록 되어 있습니다. 이때 성능 문제뿐만 아니라, 일반적인 TCP 구현은 적합해 보이는 메시지로 분할되며, DPI 시스템이 패킷을 재조립하고 추가 상태를 강제로 유지하는 것은 어렵습니다. 게다가 패킷 내용에 대해서 정책을 표시할 수 있기 때문에 정책이 훨씬 더 복잡해졌고, 이것만으로도 심각한 문제의 원인이 됩니다.

이러한 변화는 결국 방화벽을 훨씬 더 복잡하게 만들었습니다. 흥미로운 응용 사례는 많으며, 각각이 방화벽에 커스텀 코드를 적용하여 강제로 정책을 실시하고, 위반되는 것들은 삭제하거나 무효화해야 했습니다. 이런 작업은 보안에는 나쁜 선택이므로 체스윅과 필자가 방화벽에 대해 쓴 글을 기억해야 합니다.

공리 1 (머피) 모든 프로그램은 버그가 있다.

공식 1 (대형 프로그램의 법칙) 큰 프로그램은 그 크기에 비해서도 더 버그가 많다.

- 증명 : 조사에 의함　　　　　　　　　　　　　　　　　　　　　　　　■

추론 1.1 보안 관련 프로그램에는 보안 버그가 있다.

정리 2 프로그램을 실행하지 않으면, 버그의 유무는 문제가 되지 않는다.

- 증명 : 모든 논리적 시스템과 마찬가지로, (거짓 ⇒ 참) = 참　　　　　■

추론 2.1 프로그램을 실행하지 않으면, 보안에 구멍이 있는지는 상관이 없다.

네트워크 주소 변환은 방화벽인가?

네트워크 주소 변환(NAT 박스)은 네트워크 커뮤니티에서 논쟁의 근원입니다. [Srisuresh, Egevang 2001] 어떤 사람들은 NAT Network Address Translators를 '사탄의 자식' 또는 엔드 투 엔드 end to end 통신을 방해하는 기괴한 기술이라고 비난합니다. 다른 이들은 IPv4 주소를 다 써 버린지 오래되었으므로 NAT가 필요하고, 간섭은 보안적 장점이라고 강조하면서 NAT는 방화벽이라고 말합니다. 그렇다면 이 말이 맞을까요? 맞다면 NAT의 장점은 단점을 능가할까요?

NAT는 네트워크 레이어에서 작동하며 포트 번호를 검사하고 바꾸기 위해 잠깐씩 전송 레이어로 이동합니다. 그래서 이메일로 전송되는 악성 코드와 악성 웹사이트 같은 것에 대해서는 어떤 보호도 제공하지 않습니다. 그러므로 첫 번째 질문에 대한 답은 명백합니다. NAT는 그 자체로는 방화벽이 아니지만, 패킷 필터와 어느 정도 동등한 보안을 제공합니다. 많은 소비자용 ISP 또는 대기업에 일반적인 보호책, 즉 바이러스를 탐지하는 중앙 메일 서버, 그리고 프록시나 브라우저에 탑재된 기능으로 수행되는 웹 필터링과 합쳐져서 NAT가 없을 때보다는 비교적 완전한 수준의 보안이 이루어집니다. 그 대안은 호스트에 상주하는 필터링이 기반이 되는데, 보통은 환경 설정이 필요하므로 대부분의 가정에서는 사용하기 어렵습니다.

하지만 균형의 문제는 상당히 복잡하고 주관적입니다. 프로토콜의 지나친 복잡성이나 보조 서버가 필요한 형태로 이미 모두 일정한 비용을 부담하고 있습니다. 또한 NAT를 통해서는 제대로 작동하지 않는 기능도 있습니다. 종단 시스템이 직접적 공격에 대해 점점 더 강해지면서 NAT의 장점은 줄어들고 비용은 높아집니다. 이런 점을 감안할 때 필자는 NAT가 투자할 만한 가치는 없다고 말하고 싶습니다. 또한 집에서는 NAT의 간섭 없이 IPv6의 직접 액세스를 즐기고 있습니다. 물론 IPv6가 널리 쓰이게 될 때까지 대부분의 가정용 시스템 사용자에게는 선택의 여지가 없습니다.

정리 3 노출된 기기는 가능한 적은 수의 프로그램을 실행해야 하고, 실행되는 프로그램은 가능한 작아야 한다.

- 증명 : [추론 1.1]과 [추론 2.1]을 직접적으로 따른다. ■

추론 3.1 (방화벽의 기본 정리) 대부분의 호스트는 너무 크고 많은 프로그램을 실행하므로 요구 사항을 충족할 수 없다. 따라서 유일한 해결책은 프로그램을 실행하려면 방화벽의 뒤에 놓아 격리하는 것이다.

다시 말해서 과거에 방화벽이 안전했던 이유는 아주 적은 프로그램만 구동되어 취약한 코드가 많지 않았기 때문입니다. 하지만 현대의 방화벽은 수백 개의 애플리케이션을 지원해야 하는데, 이러한 응용 프로그램(예를 들어 SIP) 중에서 일부 프로그램이 복잡한 것을 감안하면 코드가 적을 수 없습니다. 사실 매우 많은 사용자와 엔드포인트, 정책을 지원하는 오늘날의 기업 방화벽은 전형적인 호스트보다 더 많은 인터넷 연결 코드를 실행합니다. 코드의 품질이 더 좋을 수도 있고, 방화벽도 종단 사용자 시스템보다 더 관리가 잘 될 것이지만, 그렇지 않을 수도 있습니다.

코드의 복잡성 문제는 좀 더 작고, 좀 더 특화된 방화벽이 필요한 또 다른 결정적인 요소입니다. 일부 데이터베이스 시스템을 보호하는 XML 스캐닝 방화벽은 공룡처럼 거대한 기업용의 방화벽 코드만큼 버그투성이일 수 있지만, 실패할 경우에는 전체 회사가 아니라 하나의 데이터베이스 시스템만 노출됩니다.

* * *

오늘날 인터넷에 있는 방화벽의 역할에 대해서는 다음과 같은 결론을 내릴 수 있습니다.

- 한 명의 시스템 관리자가 운영하는 작은 규모의 네트워크를 보호하는 소규모 방화벽은 여전히 유용한 기능을 제공한다. 일반적으로 이들은 패킷 필터이므로 하드웨어가 추가로 필요하지 않을 것이다.

- 복잡한 서버 애플리케이션은 방화벽이 매우 좋고, (매우 잘 만들어진) 검역 기술이 적용되지 않는 한, 방화벽 보호를 위해 거의 수정할 수 없다.

- 기업 방화벽은 기술이 떨어지는 공격자에게는 가치가 있지만, 정교한 적에 대항하여 복잡한 프로토콜을 필터링할 때는 실제로 보호책이 아니라 리스크 지점이 된다. 외부에서 접근해야 하는 서비스가 있다면 기업 방화벽에 패킷 필터링을 활용하고, 해당 서버 근처에 별도의 보호 레이어를 사용해야 한다(11.3절 참고).

- 노트북, 태블릿, 스마트폰과 같은 모바일기기는 무선 연결을 사용해서라기보다 악성 코드가 있을 가능성이 높기 때문에 완전히 신뢰해서는 안 된다([속성 3] 참고). 그렇다면 무선 랩은 애플 제품과 그 밖의 기기들에 의한 접근 필터링을 위한 VPN+와 함께 방화벽 외부에 있어야 한다('9장. 무선 액세스' 참고).

실패를 위한 계획

일부 애플리케이션 방화벽 모듈의 복잡성을 감안할 때 방화벽이 실패할 것이라고 추측하는 것은 불합리하지 않습니다. 그렇다면 적절한 행동 방침은 무엇일까요? 적절한 설계는 실패할 수 있는데, 이때 결과를 완화시키기 위한 시도여야 합니다. 여기에는 두 가지 접근 방법이 있습니다.

첫 번째 방법은 해당 시스템을 위한 애플리케이션별 방화벽의 개념을 버리는 것입니다. 호스트 자체에서 불가능한 필터링 또는 차단을 방화벽도 할 수 없다면, 높은 품질의 호스트 애플리케이션을 더해도 가치가 높아지지 않습니다. 웹 서버가 좋은 예입니다. 위험은 HTTP 자체와 그에 응답해 실행되는 스크립트로부터 생기는데, 방화벽이 무엇을 추가할 수 있을까요? 패킷 필터와 같은 매우 단순한 방화벽이 할 수 있는 것은 서버의 다른 포트들에 대한 접근을 차단하고, 불법 외부 요청을 방지하는 것입니다. 그래서 서버가 해킹을 당해도 공격자는 회사의 다른 곳으로 연결할 수도 없고 심지어는 데이터를 훔칠 수도 없습니다. 이런 설계는 저렴하고, 적절한 접근 제어 규칙이 있는 라우터 포트만 있으면 충분합니다. 결국 의심스러운 서버만 해당 포트의 뒤에 있게 됩니다.

두 번째 방법은 적절히 설계된 애플리케이션 방화벽을 사용하는 것입니다. 이 방법론에서도 보호하려는 서버는 방화벽의 뒤에 있습니다. '적절히 설계'되었다는 것은 같은 유형의 이중적 보호를 구현하는 것, 즉 패킷 필터에 애플리케이션에 따른 모듈을 덧붙이는 것을 뜻합니다. 이때 내부 구조에 대한 두 가지 아주 중요한 세부 사항이 있습니다. 우선 애플리케이션 프록시는 반드시 패킷 필터의 '뒤에' 있어야 합니다. 즉 패킷 필터와 포트를 바라보는 서버 사이에 있어서 해당 프록시에서부터 회사의 다른 어떤 아웃바운드 트래픽이든지 반드시 이 패킷 필터를 통과해야 합니다.

또한 방화벽의 내부 구조는 이러한 프록시 모듈 자체가 침투될 경우 공격자가 패킷 필터를 다시 프로그래밍할 수 없어야 합니다. 하지만 이런 종류의 설계 세부 사항을 배우는 것은 매우 어렵습니다.

5.3 침입 탐지 시스템

"누군가 침입해서 뒤져봤을 수도 있다는 것을 인정하는 겁니까? 그것도 흔적을 남기지 않고서?" 알콘은 깜짝 놀라서 외쳤다.

"물론이지." 심리학자는 냉정하게 대답했다. "그런 일이 있었다고 믿는 건 아니지만, 가능성은 인정해야 하네. 우리가 할 수 있는 일이라면 우린 해 왔지. 그런데 과학은 할 수 있는 일을 회피하기도 하네."

Second Stage Lensman
— 에드워드 엘머 스미스E. E. "DOC" SMITH

침입 탐지 시스템IDS ; Intrusion Detection Systems은 백업 보안 메커니즘입니다. 방화벽뿐만 아니라 호스트 강화와 달도 없는 밤에 가축 제물(채식주의 보안 전문가라면 채소 제물)을 바치는 모든 방어책이 실패했다고 가정하는 것입니다. 그렇다면 이제 할 일은 가능한 빨리 성공한 공격을 알아차리고 자동화 시스템이나 백업 인력을 통해 피해를 최소화하는 것입니다.

안티바이러스 기술에 대해 말한 대부분의 내용은 IDS에서도 해당됩니다. IDS는 시그니처나 이상anomaly을 기반으로 할 수 있으며, 둘 다 똑같은 장단점이 적용됩니다. 핵심적인 차이점은 배포 시나리오와 이에 따른 입력인데, 안티바이러스 프로그램은 파일에서 작동하는 반면 IDS는 더욱 다양한 곳에서 작동합니다.

일반적으로 IDS는 네트워크나 호스트 침입 탐지 시스템으로 분류되고, 네트워크나 호스트의 행동 양식 또는 내용에 대해 작동합니다. 각 접근 방식에는 장점과 한계가 있습니다.

네트워크 기반 기능이 갖는 가장 큰 매력은 방화벽처럼 확장 가능하고 조율해야 하는 네트워크가 호스트보다 훨씬 적다는 점입니다. 사실 방화벽은 외부에서 들어오는 모든 트래픽이 이 관문을 통과하기 때문에 여기에 네트워크 IDS를 설치하는 일이 흔합니다.

지나가는 패킷을 잡아서 네트워크 침입을 탐지하는 것은 어렵습니다. 분명한 문제는 암호화된 트래픽인데, 더욱 심각하게도 패킷을 놓치기는 너무 쉽습니다. 네트워크 프로토콜 명세에서 아무도 못 보고 지나친 곳을 악용하는 것도 문제이지만, [Handley, Kreibich, Paxson 2001] 이러한 행위는 드물거나 알려지지 않은 것으로 보입니다. (안드로 메다인이 이런 행위를 하고 있다면, 아직 발각된 적이 없을 뿐일 겁니다.)

네트워크 IDS의 가장 단순한 형태는 IP 주소와 포트 번호에 의존하는 것으로, 접근해서는 안 되는 목적지로 패킷이 갈 경우 문제가 생겼다는 것을 알 수 있습니다. 이 기술은 '네트워크 망원경' 개념과 비슷합니다. [Cheswick 2010; C. Shannon and Moore 2004] 일부 IP 주소가 의도적으로 비어있다면, 여기서 주고받는 패킷은 경험상 의심스러운 것입니다. 특히 누가 합법적으로 패킷을 보낼 수 있는지 잘 알고 있다면, 민감한 호스트상의 특정 포트도 함께 의심해야 합니다. 원하는 것이 이것뿐이라면, 패킷을 굳이 볼 필요도 없습니다. 라우터가 이미 이런 작업을 하고 있고, IDS를 기반으로 라우터의 넷플로NetFlow 데이터를 구축한 곳도 있습니다.[1]

좀 더 정교한 네트워크 모니터링을 수행할 수도 있습니다. 브로Bro [Paxson 1998; Paxson 1999] 또는 스노트Snort [Roesch 1999]와 같이 단순한 패턴의 데이터를 찾는 상대적으로 단순한 시스템이 있습니다. DPI 시스템은 더욱 정교해서 [N. Anderson 2007] 스택의 더 상위의 계층을 보고, 다양한 종류의 정부 감시용으로 사용될 때가 많습니다. [Poe 2006]

어떤 형태의 네트워크 IDS든지 근본적인 문제는 맥락context의 부족입니다. DPI 및 다른 형태의 네트워크 모니터링은 의심스러운 패킷을 감지할 수 있지만, 최고의 네트워크 스캐너라고 해도 전송중에 있는 모든 파일을 재조립하여 악성 코드를 스캔하기는 어렵습니다. 이런 작업은 차라리 호스트에서 수행하는 것이 훨씬 쉽습니다. 호스트도 로그파일을 볼 수 있으며, 더욱 중요하게는 (유선상으로는 불가능하지만) 예측되지 않은 변경 사항이 있는지 자신의 파일 시스템을 검사할 수 있습니다. [G. Kim, Spafford 1994a; G. Kim, Spafford 1994b; G. Kim, Spafford 1994c] 마지막으로 호스트 기반의 IDS는 네트워크에 독립적이며, 인터넷을 통해 도달했든지, 감염된 USB 플래시디스크를 통해 들어왔든지에 관계없이 문제를 탐지할 수 있습니다.

---

1 "PaIRS: 비상 연락망과 대응 시스템(Point of contact and Incident Response System)" http://goo.gl/xhroc

호스트 기반의 IDS는 네트워크 기반보다 한 가지를 더 쉽게 수행할 수 있습니다. 즉 어떤 암호화든지 그 수준 위에서 네트워크 프로토콜을 에뮬레이트할 수 있습니다. 목적에 따라 호스트 기반 IDS는 실제 네트워크 데몬의 일부 또는 중계기가 될 수 있습니다. 또는 절대 발생하지 않기를 바라는 것들만 탐지하는 순수한 가짜 네트워크 프로토콜로 활용해도 됩니다. 이것은 오래된 기술이지만 아직도 유용합니다. [Bellovin 1992]

5.4 침입 방지 시스템

우리에겐 VPN과 방화벽이 있고, 당신은 이것을 건드리고 싶지 않을 것이다. 런드리Laundry의 방화벽 소프트웨어는 침입자를 막는 것이 아니라, 이들이 들어오면 자연스럽게 연소되도록 설계되어 있기 때문이다. 밥Bob의 말대로 확신할 수 있는 방법은 이것뿐이다.

The Annihilation Score
— 찰스 스트로스CHARLES STROSS

네트워크 IDS가 안 좋은 것을 탐지한다고 가정해 봅시다. 침입 방지 시스템IPS ; Intrusion Prevention Systems은 특정 능력이 있는 IDS라고 설명할 수 있습니다. 단순히 나쁜 것을 탐지하는 데 그치지 않고 이런 것에 대한 대처를 시도합니다. 이때 부차적인 피해를 피하거나, 그냥 두는 편이 나았을 정도로 부차적인 피해가 심각해지지 않도록 하는 것이 중요합니다. 최악의 상황은 여러분이 유해한 작업을 수행하도록 이끄는 것입니다.

예를 들어 슬래머 웜Slammer worm을 살펴봅시다. [Moore et al. 2003] 슬래머는 단일 UDP 패킷으로, 마이크로소프트 SQL 서버가 사용하는 1434번 포트를 통해서 퍼졌습니다. UDP는 TCP의 스리웨이 핸드셰이크3-way handshake가 필요 없기 때문에 웜이 매우 빠르게 퍼졌는데, 감염된 호스트의 아웃바운드 대역폭에 의해 감염률이 제한되었습니다. IPS가 링크가 막힌 것을 인지하면, 일상적이지 않은 포트에서 트래픽이 엄청나게 치솟는 것을 확인한 후 이런 패킷을 차단하는 필터링 규칙을 자동으로 설정한다고 상정할 수 있습니다. 이것은 매우 타당하며, 사실 많은 ISP가 이런 일을 해 왔습니다.

이제 UDP 53번 포트에서 1434번 포트로 보낸 모든 것에 세 개의 패킷을 방출하는 슬래머의 변형을 상상해 봅시다. 이 경우 53번 DNS로 보낸 패킷은 무해하지만, 네트워크 기반의 IPS가 그것을 알까요? IPS가 볼 수 있는 모든 것은 전례 없는 트래픽 플러딩 때문에 막힌 링크, 패킷이 많은 비정상적인 1434번 포트, 그리고 53번 포트에는 비정상적인 흐름이 더 많이 관찰된다는 세 가지 사실뿐입니다. 그러면 두 개의 포트를 모두 닫으려고 할까요? 이 경우 IPS는 사실상 인터넷을 종료하는 것입니다. (필자는 강화형 공격의 세부 사항을 약간 단순화했는데, 이를 바로잡는 것은 독자를 위한 연습문제로 남기겠습니다.)

IPS는 IDS와 마찬가지로 호스트나 네트워크에 상주할 수 있으며, 두 곳 모두 장점과 단점이 있습니다. 어디에 넣느냐에 따라 연결을 차단할 수도 있고, 파일을 격리할 수도 있으며, 패킷 수정 등 많은 것을 할 수 있습니다. [Scarfone, Mell 2007] 포레스트Forrest 와 소마야지Somayaji는 의심스러운 프로세스를 죽이는 것보다 느리게 하는 방법을 설명했습니다. [2000] 이 방식은 잘못된 추측이 일어난다고 해도 돌이킬 수 없는 피해를 주지 않습니다.

궁극적으로 IPS의 문제는 매우 양호한 탐지, 대책의 선택, 그리고 식별된 문제의 근본 원인에 대한 신뢰도 대책의 일치라는 세 가지 항목을 주축으로 해야 합니다. 이 마지막 문제는 현재 두 번째 문제보다 덜 연구되어 있고, 두 번째 문제도 첫 번째 문제보다는 덜 연구된 상황입니다.

5.5 유출 탐지

유출 탐지는 특화된 IDS로, 데이터를 훔쳐서 내보내려는 형태의 피해를 처리합니다. 이 때 아웃바운드 데이터 전송을 잡아내는 것이 중요합니다. 여기서는 우선 올바른 데이터를 탐지해야 하고, 둘째로 적법한 (혹은 최소한 정상적인) 트래픽 중에서 인증된 것과 무단 전송을 구별하는 두 가지가 과제입니다. 후자를 사소하게 취급해서는 안 되는 까닭은, 칩의 디자인을 공장으로 업로드하는 것은 일반적인 비즈니스 방식이 되겠지만, 안드로메다 웹 서버로 보내는 것은 반드시 문제가 되기 때문입니다. 유출 탐지는 많은 다

위키리크스 케이블WikiLeaks Cable

위키리크스WikiLeaks가 게시한 미국의 기밀 외교 케이블 사건은 유출 탐지에 대한 흥미로운 사례 연구감입니다. 이 분석에 대한 사실적 근거는 대부분 [Capehart 2012a; Capehart 2012b; Capehart 2012c; Capehart 2012d; Capehart 2012e]에서 발췌했는데, 케이프하트에서 일부 논쟁의 여지가 있다는 결론에도 불구하고 절차 문제에 대한 논의를 위해 읽을 만한 가치가 있습니다. [Zetter 2011]와 [BBC 2014]도 참고하세요.

당시 소송과 재판에서 '브래들리Bradley'라는 남성으로 알려졌던 첼시 매닝Chelsea Manning은 분명 신뢰할 수 없는 인물이었지만, 기밀문서를 담고 있는 시스템에 대한 접근 권한이 있었습니다. 그녀는 대량 다운로드를 위한 스크립트를 개발한 후 다운로드한 문서를 '레이디 가가Lady Gaga'라고 표기한 CD로 구웠고, 이후 CD의 내용을 위키리크스에 공유했습니다.

이런 민감한 데이터에 쉽게 접근 제어할 수 있게 보관한 미 국무부를 많이 비판했습니다. 이 사건은 논란거리임에는 분명하지만, 정보 공유의 부족이 9/11 테러 공격의 원인으로 지목된 문제 중 하나였기 때문에 적합한 권한이 있는 이들에게는 극비라고 해도 데이터의 가용성을 높이자는 결정의 산물이었습니다.

실제로 당연한 절차로 따랐어야 하지만, 접근에 대한 로그 기록과 비정상 패턴 모니터링은 지켜지지 않았습니다. 분명히 25만 개 이상의 케이블에서 다운로드가 이루어졌는데, 한 개인이 이 정도로 대량의 다운로드를 하는 데 적법한 이유가 있었을까요? 적절한 로그파일로 분석했다면 뭔가 이상한 일이 일어나고 있다는 사실이 드러났을 것입니다. 적어도 보안 담당자는 이를 조사했어야 했습니다.

매닝 자신은 그 문제를 분명히 이해하고 있었으며, '약한 서버, 약한 로깅, 약한 물리 보안, 약한 방첩, 그리고 신호 분석 부주의 … 더할 나위 없이 나쁜 상황'이라고 썼습니다. [Poulsen and Zetter 2010]

마커스 래넘Marcus Ranum은 다음과 같이 사건을 제대로 요약했습니다. [Field 2010]

필자가 찾은 정말 재미있는 퍼즐 조각은 데이터를 잃어버린 원본 소유자들이 어떤 데이터를 도난당했는지 모르고 있었으며, 도난당하는 사실도 모를 정도로 무능했다는 점이다 [sic]. 감사와 로깅이 제대로 이루어지지 않을 경우 데이터가 유출될 때 "좋아, 그 사람이 정보를 다량 누출한 것 같다면, 실제 어떤 정보에 언제 접근했지?"라고 물어볼 수도 없다는 점을 증명했기 때문에 정보 보안 최고 담당자CISO라면 누구에게나 중요한 메시지를 던져주는 사건이다. 물론 이상적으로는 이런 과정이 일어나기 전에 이런 정보에 액세스할 필요가 없는 누군가가 [이 정보]를 한 번에 다운로드했다는 사실을 탐지했을 수도 있다. 이것은 분명히 위험 신호이다!

정말 맞는 말입니다!

른 유형의 보안 시스템보다 중요한 장점이 하나 더 있는데, 그것은 바로 악의적인 내부자에 대처할 수 있다는 점입니다.

유출 탐지를 수행하는 방법은 매우 다양합니다. 가장 단순한 것은 허니팟honeypot으로, 상업 또는 정부 스파이의 관심을 끌 가짜 파일을 생성한 후 누군가가 해당 파일을 낚아챌 때까지 기다리는 것입니다. 허니팟은 여러 번 활용되었는데, 스톨Stoll이 잡은 '교활한 해커Wily Hacker' 사건이 가장 유명합니다. [Stoll 1988; 1989] (빌 체스윅과 필자가 쓴 『방화벽』에서는 클리프에 대한 존경의 표시로써 '교활한 해커 격퇴Repelling the Wily Hacker'라는 부제를 붙였고, 클리프의 허가를 받아 이 용어를 사용했습니다.) 요약하자면, 스톨은 캘리포니아 대학교의 컴퓨터 시스템에서 침입자를 발견했는데, 추적해 보니 독일에서 침입한 것이었습니다. 전화 모뎀을 사용하던 당시, 기술자들이 공격자의 전화 통화를 추적하는 데 충분한 시간을 확보하기 위해 미사일 방어 시스템의 전략적 방위 프로젝트에 대한 가짜 문서를 생성한 후 누군가 문서를 찾을 때까지 기다렸습니다. 이 함정은 성공을 거두어 공격자의 통신 응답을 근거로 스톨은 이들을 FBI에 스파이 행위로 신고했습니다.

더 일반적인 시나리오에서 당신은 침해당했는지조차 모릅니다. 따라서 적절한 허니팟 전략에는 그럴듯해 보이는 유인책이 필요합니다. 정확히 어떤 미끼를 써야 할지는 시스템에 따라 다르므로 해당 시스템에서 일반적인 항목과 비슷한 것으로 만들어야 합니다. 보웬 등 [Bowen 2011; Bowen et al. 2009]은 은행 웹사이트의 가짜 로그인을 포함한 여러 유형의 미끼인 '허니 문서'를 설명하고, 유인용 미끼 생성을 위한 기준을 정의했습니다. 이들의 작업에서 주목할 만한 특징은 일반적으로 웹에서 소비자를 추적하기 위해 광고주들이 사용하는 웹 버그의 사용입니다. 웹 버그가 있으면, 문서를 열 때 모니터링 HTTP 서버로부터 파일(일반적으로 1×1픽셀 투명 GIF)을 가져오려고 시도합니다.

물론 충분히 숙련된 공격자는 수많은 유인책을 피할 수 있습니다. 예를 들어 웹 버그를 의심하는 사람이면 빼낸 문서를 오프라인 컴퓨터에서 읽을 것입니다. 사실 정보기관의 기밀 네트워크는 일반적으로 외부 세계와 연결되어 있지 않습니다. [R. A. Clarke and Knake 2010] 따라서 활성화된 문서에 의존하는 모든 전략은 성공할 수 없기 때문에 IDS 기술을 기반으로 한 다른 접근 방식이 필요합니다.

미끼 문서의 큰 장점은 전송에 독립적이라는 것입니다. 즉 파일을 어떻게 빼냈는지와 상관없이 문서를 보는 데 이용한 기기에 연결된 모든 네트워크에서 작동할 수 있다

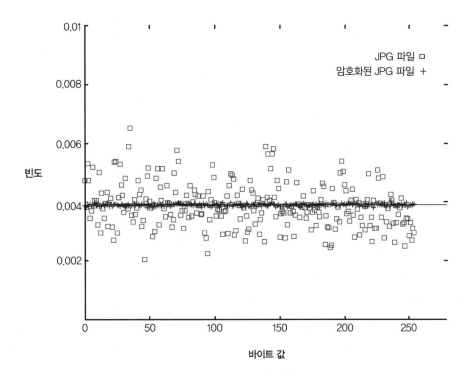

그림 5.1 JPG 파일에 대한 바이트 빈도와 똑같은 JPG 파일의 암호화된 버전의 바이트 빈도 비교하기. (JPG 파일에서 0의 빈도가 너무 높아서 다른 차이점을 보기 어렵기 때문에 x=0의 값은 생략했다.) 수평선은 완벽히 고르게 분포되어 y=1/256이다. JPG와 MP3와 같이 고도로 압축된 다른 형식은 무작위의 데이터에서 구별하기 더 어렵다. 일반적으로 암호화된 파일은 매우 임의적으로 보이며, 이것이 정상이다. 1,024바이트 블록의 테스트 결과, 오프레아Oprea 등은 무작위의 데이터에 가깝게 나타나는 2% 미만의 엔트로피를 발견했다. [2005]

는 것이 함정입니다. 이 경우 기업 내부에서 문서가 열린 사실이 감지되기 때문에 먼저 인쇄해도 소용이 없습니다.

네트워크가 방화벽에 친화적인 방법으로 설정되어 [속성 1]이 만족되는 경우 문서가 전송되고 있는 동안 네트워크 기반의 유출을 탐지할 수도 있습니다. 유출 탐지 모듈은 방화벽에 설치될 수 있는데, 이 경우 일상적인 인터넷 트래픽 노이즈 중에서 이상 행위 탐지를 시도할 수 있습니다. IDS와 마찬가지로 시그니처나 이상 탐지의 관점으로 접근할 수 있습니다. 시그니처 탐지는 특정 문서나 외부로 나가는 메일 중 '기업 기밀' 또는 'Top Secret UMBRA'라는 문자열 같은 표시를 찾거나, 아니면 이상 탐지법을 사용할 수도 있습니다. 이상 탐지는 단순히 볼륨을 보고도 알 수 있는데, 이 인물이나 IP 주소에서 항상 이렇게 많은 데이터를 보내는지를 파악할 수 있습니다. 또는 조직 내의 누군가가 보통 이런 양의 데이터를 보내는지 보거나, 외부로 나가는 데이터의 통계적 특징을 기초로 할 수도 있습니다.

방화벽 또는 침입 탐지보다 어떤 면에서는 유출 탐지가 더 어려운 이유가 있습니다. 우선 조직 내부에서 정보를 내보내는 사람은 채널의 양단을 제어할 수 있기 때문에 암호를 좀 더 자유롭게 사용할 수 있습니다. 반면 조직 외부에서 침투하는 공격자는 취약점을 공격하는 데 암호화를 사용하는 경우 해당 트래픽만 암호화할 수 있습니다. 물론 침투가 완료되면 공격자는 암호화된 것을 포함하여 온갖 종류의 백도어를 설치할 수 있습니다. 공격자가 송신한 정확한 내용을 숨길 수는 있어도 해당 파일이나 통신의 용량을 숨길 수 없기 때문에 공격에 암호화가 사용되었어도 방어자는 손쓸 수 있습니다. 게다가 암호화된 데이터는 바이트가 고르게 분포된다는 매우 뚜렷한 특징이 있어서 이러한 것을 일반적으로 수신하지 않는 목적지나 출발지에서 발견되면 이상 신호로 감지됩니다. 그림 5.1에서는 JPG 파일과 똑같은 JPG 파일의 암호화된 버전의 바이트 빈도수 분포를 비교한 예시를 보여주고 있습니다.

어떤 상황에서 방화벽과 같은 토폴로지는 사용자 네트워크가 아니라 오히려 데이터를 제공하는 네트워크의 토폴로지가 될 필요가 있습니다. 전 세계에 있는 수천 개의 클라이언트에 웹 프론트엔드 서비스를 제공하는 데이터센터를 상상해 봅시다. 사용자들을 에워싸는 실질적인 경계는 없지만, 온갖 민감한 데이터가 이 웹 서버를 통해 흘러나옵니다. 적절한 로그파일과 이들의 분석도 유출 탐지의 한 형태일 수 있습니다(16.3절 참고). 사실 이러한 분석의 부족이 위키리크스WikiLeaks의 외교 케이블 공개 사건을 일으켰다는 주장도 있습니다(87쪽 박스글 '위키리크스 케이블WikiLeaks Cables' 참고). 일부 조직에서는 이미 모든 아웃바운드 트래픽을 추적하고 있습니다. 미국에 있는 일부 금융 부문의 기업은 특정 통신의 로깅과 보유를 강제로 실행하고 있는데, [FINRA 2010] 이런 기록은 부적절한 외부 유출 분석에 사용될 수 있습니다. 물론 그 외의 부문에서도 다른 형태의 외부 유출을 막기 위한 보호가 필요합니다.

침입 방지와 유출 탐지 시스템은 어떤 면에서 이중 방화벽이라고 볼 수 있습니다. 유출 탐지 시스템은 문제를 방지하고, 침입 탐지 시스템은 문제를 탐지합니다. 방화벽은 주로 통신 엔드포인트 및 프로토콜에서 일어나는 통신을 처리하고, 탐지 시스템은 그 내용을 감시합니다. 일반적으로 방화벽은 중앙 집중식이고, 탐지 시스템은 분산되었을 경우에 더욱 잘 작동합니다. 둘 다 장점이 있으면서 한편으로는 한계도 있습니다.

5.6 분석

분산 트렌드가 계속되리라는 것은 매우 명확합니다. 갈수록 저렴해지는 프로세싱 파워 덕분에 어디에서든지 CPU를 탑재할 수 있게 되었고, 이러한 CPU는 점점 통신 기능까지 갖추게 되었습니다. 오늘날, 이렇게 다양한 컴퓨터로 상호작용하는 것은 선택 사항이지만, 앞으로는 필수 사항이 될 것입니다. 한 세대 전만 해도 비행기를 타려면 종이 티켓을 끊어서 공항에서 두꺼운 용지로 된 탑승권으로 교환해야 했습니다. 오늘날에는 전자티켓으로 직접 탑승권을 인쇄하도록 권장하고 있지만, 원한다면 스마트폰의 2D 바코드로 보여줘도 탑승할 수 있습니다. 아마도 조만간에 오작동이 잦은 바코드 스캐너를 대체하여 승객의 휴대폰으로 네트워크 통신이 이루어지는 스마트폰만을 이용한 항공기 탑승이 일반적인 방식으로 자리잡을 것입니다. 그렇다면 기업의 보안 정책은 직원의 휴대기기에 필요한 앱 설치를 허용해야만 할 것입니다.

또한 물리 법칙도 고려해야 합니다. 도쿄에서 다른 지역의 콘텐츠를 다운로드할 때 이러한 요청을 브라질 리우데자네이루Rio de Janeiro에 있는 기업의 방화벽을 통해 라우팅한다면 통신이 느려질 것입니다. 미 국방부 고등연구계획국DARPA이나 국제전기통신연합ITU도 광속을 증가시킬 수 없고, 대역폭은 네트워크의 지연 시간과 직접적으로 연관됩니다. 현실을 무시하는 보안 정책은 무시될 뿐만 아니라, 생산성을 매우 심각하게 떨어뜨립니다. 생산성이 높아지면 자기 만족감과 고과 평가가 높아지지만, 이해할 수 없는 보안 정책을 따를 때는 둘 중 아무것도 얻을 수 없습니다. 문제가 발생하면 결과도 따르겠지만, 정책을 무시한다고 해도 99% 가량은 어떤 피해도 발생하지 않습니다. 결국 큰 문제를 겪는 것은 나머지 1%와 그 고용주뿐입니다.

상황은 변할 수도 있습니다. 현재 우리는 세 가지 기술로 가시적인 발전을 이룰 수 있는 지점에 있습니다. 첫째, 어떤 기기든지 경계 없이 모든 용도로 사용 가능한 순전한 분산 모델로 이동할 수 있습니다. '긱 경제gig economy, 단기 고용 형태'의 부상은 이 방향에 대해 추진력을 줄 것입니다. [뉴욕타임즈의 편집위원회Editorial Board 2015] 둘째, 클라우드+ 임의의 기기 솔루션이 지배할 수 있습니다. 이 경우 오늘날의 경계 및 방화벽 솔루션은 사라지겠지만, 클라우드 기반 서버들이 로깅과 침입, 유출 탐지 시스템과 대규모 공격에 대항하는 보호 등을 위한 중심이 될 수 있습니다. 마지막으로는 오늘날과 '대략' 비슷하게 유지될 수도 있습니다. 현재의 방식이 그대로 유지되기에는 다른 두 경로가 갖는 장점이 워낙 많기 때문에 '대략'이란 표현을 썼지만, 현재의 방식이 어느 정도, 또 얼마나 빠르게 무너질지는 불분명합니다.

앞으로 올 수 있는 '수많은 기기' 모델에는 변형의 가능성도 있습니다. 우선 로컬 애드혹local ad hoc 네트워크 시나리오를 살펴봅시다. 여기에서 사용자의 기기는 (어떻게든) 주변의 다른 기기와 연결됩니다. 명백하면서도 위협적이지 않은 예시로는 호텔방의 모니터와 키보드 등이 있고, 더 흥미로운 것은 노트북이 일종의 모바일 와이파이 핫스팟에 자동으로 붙거나, 로컬 디스크나 주위에 있는 노트북에 연결되어 콘텐츠를 공유하는 것을 상상해 볼 수 있습니다. 이와 같은 시나리오에서도 경계는 불분명해집니다.

결국 결론은 보안 정책을 어떻게 최대한 추진할 수 있을지 알아내야 한다는 것입니다. 이것은 '나는 방화벽을 믿지 않는다'라는 20년 전의 구호처럼 간단한 것이 아니라 제대로 된 보안 정책, 즉 일반적으로 조직의 보안 정책과 메커니즘에 대한 필요성이 더욱 강해졌다는 뜻으로, 이러한 것을 어떻게, 어디에서 강제로 실행해야 할지를 바꿔야 합니다. 이것이 바로 '개인이 보유한 스마트기기를 회사 업무에 활용하는BYOD ; Bring Your Own Device' 추세가 까다로운 문제가 되는 이유입니다. 상업용 기기라고 해서 반드시 기업에서 발급한 것보다 덜 안전하다는 것이 아니라, IT 부서에서 직원의 위젯에 기업의 정책을 설치하는 것이 더 어려운 문제입니다. 특히 새롭거나 드문 기기라면 기업의 IT 부서에는 보안 정책을 적용할 수 있는 권한도, 지식도 없을 것입니다.

더 나은 가상화와 정책 언어는 도움이 될 것입니다. 작업 환경이 놀이 공간과 적절하게 격리되고, 시스템 독립적인 정책 언어가 고안된다면 (그리고 물론 상업용 기기 공급자에 의해 탑재된다면) 이 문제를 피할 수 있습니다. 이 기능은 악성 코드로 비활성화할 수 없게 구현해야 하기 때문에 쉬운 일은 아닙니다.

＊ ＊ ＊

40년 이상의 노력에도 불구하고 순수한 방어 수단이 성공하지 못했다는 것을 감안할 때 침입 탐지와 이를 처리하는 침입 방지는 가장 유망한 수단으로 널리 퍼졌습니다. [Wulf, A. K. Jones 2009] 하지만 풀어야 할 과제는 매우 많아서 IDS는 사람들의 합법적인 활동의 변화뿐만 아니라 변화하는 소프트웨어와 기술에도 대처해야 합니다. 새로운 웹 브라우저는 각각의 탭이나 창을 샌드박싱sandboxing하여 기존 버전과는 다른 패턴의 시스템 호출을 만들 수도 있습니다. 마찬가지로 모바일기기의 부상으로 셀룰러 네트워크를 통해 메일을 읽는 것은 랜을 기반으로 하는 전체 트래픽에서 메일 사용자 비율을 감소시킬 것이고, 이에 따라 트래픽의 전체적인 특성도 변할 것입니다. 이러한 변화는 적법하고, 아마도 피할 수 없겠지만, 변화에 적응해야 하는 패키지는 새로운 '낮고 느린' 공격의 매우 미묘한 차이도 반드시 탐지할 수 있도록 적용돼야 합니다.

유출 탐지는 정책 적용보다도 더 어렵습니다. 일반적으로 물리적 접근이 먼저이기 때문에 기기의 주인이 일부 또는 모든 내용에 접근하는 것을 방지하기는 매우 어렵습니다. 공급업체가 분산 로깅 시스템을 구현하는 경우에는 도움이 될 것입니다. 심지어 피어 투 피어peer-to-peer 분산형 기업 파일 시스템에서 파일을 요청하는 것은 로그 메시지를 생성하여 중앙의 상관기correlator로 보내야 합니다. 필자는 보안 목적을 위해서는 데이터를 전달하는 것보다 로그 관리가 더 중요하다고 강조합니다. 다운로드라면 당연히 다시 시도하겠지만, 빠뜨린 로그 메시지를 다시 보내기 위해서 사용자가 크게 노력하지는 않을 것입니다.

10년이나 20년은 고사하고, 향후 5년 안에 뿌리내릴 다른 트렌드가 무엇인지를 예측하는 것은 어렵습니다. 협업에 대한 인간과 조직의 필요성은 변화하지 않겠지만, 메커니즘은 변할 것입니다. 한 세대 전의 사람들은 플로피디스크를 교환했고, 두 세대 전의 사람들은 천공카드 덱deck을 썼지만, 이제는 중앙 저장소와 이메일을 통해 파일을 주고받습니다. 오늘날 협업은 클라우드를 향해 움직이고 있는데, 이것은 얼마나 오래 지속될까요? 피어 투 피어 메커니즘이 이것을 넘겨받게 될까요? 기차나 비행기 안이라면 몇 줄 뒤에 앉은 누군가와 일할 때 중계기를 통하는 대신, 차라리 모바일 네트워크를 사용할 것입니다. 이 부분은 실행 가능해 보이지만, 어떻게 안전하게 수행될 수 있을까요? 그리고 어떻게 이런 전달의 로그를 처리할까요?

정말로 필요한 것은 보안에 중요한 패킷이나 메시지를 신뢰할 수 있는 방식으로 표시하여 정책을 간소화하게 적용하는 것입니다. [Bellovin 2003] 이렇게 될 때까지 이러한 메커니즘은 모두 불완전할 것입니다.

06장

암호화와 VPN

그는 책상 자물쇠를 열고 서랍형 금고를 연 후 로이드에서 A-1-＊사단계로 분류한 기업의 사장들에게만 발급하는 임원 암호책을 꺼냈다.

The Demolishied Man
— 알프레드 베스터ALFRED BESTER

6.1 신비의 묘약, 암호화

몇 년 전, 『방화벽과 인터넷 보안Firewalls and Internet Security』 [1994] 책이 처음 출간된 직후 방화벽을 좋아하지 않는 친구가 언젠가는 인터넷 보안을 '제대로' 해내는 방법에 대한 책을 쓰겠다고 이야기한 적이 있습니다. 그게 무슨 뜻이냐고 물었더니, "커베로스Kerberos 같은 암호화를 사용한다는 뜻이지."라고 대답했습니다. 자, 커베로스는 완벽한 시스템입니다. [Bryant 1988, S. P. Miller et al. 1987, Neuman et al. 2005, Steiner, Neuman, Schiller 1988] 방화벽에서 커베로스는 '매우 유용한' 것으로 평가되고 있습니다. 하지만 인터넷 보안에서 커베로스를 포함한 암호화 중 '정확한' 방식이라고 생각하는 것은 모두 보안 문제에서나 암호화가 무엇을 할 수 있고 할 수 없는지에 대해 오해하는 것입니다.

이론가들이 여러 가지 흥미로운 암호화 트릭을 만들어냈고 그 중 일부는 상용화되기도 했지만, 암호화의 가장 흔한 두 가지 용도는 신원 인증과 엿보는 눈으로부터 데이터를 감추는 것뿐입니다. 사실 이런 일은 매우 잘하고 있지만, 여기에도 대가는 따릅니다. 즉 가장 눈에 띄는 것은 키를 보호해야 한다는 점입니다. 다른 지인의 경우 "비보안 상태는 엔트로피entropy야. 파괴할 수는 없지만 이리저리 움직여볼 수는 있지. 그런데 암호화는 이런 비보안 상태의 열쇠를 보안화되지 않은 데이터와 맞바꾸는 거야. 열쇠는 더 잘 지킬 수 있다고 착각하니까."라고 말했습니다.

두 번째 대가는 적절한 암호화 메커니즘을 고안해야 하는 고통입니다. 암호화는 응용수학 중에서도 매우 어렵고 미묘한 분과여서 제대로 할 수 있는 자격을 갖춘 이들은 매우 드뭅니다. 이 경우 특허가 있는 암호화 알고리즘은 절대로 사용하면 안 됩니다. 누군가가 특허가 있어서 비밀이기 때문에 더 안전하다고 말한다면, 특히 더 위험합니다. 암호화 프로토콜도 마찬가지로 제대로 하는 것은 매우 어렵습니다.

예를 들어봅시다. SSL 3.0은 1996년 넷스케이프Netscape를 위해 고안되었습니다. 세계적으로 저명한 암호학자가 고안했고, 다른 두 명의 암호학자가 분석하여 [Wagner and Schneier 1996], 국제인터넷표준화기구IETF ; Internet Engineering Task Force의 전송 계층 보안TLS ; Transport Layer Security 프로토콜의 기본이 되었는데, [Dierks & Rescorla 2008] IETF의 TLS 그룹 회원들에게서 철저한 검사를 받았습니다. 하지만 2011년에는 가장 흔히 설치된 TLS 버전에 대한 새로운 결함이 발견되었고, [Rescorla 2011] 이후 다른 결함도 계속 발견되었습니다. [Sheffer, Holz, Saint-Andre 2015]에는 2015년 2월까지 알려진 공격이 수록되어 있지만, 그 후로도 최소한 한 건 이상의 공격이 발견되었습니다. [Adrian et al. 2015]

암호화 악용crypto exploits

군쪽에서는 정교한 암호화 공격이 전혀 생소한 것이 아닙니다. 예컨대 세계2차대전 중 미국에서는 일본의 미드웨이섬에 대한 암호 그룹을 알아내기 위해 평문으로 메시지를 보냈습니다. [Kahn 1967] 피터 라이트Peter Wright는 회전자의 세팅이 변하는 딸깍 소리 수를 들으려고 마이크를 심어두었던 이야기도 술회하고 있습니다. [Wright 1987]

이런 일은 민간 분야에서는 매우 드물고 잘 알려져 있지도 않습니다. 텍사스 인스트루먼트Texas Instrument 계산기의 코드 서명code-signing 키에 대한 것은 가장 정교하게 악용된 사례입니다. [Goodin 2009] 이 회사의 계산기 펌웨어를 업데이트하려면 512비트 키를 이용한 디지털 서명인 TI가 필요했습니다. 하지만 512비트는 너무 짧아서 아마추어 해커들이 공용키를 사용하여 비밀키private key를 찾아낸 후 스스로 코드를 서명할 수 있었습니다.

512비트 키의 더욱 심각한 문제도 드러났습니다. 여기에서는 모든 사실을 다루진 않겠지만, 다수의 512비트 키 코드 서명 인증서가 있고, 이들 키도 추론된 것이었습니다. [Bijl 2011] 윈도우 시스템에서는 서명된 코드가 아무 티도 안 나게 받아들여지는 일이 많아서 악성 코드가 서명되어 있을 때는 사용자가 전혀 알아채지 못한 상태로 쉽게 설치됩니다.

곤잘레스Gonzalez 등은 WEP 크래킹WEP-cracking을 사용한 것으로 보입니다. 공공 기록이 아주 분명한 것은 아니지만, 이 사건에 대한 캐나다 보고서에서는 WEP에 TJX가 사용되었고 [Privacy Commissioner 2007], 곤잘레스의 공범 중 하나에 대한 반박 정보에서는 그가 TJX의 무선 네트워크에 연결했다고 합니다.[a]

플레임Flame 악성 코드에서는 엄청나게 악용된 사례가 발견되었습니다. [Zetter 2012, Zetter 2014] 이 악성 코드는 초반 분석에서부터 주요국 정부에서 개발한 것으로 결론났지만, 뉴스에서는 이해할 수 없는 이유로 이 안드로메다가 어느 국가인지 전혀 설명되지 않았습니다. 플레임에서 흥미로운 점 중 하나는 모듈에 서명하는 데 가짜 인증서를 이용했다는 점입니다('8장. 공개키 인프라' 참고). 그 자체는 새로운 일이 아니고, 스턱스넷Stuxnet도 이 방식이었지만, 플레임에는 두 가지 새로운 점이 있었습니다. 우선 키를 훔친 것이 아니라 마이크로소프트의 설계 오류를 악용했습니다. 두 번째는 더욱 흥미로운데, 민간 부문에는 알려지지 않은 위조 인증서를 생성하는 암호 해독 공격법에 의존했다는 점입니다. [Fillinger 2013, Goodin 2012b, Zetter 2014] 대규모 범죄 조직이라면 이렇게 큰 악성 코드를 만들 수 있다고 반박할 수도 있겠지만, 암호 해독은 주요국 정부의 첩보 기관만 할 수 있습니다. 이 공격은 분명히 대규모의 병렬 아키텍처에 최적화된 것으로 보이기 때문에 최소한 $2^{46.6}$의 복잡도를 가지고 있습니다. 다시 말해서 이것은 상업적인 위협이 아니라 정부 차원의 위협이었던 것입니다.

암호 해독 공격 중 가장 이상한 것으로 알려진 사례는 순전히 이웃에게 보복하기 위해서 개인이 저지른 것이었습니다. [Kravets 2011] 그는 WEP 비밀번호를 알아내서 이웃의 컴퓨터를 해킹하고, 몰래 액세스해서 아동 포르노를 심어놓은 후 위협하는 이메일을 보냈습니다. 이러한 사고에서도 또 한 가지 교훈이 있습니다. 이웃은 리스크가 기회를 노린 공격이라고 간주하고 방어했지만, 그를 노린 것은 사실 타깃형 공격이었던 것입니다. 이와 같이 위험 모델이 항상 뻔한 것은 아닙니다.

암호화 크래킹 소식이 단지 나쁜 것만은 아닙니다. 필자는 악당들이 엉망인 암호 기술을 사용하기 때문에 봇넷 트래픽botnet traffic을 읽은 선한 사람의 경우를 최소한 한 건은 알고 있습니다. [Anonymous 2011]

---

[a] "Information, United States v. Christopher Scott, (D. Mass. August 5, 2008), ¶ 3.d"
http://i.cdn.turner.com/cnn/2008/images/08/05/scott.information.pdf

우리가 알아야 할 세 번째 이슈는 커뮤니케이션 패턴이나 요건이 복잡할 때 기존 시스템에 암호화를 새로 넣기가 얼마나 어려운가입니다. 서로를 알고 신뢰하는 두 개의 노드 간의 단순하고 신뢰할 만한 전송 채널은 TLS로 쉽게 보안 처리할 수 있습니다. 그런데 다양한 커뮤니케이션 당사자 간의 복잡한 신뢰 패턴은 매우 까다롭고, 상호신뢰하는 당사자들을 추가로 포함시켜야 할 수도 있습니다. 가장 이상적으로는 암호화 메커니즘이 시스템과 함께 설계되어야 합니다. 하지만 '새로 개발되는' 아키텍처는 매우 드물고, 대개 우리는 단지 암호화하기 어려운 데 그치는 것이 아니라 암호화가 아예 불가능에 가까운 레거시legacy 요건과 레거시 시스템, 레거시 코드, 측면을 처리해야 합니다. 이때 커스텀 프로토콜이 필요할 수도 있는데, 이것은 여러 가지 다른 이유로 좋은 생각이 아닙니다.

그렇다면 암호화를 잘못 처리하면 무슨 일이 벌어질까요? 실제적인 위협이 있을까요? 지금까지 설치된 시스템에서 발견된 많은 암호화의 약점은 최소한 대중이 알기에는 악용된 일이 드뭅니다. 논란의 여지가 있는 플레임을 제외하고 이보다 복잡한 프로토콜 공격이 보고된 사례는 아직 없습니다. [Goodin 2012b, Zetter 2014] 이런 악용에는 상당한 기술이 있어야 하고, 특정 유형의 액세스가 필요할 때가 많습니다. 하지만 더욱 중요한 것은 이러한 공격이 필요 없다는 점입니다. 침투할 더 쉬운 방법이 널려 있는데도 말입니다.

이런 종류의 결함은 고치기가 매우 어렵습니다. 문제는 특정 코드열이 아니라 프로토콜 자체에 있으며, 모든 적용이 취약할 가능성이 높습니다. (암호화를 제대로 적용하는 것 자체가 엄청나게 힘든 작업입니다. 그리고 보통의 코드보다 제대로 해내기는 더욱 어렵습니다.) 한 번에 하나씩 고치는 것은 불가능할 때가 많고, 양쪽이나 모든 종단점을 동시에 업그레이드해야 할 수도 있습니다. 알려진 결함에 대해 영향을 받지 않는 TLS 1.2로 업그레이드 패치를 해야 하는 수억 개의 종단점을 생각해 보세요. 디자이너들은 논리정연하게 실행할 수 있는 협상 메커니즘을 구축하려고 애쓰지만, 항상 제대로 하는 것은 아닙니다. [Bellovin and Rescorla 2006]

마지막으로 암호화적 약점을 정말 실제적인 문제로 대두시키는 수준 높은 지속 위협이라는 공격 그룹이 있습니다. MI-31은 이 주제에 대해 많은 것을 알고 있으며, 간단한 방법이라면 당연히 이것을 이용할 것입니다.

6.2 키 배포

장기 키long-term key는 어디에서 오는 것일까요? 그리고 한 쪽에서 다른 쪽이 키를 바꾼 것을 어떻게 알고 얼마나 상대를 신뢰할 수 있을까요? 이런 질문이 바로 키 분배 문제의 핵심입니다. 노드 수가 적을 때, 특히 지리적으로 상당히 가까이 있을 때는 수동으로 배포할 수 있습니다. 하지만 문제는 '작다small'라는 단어에 있습니다. 이것은 $O(n^2)$ 과정입니다. 일반적인 해결책은 공용키 배포 센터와 공용키 암호화, 즉 인증서의 형태를 보이는 경우가 많습니다.

키 배포 센터KDC ; Key Distribution Center는 모든 당사자가 신뢰하는 특수한 컴퓨터로, 여기에서 키를 건네줍니다. 다른 모든 컴퓨터는 이 센터와 키를 공유하고, 이 키는 해당 컴퓨터와 KDC 간의 트래픽 보호와 인증에 사용됩니다. 일부 컴퓨터가 다른 컴퓨터와 통신하려고 할 경우 KDC에 다른 기기로 가는 세션키session key를 요청합니다. 그런데 다른 컴퓨터도 장기 키로 보호하는 메시지에서 세션키를 습득할 수 있습니다. 세부 내용은 생략하겠지만, 무엇이 되었든지 좋은 암호화 텍스트나 커베로스 문서를 보면 방식을 알 수 있습니다. [Bryant 1988; S. P. Miller et al. 1987; Neuman et al. 2005; Steiner, Neuman, Schiller 1988]

키를 배포할 때는 다음의 세 가지 중요한 점을 알아야 합니다. 첫째, 키 권한 설정 문제가 $O(n)$으로 줄어듭니다. n 값이 아무리 적정하다고 해도 이것은 중요합니다. 둘째, KDC가 보안에서 중대한 역할을 하므로 실력 있는 적이라면 이것을 중요한 타깃으로 삼습니다. 예를 들어 MI-31이 컴퓨터 A와 B 간의 트래픽을 가로챘다고 가정해 봅시다. 이 트래픽은 KDC에서 생성하여 이런 노드들에 배포한 무작위 세션키인 $K_{A,B}$로 보호됩니다. 하지만 이 배포는 장기 키 $K_{A,KDC}$와 $K_{B,KDC}$에서 일어났으므로 둘 다 KDC는 알고 있습니다. KDC를 뚫는 공격자는 훨씬 후에라도 이런 키들을 얻어서 모든 기록된 트래픽을 읽을 수 있습니다. 단 한 가지 경고는 키 셋업 메시지도 기록되어야 한다는 것입니다. 마지막으로 권한 설정 문제가 이제 $O(n)$이 되었지만, 기밀성과 진위성이 모두 유지되는 안전한 프로세스를 통해 이루어져야 합니다. 정의상, 새로운 기기와 KDC 간의 트래픽을 보호해 줄 수 있는 키는 없습니다.

마지막 두 가지 문제는 공용키 기술을 사용하여 처리하는 경우가 많다는 것입니다.

새로운 노드는 키 페어를 생성하여 KDC에 공용키만 보냅니다. 이로서 기밀성과 진위성의 문제가 진위성 문제로 변하는데, 이것은 훨씬 쉽게 해결할 수 있습니다. 더욱이 KDC는 더 이상 개별 노드들과 장기 기밀을 공유하지 않고 공용키만 압니다. 그래서 세션키를 생성할 때는 두 대의 컴퓨터에 있는 공용키를 암호화하고, 해당하는 비밀키를 보지 않으므로 그 자체가 작성한 것을 읽을 수 없습니다. 그러므로 공용키 기반의 KDC에 해킹되어도 지난 트래픽에 대한 위협은 없습니다. 물론 해킹이 감지되어 조치를 취하기 전에 발급된 키들은 위협이 될 수 있습니다.

마지막 단계는 KDC에 대해서나 다른 상호 신뢰되는 당사자가 각 컴퓨터의 〈name, publickey〉 짝에 서명하는 것으로, 이것을 '인증서'라고 합니다. 인증서는 '8장. 공개키 인프라'에서 아주 상세하게 살펴보겠습니다.

6.3 전송 암호화

암호화는 크게 두 가지 방식으로 적용할 수 있습니다. 즉 실시간 연결을 보호하는 전송 암호화transport encryption와 임의의 수의 임의적인 당사자 간에 전달할 때 보호되어야 하는 바이트 시퀀스의 객체 암호화object encryption입니다. 그러면 이들 암호화에 대해 각각 순서대로 알아보겠습니다.

전송 암호화는 암호화 문제 중에서 해결하기가 가장 쉽습니다. 이것은 그 자체가 쉽다는 것이 아니라 그 중 가장 쉽다는 뜻입니다. 기본적으로 두 당사자가 통신을 원할 때 최소한 하나 또는 대개 양쪽에는 키 재료가 있습니다. 이때 어떻게 '안전한' 연결을 구성할까요?

첫 번째 단계는 키 설정으로 양쪽 당사자는 공통 세션키에 무조건 동의합니다. 이때 세션키를 이용하기 위한 정적 키static key를 사전에 제공하고 싶은 유혹을 이겨내어야 합니다. [Bellovin and Housley 2005] 이 경우 잘하면 특정한 능력을 잃게 되고, 잘못하면 적이 모든 트래픽을 읽고, 변조하고, 생성하는 등 보안적인 면에서 재난이 닥칩니다. 일부 키 설정 설계에는 인증이 포함되는데, 쌍방향 인증일 때가 많습니다. 다른 경우에는 필요하면 애플리케이션 자체가 직접 이것을 처리해야 합니다. 그리고 키 설정에는 세 가지 요건이 있습니다. 즉 양쪽 당사자가 같은 키에 합의해야 하고, 그 외의 누구도 이 키를 획득할 수 없어야 합니다. 그리고 키는 이 세션을 위해 새로 만든 것으로, 기존의 낡은 키를 재사용해서는 안 된다는 것입니다. 마지막 요건은 적이 낡은 트래픽을 현재 세션처럼 다시 재생할 때 발생할 수 있는 다양한 피해 유형에서 보호해 주어야 합니다.

이 외에 선택할 수 있는 키 설정 속성은 순방향 비밀성forward secrecy입니다. 순방향 비밀성이란, 한 종단점이 세션이 종료된 후 해킹되어도 해당 세션의 키는 복구될 수 없다는 의미입니다. 공격자의 능력이 뛰어날수록 이러한 조치가 더욱 중요해집니다. 특히 안드로메다인들을 걱정해야 한다면 이 기술을 꼭 이용해야 합니다. 안드로메다인들은 여러분의 트래픽을 기록했다가 나중에 암호를 해독할 수 없다는 것을 알게 되면 다른 방식으로 키를 얻으려고 하기 때문입니다.

두 번째 단계는 당연히 실제 데이터의 전송으로, 여기에도 중요한 속성이 있습니다. 암호화할 경우에는 항상 인증을 이용해야만 합니다. 그렇지 않으면 공격자가 다양한 암호 텍스트 조각들을 주의 깊게 변조하거나 합쳐서 악용할 수 있는 수단이 너무나 많아집니다. [Bellovin 1996] 어떤 교과서에는 스트림 암호를 이용할 때만 인증이 필요하다고 되어 있는데, 이것은 틀린 발상입니다. 스트림 암호에서 인증이 필수인 것은 맞지만, 이것은 거의 언제나 매우 중요합니다. 매우 드문 상황에서는 생략할 수도 있지만, 대개 암호화를 다룰 때 이것은 자격을 갖춘 전문가만 내릴 수 있는 결정이며, 이런 전문가들조차 잘못 처리하곤 합니다. 1978년 키 배포 프로토콜에 대한 최초의 논문에서 니덤Needham과 슈로더Schroeder가 이 점을 아주 잘 정리했습니다. [1978]

마지막으로 여기에서 개발된 것 같은 프로토콜은 보통의 운용에서는 감지되기 어려운 극도로 미묘한 오류에 민감하다. 따라서 이런 프로토콜의 정확성을 검증하는 기술의 필요성이 크게 대두되고 있고, 이 문제에 흥미가 있는 사람들이라면 이 분야를 고려해 볼 것을 권한다.

이들은 매우 놀라운 선견지명을 가지고 있습니다. 실제로 이들의 디자인에는 여러 가지 결함이 있습니다. [Denning and Sacco 1981; Lowe 1996; Needham and Schroeder 1987] 따라서 암호화와 인증을 한 번의 패스로 합치는 새로운 운영 모드가 있으므로,

이런 방식을 이용하는 것이 좋습니다.

전송 단계의 또 한 가지 중요한 속성은 재생 방지replay protection입니다. 키가 새것이어야 하는 것처럼 메시지도 새로워야 합니다. IP와 UDP 서비스 모델에서 기록, 복제, 손상, 재생 등을 허용한다고 영리한 공격자가 이런 행동을 하는 것까지 무시해도 된다고 오해해서는 안 됩니다. 다시 한 번 말하지만 이것은 드문 예외이며, 이런 결정은 자격 있는 전문가에게 맡겨야 합니다. UDP와 TCP에는 다른 종류의 암호화를 사용해야 합니다. UDP는 데이터그램 프로토콜이므로 스트림 암호를 사용하면, 분명히 재앙이 발생할 것입니다. 이것은 WEP의 결함 중 하나로, 213쪽의 박스 'WEP – 허술한 암호화 사례 연구' 글을 참고하세요.

마지막 단계는 해체입니다. 사소해 보이겠지만 대화가 잘려나가지 않도록 보장하고 싶으므로 '안녕히'라는 신호도 암호화로 보호되어야 합니다. 마지막으로 모든 것이 완료되면 세션키를 파괴해야 합니다. 순방향 비밀성을 이용하지 않아도 공격자들을 편하게 해 줄 필요는 없습니다.

전송 암호화는 스택stack의 다양한 레이어에 적용될 수 있습니다. 다만 어떤 보호를 받을 수 있는지는 선택하기에 따라 다르며, 용도도 모두 다릅니다. 다양한 와이파이 암호화 설계('9장. 무선 액세스' 참고)와 같은 링크 레이어link-layer를 보호할 경우에는 주로 두 가지 방법을 사용합니다. LAN에 대한 액세스를 허가된 사용자로만 제한하고, 취약한 링크에 대해서는 도청과 트래픽 분석을 방지합니다. 이때 와이파이넷을 선택하는 것이 가장 좋지만, 국제 위성 링크 같은 것에도 이 기술이 이용됩니다. 위성은 커다란 신호 흔적을 남기고, 허가되지 않은 많은 수신자들이 이 전송을 들을 수 있습니다. [Goodin 2015b] 수중 광케이블이 훨씬 적었던 과거에는 단선이 일어나면 위성 회로로 우회될 수도 있기 때문에 많은 기업들이 광케이블이든, 구리선이든 가리지 않고 모든 국제 연결에 링크 암호화를 이용했습니다. 이 중에서 일부 이런 단선이 단순한 사고가 아닌 것으로 의심되는 경우도 있었습니다. 서툴어서 그랬다고 생각하기에는 몇몇 국가에서 케이블 사고를 일으키는 저인망 어선 수가 너무 많았습니다. 하지만 이런 종류의 공격은 안드로메다인들이 자주 감행하는 것으로, 실제로 타깃이 된다면 이런 링크 암호화만으로 방어책을 구성해서는 안 됩니다. 전형적인 연결은 여러 번 많은 링크를 호핑hopping합니다.

어떤 적에 대항하는 특별한 유형의 연결에서는 링크 암호화가 매우 강력한 속성이 되어 도청하는 자는 메시지가 보내졌는지도 알 수 없게 됩니다. NSA는 이 점을 50년보다 훨씬 이전에 깨달았습니다. [Farley and Schorreck 1982]

우리는 대개 온라인 장비를 겨냥한다. 사실 결과적으로 우리에게는 회로가 있고, 이 회로에서는 하루 24시간 무언가가 일어나고 있다는 생각을 하게 된다. 보내야 할 메시지가 있을 때는 여기에 끼어들어 메시지를 보낸 것이다. 하지만 적이 이런 링크를 탈취한다면, 단지 지속적인 on/off 신호 스트림만 보게 될 것이고, 여러분이 링크를 검사할 때는 이것이 무작위적으로 보여서 언제 어디에 메시지가 삽입되었는지는 알 수 없게 된다. 이것을 겨냥한 것이긴 하지만, 그 자체가 목적은 아니었다.

네트워크 레이어 암호화는 엔드 투 엔드end to end나 엔드 투 게이트웨이end to gateway일 수 있습니다. 이것은 가상 사설망VPN ; Virtual Private Network에 가장 흔히 쓰이는 방식으로, 아래에서 자세히 다루고 있습니다(6.5절 참고) 네트워크 암호화의 주요 장점은 멀티플 홉multiple hops과 모든 트래픽 보호가 가능하다는 점입니다. 반면 결정적인 한계는 전형적으로 기기나 목적지 쌍destination pair 단위의 보호 입자화 때문에 서버나 기타 다중 사용자 컴퓨터에게는 바람직하지 않을 수도 있다는 점입니다. (IPsec 표준은 더 세밀한 키를 허용하지만, 이것을 하는 것은 어려울 뿐만 아니라 적용되는 경우도 드뭅니다.)

전송 수준 암호화 프로토콜은 정의되어 있지만, 실제로 사용되는 일은 드뭅니다(예를 들어 [Bittau et al. 2010] 참고). 이 방식은 커널 개조가 필요해서 디플로이deploy가 어렵고, 애플리케이션 수준 암호화보다 얻을 수 있는 이익이 제한적입니다. 네트워크 수준의 암호화와는 달리 세밀한 키를 적용하기가 쉽고, 전송 암호 생성기가 악성 변조에 대해 TCP 헤더를 보호할 수도 있습니다. [Postel 1981] 그래서 사용자들은 세션 하이재킹 공격session-hijacking attack에서 안전할 수 있습니다. [Joncheray 1995] 하지만 네트워크 레이어로도 충분할 때가 많습니다. 전형적인 VPN 시나리오를 위한 세밀한 키 적용의 유용성은 그리 분명하지 않습니다.

암호화가 이루어지는 가장 흔한 레이어는 애플리케이션 레이어입니다. 특히 TLS와 그 이전 기술인 SSL은 웹 전송 보안에 굉장히 많이 사용되었습니다. TLS에는 어떤 두 당사자에게도 비교적 추가하기가 쉽고, TCP 기반의 애플리케이션이라서 거의 어떤 운영체제에도 쓸 수 있다는 매우 큰 장점이 있습니다. 게다가 환경 설정도 IPsec보다 상당히 단순합니다. 이제는 UDP 버전인 DTLS도 나왔습니다. [Rescorla & Modadugu 2006] TLS가 모든 것을 하는 것은 아니지만, 아마도 이것이 성공의 비결 중 하나인 것 같습니다. 이러한 모든 특징에도 불구하고 적용 담당자와 시스템 관리자들이 주의해야 할 중요한 단점이 있는데, 이것은 '8장. 공개키 인프라'에서도 다루겠습니다.

바로 '어떤 레이어를 암호화해야 하는가?'라는 질문입니다. 당연히 여기에도 목표가 무엇인지에 따라 다양하게 답변할 수 있습니다. 필자는 서로 다른 용도에 부합하는 4중 레이어 암호화 메커니즘을 이용했던 때도 있었습니다.

- 허가된 사용자들에게 LAN 액세스를 제한하는 WPA2
  (당시에는 알지 못했지만, 전화선 링크를 암호화로 보호하는 방법도 있었을 것이다. 2지점 간point-to-point 링크 레이어 암호화 프로토콜의 정의는 [Malis and Simpson 1999]를 참고한다.)

- 로컬 네트워크 운영자로부터 내 트래픽을 보호할 VPN

- 자신의 트래픽을 원격 네트워크에서 보호하기 위해 자신의 웹 트래픽을 자신의 HTTP 프록시로 터널링하는 데 사용하고 필자가 제어하는 원격 사이트로 가는 SSH [Ylönen 1996] (필자의 VPN은 심각한 공격을 겪었던 대학교 네트워크로 가는 것이었기 때문에 필요했음 207쪽)

- 신용카드나 로그인 정보의 종단간end-to-end 보호를 위한 원격 웹사이트로의 HTTPS

SSH와 VPN의 조합은 이례적인 것이지만 — 이견의 여지는 있어도 불필요한 것이지만 — 이들 둘 중 하나는 매우 중요하고, 둘 다 WPA2나 HTTPS와 함께 써야 합니다.

여기까지는 두 당사자의 통신에 대해 설명했습니다. 다자간 커뮤니케이션 보안도 가능하지만, 실제 메커니즘은 훨씬 더 복잡해져서 이 책의 범위를 넘어갑니다. 하지만 한 쌍의 컴퓨터 사이에 있는 모든 트래픽을 보호하고 싶거나 두 그룹 사이에 있는 기기 간의(둘 중 한 그룹은 단일 기기인 경우를 포함하여) 모든 트래픽을 보호하려면, 대신 VPN의 사용을 고려해야 합니다(6.5절 참고).

6.4 객체 암호화

객체 암호화는 무언가를 암호화할 때 다른 당사자와 통신하는 것이 아니기 때문에 전송 암호화보다 훨씬 어렵습니다. 따라서 암호화 알고리즘 같은 것에서 타협의 여지가 없으므로 다른 당사자가 무엇을 지원하는지 미리 알아야 합니다. 키를 성공적으로 설정했는지도 알 수 없으므로 암호화한 후 잘 되기를 바랄 수밖에 없습니다. 오래 지속되는 객체(예: 이메일 메시지)의 경우 유관 키relevant key를 잃어버리거나 삭제한 후에 이것을 다시 읽고 검증하고 싶어질 수도 있습니다.

멀티홉multihop 프로토콜에서는 데이터의 어떤 부분이 다른 홉hop 등에 의해 변조할 수 있는지 알 수 없게 됩니다. 더욱 심각한 것은 기존 디자인에 암호화를 추가할 때 특히 이것에 대해 아무것도 못할 수도 있다는 점입니다. 안전한 이메일과 DNSSEC가 떠오르지 않나요? 재생 감지는 더 어렵습니다. 그리고 각각의 개체는 사실상 데이터그램이기 때문에 메시지 삭제 감지는 훨씬 더 어렵습니다. 여기에서도 키 획득, 메시지 정규화, 암호화와 서명, 전송 인코딩의 단계가 있지만, 어떤 경우에는 이 중 일부 단계를 생략해도 됩니다.

키 획득은 말 그대로 다른 당사자들을 위한 키를 받는 것입니다. 전송 암호화와 마찬가지로 미리 제공할 수도 있지만. 더 일반적으로는 인증서를 사용합니다('8장. 공개키 인프라' 참고). 객체를 암호화하기보다 인증하려는 것이면 수신자들도 여러분의 키를 가지고 있도록 보장해야 합니다. (이것은 전송의 경우에도 가능하지만, 덜 사용되는 시나리오입니다.) 인증서를 이용한다면 그냥 메시지에 인증서를 포함하기만 하면 됩니다. 인증서를 이용하지 않는다면, 수신자들은 여러분의 키를 알고 있든지, 아니면 포함된 키들의 진위 여부를 검증하는 난제에 부딪쳐야 하므로 메시지에 키를 담을 이유가 없습니다.

획득하려는 키가 여러분 자신의 키, 더 정확히 말하자면 향후 어떤 시점에서 해당 객체를 해독하기 위해 사용하고 싶을 수도 있는 키라면 이것은 특수 케이스라고 할 수 있습니다. 암호화된 보관용 백업archival backup 같은 것은 더욱 심각해서 이런 백업이 필요하지 않을 수도 있지만, 일단 필요해지면 키가 필요하기 때문입니다. 그렇다면 키 자체를 얻는 게 아니라 훔쳐보는 눈으로부터 안전하게 키를 보관하는 방법을 찾아내는 것이 관건입니다.

디스크 또는 파일 시스템 암호화?

드라이브 암호화에는 디스크 암호화와 파일 시스템 암호화가 있습니다. 이들 방식은 매우 다를 뿐만 아니라 각각 장단점이 있습니다. 각각의 파일을 수동으로 암호화하는 것을 말하는 것이 아닙니다. 일반적으로 이것은 오류를 일으키기 쉬운 경향이 있습니다.

디스크 암호화는 때로는 '전체 디스크 암호화FDE ; Full Disk Encryption'라고도 부르는데, 이것은 각각의 디스크 블록을 보호합니다. 특히 512바이트나 2,048바이트의 각 블록은 블록 넘버의 어떤 기능이 초기화 벡터IV ; Initialization Vector로 이용되는 CBC 모드로 각각 암호화될 것입니다. 여기에는 프리리스트free list, 빈 칸 목록 블록도 포함됩니다. 암호화가 운영체제의 파일 포맷을 가리지 않으므로 하드웨어 벤더를 위해서는 좋은 선택입니다. 하지만 디스크의 모든 것이 보호되므로 무엇을 보호해야 하는지 고민할 필요가 없다는 것이 가장 큰 장점입니다.

디스크 암호화는 OS나 디스크 하드웨어로 처리할 수 있습니다. 디스크 하드웨어의 처리 속도가 더 빠르지만, 모든 드라이브에 적용할 수 있는 것은 아닙니다. 그리고 OS와 BIOS 지원도 필요합니다. 키는 결국 어디에서인가 와야만 합니다. 반면 파일 시스템 암호화는 각각의 파일을 보호합니다. 이 과정에서 파일 크기, 액세스 패턴 등을 포함한 메타데이터가 노출되는데, 이것은 심각한 보안 유출이 될 수 있습니다. 하지만 이것이 이름 그대로 파일 시스템을 보호하기 때문에 원격 파일 시스템에는 가장 유용한 기술임에는 틀림없습니다. 인터페이스는 원격 디스크 볼륨이 아니라 방향 그래프로 제시됩니다. 이 파일 시스템 암호화 디자인 이슈는 [Blaze 1993]에 잘 요약되어 있습니다.

아마도 Mac OS X의 dmg 파일이나 윈도우의 vhd 파일과 같이 암호화된 원격 디스크 이미지를 장착하여 클라이언트에서 해독하고 싶을 것입니다. 싱글 클라이언트 액세스라면 이 방법이 통하지만, 내재된 OS의 파일 시스템 코드가 공유 디스크 드라이브를 처리하도록 작성되어 있지 않는 한, 프리리스트 잠금이 되지 않아 무시무시한 오류 모드를 경험할 수 있습니다. 또 다른 이슈도 있습니다. 이 방식을 쓰려면 생성할 때 가상 디스크의 전체 공간을 명시하거나 할당해야 할 때가 많습니다. 그래서 해당 디스크의 빈 공간을 부모 디스크가 사용할 수 없게 됩니다. 반면 암호화된 파일 시스템은 내재된 OS의 프리리스트 하나일 뿐입니다.

키의 입자화는 한 가지 더 구별해야 할 이슈입니다. 디스크 암호화에서는 전체 볼륨이 하나의 키로 보호되므로 파일 시스템 암호화에서는 다양한 서브트리subtree가 여러 유형의 사용자가 가진 서로 다른 키로 보호될 수 있습니다.

메시지 정규화는 서명된 암호화되지 않은 객체에 적용하는 문제입니다. 객체가 시스템에서 시스템으로 이동할 때 공백, 탭 공백, 줄 끝 글자를 변경하거나 삭제하는 일이 많습니다. 즉 유닉스 계열 시스템에서 단순하게 라인피드line feed, 모니터의 커서 위치를 한 줄 아래로 내리기를 하거나 윈도우에서 캐리지 리턴carriage return이나 라인피드 시퀀스를 자주 실행합니다. XML 객체는 다른 객체에 임베디드될 수 있어서 들여쓰기될 수도 있습니다. 하지만 디지털 서명 검증은 이런 변경을 제대로 처리할 수 없어서 표준 표현canonical representation이 정의될 때가 종종 있습니다. 따라서 서명과 검증 계산은 주어진 실제 인스턴스가 아니라 표준 표현을 기준으로 수행됩니다.

전송 인코딩은 선택 가능한 단계입니다. 객체가 전송될 일부 채널들이 무작위적인 바이트 시퀀스를 처리할 수 없다면 반드시 필요해집니다. 이것을 암호화 프로세스의 일부라고 볼 수는 없지만, 일부 채널의 속성을 특별히 사용해야 한다면 일련의 16진 숫자의 어떤 바이트 시퀀스로도 표시할 수 있다는 것을 고려해야 합니다.

이전에 PEM 디자인을 일부 기초로 서명되거나 암호화된 이메일의 S/MIME 표준이 바로 이런 경우입니다. 많은 이메일 시스템은 2진수 값을 처리할 수 없으므로 베이스 64base-64 인코딩이 명세됩니다. [Josefsson 2006, Linn 1989] 또 한 가지 흥미로운 경우는 디지털 서명된 기록의 DNS 확장인 DNSSEC입니다. [Arends et al. 2005a, Arends et al. 2005b, Arends et al. 2005c] UDP의 DNS 패킷은 [Mockapetris 1987]에 의해 512바이트로 제한되어 실제의 반응과 디지털 서명 양쪽에 충분하지 않습니다. 따라서 DNSSEC 표준은 EDNS0 확장 사용을 지시해야만 했습니다. [Vixie 1999] (DNSSEC는 기존 프로토콜에 객체 보안을 새로 추가하기가 얼마나 어려운지에 대한 케이스 연구이기도 합니다. 이런 문제에 대해 연구한다면 오늘날의 표준과 이전의 표준을 비교해 보는 편이 좋습니다. [Eastlake 1999] 미묘한 프로토콜과 운영적 측면 때문에 많이 변경해야 했습니다.)

객체 보안이 일시적이라는 측면은 몇 가지 흥미로운 철학적 이슈를 제기합니다. 인증서는 만료되고, 비밀키가 침해되거나 인증서가 될 가능성이 있을 때는 폐기되기도 합니다('8장. 공개키 인프라' 참고). 인증서가 폐기되었다면, 서명된 이메일의 서명을 확인하는 것은 아무런 의미가 없습니다. 그렇다면 인증서가 만료된 후라도 암호화된 이메일 메시지를 아직 읽을 수 있을까요? 디지털 서명된 프로그램의 경우는 어떨까요? 만료 일자 후에도 설치할 수 있을까요? 인증서 폐기 이후에도 구동할 수 있을까요? 파일에는 언제 서명되었는지를 알려주는 타임스탬프timestamp가 있을 수도 있지만, 적이 시스템 시계를 변경한 후 악성 코드에 서명했을 수도 있습니다. 소프트웨어 벤더들은 인증서가 연장될 때 소프트웨어에 다시 서명해야 할까요? CD 복제본은 어떻게 할까요? 네트워크 기기 드라이버를 오프라인 기기에 설치한 경우에는 코드를 어떻게 검증할까요? 이런 내용은 8.4절에서 상세히 다루겠습니다.

저장 공간 암호화는 특히 '암호화된 디스크'와 '정보 보안' 같은 개념을 융합시키는 흔한 미신 때문에 또 다른 이슈를 제기합니다. 간단히 말해서 암호화는 운영체제를 통과하지 않는 공격을 포함한 위협 모델에서만 유용합니다. 특히 여기에는 물리적 액세스 권한이 있는 사람이 포함됩니다. 저장 공간 암호화를 이용하기 좋은 것은 USB 플래시 드라이브(잃어버리는 일이 흔하므로), 노트북(수많은 노트북이 갑자기 어디로 사라지는지 생각해 보면, 노트북에 발이라도 달린 게 틀림없습니다.), 외장 백업 미디어 등입니다. 하지만 대부분의 데스크톱과 사실상 모든 서버에는 위협 모델에 하드웨어의 중고 판매 가치보다는 드라이브에 들어있는 정보를 노린 타깃형 도둑이나 경찰의 압수가 포함되어 있지 않는 한 이런 암호화가 필요 없습니다. (물론 드라이브 암호화로 경찰을 이길 수 있을 것이라고 생각한다면 오산입니다. 경찰도 이제는 여러분의 기기 전원을 유지한 상태에서 경찰 연구실로 가져가는 기술을 보유하고 있습니다.)[1] 수많은 사람들이 간과하는 또 한 가지 물리 보안적 위협은 바로 '컴퓨터를 버릴 때 디스크 드라이브에는 무슨 일이 일어나는가?'입니다. 대부분의 사람들은 우선 디스크를 지워야 한다는 생각을 잊어버리곤 합니다. [S. L. Garfinkel and Shelat 2003]

그렇다면 왜 다른 디스크들을 암호화하지 않을까요? 이것은 대부분 아무런 효과도 없기 때문입니다. 적이 기기의 루트나 관리자 권한이 없다고 생각해 봅시다. 이 경우 일반적인 파일 권한으로 데이터가 안전하게 유지되지만, 공격자가 상승된 권한을 얻는다면 적법한 사용자를 가장하여 소프트웨어를 대체하고 키를 탈취할 수 있습니다. 다르게 표현하자면 별 소득 없이 시스템 오버헤드overhead만 늘리는데, 요즘에는 시스템 오버헤드가 상당히 낮기는 합니다. 물론 무작위적인 도난 사건이나 드라이브를 폐기할

---

1 "HotPlug: 작동중인 컴퓨터를 끄지 않고 전송하는 방식"
  http://www.wiebetech.com/products/HotPlug.php

때의 문제에 대비해 드라이브를 암호화하고 싶을 수도 있습니다. 나쁜 생각은 아니지만 여러분의 정보를 노리는 더 흔한 전자 침투electronic intrusion에 대한 보호책이 될 수는 없다는 것을 기억해야 합니다. 위협은 매우 다양하며, 단 하나의 방어책으로는 이들 모두를 해결할 수 없습니다.

암호화된 저장 객체들에 대한 키 발급은 또 다른 문제를 제기합니다. 플래시 드라이브를 삽입하거나 노트북을 부팅하는 등 양방향에서 사용하는 것은 큰 문제가 되지 않고, 사용자는 제때 패스워드 구문만 입력하면 됩니다. 하지만 서버키는 어떻게 할까요? 대부분의 서버는 불이 꺼진 컴퓨터실에서 구동되며, 부팅시 키를 입력할 사람이 없습니다.

6.5 VPN

"고대의 악마에게 게이트웨이를 열어줘서 우리 부서 LAN이 감염된다면 무슨 일이 일어날 것 같아?"

Bob Howard in The Jennifer Morgue
— 찰스 스트로스Charles Stross

가상 사설망VPN ; Virtual Private Network은 호스트와 네트워크, 또는 둘 이상의 네트워크 사이에 매끄럽고 안전한 통신을 제공하기 위한 것입니다. 수많은 가상 사설망을 사용하고 있지만, 암호화된 VPN을 집중적으로 살펴보겠습니다. 왜냐하면 이것이 보안책이면서 암호화를 다루고 있기 때문입니다. VPN의 가장 큰 장점은 파이어 앤 포겟(fire-and-forget, 일단 시작하면 더 이상 신경 쓰지 않아도 되는 - 역자 주) 암호화를 제공한다는 점입니다. 즉 일단 켜고 나면 모든 트래픽이 보호됩니다.

많은 VPN 토폴로지가 가능하지만, 여러 장소를 단일 조직으로 연결하고, 외부에 나와 있는 직원의 노트북을 다시 본부로 연결하는 두 가지 방식만 널리 사용되고 있습니다. 물론 다른 기기도 사용 가능합니다. 이 두 가지 방식은 대부분 비슷한 기술을 이용하는데, 먼저 외부에 있는 직원의 경우를 살펴봅시다.

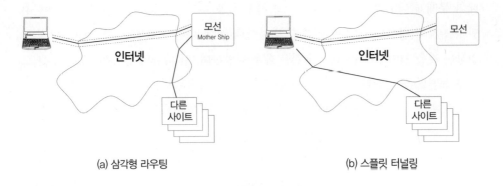

(a) 삼각형 라우팅   (b) 스플릿 터널링

그림 6.1 VPN 라우팅 설정. 점선은 원래의 조직으로 돌아가는 암호화된 링크를 보여준다.

가설 사설망은 실제의 네트워크처럼 보이고 작동하도록 의도되었지만, 한 가지 분명한 차이가 있습니다. 일부 '선'은 실제로 많은 다른 네트워크와 라우터를 지나가는 '암호화된 네트워크 연결'이라는 것입니다. 이런 링크(즉 터널)는 종종 다른 네트워크 링크와 함께 취급되기 때문에 VPN 환경을 설정할 때 주의 사항이 많습니다. 먼저 패킷들이 가상 인터페이스로 라우팅되는데, 보통의 LPM$^{Longest\ Prefix\ Match}$도 포함됩니다. [Fuller and T. Li 2006] 이 때문에 모든 트래픽을 VPN 게이트웨이를 통해 보내는 삼각형 라우팅$^{triangle\ routing}$이 이루어집니다. 삼각형 라우팅이란, 말 그대로 디폴트 경로를 터널 인터페이스로 맞추는 것입니다. 전형적으로 직접 연결된 LAN에서 리소스로의 직접 연결도 0/0보다 프리픽스^{prefix}가 길기 때문에 허용됩니다. 이 방법이 필요할 때가 많지만 리스크도 있습니다. 아니면 어떻게 패킷이 실제 네트워크의 디폴트 게이트웨이에 도달할까요? 특히 LAN에서 오는 공격으로부터 보호받지 못할 때가 있습니다. 이것은 커피숍의 핫스팟과 같이 신뢰할 수 없는 네트워크를 사용할 때 특히 우려되는 일입니다. 대안으로는 조직의 LAN용 프리픽스만 터널 링크에 추가할 수 있는데, '스플릿 터널링$^{split\ tunneling}$'이라고 부르는 이 방식은 그림 6.1에서 확인할 수 있습니다.

외부에 있는 직원의 VPN이 여러분의 네트워크에 있는 일부 기기에 연결되고, 기본적으로 제약 없는 액세스가 허용된다는 점을 반드시 기억해야 합니다. 이 기기는 신뢰할 만한가요? 정의상으로는 어느 정도 시간은 대부분 방화벽의 밖에 놓이는데, 그 사이 감염되지는 않았을까요? 아마도 사무실 공간에서는 접근하지 않을 것들에 자주 사용된다는 것이 더 중요할 것입니다. 또한 '성인 사이트'라고 부르는 악명 높은 악성 코드 업자들의 먹잇감이 될 수 있습니다. [Wondracek et al. 2010] 이런 사이트들은 아예 '후방주의(NSFW ; Not Safe For Work, 상사나 동료들이 있을 때 보기 부적절한 자료를 칭하는 신조어 – 역자 주)'라고 써붙일 때도 있습니다. 이런 사이트는 동료나 상사에게 보는 것을 들키는 것도 문제이지만, 보안적인 측면에서도 우려됩니다. 혹시 VPN을 통해 연결한 랩톱이 감염되어 있나요?

가상 사설망 링크를 다른 네트워크 링크와 똑같이 간주하여 라우팅 테이블에 이용할 때는 또 다른 좀 더 미묘한 제한이 있습니다. 즉 특정 목적지 호스트와 네트워크가 아니라 VPN을 통한 특정 포트로만 전달하는 것이 불가능하다는 것입니다. [Bellovin 2009a] 원칙적으로 포트 넘버에 의해 라우팅이 처리되지만, [Zhao and Bellovin 2009, Zhao, Chau, Bellovin 2008] 필자는 이를 지원하는 프로덕션 운영체제를 본 적이 없습니다.

삼각형 라우팅 사용은 복잡한 이슈를 제기합니다. 모든 트래픽이 적절한 목적지로 향하기 전에 홈 네트워크로 라우팅되므로 확실히 성능 하락을 초래합니다. 반면 삼각형 라우팅은 두 가지 보호를 제공합니다. 외부에 있는 직원이 기업 방화벽의 혜택을 받게 하고, 더 중요하게는 다양한 웹사이트에 대한 평문 트래픽을 신뢰할 수 없는 동일한 LAN의 다른 사용자들에게서 보호해 줍니다. (많은 평문 트래픽과 특히 웹 트래픽은 암호화되어 있지 않습니다. 그래서 로그인한 후 암호화되지 않은 세션으로부터 웹 인증 쿠키를 탈취하는 사이드재킹sidejacking 공격에 노출될 수 있습니다.) [Krebs 2007]

보안적 관점에서 보면 부팅 즉시 VPN이 활성화되는 삼각형 라우팅을 항상 사용해야 할 것으로 보이겠지만, 불행하게도 이것은 다소 복잡한 일입니다. 먼저 수많은 핫스팟이 첫 번째 웹 요청을 가로채서 일반적인 로그인과 광고, 서비스 규정, 면책 조항 등을 팝업 창으로 실행하는 박스들을 사용하고 있습니다. 최초의 웹 트래픽이 VPN으로 라우팅되어도 가로채기는 일어날 수 없고, 가로채기가 일어날 경우에는 사용자가 로그인할 수 없으며, 네트워크 경로가 이용자를 위해 열리지 않습니다. VPN을 설정할 수 없다는 사실은 전혀 통신할 수 없다는 것과 비교해 보면 사소한 불편 사항일 뿐입니다. 아마도 사용자들은 VPN 라우팅이 로컬넷local net을 제외하는 장점을 이용해서 가상의 LAN에 있는 웹 서버에 연결을 시도할 수 있습니다. 하지만 대부분의 보통 사람들은 자기 노트북의 IP 주소를 알지도 못하고 신경 쓰지도 않을 것입니다. 또한 이런 웹 로그인을 완료하는 데 필요한 일부 리소스는 LAN에 있지 않기 때문에 VPN에 잡히지도 않습니다.

두 번째 이슈는 좀 더 이상한 것입니다. 일부 시스템에서는, 특히 Mac의 경우 일부 애플리케이션이 네트워크에 연결되면 바로 켜지면서 전송을 시도합니다. 타이밍과 VPN 디자인에 따라 이들은 VPN이 설정을 마치기 전에 네트워크 차단이 해제되자마자 신호를 전송하기 시작할 수 있습니다. 이때 물론 성능 문제도 발생합니다. 이때 공식 게이트웨이 링크의 가능한 오버로딩과 사용자로부터 해당 게이트웨이로의 지연시간latency이 문제가 됩니다. 비용을 더 들이면 더 빠른 링크를 쓸 수 있지만, 이것은 지리적인 문제 때문에 발생되므로 빛의 속도가 신호의 전파 시간 상한선에 수렴되지 않는다고 생각하는 응용 물리학자를 찾아내야만 수정할 수 있습니다.

어떤 VPN 기술을 사용하느냐는 VPN을 사용하겠다는 결정보다 더 어려울 수 있습니다. 표준 VPN의 장점은 선택의 폭이 넓다는 광고 문구와 같습니다.[2] 즉 표준 VPN에 대해 분명히 고려해 볼 만한 것이 최소한 다섯 가지나 됩니다. 즉 IPsec [S. T. Kent and Seo 2005], 마이크로소프트의 PPTPPoint-to-Point Tunneling Protocol [Hamzeh et al. 1999], L2TPLayer 2 Tunneling Protocol [Townsley et al. 1999], IPsec에서 구동해야 안전한 IETF화된 PPTP인 OpenVPN [Feilner 2006], 그리고 넘쳐나는 소위 'TLS VPN' 제품이 해당됩니다. [Frankel et al. 2008]

IPsec이 아마도 아키텍처적으로는 가장 깔끔할 것입니다. 사실상 IPsec은 모든 플랫폼에 적용할 수 있고, 폭넓은 인증 방식을 지원하며, 그 위의 거의 모든 레이어를 보호할 수 있습니다. 하지만 기본 명세가 너무 복잡하고 (예를 들어 사용자마다 포트가 할당되는 IPsec 연결 키), $\aleph_0$ 정도나 되는 서로 다른 옵션이 있어서 적용하는 데 장애가 됩니다. [Srivatsan, M. Johnson, Bellovin 2010] 키 관리 프로토콜인 IKE(Internet Key Exchange, 인터넷 표준 키 교환 프로토콜) [Kaufman 2005]에는 이것보다 옵션이 더 많습니다. IPsec도 NAT 문제가 있습니다. [Srishruesh and Egevang 2001] 즉 IP와 TCP 헤더를 지나치게 보호하는 것 같습니다. [Aboba and Dixon 2004] IKE는 NAT 횡단을

---

2 "How Standards Proliferate" http://xkcd.com/927/

협상하는 메커니즘이 있습니다. [Kivinen et al. 2005] 이것이 모든 IPsec 환경 설정의 표준이 되는 게 아니라 여기에도 또 다른 옵션이 결부되는데, 다양한 보고에 의하면 서로 다르게 적용할 경우에는 공동 작업이 잘 되지 않는다는 것이 더욱 심각한 문제입니다. 한 벤더사에서만 제품을 받을 때는 상관없지만, 그렇지 않을 경우에는 문제가 생길 수 있습니다.

PPTP는 마이크로소프트가 내놓은 기술입니다. 기본적으로 LAN 확장 프로토콜로 자체 내장된 암호화 메커니즘이 있습니다. 원격 기기들이 같은 LAN에 보이고, 메시지 브로드캐스트 같은 것들이 작동할 수 있습니다. 어떤 환경에서는 원격 기기들끼리 서로 타이밍이 달라서 LAN 방향이 문제를 일으킬 수 있습니다. 특히 느린 링크를 통해 도달하는 경우 여기에 통신하는 비용이 높아지고, 메시지 브로드캐스트는 매우 비싸집니다. 그럼에도 불구하고 윈도우가 널리 사용된다는 것은 거의 모든 기기에서나 PPTP를 지원한다는 의미입니다. 하지만 여기서 고려해야 하는 두 가지 중대한 한계가 있습니다. 첫째, PPTP는 전송에 GRE Generic Routing Encapsulation, 일반 라우팅 캡슐화를 사용합니다. [Hanks et al. 1994] 이때 GRE는 많은 패킷 필터로 차단되므로 이것을 지원하려면, 재설정이 필요할 수도 있습니다. 둘째, 인증 프로토콜에 심각한 결함이 있습니다. [Marlinspike and Hulton 2012; Schneier and Mudge 1999]

앞에서 설명했듯이 L2TP는 PPTP의 IETF 버전입니다. 보안은 IPsec에서 이루어지므로 이 방식을 사용하려면, PPTP의 LAN 방향과 함께 IPsec의 복잡한 설정도 처리해야 합니다. 이 방식은 존재하고, 지원되며, 사용되고 있지만, 이미 다른 이유로 IPsec을 가동하고 있지 않은 한 그 자체만의 독특한 매력이나 용도를 찾기가 어렵습니다. L2TP는 전송에 UDP를 이용하므로 대부분의 합리적인 NAT 박스를 쉽게 통과하지만, '합리적인 NAT 박스'는 모순될 때가 많습니다.

OpenVPN은 오픈 소스 커뮤니티에서는 IPsec, PPTP, L2TP에서 경험하게 되는 문제에 반응해서 내놓은 기술입니다. OpenVPN은 대부분의 중요한 플랫폼에서 구동되고, NAT를 통해서 통신할 수 있으며, 삼각형 라우팅과 직접 라우팅을 모두 지원합니다. 이 기술은 어떤 OS를 쓰더라도 사실상 언제나 부가 소프트웨어로 동작한다는 것이 단점입니다.

마지막 옵션은 TLS(또는 SSL) VPN입니다. TLS를 사용하면 전송 보호를 제공한다는 것이 핵심적인 차이점입니다. 그래서 수년간 상호 정보 교환이 쉬운 웹 브라우저와 서버를 운영할 수 있었습니다. 사실 TLS를 강화할 뿐만 아니라 실제로 웹 브라우저를 이용하는데, 이것은 이 기술의 혜택이면서 한계이기도 합니다.

TLS 포털 VPN에서 서버는 단지 미화된 웹 서버일 뿐입니다. 일반적 프로세스 이후에는 사용자에게 액세스가 허용된 리소스로의 링크를 보여주는 사용자 정의된customize 웹페이지만 보여줄 뿐입니다. 하지만 링크를 클릭하면 브라우저 자체가 직접 다른 기기에 접촉하지 않는다는 것이 중요합니다. 대신 TLS VPN 서버가 프록시 역할을 해서 클라이언트 대신 내부 서버에 접촉하여 양쪽으로 데이터를 전송합니다. 그래서 포털 VPN은 두 가지 심각한 한계에 노출됩니다. 첫 번째로 가장 눈에 띄는 것은 특정 서버에만 접근할 수 있다는 것입니다. 두 번째는 브라우저에서의 암호화가 엔드 투 엔드end to end가 아니라는 것입니다. 수많은 트래픽이 여기에서 보내지기 때문에 VPN 게이트웨이 자체가 매우 유혹적인 타깃이 된다는 사실을 제외하더라도 클라이언트쪽 인증서 같은 인증 방식을 배제하는 것도 문제입니다(7.8절 참고).

TLS 터널 VPN은 다른 애플리케이션을 지원하지만, 방식이 약간 독특합니다. 브라우저는 좀 더 전통적인 VPN처럼 작동하는 액티브 콘텐츠의 일부(자바, 자바스크립트, ActiveX 등)를 다운로드합니다. 즉 액티브 콘텐츠는 IPsec 같은 VPN의 VPN 종단점endpoint이 되지만, 단지 해당 기기로 연결하기 위해서입니다.

TLS VPN은 환경 설정과 운영이 비교적 간단하지만, 이것만의 제약이 있습니다. 첫째, 표준이 없으므로 상호운용성이 떨어집니다. 이것은 포털 VPN에는 심각한 문제가 아니지만, 터널 VPN에는 매우 심각한 문제입니다. 연관된 이슈로 필요한 액티브 콘텐츠 모듈이 모든 클라이언트 플랫폼에 없을 수도 있기 때문입니다.

좀 더 미묘한 한계도 있습니다. 다른 어떤 종류의 VPN보다 TLS VPN은 사용자가 제대로 써야 한다는 것이 문제입니다. 사용자가 로그인 인증 정보를 어떤 방식으로든지 노출시키면(예: 피싱) 클라이언트는 브라우저일 뿐이기 때문에 TLS VPN에 위험하게 작용합니다. 또한 포털 VPN은 사용자가 일부 액티브 콘텐츠 설치에 동의해야만 하는데, 이런 방식의 습관을 만드는 것은 매우 위험합니다. 한때 자바로 작성된 웹 기반의 기업 비용 바우처링 시스템vouchering system이 있었습니다. 이것을 이용하는 직원들, 더 정확히 말해서 사용이 요구되던 이들이 이 페이지를 방문하는 시점에 자바 애플릿이 다운로드되었습니다. 이 애플릿은 표준 자바 샌드박스에서 허용하는 것보다 더 많은 액세스 권한을 요구했기 때문에 이를 위한 사용자의 허용 여부를 묻는 팝업 박스가 실행되었습니다. 제대로 된 보안 전문가들은 이것이 나쁜 습관을 만드는 것이라고 항의했지만, 윗선에서는 벤더사가 기업의 보안 그룹과 철저히 확인하여 이 애플릿은 안전하다는 결론을 내렸다고 주장했습니다. 물론 이런 응답은 완전히 요점을 놓친 것으로, 기업의 보안 그룹조차 실수를 저지른다는 하나의 예에 불과했습니다.

6.6 프로토콜, 알고리즘, 키 크기 추천

이 모든 것을 종합할 때 어떤 프로토콜과 알고리즘 등을 사용해야 할까요? 표준적인 상황에서는 일반적으로 대답하기 쉬운 질문입니다. 하지만 암호화에서는 '위협 모델'이라는 일반적 질문 외에도 '작업 요인'과 '시간'이라는 두 가지 사항을 더 고려해야 합니다.

대부분의 보안 상황과는 달리 암호화에서는 적이 쏟아야 하는 노력에 양적인 상한선이 있는 경우가 많습니다. n비트 키의 대칭 암호화를 사용할 때는 적의 작업 요인이 2^n으로 제한되기 때문에 키를 찾으려면, 이만큼의 암호 해독 시도 횟수가 보장됩니다. (올바른 답을 찾았다는 것을 어떻게 알 수 있는가 하는 질문은 생략하겠습니다. 일반적으로 그렇게 어렵지는 않기 때문인데, [Bellovin 1997]에서 이 주제에 대한 논의를 참고하세요.) 적의 자원이 어느 정도인지 추정할 수 있다면, 이런 상한선이 충분한지의 여부를 판단할 수 있습니다.

여기까지는 밝은 면입니다. 어두운 면은 바로 어느 정도의 시간이 있느냐입니다. 암호화된 데이터는 오랫동안 보호되어야 하고, 시간이 흐르면서 암호 해독이 얼마나 더 발전할지는 추정하기가 매우 어렵습니다. 브루스 슈나이어Bruce Schneier는 'NSA의 공격 수준은 늘 향상된다. 낮아지는 일은 결코 없다.'라는 격언을 자주 인용합니다. 무어의 법칙이 계속된다고 간주하면, 공격자의 노력이 얼마나 경제적일지 그 하한선을 계산할 수 있습니다. 여러분이 결정한 적의 리소스에 따라 오늘날 m비트 키로 충분하다고 판단한 상태에서 가정해 봅시다. 그리고 여러분의 암호화하는 데이터는 30일 동안 기밀이 유지됩니다. 무어의 법칙에 따르면, 가격 대비 CPU 성능의 반감 비율은 약 20입니다. 따라서 최소한 $n+20$비트의 키 길이 암호화를 사용해야 합니다.

물리적 한계 physical limits

공격자가 물리과학을 공격에 이용하는 것을 막을 수 있을까요? 광속은 다른 별들을 프로그래밍하는 데 효과적인 장벽이므로 태양계에 한정지어서 생각해 봅시다.

태양은 태양계 안에 있는 대부분의 물질을 담고 있고, 총 질량은 약 $2 \cdot 10^{30}$kg에 이릅니다. 양성자의 질량이 약 $2 \cdot 10^{-27}$kg이고, 태양이 전부 양성자로 구성되었다고 간주하면, 태양계에는 약 10^{57}의 양성자가 있다는 것을 알 수 있습니다. (중성자는 거의 같은 질량이고, 전자의 질량은 그보다 세 자리 수가 작으므로 합리적인 가정입니다.) 이것들 모두를 컴퓨터라고 가정하면 초당 10^{15}번의 복호화가 가능합니다. 그렇다면 1년 내내 이 태양계 크기의 컴퓨터는 2^{254}회의 복호화를 할 수 있으므로 256비트 키는 영화에 나오는 강력한 슈퍼 악당에 대해서도 안전합니다.

한 단계 더 나아가 봅시다. 양성자 컴퓨터를 왜 초당 10^{15} 복호화로 제한해야 할까요? 시간도 에너지와 똑같은 방식으로 수량화할 수 있을지는 분명하지 않습니다. 한편 물리법칙의 어떤 해석에 의하면 시간은 10^{-44}초보다 짧아지면 의미가 없어진다고 합니다. [Baez, Unruh, Tifft 1999] 이 속도의 한계는 우리의 태양계 컴퓨터를 초당 10^{101}회 또는 연간 $3.8 \cdot 10^{108}$회 작동시키기 때문에 약 361비트의 키 길이가 나옵니다.

이 질문을 다른 각도, 즉 공격자가 배정 가능한 리소스의 최대치에서 다시 접근해 봅시다. 적에게 10^7의 프로세서가 있고, 각각 초당 10^9의 키를 시도한다고 가정해 봅시다. (10^7개의 노드는 많지만, 터무니없이 큰 봇넷 botnet은 아닙니다. 10^9의 초당 암호 해독 속도는 일반적인 용도의 프로세서나 GPU 코어 하나가 최소한 10에서 어쩌면 100까지의 요인을 처리하는 것을 감안할 때 너무 높은 숫자입니다.) 1년은 약 $3.15 \cdot 10^7$초이므로, 매년 $3.15 \cdot 10^{23}$의 추측이 가능합니다. 그렇다면 결국 78비트의 키 길이에 해당합니다. 여기에 20비트를 추가하면 30년의 여유가 생기고, 초반에 노력하는 과정에서 운이 따를 가능성을 줄이기 위해 20비트를 추가하면 118비트의 키 길이가 나옵니다. 다시 말해서 표준적인 128비트 키만 사용해도 충분해서 결국 남는다는 뜻입니다. (아주 강력한 적이어도 초당 10^{16}의 암호 해독 시도만 가능하다고 해서 여러분의 데이터와 같은 단 하나의 문제에 적이 30년 동안 모든 노력을 쏟을 리가 없다는 것은 아닙니다.) 필자는 몇 년 전, 한 친구에게 암호 해독 하드웨어에 대한 새로운 논문에 대해 부정적인 의견을 이야기한 적이 있습니다. 이 디자인은 구축하는 데 수백만 달러가 필요하고, 각 솔루션당 1년의 시간이 걸린다는 것이었습니다. 친구는 웃으면서 "이렇게 느리고 비싼 하드웨어에서 풀어내야 할 만큼 가치가 있는 암호가 무엇일까?"라면서 정치적 싸움이 일어날 것이라고 대답했습니다.

한 가지 더 고려해야 할 측면은 바로 암호 해독의 발전입니다. 안드로메다인 같은 이들이 현대적 암호를 풀 수 있을까요? 이런 점은 배제할 수 없지만, 그 해결책이 어떤 것일지는 알아야 합니다. 적이 풀 수 있는 암호를 알면서도 사용하는 사람은 없겠지만, 역사를 돌이켜보면 세계를 변화시킨 암호 해독의 커다란 성과를 수없이 찾아볼 수 있습니다.

오늘날의 암호는 탄탄합니다. 누군가 암호화된 문장을 꽂아 넣고 버튼을 누른다고 답이 즉시 튀어나오는 상황은 상상할 수 없습니다. 오히려 해결책에는 상당한 작업 요인이 결부됩니다. 당시 NSA가 보증했지만, 이제는 사라져버린 56비트 암호화 방식인 데이터 암호화 표준DES ; Data Encryption Standard을 생각해 봅시다. 이 암호화에 대해 공개된 최고의 공격인 선형 암호 해독에는 2^{43}개의 알려진 평문이 필요했습니다. [Matsui 1994] 결국 완전히 다른 이유 때문에 같은 키로 2^{32} DES 블록 이상을 암호화하는 것은 나쁜 생각으로 밝혀졌습니다. 어느 누구도 2,048배 많은 데이터를 암호화하지는 않을 것입니다. 즉 공격자가 충분한 암호문을 수집하는 것은 거의 불가능할 뿐만 아니라 이와 대응하는 평문은 더욱 수집할 수 없어서 공격하기가 어렵습니다. 현대적 128비트 암호가 해독된다면, 작업 요인이 여전히 엄청나게 크지만, 명목상 2^{128} 표준에는 미치지 않도록 줄어들었을 가능성이 높습니다. 따라서 아직도 안전선은 상당히 보장되어 있는 것입니다.

최근에는 흥미로운 이야기가 보도되었습니다. NSA 최고의 연구가인 제임스 뱀포드James Bamford는 다음과 같이 썼습니다. [2012]

> 이 프로그램에 참여한 또 다른 고위 관리에 따르면, NSA는 이미 수년 전에 엄청나게 발전하여 전 세계 정부뿐만 아니라 미국에 있는 많은 평균적 컴퓨터 사용자가 이용하는, 측정할 수 없을 정도로 복잡한 암호화 시스템을 해독하거나 뚫는 능력을 갖추었다. 그 결과, 이 관리는 "모두가 타깃이다. 커뮤니케이션을 이용하는 이것은 모두 타깃이다."라고 밝혔다.

이 선언은 정확한 것일까요? 그렇다면 어떤 작업 요인이 여전히 필요할까요? 이 기사의 내용을 보면, 새로운 NSA의 대규모 데이터센터는 암호 해독을 위한 것입니다.

이러한 분석은 키 크기에 의한 상한선에 우선 초점을 맞춘 것임을 강조할 필요가 있습니다. 암호는 생각보다 더 약할 수 있습니다! 26자 알파벳의 단일 문자 치환 암호_{monoalphabetic substitution cipher}는 가능한 키 26!개, 또는 88비트의 키 크기가 나옵니다. 그렇더라도 풀 수 있을 만큼 단순해서 일간신문에 이것을 기본으로 한 퍼즐이 실리기도 합니다. 하지만 오늘날의 공용 암호는 절대 약하지 않다는 것을 보장할 수 있을 만큼 충분한 양의 암호 해독 리뷰가 이루어지고 있습니다.

이 문제를 살펴볼 또 하나의 관점이 있습니다. 즉 권위 있는 당국에 기대는 것입니다. 2009년 NSA에서는 'Suite B 암호화 명세'라는 주목할 만한 문서를 발간했습니다.[3] 이 문서에서는 기밀 데이터는 128비트의 AES_{Advanced Encryption Standard, 고급 암호화 표준} 암호화로 충분하고, 1급 기밀 데이터에는 256비트 AES가 좋다고 기록되어 있습니다. 이것이 허위 정보가 아니라고 가정하면, NSA는 128비트 암호화가 대부분의 국가 기밀 데이터에는 충분한 것입니다. 물론 뱀포드의 발언을 감안해 보면 허위 정보일 수도 있습니다.

그렇다면 256비트를 이용할 것인가요? 결국 1급 기밀 데이터에 대해서는 256비트를 추천하고 있습니다. 여러분의 암호화가 가장 큰 약점이 될 일은 거의 없습니다. NSA 자체도 '안전한 암호화 컴포넌트, 제품, 솔루션을 만드는 데는 단순히 특정 암호화 프로토콜이나 암호화 알고리즘을 적용하는 것보다 훨씬 많은 일이 관련되어 있다.'라고 말합니다. 여러분의 컴퓨터와 사업 활동이 NSA의 관습과 비슷하지 않은 한, 여러분의 알고리즘과 키 크기는 약한 고리가 아닙니다. NSA 자체는 어떨까요? 필자가 듣기에는 이 기관에서는 대규모 병렬 양자 컴퓨터가 개발될 가능성에 대비하여 256비트 키를 원하는데, 이런 컴퓨터는 128비트 키를 $O(2^{64})$회 만에 알아낼 수 있다고 합니다. 하지만 이 기관의 적은 여러분의 적과는 다를 것이며, 이들의 요건은 지나치게 엄격합니다. 필자는 65년이나 된 문서에서 NSA가 교정을 요청한 것도 본 적이 있습니다. 하지만 이들의 Suite B 문서의 새로운 버전은 양자에 저항할 수 있는 알고리즘과 키 길이를 계획하도록 제안하고 있습니다.

필자는 128비트 키가 MI-31을 제외한 모든 적에 대항하는 거의 모든 목적으로 충분하다고 결론지으려고 합니다. 비용이 더 들지 않는다면, 더 긴 키를 사용해도 좋지만, 보안적인 면에서는 거의 의미가 없습니다. (256비트 RC4는 128비트 RC4와 똑같은 속도로 구동됩니다.)

---

3 "NSA Suite B 암호화" http://www.nsa.gov/ia/programs/suiteb cryptography/

스트림 암호화는 블록 암호화보다 제대로 적용하기가 더 어렵지만, 쓸모가 있습니다. RC4는 가장 많이 선택되었고 굉장히 빠르지만, 암호 해독면에서는 사실 다수의 심각한 약점이 있습니다. [Golić 1997, Knudsen et al. 1998, Vanhoef and Piessens 2015] 새로운 애플리케이션에는 RC4 대신 카운터 모드counter mode의 AES를 사용하세요. 사실 인프라에서는 RC4를 모두 제거하는 것이 가장 좋습니다. (RC4의 역사는 여기에서 설명하기는 너무 복잡하므로 위키피디아 항목부터 찾아보는 것이 좋습니다. 알고리즘 자체에 대한 가장 충실한 설명은 이미 만료된 인터넷 드래프트본이 있습니다.)[4]

우리의 대칭 암호화에 128비트 키를 이용한다면, 강도가 같은 RSA나 디피 헬먼Diffie-Hellman 모듈에는 어떤 크기의 모듈을 사용해야 할까요? 큰 수의 요인에는 얼마나 많은 작업이 필요한지 기본으로 분석하려는 노력이 계속되어 왔습니다. 이 중에서 가장 잘 알려진 두 가지 분석에는 NIST미국표준기술연구소 [Barker et al. 2012]와 IETF [Orman and Hoffman 2004]가 있는데, 종합적인 권장 사항 조사는 http://www.keylength.com 에서 찾아볼 수 있습니다. 계산이 상당히 복잡하기 때문에 이 책에서는 반복하지 않겠지만, 두 가지 분석이 완전히 일치하지는 않습니다. 하지만 둘 다 128비트 암호에는 3,072비트 모듈이, 112비트 암호에는 2,048비트 모듈이 충분하다는 것에 동의합니다. 수학적으로는 3,072비트 크기가 더 정확하지만, 저사양 장비에서는 CPU 시간이 훨씬 더 오래 걸립니다. 따라서 정말로 128비트 보안이 필요하다고 생각하지 않는다면, 2,048비트 모듈이 적당합니다. (AES는 112비트 키를 지원하지 않으므로 키 크기로 말하지 않겠습니다.) 역시 안드로메다인들이 여러분을 노린다면, NSA가 이렇게 말한다고 해도 더 보수적인 선택을 해야 할 것입니다. 1,024비트 모듈은 너무 작습니다. 연구 결과, MI-31이나 그 경쟁자들은 이것을 풀 수 있을 것으로 보입니다. [Adrian et al. 2015]

타원 곡선 알고리즘은 특허 상태가 분명치 않아 설치에 걸림돌이 되기 때문에 상황은 더 복잡합니다. ([McGrew, Igoe, Salter 2011] 참고) 하지만 NSA를 포함한 대부분의 분석은 256비트 모듈이 128비트 암호에 적합하다고 결론을 내립니다. 타원 곡선 암호화를 사용할 경우에는 곡선의 선택이 필요한데, 어떤 곡선이 가장 안전한지 확실하지 않

---

[4] "스트림 암호 암호화 알고리즘 'Actfour'"
http://tools.ietf.org/id/draft-kaukonen-cipher-arcfour-03.txt

은 것이 문제입니다.

한 가지 선택은 NIST에서 표준화한 곡선 모음입니다. [NIST 2013] 수년이 흘러도 번복되지 않을 만큼 NIST 표준이 강력하다는 것은 증명되었습니다. 스노든이 NSA가 암호화에 사용되는 NIST 표준 디자인의 무작위 숫자 생성기를 조작했다고 폭로한 이후 [Chekoway et al. 2014, Green 2013, Perloth, Larson, Shane 2013] 많은 사람들이 모든 NIST 표준을 신뢰하지 못하게 되었습니다. NIST 곡선에는 미스테리한 상수가 포함되어 있는데, 이것은 NSA가 풀 수 있게 일부러 곡선에 넣은 것일까요? 일부에서는 브레인풀Brainpool 곡선을 선호하는데, [Lochter and Merkel 2010] 이런 곡선도 조작되었을 수 있습니다. [Bernstein et al. 2014] 번스틴의 곡선 25519를 선택하는 사람들도 있는데, [2006] 이것은 매우 빠르지만, 점을 표시할 때 몇 가지 기술적 문제가 있어서 호환성에 문제가 발생합니다. NIST와 NSA를 신뢰하지 못하겠다면, 마지막 두 가지 선택이 더 안전할 수도 있습니다. 하지만 이 둘 중에서 어느 것이 최선인지는 아직 분명하지 않습니다.

반면 적당한 해시 기능의 출력 크기는 암호키의 길이에 분명하면서도 강하게 연관되어 있습니다. 생일의 역설birthday paradox 공격을 피하려면 두 배가 되어야 합니다. 다시 말해서 128비트 암호화를 이용한다면 256비트 출력의 해시 기능을 사용해야 합니다. 필자의 크기 권장치는 표 6.1에 요약되어 있습니다.

프로토콜의 경우 IETF가 2003년에 만든 일련의 권장 사항이 매우 잘 지켜지고 있습니다. [Bellovin, Schiller, Kaufman 2003] 이 책에서 설명하고 있는 일부 프로토콜은 새로운 버전(예: IPsec과 TLS)이 나왔지만, 일반적인 조언은 따를 만한 가치가 있습니다. 표 6.3에서는 새로운 항목을 추가하여 이것을 요약했습니다.

목적	크기(비트)
대칭 암호화 키 길이	128
RSA 또는 DH 모듈	2,048
타원 곡선 모듈	256
해시 기능(출력)	256

표 6.1 암호화 프리미티브를 위한 크기 권장치

암호화 알고리즘 자체에 대한 추천은 조금 더 문제가 있습니다(표 6.2 참고). 표 6.1에 따르면 RSA, 디피 헬먼Diffie-Helman, 타원 곡선 모두 적당한 모듈 크기를 이용할 때 안전한 것으로 간주됩니다. 타원 곡선은 CPU를 덜 소모하고 더 작게 출력되기 때문에 선호되지만, (특히 스노든의 폭로 때문에) 어떤 곡선을 이용할지에 대한 우려가 있습니다.

암호 해독 강도와 출력물의 크기를 양쪽 측면에서 모두 볼 때 MD5와 SHA-1 알고리즘은 해시 기능과 마찬가지로 배제됩니다. SHA-2의 256비트, 384비트, 512비트 버전은 모두 상당히 강력해 보입니다. [Eastlake and T. Hansen 2011, NIST 2015b] NIST는 '케착Keccak'이라고 알려진 알고리즘을 SHA-3에 선택했지만, [NIST 2015a] NIST 암호 전문가는 최근 "2005년 이래 암호 해독은 실제로 SHA-2에 대한 우려를 경감시켰다."라고 말했습니다.[5] SHA-3의 중요성은 MD5, SHA-1, SHA-2와는 근본적으로 다른 디자인 원칙을 기본으로 한다는 것입니다. 즉 하나에 대한 새로운 암호 해독 공격이 다른 데에는 영향을 주지 않지만, 이 시점에서는 둘 다 훌륭한 선택안이 될 것입니다.

결국 골칫거리는 암호화 알고리즘 블록입니다. AES가 표준화 방식으로 NSA의 지지를 받고 있으며, 많은 학술 연구의 주제가 되어 왔습니다. 하지만 뱀포드는 어떤 알고리즘이 취약한지 말하지 않았으므로 그의 평가를 절하한다고 해도 (사실 그도 허위 정보의 희상자였다는 것을 우리는 알지만) 이것은 어느 정도 불편한 일입니다. 왜냐하면 만족할 만큼 안전성이 확보되어 있지 않기 때문입니다. 256비트 키 AES의 약화된 버전에 대한 공격과 [Birykov, Dunkelman et al. 2010] 무차별 대입보다 미미하게 나은 공격이 있었지만, [Bogdanov, Khovratovich, Rechberger 2011] 일부 암호 전문가들은 이런 공격이 그래도 강력하다고 생각합니다. 문제가 없다고 생각하는 암호 전문가도 있습니다. [Landau 2004] 아직까지는 믿을 만한 위협을 제기한 결과는 없었지만, 지켜볼 필요는 있습니다. 256비트 AES는 연관 키 공격이었고, 제대로 디자인된 프로토콜에서는 문제가 되지 않습니다. 그 대신 무엇을 추천할지 결정하기는 더욱 어렵습니다. 다만 한 가지 분명하게 추천할 수 있는 것은 AES 횟수의 수를 늘리거나(성능에 아주 큰 영향을 주지는 않지만) 키 스케줄링 알고리즘, 특히 192비트와 256비트의 변형을 개선하는 것입

---

[5] "IETF 83 의사록. 보안 분야 오픈 미팅"
   http://www.ietf.org/proceedings/83/slides/slides-83-saag-0.pdf

위협 모델링 – 사례 연구

최근에 한 친구가 다음과 같은 질문을 포스팅했습니다.

> SHA-2-256으로 화이트화하고 AES 키를 사용한 80비트의 랜덤 키가 있을 때 국가 기관이 앞으로 5년 안에 무차별 대입brute force 기술을 이용해 원래의 키를 복구할 수 있는 확률은 얼마일까? 한 가지 힌트는 평문이 최상위 비트가 풀린 ASCII라는 점이다.

추가 질문을 보니 친구가 스마트폰 분실에 대비하여 여기에 저장해 둔 비밀번호 힌트 파일을 보호하고 싶었던 것으로 보였습니다. 스마트폰을 잃어버린 것을 알게 된 후 일주일 안에 비밀번호를 바꿀 수 있다고 추정하고 있었습니다. 다시 말해서 데이터에 대한 장기적 기밀성 위협은 없었습니다. 그러면 수치를 내 봅시다.

56비트 암호화인 DES는 1997년 25만 달러를 들여서 무차별 대입으로 풀렸습니다. [전자프런티어재단Electronic Frontier Foundation 1998] 친구는 1997년 이후 13번이나 두 배로 뛴 무어의 법칙에 대해 2017년에도 안전하게 보호받기를 원하고 있습니다. 한편 사용하려는 키는 56비트가 아니라 80비트이므로 총 난이도는 11비트나 2^{11}의 작업 요인이 증가된 것입니다. 그렇다면 비용은 약 2^{11}, 25만 달러 또는 5억 달러가 됩니다. 그렇다면 국가에서 암호 해독 박스 하나에 이렇게 많은 비용을 쓸 수 있을까요? 분명히 그럴 수 있지만, 민간 기업은 거의 그럴 수 없기 때문에 지금까지는 실제적인 위협으로 보였을 것입니다.

제안된 알고리즘에는 키의 '화이트화whitening'가 이용됩니다. SHA-2-256을 이용하여 256비트 AES 키 정도의 균일화된 무작위 비트를 넓히면, 키의 고차high-order 176비트가 모두 0이 된다는 가정을 기반으로 하는 숏컷shortcut 공격을 피할 수 있습니다. 이것은 비표준화된 방식으로 무차별 대입 공격은 80비트 카운터를 해시 기능에 연결한 후 이것을 암호에 대한 키로 입력해야 합니다. (이것은 공격 속도도 느려지게 만드는데, 적어도 소프트웨어에서는 AES가 SHA-2-256보다 빠릅니다.)

이런 것을 하는 사람이 필자의 친구뿐이라면 질문은 달라집니다. 개인 한 명의 비밀번호를 풀기 위한 특수 용도의 기기에 이렇게 많은 비용을 투입할 가치가 있을까요? 친구의 비밀번호가 정말 중요한 게 아니라면, 누구든 회의를 품을 수밖에 없습니다. 하지만 포춘지 500위에 들어가는 CEO가 이런 설계를 도입한다면, 저울은 다른 쪽으로 기울 것입니다.

한 가지 더 고려할 사항이 있습니다. 바로 '위협 모델이 정확한가?' 하는 문제입니다. 친구는 안드로메다인들의 타깃일까요? MI-31이 친구의 휴대폰을 가져가면, 이것을 알고서 비밀번호를 바꿀 수 있을까요? 친구가 수영장에 간 사이 이들이 친구의 호텔방에 숨어들어 메모리를 복사할 수 있을까요? 아니면 사이버 공격을 감행하여 친구가 파일을 잠금 해제할 때 악성 코드를 삽입할 수 있을까요? 이들이 관심을 가지는 것은 이런 비밀번호로 보호된 데이터입니다. 그렇다면 해당 시스템은 해킹 가능할까요? 시스템 관리자는 매수에 넘어갈 사람일까요? 80비트 키는 약한 고리가 아닐 수도 있습니다.

니다. 이런 알고리즘은 표준화로 고려되고 있지만, 지적받는 대상이기도 합니다. 퍼거슨Ferguson 등은 "암호 그 자체를 비교해 보면 리즌델Rijndael 키 스케줄은 애드 혹ad hoc 디자인에 가깝게 보인다. 디퓨전diffusion의 구조가 암호보다 훨씬 느리고, 비교적 적은 비선형 요소를 포함하고 있다."라고 말합니다. [2000] 물론 이러한 처리는 여러분이 비표준적 암호를 쓴다는 의미로, 호환성 문제도 불러옵니다. 일본의 표준인 카멜리아Camellia 가 지지를 받고 있으며, AES를 바로 대체할 수 있습니다. [Matsui, Nakajima, Moriai 2004] 하지만 AES는 암호화계의 800킬로그램의 고릴라처럼 규모가 엄청나기 때문에 카멜리아는 이만큼 분석되지 못했습니다.

AES는 정말로 약한 것일까요? 몇 년 전 바이험Biham 등은 NSA에서 디자인한 알고리즘 스킵잭Skipjack의 약간 약화된 버전에 대해 무차별 대입보다 좀 더 효율적인 공격을 찾아냈습니다. [Biham, Birykov, Shamir 1999] 필자는 한 라운드만 빼낸 것이 이렇게

알고리즘	기능
AES	블록 암호화, 일반적으로 새로운 애플리케이션은 갈로아 카운터 모드Galois Counter Mode를 이용해야 한다.
AES 카운터 모드	스트림 암호화
SHA-2-256/384/512 SHA-3-256/384/512	해시 기능
RSA 또는 EC	공용키 알고리즘

표 6.2 권장 암호화 알고리즘

프로토콜	용도
IPsec	일반적 네트워크 레이어 암호화 [S. T. 켄트Kent와 서Seo 2005]
TLS	단순한 암호화 회로 [디어크스Dierks와 레스콜라Rescorla 2008], 1.2 또는 더 새로운 버전 사용
HMAC/SHA-2	메시지 인증 [NIST 2015b, 바인리브Weinrib와 포스텔Postel 1996]
Security/Multipart	보안 이메일이나 비슷한 포맷의 텍스트 [람스델Ramsdell과 터너Turner 2010]
XMLDSIG	서명된 XML [이스트레이크Eastlake, 리글Reagle, 솔로Solo 2002]
CMS	보안 객체 [하우슬리Housley 2009]

표 6.3 권장 IETF 암호화 프로토콜

큰 차이를 가져온 것에 감탄해서 이 분야에 정통한 친구에게 이야기한 적이 있습니다. 그러자 친구는 이렇게 대답했습니다. "자넨 약점이라고 부르지만, 난 훌륭한 엔지니어링이라고 한다네." NSA는 정말로 암호 디자인에 대해 충분히 이해하거나, 아니면 안전성 확보 개념이 부족한 것 같습니다. 수십 년 후에는 어느 쪽인지 밝혀지겠지만, 지금으로서는 AES의 이용을 권합니다.

6.7 분석

전송이나 객체 보안을 위해 클라이언트/서버라는 현재의 표준 상호작용 모델에 머무는 한, 프로토콜에 대한 큰 변화는 생길 것 같지 않습니다. 중요한 상황은 매우 잘 처리되어 있고, 백업 테이프의 암호화에 사용되는 액세스 유지와 같은 까다로운 문제는 문제 자체가 어렵기 때문에 기술적 돌파를 배제할 수는 없습니다. 디피Diffe와 헬먼Hellman의 작업 이전에는 민간에서 아무도 공용키 암호화라는 개념조차 생각한 적이 없었습니다. [1976] 이런 통찰력은 많아야 한 세대에 한 번 정도 일어나는 것입니다.

　서로 전혀 신뢰하지 못하는 당사자 간에 내재적인 3방향 세션이나 4방향 세션과 같은 다른 상호작용 모델에서는 무슨 일이 일어나는가가 매우 흥미로운 질문입니다. (필자도 이런 데에 대해서는 어떤 종류의 인기 애플리케이션이 필요한지 모릅니다. 이런 것을 안다면 벤처 투자가가 되었을 수도 있습니다.) 키 관리 프로토콜은 좀 더 까다로울 수 있지만, 당사자가 두 명 이상일 때는 다른 요소도 복잡해집니다.

　필자는 잘 알고 있는 표준화된 프로토콜을 고수해야 한다는 명제가 유지될 가능성이 매우 높다는 것을 강조하고 싶습니다. 앞에서 논의했던 니덤Needham과 슈로더Schroeder의 발췌글을 기억해 봅시다. 기술 논문에서는 선견지명을 보이는 의견 중 하나였는데, 실제로 되돌아보면 이들의 설계 중 하나에서 분명한 오류가 발견되기까지 18년이 걸렸습니다. [Lowe 1996]

　암호화 기술의 사용성 부분은 계속 발전될 것이라고 기대하는 곳입니다. 어느 정도의 무선 유연성은 시간이 흐르면서 다른 알고리즘으로 이전할 수 있도록 보장하기 위해서만이라도 필수적입니다. 불행하게도 프로토콜 유연성이란, 일반적으로 더 많은 버튼과 조절 손잡이, 슬라이더로 실현됩니다. 그래서 잘 모르는 불쌍한 사용자들은 근본적으로 SHA-2 256의 잘라낸 224비트 출력을 이용하는 것보다 [Housley 2004] 트리플 DES에 매칭하는 것이 더 낫다는 것을 알지도 못할 뿐만 아니라 신경을 쓰지도 못합니다. 이들은 단지 이해할 수 없는 옵션이 또 늘어났다는 것에만 곤란해 할 것입니다. 이와 함께 내재적인 신뢰 관리의 이슈, 예를 들어 '누가 정말 키를 소유한 것일까?'와 같은 이슈로 매우 소수의 사람들만 성공적으로 사용할 수 있는 애플리케이션을 만들게 됩니다. [Clark et al. 2011, S. L. Garfinkel and R. C. Miller 2005, Whitten and Tygar 1999] 지금까지 암호화는 사용자들이 어떤 결정도 내리지 않는다는 면에서 성공해왔습니다. 모든 것을 슬쩍 감춰두기만 하면 사람들은 이것을 받아들이면서 이용하는 것을 더욱 편안해 합니다.

마지막 절에서 설명했던 모든 우려를 고려할 때 이전 절에서 권장했던 알고리즘에 대한 추천이 조만간 변할 것 같냐고 묻는다면, 필자가 제안한 의견의 배경이 된 가정에 주목하는 것이 중요합니다. 우선 필자는 하드웨어의 가격 대비 성능이 엄청나게 개선되지는 않을 것이라고 간주합니다. 필자가 100의 요인 — 약 7비트 키 길이 — 정도 틀렸다고 해도 이것은 문제가 되지 않습니다. 무어의 법칙Moore's Law이 원하는 비밀성 기간 동안 벽돌벽에 적용되었으면, 상황은 방어측에 더 나아지게 됩니다. (일정 시점이 되면 극도로 가능성이 낮아져서 원자보다도 더 작은 물질로 문을 제조해야 할 것입니다.) 필자는 전례 없는 암호 해독 결과도 일어나리라고 간주하지 않습니다. 논의한 알고리즘과 프로토콜 모두 많이 연구되었지만, 해결되었습니다. 현대적 알고리즘도 갑자기 깨질 것 같지는 않으므로 여전히 큰 작업 요인이 필요하겠지만, 이것은 예측일 뿐 보장할 수는 없습니다.

대형 양자 컴퓨터가 실제로 출현하면, 많은 것들이 엄청나게 변화할 것입니다. 특히 효율적인 양자 인수분해 알고리즘이 오늘날의 공용키 알고리즘을 모두 배제할 것입니다. [Shor 1994] 하지만 이런 컴퓨터가 가능한지는 아직 분명하지 않습니다.

마지막으로 샤미르Shamir의 1995년 조언을 기억해 봅시다. "암호화를 과도하게 사용하지 말자. 엉망인 암호화도 보통은 시스템의 강한 부분이다."[6]

---

[6] 크립토 95에서 아디 샤미르의 강연 "암호화−신화와 진실" 중에서
http://www.ieee-security.org/Cipher/ConfReports/conf-rep-Crypto95.html

이 모든 이야기를 종합할 때 암호화는 어디에 사용해야 할까요? 보편적인 암호화의 보안적 장점은 분명하기 때문에 다시 살펴보지 않겠지만, '키를 잃어버리면 어떻게 할까?'와 같은 문제를 넘어서 어떤 단점이 있을지는 항상 분명하지 않습니다. 키 분실 문제는 객체 암호화에서는 분명하지만 특히 심각해서 리스크가 매우 높지 않는 한 저장된 객체를 암호화하지 말라는 왜곡으로 이어지기도 합니다. 이럴 때는 최소한 조심스럽게 키를 보존하기 위한 충분한 사전 대책을 세워야 합니다. 백업 미디어를 암호화한다면 파일과 키를 회수할 때 정기적으로 연습해야 합니다. (백업의 품질을 테스트하고, 이것을 이용하는 운영 절차를 확인하기 위해서라도 반드시 연습하는 것이 좋습니다.)

반면 다른 단점도 있습니다. 네트워크 운영의 어려움은 오랫동안 인식되어 왔습니다. 암호화된 메시지는 왜 문제를 일으키는지 알기 위해서라고도 볼 수 없는데, 이것도 보안 담당자에게는 문제입니다. 네트워크 침입 감지 시스템도 내부를 들여다볼 수 없습니다. 마법의 암호 해석 박스 같은 게 있어서 사악한 비트가 자리잡은 패킷만 볼 수 있다면 좋겠지만, [Bellovin 2003] 아직까지는 이런 것을 개발한 사람이 없습니다.

좀 더 미묘한 문제도 있습니다. 분명히 암호화 키를 보호하는 것은 매우 중요합니다. 기기에 없는 키는 도난당할 수 없습니다. 기기 안에 키가 있어도 강력하게 암호화하면, 효과적으로 침해를 방어할 수 있습니다. 그런데 이것은 '키를 가장 안전하게 이용하려면 가능한 사용을 피하는 것'이라는 딜레마를 가져옵니다. 물론 키를 절대로 사용하지 않는다면 키를 가지고 있을 필요도 없지만, 그럼에도 불구하고 중요한 결론을 이끌어 낼 수 있습니다. 가치가 높은 키는 가능한 한 사용을 삼가고, 더 이상 필요하지 않을 때는 기기에서 제거하는 것입니다.

호스트 침해율을 볼 때 장기적으로 사용되는 키는 외부로 가는 이메일에 일상적으로 서명하는 등 오랫동안 사용되는데, 이것은 커다란 리스크입니다. 그래서 수신자는 거의 사용되지 않고, 다른 때는 보호되는 키로 생성된 키보다 이런 장기 키에 덜 가치를 부여하게 됩니다. 강력한 키 저장 방법이 없기 때문에, 그리고 일반적 용도의 호스트는 이런 것이 거의 없으므로 강력한 전체적 보안을 위해서는 민감도에 따라 서로 다른 키가 필요합니다. 또한 적합한 소프트웨어가 있어야만 사용자들이 이런 복잡성을 처리할 수 있으며, 많은 사용자 교육과 행동 방식에 대한 훈련도 필요합니다.

07장

비밀번호와 인증

"아직 네 이야기는 하지 않았지만, 누구든지 암호를 아는 사람은 무조건 믿으라
고 했어. 암호는 기억해?"
"당연하지, 메슈가. 근데 이게 무슨 뜻이야?"
"신경쓰지 마." 아브라함은 씩 웃었다.

Ensign Flandry
— 폴 앤더슨POUL ANDERSON

7.1 인증의 원칙

인증authentication은 일반적으로 가장 기본적인 보안 원리 중 하나입니다. 버그가 없다는
— 정말 엄청난 — 가정 하에 인증은 사용할 수 있는 시스템 객체를 제어합니다. 다시
말해서 인증 권한을 얻는 것은 매우 중요합니다.

 인증에 대한 논의는 대부분 비밀번호 같이 당신이 알고 있는 정보, 토큰이나 휴대폰
처럼 당신이 갖고 있는 물건, 그리고 당신의 존재, 즉 생체의 일부라는 세 가지 기본적
형태를 설명하는 것에서 시작됩니다. 이런 분류는 실제로 유용하지만, 인증 시스템의
특성을 과소평가하는 것입니다. 전체 환경, 즉 누가 사용할 것인지, 자격 증명 분실을
어떻게 처리할 것인지, 접속 불가나 잘못된 사람의 접속의 결과가 무엇인지, 그리고 그

밖의 많은 것들이 중요합니다. 이 모든 것 중에서도 현실 세계에서 사람들이 인증 기술을 어떻게 사용할 것인가가 가장 중요한 문제입니다.

또 한 가지 기억해야 할 점이 있습니다. 바로 얼마 전에 비해서도 오늘날은 더 많은 상황에서 인증을 한다는 것입니다. 옛날에는 한 개나 두 개 정도의 작업 시스템에 로그인했지만, 이제는 많은 웹사이트와 메일 시스템, 장치, 문, 심지어 자동차에도 로그인을 합니다. 이에 따라 각각의 어려움과 그에 따른 해결책이 다를 수 있습니다.

7.2 비밀번호

이 책은 보안에 대한 신화를 깨기 위한 것입니다. 그 중에서도 비밀번호는 정말 시급하게 신화를 깰 필요가 있는 부분입니다. 지금은 고전이 되었지만, 아직도 정확한 모리스와 톰슨의 논문에서 문제가 시작되었는데 [1979], 무엇보다도 추측 가능한 암호가 왜 나쁜지에 대해 보여주었습니다. 하지만 그 결과는 오늘날 종종 잘못 적용되고 있을 뿐만 아니라 특히 위험 모델(어떤 자산을 누구로부터 보호하고 있는지)과 보안, 그리고 사용성 간의 갈등에 대해서는 충분히 주의하지 않고 있습니다. ([Singer, Farrow 2013]은 어떻게 여기까지 왔는지, 그리고 그 과정에서 있었던 수많은 실수와 부당한 가정에 대해 잘 정리하고 있습니다.)

비밀번호 강도의 문제를 설명하기는 쉽습니다. 전형적인 유닉스 암호 해시 알고리즘을 이용한 간단한 실험으로 해시 암호를 부여했을 때 당시 최신식이었던 2009년 초에 나온 노트북은 초당 적어도 15만 개의 암호를 추측할 수 있었습니다. 적이 이런 컴퓨터를 1,000여 대 소유한다고 가정하면 (봇넷 소유자라면 이 정도는 별것도 아닙니다.) 최대 여덟 개의 소문자로 된 가능한 모든 암호를 30분도 걸리지 않고 풀 수 있습니다. 숫자가 포함되어 있어도 추측에는 여전히 약 5.25시간이면 충분합니다. 공격자가 마주하는 문제는 이보다 훨씬 더 단순할 때가 많은데, 사람들은 'gisegpoc'나 'A*9kV#2jeCKQ'와 같은 정말 무작위의 문자열을 선택하지 않고 단어나 이름, 또는 이를 간단하게 변형한 암호를 선호하기 때문입니다. 락유RockYou 데이터셋을 기반으로 한 최근의 연구에서 일부 해커가 게시한 암호 목록의 상위 20개 단어 중에서는 무려 19개의 단어가 이 모델에 부합했습니다. [Weir et al. 2010] 가장 자주 사용된 암호에는 'abc123', 'Princess', 그리고 언제나 인기 있는 'password'가 있었습니다. ('password'는 '123456', '12345', 그리고 '123456789' 다음으로 인기 순위 4위입니다.)

단지 강력한 암호만 선택하면 되므로 해결책은 정말 간단한데도, 현실에서는 문제가 많습니다. 요즘 사용자들이 기억해야 하는 암호는 한두 개가 아니라 10여 개에 이릅니다. 필자 역시 개인적으로 100개 넘는 비밀번호가 있는데, 중요도 순으로 보면 온라인 금융 계좌부터 온라인 상점, 유료 뉴스 사이트, 소셜 네트워킹 사이트, 그리고 가입해야 사용할 수 있는 여러 개의 무작위의 사이트 등이 있습니다. 이렇게 많은 비밀번호를 모두 기억할 수는 없는데, 만약 비밀번호를 강력하게 설정한다면 기억하기가 더 어려울 수밖에 없습니다. 게다가 각 사이트마다 비밀번호 규칙도 다릅니다. 일부 사이트는 비밀번호를 설정할 때 기호를 반드시 넣어야 하지만, 다른 사이트는 이것을 금지합니다. 어떤 사이트는 긴 비밀번호를 선호하고, 또 어떤 사이트는 길이를 제한합니다. 또한 몇몇 사이트는 영문자의 대문자와 소문자의 혼용을 고집하고, 그렇지 않은 곳은 대소문자를 구분하며, 또 어떤 사이트는 대소문자가 구분되지 않기도 합니다. 필자가 본 가장 제한적인 비밀번호 규칙은 미국 세관 및 국경 보호 공공 사이트였습니다.

다음은 해당 웹사이트를 복사하여 이 책에 붙인 실제 텍스트입니다. 1년에 한 번 정도 사용할 이 계정의 비밀번호를 기억할 수 있기를 기원합니다.

- 최소 길이 : 8

- 최대 길이 : 12

- 최대 반복 문자 : 2

- 최소 필수 알파벳 문자 : 1

- 최소 필수 숫자 : 1

- 숫자로 시작

- 사용자 이름 사용 불가

- 과거 암호 사용 불가

- 하나 이상의 기호 필수 : ~ @ # $ % ^ & * ( ) - _ + ! + = { } [ ] \ | ; : / ? . , <
  > " ' ` !

비밀번호를 잊었다고 가정해 봅시다. 그러면 어떻게 해야 할까요? 실제 모든 시스템은 암호 복구나 재설정 기능을 제공합니다. 그런데 이것은 비용 때문에 보안을 희생하는 것으로, 가치가 높은 사이트(은행, 고용주 등)를 제외하면 안전한 해결책은 거의 없습니다. 이 문제는 7.5절에서 좀 더 자세히 설명하겠습니다.

또 다른 중요한 문제는 위협 모델의 변화입니다. 모리스와 톰슨이 논문을 작성할 당시 주된 위험은 비밀번호 파일 도난에 의한 오프라인 추측 공격이었습니다. 그 당시에는 /etc/passwd를 읽을 수 있었고 시스템에 접근 권한이 없는 사용자도 사본을 가질 수 있었다는 것을 기억해 주세요. 확실히 호스트나 로그인 명령을 뚫을 수도 있었고, 뚫었을 경우에는 게임이 끝나지만, 이들의 솔루션이 다루려는 위협 모델은 이것이 아니었습니다. 불행하게도 오늘날에는 이것이 가장 심각한 문제 중 하나입니다. 공격자는 멍청하지 않아서 피싱 공격, 서버 침해 및 클라이언트 호스트 침해로 쉽게 비밀번호를 알아낼 수 있습니다. 그런데 공격자가 이 중 하나만 성공해도 강력한 비밀번호는 전혀 방어책이 될 수 없습니다. 키스트로크 로거keystroke logger는 사용자가 선택한 특수 문자의 개수에 신경을 쓰지 않습니다. 그렇다면 암호 강화는 소용 없는 것일까요? [D. Florêncio, Herley, Coskun 2007]

꼭 그렇지는 않습니다. 흔한 경우와 마찬가지로 정답은 '때때로 다르다'입니다. 이 경우에는 방어하려는 공격의 유형과 전체 시스템 설계에 따라 달라집니다.

1. 도난 당한 해시 비밀번호 파일을 근거로 온라인(공격자들이 실제로 로그인을 시도하는 곳)이나 오프라인에서 어떤 유형의 추측 공격을 방지하려고 하는가?

2. 문제의 비밀번호는 직원의 비밀번호인가, 아니면 사용자의 비밀번호인가? 후자라면 특히 표적으로 지목될 사용자가 있는가? 예를 들어 연예인이 현재 사용자이거나 사용자가 될 것으로 예상되는가? 유명인사의 작은 가십거리를 위해 많은 돈을 지불할 파렴치한 타블로이드 신문과 웹사이트가 있기 때문에 이런 사용자는 더욱 집중적으로 공격할 수 있다.

3. 더 일반적으로 기회주의 공격과 타깃형 공격 중 어떤 공격을 더 걱정하는가?

4. 적은 무엇을 할 수 있는가? 클라이언트 컴퓨터 침해? 서버 침해? 암호 파일 절도? 피싱 공격? 직원 매수? 통신 도청?

답은 (당연히) 독자에 따라 다르겠지만, 문제를 순서대로 검토해 봅시다.

해시 비밀번호에 대한 오프라인 공격은 강력한 비밀번호가 방어책으로 제안된 위협 모델입니다. 이것이 리스크라면, 비밀번호의 강도는 의미가 있습니다.

그런데 온라인 추측은 다른 문제입니다. 비밀번호 강도가 논점이 될 수는 있지만, 공격자가 해결해야 하는 것은 효과적인 추측 속도입니다. 시스템에서 초당 몇 번의 시도가 허용될까요? 상한선이 있다면, 얼마 후에 계정이 잠길까요?

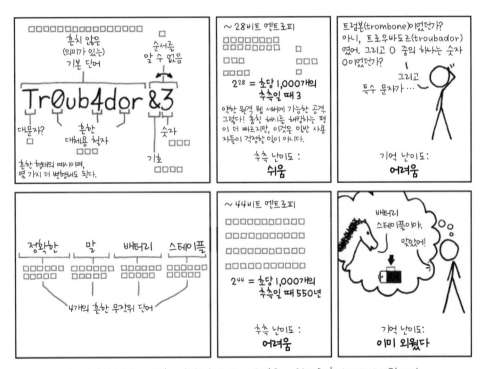

20년 동안 노력해서 사람이 기억하기 어려운 비밀번호를 사용하도록 훈련시키는데 성공했지만,
컴퓨터는 이런 비밀번호를 쉽게 추측할 수 있다.

그림 7.1 좋은 암호 고르기

비교적 느리게 반응하는 시스템을 설계하는 것은 간단합니다. 실제로 모리스와 톰슨은 오프라인 비밀번호 추측 공격자를 좌절시키기 위해서 내재적으로 느린 시스템을 설계했습니다. 뻔하고 자주 변형되면 추측이 틀릴 때마다 시스템을 더 느리게 만들지만, 이렇게 하기는 까다롭습니다. 그렇다면 한 세션마다 느려지게 해야 할까요? 공격자는 한 번에 여러 세션을 동시에 생성해서 공격할 수도 있습니다. 이를 방어하려면 로그인 이름에 추측 속도를 매핑mapping하면 되지만, 그러면 특히 대규모 분산 시스템에서 동기화 및 잠금 문제가 생깁니다. 각 사용자별로 계정 잠금이 너무 많이 발생할 경우 다수히 부정확한 추측 시도만으로도 적법한 사용자에 대한 서비스 거부 공격을 수행할 수 있습니다.

틀린 로그인 시도에 대해 응답 속도가 느려지는 개념은 한계까지 도달하면 시간이 점차 길어지면서 상당 기간 동안 계정을 잠급니다. 이렇게 해도 공격자는 적법한 사용자의 계정을 잠그는 용도로 악용할 수 있습니다. 어떤 금융 사이트는 사람이 개입해서 잠긴 계정을 다시 풀어주기도 하지만, 각 사용자별로 상당한 수익이 발생할 때만 이런 방식을 감당할 수 있습니다. 대조적으로 사용자별로 매우 적은 이윤을 내는 소셜 네트워킹 등의 사이트는 이런 사건을 위해 인력을 쓸 수 있는 형편이 안 되어 자동화 프로세스에 의지해야 합니다.

여기서 스스로에게 물어보아야 할 질문은 분명합니다. 비밀번호 재설정에 들어가는 비용과 화난 합법적 사용자를 잃게 되는 비용의 차이가 암호 추측 공격에 대해 예상되는 손실보다 큰가요? 즉 계정 탈취로 일어나는 손실과 비밀번호를 잊어버리거나 잠긴 계정 때문에 들어가는 비용 간의 균형을 잘 유지해야 합니다. 강력한 비밀번호를 선택하면 계정 탈취로 인한 비용은 낮아지겠지만, 후자의 비용은 올라갑니다. (이 질문을 엑셀 시트로 확인하려면, 일반적인 오류 항목도 포함시켜야 합니다. 불확실한 매개변수가 많으므로 절대로 측정치의 정밀도가 측정한 값에 대한 정확도를 초과하지 않게 하세요.)

고객의 비밀번호에 대한 온라인 암호 추측 공격을 처리하기는 어렵습니다. 하지만 직원의 비밀번호를 처리할 때는 문제가 완전히 달라질 수 있습니다(항목 2). 잠긴 계정이 시스템 관리자나 보안 대응팀의 것이라면, 특히 더 크고 심각한 서비스 거부 공격의 일부라면 이런 잠금의 리스크는 상당히 심각해질 수 있습니다. [Grampp and Morris 1984] 다시 말해서 추측 공격을 탐지하기는 쉽지만, 그 대응 방법을 결정하기는 어렵습니다.

무엇이 암호를 강력하게 만들까?

강력한 암호를 선택하고 싶다면 129쪽에서 설명한 규칙을 따르면 되는 것일까요? 놀랍게도 정답은 '꼭 그렇지는 않다'입니다.

문제의 본질은 통계학적으로 올바른 추측이 없을 것 같은 최적의 지점까지 공격자가 해야 할 작업을 증가시킬 수 있는가입니다. 다음의 목록을 한 번 살펴봅시다.

첫 번째 문자는 숫자여야 하므로 열 개만 선택할 수 있습니다. 이 경우 숫자는 한 자리만 필요한데, 숫자와 문자 간의 전환은 불편하므로 대부분의 사람들은 연속적인 숫자 뒤에 연속적인 문자를 사용할 것입니다. 기호를 포함해야 하지만, 그냥 마지막에 마침표를 찍는 게 쉽고 자연스러운 선택입니다. 그렇다면 일반적인 선택은 하나 이상의 숫자, 하나 이상의 문자, 그리고 마침표로 총 일곱 자리의 숫자와 단어가 됩니다. 숫자는 10개, 알파벳 문자는 26개이며 숫자와 문자를 몇 개씩 넣을지에 대해서는 여섯 가지 선택 가능성이 있습니다. 따라서 가능한 조합의 총 개수는,

$$\sum_{i=1}^{6} 10^i \cdot 26^{7-i}$$

5,003,631,360이 됩니다. (실제로는 반복되는 문자 규칙 때문에 이보다는 조금 작습니다.) 1,000대의 컴퓨터가 초당 15만 개를 추측한다는 128쪽의 설명대로 가정했을 때 모든 것을 시도하려면 30초 정도 걸릴 것입니다. 이런 규칙을 따르는 모든 사람의 비밀번호가 추측 가능하지는 않겠지만, 규칙 자체가 추측 방지를 보장하지는 않습니다.

[D. Florencio and Herley 2010]에서는 비밀번호 강도 정책은 보안의 필요성보다 사용자가 해당 사이트의 사용 여부에 대한 선택권이 있는지에 의해 결정된다고 주장했습니다. 따라서 고용주, 정부기관 등은 독점적이므로 강력한 제한을 부과하는 반면, 수익의 근원인 사용자의 감소를 두려워하는 쇼핑과 광고 사이트는 요구 조건이 더욱 약할 수밖에 없습니다. "결국 가장 제한적인 암호 정책이 있는 사이트는 보안 우려가 더 큰 것이 아니라, 단지 사용성이 떨어져도 문제가 되지 않기 때문이라고 결론지을 수 있다."라고 말할 수 있습니다.

좋은 비밀번호의 본질은 그림 7.1에 나와 있듯이 예측 불가입니다. 네 개의 무작위적이고 흔한 단어들로 구성하는 것은 훌륭한 해결책이지만, 대다수의 사람들이 무작위한 단어를 선택하지 않고 그 단어들을 임의의 순서로 배열하지도 않는다는 것이 문제입니다. (또한 요즘 공격자들을 감안할 때 네 개의 단어는 너무 짧을 수도 있습니다.) 필자는 시스템이 비밀번호를 할당할 때만 제대로 신뢰할 수 있다고 생각합니다.

다른 좋은 규칙이 있을까요? 그렇습니다! 우선 크고 충분한 검색 공간을 만들되 사람들이 실제로 거의 모두 선택하는 정해진 대규모 검색 공간이어야 합니다. 여덟 개의 무작위 소문자만 선택하더라도 2,090억 개의 선택 사항이 있는데, 이로부터 무려 40배 이상 복잡한 규칙 세트를 산출할 수 있지만 이것으로는 부족합니다. 요즘에는 2,090억 개라는 숫자도 큰 것이 아닙니다. 문제는 이런 규칙대로 처방하는 비밀번호 설정 공간이 제각각이라는 점입니다. 비밀번호의 선택은 결국 인적 요소입니다.

직원의 비밀번호는 더 간단한 문제일 수 있습니다. 가장 쉬운 해결책은 특히 외부 접근시 비밀번호 사용을 피하는 것입니다. 대신 다른 인증 체제를 도입하고, 직원 훈련에 투자할 수도 있습니다. 직원의 평소 위치에서 하는 로그인 시도라면, 외부 로그인 대신 다른 정책(정해진 IP 주소나 랜)을 적용할 수 있습니다. 직원들에게 다른 서비스에는 다른 비밀번호를 사용하게 하는 것도 좋습니다. 특히 직원들이 대중적으로 사용 가능한 회사 서비스를 이용할 때는 별도의 비밀번호를 사용하게 하고 싶겠지만, 이렇게 하는 것은 어렵습니다. 사람들은 임의적으로 보이는 정책에 대해서는 공격적일 정도로 비협조적입니다. 외부에서는 'plugh'와 'xyzzy'와 같은 비밀번호가 허용됩니다. 하지만 시스템의 내부 비밀번호를 할당할 때는 특수 문자가 반드시 포함되어야 할 경우에는 'plugh'와 'xyzzy'를 비밀번호로 사용하던 사람들은 내부용으로 'plugh.'와 'xyzzy!'를 사용할 것입니다.

타깃형 공격과 기회주의 공격 문제는(항목 3) 항목 2와 매우 밀접하게 상호작용합니다. 여러분의 조직이 표적이 될 경우 한 명의 직원 계정만 해킹해도 심각한 손해를 입을 수 있습니다. 이 직원이 서비스에 대한 특별 접근 권한이 있다면 외부 서비스의 비밀번호도 손해를 입게 됩니다. 불만을 품은 직원이나 퇴사한 직원은 배우자나 애완동물 이름처럼 외부인이 모르는 것을 알고 있기 때문에 이런 공격을 감행할 가능성이 가장 높다는 것을 기억해야 합니다. 사용자 계정은 언제나 표적 공격을 당할 가능성이 있습니다. 몇몇 사용자는 불만 있는 배우자나 의심스러운 파트너, 장난기 많은 친구 등과 맞서야 할 수도 있습니다.

마지막 문제(항목 4)는 가장 이해하기 쉽습니다. 공격자가 통신을 도청하거나, 한쪽 끝에서 시스템을 전복할 수 있다면 강력한 비밀번호는 무용지물이 됩니다. 공격자가 비밀번호 파일을 훔칠 수 있는 경우 문제는 비밀번호를 평문으로 저장하느냐, 아니면 해시로 저장하는가의 여부가 됩니다. (비밀번호 파일 절도는 시스템을 뚫지 않아도 가능합니다. 사옥 외에 있는 백업 미디어의 물리 보안 상태는 어떤가요? 사본을 사외에 저장하지 않나요? 아니라고 해도 다른 심각한 문제가 있습니다.) 평문으로 저장한다면, 공격자는 이미 승리한 것입니다(평문 저장에 대해서는 7.3절과 7.5절 참고). 숙련된 공격자는 최소한 거의 확실하게 클라이언트 시스템의 일부를 손상시킬 수도 있고, 서버를 침해할 수도 있습니다. 안드로메다인이라면 서버를 침해하고 비밀번호 파일을 훔칠 수 있을 것입니다.

이 모든 사실을 감안하면 다양한 결론을 얻을 수 있습니다. 첫째, 직원의 비밀번호는 강력해야 합니다. 그러나 직원들을 위해 더 나은 인증 방법을 사용하는 것이 더 좋을 것입니다. 둘째, 추측 공격에 대한 속도 제한은 좋은 생각이지만, 가치가 높은 시스템을 제외하고는 너무 강화하면 안 됩니다. 셋째, 임의의 클라이언트 시스템의 침해율을 감안할 때 강력한 비밀번호는 많은 시스템에 잘못된 부담을 줄 뿐입니다. 사실 비밀번호 분실에 대한 비용(보조 인증 수단의 리스크 포함. 아래 참고)이 훨씬 큽니다.

이와 밀접한 관계가 있는 문제는 강제로 자주 비밀번호를 변경하는 것입니다. 통념상 이 방법은 매우 좋은 방법이라고 생각하지만 실제로는 매우 비생산적입니다. 다시 강조하지만 위협 모델에 대한 철저한 분석이 필요합니다.

잦은 비밀번호 변경에 대한 원래의 이론적 근거는 1985년 미 국방부에서 제기되었습니다. [DoD 1985b] 이들은 적절한 빈도를 계산하는 방정식을 내놓았지만, 불행하게도 — 게다가 몇몇 입력 값의 불확실성의 합계를 별개로 해도 — 키스트로크 로거와 같은 현대적인 위협을 무시하여 분석했습니다. (1985년도의 고풍스런 단말기에 키스트로크 로거를 심는 것은 상당히 힘듭니다. 이 중 다수는 CPU도 없는 전자 하드 카피 장치였고, CPU가 있어도 대부분 ROM에 프로그램이 있어서 공격에 면역력이 있었습니다. '똑똑한' 기기는 극소수였습니다.) 더욱 심각하게도 이 분석은 사용자 행동을 무시합니다.

진 스패포드Gene Spafford는 몇 년 전 위협에 대해 다음과 같이 철저하게 분석했습니다. [Spafford 2006]

주기적인 비밀번호 변경은 단지 추측에 의한, 그리고 약한 크래킹cracking 시도에 의한 위협만 줄일 수 있다. 다른 공격 방법이 성공한다면 비밀번호를 즉시 바꿔야 한다. 주기적 암호 변경으로는 효과적으로 티깃 시스템을 보호하기에는 너무 늦을 수 있다. 게다가 다른 공격은 주기적으로 암호를 변경한다고 둔화되지 않는다. 추측 공격은 좋은 비밀번호 선택으로 대응할 수 있지만, 이 경우 사용자가 암호를 잊어버릴 확률이 높아진다. 주기적인 변경으로 막을 수 있는 유일한 위협은 평균적으로 해킹 시도를 무력화할 수 있다는 것뿐이다. 하지만 이것은 비밀번호의 선택이 [sic] 적절히 임의적이고, 공격자를 혼란시키기 위한 알고리즘(예를 들어 암호화)이 적절히 강력하며, 공격자는 비밀번호 사용 기간 중 이를 찾아내기에 충분한 컴퓨팅/알고리즘 자원이 없다는 가정 하에서 가능하다. 대규모 봇넷 [sic], 벡터 컴퓨터, 그리드 컴퓨팅 등의 가용성을 감안할 때 최소한 상당한 시간 동안 보호받을 수 있다는 것은 합리적인 가정이 아니다.

비밀번호 변경 요청에 대한 사용자의 응답은 문제를 더욱 심각하게 만듭니다. 그램프Grampp와 모리스Morris는 몇 년 전, 사람들이 암호를 변경할 때 3월에는 끝에 '03', 4월에는 끝에 '04'를 붙이는 식으로 턴을 사용한다는 것을 알아냈습니다. 장Zhang, 몬로즈Monrose, 그리고 라이터Reiter [Zhang, Monrose, Reiter 2010]는 대규모 연구를 통해 이것을 입증했습니다. 이들이 개발한 알고리즘으로 확인한 결과, 새 비밀번호의 41% 정도가 이전에 사용했던 것이었습니다. 이들은 온라인 추측 공격에도 성공했는데, 알고리즘 중 하나만을 이용해서 다섯 번 이하의 시도를 통해 17%의 비밀번호를 찾아낼 수 있었습니다. 연구의 결론은 명확합니다. '우리 연구는 비밀번호의 기한 만료를 계속 시행해야 할지에 대해 의문을 제기하며, 장기적으로는 완전히 비밀번호를 배제해야 할 근거를 제공한다.'

7.3 비밀번호 저장 – 사용자

비밀번호는 정말 어려운 문제입니다. 비밀번호는 (최소한) 상당히 강력해야 합니다. 관리해야 하는 비밀번호가 너무 많아서 이렇게 무작위로 보이는 문자열을 외우기가 불가능한데도, 보편적으로 암호를 적어두는 것은 위험하다고 생각합니다. 그래서 이에 대한 대안으로 거의 모든 사람들이 여러 용도로 같은 비밀번호나 몇 개 안 되는 비밀번호들을 재사용합니다. 하지만 비밀번호가 단 한 번만 침해되면 모든 정보가 다 노출될 수 있다는 것이 문제입니다. 비밀번호를 사용해야 하지만 기억할 수도 없고, 적을 수도 없으며, 재사용할 수도 없으면 어떻게 해야 하는 것일까요?

위협 모델로 돌아가 봅시다. 비밀번호를 적어두거나 비슷한 것을 기록해 두는 것이 꼭 나쁜 생각은 아닙니다. 조이 해커가 걱정이라면 아마도 비밀번호를 적어두는 편이 좋습니다. 왜냐하면 이들은 피자상자가 쌓인 은신처를 나와서 당신의 지갑을 훔치는 노력을 하지 않기 때문입니다. 물론 MI-31이라면 이런 일을 할 수 있고, 실제 FBI도 외국인 간첩을 쫓을 때 비슷한 일을 한 적이 있지만, [Williams 2010] 안드로메다인의 타깃이 아니라고 할 때 능숙한 공격자라면 키스트로크 로거처럼 더 쉽게 암호를 수집하는 방법이 있습니다. 이때 비밀번호를 보호해야 할 정보에 '가까이' 저장하지만 않는다면 같은 공격에 노출되었을 때 보호받을 수 있습니다.

간단하게 비유해 보겠습니다. ATM 현금 인출 카드의 PIN 번호를 적어두지 말라고 정기적으로 경고하고 있습니다. 당신의 지갑이나 가방을 훔친 사람이 은행 계좌까지 털어가는 것은 원치 않을 테니 이것은 올바른 경고입니다. 하지만 주소록에 핸드폰 번호의 끝 네 자리로 보이게 적어둔 PIN 번호는 비밀번호라고 적어두지만 않으면 괜찮을 것입니다. 안드로메다인은 여러분이 갖고 있는 모든 연락처를 추적할 수 있지만, 보통의 소매치기는 그럴 능력이 없습니다. 그리고 똑똑한 도둑이라면 마그네틱 스키머 skimmer나 숨겨둔 카메라와 같은 방식에 의존할 것입니다. [Kormanik 2011]

컴퓨터의 맥락에서 '가깝다'는 것은 까다로운 개념입니다. 강력한 의미로 '가깝지 않다'라는 것은 '다른 장치에 있다'가 될 수 있으므로 컴퓨터의 비밀번호를 휴대폰에 저장해도 됩니다. 이것은 이상적이지만, 휴대폰의 작은 화면에서 깨알 같은 특수 문자들을 보고서 (비밀번호는 강력하게 설정했지요?) 브라우저에 그대로 입력하는 것은 쉽지 않습니다. 게다가 휴대폰과 컴퓨터를 동기화시켰다면 둘 사이의 거리는 생각보다 멀지 않을 것이고, 스마트폰을 사용하는 경우라면 아마 스마트폰에서 같은 암호를 사용할 것이므로 전혀 분리해 둔 것이 아닙니다.

훨씬 더 유용한 거리 개념은 '같은 애플리케이션에 있지 않다'로, 비밀번호를 브라우저가 아닌 다른 프로그램에 저장하는 것입니다. 브라우저가 침해되어도 (대다수의 사용자들에게 브라우저는 가장 취약한 응용 프로그램입니다.) 비밀번호를 숨겨둔 나머지 곳은 안전합니다. 여전히 전용 애플리케이션에서 암호를 복사해 붙여넣을 수 있습니다. 컴퓨터 OS가 침해된다면 보호할 수 없겠지만, 이 경우에는 다른 방법도 모두 무용지물이 됩니다. 물론 단점도 있어서, 비밀번호를 복사해 붙여넣으면 클립보드에 저장되어 악성 코드나 단순한 사용자의 부주의로 엉뚱한 곳에 붙여넣어지기도 합니다. 브라우저 기반의 비밀번호 관리에는 또 다른 장점이 되는데, 피싱 공격으로부터 보호해 줍니다. 단 한 번도 사이트에 비밀번호를 입력하지 않고 비밀번호 관리 프로그램에 의존하면 여러분은 안전합니다. 은행에 접속한다고 판단되지 않으면, 비밀번호를 아무 사이트나

패스워드 매니저의 보안

사용할 수 있는 패스워드 매니저password manager는 많지만, 이들은 얼마나 안전할까요? 제품의 후기나 추천의 소개는 빠르게 변화하는 이 분야에 대해 책에서 다룰 문제가 아니므로 보안 설계의 손익 균형을 설명하기 위해 현실에서 예를 들겠습니다. 보안에 미치는 영향을 제외한 사용성은 무시하고, 가격이나 지원하는 플랫폼과도 무관하게 살펴보겠습니다. 물론 이런 요소는 실제로 구매할 때 중요하게 고려해야 할 사항입니다.

암호화   파이어폭스에서는 마스터 암호가 있어서 암호화 키가 선택적이지만, 대부분의 패스워드 매니저는 비밀번호를 암호화하고, 일부는 URL도 암호화합니다. 암호화하지 않는 사이트도 많아서 믿을 수 없는 웹사이트를 방문할 때는 개인 정보 보호에 위협을 제기합니다.

동기화   기기 간의 동기화는 하나 이상의 기기를 사용하는 사람, 특히 저장된 비밀번호가 강력한 무작위화를 적용한 경우에는 매우 중요합니다. 라스트패스LastPass는 클라우드 서버를 사용하므로 이곳에 침투하면 공격자는 암호화된 비밀번호 저장소에 추측 공격을 할 수 있습니다. 비밀번호 하나로 휴대폰 앱을 포함하여 드롭박스dropbox나 아이클라우드iCloud 동기화에 사용할 수 있습니다. 그리고 클라우드 저장 서비스의 잠재적인 취약점에도 똑같은 주의 사항이 적용되고 LAN을 통해 동기화할 수도 있습니다. 그렇다면 해당 프로토콜은 안전할까요?

암호 저장소가 결국은 단지 파일의 집합소란 점을 감안하면, 대부분의 패스워드 매니저는 플래시 드라이브와 스니커넷sneakernet을 포함하여 어느 정도 동기화 시스템으로 작동할 것입니다. 라스트패스LastPass와 같은 일부 제품은 비밀번호 파일에 대한 웹 접근 뿐만 아니라 구체적으로 공용 컴퓨터에서의 접근을 허용합니다. 이것은 매우 편리하지만 안전이 보장되지 않은 기기에서 마스터 암호를 포함하는 민감한 비밀번호의 사용을 장려하는 것은 위험합니다.

웹 인증   많은 패스워드 매니저(1Password, LastPass, RoboForm 등)가 브라우저 창에서 자동으로 로그인 템플릿을 작성할 것입니다. 이것은 엄청나게 편리하지만 보안의 관점에서는 좋기도 하고 나쁘기도 합니다. 즉 '근접성' 테스트에 탈락했기 때문에 좋지 않으며(136쪽), 피싱 공격을 막는 데 도움이 되기 때문에 좋기도 합니다. 패스 세이프Pass Safe는 웹 템플릿에 쉽게 붙여넣을 수 있도록 클립보드에서 암호를 쉽게 복사할 수 있게 만들었습니다. 그리고 실수로 다른 곳에 암호를 붙여넣는 것을 방지하기 위해 응용 프로그램을 닫을 때는 클립보드를 지웁니다.

외부 하드웨어   아이런키IronKey와 칩드라이브CHIPDRIVE는 외부 USB 장치를 사용합니다. 장치를 삽입하지 않으면 암호가 도난당할 수 없어서 좋지만, 대부분의 사람들이 장치를 꽂아둔 채 방치하는 것이 문제입니다.

마지막으로 패스워드 매니저는 제대로 쓰기가 쉽지 않습니다. [Z. Li et al. 2014] 소프트웨어 패키지 평가 방법에 대한 논의는 11.7절을 참고하세요.

은행처럼 생긴 사이트에 보내지 않습니다. (정말 제대로 설계되면 URL이 아니라 인증서 이름을 식별하겠지만, 이것은 로그인 프롬프트가 HTTPS 보호 페이지에 있을 때만 도움이 되고, 많은 경우에는 그렇지 않습니다.)

이밖에도 비밀번호 은닉의 기밀성과 가용성이라는 두 가지 사항을 더 고려해야 합니다. 가용성은 분명해 보이지만, 사람들마다 사용 패턴이 다르기 때문에 그렇지 않습니다.

단 하나의 컴퓨터를 사용한다면, 더 정확히 말해서 각 계정 단위로 서로 연결되지 않은 컴퓨터를 사용할 경우에는 걱정할 필요 없이 단지 해당 컴퓨터에 적절하게 보호된 숨긴 비밀번호를 저장하면 됩니다. 하지만 두 개 이상의 컴퓨터를 사용한다면, 각각 사용 가능한 것이 필요합니다. 이 경우에는 기본적으로 두 가지, 즉 USB 플래시 드라이브와 같은 휴대용 장치나 클라우드에 저장해야 합니다. 휴대용 장치가 더 안전해 보이지만, 파일만 암호화한다면 이것은 문제가 안 됩니다. 오히려 장치 자체를 분실하거나 엉뚱한 곳에 두고 오는 게 문제입니다. (열쇠를 찾을 때 집에 대고 'grep'을 명령하고 싶었던 적이 있나요? 플래시 드라이브를 열쇠고리에 걸어두었는데 자녀에게 차를 빌려주느라 차 열쇠를 준 적은 없나요?) 바로 그렇기 때문에 플래시 드라이브를 너무 오래 꽂아두기 쉬운 것입니다.

또 하나의 이동식 저장소는 종이입니다. 종이는 가용성 테스트를 통과하지 못하는 데다 (종이를 어디에 백업하나요? 이 종이를 반복해서 접으면 어디까지 버틸 수 있을까요?) 아마 사용자 이름과 암호를 사이트 이름 옆에 적어야 하므로 기밀성 테스트도 통과하지 못합니다. 이 종이를 훔친 사람은 누구나 지갑 속에 든 것뿐만 아니라, 예를 들어 조크 은행Bank of Zork[1]의 인증 정보도 알게 될 것입니다. 이 사이트 이름을 'J. 피어폰트 플래디드J.Pierpont Flathead'라고 적어두거나, 아마존닷컴 사이트를 '히폴리타Hippolyta'라고 써서 모호하게 만들 수도 있지만, 좋은 해결책은 아닙니다.

기밀성은 보통 저장된 비밀번호를 암호화해서 유지하는데, 제대로만 기밀을 유지한다면 일반적으로 좋은 생각입니다. 몇몇 클라우드 스토리지 제공자는 암호화를 제공하는데, 이런 솔루션은 암호 해독이 당신의 기기에서 수행되고 서비스 제공자는 해독 키를 절대로 볼 수 없을 때만 수용할 수 있습니다. (서비스 설명서를 아주 주의 깊게 읽어보세요. 일부 제공자들은 전송만 암호화하거나, 저장된 파일을 자신들이 소유한 키로 암호화합니다.)

---

1 "조크 은행" http://www.thezorklibrary.com/history/bank of zork.html

서비스 제공자가 잘못된 행동을 한다면 (이들을 신뢰할 수 없거나, 서비스 설명서를 이해하기 힘들다면) 암호화 파일이나 디스크 이미지를 사용해야 합니다. 현대의 모든 운영체제 시스템은 기본 시스템의 기능이나 쉬운 추가 기능으로 이를 제공합니다.

일반적으로 제대로 된 비밀번호 저장 전용 애플리케이션은 자동으로 저장소를 암호화하고, 최근 사용한 암호를 캐싱하므로 더 좋을 수도 있습니다. 이런 애플리케이션은 많으므로 여러 기기에 사용할 수 있도록 적절한 곳(클라우드 드라이브, 플래시디스크 등)에 암호화된 비밀번호를 저장할 수 있게 해 주는 것을 선택하세요. 또한 휴대폰과 태블릿 같은 기기를 포함한 크로스 플랫폼 호환성에도 주의해야 합니다. 그리고 마스터 암호를 다시 입력하는 빈도와 상황에 대해 깊게 생각하세요. 사용의 용이성과 데이터 보호 사이에는 상충관계가 있습니다.

저장된 비밀번호를 암호화하는 비밀번호는 매우 민감합니다. (플래시 드라이브를 훔치거나, 클라우드 공급자를 해킹하거나, 수색 영장 등으로 당신의 컴퓨터 등을 압류함으로써) 암호화된 저장소에 접근하면, 암호화에 사용되는 하나의 비밀번호로 공격자에게 모든 계정이 노출되고 맙니다. 민감성의 정도가 다른 사이트마다 다르게 암호화된 비밀번호를 사용할지의 여부를 고려하는 것도 괜찮지만, 이것은 말처럼 쉽지 않습니다. 중요한 것은 시스템에 있는 악성 코드가 평문으로 된 비밀번호를 얻을 가능성입니다. 온라인뱅킹 비밀번호는 매우 강력한 보호를 받아야 한다고 생각하겠지만 (사실이 그렇습니다.), 문제의 컴퓨터가 중소기업 사무실 지불 계정 시스템의 일부인 경우에는 이 비밀번호를 어느 정도 지속적으로 사용할 것이므로 암호화는 생각보다 힘을 발휘할 수 없습니다. 이런 경우에는 다른 어떠한 기능에도 사용하지 않는 전용 컴퓨터를 사용하는 것이 좋습니다. (특히 브라이언 크렙스Brian Krebs는 중소기업을 위한 은행용 '라이브' CD의 사용을 오랫동안 주장해 왔습니다. [Krebs 2009] 이것은 리눅스가 본질적으로 더욱 안전하기 때문이 아니라 — 필자는 더 안전하다고 믿지 않지만 — 타깃이 되는 경우가 적고, 라이브 CD를 사용하면 지속적으로 감염되지 않기 때문입니다. 리부팅하면 깨끗한 상태로 돌아갑니다. 컴퓨터에 CD 드라이브가 없다면 물리적인 읽기 전용 스위치가 있는 USB 플래시디스크를 구입하세요. 이것은 찾기는 조금 힘들지만, 분명히 있습니다.)

살펴보아야 할 변형이 하나 더 있습니다. 도메인 이름과 사용자 지정 마스터 암호로 사이트별 암호를 생성하는 패스워드 매니저가 있습니다. (예를 들어 [Halderman, Waters,

Felten 2005; Ross et al. 2005] 외의 문서를 참고하세요.) 피싱과 암호 재사용 모두에 대항하여 고유한 보호를 제공하는 것이 장점이지만, 합법적으로 비밀번호를 받는 사이트는 마스터 암호에 대한 추측 공격을 할 수 있다는 것이 단점입니다. 마스터 암호를 찾으면 공격자가 해당 사용자의 모든 사이트별 암호를 생성할 수 있습니다. 또 다른 문제도 있는데, 단 하나의 암호만 바꿀 수 없다는 점입니다. (아마도 침해되었기 때문에) 한 사이트에서 비밀번호 변경을 요청한다면 당신은 마스터 비밀번호를 바꿔야 하는데, 그것은 모든 비밀번호를 바꿔야 한다는 의미입니다.

7.4 비밀번호 침해

어느 날 갑자기 비밀번호나 비밀번호 파일이 침해될 수 있습니다. 그러면 어떻게 해야 할까요?

개인이라면 세 가지 일을 해야 합니다. 가장 먼저 영향을 받은 사이트의 암호를 변경해야 합니다. 둘째, 같은 비밀번호를 사용한 모든 사이트의 암호를 변경해야 합니다. 당연히 같은 비밀번호를 다시 사용하지 않는 여러분에게는 쉽겠지만, 아마도 비밀번호를 재사용하는 사람을 알고 있을 것입니다. 이들에게 이런 정보를 알려주세요. 마지막으로 가장 중요한 단계는 어떤 정보와 자원이 해당 비밀번호와 연관되어 있는지 판단하는 것입니다. 금융 계정인가요? 그렇다면 바람직하게는 종이에 적어서 입·출금 내역을 매우 신중하게 확인하세요. 온라인 입·출금 내역을 조작할 수 있는 악성 코드는 널리 퍼져있습니다. [Zetter 2009a] 거주하고 있는 주소 정보인가요? 신분 도용에 사용될 수 있는 데이터? 개인 컴퓨터나 파일에 대한 접근? 특별히 타깃이 되지 않은 한 숙달된 공격자의 대규모 침해 사건이라면 아마 당신은 안전할 것입니다. 공격자들은 훨씬 더 많은 사람들에 대한 정보를 갖고 있으므로 특별히 개개인의 금전을 노리지는 않을 것입니다. 반면 여러분이 표적 공격의 대상이라면 문제가 발생할 것입니다.

대형 공공 사이트를 운영한다면 문제는 아주 달라집니다. 가장 어려운 것은 정확히 어떤 정보가 침해되었는지 파악하는 것이고, 이것은 시스템 아키텍처의 세부 사항에 따라 크게 달라집니다. 최초 공격의 대상 기기는 무엇이었나요? (침해 사실을 감지한 기기와 같을 수도, 다를 수도 있다는 것을 기억해야 합니다.) 공격자는 침해된 기기에 외부에서는 쉽게 할 수 없는 무엇을 했을까요? 회수할 수 있는 데이터가 있나요? 신뢰하지만 신뢰해서는 안 되는 웹 서버로부터 임의의 쿼리에 노출되는 일반적인 데이터베이스 시스템이 있다면, 이 데이터베이스에 있는 것은 모두 노출된 것으로 간주해야 합니다. 그 다음에는 영향을 받은 모든 사용자에게 통지해야 할 윤리적 의무, 그리고 많은 경우 법적 의무가 있습니다. 그리고 정확한 상황과 적용되는 법률에 따라 신용카드 회사와 정부 규제기관 등에 통보해야 합니다.

문제가 얼마나 심각한지는 시스템 아키텍처와 데이터베이스 디자인에 크게 의존합니다. 개인 식별 정보PII ; Personally Identifiable Information를 저장해 둔 경우 유럽연합EU, 캐나다, 그리고 다른 선진국에서는 법률에 따라 상당히 더 많은 법적 책임을 져야 하지만, 아마도 미국에서는 덜할 것입니다. 미리 계획을 세워두면 아주 큰 참사를 면할 수 있습니다. 캐나다의 개인정보보호판무관 사무소의 TJX 해킹에 대한 보고서는 열람해 둘 필요가 있습니다. [Privacy Commissioner 2007] 간단히 요약하자면, 운전면허번호 자체가 아니라 해시값을 저장했다면, 개인 정보를 노출하지도 않고 캐나다의 개인 정보 보호 법률을 위반하지 않으면서도 사업 목표를 달성할 수 있었을 것입니다(상세한 시스템 디자인에 대해서는 '11장. 안전한 시스템 구축하기'를, 침입 대응에 대해서는 '16장. 보안 프로세스' 참고).

사용자에 대한 통지는 별개의 문제입니다. 많은 공공 사이트는 사용자에게 연락할 방법이 거의 없고, 기껏해야 이메일 주소 정도를 보유하고 있습니다. 하지만 이것도 시간이 흐르면서 이메일을 변경하는 사람들이 많기 때문에 통지하기는 쉽지 않습니다. 침해 통지를 위해 해당 이메일 주소를 사용할 수 있어야 하지만, 대부분의 메시지가 반송되거나 스팸 필터에 필터링되어도 놀라지 말아야 합니다. 문제의 심각성과 어떤 정보를 갖고 있는가에 따라 종이 우편에 의존해야 할 수도 있지만, 배달될 수 없는 우편물 숫자가 만만치 않을 것입니다. 또한 법적 제약도 있을 수 있습니다. 뉴욕 주 같은 일부 지역은 사용자가 전자메일 알림에 사전 동의하지 않는 한 PII 침해에 대해서는 우편으로 통지해야 합니다.

많은 경우 가장 좋은 방법은 이런 사용자가 로그인하면 특별한 시퀀스로 전환하여 무슨 일이 발생했는지 통보하고, 보조 인증 절차로 넘어가 비밀번호를 변경하도록 하는 것입니다. 운이 좋거나 시스템을 제대로 설계했다면 보조 인증 데이터가 별도의 기기에 있어서 비밀번호가 있던 컴퓨터와 동시에 침해되지 않았을 것입니다. 로그인 후 사용자에게 다른 화면을 보여주는 것이 얼마나 어려울지는 시스템 설계에 따라 매우 다릅니다. 다양한 언어를 지원하고 서비스 약관 변경 등을 처리하기 위해 이 기능은 어차피 필요할 수 있습니다. 다시 말해서 앞서 계획해 두면 큰 도움이 됩니다.

침해건이 심각하다면 온라인 서비스를 폐쇄할 수도 있습니다. 소니와 같이 큰 회사에도 이런 일이 일어났는데, 서비스 차단은 그야말로 최악의 타격을 입힐 수 있습니다. [Schreier 2011]

기업 시스템에서 비밀번호가 침해되면 더욱 어려운 결정을 내려야 합니다. 이런 비밀번호는 신문사 웹사이트의 비밀번호보다는 상당히 가치가 높을 것입니다. 그런데 직원들의 작업 계정을 잠글 경우 생산성을 잃게 됩니다. 하지만 때론 계정을 잠그는 것이 옳은 선택입니다. 필자는 다음 날 아침 출근하자마자 직원들에게 새로운 비밀번호를 발급하는 경우도 보았습니다. 하지만 이런 방식은 많은 사람들이 재택근무를 하거나 출장중일 때는 제대로 실행되기 어렵습니다. 그래도 보조 인증 수단이 훨씬 많고 연락처 정보도 있으므로 사용자의 비밀번호 침해보다는 낫습니다. 물론 이 경우에도 회사 변호사와의 상담을 포함하여 사전 계획을 세워두는 편이 좋습니다.

7.5 잊어버린 비밀번호

직원을 포함하여 사용자들이 비밀번호를 잊어버리는 것은 어쩔 수 없이 받아들여야 하는 일입니다. 그렇다면 어떻게 해야 할까요? 전통적으로 두 가지 접근 방법이 있습니다. 사용자에게 기존 비밀번호를 보내거나, 새로운 비밀번호를 생성해서 보내는 것입니다. 가끔 추가 보호를 위해 부가적인 인증 절차가 적용되기도 합니다.

사용자는 자신이 설정했던 기존 비밀번호를 받고 싶어 합니다. 아마도 그 비밀번호는 사용자가 다른 곳에서도 사용하는, 그저 강도의 규칙을 맞추기 위해 사소한 부분을 바꿔서 생성한 비밀번호일 것입니다. 기존 비밀번호를 보면 기억이 나서 "아, 맞다, 'o'를 '0'으로 바꾸었지."라고 할 것입니다. 그런데 인기 있다는 사실이 어떤 것을 좋은 아이디어로 만들지는 않습니다. 문제는 사용자에게 비밀번호를 이메일로 보냈다는 것이 아니라 (이런 방식은 아래의 논의처럼 안전할 수도, 아닐 수도 있습니다.) 비밀번호를 평문으로 저장하는 경우에만 가능하다는 점입니다. 로그인 프로그램이 해당 리스트를 읽을 수 있다면, 공격자의 악성 코드와 비도덕적인 직원을 포함하여 많은 다른 프로그램도 이것을 읽을 수 있습니다. 그 자체로도 충분히 나쁘지만, 더 나쁜 것은 사람들이 비밀번호를 재사용한다는 점입니다. 사람들을 음란물 사이트에 연결해 주는 마법의 스트링은 은행이나 직원의 시스템에도 그대로 쓰일 가능성이 큽니다.

새로운 암호를 만드는 것이 훨씬 더 좋은 생각입니다. 아마도 자신이 기억하기 쉬운 암호로 다시 바꾸겠지만, 이런 일을 막을 수는 없습니다. 해당 비밀번호를 생성하기 위해 강력한 임의의 번호를 사용한다면, 왜 지속되도록 두지 않을까요? [Eastlake, Schiller, Crocker 2005] 위험 증가 요인이 무엇인가요? '시스템이 여러분의 비밀번호를 알고 있다면 나쁘다'라는 개념이 있는 것처럼 보입니다. 그러나 비밀번호를 입력하는 순간 해당 시스템은 비밀번호를 알게 되는데, 나쁜 것은 시스템이 비밀번호를 저장하는 상황입니다. 또 다른 문제는 사용자가 새로 공지된 비밀번호를 어디에 저장하는

가입니다. 보호하고 있는 자원의 가치에 비해 비밀번호가 안전하지 못해 보인다면, 반드시 강제로라도 비밀번호를 변경해야 합니다.

비밀번호 생성은 확실히 사소한 문제가 아니므로 최소한 임의의 숫자를 공급하는 좋은 장치가 필요합니다. [Eastlake, Schiller, Crocker 2005] 발음할 수 있는 비밀번호를 생성하기 위한 표준의 공개된 알고리즘 (예를 들어 [NIST 1993])이 있지만, 이 알고리즘에는 문제가 있습니다. [Ganesan and Davies 1994] 더욱 심각한 것은 발음할 수 있는 비밀번호를 생성하는 것 자체가 잘못된 전제를 기반으로 한다는 점입니다. 이런 비밀번호는 기억하기는 쉽지만, 공격자도 분명히 비밀번호를 기억하고 싶어 할 것이기 때문입니다. 앞에서 설명했듯이 현실에서는 대다수의 사람들이 비밀번호가 너무 많아 모두 기억하는 것은 어렵습니다. 그러므로 스마트폰을 포함해서 모든 플랫폼에서 비밀번호를 편리하게 입력하는 것이 훨씬 더 중요합니다.

일부 사이트는 분실한 비밀번호 요청의 유효성을 검사하기 위한 추가 인증 메커니즘을 사용하는데, 원칙적으로 이것은 좋은 생각입니다. 하지만 실제로는 안전하지도 않고 쓸모없을 때가 많습니다. 공격자가 쉽게 알아낼 수 없으면서도 사용자는 언제나 기억할 수 있는 질문이 과연 무엇일지 생각하는 것은 매우 어렵습니다. 어린 시절의 애완동물 이름일까요? 이 정보는 페이스북 페이지에 게시되었을 수도 있습니다. 어느 학교를 다녔는지일까요? 이 정보는 학교 홈페이지 졸업생 목록에 있을지도 모릅니다. 흔히 쓰이는 어머니의 결혼 전 성일까요? 최소한 1882년 초반부터 사용된 이 질문은 취약할 뿐만 아니라 정확하지도 않습니다. [Bellovin 2011b; F. Miller 1882] 현대사회는 1882년과 비교해서 더욱 복잡해졌고 많은 여성이 결혼 후에도 성을 바꾸지 않는다는 점을 예외로 하더라도 결혼 기록은 공공 문서로 공개됩니다. [Newman 1989] 그러므로 공격자는 쉽게 그 데이터를 찾아볼 수 있습니다. MI-31에 의한 타깃형 공격처럼 심각한 경우에만 일어난다고 생각할 수도 있겠지만, 온라인에 이미 많은 기록이 공개되었기 때문에 이런 공격은 자동화되어 있습니다. [Griffith and Jakobsson 2005]

유명 인사의 경우 많은 정보를 찾을 수 있기 때문에 이들에 대한 보조 인증은 더욱 어렵습니다. 사라 페일린Sarah Palin의 이메일 계정 사건이 바로 이런 예에 해당합니다. [Zetter 2008] 그녀의 생일, 우편번호, 그리고 어디서 배우자를 만났는지에 대한 간단한 보안 질문에 대한 답이 공격자에게 필요한 모든 것이었습니다. 임의의 인물에 대해서 이것을 알아내기는 어렵겠지만, 언론에 관심의 대상이 되는 사람에 대한 것이라면 매우 쉽게 정답을 알 수 있습니다.

이런 사실은 질문의 답을 모두 알고 있는 아주 가까운 사람에게도 문제가 될 수 있음을 보여줍니다. 곧 헤어질 배우자는 최악의 관계에 있기 쉬우므로 이혼 사건은 특히 골칫거리입니다. 이메일 스누핑snooping이 주로 이런 상황에서 일어나는데, 기술적 조치로는 불충분할 때가 많습니다. [Springer 2010] 온라인뱅킹 비밀번호가 어떻게 될지 생각해 보면 흥미롭습니다.

오래됐든, 새로 만든 것이든 비밀번호를 오로지 당사자만 알 수 있도록 보장하는 것은 쉽지 않은 일입니다. 직원이라면 부하에 대해 이미 잘 알고 있는 상사가 비밀번호를 처리하는 것이 최선의 선택일 수도 있습니다. 하지만 세계 각지에 홀로 일하는 직원을 두는 오늘날의 분산된 회사 형태에서는 더 이상 이런 방식을 사용할 수 없습니다. 마찬가지로 대학교에서 학생들이 비밀번호를 재설정하려면 학생증을 제시해야 하는데, 요즘 떠오르는 원격 교육 환경에서는 이것도 문제가 됩니다.

이러한 문제를 해결하기 위해 몇몇 사람들은 인증이 필요한 사람의 친구가 맞는 사람임을 인증하는 '사회적 인증'을 제안했습니다. 한 설계에서는 토큰 분실을 처리하려면, 다른 합법적인(또는 사전에 지정한) 사용자가 소유하고 있는 자격 증명을 사용해 동료를 위한 임시 인증코드를 얻도록 합니다. [Brainard et al. 2006] 이 방식을 일회용 로그인 세션을 위한 사용자의 PIN과 결합합니다. 여기에서 큰 리스크는 많은 사람들이 접근을 승인받을 수 있다는 점인데, 이들이 보안에 무신경하거나 신뢰할 수 없다면 문제가 됩니다. 이와 관련하여 사용자가 친구들을 알아보는지의 여부에 의존한다는 것도 문제인데, 안타깝게도 이런 상황은 타깃형 공격에 매우 취약해 보입니다. [H. Kim, Tang, R. Anderson 2012]

이메일은 재설정된 비밀번호를 배포하는 가장 흔한 방법으로, 완벽하게 적합해 보이기도 합니다. 어떤 자원은 가치가 충분히 작아서 비밀번호 재설정 이메일이 중간에 탈취될 위험은 적어 보입니다. 하지만 가치가 높은 비밀번호에는 일종의 아웃 오브 밴드out-of-band 인증이 더 낫습니다. 은행은 일반적으로 새로운 로그인 정보를 우편으로 보낼 것입니다. SMS 메시지도 좋은 방법이지만, 악성 코드 작성자들은 인증에 전화기를 사용할 때 악용할 수 있는 핸드폰 응용 프로그램을 만들기 시작했습니다. [Crossman

2013; Pauli 2014]

　이메일을 사용한다면 메시지는 사용자의 받은 메일함에 들어갈 것입니다. 이메일을 잘 삭제하지 않는 사람이라면 이런 메시지는 즉각적으로, 그리고 장기적으로는 얼마나 잘 보호될까요? 가치가 보통 수준인 비밀번호는 아마 안전하겠지만, 직원의 계정 비밀번호를 무료 메일 계정으로 전송한다면 좀 더 위험합니다. (이것은 사람들이 업무와 관련된 일에 외부 서버를 사용해야 하는 드문 경우 중 하나입니다. 비밀번호를 잊어버렸다면 당연히 내부 이메일에 접근할 수 없기 때문입니다.) 이럴 때는 즉시 비밀번호 변경을 요구하거나, 비밀번호 재설정 페이지의 URL을 보내는 방법을 이용하는 것이 좋습니다. 특수한 상황에서 성공적으로 로그인되도록 처리하는 것이 얼마나 힘든지, 그에 비해 웹 서버가 비밀번호 데이터베이스에 얼마나 많이 (외부) 접근해야 하는지와 같이 많은 것들이 전체적인 시스템 디자인에 의존합니다. 그리고 URL을 전송한다면 단 한 번만 사용할 수 있고 제한된 시간 동안만 사용할 수 있어야 한다는 두 가지 속성이 만족되어야 합니다.

　결국 특정 위협에 대해서는 보조 인증 시스템의 위험이 메인 인증 시스템보다 더욱 취약하다는 리스크가 있습니다. 타깃형 공격의 대상일수록 더 큰 위험에 직면하게 됩니다. 지구 반대편에 있는 무작위의 419 사기꾼들은 여러분의 메일함에서 우편함을 훔치지 않을 것이지만, 안드로메다 첩보원은 그럴 수도 있기 때문입니다.

7.6 생체 인식

> "어디에 있든 틀림 없이 문명의 대표자가 분명하다면 식별할 수 있는 무언가가
> 필요하다. 복제나 심지어 모방도 불가능해야 하며, 이를 위해서라면 사칭을 시도
> 하는 비인가된 개체는 죽여야만 한다.'
>
> Dr. Nels Bergenholm in First Lensman
> — 에드워드 엘머 스미스E. E. "DOC" SMITH

보안 업계에는 '생체 인식이 정답이라고 생각한다면, 질문 자체가 잘못된 것'이라는 말

이 있습니다. 분명 과장된 말이지만, 생체 인식을 옹호하는 많은 주장도 마찬가지입니다. 생체 인식은 다른 어떤 인증 형태보다도 더 시스템의 입장에서 보아야 합니다.

말하기를 포함한 타이핑 리듬이나 손 형태 같이 많은 생체 인식이 수년 동안 제안되어 왔지만, 생체 인식에서는 지문 인식(100년 이상의 범죄학은 지문의 고유성에 대해 합리적인 확신을 주었고, 지문 인식 스캐너는 매우 저렴해졌습니다.)과 가장 안전하다고 널리 간주되는 홍채 인식 [Daugman 2006], 카메라의 편재성과 워크 스루walk-through 인증 물리 보안의 가능성 때문에 사용되는 얼굴 인식, 이렇게 세 가지가 주요한 형태입니다. 인식기acceptor는 일반적으로 실제 이미지를 저장하지 않고 오히려 취합한 생체 인식과 일치하는 해시 암호와 같은 템플릿을 저장합니다. (생체 인식의 경우 실제로는 더욱 복잡합니다. 예를 들어 [Ballard, Ka-mara, Reiter 2008]과 [Pauli 2015] 등의 일부 설계는 실제 이미지를 저장하고, 다른 기법에서는 템플릿이 사실상 원상태로 되돌려집니다.)

생체 인식 시스템은 최소한 사람 (또는 신체 일부), 센서, 전송 메커니즘, 생체 템플릿 데이터베이스, 그리고 알고리즘 같은 여러 가지 요소로 구성되어 있습니다. 이 중 어떤 것이라도 공격의 표적으로 삼을 수 있기 때문에 이 모든 것을 보호해야 합니다.

그러면 먼저 사람부터 살펴봅시다. 생체 인증은 언제나 올바르게 작동한다는 전제가 따릅니다. 위조될 수도 없고, 분실될 수도 없으며, 항상 잘 작동할 것이라고 생각하지만 전부 사실과는 다릅니다. 연구원들은 젤라틴 틀로 남아있던 지문의 본을 떠서 성공적으로 지문 인식기를 속인 경험이 있습니다. [Matsumoto et al. 2002] 얼굴 인식은 사진 한 장으로도 간단히 속일 수 있습니다. [Boehret 2011] 도둑들은 자동차의 지문 인식기를 속이기 위해 사람들의 손가락을 절단하고, [J. Kent 2005] 생체 스캐너를 손상시키기도 합니다. [Whittaker 2015] 또한 적지 않은 수의 사람들의 지문이 일반 스캐너에 잘 읽히지 않습니다. [S. T. Kent, Millett 2003, p.123] 그리고 분명한 것은, 생체 인식 등록 후 사고로 신체의 일부를 다치거나 잃으면 시스템을 사용할 수 없게 될 수 있다는 점입니다.

센서는 변조 공격에 대비하여 설계하기도 합니다. 모니터링되고 있는 신체의 일부가 실제 살아있는 사람의 몸인지 확인하기 위한 맥박 감지기, 열 감지 장치 등의 '생명 감지기'를 포함하는 것도 많습니다. 완강한 적들도 이런 방어책의 상당수를 우회할 수 있었습니다. 예를 들어 [Matsumoto et al. 2002]는 정전식 감지기가 광학 스캐너에 대한 공격에 저항할 수 있도록 만들어졌다고 하지만, 이 기술은 두 종류의 센서에 모두 작동했습니다.

노트북에 홍채 인식 스캐너가 있다고 가정해 봅시다. 이를 이용해 원격 웹사이트에 로그인할 수 있을까요? 원격 웹사이트는 손가락이나 지문이 아니라 비트 스트림을 본다는 점을 기억합시다. 이 사이트는 전송선을 도청할 수 있는 적은 비트 스트림을 쉽게 재생할 수도 있고, '절대적으로 안전한' 생체 인식을 속일 수도 있습니다. 최소한 전송 링크는 암호화되어야 하며, 운영 환경에 따라 센서와 암호화 장치까지 변조 방지 내부에 두어야 할 수도 있습니다.

생체 인증 시스템 중에서 가장 많이 오해하는 부분은 매칭에 사용되는 실제 알고리즘입니다. 예를 들어 망막 이미지 처리는 패스워드 확인과는 다릅니다. 패스워드는 언제나 '맞다' 또는 '아니다'라는 명확한 답을 줍니다. 반면 망막 이미지 처리는 확률적이며, 어떤 경우에는 올바른 사람인데도 거부당하고, 다른 사람이 승인될 때도 있습니다. 설상가상으로 TAR^{True Accept Rate}과 FAR^{False Accept Rate} 사이에는 상충관계가 있어서 사칭하는 사람을 거부하도록 조정할수록 시스템이 진짜 사용자도 더 많이 거부하게 됩니다. NIST의 2004년 보고서에 [Wilson et al. 2004] 이 점이 확실히 설명되어 있습니다. 최고 성능의 지문 스캐너가 대규모 데이터에서 개인을 식별할 수 있도록 FAR을 1%로 조정하면 TAR은 99.9%가 됩니다. 그리고 FAR을 0.01%로 조정하면 TAR은 99.4%가 됩니다. (얼굴 인식기는 상황이 더 나빠서 동일한 FAR 비율에서 TAR은 각각 90.33%와 71.5%가 나왔습니다.)

이후에 기술력이 향상됐지만,[2] 이 둘이 상충하는 문제는 여전히 남아있습니다. 시스템 설계에는 몇 가지 참고할 사항이 있습니다. 첫째는 허용해야 하는 대상에 대한 실패(때로 '모욕률' 혹은 '기만률'이라고 부르기도 합니다.)의 결과가 무엇인가입니다. 즉 적법한 사용자가 시스템에 의해 거부되는 경우에는 어떻게 되나요? 이런 사람이 반복적으로 계속 시도할 수 있게 되어 있나요? 이미 언급했듯이 비밀번호를 여러 번 틀렸을 때 해당 계정을 잠그는 것은 좋은 생각입니다. 그런데 생체 인식도 마찬가지일까요? 비용과 위험을 모두 무릅쓰고 보조 인증에 의존해야 할까요? 이 질문에는 한 가지 정답만 있

---

2 "NIST: 얼굴 인식 소프트웨어의 성능, 지속적으로 향상" http://www.nist.gov/itl/iad/face-060314.cfm

는 것이 아니라 많은 부분이 당신의 응용 프로그램과 시스템 설계에 따라 달라집니다.

　FAR은 고유한 문제를 일으킵니다. 간단한 수학으로 생각해 보면, FAR 비율이 어떻든 다른 생체 인식 템플릿이 충분하다면 틀린 매치가 발생해도 허용할 수 있습니다. 우리의 시스템이 0.01%의 FAR로 조정되어 있다고 가정해 봅시다. 허용되는 신체 인식 데이터베이스에 n개의 개체가 있다면 (즉 $n/2$명의 사용자로부터 받은 n개의 얼굴이나 n개의 홍채, 또는 $n/10$명의 사용자로부터 받은 n개의 지문) 공격 성공률은 0.9999^n입니다. $n = 6,932$가 되면 확률은 공격자에게 유리해지며, 이에 대한 대응책도 명백해집니다. 스캔하기 전에 신원 확인을 요구하고, 입력된 생체 인식을 전체 데이터베이스가 아니라 단일 사용자 템플릿에 대조하는 것입니다. (일반 노트북에 탑재된 지문 인식기는 n이 문제가 될 만큼 높지 않기 때문에 보통 이렇게 하지 않습니다. 하지만 당연히 TAR을 허용 수준으로 낮추기 위해 비교적 높은 FAR로 맞춰져 있습니다.)

　공격자가 겪는 어려움의 비용도 FAR과 연관이 있습니다. 비용이 매우 높은 경우, 예를 들어 테러리스트가 생체 인식 기능이 있는 크리스 클린레코드Chris Clean-record의 여권으로 국경을 통과하려고 할 때는 타인을 사칭하기가 어려울 것입니다. 반대로 셀프 서비스 비자 키오스크처럼 비교적 어렵지 않다면 어떨까요? 여권과 깨끗한 기록을 제공하는 협력자들의 공급망이 충분하다면 사칭은 가능합니다.

　우리의 추상적 생체 인증 시스템의 마지막 요소는 템플릿 데이터베이스입니다. 템플릿을 감안할 때 공격자가 그와 일치하는 가짜 생체 데이터를 쉽게 만들 수 있을까요? 이 경우 대다수의 사람들은 얼굴은 고사하고 지문과 홍채 수가 정해져 있기 때문에 데이터베이스가 침해되면 적법한 사용자에게는 정말 심각한 문제가 발생합니다. 비밀번호를 바꾸는 것은 눈을 바꾸는 데 비하면 훨씬 쉽습니다. 템플릿은 해시 암호처럼 돌이킬 수 없어야 하지만, 일부 연구자들은 템플릿을 공격하는 데 성공했습니다. [Galbally et al. 2013] 게다가 데이터베이스를 가지고 있다면 FAR을 쉽게 악용할 수 있습니다. 오늘날 기술적 실패의 인공적 산물이라기보다 개념적 결과인 데이터베이스 침해 문제는 오히려 생체 인식의 성장에 궁극적인 제한이 될 수 있습니다.

　이 밖에도 또 다른 어려운 문제가 있습니다. 생체 인증을 통해 정확히 어떤 자원에 접근할까요? 예를 들어 지문으로 잠금 해제하는 노트북 같은 로컬 시스템에서는 애플의 키 체인과 같은 암호화 키의 로컬 데이터베이스에서 접근하는 것도 답이 될 수 있습니다. 노트북 접근 인증용으로 비밀번호를 사용하면, 이 비밀번호는 키로 변환되어 데이터베이스 해독에 쓰입니다. 비밀번호를 키로 변환하는 것은 간단하고, [Kaliski 2000]과 같이 어떻게 제대로 수행할 수 있는지에 대한 기준도 있습니다. 그런데 생체 인식은 그렇지 않고, 본래 정확하지도 않습니다. 한 번 실험해 볼까요? 카메라를 삼각대에 장착하고, 정확히 같은 두 장의 실내 사진을 찍어보세요. 타임스탬프 같은 메타데이터를 제거하고, 찍은 두 개의 파일이 같은지 살펴봅니다. 둘이 아주 조금이라도 다르면 키로 사용할 수 없습니다.

이 경우에는 퍼지 추출기로 알려진 기술이 해결책입니다. [Dodis, Reyzin, A. Smith 2007] 자세한 설명은 생략하고, 퍼지 추출기는 입력할 때 노이즈가 있으면 균일하게 임의의 문자열을 생성하며, 이 문자열은 암호화 키로 사용하기에 적합합니다. 안타깝게도 현실적으로 생체 인식은 이런 상황에서 제대로 작동하기에는 너무 노이즈가 큰 경향이 있습니다. 현재로서는 이런 제품을 구할 수 있어도 매우 적을 것입니다.

생체 인식을 기피해야 할 또 한 가지 중요한 이유는 프라이버시 때문입니다. 생체 식별기는 PII에서 최후의 수단이라고 할 수 있습니다. 불필요하게 사용하면 다양한 개인정보 보호 법률의 영향을 받고, 데이터베이스가 유출당하면 회사의 명성과 홍보에 심각한 문제가 생깁니다. 더욱이 생체 데이터는 변경될 수 없으므로 그 결과가 심각하고 나쁜 영향이 오래 지속될 수도 있습니다. [Volz 2015]

이러한 문제를 우려하는 사이버 보안 전문가들은 정부에서 수집과 저장 프로젝트를 늘리는 생체 데이터 분야 중 지문이 포함되어 있다고 말한다. 오늘날의 지문은 배경 확인, 국경에서의 신원 확인, 그리고 스마트폰의 잠금 해제를 위해 사용되지만, 이 기술은 앞으로 수십 년 동안 공공 및 민간 부문에서 급속하게 확대될 것으로 예상된다.

"[미국의 OPM 해킹에 대한] 큰 우려는 우리가 현재 지문을 많이 사용해서라기보다 향후 5~10년 내에 이 기술의 사용이 얼마나 확대될 것인가에 있다."라고 사이버 보안 소프트웨어를 개발하는 드라고 보안Dragos Security의 공동 설립자, 로버트 리Robert Lee가 말했다.

* * *

생체 인식 전문가 라메시 케사누파리Ramesh Kesanupalli는 신분을 위장하고 국경을 넘어가는 첩보원이 지문 스캔으로 정체가 발각되는 악몽 같은 시나리오를 상상하기도 했다. 또한 그는 지문이 암시장으로 흘러들어가서 구매자가 수십년 간 사용할 수 있는 인터넷상의 새로운 인신매매 상품이 될 수도 있다고 경고했다.

그러면 우리는 어떻게 해야 할까요? 기존 비밀번호 파일의 침해율을 감안할 때 대규모 템플릿 파일 침해의 위험성은 더욱 높아 보입니다. 원격 서버는 비트 스트림만 본다는 사실과 결합해 보면, 생체 인식은 일반 인터넷 인증을 위해 사용할 수도 없고 사용해서도 안 된다는 결론이 나옵니다. 한편 공격자가 가짜로 입력할 수 있는 능력이 크게 감소되기 때문에 국경 검문소나 은행 창구 같이 제출자를 직접 관찰하는 곳에서는 생체 인식 활용이 상당히 안전합니다. 하지만 여기서도 모욕률 문제는 전체 시스템 설계에 고려되어야 합니다. 생체 인식 매치에 실패한다고 해서 적이라는 증거가 되는 것도 아니고, 백내장 수술을 받았다거나 (때로는 그렇지만, 이 수술이 항상 스캔에 영향을 주는 것은 아닙니다. [Roizenblatt et al. 2004]) 생체 템플릿을 저장한 후 나이가 들었다고 해서 사람들을 구치소에 보내는 것은 [Fenker, Bowyer 2011] 좋은 생각이 아닙니다. (미국에서도 프라이버시 보호법은 정부에 적용됩니다.)

생체 인식은 암호화된 플래시 드라이브나 인증 토큰, 휴대폰 등의 로컬 자원에 대해 합리적인 인증 메커니즘이기도 합니다. 이 경우 인증을 우회하려는 시도를 막기 위한 변조 방지 수납체 사용을 강력히 추천합니다. 타깃형 공격의 리스크가 여전히 존재하는 상황에서 MI-31은 아마도 여러분이 전에 안드로메다 국경을 넘을 때 확보한 지문과 홍채 스캔본이 있을 것이므로 좋은 센서와 생명 인식기 등을 갖추는 것이 좋습니다. 모욕률 문제는 장치를 바꾸거나, (인증 토큰 분실에 대비한 계획은 항상 필요합니다. 7.7절 참고) 물리적으로 안전한 장소에 백업용 접근키를 저장하여 처리할 수 있습니다. (애플의 iOS 신제품은 지문으로 잠금 해제할 수 있습니다. 하지만 기기 메모리의 민감한 부분을 암호화하는 데 사용하는 키는 PIN에서 파생되기 때문에 재부팅한 후 첫 잠금 해제에는 PIN이 필요합니다. [Apple 2015] 지문 템플릿 자체는 CPU의 안전한 부분에 저장됩니다.)

7.7 일회용 비밀번호

일회용 비밀번호OTP ; One-Time Password라는 단어는 잘못 사용될 때가 많습니다. 이 용어는 한 가지 기술을 지칭하는 것이 아니라 절대 재사용하지 않는 간단한 비밀번호를 허용하는 모든 설계에 해당됩니다. 즉 전통적인 비밀번호나 지문과 같은 정적인 개념의 생체 인식 대신, 암시적이나 명시적으로 시간과 과거 히스토리에 따라 달라지는 동적 값을 보내는 것입니다.

OTP라는 개념은 종종 RSA의 인기 있는 SecurID 토큰(그림 7.2 참고)과 같은 특정 기술과 혼동됩니다. 하지만 이것은 오해이며, OTP에는 다양한 종류가 있습니다.

OTP 설계에는 중요한 두 가지 속성이 있습니다. 첫째, 산출물은 사실상 반복되지 않아야 합니다. '사실상'이란, 반복될 확률이 우연적 확률보다 커서는 안 된다는 의미입니다. 따라서 일회용 암호 P_i가 $[0, n-1]$의 간격으로 도출될 때 $P_i \in \{P_0, P_1, \cdots, P_{n-1}\}$의 확률은 대략 $1/n$이어야 합니다. 둘째, 일련의 값을 본다고 해도 앞으로 나올 값을 공격자가 예측할 수 없어야 합니다. 즉 공격자가 몇 개의 P_x를 보았든지 P_i에서의 성공적인 추측 가능성이 $1/n$보다 높아서는 안 됩니다. 이 속성은 OTP 시퀀스에서 $[0, n-1]$의 비밀 순열의 사용을 배제합니다. 성공적인 추측의 가능성을 단지 적절히 작은 ε와 $I \ll n$으로 잡는 식으로 조건을 완화하면 비밀 순열의 사용이 가능해집니다.

현실에서 OTP 설계는 일반적으로 강력한 암호화 기능과 비밀에 의존합니다. 따라서 SecurID 토큰은 T가 시간인 $F(K, T)$를 표시합니다. (실제로는 이보다 더 복잡한 설계이지만, 이 책의 목적으로는 이 정도로 단순화해도 괜찮습니다.) F를 역으로 뒤집을 수 있는 공격자라면 — 오늘날에는 AES가 쓰입니다 — K를 복구해서 응답을 생성할 수 있습니다. 여기에는 두 가지 장애물이 있는데, 먼저 F가 강력하다면 (AES는 강력하다고 간주됩니다.) 공격자는 F를 역으로 뒤집을 수 없을 것이고, 특히 암호화된 트래픽에 비해 사용 가능한 샘플의 수가 제한되므로 더욱 힘들 것입

그림 7.2 RSA SecurID 인증 토큰

니다. 둘째, 순전히 실용적인 이유로 F의 출력값은 끝이 생략될 때가 많습니다. 따라서 SecurID는 일반적으로 여섯 자리나 20비트로 제한되어 108비트의 AES 암호화 출력값을 알 수 없습니다. 이러한 비트의 특정 값 K를 찾을 수 있어도 그 값이 정말로 실제 토큰의 계산에서 나온 것인지는 알 수 없으므로 결국 $2^{108}-1$의 다른 가능성이 생깁니다. 그러면 다음 번 T에 맞는 K를 찾을 수 있나요?

전형적인 OTP의 요청/응답에도 해당 분석은 적용됩니다. 서버가 클라이언트에 임의의 값 N을 보내면, 클라이언트는 (보안 컴퓨팅 장치가 있을 것으로 가정되는 사람) $F(K, N)$으로 응답합니다. 이전과 마찬가지로 F는 역으로 계산하기 어렵고, 출력에서 잘라낸 일부만 전송됩니다.

클라이언트에 종이 한 장만 있으면 되는 OTP 설계도 있습니다. 램포트의 설계는 [Lamport 1981] 비변형 함수non-invertible F와 비밀 시드seed 값 x를 사용하는데, 비밀번호 i는 $F^{k-i}(x)$로, k는 x로부터 파생될 수 있는 비밀번호의 최대 개수입니다. 따라서 k = 1,000이라면, 첫 사용자의 비밀번호는 $P_0 = F^{1,000}(x)$, 그 다음은 $P_2 = F^{999}(x)$, $P_3 = F^{998}(x)$, …입니다. 여행을 떠나는 사용자는 간단히 종이에 몇 개의 비밀번호를 인쇄하고, 사용할 때마다 이것을 지우면 됩니다. 이전과 마찬가지로 이 보안 계획은 어떤 값 (이 경우 키 K보다는 x)의 비밀성과 F의 비가역성에 의존합니다. 일반적인 적용에는 한 가지 중요한 차이가 있는데, [Haller 1995] 암호 i를 기대하는 서버는 마지막으로 성공적으로 보낸 암호 $i-1$을 저장했을 것이고, $F(P_i)$를 계산하여 방금 받은 것과 일치하는지 검증할 것입니다. (분명히 F는 더 긴 출력의 F'에서 잘라낸 것으로 정의할 수 있는데, 이 덕분에 입력은 절약되지만 잘라낸 버전인 F의 출력이 반복 적용됩니다. 결과적으로 출력의 비트 수에 대한 공격자의 지식 부족 때문에 모호함이 없어집니다.)

이것을 더 밀고 나갈 수도 있습니다. 굳이 P_i를 생성하는 공개 알고리즘을 종이에 프린트할 필요가 있을까요? 서버에서 생성하고 저장된 임의의 다양한 비밀번호 출력물을 사용자에게 제공하면 어떨까요? 램포트는 저장 비용 때문에 이 아이디어를 기각했지만, 요즘은 저장소가 훨씬 저렴합니다. 더 심각한 문제는 서버에 많은 비밀번호가 저장되어 있는데, 공격자가 그 목록을 훔칠 경우 사용된 마지막 비밀번호만 저장되어 있어도 이 방식은 활용할 수 없게 됩니다. 두 번째 이유는 사용자에게 로컬 컴퓨팅이 가능하다면 단순히 x를 위한 비밀번호를 타이핑할 수 있는데, x를 수집하는 키스트로크 로거가 있을 수 있으므로 오늘날에는 이것이 단점이 될 수 있습니다. 또한 x가 비밀번호가 될 수 있다면, F^i 비밀번호의 추측 공격이 가능합니다.

사실 일부 은행은 종종 복권과 같이 긁을 수 있는 실seal로 덮은 이런 문자열 순서 카드를 사용자에게 보내기도 합니다. 이때 변형을 사용하는데, 2차원 그리드 $\langle x_1, y_1 \rangle$와 $\langle x_2, y_2 \rangle$ 등을 은행에서 요청하게 됩니다. 근본적으로 이것은 단지 K가 사용자가 보유한 그리드이고, F는 '표에서 두 값을 찾아 입력하시오.'라고 요구하는 요청/응답 설계일 뿐입니다.

OTP 설계는 많은 문제를 해결하지만 모두 제한적입니다. 예를 들어 대부분의 사용자가 토큰, 키, 비밀번호를 사용하지 않을 경우에는 램포트의 알고리즘을 위한 시드seed 등을 가지고 있어야 합니다. 시스템의 관점에서 이러한 것들은 최소한 비밀번호와 관리만큼 어려운 일입니다. SecurID나 요청/응답 토큰을 분실하면 이것을 교체해야 하는데, 이렇게 하려면 원격 근무자나 외판원에게 야간 특급 배송을 보낼 수도 있습니다. 안내 데스크에서 설정해 주는 수동 일회용 비밀번호 같은 대안은 사실상 보조 인증 기술에 의존합니다. 이미 살펴보았듯이 보조 인증 기술은 일회용 비밀번호는 고사하고 보통의 비밀번호보다 훨씬 더 약할 때가 많습니다. 결국 가격은 비싸면서 보안은 오히려 더 나빠지는 최악의 솔루션인 것입니다.

물리적 개체는 도난뿐만 아니라 실수로 분실할 수도 있기 때문에 OTP를 사용하는 대부분의 사이트는 PIN으로 이것을 보완합니다. 물론 PIN도 비밀번호처럼 쉽게 잊어버릴 수 있으므로 보조 인증 비용을 부담하는 방식으로 되돌아가는 것입니다.

보조 인증 문제를 제외하면 OTP는 얼마나 안전할까요? 대답은 사실 훨씬 더 복잡합니다.

OTP 방식의 사용에는 두 가지 주된 장점이 있습니다. 첫째, 가장 중요한 것은 비밀번호 추측 문제가 없어진다는 것입니다. (물론 램포트의 방식을 위한 시드가 비밀번호 타이핑이 아니라고 가정합니다.) 다양한 형태의 타깃형 공격에 대해 OTP는 매우 큰 장점입니다. 하지만 타깃형 공격은 종종 비밀번호 문제에서 작은 부분에 불과합니다. 두 번째 장점은 토큰은 쉽게 공유할 수 없다는 것입니다. 대여는 가능하지만, 원래 인증됐던 사용자가 더 이상 이 토큰을 소유하는 것이 아니므로 이 사용자는 로그인할 수 없습니다. (휴대폰의 '소프트 토큰' 사용은 이러한 위험을 제한하는 한 가지 방법입니다. 휴대폰은 전용 하드웨어 토큰만큼 위조 방지가 되지는 않지만, 자기 휴대폰을 방치하는 사람은 드뭅니다.)

많은 독자들이 이쯤이면 '그럼 일회용 물건을 쓰면 되잖아??!!'라고 생각할 것입니다. 확실히 강력하긴 하지만, 이 방식은 중요하게 다루지는 않았습니다. 우선 오늘날 공중파 도청의 위험은 10년 전에 비해서 훨씬 적어졌습니다. VPN을 포함해서 많은 형태의 암호화가 광범위하게 사용되고 있기 때문에 누구든지 암호화를 사용하지 않고 원격 시스템에 로그인하면 많은 형태의 공격에 취약해집니다. 심지어 암호화가 있어도 연결의 한 종단을 침해한 공격자라면 자격 증명을 훔칠 수도 있고, 이런 식으로 훔친 비밀번호를 재사용할 수도 있습니다. 공격자가 서버를 침해했다면 이미 어떤 계정에 무엇이든지 할 수 있는 위치에 있는 것입니다. 그리고 클라이언트가 침해되었다면 어느 정도 영리한 악성 코드라면 자격 증명을 빼내갈 수 있습니다.

컴퓨터에 앉아 OTP 장치나 종이에 인쇄된 글자를 한 개씩 입력하고 있다고 가정해 봅시다. 악성 코드는 여러분이 다음 번부터 마지막까지 글자를 입력하기를 기다리고 있습니다. 그런 다음 새로운 열 개의 연결을 서버에 설정하고, 여러분이 이미 타이핑한 글자를 다시 넣은 후 각 연결에서 마지막 자리에 대해 별개의 추측을 시도합니다. 이 중 하나는 성공할 것입니다. 이럴 때는 기기가 침해당해도 단일 연결을 설정한 사실조차 모르고 계속 악성 코드와 통신하게 될 수도 있습니다. 물론 악성 코드가 비밀번호를 전부 모으면, 단순히 '연결 끊어짐'이나 '비밀번호 틀림' 같은 메시지를 표시할 것입니다. 그러면 당신은 당연히 비밀번호를 잘못 입력했다고 생각할 것입니다.

서버단에도 이와 비슷한 공격이 있습니다. 피싱 공격을 당해서 가짜 웹사이트에 일회용 비밀번호를 입력한다고 생각해 봅시다. 공격자는 이 비밀번호를 수집하여 당신 대신 로그인할 수 있습니다.

분명히 똑같은 책략은 전통적인 비밀번호에도 쓸 수 있습니다. OTP는 도난 세션이나 자격 증명을 오직 한 번만 사용할 수 있습니다. 그리고 시간 기반 토큰은 제한된 시간 동안 유효합니다. 하지만 피해가 줄어드는 것과 피해가 없는 것에는 차이가 있습니다.

은행의 종이 기반 OTP 시스템에도 피싱 공격이 있었습니다. 피해자들에게 온라인 접근을 재증명하기 위해 보안카드의 다음 세 개의 숫자를 순서대로 입력하라고 지시하는 종류의 공격에 대해서도 들은 적이 있습니다.

서버쪽 인프라를 시작으로 고려해야 하는 것이 더 있습니다. 서버가 침해되면 어떻게 될까요? 이미 설명한 시간 기반 인증, 요청/응답, 두 장의 종이 기반 보안 모두 서버가 클라이언트의 비밀을 알게 됩니다. 해당 데이터베이스를 해킹한 사람은 무한정 클라이언트를 가장할 수 있습니다. 인기 사이트의 패스워드 데이터베이스가 해킹당한 횟수를 볼 때 OTP라고 해서 이런 리스크에 절대로 안전하다고 생각할 이유는 없습니다.

사실 백엔드 인프라 전체는 보안의 방어선으로 간주해야 합니다. 아마도 관리자 인터페이스를 사용하여 새로운 토큰과 새로운 (알려져 있는) K를 어떤 사용자에게 할당했다고 기록함으로써 계정 데이터를 변조할 수 있는 공격자는 해당 사용자의 계정을 차지할 수 있습니다. 이러한 문제를 과소평가해서는 안 됩니다. SecurID는 단지 토큰이나 암호화 방법만을 판매한 것이 아니라 소프트웨어와 서버 및 사용자를 추가하고 삭제하는 관리 코드와 데이터베이스 등 인증의 전체 시스템을 판매했기 때문에 시장에서 성공한 것입니다. 마케팅 전략으로도 훌륭했고, 이런 코드가 분명히 필요하기 때문에 상당히 좋았지만, 이 모든 것과 이것을 구동하는 기기들은 보안에 민감합니다. 이런 시스템을 충분히 잘 보호할 수 있을까요? 어떤 인증 시스템이든지 이러한 구성 요소 중 적어도 일부는 필요합니다. 보안 시스템을 엔지니어링하려면 어떤 구성 요소가 있는지, 그리고 이것을 보호하는 방법은 무엇인지 잘 알아야 합니다.

마지막으로 인증 비밀의 출처에 대한 문제가 있습니다. 누가 K나 x를 고를까요? 이 과정은 안전할까요? 벤더가 공급하는 경우 이들은 적절하게 보호하고 있을까요? 이것은 느긋하게 생각할 문제가 아닙니다. 록히드Lockheed 사는 RSA에서 훔쳐낸 SecurID 시스템 데이터를 사용하여 침투당했습니다. [Drew 2011] 정확하게 무엇을 도난당했는지는 발표되지 않았지만, 록히드 사에서 K에 이용한 정보일 것이라고 추측하고 있습니다. 사용자는 일반적으로 로그인 이름으로 접속하지만, 토큰의 키는 일련번호를 이용해서 색인으로 정리되어 있으므로 공격자에게는 이보다 많은 데이터가 있어야 합니다. 따라서 침투 시도는 로그인과 일련번호 간의 매핑을 노리고 침투했거나 일부 사용자를 대상으로 일련번호 세트 전체를 (그래서 키까지) 훔쳤을 것입니다.

7.8 암호화 인증

암호화 인증은 보통 가장 강력한 유형으로 간주됩니다. 그럴 수도 있지만, 때로는 구현 상의 결함 때문에 보호 기능이 떨어질 수 있습니다. 늘 그렇듯이 알고리즘의 0과 1을 살펴보는 것보다 전체 시스템을 보는 것이 중요합니다.

암호화 인증에 대해서 정확하게 정의되어 있지는 않지만, 필자는 직관적으로 이 용어를 인증하기 위해 양쪽 당사자가 암호화 및 암호의 비밀(즉 키)을 사용하는 프로토콜이라는 뜻으로 사용합니다. 암호화 인증을 사용자의 인증이 다른 사이트로 전송되지 않게 하고 MitM^{Monkey-in-the-Middle} 공격을 방지하는 방어책이라고 할 수 있습니다. 또한 이 과정은 세션 암호화를 위한 암호화 키 협상을 포함합니다. 이러한 메커니즘은 종종 상호간 인증을 제공합니다. 사용자가 키와 암호화를 활용할 경우 (a) 사용자는 필요한 계산을 수행하는 데 충분히 안전한 로컬 컴퓨팅 능력이 있고 (b) 장기간 저장할 수 있는 안전한 키 저장소가 있다는 뜻입니다. 충분한 로컬 컴퓨팅 용량은 쉽게 확보할 수 있지만, 안전성 확보와 안전한 키 저장은 완전히 다른 문제입니다.

그러면 암호화 인증은 왜 이렇게 강력할까요? 실제로 강력할까요? 아니면 그저 그렇게 인식될 뿐일까요? 위에서 설명한 속성 때문에 암호화 인증이 강력해지는 것이지만, 어떤 면에서 보면 정말 그렇게 인식되어 있을 뿐이기도 합니다.

이론적인 면에서 암호화 인증의 최대 장점은 원칙적으로 약한 패스워드가 아니라 임의의 키를 기초로 한다는 것입니다. 하지만 이렇게 하면 키 저장과 보호에 대한 의문이 생깁니다. 앞에서 설명한 것처럼 보안 문제는 우회할 수 있을 뿐 없앨 수는 없습니다. 암호화 키가 패스워드에서 파생된 경우, 또는 패스워드가 암호를 보호하기 위해 사용되는 경우에는 내재적인 설계의 강도가 반드시 패스워드보다 강하지는 않습니다. 예를 들어 패스워드로부터 암호화 키를 파생시키기 위해 사용자측에서 PKCS#5를 사용하지만, [Kaliski 2000] 암호화 인증을 사용하는 시스템을 살펴보면, 서버에는 패스워드 자체가 아니라 키의 복사본이 필요합니다. 하지만 이 값은 사실상 해시 암호이고, 이에 대해 여전히 추측 공격을 할 수 있습니다.

그렇다고 지금 이러한 시스템이 평범한 패스워드보다 더 강하지 않다고 말하는 것은 아닙니다. 이러한 방법은 여전히 차이가 있지만, 좀 더 미묘합니다. 사용자의 비밀번호는 서버에 전송되지 않으므로 이 방법으로는 공격자가 암호를 포착할 수 없습니다. 결국 중간자 공격 방지anti-MitM 속성을 태동시킨 후 서버에서 다른 사이트로 보낼 수 있는 것을 전혀 받지 않게 합니다. 재사용은 고사하고 절도도 불가능한 자격 증명이 전송되므로 피싱 공격은 무력화됩니다.

연결의 다른 쪽 끝에 인증 서버가 없어도 똑똑한 공격자라면 사용자를 속여 민감한 정보를 노출시키기 때문에 여기에 선택적인 상호 인증 속성을 넣으면 더욱 유용합니다. 양쪽 당사자가 세션키를 협상하는 암호화 메커니즘을 사용할 수 있다면, 해당 키는 양방향에서 요청/응답 인증을 위해 사용할 수 있습니다. 반대로 공유키가 있다면 상호 인증 속성은 중간자MitM가 없다는 것을 보장할 수 있습니다. 공격자에게는 이 복잡한 인증의 일부가 되는 장기적인 키가 없을 것입니다. 그러나 사용자가 양방향 인증의 실패를 알아차리는 데 의존하는 게 아니라 이러한 상황에서는 시스템 자체가 작동하지 않도록 해야 합니다.

키 머티리얼material은 전체 세션을 암호화하는 데 사용할 수 있습니다. 이로써 통상적으로 보호할 수 있는데, 암호화는 인증된 세션이 완전히 설정된 다음에 하이재킹으로부터 보호하기 때문에 이런 맥락에서 특히 중요합니다. 그렇지 않더라도 개인키를 저장하고 보호할 수 있다면, 암호화 인증은 실제로 매우 강합니다.

개인키를 저장할 때는 비밀번호 파생, 외부 장치, 로컬 암호화 저장, 이렇게 세 가지 주요 메커니즘을 사용할 수 있습니다. 이들 중 무엇도 완벽하지는 않고, 각각 단점이 있습니다.

비밀번호에서 키를 파생시키는 문제에 대해서는 앞에서 설명했지만, 분석에 따르면 비밀번호를 직접 전송하는 것보다는 나은 선택입니다. 하지만 가장 일반적으로 사용하는 방법은 커베로스Kerberos 같은 싱글 사인 온single-sign-on 시스템의 사용입니다(7.10절 참고). 단 키스트로크 로거는 일반적인 패스워드만큼이나 이 방식에도 효과적이라는 것에 주의하세요.

키의 외부 저장소는 가장 안전한 선택입니다. 그러나 7.9절에서 설명한 것처럼 아직도 중대한 걱정이 남아있습니다. 대부분 가격과 편리성의 문제이지만, 한 가지 보안에 대한 우려 사항이 있습니다. 여러분의 장치에 악성 코드가 있다면 키를 사용하거나 개시하려는 인증 시스템의 중간을 막고서 이 키를 사용해 자신의 세션을 대신 개시할 수도 있습니다.

아마 세 번째 선택이 가장 보편적일 것입니다. 패스워드는 .ssh 개인키나 인증서, 특히 TLS와 결합된 개인키를 암호화하기 위해 사용할 수 있습니다. 다른 두 가지 설계가 가진 문제도 있습니다. (키스트로크 로거는 업그레이드되어 암호화 키 파일과 함께 이를 보호하기 위해 사용되는 비밀번호를 훔칠 것으로 예측됩니다.) 대부분의 경우 키를 포함하는 파일의 가용성이 더 큰 문제입니다. 사용자가 하나 이상의 기기를 자주 사용한다면 (많은 사람들이 보통 그렇습니다.) 모든 기기에 똑같은 키 파일이 있어야 합니다 이 뮤제는 키를 클라우드 저장소나 USB 플래시 드라이브에 담아두면 해결할 수 있으며, 공용 키오스크 기기나 인터넷 카페 등에서 이런 인증이 가능해지기 때문에 많은 사람들이 이것을 가장 이상적으로 생각합니다. 하지만 사실 그런 기계는 수많은 악성 코드가 득실거리는 악명 높은 은신처이므로 좋은 생각이 아닙니다. 감염된 기계에서 암호화 인증을 사용하는 것은 다른 방법으로 사용하는 것만큼이나 안전하지 않습니다.

마지막으로 암호화 인증은 궁극적으로 암호화 프로토콜이라는 것에 주의해야 합니다. 일반적으로 암호화 프로토콜에 적용되는 모든 경고 및 주의 사항이 여기에서도 적용되므로 직접 암호화를 발명하려고 하지 마세요.

7.9 토큰과 휴대폰

보안에 민감한 조직에서는 여러분이 가진 토큰이 인기 있는 인증 메커니즘입니다. 토큰을 사용하면 비밀번호의 약점을 피할 수 있는데, 추측 공격에서 안전하고, 인증 시퀀스가 (거의 틀림없이) 반복되지 않으며, 자기 것을 포기하지 않는 한 공유도 할 수 없습니다. 그럼에도 불구하고 토큰의 위험과 한계도 고려해야 합니다. 늘 그렇듯이 시스템의 관점에서 문제를 볼 필요가 있습니다.

항상 명백한 문제는 가격입니다. 토큰은 처음에는 비밀번호보다 더 비싼 비용을 지불해야 합니다. 확실히 초기 비용은 더 들지만, 인증을 위한 총 비용에 대한 평가는 다소 복잡합니다. 복잡한 보조 인증 메커니즘의 형태와 비밀번호 관련 침해를 복구하는 데 훨씬 더 큰 비용이 들기 때문에 비밀번호에는 숨겨진 비용이 수반됩니다. 또한 관련된 모든 응용 프로그램에 토큰을 적용할 수 있는지에 대한 질문도 생깁니다. 시간이 지나면서 많은 세션을 인스턴스하는 응용 프로그램과 대부분의 토큰을 기반으로 하는 시스템인 단일 사용 속성 사이의 시맨틱 불일치는 더욱 커집니다. 이 경우 웹 기반이 바로 명확한 예시가 됩니다. HTTP는 상태를 저장하지 않습니다stateless. 일반적으로 단일 페이지에서 새로운 요청을 할 때나 한 페이지 안에서도 어떤 요소가 별도의 TCP 연결을 일으켜서 인증을 분리할 수 있지만, 이런 일은 절대로 받아들일 수 없습니다. 보통은 토큰 기반 인증으로 웹 쿠키와 같이 수명이 긴 다른 인증 방법을 생성하는 해법이 쓰입니다. 하지만 이때 토큰에 저장되지 않으므로 공격에 더 취약할 수 있는 다른 비밀 키가 생성됩니다. 쿠키를 훔치기 위한 크로스 사이트 스크립팅XSS ; Cross-Site Scripting 공격이 그 전형적인 예입니다.[3]

결함이 토큰 기반 인증 자체가 아님을 깨닫는 것은 중요합니다. 초기 인증이 어떻게 처리되든지에 관계없이 크로스 사이트 스크립팅 공격은 웹 브라우저의 특성을 기반으로 합니다. 하지만 시스템의 관점에서 보면 해당 사이트는 토큰 사용으로 얻으려고 했던 보안에 실패하는 것입니다.

토큰이 제공하는 인증 문자열이 나타나기를 기다리는 악성 코드가 있다면 비슷한 약점이 생길 수 있습니다. 이 문자열은 악성 코드에 의해 포착되고, 사용자가 아니라 악성 코드의 로그인을 위해 사용됩니다. 해당 사이트는 임의의 쓸모없는 값을 받으므로 당연히 인증은 실패합니다. 하지만 딱히 아무도 알아차리지 못한 채 무작위적인 오류나 타이핑 실수로 해석될 가능성이 높습니다. (생각해 봅시다. 웹 로그인에 실패했다가 다시 똑같은 정보를 입력했을 때 성공한 적이 몇 번이나 있나요? 보안상 문제가 있을 수 있다는 직감이 발동하던가요? 그랬어야 했던 걸까요?) 다시 말하지만 문제는 토큰 개념에서 온 게 아니고 토큰의 장점도 발휘되지 못했습니다.

보안 리스크 외에도 응용 프로그램 호환성의 문제가 때때로 결격 요인이 됩니다. 주류 플랫폼에서 일반 토큰과 인기 있는 응용 프로그램의 경우 벤더가 적절한 인터페이스를 제공하기 때문에 문제가 없을 수도 있습니다. 혹은 플랫폼에서 모든 응용 프로그램이 사용할 수 있는 일반 인증 인터페이스를 사용할 수 있습니다. 7.7절에서 설명한

---

3 "크로스 사이트 스크립팅(XSS)" https://www.owasp.org/index.php/Cross-site Scripting (XSS)

것처럼 토큰에 대한 소프트웨어 지원은 그냥 토큰 자체 또는 간단히 '이 인증은 유효한가?'와 같은 루틴 이상을 포함해야 합니다.

비밀번호를 잊어버리는 문제에 대해서는 이미 말했습니다. 토큰도 물론 깜박 잊을 수도 있고, 잃어버릴 수도 있으며, 도난당할 수도 있습니다. 토큰으로 인증해야 하는데 집에 두고 왔다면 사용자는 인증할 방법이 없으므로 일도 할 수 없습니다. 그러면 어떻게 해야 할까요? 하루의 생산성을 포기하나요? 보조 인증 수단에 의지할까요? 아니면 임시 인증 방법을 쓸까요? 물론 보안과 비용을 조율하는 저울추에 따라 해답은 달라집니다. 보안 수준이 높은 곳이라면 안전하지 못한 보조 인증 제도를 사용하는 대신 비용 손실을 감수하는 쪽을 선택할 것입니다. 최소한 이 부주의한 직원을 아는 사람에 의한 대면 보증 정도는 필요합니다. 다른 작업장에서는 물론 또 다른 선택을 할 것입니다. 토큰 관련 문제에 대해 자주 제안되는 해결책은 소프트 토큰으로, 일부 컴퓨터에서 실행되는 전용 토큰을 에뮬레이션하는 소프트웨어입니다. 많은 사람들이 옷보다는 휴대폰을 더 잘 챙기기 때문에 여기에는 스마트폰이 많이 쓰입니다(그림 7.3 참고). 하지만 여기에는 심각한 위험이 숨어 있습니다. 평범한 컴퓨팅 장치는 리버스 엔지니어링에 대한 방어책이 전혀 없기 때문에 다른 응용 프로그램에서 비밀을 추출하는 악성 코드를 비교적 쉽게 만들 수 있습니다.

인증 시스템을 노리는 스마트폰 기반 악성 코드를 굳이 상상할 필요도 없이 이미 해당 예가 존재합니다. 휴대폰을 토큰으로 사용하여 표적으로 삼은 유명한 예가 있습니다. [M. J. Schwartz 2011] 서버는 임의의 문자열을 문자 메시지SMS를 통해 사용자에게 보냅니다. 이론적으로는 사용자만 해당 휴대폰이 있으므로 이 문자열을 볼 수 있는 유일한 사람입니다. 따라서 토큰을 통해 요청/응답 인증을 적용하는 간단한 방법으로 보입니다. 그런데 이렇게 간단하지만 안전하지는 않을 수 있습니다.

또한 프라이버시 문제를 초래할 수도 있습니다. 대부분의 사람들은 평생 한 개의 휴대폰 번호만 씁니다. 그래서 한 개인에게 귀속되는 지속적인 고유 식별자가 되어 마케팅에서 개인 프로필과 정확하게 일치하는 것입니다. 문자 메시지를 로그인 과정에 사용하는 클라우드 서비스에 가입한다면 프라이버시의 문을 활짝 열 수 있습니다. (현 시점에서는 구글, 페이팔, 드롭박스, 애플의 아이클라우드 등이 이를 지원합니다.) 해당 계정이 해킹당할 경우 생기는 프라이버시 침해가 매우 크기 때문에 해당 업체들이 이를 신경 써서 보호하겠지만, 그래도 위험을 무릅쓰는 일임에는 틀림 없습니다.

휴대폰, 특히 스마트폰은 도둑에게 인기 있는 표적입니다. 다행히 보통의 소매치기는 휴대폰에서 비밀을 추출하거나 어떤 식으로든지 인증 속성을 악용할 가능성이 적습니다. 하지만 MI-31에 대해 똑같이 말할 수는 없습니다. 민감한 데이터에 대한 인증용 휴대폰을 도난당할 경우 이 도난 사건의 동기를 확실히 인지할 수 있을까요? [Allen 2012]

이러한 이유 때문에 토큰은 항상 패스워드나 PIN, 또는 생체인식 같은 다른 인증 방식과 함께 사용해야 합니다. 특히 두 번째 인증이 서버가 아닌 토큰으로 직접 전송되는 경우 이

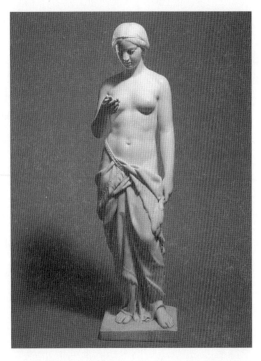

그림 7.3 옷을 입기 전에 문자 메시지를 읽고 있는 것일까? 자기 사진을 찍고 있는 것일까? 그런 건 아니다. 이 조각은 1856년에 만들어진 이라스투스 Erastus Dow Palmer의 원주민 소녀, '기독교의 여명'이라는 작품이다.

러한 이중 인증 two-factor 형태를 설계할 때는 매우 주의해야 합니다. 토큰이 이런 위협에 저항할 수 있도록 특별하게, 그리고 능숙하게 설계되지 않는 이상, MI-31은 토큰 자체로 수행되는 인증을 우회할 가능성이 큽니다. 특히 소프트 토큰은 이러한 리스크에 취약합니다. 기본적인 플랫폼 보안에 대한 강력한 증거가 없을 때는 매우 리스크가 큰 것으로 가정하여 사용을 삼가해야 합니다.

항상 분실한 토큰은 무효화하고 새로운 토큰으로 전환하는 계획이 있어야 합니다. 토큰은 분실, 도난, 화재, 사고나 간단한 하드웨어 장애 때문에 교체가 필요합니다. 어떤 데이터가 전적으로 장치에 상주하는 비밀을 통해서만 접근할 수 있다면, 이런 기밀은 백업 복사본을 갖고 있어야 합니다. 사용자의 스마트카드에만 저장된 키로 파일을 암호화하면 재난을 당할 수 있습니다. 그러므로 또 다른 복사본은 안전한 곳에 보관해 두세요.

7.10 싱글 사인 온과 연합 인증

싱글 사인 온SSO ; Single-Sign-On은 두 단계의 인증을 사용합니다. 사용자는 어떻게든지 중앙 서버에 인증하고, 해당 인증 사항은 사용자가 통신하려는 다른 시스템에 연결되어 통신됩니다. 연합 인증federated authentication도 본질적으로 같은 것이지만, 중앙 서버가 외부 당사자로서 다른 여러 외부 사이트에 신원을 보증한다는 점이 다릅니다. 내부 SSO 시스템에는 초기 인증과 추가적인 인증이 어떻게 수행되는지, 그리고 후자의 사용자 인터페이스라는 세 가지 큰 문제가 있습니다. 외부자가 관여될 때는 추가적인 문제가 더 있지만, 이에 대해서는 나중에 설명하겠습니다.

첫 번째 질문은 비교적 쉽게 처리됩니다. 이론적으로 어떤 표준 인증 시스템이든지 사용할 수 있고, 통상적인 장점과 단점이 함께 적용됩니다. 이 경우 SSO는 공격자들, 특히 수준 높은 공격자들의 입맛을 당기는 표적이므로 보통보다 더 보호해야 한다는 점에 주의하세요. 즉 이런 서버에는 로그 접근이 많기 때문에 더 강력한 사용자 인증 형태를 도입하는 것이 좋습니다. 최소한 SSO 서버용으로 사용하는 인증은 그 인증을 신뢰할 시스템에 대한 강도보다 높아야 합니다.

또 다른 문제도 있습니다. 사용된 SSO 인증 형태는 이후의 인증과 상호작용합니다. 특히 이러한 이후의 인증은 때때로 SSO 서버에 의해서 사용자의 컴퓨터로 전달되는 민감한 자료에 의존할 때도 있습니다. 해당 전송은 보호되어야 하는데, 이렇게 하려면 일종의 암호화가 필요합니다. 따라서 간단한 암호화 채널 설정을 허용하는 암호화 형태를 선호합니다. 웹 기반 SSO에서 사용하는 대안은 SSO 서버에 대한 TLS 보호 세션의 사용에 의존하는 것입니다.

웹 기반 인증 시스템은 로그인 상태를 유지하기 위해 쿠키cookies에 의존할 수도 있습니다. [Barth 2011] 하지만 쿠키는 설정됐던 사이트로만 복귀할 수 있어서 다른 웹사이트에 로그인 정보를 전달하려면 다른 메커니즘을 사용해야 합니다. 일반적으로 이러한 작업은 웹사이트와 SSO 사이트 간의 대역 외out-of-band 통신에 의해 수행됩니다.

이 경우 한 가지 가능한 (지나치게 단순화된) 작업 순서를 고려해 보면 도움이 됩니다. 예를 들어 크리스라는 사용자가 www.ReallyAwesomeSSO.com에 처음으로 접속하여 로그인한다고 가정해 봅시다. 해당 사이트는 크리스의 브라우저에 쿠키를 전송합니다. (크리스가 운이 좋으면 이 쿠키는 적절한 암호화 보호를 받겠지만, 이것은 또 다른 문제입니다.) 그런 다음 정말 방문하고 싶었던 FeralAmoebae.com에 접속합니다. FeralAmoebae.com 페이지에는 URL, IFRAME, 이미지, 일부 자바스크립트 등 www.ReallyAwesomeSSO.com에서 가리키는 것들과 일부 세션별 고유 문자열이 있습니다. 그러므로 크리스의 브라우저는 www.ReallyAwesomeSSO.com에 접속한 후 식별 쿠키를 되돌려보냅니다. www.ReallyAwesomeSSO.com이 이것을 보면 대역 외 채널을 사용하여 사용자가 접속에 사용한 고유 문자열을 FeralAmoebae.com에 알려줍니다. (더 정확하게 설명하자면, FeralAmoebae.com은 www.ReallyAwesomeSSO.com으로 어떤 사용자가 해당 문자열에 일치하는지 물을 것입니다.)

현재 가장 잘 알려진 웹 기반 SSO 서비스는 페이스북 커넥트Facebook Connect입니다.[4] IETF의 OAuth 2.0 디자인 [Hardt 2012]을 기반으로 한 이 작동은 저자의 설명보다 더 복잡합니다. 부분적으로는 가설의 예시가 아니라 실제 시스템이기 때문이고, 다른 한편으로는 어떤 정보를 FeralAmoebae.com(혹은 다른 사이트)에 전송할지 사용자에게 권한을 요청한다는 실질적인 이유 때문입니다. 이것은 세 번째 질문, 즉 사용자가 무엇을 누구에게 전송할지를 제어하는 것이 얼마나 쉬운가의 문제로 이어집니다. 이 경우 큰 문제는 사용자의 프라이버시입니다. 페이스북은 사람들에 대해 많이 알고 있는데, 이 중 대다수는 페이스북과 계약 관계에 있는 우연히 방문한 임의의 웹사이트로 자신의 정보가 모두 전송되기를 원하지 않습니다.

추가적인 프라이버시 문제도 있습니다. 이와 같은 형태에서 SSO는 사용자가 방문하는 모든 제휴 사이트를 알고 있습니다. 그렇다면 이것은 정당할까요? 공공 웹사이트에서는 괜찮을 수 있지만, 사용자들을 위해서는 아닐 수도 있습니다. 고용주의 경우라면 이것이 좋은 선택일 수 없습니다.

방금 요약한 웹 기반보다 더 일반적인 SSO 형태도 있습니다. 다양한 ID 공급자의 세계를 상상해 봅시다. 사용자는 이 중 여러 개의 계정이 있을 수 있습니다. 하나의 시스템에 로그인한 후 SSO 서버는 일종의 암호로 밀봉된 객체를 반환합니다. 다른 시스템에 로그인하기 위해 사용자는 캐시된 ID, 즉 사용자에게 있는 여러 가지 암호학적으로

---

[4] "인증 – 페이스북 개발자들" http://developers.facebook.com/docs/authentication

보호된 ID 중 어떤 것을 원하는 사이트로 전달할 것인지 지정합니다. 그러면 그 사이트는 해당 ID 공급자로부터 크리스의 ID를 받게 됩니다.

사용자 인터페이스는 매우 중요합니다. 다른 것은 제외하더라도 크리스는 HiTech EmploymentAgencySSO.com이 고용주에게 자신의 자격 증명을 보내 난처해지는 일이 없기를 원할 것입니다. 고용주의 입장에서는 어떤 ID 공급자를 신뢰할지 결정해야 합니다. 오직 자신의 것만? 페이스북? 지방 정부? MI-31의 비밀활동 조직이 운영하는 것? 연합 시스템에서 가장 중요한 것은 (공급자, ID) 튜플일 것입니다. 이것은 물론 인증과 권한 부여의 중요한 차이점입니다. 그러면 어떤 튜플에 권한을 부여할 것인가요?

이러한 패러다임을 기반으로 하는 시스템은 많습니다. 마이크로소프트가 가장 잘 알려져 있지만,[5] 적어도 하나의 오픈 소스 시스템을 포함해서 다른 것들도 많습니다. 연합 ID의 개념은 백악관에서 인터넷 신원 확인에 쓰이는 NSTIC National Strategy for Trusted Identities in Cyberspace의 핵심이기도 합니다. [White House 2011]

조직 내 SSO를 위한 다른 제품들도 있습니다. 앞에서 설명한 커베로스도 이러한 제품입니다. 이 경우 신뢰성과 프라이버시 문제는 크게 발생하지 않지만, 사용자 인터페이스 질문은 여전히 중요합니다. 사용자가 회사의 모든 것에 편리하고 확실하게 접근할 수 있다면 사용자가 구동하는 모든 악성 코드도 같은 접근 권한을 갖게 됩니다.

7.11 패스워드 저장 – 서버

사이트에서는 어떻게 패스워드 데이터베이스를 저장해야 할까요? 다른 종류의 인증 데이터는 어떻게 처리할까요? 먼저 패스워드를 살펴봅시다. 필자는 서버 컴플렉스에 보안 장애가 일어난다고 가정할 것인데, 그럴 일이 없다면 특별히 좋은 방비를 취할 이유는 없습니다. 하지만 보안이 완벽하다고 생각했는데 틀린다면, 그 결과는 재앙일 것입니다.

---

5 "주장 기반의 신원과 접근 컨트롤 가이드 (2nd Edition)" https://msdn.microsoft.com/en-us/library/ff423674.aspx

아주 이전에는 비밀번호가 읽기 보호 파일에 평문으로 저장되었습니다. DES 이전에는 적절한 암호화 알고리즘이 없었으므로 암호화되지도 않았습니다. 게다가 운영체제의 파일 보호로도 충분하다고 생각했습니다. 고전이 된 모리스와 톰슨의 논문은 [1979] 이것이 왜 나쁜 생각이었는지를 보여주었기 때문에 사람들은 읽을 수 있는 해시 비밀번호로 바꾸었습니다. 하지만 패스워드 추측 공격이 여전히 문제로 남아있었기 때문에 대부분의 공급업체는 결국 읽기 보호된 파일 안에 있는 해시 비밀번호로 전환했습니다.

단일 기기에는 이 정도로도 괜찮습니다. 하지만 네트워크로 연결된 복잡한 기기나 대부분의 기기에 대해 전통적인 로그인 접근 방법이 없으면서 엄청난 사용자가 있는 대형 시스템 컴플렉스에서는 이런 방법이 그렇게 잘 통하지 않습니다. 같은 ISP 사용자나 메일 서비스 가입자, 웹사이트의 고객 모두 로그인과 패스워드를 갖습니다. 그리고 단일 호스트에서는 볼 수 없는 규모, 즉 수만 개에서 어쩌면 수천만 개의 계정을 운영하고 있을 것입니다. (페이스북은 세계 인구의 18% 이상인 14억 명 이상의 액티브 유저가 있다고 하는데,[6] 이들 모두 패스워드를 갖고 있습니다.) 따라서 분명히 많은 기업에게는 패스워드나 인증 서버가 필요합니다. 그러면 이들을 어떻게 보호해야 할까요? 다음의 두 가지 질문과 함께 분석을 시작해야 합니다. 이 서버의 운영상 요구 사항은 무엇이며, 침해의 결과는 무엇인가요? 자, 그러면 두 번째 질문부터 살펴봅시다.

여러분이 요구하는 인증의 유형이 이 질문의 답에 큰 역할을 합니다. 사용자가 공용 키 인증을 사용한다면 데이터베이스는 상대적으로 안전하여 공개키만 유출됩니다. 공개키는 정의상 공개하는 것이 허용되며, 키를 본다고 해서 공격자가 상응하는 개인키를 학습할 수 없습니다. 이 경우 데이터에 특별히 주의할 필요는 없습니다. (특정 상황에서는 개인키와 그에 상응하는 공개키가 비밀번호에서 파생될 수 있습니다. 필자는 동료와 함께 몇 년 전에 이러한 설계를 제안했습니다. [Bellovin, Merritt 1993] 이 때문에 패스워드 추측 공격의 리스크에 노출되었는데, 이것은 아래에서 다루겠습니다.)

한 단계 아래에는 도난당한 데이터가 여러분의 서비스에 불법 진입을 허용하되, 다른 서비스는 허용하지 않는 경우가 있습니다. 커베로스 데이터베이스나 다른 대칭 키들이 이 범주에 속합니다. 이것은 당신에게는 분명히 재난이지만, 사용자에게는 그렇

---

6 "기업 정보" https://newsroom.fb.com/company-info

지 않습니다. (물론 사용자의 계정이 해당 시스템에 대한 과도한 로그인 시도 때문에 고통받는 경우는 제외됩니다.)

최악의 상황은 평문 비밀번호가 침해되는 것입니다. 앞에서 설명한 것처럼 사람들은 로그인 이름과 비밀번호를 재사용하므로 당신의 사이트가 침해당하면 다른 사이트에 있는 많은 계정이 침해될 가능성이 매우 높습니다. 여러분에게 쏠릴 도덕적 비난은 제외해도 법적 책임의 위험을 지게 될 확률이 높습니다. 평문 암호를 저장하는 유일한 이유는 암호를 복구하기 위해서이므로 당연히 이러지 말아야 한다는 것이 정답입니다.

일부 사람들은 패스워드를 대칭 암호용 키로 사용할 경우 양쪽 모두 비밀번호를 가져야 한다는 다른 근거를 주장하겠지만, 이 말은 옳지 않습니다. 양쪽에 필요한 것은 공유된 같은 비밀번호로, 비밀번호 자체가 아니라 비밀번호에서 파생된 결정적이고 되돌릴 수 없는 값입니다. 그러므로 가장 간단한 해답은 비밀번호의 MD5 해시 같은 것을 저장하는 것입니다. 그런데 이 값은 같은 설계를 사용하는 다른 사이트를 공격할 때 유용하게 사용할 수 있습니다. 대신 당신의 서비스 이름이 있는 비밀번호를 해시하여 사용하세요. (또는 HMAC [Bellare, Canetti, Krawczyk 1996; Bellare, Canetti, Krawczyk 1997] 가 더 좋겠습니다.) 이 값 — HMAC(PW, https://www.example.com) — 은 특정 서비스와 통신할 때, 그리고 오직 해당 서비스만 통신할 때 유용합니다.

추측 공격은 비밀번호에서 파생된 모든 데이터 저장소에 대해 리스크가 됩니다. 이 문제와 이에 대한 해답은 모리스와 톰슨의 이야기로 되돌아갑니다. [Morris and Thompson 1979] 솔트salt를 추가하고 해시를 반복하세요. 현대적 버전에 대한 자세한 세부 사항은 [Kaliski 2000]에 제시되어 있습니다. 불행하게도 양쪽에서 통신이 발생하기 전에 공유된 비밀키 계산이 필요한 분산 환경에서는 이것이 간단하지 않습니다. (암호화 키 교환EKE ; Encrypter Key Exchange [Bellovin, Merritt 1992]은 이러한 프로토콜입니다.) 대신 다른 해시 값을 계산하세요.

$$H'(\text{사용자 이름, 사이트, 암호})$$

그리고 상위 64비트를 솔트로 사용하고, 하위 18−24비트를 반복 적용 횟수로 사용하세요. 그렇다면 어째서 18−24비트일까요? 해싱의 반복은 사전 공격dictionary attack 속도를 느리게 하는 것이 목적으로, 모든 암호가 10만 번 해시될 경우 연속적으로 추측하는

	형태	잠재적 피해
1	평문 암호	해당 사이트와 다른 사이트로 즉시 로그인 가능
2	단순 해시로 공유된 비밀키	적어도 해당 사이트만 즉시, 그리고 쉽게 로그인 가능
3	종이 형태	해당 사이트만 즉시 로그인 가능
4	시간 기반 그리고 질문/응답	해당 사이트만 즉시 로그인 가능
5	암호 기반(램포트)	해당 사이트와 다른 사이트에 대한 추측 공격
6	비암호 기반(램포트), 공개키	없음

표 7.1 저장된 인증 데이터의 침해로부터 생기는 위험(대략 감소하는 위험순)

공격자는 이전의 속도보다 1/100,000로 느려집니다. 안타깝지만 선한 사람들도 느려지기 때문에 적절한 선에서 타협해야 합니다. 비공식 실험을 통해 MD5가 약 30만 번 반복하면 느린 스마트폰에서 적당한 정도라는 것을 알 수 있습니다. 솔트 처리는 사전 계산 공격으로부터 보호하기 때문에 매우 중요합니다.

반복 횟수에 대한 서버측 고려 사항은 좀 더 복잡합니다. 우선 혼잡한 시간대의 로그인 속도 u(초당 사용자), 여러분이 해시를 반복하는 데만 전용으로 쓸 수 있는 CPU의 숫자 c, 해시당 CPU 시간 t를 알아야 합니다. 그렇다면 최대 반복 적용 횟수는 $h \cdot u/c$가 됩니다. 이 수치가 너무 느려서 공격자가 쉽게 추측할 수 있다면, 더 많은 CPU가 필요합니다.

요청/응답, 시간 기반, 그리고 종이 기반의 OTP는 일반적으로 패스워드 추측 취약점에 대한 걱정이 없으므로 다른 사이트는 안전합니다. 하지만 당신의 사이트 계정을 공격할 때는 유용한 데이터이므로 안전하게 보호해야 합니다. 램포트Lamport의 설계는 이런 점에서 매우 좋습니다. 저장된 데이터는 여러분의 사이트나 다른 곳에서 새로운 인증에 사용할 수 없고, 본질적으로 반복해서 적용하고 활용합니다. 최대 횟수가 충분히 높게 설정되어 있는 경우 시드 비밀키가 패스워드로부터 파생된 경우에도 공격자가 상당한 기본 횟수를 반복 적용해야 합니다. (하지만 제한된 횟수의 로그인 속성에 의존하는 경우 그 값을 시드 알고리즘으로 사용하기 전에 여러 번 반복 적용하는 것이 좋습니다.) 인증 데이터 저장의 다른 유형에 대한 위험 요약은 표 7.1에 나와 있습니다.

사용자 이름도 저장하기 전에 해시되도록 제안하고 싶을 것입니다. 결국 사용자 smb의 비밀번호가 123456이란 것을 알아내는 것과 사용자 79e0f325804daf bdaef73b3b17c0fd8d의 비밀번호가 이것이라는 것, 또는 그 사용자의 비밀번호가 e10adc3949ba59abbe56e057f20f883e라는 것을 아는 것은 다릅니다. 하지만 이것도 크게 도움이 되지는 않습니다. 공격자는 시스템의 여기저기에 있는 다른 데이터로부터 상당한 사용자 이름을 알아낼 가능성이 크고, 필요한 해시를 수행하기도 쉽습니다.

이 절의 초기에 제기한 다른 질문으로 되돌아가 봅시다. 운영적 요구 사항은 무엇일까요? 비밀번호를 저장하는 사이트는 보조 인증 정보도 저장해야 합니다. 수많은 공공 사이트와 많은 내부 사이트에는 이러한 정보가 있습니다. 대다수의 흔한 필드에는 몇 가지 선택 사항만 있기 때문에 해시로 보호하는 것은 매우 중대하지만 더 어렵습니다. 출생지? 미국에는 2만 개 미만이 있을 뿐입니다.[7] 좋아하는 색깔? 대부분 사람들은 색깔 이름을 많이 알지 못합니다.[8] 엄마의 결혼 전 성? 90% 이상의 미국인의 성은 10만 번 미만의 추측으로 찾을 수 있습니다.[9] 심지어 온라인으로 흔한 애완동물 이름의 목록도 찾을 수 있습니다. 일부 국가에서는 이런 데이터를 얻기가 더 힘들 수도 있지만, 다른 국가도 상황은 비슷할 것입니다. 다시 말해서 전형적인 보조 인증 데이터 사용은 거의 평문 암호로 저장하는 것만큼 위험합니다.

보조 인증 외에도 사용자 추가와 삭제, 비밀번호 변경이나 재설정, 그리고 (당연히) 로그인 시도 확인 등 운영면에서 중요한 다른 요구 사항도 있습니다. 인증 서버도 컴퓨터이며, 소프트웨어 유지 보수, 디스크 백업 및 복구, 인증 파일의 다른 복제본과 데이터베이스의 동기화, 정기적 문제 해결을 위한 시스템 관리자 로그인 등 일반적인 컴퓨터와 똑같은 관리가 필요합니다.

이밖에도 데이터베이스의 일관성이라는 또 다른 미묘한 문제가 있습니다. 두 개의 인스턴스는 서로 달라지기 때문에 같은 데이터를 여러 곳에 저장하는 것은 절대 좋은 생각이 아닙니다. 직접적인 운영 요구 사항을 위한(어떤 메일 서버가 이 사람의 메일을 갖고 있는가?) 것이든 수익 관련(어떤 유형의 타깃형 광고가 가장 효과적인가?), 또는 언어와 같은 간단한 사용자 선호 사항이든 사이트는 민감하지 않은 사용자 프로필 정보를 저

---

7 "인구 통계" http://www.census.gov/popest/data/intercensal/cities/cities2010.html

8 "컬러 설문조사 결과" http://blog.xkcd.com/2010/05/03/color-survey-results

9 "센서스 2000 성(姓) 통계" http://www2.census.gov/topics/genealogy/2000surnames/surnames.pdf

장하게 마련입니다. 이러한 정보를 인증 데이터와 함께 저장하면 공격 표면이 넓어지고, 별도로 저장하는 경우에는 일관성 문제가 더 심해집니다. 더욱 심각한 것은 신용카드번호와 같은 민감한 정보로, 이런 것은 별도의 안전한 저장 공간을 마련하는 것이 좋습니다.

표 7.1은 안전한 인증 기술(예를 들어 표의 마지막 행)을 사용하는지 확인할 수 있도록 도와줍니다. 데이터를 어디에 저장하는지는 중요하지 않으므로, 가장 편리한 서버에 저장하면 충분합니다. 반대로 적어도 표의 처음 두 번째 행, 아마도 네 번째 행까지는 특별한 주의가 필요할 만큼 매우 위험합니다. 이러한 인증 데이터는 별도의 서버에 저장하고 프로토콜과 운영 환경에 신경을 많이 써야 합니다(디자인 문제는 '11장. 안전한 시스템 구축하기' 참고). 오직 다섯 번째 행, 즉 암호 기반 램포트만 어려운 선택을 제시합니다. 일반적인 사용자 프로필 데이터베이스에 데이터를 유지하는 것은 방어적 선택이지만, 어차피 (예를 들어 보조 인증 데이터를 위한) 안전한 인증 저장소가 필요하다면, 기본 데이터도 거기에 넣을 수 있습니다(다른 고려 사항에 대해서는 '11장. 안전한 시스템 구축하기' 참고).

7.12 분석

그림 7.4는 위협, 잃어버리거나 분실하는 등 다양한 문제를 다루는 여러 가지 인증 메커니즘의 속성을 요약한 것입니다. 놀라운 것은 분석한 메커니즘 중 좋은 상황이 하나도 없다는 점입니다. 악평을 받고 있는 메커니즘인 비밀번호 인증은 임시 접근을 허용하거나 외부 당사자를 신뢰해야 할 경우 대부분의 다른 방식보다 좋습니다. 대부분의 대안은 사용자가 비밀번호를 잊는 것, 공격자가 비밀번호를 추측하는 것, 또는 피싱 사이트나 키스트로크 로거로 인한 비밀번호 포착과 같은 비밀번호의 가장 확실한 문제에 집중됩니다. 다른 상황에 대해서는 거의 모두가 더 약합니다. 비밀번호의 조합이 사이트로 전송되고, 일부 연합 인증 형태는 비밀번호에 거의 의존하지 않지만, 메커니즘을 쌍으로 사용한다고 해도 대부분 충분하지 않습니다. 비밀번호를 피할 때의 진짜 장점은 비밀번호를 사용하는 다른 어떤 사이트가 침해되어도 여러분은 취약해지지 않는다

	추측	잊음	장비 손실	서버 파일 도난	임시 접근	외부의 신뢰	피싱/로깅
패스워드	×	×	✓	×	✓	✓	××
램포트의 것	?	×	×	×	?	✓	?
시도/응답	✓	✓	×	××	×	✓	✓
SMS	✓	✓	?	✓	×	?	✓
시간 기반	✓	✓	×	××	?	×	✓
님오	✓	✓	?	×, ✓	?		
생체 기반	✓	✓	?	×	×	✓	××
연동된 암호	?	?	✓	✓	?	×	?

✓ 특별한 문제 없음. 이 메커니즘의 강도
? 일부 문제 또는 실행에 의존함
× 상당한 위험
×× 매우 심각한 위험

그림 7.4 다른 인증 메커니즘의 속성

는 것입니다.

여기에 완벽한 해결책은 없습니다. /dev/brain에서의 읽기 요청도 양측의 인증을 위배합니다. (검증하는 컴퓨터로 /dev/brain에 쓰면 해결될 수도 있겠지만, 해당 프로세스가 해킹되었다면 놀라운 일이 일어날 수도 있습니다.) 사용성의 모든 한계, 인간의 나약함 등에도 불구하고 사이트는 어떤 것이든지 인증 솔루션을 선택해야만 합니다. 이때 주의해야 할 사항은 다음과 같습니다.

- 패스워드는 높은 수준의 보안 요구 사항에 적합하지 않고, 중간 규모 기업에서 대기업의 대다수 로그인이 포함된다. 위협 모델이 그렇게 나타나는 경우 소형 기업도 패스워드를 쓰지 않아야 한다.

- 민감한 환경에서도 패스워드는 사라지지 않을 것이다. 모든 응용 프로그램에 더 강력한 인증을 사용하도록 변환하는 것은 시간 낭비일 뿐이다. 웹사이트가 다른 인증 메커니즘으로 전환되기 전까지는 매우 긴 시간이 걸릴 것이다. 따라서 암호의 재사용 문제를 해결하기 위해 패스워드 매니저와 같은 기술적 수단을 사용해야 한다. 그

강력한 비밀번호를 고르는 것?

좋은 비밀번호를 고르는 데는 실용적이고 이론적인 두 가지 전략이 있습니다.

실용적 접근 방식은 간단합니다. 공격자의 패턴에서 발견되지 않을 접근 방식을 사용하세요. 따라서 공격자가 소문자를 기반으로 암호를 생성할 경우 대문자만 사용하여 간단하게 암호를 사용하는 방법이 안전합니다. 이 경우 공격자가 무엇을 할지 모른다는 것이 문제인데, 그들은 공격 방법을 충분히 쉽게 바꿀 수 있습니다. 즉 실용적인 접근 방법은 잘 먹히지 않을 것입니다. (그래도 이 방법을 쓰겠다면 가장 좋은 방법은 여러 개의 단어로 된 구문을 사용하는 것입니다. 이렇게 설정하는 사용자가 너무 드물어서 대다수 공격자는 이런 노력조차 하지 않습니다.)

이론적으로 볼 때는 검색하지 못하도록 큰 비밀번호 공간을 쓰는 것이 좋습니다. '알파벳' s가 있고 n 글자가 있다면, 추측 공간인 g의 크기는 명백하게 $g=s^n$이 됩니다. 따라서 그림 7.1에서 보여준 예시에서 $s=2^{11}=2{,}048$이고, $n=4$라면 $g=2^{44}$ 또는 $1.8 \cdot 10^{13}$ 정도가 됩니다. 이때 이 비밀번호가 해당 공간에서 균일하게 선택된 것이어야 한다는 점이 중요합니다.

다음의 질문은 g의 크기가 얼마나 커야 하는가입니다. 이것은 공격자의 컴퓨팅 자원과 여러분의 비밀번호가 얼마나 공격에 저항하려고 하는지에 따라 달라집니다. 미래를 대비하기 위해 이 책의 128쪽에서 제시한 숫자를 늘려서 공격자가 초당 1,000만 개 정도로 추측할 수 있는 100만 개의 기기를(10^{13}) 사용할 수 있다고 가정해 봅시다. 이 속도라면 해당 알고리즘이 적용된 공간은 몇 초만에 소모될 것입니다. 분명 이런 자원을 가진 적에 대항하기에는 충분하지 않습니다.

다섯 단어를 사용하거나 두 배 길이의 목록에서 단어를 선택하는 것으로 이것을 보완할 수 있습니다. 다섯 단어를 사용하면 가능성이 $3.6 \cdot 10^{17}$이 됩니다. 목록을 두 배로 늘리면 $2.8 \cdot 10^{14}$이 되는데, 일반적이지 않은 단어여서 기억하기 어려워집니다. 여섯 단어를 선택하면 $7.3 \cdot 10^{20}$이 됩니다. 이 경우 추측 시간은 약 116일이 소요되므로 충분히 좋은 편입니다.

다른 알고리즘도 이런 방식으로 평가할 수 있습니다. 여덟 개의 문자나 숫자, 또는 영문자의 대문자와 소문자의 혼용으로만 제한한다고 가정해 봅시다. (오늘날에도 이런 사이트는 많습니다.) 얼마나 안전해질까요? 임의로 고른다면 $n=8$, $s=62$이므로 $g=2.1 \cdot 10^{14}$이 됩니다. 분명히 충분하지는 않지만, 이와 같은 규칙에서는 이것이 최선입니다. 간단히 여덟 개 대신 열 개의 문자를 사용하면 $8.3 \cdot 10^{18}$이 되므로 적절해 보입니다. 많은 사람들이 마침표나 쉼표를 추가하기 때문에 문장부호를 추가하는 등의 간단한 '수정'에 주의하세요. 여덟 개의 영숫자의 문자 대신 문장부호를 추가했다고 가정해 봅시다. 그러면 검색 공간이 $62^7 \cdot 3$으로 줄어들고, 일곱 개의 문자 다음에 마침표나 쉼표가 온다면 $1.0 \cdot 10^{13}$개의 선택만 생깁니다.

더 많은 연산을 할 수도 있지만, 이것은 수열에 대한 단순한 실습일 뿐입니다. 하나의 알고리즘을 선택하되, 공간에서 임의로 선택하지 않으면, 매우 다르게 계산된다는 점을 기억하세요. 초기 비밀번호 추측 공격자들은 오늘날의 우리보다 컴퓨터 속도가 훨씬 느렸는데도 사람들은 단어만 선택하는 경향이 있었습니다. 그리고 영어 단어는 약 2.3비트/단어여서 실질적인 확률은 $g=3.5 \cdot 10^6$이기 때문에 성공했던 것입니다. [C. E. Shannon 1948; C. E. Shannon 1951]

그림 7.1의 알고리즘을 살펴보면 암호 생성기가 임의의 몇 가지 단어를 목록에서 선택할 경우에는 괜찮습니다. 하지만 생성기에 열 개의 수열을 요청하고 이 중 '가장 기억하기 쉬운' 것을 고른다면, 박스글의 맨 위에서 설명한 매우 실용적인 관점을 제외하고는 극적으로 검색 공간이 줄어듭니다.

러면 암호 강도 문제에도 도움이 되지만, 일반적으로 암호 강도 문제는 떠들썩하게 보도되는 것만큼 큰 문제가 아니다.

- 상호 인증을 시행하라! 이것은 피싱 공격에 대한 강력한 보호 방법이다. 일부 패스워드 매니저는 자동으로 상호 인증을 수행한다. 알 수 있는 사이트에만 암호를 전송하고, 영리한 피싱 메일 메시지에 속지 않는다.

- 패스워드 매니저나 SSO 시스템에서 사용하는 개인키 등을 해독하는 데 사용하는 마스터 암호는 매우 중요하고, 최선의 보호가 필요하므로 매우 '깨해야' 한다.

- 보안의 많은 점들이 그렇듯이 인증은 시스템 문제이다. 보조 인증 메커니즘과 비밀번호 재설정은 특별히 관리해야 한다.

- 예외 상황에 미리 대비하라. 비밀번호 도난, 서버 침해 등을 처리하는 방법은 미리 알아두어야 한다.

마지막으로 인증에도 유행이 있고, 모든 인증 방식은 한계와 약점이 있으므로 위협 모델과 운영 환경에 따라 결정하세요.

더욱 흥미로운 질문은 '이러한 권장 사항을 변경시키는 원인이 무엇일까?'입니다. 당분간 비밀번호의 강점과 약점은 상당히 안정적으로 유지될 것으로 보입니다. 1979년부터 공격자측의 기본적 기술은 알려져 왔으며, 성능이 향상되었고 저장 용량도 바뀌었지만 혁신은 없었습니다. 호모 사피엔스 2.0은 아직 베타 단계에도 오지 않았으므로 인간이 비밀번호를 대하는 방식에 변화는 없을 것입니다.

토큰은 비용과 사용성이 개선될 가능성이 높습니다. 수년간 다양한 버전이 등장했지만, SecurID를 제외하고는 거의 주목받지 못했습니다. SecurID의 성공 이유는 토큰 및 기본 지원 소프트웨어뿐만 아니라 완성된 시스템을 팔았기 때문입니다. 그러므로 이와 경쟁하려면 스마트폰이나 자동차와 같이 더욱 관심을 끄는 기기에 대한 로그인을 지원하면서도 더 싸고, 안전하고, 사용성이 뛰어나야 합니다. 아마도 사용성이 가장 큰 기술적 장벽이겠지만, 다른 문제도 고려하는 것이 중요합니다. 이 방식으로 변화하려면 주요 공급업체(아마도 마이크로소프트나 애플)가 선호하는 로그인 방식을 토큰으로 전환하면서 적절한 지원과 함께 토큰 지급을 보조해야 합니다.

필자는 생체 인식이 10~20년 내에 비밀번호를 대체하리라는 것에는 회의적입니다. 분명히 정확성과 센서 디자인이 개선되겠지만, 데이터베이스의 침해 처리, 침해 후 생체 인식 변경, 원격 인증과 같은 내재적인 문제는 사라지지 않을 것입니다.

변화가 예상되는 가장 큰 변수는 사람들이 인증하는 방식입니다. 연합 인증과 같은 다른 스타일이 유행할 경우 비밀번호의 역할은 실제로 작아질 것입니다. 비용과 프라이버시, 신뢰, 호환성, 보안 등 많은 변수를 감안할 때 구체적으로 예측하는 것은 어려우므로 결국은 좀 더 지켜보아야 할 것입니다.

08장

공개키 인프라

"의무라는 복잡한 그물만 보이지만, 사실 그 안에는 권력의 피라미드가 있다. 아무도 진정 여기서 자유로울 수 없지만, 피라미드의 꼭대기에 가까워질수록 권력은 엄청나게 커진다. 하지만 최대한 권력을 사용하는 일은 드물다. 이러한 의무는 사방으로 뻗어나가며 위, 아래, 옆으로 완전히 이질적인 방식으로 작용한다."

Charlie in The Mote in God's Eye
— 래리 니븐과 제리 퍼넬LARRY NIVEN And JERRY POURNELLE

8.1 인증서란 무엇인가?

디피Diffie와 헬만Hellman이 원래 설명한 [1976] 공개키 암호화는 단순해 보였습니다. 여러분에게 보내는 메시지는 공개키를 사용해 암호화하고, 여러분은 개인키를 사용해 해당 메시지를 해독합니다. 하지만 디피와 헬만은 양쪽이 어떻게 서로의 공개키를 취득하는지에 대해서는 크게 주의하지 않고 다음과 같이 설명했습니다.

암호화하는 키 E는 사용자 이름과 주소와 함께 공개 디렉토리에 넣어서 공개할 수 있다. 그러면 누구든지 메시지를 암호화해서 사용자에게 전송할 수 있지만, 그 사용자에게 가는 메시지는 당사자 외에 아무도 해독할 수 없다.

공개키 암호 시스템은 다중 접근 암호화로 간주될 수 있다. 그러므로 암호화 키의 공개 파일이 무단 변경되지 않도록 보호하는 것이 중요하며, 이 작업은 파일이 공개되기 때문에 더 쉬워진다.

읽기 보호는 필요 없으며, 파일 수정이 거의 없기 때문에 경제적으로 정교한 쓰기 보호 메커니즘을 사용할 수 있다.

디피와 헬만은 공개 디렉토리가 어디에 있는지, 누가 실행하는지, 상대방이 어떻게 접근하는지, '정교한 쓰기 보호 메커니즘'이 무엇인지에 대해서는 말하지 않습니다. 더욱 심각한 것은 위협 분석을 하지도 않는다는 점입니다. 모든 사람들이 어떻게 적절한 공개 디렉토리에 동의하거나 찾을 수 있을까요? 누가 운영해야 할까요? 쓰기 보호 파일에 대한 '결정적인' 책임에 대해 상대를 신뢰할 수 있을까요? 상대방은 '비인가된 수정'과 '인가된 수정'을 어떻게 구별할까요? 이렇게 시스템과 관련된 심오한 질문만 남게 됩니다.

해답의 일부는 인증서를 발명한 MIT 학부생 로렌 콘펠더Loren Kohnfelder가 고안했습니다. [1978] 가장 간단한 형태의 인증서는 사용자 이름과 그 공개키를 담고 있는 디지털 서명된 메시지입니다. 물론 현실은 더욱 복잡합니다. 최소한 실제 인증서는 알고리즘 식별자와 같은 것이 필요합니다.

오늘날 인증서는 일반적으로 공개키 인프라PKI ; Public Key Infrastructure로 알려진 프레임워크에 탑재되어 있습니다. 인터넷 보안 용어집 [Shirey 2007]에서는 PKI를 '하드웨어, 소프트웨어, 사람, 정책, 그리고 비대칭 암호화를 기반으로 한 디지털 인증서를 생성 및 관리, 저장, 배포, 그리고 파기하는 데 필요한 과정의 세트'라고 정의하고 있습니다. 이러한 정의에는 코드뿐만 아니라 '사람, 정책, 그리고 과정'이 포함된다는 것에 주의하세요. PKI의 다양한 용도 때문에 이러한 많은 작업의 의미는 매우 복잡해졌습니다. 여기서는 매우 피상적으로 다루는 것입니다. (PKI에 대한 자세한 내용은 [Housley and Polk 2001]을 참고하세요.)

복잡한 의미론은 복잡한 구문론을 낳는 경향이 있는데, 인증서도 예외는 아닙니다. 여러분이 마주치는 대부분의 인증서는 X.509 표준 [ITU-T 2012]과 인터넷의 'PKIX' 프로파일을 사용합니다. [Cooper et al. 2008] X.509는 고도로 구조화된 이름, 주소, 일련번호, 사용 플래그, 그리고 심지어 기업의 로고 등 필드가 매우 많고 복잡합니다.

[Santesson, Housley, Bajaj, et al. 2011; Santesson, Housley, Freeman 2004] (사실 원래 X.509는 범용 인증서를 정의하기 위한 것이 아니었지만, 이것은 또 다른 이야기입니다.)

기본 개념에 추가된 더욱 흥미로운 것은 속성 필드입니다. 속성은 서명자가 입증한 인증서 보유자에 대한 몇 가지 특성으로, 사람의 연령과 같은 것입니다. 속성은 이름과 함께 또는 이름 없이 사용할 수 있으며, 속성이 깨끗한 인증서는 매우 유용합니다.

인증서에 대한 근본적인 질문은 보안에 대한 것입니다. 누가 인증서에 서명할까요? 서명하는 사람을 믿을 수 있나요? 이들은 정직한가요? 서명의 절차(예: 소지자의 신원 확인)와 기술적인 면(예: 서명키에 대한 무단 접근 방지)은 모두 만족할 만한가요? 이와 같은 질문이 바로 이 장의 핵심입니다.

8.2 PKI – 누구를 신뢰할까?

인증서를 사용할 때는 그 인증서를 발행한 사람의 신뢰성에 완전히 의존하게 됩니다. 그런데 전체 인증서 시스템의 아키텍처는 매우 복잡하기 때문에 오늘날 사용되는 정확한 메커니즘을 이해하는 것은 쉽지 않습니다. 그러면 전통적인 X.509 설정을 살펴봅시다.

인증서 시스템의 핵심은 인증기관CA ; Certificate Authority입니다. 인증기관은 이름에서 알 수 있듯이 서명 인증서를 발행합니다. 이러한 인증서는 엔드 유저의 것일 수도 있고, 보조 CA를 위한 것일 수도 있습니다. 엔드 유저용 인증서는 암호화, 전자서명 등 인증서 사용 허용 수준을 (일정한 한계까지) 명시합니다. 보조 CA가 인증서를 발행하는 경우에는 신뢰 문제가 더욱 복잡해집니다. 직접적인 발행자뿐만 아니라 다른 모든 CA의 계통을 따라 가장 상위 CA까지 신뢰해야 합니다. 결국 MyFavoriteInternetCA.com은 신뢰할 수 있을지 몰라도 CA 인증서는 전혀 신뢰할 수 없는 MI-31.mil.Andromeda가 발행한 것일 수도 있습니다. (심지어 존재하지 않는 도메인 이름까지 있습니다. 안드로메다인은 이렇게 교묘합니다.) 지금 통신하고 있는 사이트를 인증한 것은 실제로 MyFavoriteInternetCA.com일까요? 혹시 속고 있는 것은 아닐까요? 인증 계통의 최종 뿌리는 '트러스트 앵커trust anchor'라고 부르는데, 마치 거북이의 역설처럼 끝점까지 모두를 신뢰해야 합니다. (옛날에는 평평한 지구를 커다란 거북이가 떠받치고 있고, 그 커다란 거북

이는 더욱 큰 거북이가, 그 밑에는 더욱 큰 거북이가 떠받치고 있다고 믿었다. - 역자 주)[1]

　온 세상에 단 하나의 CA만 있다면, 인생은 비교적 간단합니다. 하지만 불행하게도 우리 대부분은 이런 세상에 살고 있지 않습니다. 대부분의 상용 운영체제, 특히 웹 브라우저는 매우 큰 세트의 내장 CA를 갖추고 있습니다. 이는 공급업체가 해당 CA를 신뢰한다는 것을 의미하지만, 여러분도 그런가요? 공급업체와 CA는 정직한가요? 유능한가요? 가장 결정적으로 이들이 상정한 위협 모델은 여러분의 것과 일치할까요?

　보조 CA가 있으면 또 다른 어려운 질문이 제기될 수 있습니다. 보조 CA 활동의 허용 범위는 어디까지인가요? example.com이라는 회사가 보조 CA라면, 자기 부서(예: hr.example.com)나 직원(예: Mary@hr.example.com)에게 당연히 인증서를 발행하려고 할 것입니다. 그런데 ARandomBrand.com에도 합법적으로 인증서를 발행할 수 있을까요? 이 법인이 example.com의 자회사라면 어떨까요? 혹은 이전에 자회사였지만, 이후 매각되었다면 어떨까요?

　더욱 미묘한 것은 직원은 회사를 대변할 때도 있지만, 개인을 대변할 때도 있다는 점입니다. 서류만 봐서는 계약서에 서명한 사람이 고용주에 의해 그렇게 할 권한을 받았는지 판단할 수 없습니다. 인증서는 이러한 유형의 권한을 구현해야 할까요? 여러분은 판단할 수 있나요? music.example.com이라면 대형 미디어 복합 기업의 부서처럼 보일 것입니다. 그런데 Music은 사실 미국에서 6,304번째로 가장 흔한 성이며,[2] 이 주소는 사실 매리 뮤직Mary Music이란 사람이 사용하는 노트북일지도 모릅니다. (Lawyer는 6,309번째로 흔한 성인데, 이것은 아마도 우연의 일치일 것입니다.)

　특별한 상황에 대한 특별한 규칙이 있습니다. IP 주소의 소유권을 나타내는 인증서에는 발행 인증기관이나 보조 인증기관이 소유한 부분의 주소 범위만 포함하도록 보장하는 명시적인 규칙이 있습니다. [Lynn, S. T. Kent, Seo 2004, Section 2.3] 물론 루트 CA는 그 권한을 위임하기 전에 해당 주소에 대한 권한을 가져야 하는데, 이것은 정치적인 문제입니다. 글로벌 인터넷에서 이러한 권한은 다섯 개의 대륙별 인터넷 레지스트리RIR ; Regional Internet Registries가 보유하며, 인터넷할당번호관리기관IANA ; Internet Assigned

---

1 "거북이의 역설" https://en.wikipedia.org/wiki/Turtles all the way down

2 "dist.all.last" http://www.census.gov/topics/population/genealogy/data/1990 census/1990 census namefiles.html

Numbers Authority을 통해 권한을 할당받고 있습니다.

또 다른 특별 규칙도 있습니다. 인증서에는 실행 파일이나 이메일, 혹은 웹 암호화에 사용 가능하다고 표시하는 표준 방법이 있습니다. CA 인증서에는 '이름 제약 조건' 필드가 있습니다. 예를 들어 *.example.com에 대한 인증서 발급에 대해 신뢰받은 CA라면 다른 회사에는 가짜 인증서를 발행해 줄 수 없다는 뜻입니다. 그런데 일반적으로 인증서의 정확한 역할은 특히 프로그램에서는 명확하지 않습니다.

때로 CA의 정책이 문제가 될 때도 있습니다. CA는 인증서 업무 준칙CPS ; Certificate Practice Statement으로 정책을 문서화해야 합니다. 실제 현실에서는 이것을 읽기는커녕 CPS가 있다는 것을 아는 사람도 극소수입니다. 게다가 매우 길고 장황한 법률 용어로 작성되어 있어서 CPS가 중요한지조차 알기 어렵습니다. 더욱 심각한 문제는 CPS에 대해 알고 있는 당사자는 대부분 인증서를 발행받은 측이고, 해당 인증서에 의존하면서 실패에 가장 큰 영향을 받는 측은 CPS라는 것이 있는지조차 알 가능성이 적다는 것입니다. 인터넷쇼핑을 할 때 여러분은 방문하는 사이트의 인증서를 어떤 CA가 발행했는지 보나요? CPS에 대한 조언을 찾을 만큼 철저하고 충분하게 인증서를 검토하나요? 그런 다음 인증서를 다운로드해서 철저히 확인해 보나요? 일부 CA는 발급한 인증서를 사용하는 웹사이트에 가기 전에 CPS를 읽는 것이 법적인 요구사항이라는 주장까지 표시하고 있습니다. 다음은 시만텍에서 가져온 예시입니다.[3]

> 개인이든, 기업이든 귀하(이하 '신뢰 당사자')는 시만텍에서 발급한 온라인 인증서 상태 프로토콜OCSP ; Online Certificate Status Protocol 서비스를 사용하여 인증서 해지 또는 인증서와 관련된 어떠한 정보(이하 포괄적으로 '시만텍 정보')의 시만텍 데이터베이스를 접근하거나 사용하여 시만텍이 발행한 사용자 인증용 인증서(시만텍 인증서)를 유효화하기 전에 매번 사용자 인증용 인증서(동의서)를 위해 해당 신뢰 당사자 동의서를 읽어야 한다. 약관에 동의하지 않을 경우 해당 사항에 대한 문의 제출, 다운로드, 접근, 또는 모든 시만텍 정보를 신뢰하지 않아야 한다. 약관에 대해 동의하면 이하 명시된 대로 시만텍 정보를 사용할 수 있다. 본 약관의 '시만텍'은 시만텍 법인 및 모든 자회사를 의미한다.

---

3 "사용자 인증용 인증서에 대한 신뢰 당사자 합의" https://www.symantec.com/content/en/us/about/media/repository/relying-party-agreement-user-authentication.pdf

여러분의 브라우저는 얼마나 많은 CA를 신뢰할까?

문제가 있다는 확신이 아직 들지 않나요? 그렇다면 신뢰받는 CA의 목록을 살펴봅시다. 2011년 10월 기준으로 마이크로소프트는 320개의 다양한 루트 인증서 목록을 발표했습니다.[a] 원래는 321개였지만, CA DigiNotar는 이란 정부와 (어쩌면 NSA [Schneier 2013]) 관련 있다고 추정되는 자의 해킹 때문에 개인 서명키가 도난당해서 제거되었습니다. [Galperin, Schoen, Eckersley 2011] 이 목록에 있는 100개 이상의 회사 이름은 (다양한 합병과 인수 때문에 실제로 관련된 회사의 수가 몇인지 파악하기는 어렵습니다.) 49개 국가의 것입니다. 30개 이상의 인증서가 명시적으로 중앙 정부기관에 속한 것입니다. 이 목록이 따뜻하고 포근한 느낌을 주나요?

모질라Mozilla는 약 60개의 다양한 기관에 속한 150개의 CA를 기재하고 있습니다. 이 데이터베이스는 국가를 명확하게 표시하지는 않았지만, CA 중 8개는 정부 기관에 속하는 것으로 확인됩니다.[b]

애플의 목록은 하나의 웹페이지에 표시되지 않아서 평가하기 어렵습니다. 2012년 4월 12일 기준으로 Mac OS X 'Lion'(10.7.3)으로 구동되는 컴퓨터에서 시스템 인증서 파일 검사를 한 결과, 최소 30개 국가와 70개 이상의 회사로부터 약 180개의 다양한 인증서가 확인됐습니다. 이러한 CA 중 일부는 여러분의 브라우저에서 볼 수조차 없는, 무제한의 보조 CA를 생성할 수 있다는 것을 알아두어야 합니다. 이런 기관이나 인터넷의 모든 사이트에서 인증서를 발행할 수 있습니다. 이 정도가 나빠 보이나요? 사실은 더 심각하여 일부 공급업체는 '고맙게도' 신뢰할 수 있는 CA 목록을 자동 업데이트하고 있습니다. [Microsoft 2009]

> 루트 인증서는 윈도우 비스타에서 자동 업데이트된다. 사용자가 (HTTPS SSL을 사용하여) 보안 웹사이트를 방문하거나, 보안 이메일을 (S/MIME) 읽거나, 또는 서명된 ActiveX 컨트롤을 다운로드하고 새로운 루트 인증서가 필요할 때 윈도우 인증서 체인 검증 소프트웨어는 루트 인증서를 위한 적절한 마이크로소프트 업데이트 위치를 확인한 후 시스템에 다운로드한다. 사용자에게 보안 대화상자나 경고가 표시되지 않으므로 사용자 경험에 방해되지 않는다. 다운로드는 배경에서 자동으로 진행된다.

여러분은 상당히 불편한 사용자 인터페이스를 통해 원치 않는 인증서를 '신뢰할 수 없는' 목록에 추가해야 합니다.

---

a "Windows 루트 인증 프로그램 — 회원 목록 (모두 CA) — 테크넷(TechNet) 기사 — 미국 (영어) — 테크넷 위키 "http://social.technet.microsoft.com/wiki/contents/articles/2592.aspx

b "인증서 목록 첨부 " http://www.mozilla.org/projects/security/certs/included

181쪽에 굵은 글씨체로 쓰인 이 약관은 모두 시만텍을 위한 것입니다. 시만텍이 무슨 말을 하는지 주의하고, 발행된 인증서의 정보를 '검증'하거나 '신뢰'하기 전에 반드시 동의서를 '읽어야만 합니다'. 브라우저가 그렇게 알려주지 않았다면 여러분은 온라인 구매가 허용되지 않은 것 같군요.

인증서, 트러스트 앵커, 위임 규칙, 폐지 메커니즘의 모든 것은 우리가 PKI라고 알고 있는 것의 구성 요소입니다(8.4절 참고). PKI는 엄청난 불안과 공포, 오보, 허위 정보, 그리고 철저한 신화의 대상입니다. 하지만 안타깝게도 이 모든 질풍노도의 초점은 일반적으로 복잡성과 보안의 문제입니다. 이런 것들이 모두 우려의 대상이지만, 지금은 대부분의 사람들에 대한 인증서에 있는 중요한 제약을 살펴봅시다.

- 주어진 응용 프로그램에 대해 어떤 CA를 신뢰할 수 있는지 시스템 관리자나 개발자가 명확히 알 수 있는 경우가 드물다. 더구나 엔드 유저에게는 거의 분명하지 않다.

- 주어진 인증서의 사용 의도는 모든 사람들에게 거의 분명하지 않다.

- CA를 얼마나 신뢰할 수 있고, 어떤 능력이 있는지는 거의 분명하지 않다. 수년 전 매트 블레이즈Matt Blaze는 상용 CA가 상용으로 사용하지 않는 모든 사람들로부터 사용자를 보호하는 것을 관찰했다. [2010] 여러분이 시스템의 내장 CA를 신뢰하는 경우 누군가의 신원이나 특징을 보증하기 위해 알려지지 않은 제3자를 신뢰하는 것과 이러한 제3자의 의견을 기반으로 해서 접근 제어를 결정하는 것에 영향을 미쳤는데, 이것은 중요하다.

이해하는 데 도움이 되도록 비유하여 추론해 보겠습니다. 직원이라고 주장하는 사람이 건물에 들어오려고 한다고 가정해 봅시다. 직원 ID카드를 보여주는 대신 실제 직원 이름으로 된 신용카드를 꺼냅니다. 이 신용카드는 아마도 산 세리프San Serriffe 은행을 포함하여 들어본 적도 없는 수백 개의 은행 중 하나에서 발행된 것입니다.[4][5] 그렇다면 이런 사람을 사옥에 들어가도록 허용해야 한다고 생각하나요? 이런 것을 컴퓨터 시스템에

---

4 "산 세리프" http://www.museumofhoaxes.com/hoax/archive/permalink/san serriffe

5 "크누스: 산 세리프 은행" http://www-cs-faculty.stanford.edu/_knuth/boss.html

대한 로그인 자격 증명으로 받아들일 것인가요?

이들 CA 중 어디에서나 세상 모든 웹사이트에 대해 인증서를 발행할 수 있고, 여러분의 브라우저는 이것을 받아들일 것입니다.

8.3 PKI vs 작은 PKI

이미 살펴본 것처럼 인터넷에서 사용하는 표준 PKI는 허용할 수 없을 정도로 안전하지 않지만, 앞에서 나열한 세 가지 큰 문제만 바꿀 수 있다면 PKI와 관련된 대부분의 도구는 매우 안전하게 사용할 수 있습니다. 즉 인증서를 누가 발행할 수 있는지, 인증서의 목적이 무엇인지, 보호된 자원에 상응하는 정도로 발행자를 신뢰할 수 있는지를 모두 알 수 있는 상황에서는 지금과 똑같은 소프트웨어와 구문 등을 사용하면서도 안전한 (혹은 충분히 안전한) 시스템을 누릴 수 있을 것입니다. 특히 단 하나의 진짜 PKI나 유일한 CA 목록이라는 개념을 폐기하고 대신 각 접근 제어 지점마다 CA를 둔다면, 위험을 피하면서도 공개키 암호화가 제공하는 대부분의 혜택을 누릴 수 있을 것입니다. 전통적인 PKI의 범위가 넓은 CA보다 작은 범위의 CA를 제안하는 이 개념을 필자는 '작은 PKI'라고 부릅니다. 신용카드의 비유를 더 확장해 보면, 기업은 보통 사옥에 출입할 수 있는 직원의 자격증을 은행에 미루는 것이 아니라 직접 발행합니다. 더욱이 — 이 점은 더 확장해야 하는데 — 직원 ID카드는 통상적으로 식별 장치라기보다 인증 토큰의 역할을 합니다. 따라서 이름과 주소를 말하는 것이 아니라 이 카드(아마도 사진 — 생체 인식 — 과 어쩌면 PIN 정보와 함께 인증되는)를 소지해야만 회사 출입이 가능합니다.

여기서 중요하게 통찰해야 하는 것은 인증서의 사용이 필요하거나 그 혜택을 누리는 모든 기능에는 이를 위한 작은 PKI가 있어야 한다는 점입니다. 따라서 IPsec 게이트웨이는 독자적인 인증서를 발행하는데, 이것은 메시지 암호화 및 인증용의 기업 이메일 서비스용으로 발행된 인증서와는 구분되는 것입니다. 마찬가지로 자재 조달하는 외부 회사는 기업에 보조 CA 인증서를 발행하고, 이 CA는 물품을 구입할 권한이 있는 직원을 인증합니다.

이 방식으로 앞의 절에서 설명한 문제가 어떻게 해결되는지 주목하세요. IPsec 게이트웨이 CA는 IPsec은 신뢰하지만, 웹 브라우저는 Amazon.com에 발급된 인증서는 신뢰하지 않을 것입니다. ReallyNiceCorporateToys.com으로부터의 구매 인증서는 ReallyNiceCorporateToys.com이라는 이름의 CA로부터 옵니다. 이 인증에 IPsec을 사용할 수 있게 해야 한다고 생각하는 사람은 없을 것입니다.

가장 중요한 차별점은 신뢰성의 문제입니다. 작은 PKI 인증서는 일정 자원에 접근 권한을 부여할 자격이 있는 당사자가 발행합니다. 그 외의 다른 것에 대한 접근 권한을 부여하거나 보류하도록 신뢰할 필요가 없고, 신뢰해서도 안 됩니다. 또한 이러한 당사자가 접근 자격 증명을 나눠주는 것을 감안할 때 보안의 관점에서 이런 유형의 자격 증명은 키의 쌍이나 비밀번호 또는 사용자의 키보드 아래에 있는 마법의 수정으로 감지되는 특별한 기호이든지 상관없습니다. 실제 기술에는 다른 보안 특성이 있을 수 있지만, 공개키 기술을 사용한다는 사실이 승인자의 위력에 영향을 주지는 않습니다. (미국에서) 비행기를 타거나 술을 살 때 운전면허증(신분증)이 필요한 것처럼 작은 PKI 증명서에 다른 의미를 부여하는 것은 분명히 가능합니다. (최소한 기술적 수준만큼 조직적이기도 해야 합니다.) 유혹에 저항하고 일을 제대로 하는 것이 요령입니다. 따라서 이런 인증서는 발행된 목적을 위해서만 사용하세요.

그렇다면 작은 PKI 실행은 너무 복잡하거나 보안이 필요없다는 뜻이 됩니다. IPsec 설정에 대한 단순화된 접근 방식에 관해 [Srivatsan, M. Johnson, Bellovin 2010] 다음과 같이 설명할 수 있습니다.

공개키 인프라PKI는 큰 신비에 둘러싸여 있다. 조직은 PKI라는 복잡하고 매우 높은 보안이 필요하며, 어쩌면 유능한 외주회사에게 맡기는 것이 최선이란 말을 항상 듣는다. 인증기관CA을 세우려면 기술적 의미로서의 '세리모니ceremony'가 필요한데 [Ellison 2007], 이 단어에서 긴 예복을 입고 있는 제사장이나 향로를 든 보조 같은 그림이 떠오를 것이다. 일반적으로 이것은 사실일 수도, 사실이 아닐 수도 있지만, 대다수 IPsec 사용자에게는 거의 그렇지 않다. (제사장과 긴 사슬이 달린 향로는 확실히 필요 없지만, 보조는 필요할 수도 있다.)

신비한 이유는 대부분 PKI와 인증서의 범용성 때문이다. 인증서가 사람의 신원을 입증하려면, 수많은 과정이 필요하다. 침해된 루트키가 정말 위험한 이유는 공격자가 임의의 가짜 자격 증명을 만들 수 있기 때문이다.

이것은 결정적으로 중요합니다. 작은 PKI 설치에 다른 자격 증명 발급 시스템보다 더 많은 보안을 적용할 필요는 없습니다. 몇 년 전에 PKI 공급업체에서는 '법원에서 인증한 비디오 제작자'가 어떻게 모든 루트키 세리모니를 기록하는지 강조하는 내용을 발표했습니다. 급여 시스템을 설정할 때도 이와 똑같이 할까요? ID카드 시스템은 어떨까요? 당연히 아닐 텐데, 인증서 발행에는 왜 필요할까요? 여러 조직이 얽혀있는 상황에서는 신뢰를 보장하기 위한 메커니즘으로 방어책이 될 수도 있지만, 내부적으로는 필요 없습니다.

작은 PKI는 범용 PKI의 철학에 기본적으로 내재되어 있는 모순을 피할 수 있는 방법입니다. CA는 이름 공간과 관련된 권한이 없습니다. 이것은 어떤 사람의 신원을 보장하는 두 개의 서로 다른 개체가 있다는 뜻으로, 실제 이름 공간 소유자 — 웹에서는 DNS 이름을 제어하는 자 — 와 CA가 해당됩니다. 대규모 PKI에서 관료적인 제반 비용의 대부분은 그 결정이 이름 공간 소유자의 결정과 일치한다는 것을 보증하는 데 할당됩니다.

KDC를 사용하는 대신 작은 PKI를 실행하거나 심지어 어떤 경우에는 비밀번호 파일을 사용하면 또 다른 미묘한 장점이 있습니다. 바로 중앙 집중적인 인프라에 대한 공격이 성공해도 피해가 덜하다는 것입니다. 비밀키와 비밀번호 파일은 노출에 보호되어야 합니다. 다시 말해서 기밀성 문제가 있습니다. 이와 대조적으로 CA는 더 간단한 문제인 인증만 필요합니다. (표 7.1과 그림 7.4를 기억해 보세요. 공개키 기반 인증은 사용할 수 있는 가장 안전한 유형입니다.)

과장과 신화성 외에도 많은 조직이 독자적인 인증서 발급을 자제하는 데는 또 다른 이유가 있습니다. 왜냐하면 바로 해내기가 매우 어려워 보이기 때문입니다. 어느 정도는 사실이지만, 그 이유는 아주 나쁩니다. 현실을 직시해 봅시다. 바로 사용할 수 있는 수많은 인증서 발행용 소프트웨어 패키지는 사용자 친화적이 아니라고 표현하기에도 민망할 정도로 매우 불편합니다. 복잡성은 대부분 일반적으로 관련도 없고, 종종 이해할 수 없는 정보 요청 때문에 발생합니다. 사용자가 설정하도록 만들 필요가 없는 필드가 99.99%나 됩니다. '키 사용'과 '확장된 키 사용' 필드 간의 차이를 정말 알아야 할까요? 암호화 소프트웨어 공급업체는 일반적인 조직보다 적절한 알고리즘과 키 길이, 유효 기간 등을 틀림없이 더 잘 알겠지만, 해당 소프트웨어를 사용해야 하는 가엾은 영혼은 모든 선택 사항을 읽고 이해한 후에야 이것들을 기본값으로 두어도 된다고 결정할 수 있습니다. 조직의 단위나 도시와 같은 필드는 신원 인증을 위해 필요할 수도 있지만, 지금 이야기하고 있는 인증기관의 인증서authorization certificate와는 일반적으로 관련이 없습니다. 즉 어떤 자원에 대한 접근을 제공하지만, 일치하는 개인키의 소유자에게만 접근을 제공합니다. 반면 신원 인증서는 인증에 사용됩니다. 이후 사용자의 이름은 접근 제어 목록 같은 것에 대조됩니다.

이런 것이 가능하다면 자연히 상용 인증서 발급 기관에서 발급한 인증서를 구입하기보다는 회사의 고유한 내부 웹사이트용 인증서를 발행하는 것이 가능합니다. 나쁜 생각은 아니지만, 안타깝게도 그럴 만한 가치는 없을 것입니다. 물론 내부 IT 부서가 급여 웹사이트의 신원을 증명하는 것은 좋습니다. 하지만 안타깝게도 위에 설명한 것처럼 여러분의 브라우저가 신뢰하는 다른 모든 CA도 이러한 인증서를 발행할 수 있기 때문에 위험한 접근이며, 내부용 CA라고 해서 이런 점이 바뀌는 것은 아닙니다. 기존의 CA를 삭제하려고 시도할 수는 있지만, 그러면 삭제 관리라는 어려움에 직면하게 됩니다. 즉 회사에 있는 모든 시스템을 (모든 사람들이 사용하는 휴대용 기기 포함) 알아야 하고, 사용되는 브라우저를 알아야 하며, 이 모든 것에서 CA를 삭제하는 방법을 알고, 실제로 이렇게 할 수 있는 권한을 갖고, CA를 복원하는 데 '도움이 되는' 공급업체의 기능을 유지하는 (182쪽 박스 참고) 등의 작업이 필요합니다. 고도로 중앙 집중화되어 IT 그룹이 모든 것을 제어하는 조직은 (지나치게 '도움이 되는' 기능을 우회하는 것을 제외하고는) 사실 이렇게 할 수 있지만, 과도하게 융통성이 없는 것도 단점이 됩니다. [Perrow 1999]

사실 일부 기업은 약간 다른 이유 때문에 이것을 실행합니다. 기업 방화벽은 HTTPS가 보호된 경우에도 모든 트래픽을 검사하려고 합니다. 이를 위해 모든 웹사이트에 가짜 인증서를 발행하는 로컬 CA를 사용하는데, 이 경우 방화벽에서 암호화된 모든 트래픽을 해독하고 다시 암호화할 수 있게 됩니다. 예컨대 은행 웹사이트에 대해 이런 작업을 한다면 법적 책임에 대한 질문이 생기겠지만, 많은 조직은 업무 외의 사용을 막습니다. (한편 필자는 신명기 25장 4절 '타작하는 소의 입에 망을 씌우지 말지니라.'라는 성경 말씀을 기반으로 컴퓨터 사용 정책을 정한 조직에서 일한 적이 있습니다. 적당한 정도의 개인적 외부 접속을 명시적으로 허용하는 것이지요.)

버려야 하는 나쁜 생각이 한 가지 더 있습니다. 페이스북 같이 시간을 '낭비하는' 사이트용으로 발급된 인증서의 모든 CA를 지워야 한다고 생각하는 사람도 있겠지만, 잘 되지 않을 것입니다. 이런 사이트에 접근하려는 사람들은 브라우저가 표시하는 새빨간 경고창을 모두 클릭하여 끌 것이고, 결과적으로 사람들이 보안 팝업 메시지를 무시하는 훈련을 시키는 상황이 될 것입니다.

PKI나 작은 PKI에 의존하고 싶지 않은 경우 상당한 안전을 제공하는 또 다른 방법이 있는데, 그것은 바로 키 연속성입니다. ('인증서 고정'이나 '키 고정'이라고도 합니다.) 키 연속성은 공개키는 거의 변하지 않는다는 간단한 개념에 의존합니다. 따라서 응용 프로그램은 동료가 전송한 키를 기록할 수 있고, 연속적인 연결에 차이가 있으면 악당이 못된 장난을 시도하고 있을 가능성이 있습니다. 한편으로는 (그림 8.1의 오류 메시지 참고) 완벽하게 문제가 없어도 키가 변경될 수 있습니다. 사실 이러한 상황은 발생하게 마련입니다. 이런 것을 처리하는 방법을 알고, 오류를 보았을 때 어떻게 반응하는지 사용자를 훈련하는 것은 매우 중요합니다. 사용자가 오류 메시지를 그냥 클릭해서 넘어가는 것에 익숙해지는 것을 원하지는 않을 테니 말입니다. 한 변형에서는 발행하는 CA가 변

```
@@@@@@@@@@@@@@@@@@@@@@@@@@@@@@@@@@@@@@@@@@@@@@@@@@
@ 경 고 :  원 격  호 스 트  I D 가  변 경 되 었 습 니 다 ! @
@@@@@@@@@@@@@@@@@@@@@@@@@@@@@@@@@@@@@@@@@@@@@@@@@@
누군가 나쁜 짓을 하고 있을 가능성이 있습니다!
누군가 지금 여러분을 도청하는 중일 수 있습니다
(중간자 공격)!
또한 RSA 호스트 키가 방금 변경되었을 가능성도 있습니다.
원격 호스트로부터 전송된 RSA 키를 위한 지문은
c5:10:e6:70:18:65:22:6f:48:71:26:26:3f:6d:2b:07입니다.
시스템 관리자에게 문의하세요.
이 메시지를 없애려면 /Users/smb/.ssh/known_hosts에 올바른 호스트 키를 추가하십시오.
/Users/smb/.ssh/known_hosts:150에 위반하는 키 some.host를 위한 RSA 호스트 키가 변경되었으며,
엄격한 검사가 필요합니다.
호스트 키 증명에 실패했습니다.
```

그림 8.1 키 연속성의 실패 메시지

경됐는지를 확인하는데, 거짓 경고를 생성할 가능성은 적지만 — 조직은 CA 공급업체를 그렇게 자주 변경하지 않습니다. — 변경하기가 불가능한 것은 아닙니다. 사실 CA를 변경하기 어렵게 되면 공급업체가 고정되는 심각한 문제가 발생할 것입니다. 키나 CA의 변경 문제, 그리고 최초 접촉을 보호하는 문제는 키 연속성의 사용을 제한하고 있습니다. 필자가 알기로 이것을 사용하는 유일하게 인기 있는 비웹 응용 프로그램은 ssh입니다. ssh는 여전히 적합하면서도 강력한 도구입니다.

IETF는 최근에 키 고정을 위한 확장된 HTTP를 만들었는데, [Evans, Palmer, Sleevi 2015] 새로운 헤더 필드들이 생겨서 핀의 활성화 상태를 유지할 시간을 정의할 수 있습니다. 인증서 자체를 고정시키는 것 외에도 특정 CA에 대한 고정을 허용하므로 사이트를 위한 새로운 인증서 발행이 쉬워졌습니다. 또한 URL을 보고할 수 있게 되어 웹사이트의 소유자가 위조된 인증서에 대해 알 수 있게 했습니다. 일부 웹사이트에서는 잘 맞겠지만, 일반적으로 얼마나 잘 작동하는지는 두고 봐야 할 것 같습니다.

PKI 문제를 보는 또 다른 방식은 신뢰를 사용자 접근 개념으로부터 기술적으로 분리했다는 것입니다. 즉 사용자가 일부 특정 도메인에서 서비스(예: 웹)에 연결을 시도함으로써 암시적으로 DNS가 적절한 IP 주소를 제공한다고 신뢰하는 것입니다. 여기에 DNSSEC를 추가한다면 이것은 상당히 안전한 프로세스입니다. [Arends et al. 2005a; Arends et al. 2005b; Arends et al. 2005c] 하지만 오늘날의 PKI는 다양한 루트 CA로부터 신뢰가 생깁니다. 사이트의 인증서나 그 해시가 DNS에 저장되어 있고, DNSSEC가 보호하고 있다면, CA를 신뢰할 필요가 없을 것입니다. 각 사이트는 직접 암호화의 운명을 제어할 수 있습니다. 이런 접근법이 바로 IETF의 DANE^{DNS-based Authentication of Named Entities} 작업 그룹의 방식입니다. [Barnes 2011; Hoffman, Schlyter 2012] 그러나 아직까지 광범위하게 도입되지 않은 DNSSEC에 결정적으로 의존하고 있어서 무슨 일이 일어날지 예측하기는 아직 이릅니다.

이전에 작은 PKI CA로 사용자에게 인증서를 발행하는 이야기를 할 때 독자 중 일부가 벌떡 일어나서 손을 들고 그 유용성에 대해 질문했는데, 이것은 심각한 문제입니다. 사람마다 다양한 기기를 가지고 있는 세계에서 어떻게 일반 사용자가 개인키를 대량으로 저장하고 관리할 수 있을까요? 다행히 약간의 소프트웨어적인 지원만 있다면 이것이 문제가 되지는 않습니다.

7.3절에서 패스워드 매니저에 대해 논의한 것을 기억해 보세요. 개인키를 처리하는 데도 같은 개념을 (그리고 대부분 같은 코드를) 사용할 수 있습니다. 예를 들어 클라우드 제공자 같이 편리한 장소에 저장하기 위해 암호화를 지정하면 됩니다. 다시 말해서 개인키가 단일 서비스에 대한 접근 토큰일 뿐이라면, 같은 서비스에 대한 비밀번호보다 더 강력하게 보호할 필요가 없습니다. 더 안전하면서도 편리하고 휴대가 간편한 저장 장치가 노트북, 휴대폰, 태블릿, 스마트 조명 스위치, 특히 가치가 높은 키와도 함께 잘 작동한다면 좋은데, 이러한 토큰은 10년 넘게 우리 바로 곁에 있었습니다.

DANE vs 인증서 투명도

일부에서는 DANE에 대해 실용적으로 혹은 철학적 이유로 반대합니다. DNSSEC의 반응은 크지만 도입을 방해하는 복잡한 기술적 문제가 있으며, DNS 등록 기관에서 CA 같은 서비스를 구동하는 데에서 오는 보안적 어려움을 이해하는지 의심스러워 하는 심각한 이유도 있습니다. 이에 대한 한 가지 대안은 인증서 투명도CT ; Certificate Transparency라는 구글 제안서로, [Laurie, Langley, Kasper 2013] 모든 CA는 발급하는 모든 인증서를 기록해서 이를 허용하는 브라우저는 일부 사이트에 다른 두 CA가 인증서를 발행했는지 인지해야 합니다. 원하는 모든 회사는 다양한 CT 로그 모니터링을 통해서 인증서가 부적절한 곳에 나타나는지 확인할 수 있습니다.

CT가 가지고 있는 문제점은 보편적인 준수가 필요하다는 점인데, 그렇지 않으면 비non CT CA가 가짜 인증서를 발행하는 것을 보호할 방법이 없습니다. 지금까지는 특히 중요한 CA 중 하나인 시만텍을 포함한 대부분의 CA는 CT에 매력을 못 느끼고 있는 것으로 보입니다.[a] 이런 여정을 시작할 때 충분히 참여할 것인지는 분명하지 않지만, 이미 하나의 징후가 감지됐습니다. [Goodin 2015d]

등록 기관들의 보안 우려는 상당히 타당합니다. 오늘날의 CA 구조에서 안전한 웹사이트를 공격하려면 트래픽이 어디로 가는지를 제어하는 라우팅이나 DNS 엔트리, 그리고 CA 두 개의 독립적인 메커니즘을 전복시켜야 합니다. DANE로 회사의 DNS 엔트리 통제권을 장악할 수 있는 사람은 누구나 인증서를 교체할 수 있는데, 이러한 일은 보안 경험이 풍부한 기업에서도 실제로 일어났습니다. [Edwards 2000] 이것이 CT보다 좋을까요, 나쁠까요? 위협 모델에 따라 많은 것이 달라지겠지만, 인터넷에는 PKI와 관련된 수수께끼에 대해 두 개의 솔루션을 넣을 여유는 없습니다.

---

a "구글 크롬의 인증서 처리에 다가올 변화"
https://cabforum.org/pipermail/public/2013-November/002336.html

8.4 인증서의 만료와 폐기

범용 PKI를 사용하는지, 또는 작은 PKI를 사용하는지에 관계없이 인증서는 영원히 지속되지 않습니다. 인증서에 지정된, 즉 CA가 설정한 일정 시간 후에 인증서는 만료됩니다. 하지만 개인키가 침해되었다고 믿는 경우를 포함해서 적당한 사유가 있으면 몇 번이든지 인증서를 폐기할 수 있습니다. 만료와 폐기는 간단해 보이지만, 사실 그렇지 않습니다. 복잡한 문제에 뛰어들기 전에 인증서가 어떻게 만료되는지를 먼저 살펴봅시다.

인증서는 두 가지 이유 중 하나의 이유로 무효화될 수 있습니다. 먼저 만료될 수 있습니다. 모든 인증서에는 유효 기간이 있어서 그 후에는 사용할 수 없습니다. 둘째, 인증서는 폐기, 즉 명시적으로 무효를 선언할 수 있습니다. 후자의 경우는 개인키 침해, 개인키 소유자의 부정행위가 의심되거나 실제로 있을 경우, 또는 사용된 암호화 알고리즘 강도가 우려되었을 때 할 수 있습니다.

만료에는 세 가지 이유가 있습니다. 먼저 특정 기간이 지나면 개인키의 침해가 검출되지 않고 지나갈 가능성이 허용치 이상으로 높아질 가능성이 많습니다. 이 정책에 대한 수식은 흠잡을 데가 없습니다. 주어진 시간 간격 동안 침해의 가능성이 p이고, 인터벌은 독립적이라고 가정해 봅시다. 그렇다면 인터벌 n 이후에 침해가 일어나지 않고 보안이 유지될 확률은 $(1-p)^n$입니다. 신뢰성 확률 임계값은 t를 선택하여 $n = \frac{\log t}{\log 1-p}$를 풀어보세요. 이것은 깔끔하고 간단한 수학 문제이지만, 아무도 p가 몇이 되어야 할지 알 수 없으므로 쓸모없습니다. 일반적으로 몇 년의 기간으로 계산하지만, 이에 대한 수학적 근거는 전혀 없습니다.

인증서가 만료되는 두 번째 이유는 알고리즘의 수명입니다. 웹이 생긴지 얼마 안 됐던 옛날에는 일반적으로 CA는 1,024비트 키와 해시 알고리즘 MD5를 함께 발행했지만, 이제는 둘 다 안전하지 않은 것으로 통용되고 있습니다. 적절한 유효 기간을 선택하면 공격에서 보호할 수 있지만, 알고리즘이 해킹되더라도 알 수 없으므로 이것도 불가능한 결정처럼 보입니다. 하지만 현실적으로 현대의 알고리즘은 한 번에 완전히 실패하지 않습니다. 일반적으로 해킹의 징후는 몇 년 전에 미리 나타날 것입니다. 한 가지 예를 들자면 MD5에서 취약 징후는 1996년에 이미 인지되었는데, [Dobbertin 1996] 2004년 해킹이 실제로 일어나기 [X. Wang et al. 2004] 상당히 오래 전이었습니다. 사

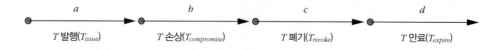

그림 8.2 인증서 손상, 폐기 및 만료에 대한 타임라인

람들은 뒤늦게 깨닫는 것이 아니라 단지 알게 되는 것입니다. 예컨대 빌 체스윅과 애비 루빈, 그리고 필자는 방화벽에서 [2003, p.347] 이를 경고했습니다. 몇 년이라는 인증서 수명은 인증서 변경에 충분한 시간이며, 안전하지 않은 알고리즘을 기반으로 한 자격 증명은 아마도 문제가 심각해지기 전에 만료되어 대체될 것입니다.

마지막으로 인증서가 만료되면 폐기를 쉽게 관리할 수 있습니다. 이미 무효가 된 인증서라면 만료된 인증서의 폐기 상태를 추적할 필요가 없습니다. 실제로는 관리로 인한 혜택이 없고, 환상에 가깝기 때문입니다.

인증서를 승인하는 당사자는 두 가지 방법으로 폐기 여부를 확인할 수 있습니다. 더 오래된 메커니즘은 인증서 폐기 목록CRL ; Certificate Revocation List [Cooper et al. 2008]을 이용하는 것입니다. 이 목록은 발급한 CA가 서명한 폐기된 인증서의 파일로서 인증서에는 이 목록의 URL이 포함되어 있습니다. 나이가 많은 독자라면 상점 점원이 신용카드를 받으면 책으로 된 블랙리스트에서 번호를 찾던 시절을 기억할 것입니다. 이와 동일한 개념으로, CRL은 폐기 목록이 뒤처지지 않도록 다음 업데이트 시기를 포함한다는 점 정도가 다릅니다. (새로운 CRL이 제때 나오지 않으면, 신뢰 당사자가 무엇을 해야 하는지에 대한 질문은 어려울 수밖에 없습니다. 분명히 무언가 잘못됐으며, 새롭게 폐지된 인증서를 확인할 수 없도록 서비스 거부 공격이 시작되었을 수도 있습니다. 마찬가지로 새로운 인증서 폐기 목록을 받지 못했다고 해서 발표된 모든 인증서를 거부하는 것은 옳은 방법은 아닙니다.)

인증서의 유효성을 확인하는 다른 방법은 온라인 인증서 상태 프로토콜OCSP ; Online Certificate Status Protocol을 사용하는 네트워크를 통해 연결됩니다. [Meyersv et al. 1999] 명백한 비유로는 현대의 신용카드 단말기를 들 수 있습니다. 하지만 신용카드 번호는 인증서처럼 자체 검사를 할 수는 없기 때문에 이 비유를 너무 밀고 나가지는 않아야 합니다. OCSP는 유효한 적이 있었는지가 아니라 인증서의 지속적인 유효성을 검증하는 데 사용됩니다. OCSP는 유효, 무효, 알 수 없는 상태 코드를 반환할 수 있습니다. 다시 말해서 OSCP 서버를 사용할 수 없거나, 알 수 없음을 반환하는 경우 무엇을 해야 하는지는 어려운 문제입니다.

직관적으로 OCSP는 키가 침해당했을 때 실제 폐기까지 걸리는 시간이 줄어들어서 '더 안전해' 보입니다. 하지만 실제 혜택은 훨씬 적습니다. 그림 8.2의 타임라인을 고려하세요. OCSP의 효과는 침해와 '이것을 신뢰하지 말라'라는 신호 사이의 시간인 인터벌 b를 축소시키는 것입니다. 하지만 대체적으로 T 침해와 문제의 발견 사이의 시간은 발견과 실질적인 폐기 사이의 시간보다 훨씬 깁니다. OCSP는 실질적인 폐기를 위한 노력은 줄여주지만, 현실적으로 이것은 작은 비율을 차지하는 인터벌 b에 불과합니다.

더욱이 인증서 폐기의 개념은 간단하지 않습니다. 만료를 먼저 살펴보면, 그리 어려워 보이지 않습니다. 특정 날짜 D 이후에는 인증서가 사용되지 않아야 합니다. 그런데 무엇에 '사용'될까요? 인증서가 아직 유효한 $D-1$일에 누군가 파일을 암호화하여 서명했다고 가정해 봅시다. 그렇다면 이 서명을 $D+1$일에는 검증할 수 있어야 할까요? 당연히 그래야 하며, 그렇지 않다면 말이 안 될 것입니다. 하지만 발송인이 $D+1$일에 파일을 만든 경우에는 어떻게 해야 할까요? 이런 일은 절대로 일어나서는 안 되지만, 일어난 경우에는 수신인인 당신은 무엇을 할 수 있으며, 발송자의 시간대를 알 수 없다면 만료일자가 지난 후 서명했는지를 어떻게 알 수 있을까요? (발송자와 수령인 사이의 시계 동기화 문제는 별개로 생각해야 합니다.)

디지털 서명은 훨씬 더 복잡합니다. 디지털 서명은 개인이 (더 정확하게는 어떤 개인키가) 특정 파일이나 메시지를 만들었다는 증거를 제공하는 것이 목적입니다. 그런데 인증서가 만료되는 이유는 개인키가 드러나지 않게 침해되는 문제를 처리하기 위해서입니다. 그렇다면 수령인은 이제는 만료된 키로 서명한 메시지를 어떻게 처리해야 할까요? 메시지에 있는 타임스탬프 자체가 만료 날짜 전에 서명된 것으로 표시되겠지만, 서명인의 타임스탬프를 믿을 수 있을까요? 결국 그 값은 적이 설정했을 수도 있습니다. 마찬가지로 재판관과 같은 제3자에게 언제 메시지가 서명되었는지 어떻게 증명할 수 있을까요도 문제입니다. 타임스탬프 문서를 위한 설계도 있지만([Haber, Stornetta 1991a; Haber, Stornetta 1991b] 참고), 적어도 미국에서는 거의 사용되지 않습니다.

궁극적으로 이 문제는 매우 심오한 질문을 발생시킵니다. 여러분의 서명에 대한 의존도는 만료되었나요? 즉 특정 키로 서명된 메시지를 기반으로 한 조치를 더 이상 취하지 않아야 할 때는 언제인가요? 요점이 되는 한 사례는 공급업체가 서명한 장치 드라이버와 같은 소프트웨어 패키지입니다. 패키지에 따라 서명 시간과 서명이 확인되는 시간 사이에 상당히 긴 시간이 경과할 수도 있습니다. 그래서 결국 이 두 가지 사건 사이에 많은 일이 일어날 수 있습니다.

좀 더 간단한 상황으로, 계약에 대한 동의를 포함하여 디지털 서명된 이메일 메시지 수신을 살펴봅시다. 이런 상황에서 고려해야 할 네 명의 관련자는 CA, 서명자, 의존 당사자, 그리고 분쟁을 결론지어 달라는 요청을 받을 수 있는 판사입니다. 그림 8.2에 있는 타임라인을 살펴보면 T 발행에 인증서가 생성됐습니다. 인터벌 a 동안 메시지가 수신되는 경우 아무 침해도 발생하지 않고 모든 것이 좋은 상태입니다. 그러나 인터벌 b 는 위험한 기간으로, 개인키는 침해되었지만, 인증서는 아직 폐기되지 않은 상태입니다. 인터벌의 규모는 실제 침해로부터 검출까지 얼마의 시간이 지났는지, 그리고 실제로 인증서 폐기를 위해 필요한 다양한 과정이 얼마나 걸리는지에 따라 달라집니다.

의존 당사자가 실제로 폐기를 확인하는 경우 인터벌 c 는 안전합니다. 앞에서 설명한 것처럼 여러 가지 폐기 방식마다 속성이 다릅니다. 그 형태와 다양한 환경적인 고려 사항에 따라 T 폐기는 오른쪽으로 이동하여 실질적으로 인터벌 b 를 연장시킬 수 있습니다. (폐기에는 명시적인 타임스탬프가 표기되지만, 그 의미는 인증서 보유자가 침해라고 판단한 시간일 수도 있고, 폐기 요청된 시간일 수도 있습니다. 자세한 내용은 CPS를 확인해야 합니다.)

침해된 인증서를 신뢰하지 않는다는 의미에서 인터벌 d 는 분명하지만, (모두 만료 여부를 확인합니다.) T 만료의 정확한 값은 CA와 신뢰 당사자 사이의 시차에 따라 달라집니다.

모든 것이 간단해 보이지만, 사실은 그렇지 않습니다. T 침해는 메시지가 인터벌 a 에 서명되었는지 아니면 인터벌 b 동안이었는지 확실하지도 않고, 알 수도 없습니다. 이 문제의 경우 서명자가 계약에 동의한 것을 후회하고 의도적으로 키를 유출한 후 이전에는 유효했지만 서명할 수 없다고 주장하면 어떻게 될까요? 이 서명은 진짜로 간주해야 하나요, 아닌가요? 아니라면 어떻게 해야 하나요? 분쟁이 일어난다면 문제가 되는데, 명목상의 서명자가 서명한 것으로 볼지, 혹은 침해된 개인키를 가지고 있는 공격자가 서명한 것으로 볼지는 궁극적으로 판사가 결정해야 합니다.

디지털 서명으로 해결되도록 의도된 문제는 디피와 헬만의 원문 논문에 다음과 같이 설명되어 있습니다. [1976]

현재의 비즈니스에서 계약의 효력은 서명으로 보장된다. 서명된 계약은 필요한 경우 소유자가 법원에 제시할 수 있는 계약의 법적 증거 역할을 한다.

그리고

메시지는 전송되었으나, 이후 송신자나 수신자 중 하나에 의해 거부될 수 있다. 또는 아무 메시지도 오가지 않았는데, 한 당사자가 메시지가 전송되었다고 간주할 수도 있다. 따라서 위조할 수 없는 디지털 서명과 영수증이 필요하다. 예를 들어 정직하지 못한 주식 중개인이 사적인 이익을 위해 고객의 주문을 위조해서 권한이 없는 구매와 판매의 은폐를 시도할 수도 있고, 또는 고객이 실제로 중개인을 통해 권한을 부여했던 주문에 대해 손실이 발생한 것을 보고 이를 부인할 수도 있다. 수신자가 메시지의 신뢰성을 검증할 수 있도록 하는 개념을 소개하겠다. 여기에서 수신자는 명백하게 신뢰할 수 있는 메시지를 생성하지 못하도록 하여 수신자의 인증 데이터 침해와 분쟁의 위협에 대해 모두 보호할 수 있다.

안타깝게도 키 침해의 문제는 디피와 헬만이 제시한 해결책을 쓸모없게 만듭니다. 디지털 서명, 부인 방지가 제공하는 중요한 장점은 서명자가 의도적으로 키를 유출하면 사라집니다. 궁극적으로 서명의 진위는 통상적으로 법원에서 다루는 사실 관계의 질문이 됩니다. 안타깝게도 이런 상황에서 로그파일과 해당 서명 컴퓨터의 포렌식 검사 등의 중요한 증거는 법원과 배심원이 제대로 처리하기 힘든, 너무나 기술적인 증거입니다. 따라서 최선의 방어는 로깅과 다른 당사자에 의한 로깅입니다(16.3절 참고). 이상적으로 이러한 로그는 독립적인 대상이 보관하는데, 디지털 세계로 이동한 공중소라고 생각하면 됩니다.

실제 의존성이 서명된 메시지의 수신 시점보다 상당히 늦어지거나 '수신'이 명백하지 않은 다른 디지털 서명 시나리오에서는 일이 더욱 복잡해집니다. 예를 들어 CD에 기록되고 하드웨어와 함께 패키징되는 디지털 방식으로 서명된 장치 드라이버를 살펴봅시다. 이 서명의 실제 의존도는 장치를 구입할 때가 아니라 CD가 구워질 때입니다. (물론 여러분은 서명이 그 시점에서 확인되었는지의 여부를 모릅니다.) 따라서 나중에 발생한 침해는 관계가 없습니다. 해커의 실력이 좋아도 이미 생성된 CD에 영향을 미칠 수는 없습니다. (한편 안드로메다인은 공급망 공격을 개시할 수 있고, 진짜 CD를 자신의 CD로 대체하여 봉인된 하드웨어 상자를 변조할 수 있습니다. 과거에 이러한 일이 일어난 적도 있습니다.) 물론 장치 드라이버를 설치하기 전에 인증서가 폐기되었는지를 확인할 수 있지만, CD가 만들어지기 전에 T 침해가 일어났다는 것을 모른다면 이것은 의미가 없고, 침해 여부도 알 수 없습니다. 이러한 분석은 다운로드한 장치 드라이버에 적용되지 않는다는 데 주의하세요. 다운로드는 이메일과 상황이 비슷합니다. 결국 영리한 공격자는 쉽게 공급업체의 웹사이트에서 서명된 장치 드라이버를 교체할 수 있습니다.

일반적으로 공격자는 여러분이 설치중이라는 것을 알 수 있는 소프트웨어는 손대려고 하지 않습니다. 이보다는 일부 운영체제가 특정 CA가 서명한 파일의 인증에 부착한 암시적 인가를 이용하려고 합니다. 다시 말해서 파일이 수많은 기관들이 발급한 증명서로 서명됐다면 남모르게 코드를 설치하는데, 스틱스넷은 이를 이용했습니다. [Falliere, Murchu, Chien 2011; Zetter 2014] 같은 기술을 사용하여 서명된 악성 코드 보고서뿐만 아니라 [Bijl 2011; Goodin 2012b; Hypponen 2011; IIJ 2012] 적어도 하나의 실수로 인한 키 침해가 있었습니다. [Goodin 2015c] 96쪽의 박스글에서 설명한 것처럼 512비트 RSA 키가 최소한 공격 피해 한 건의 주요 원인이 되었다고 추측됩니다.

디지털 서명은 법적 구속력이 있는가?

컴퓨터로만 실행되거나 검증될 수 있는 연속적인 계산의 출력물인 디지털 서명의 공식적인 상태는 기술적인 문제가 아니라 당연히 법적인 문제입니다. 미국에서 이러한 서명은 관습법과 2000년 국내외 상거래상의 전자서명에 관한 법률에서 명시적으로 성문화되어 법적 구속력을 갖습니다.[a]

서명은 '전자 또는 종이의 여부와 관계없이 의도를 나타내는 첫 번째 가장 중요한 상징'입니다. [Smedinghoff, Bro 1999] 서명자 확인과 서명된 문서의 진본 보증은 '보조 목적'입니다. 회계 감사원장Comptroller-General [1991]의 법적 의견은 '그 고유성 때문에 수기서명은 아마 계약 조건에 대한 구속 동의 중 가장 보편적으로 인정받는 증거일 것이다. … 그러나 법정에서는 반드시 손으로 기록하지 않았더라도 다른 표기 방식을 수용하겠다는 의지를 표명했다.'라는 것이었습니다. 그렇다면 일반적으로 디지털 서명이 사용되지 못할 이유가 없습니다.

아무튼 이것은 이미 언급했듯이 법적 문제로, 예외 사항과 주의 사항, 그리고 관할 법령마다 다른 규칙이 있습니다. 그러므로 디지털 서명이 법적 구속력을 갖는다고 가정하기 전에 여러분의 변호사에게 조언을 구하세요.

a "일반법 106–229" http://www.gpo.gov/fdsys/pkg/PLAW-106publ229/content-detail.html

플레임에서는 CA가 허용해서는 안 되는 MD5를 이용한 인증서에 적용하는 새로운 암호 해독 기술이 사용되었습니다. 다른 경우에서는 개인키가 도난되었다고 보는 것이 더 가능성 있게 보입니다.

더 공식적으로 보았을 때 정말 고려해야 할 것은 T폐기와 T의존 사이인 인증서를 사용하는 시간입니다. 이상적이라면 물론 T의존 < T폐기여야 합니다. 앞에서 논의한 복잡성은 T폐기 < T의존일 때 발생하며, 이때 파일의 설치, 판사에게 서명을 보여주는 행동 등이 문제가 됩니다. 더 많은 정보가 없이는 딜레마를 피할 수 없지만, 역설적으로 자세한 정보가 해결책이 됩니다.

디지털 서명이 신뢰할 수 있는 타임스탬프를 포함한다면, (일반적으로 서명된 소프트웨어는 모두 해당되지만, 공급업체가 시간을 사실대로 기재하리라고 신뢰하지 못한다면 그런 업체의 코드는 설치할 수 없습니다.) 이 값을 T침해에 대해 알게 된 시점과 비교할 수 있습니다. (물론 가짜 소프트웨어 패키지라면, 여러분이 신뢰한 공급업체의 것이 아닐 것입니다.) 공급업체가 생성하는 서명의 타임스탬프 목록을 게시한다면, 침해에 대해 알게 되었을 때 서명된 파일을 이 목록과 함께 T침해와 비교할 수 있습니다. (일부 업체는 해킹당했다는 것을 밝히지 않는 것을 선호합니다. [Yadron 2014]) 필자가 아는 바로는 이런 목록을 만드는 공급업체는 없고, 극소수만 포렌식forensic 검사의 결과를 발표하고 있지만, 어쩌면 바뀔 수도 있습니다. 공급업체가 외부 당사자에게 목록을 보유하도록 하면 더욱 좋습니다. 특히 누군가 판사에게 보여주고 싶어할 경우는 더욱 그렇겠지요. (제대로만 한다면, 서명 목록 공표에서 민감한 정보는 전혀 노출되지 않습니다. 목록은 서명된 파일을 제외하더라도 서명 그 자체도 수록할 필요가 없고 실제 서명의 암호화된 해시를 수록하면 됩니다.)

이제 T만료 < T의존의 경우 무슨 일이 생길지 살펴봅시다. 이때 인증서를 사용하는 것은 안전할까요? 이전과 같이 결정을 내리기 위한 충분한 정보가 없습니다. 정말로 알아야 하는 것은 T침해와 T서명의 관계입니다. 개념적으로 이것은 침해가 훨씬 나중에까지 발견되지 않는다고 해도 누군가 만료된 인증서를 폐기하고 싶어한다는 의미입니다. 이런 일은 결국 발생합니다. [Naraine 2012]의 예시를 봅시다. 폐기 메시지가 있다는 것은 만료 시간을 처리해야 한다는 일반적인 걱정보다는 명백한 위험을 경고하는 것이므로 이런 식으로 생각해 봅시다. 어떤 질병은 더 일찍 발생할 수도 있지만, 대개 나이가 들수록 발생 가능성이 커집니다. 그러나 X살이 되면 이런저런 검사를 받으라고

하는 일반적인 경고는 의사가 검사 결과를 보고 나쁜 소식을 알려주는 것과는 매우 다릅니다. 나쁜 소식이 있을 때, 즉 인증서가 침해되었다고 알려졌을 때는 적절한 조치를 취할 수 있게 그 사실을 명확하게 알려야 합니다.

폐기와 관련된 것들은 인터넷에서는 거의 사용되지 않고 사용하기도 어렵습니다. 의미가 불분명하고, 인증서를 '사용한다'는 의미가 다양한 모델마다 달라서 이런 행동의 결과는 종종 예측할 수 없습니다.

또 한 가지 짚어야 할 점이 있는데, 폐기에 대한 개념적 문제 중 어떠한 것도 PKI와 작은 PKI의 차이점과는 관련이 없다는 것입니다. 이것은 신뢰 패턴과 관계가 있는 것으로, 폐기는 복잡한 의미 때문에 골칫거리가 되는 것입니다. 더욱이 복잡성은 문제 자체에 내재되어 있는 것이며, 현재의 설계상 결함이 아닙니다. 작은 PKI는 침해된 키로부터의 피해를 제한하는 것이지, 무엇을 언제 신뢰할지에 대한 힘든 판단 과정을 바꾸지는 않습니다.

8.5 분석

가능성 있는 어떤 변화가 이 절의 권고에 영향을 미칠 수 있을까요?

브라우저와 OS 공급업체의 '백 개의 CA가 번성하게 하라!'라는 접근 방식이 웹 PKI 문제의 핵심으로, 이 정책이 변할 것 같지는 않습니다. 인증서 투명성certificate transparency이나 DANE이 배포될 때까지는 통신 개시 접근에 대한 안전한 대안이 없습니다. 게다가 일은 이런 식으로 되게 마련입니다. 우리가 대하고 있는 것은 바로 무력함의 신이기 때문입니다. 마지막으로 누가 안전한 웹에서 상호작용을 할 수 있고, 누가 할 수 없는지를 결정하는 매우 강력한 개체인 단 하나의 루트 CA를 둔다는 것은 정치적인 문제를 안고 있으므로 절대로 수용할 수 없는 대안입니다.

키 연속성은 비교적 추가하기가 간단한 애드온이지만, 키 변경이나 CA 변경 시나리오를 처리해야 합니다. 이것은 사용자 경험 설계에서 볼 때 어려운 문제입니다. 좋은 해결책은 이전과 새 CA에 대해 이해할 수 있는 정보를 사용자에게 제공하는 것입니다. 개인적으로 완벽한 해결책은 없을 것 같습니다. 심지어 "인증서 발급 기관의 이 변경 사항을 신뢰하고 싶은가?"와 같은 질문조차 대다수의 사용자가 갖고 있거나 원하는, 혹은 해야만 하는 것보다 PKI에 대해 더욱 깊이 이해해야 합니다. 전문적인 사용자들을 위해 이러한 기능을 제공하는 브라우저 애드온(예: 파이어폭스용 인증서 패트롤)이 있으며, 실제로 키 연속성 검사를 통해 DigiNotar 해킹이 감지되기도 했습니다. 한편 잘못된 경고의 횟수가 너무 많아서 필자는 이 기능을 꺼버렸습니다.

구글은 오픈 소스 운영체제와 웹 브라우저인 크롬에서 키 연속성을 구현했습니다. 그러나 기능 발표에는 다음과 같이 경고했습니다. [Evans 2011]

이제 원하는 모든 도메인에 대해 HTTPS를 강제로 시행할 수 있고, 해당 도메인을 '고정'시켜서 더 신뢰할 수 있는 CA의 보조 세트만 해당 도메인을 식별하도록 허용할 수 있다.

매력적인 기능이지만, 기능 오류를 발생시키기도 쉽다! 오직 전문가만 인터넷 내부 설정으로 실험해 보기를 권장한다. [원본 강조]

크롬 사이트는 기본적으로 보호되며, 독자적인 인증서나 CA를 변경하기 전에 업데이트를 알려줄 것이라고 가정할 수 있습니다. 하지만 이것은 일반적으로 적용할 수 있는 해결책이 아닙니다.

사용자가 자신이 신뢰하는 어떤 출처에서 다른 CA의 모음을 쉽게 다운로드할 수 있다면 좋을 것입니다. 기업도 이를 좋아할 것이고, 회사 CA를 포함시키기 위한 쉬운 목록 수정 작업도 허용되지만, 단점이 있습니다. 억압적인 정부는 적어도 자국에 배포되는 브라우저에 대해서 정부의 CA를 해당 목록에 삽입하는 데 쓸 것입니다. 새로운 문제가 발생할 수도 있는데, 이런 다운로드는 어떻게 인증할까요? 대부분의 경우 모든 브라우저 공급업체는 이러한 다운로드를 보호하기 위해 내장형의 자사 CA를 이용할 것입니다. 그리고 공급자의 신원 확인에만 조심하면서 CA 목록을 제공하려는 대상은 누구에게나 인증서를 발급할 것입니다. 적어도 M1-31의 CA 목록을 다운로드하는 사람들이 자발적으로만 그러는 것이라고 가정하면, 신뢰성을 검증할 강력한 필요성은 없습니다.

인증서 중 신뢰하는 웹web of trust과 간단한 공개키 인프라simple public key infrastructure라는 두 개의 다른 모델은 언급할 필요가 있습니다. 둘 다 계층적이면서도 전통적인 인증서 발급 기관의 명칭을 기반으로 하는 접근 방법과는 상당히 거리가 있습니다.

*PGP*Pretty Good Privacy 메일 암호화에서 사용하는 신뢰하는 웹은 [S. L. Garfinkel 1995; Lucas 2006; Zimmermann 1995] 이름/키의 결합을 트리 구조보다는 임의의 유도된 그래프를 통해 증명합니다. 구체적으로 CA로 사용하기 위해 특별히 지정된 키는 없으며, 오히려 모든 키는 인증서 서명과 실제 데이터 암호화 또는 서명을 위해 동시에 사용할 수 있습니다.

신뢰하는 웹은 사용을 시작하기 위한 인프라가 필요 없다는 것이 장점입니다. 친구들이 키를 생성하여 서로가 서명하면 바로 사용할 수 있습니다. 안드로메다인이 운영하는 CA에 대해 걱정할 필요가 없습니다. 여러분의 친구들을 신뢰하는 것입니다. 작은 규모에서 이것은 잘 작동하며, 심지어 작은 PKI의 형태로도 볼 수 있습니다. 문제는 하나 이상의 홉hop이 필요할 때 생깁니다. 아마 다른 친구의 신원을 보증하는 직접적인 친구들을 신뢰하겠지만, 친구의 친구를 그 정도로 신뢰할 수 있을까요? 중간에 한 명만 빠져도 알지 못하는 사람을 말입니다. 여러분의 친구가 왜 이런 사람과 사귀는지 궁금해질 만큼 수상해 보이는 친구의 친구를 만나본 경험이 있나요? 이것을 조금만 확장하면, 신뢰는 그 거리와 함께 매우 빠르게 떨어진다는 것이 분명합니다.

폐기는 계층 CA보다 신뢰하는 웹 시스템에서 더욱 문제가 되는데, 물어볼 CRL이 하나도 없기 때문입니다. 일부 잘 알려진 PGP 키 서버가 있지만, 일반적으로 현재의 저장된 키를 재평가하는 것이 아니라 키를 얻기 위해 사용됩니다.

SPKI는 인증서에 대한 색다른, 훨씬 덜 일반적인 접근 방식을 취하는데, [Ellison 1999; Ellison et al. 1999] 신원이 아니라 전적으로 권한을 기반으로 합니다. 인증서는 추정 소유자의 이름을 포함시킬 수 있지만, 편의를 위한 것일 뿐입니다. 인증서를 제출하면 보유자의 권한 정보를 제공하고, 개인키는 인증을 위해 사용됩니다. 이때 이름은 어떤 접근 제어 목록에서도 조회되지 않습니다. 수많은 이유가 있겠지만, 가장 주요한 이유는 전 세계에 통용되는 하나의 고유한 이름 공간을 구성하기가 어렵기 때문입니다. 또한 SPKI는 위임의 개념과 어떤 서비스를 위한 특정 인증서가 이 권한을 제공하는지의 여부를 결정하기 위해 집합 이론적 인증서 수집 작업을 수행합니다. 이것에 대한 자세한 내용은 [Ellison et al. 1999]를 참고하세요. 이것은 몇몇 상황에서 사용되는 흥미로운 모델이지만, 인터넷 규모에서 얼마나 잘 작동할지는 불분명합니다.

수많은 CA를 신뢰해야 하는 필요성과 폐기의 의미와 같은 까다로운 문제는 전반적인 솔루션에 내재된 개념적 문제임을 파악하는 것이 중요합니다. 다른 해시 함수나 타원 곡선 서명으로 전환하는 등의 간단한 기술을 변경하는 것은 문제에 전혀 영향을 주지 않습니다. 이러한 문제는 쉬운 기술적 수정으로 풀 수 없습니다. 따라서 근본적으로 다른 해결책을 찾기 위해 커다란 돌파구를 마련해야 하며, 적용하기 위해서는 수년 간의 노력이 필요할 것입니다.

09장

무선 액세스

"레이저를 쓰는 것도 아니고, 무전기를 쓰는 것도 아니고, 하이퍼웨이브를 쓰는 것도 아니야. 대체 뭘로 통신하는 거지? 텔레파시? 손편지? 무슨 엄청 큰 거울이라도 쓰는 거야?"

"앵무새." 루이스가 대답하며 일어나서 통제실 문에 있는 앵무새쪽으로 걸어갔다. "허파가 커지도록 특별히 개량한 대형종이지. 몸집이 너무 커서 날지는 못해. 그저 산꼭대기에 앉아서 서로한테 외쳐대지."

Ringworld
— 래리 리븐LARRY NIVEN

9.1 무선은 보안이 취약하다는 미신

무선, 특히 802.11(Wi-Fi, 와이파이)에 대해 일반적으로 사람들은 원래 매우 안전하지 않다고 말합니다. 과연 그럴까요? 정답은 '때에 따라 다르다'입니다. 와이파이에 관련된 문제를 제대로 이해하려면 무선 호스트에 통신할 수 있는지(이 장에서는 '호스트 액세스'라고 지칭), 공격자가 무선 네트워크에 접속할 수 있는지('네트워크 액세스'), 인터넷에서 전송되는 패킷을 도청할 수 있는지('콘텐츠 액세스'), 그리고 트래픽을 분석할 수 있는지('메타데이터 액세스')라는 네 가지 이슈를 정확하게 파악해야 합니다.

첫 번째 이슈는 여행중인 직원에게 와이파이 사용을 허용할 것인지에, 나머지 세 가지 이슈는 여러분의 회사가 이런 기술을 쓸 것인지의 여부에 영향을 줍니다. 네 가지 문제는 서로 많이 다를 뿐만 아니라 서로 다른 해결책이 필요합니다. 더욱이 널리 쓰이는 무선 기술에는 '와이파이'와 '휴대폰'이라는 서로 다른 두 가지 다른 종류가 있습니다. 와이파이에는 '폐쇄형'과 '개방형'이 있고 스마트폰과 태블릿 같은 최신 기기는 두 가지를 모두 사용합니다. 이런 특성이 있기 때문에 최신 기기에 대한 논의는 9.4절에서 다시 다룰 것입니다. 물론 수많은 다른 무선 기술도 사용되고 있습니다. 하지만 블루투스 정도를 제외하고는 심각한 컴퓨터 보안 이슈를 일으키는 기술은 없습니다.

그러면 먼저 콘텐츠 액세스를 살펴볼까요? 암호화되지 않은 와이파이 트래픽에 대한 도청이 큰 문제가 아니라는 것에는 이견이 없습니다. 와이파이는 작동 범위가 100미터라고 광고하고 있지만, 적당한 외부 안테나를 설치하면 매우 먼 거리까지 쉽게 닿을 수 있습니다. 빈 프링글스 캔으로 개인이 직접 와이파이 안테나를 만들어 설치할 수도 있는데, 사실 인터넷에는 이런 자료가 널려있습니다. 하지만 안드로메다인이 여러분을 추적한다면 전통적인 유선 네트워크를 사용해도 보안에 도움이 되지는 않을 것입니다. 그래서 이렇게 이야기하는 친구도 있었습니다. "이더넷 케이블로만 네트워킹을 한다고? 글쎄, 너는 그것을 '전선'이라고 부르겠지만, 난 '안테나'라고 불러."

암호화되지 않은 와이파이 네트워크가 유선 네트워크보다 도청하기 더 쉬운 것은 사실입니다. 유선 네트워크는 교환되기 때문에 대부분의 기기에서는 할당된 패킷만 받습니다. 여기에는 잘 알려진 공격 수단도 있지만, 이런 방식이 아니어도 일부 패킷이 모든 포트에 흘러가는 것이 일반적인 작동 방식이기도 합니다. 그래서 강력하다고 말할 수도 없고 보안책으로 볼 수도 없지만, 이 점이 보안에 도움이 되기는 합니다. 무선 네트워크에서는 각 액세스 포인트마다 수많은 호스트를 연결할 수 있어서 여러분이 파악하는 기기의 실제 위치는 액세스 포인트일 뿐입니다. 또한 트래픽은 전환에 의해 필터링됩니다.

아마도 더욱 심각한 문제는 무선이 현재 활성화되고 있는 사용자에 대한 여러분의 네트워크 반경을 연장시키는 것과 건물 밖에 있는 누군가가 실제 여러분의 랜에 있는 것처럼 보이게 할 수도 있다는 것입니다. 다시 말해서 콘텐츠 액세스와 네트워크 액세스는 유선보다 무선쪽이 훨씬 쉽습니다. 심각한 결함처럼 보이겠지만, 적절하게 암호화 처리만 한다면 쉽게 방지할 수 있는 문제이기도 합니다.

콘텐츠 액세스에 적용되는 것은 네트워크에 대한 액세스에도 적용됩니다. 즉 여러분의 네트워크가 적절히 보안되고 있지 않다면 물리적인 범위가 심각한 문제가 될 수 있습니다. 하지만 수준급 공격자를 우려한다면 이런 차이에서 오는 이점은 크게 문제가 되지 않습니다. 적이 여러분의 랜 한 대에 침입했다면 엄청난 힘을 발휘할 수도 있습니다. 왜냐하면 ARP, MAC 스푸핑spoofing 등의 공격으로 감염된 기기가 트래픽을 자기쪽으로 돌려오는 것은 비교적 쉽기 때문입니다.

필자가 본 사건의 경우(207쪽 박스글 참고) 공격자가 랜에 있는 모든 기기에 스푸핑할 수 있을 뿐만 아니라 트래픽도 원하는 대로 가로챌 수 있었습니다. 열린 액세스 포인트는 내부 망의 침입에 유용하지만 — 사실 곤잘레스(Gonzalez, '3장. 위협 모델' 참고) 등은 이런 기술을 이용하기도 했지만 — 대부분의 경우에는 스피어 피싱 등 다른 방법으로 똑같은 목표를 달성할 수 있습니다. 다시 말해서 무선 네트워크는 유선 넷보다는 약간 보안성이 떨어집니다. 하지만 랜을 통해 단일 기기에, 특히 목표에 침투하는 것은 매우 어렵기 때문에 인터넷 보안은 생략해도 됩니다. '내 랜에 기기가 잡힌다!'는 것을 아는 것만으로도 가치가 낮은 자원에 대한 접근을 충분히 통제할 수 있습니다.

WPA2 Personal과 WPA2 Enterprise와 같은 암호화를 적절히 사용하면 아주 효율적으로 방어할 수 있습니다. 간단히 말해서 여기에서는 암호화가 의도한 대로 제 역할을 합니다. 사실 이 방식은 암호화하지 않은 유선 네트워크보다 나을 수 있습니다. 멋진 안테나를 사용해도 외부인은 데이터를 읽을 수 없기 때문입니다. 하지만 세부적으로 살펴보면 문제가 있습니다.

WPA2 보안 네트워크에 연결하려는 노드에는 암호화 키가 필요한데, WPA2 Enterprise의 경우에는 로그인과 인증자도 필요합니다. 인증자는 항상 그런 것은 아니지만 비밀번호인 경우가 많습니다. 이와 함께 무작위로 생성된 값을 이용하여 각 사용자마다 별도의 세션키가 생성됩니다. 이런 방식으로 같은 넷에 있는 다른 노드가 데이터를 읽지 못하게 하는 것입니다. 하지만 여기에는 두 가지 중요한 주의 사항이 있습니다. 우선 단순한 WPA2 Personal에서는 넷에 있는 공격자가 타깃 노드가 접속하기 전에 키 교환 대화를 엿들은 후 타깃과 마찬가지로 세션키를 계산할 수 있다는 것입니다. 따라서 도청이 가능합니다. 이렇게 하려면 수완이 뛰어나야 할 것 같지만, 사실 이 작업을 해 주는 인기 오픈 소스 툴이 있습니다. WPA2 Enterprise는 사용자의 비밀 인증 데이터도 세션키 연산의 일부로 처리하여 이 공격을 방지합니다. 두 번째 주의 사항은

WPA2 암호화의 경우 무선 액세스 포인트와 노드 간의 링크 암호화입니다. 의도적으로 올바른 수신자 대신 공격자의 노드에 보낸 — ARP 스푸핑 공격에 뒤이어 — 트래픽은 이 노드에서 암호화되기 때문에 공격자가 읽을 수 있습니다. 따라서 이런 종류의 전환 공격을 방어하려면 Layer 3 이상의 암호화가 필요합니다. 그렇지 않다면 유선 넷에서와 똑같은 일이 일어날 수 있습니다. 따라서 WPA2 Enterprise가 랜보다 콘텐츠 액세스와 네트워크 액세스 공격에 대해 약간 낮다는 결론이 나옵니다.

이것은 손으로 만든 프링글즈 안테나를 사용하는 안드로메다인에게도 적용됩니다. 보통의 WPA2는 유선 스위치에 있는 포트보다 특정 액세스 포인트에 더 많은 노드가 연결됩니다. 따라서 유선 랜보다 약간 약하기 때문에 같은 액세스 포인트를 사용하는 기기들은 서로 도청할 수 있습니다.

반면 무선 네트워크는 메타데이터 액세스 공격에는 더 취약합니다. 암호화를 한다고 해도 송신과 수신 패킷들의 MAC 주소는 그대로 보내지기 때문에 범위 안에 있으면 누구든지 이것을 들을 수 있습니다. 물론 안드로메다인들은 유선 넷에도 똑같이 할 수 있지만, 이렇게 하려면 조금 특이한 장비가 필요합니다. 하지만 대부분의 기업에는 이것이 문제가 되지 않습니다. 메타데이터 액세스는 APT 외에는 위협 레벨에 해당하는 일이 드뭅니다. APT의 최하위 등급이라도 위협 레벨에 들어가지만, 악당들이 무선 넷에 침투하여 이득을 취하려면 매우 가까운 곳까지 접근해야 하기 때문입니다. 대부분의 공격자들에게는 라우터나 네트워크 관리 스테이션을 해킹하여 넷플로 데이터를 캡처하는 편이 더 쉬울 것입니다. 그런데 개방형 공용 와이파이 망에서는 암호화 사용이 매우 드물기 때문에 상황이 약간 달라집니다. 이 망은 결국 공용이고 흔한 컴퓨터 사용자들이 로컬 핫스팟을 방문할 때 암호화를 활성화하기를 기대하기는 어렵기 때문입니다.

핫스팟 로그인 페이지에서 사용자에게 공용 WPA2 키가 있는 다른 네트워크 이름으로 재설정할 것을 권하는 내용을 많이 보았습니다. 이런 권유를 하는 사람들은 가정용보다 큰 규모의 네트워크를 구동해 본 적이 없을 것이라고 판단됩니다. 실제 사업은 커피 판매인데, 고객 서비스에 얼마나 신경쓸 수 있을까요?

네트워크 액세스는 크게 걱정할 일이 아니지만, 콘텐츠 액세스는 전형적인 스위치 네트워크에서보다 더 큰 우려 사항이 됩니다. 아래의 논의에서 확인할 수 있는 것처럼

적극적인 공격자

몇 년 전 필자의 부서 시스템 관리자 그룹에 사옥 네트워크 보안팀에서 보안기기 한 대가 감염되었다는 통지가 왔습니다. 그래서 취약한 보안기기를 찾기 위해 사옥 전체의 주소 공간을 스캔했습니다. 이런 일은 불가피할 뿐만 아니라 무작위적으로 데스크톱이 감염되는 상황이 놀랄 일도 아니었습니다. 그런데 이 사건은 정말 충격이었습니다. 왜냐하면 관리가 철저히 이루어지는 부서용 FTP 서버가 감염된 기기였기 때문입니다. 당연히 이 기기는 바로 차단되었지만, 몇 시간 후 사옥 보안팀이 왜 아무런 조치도 취하지 않느냐고 문의해 왔습니다.

시스템 관리자가 확인해 보자, 해당 기기는 전원이 내려져 있었습니다. 확실히 차단하기 위해 관리자는 기기에서 플러그와 네트워크 케이블까지 뽑았지만, 아직도 스캔되고 있었습니다. 이 시점이 되자, 넷 공격자에게는 매우 쉬운 IP 주소 스푸핑spoofing이 의심되었습니다. 그래서 ARP 테이블을 확인했지만 사용되고 있는 MAC 주소는 올바른 주소였습니다.

MAC 주소 스푸핑도 쉽긴 하지만 흔히 사용되지는 않습니다. MAC 주소는 보통 호스트에서 기록을 남기지 않으므로 네트워크 포렌식forensics에서는 크게 유용하지 않기 때문입니다. 다행히 사옥 네트워크팀에서 이더넷 스위치 관리 데이터 기록을 자세하게 유지하고 있었습니다. 이 기록을 토대로 우리는 실제 공격용으로 쓰이는 기기가 완전히 다른 건물에 있다는 것을 알 수 있었습니다. 또한 해당 기기는 다른 부서에 있는 여러 개의 호스트를 MAC과 IP 레이어에서 최소 6개월 간이나 스푸핑하고 있었고, 더욱 놀라운 것은 감염된 기기가 소형 방화벽이었다는 것입니다. 해당 방화벽과 감염된 몇 대의 데스크톱 박스를 정리하니 공격자는 보복으로 해당 부서에 대한 서비스 거부 공격을 감행했습니다. 공격자의 장난감을 감히 치웠다는 것이 무척 괘씸했던 것입니다.

VPN이나 애플리케이션 수준의 암호화는 반드시 수행되어야 합니다. 일부 네트워크 운영자가 신경써야 할 영역이 하나 있습니다. 즉 MAC 주소 스니핑sniffing이 쉬워서 유료 핫스팟의 액세스 통제가 복잡해진다는 것입니다. 뻔뻔스러운 사용자들이 서비스 대금을 지불한 이들의 주소를 알아내어 이들에게 편승할 수 있습니다. 이것은 보기보다 좀 더 복잡한데, 이것에 대한 자세한 사항은 'Clayton 2005'를 참조하세요.

그렇다면 호스트 자체에 대한 위험은 어떨까요? 호스트는 유선보다 무선 망에서 더 리스크에 노출될까요? 이것에 대한 대답은 자신 있게 "아니요!"라고 할 수 있습니다.

암호화된 폐쇄형 와이파이 네트워크는 강력하게 접근 통제가 되므로 새로운 공격자가 나타날 수 없습니다. 하지만 이동하는 부품이 하나 더 있습니다. 바로 키 협상 컴포넌트로, 누군가 보안적 구멍을 악용한다면 조작할 수 있습니다. 아직 보고된 사항은 보지 못했지만, 다른 네트워크 개체에서 증명된 취약점을 볼 때 그런 일이 일어나지 않으리라고 가정할 수는 없습니다. 그런 면에도 지금 시점에서 최소한 위험 증가 요인은 낮아 보입니다.

개방형 네트워크는 또 다른 문제입니다. 가짜 액세스 포인트를 설정하거나 ARP 장난을 치는 공격자들은 콘텐츠를 차지할 수 있습니다. 주의 깊게 모두 암호화하기만 하면 아무 문제가 없겠지만, 여기에도 복잡한 문제가 있습니다.

공용 네트워크의 이상적인 형태는 VPN으로, 모든 트래픽이 다시 안전한 곳으로 돌아가게 하는 것입니다. 사실 우리가 진정으로 원하는 것은 호스트를 충분히 제한하여 암호화되지 않은 것은 나가지 않도록 하는 것입니다. 그런데 이렇게 하기는 어렵습니다. 대부분의 핫스팟은 브라우저가 우선 로그인 세션에 통신하기를 원합니다. 돈을 내야 하는 경우도 많으며, 더 많은 광고를 보여주려고 합니다. [Selzer 2015] 대부분의 핫스팟은 변호사가 작성한 사용 약관과 조건에 동의하도록 하는데, 뛰어난 판사여도 이런 장황한 문구는 전부 읽어보지 않습니다. [Weiss 2010] 더욱 심각한 것은 아마도 이런 상황에서 암호화를 이용할 경우 적절한 상호 인증이 필요하다는 것입니다. 너무 많은 소프트웨어 패키지와 사용자들이 이 점을 오해하고 있습니다. '8장. 공개키 인프라'에서 살펴보았듯이 이것을 제대로 해내기는 매우 어렵습니다. 적절한 소프트웨어와 제대로 훈련된 사용자라는 좋은 조건만 갖춰지면 리스크는 낮아지지만, 다른 조건에서는 리스크가 매우 커집니다.

잠재적인 적이라고 할 수 있는 외부인이 여러분과 같은 무선 망에 액세스한다면 모바일 호스트는 두 가지 리스크에 놓일 수 있습니다. 우선 첫 번째 리스크는 여러분의 트래픽 일부에 대한 액세스가 공격에 노출될 수 있다는 점입니다. VPN을 이용하고 있으면 문제가 없지만, 앞에서 살펴보았듯이 모든 것이 제대로 설정되어 있어도 보통 VPN에 접속하기까지는 약간의 시간이 걸립니다. 가짜 로그인 페이지를 띄우는 실력 있는 공격자가 여러분의 브라우저에 다운로드되는 드라이브를 통해 바이러스를 보낼 수 있을까요? 얼마나 까다로울지 측정하기는 어렵지만 가능한 일입니다. 두 번째 리스크는 네트워크 스캐닝 공격으로 어떤 호스트가 현재 떠 있는지와 이런 호스트가 대응하는 서비스는 무엇인지 알아내기 위한 공격이라는 것입니다. 공격자가 여러분의 IP 주소를 안다면 유선망에 대해서도 가능합니다. 적절한 IP 보안 소프트웨어라면 VPN이 아닌 패킷을 거부할 것입니다. 하지만 모두 적합하게 적용되어 있는지는 알 수 없으며,

VPN은 이런 패킷 검사를 실행하지도 않습니다.

유선이든, 무선이든 개방형 네트워크 사용의 진짜 문제는 간접적인 것일 수 있습니다. 기기 한 대가 감염된다고 가정해 봅시다. 진짜 문제는 해당 기기를 가지고 돌아와서 조직의 네트워크에 연결할 때 발생합니다. 기기 전체가 감염될 수 있을까요? 이 문제에 대응하기 위해 외부에서 VPN 파트만 사용한다고 할 때 기기를 설치한 후에는 감염이 터널을 통과할 수 있을까요? 위험 증가 요인은 몇 년 전에 비해 줄어든 것으로 보이지만 — 기기들이 실내 웹 브라우징에서나 여행 중 이메일에서 감염될 가능성도 있을 것입니다. — APT와 안드로메다를 여행하는 직원들이 우려된다면 특별히 주의해야 합니다. 사실 일부 국가를 여행하는 사람들 중에는 스마트폰은 집에 두고 '버너 랩톱burner laptop'을 가져가는 여행자도 있습니다. [Perlroth 2012] 이렇게 하면 물론 매우 불편하지만, 매우 위험하기 때문입니다.

이 문제를 보는 다른 방식으로는 와이파이 위협을 다른 종류의 공격자들에 의한 것으로 간주하는 것입니다. WPA2는 개방형 망이 아니라 인터넷 망을 위한 것으로 간주합니다.

재미로 공격하는 해커들　지리적으로 매우 가까운 곳(예를 들어 100미터 이내)에 있으면 무선 망을 더 쉽게 이용할 수 있다. 재미 삼아 공격하는 해커들은 와이파이 암호화로 쉽게 꺾을 수 있다.

기회를 노리는 해커들　무작위로 공격하는 이들은 물리적으로 특별히 가까운 곳에 있을 필요가 없기 때문에 리스크 측면에서 보면 별 차이가 없다. 공용 핫스팟을 통해 이런 해커들에게 공격당할 수 있으므로 어떤 경우에서나 반드시 VPN을 사용해야 한다.

타깃형 공격자　타깃형 공격자는 가장 흥미로운 경우이다. 이 중 대다수는 이미 여러분의 랜에 있는 기기 중 최소한 한 대에 침투할 방법을 알고 있다. 사실 이 중 일부는 불만을 품은 내부인이어서 이미 접속 권한을 가지고 있다. 이들은 잘 보호되지 않은 무선 망을 통해 최초로 진입할 곳을 찾지만, 일단 내부로 들어오기만 하면 큰 피해를 줄 수 있기 때문에 단순한 외부 접근 통제는 큰 힘을 발휘하지 못한다. 다시 말해서 와이파이 망에 대해서는 차별화된 보안 수단이 없다. 반면 보안이 허술한 와이파이 망은 과거에는 진입 지점이 되었다. 다시 강조하지만, WPA2가 내부 망의 네트워크 액세스에 대해 강력한 방어가 되어도 로밍 기기들에 대한 호스트 액세스 공격이라는 점이 더욱 흥미롭다.

MI-31 안드로메다인들의 도청을 막을 방법은 거의 없고 모든 레이어에 대한 전면적인 암호화가 그나마 최선의 해답이다. 와이파이 암호화가 여러분의 망에서 하나의 진입 포인트를 막아줄 수 있지만, 이들이 진입할 수단은 매우 많다. 와이파이를 이용하면 메타데이터에 쉽게 액세스할 수 있으므로 적들은 큰 이득을 취할 수 있다. 다시 말해서 와이파이 암호화를 이용한 무선 보안에 대한 일반적인 추천 사항은 대부분의 위협에 대해서는 매우 효과적이지만, 위협 모델이 안드로메다인이 아니라면 무선 연결을 피할 이유는 없다. 일반적인 무선 위협을 막으려면 모든 네트워크에 취하는 주의만으로도 충분하다.

많은 시스템 관리자들에게 친숙한 무선 보안의 측면이 하나 더 있습니다. 바로 문제가 생겼을 때 문제의 호스트를 찾는 것입니다. 매니지드 스위치^{managed switch}를 사용하고 어떤 잭에 어떤 스위치 포트가 연결되었는지 기록을 잘 남기고 있으면 쉽게 찾을 수 있습니다. 실내 전용으로 사용하는 경우를 제외하고 기업에서는 반드시 이 방법을 이용해야 합니다. 문제가 있는 IP 주소를 MAC 주소에 매핑하고, 이것을 스위치 포트에 매핑한 후 문제되는 위치를 찾아보면 됩니다(207쪽의 이야기에서 실행한 방법 참고). 예외적인 상황을 제외하더라도 무선 망에서는 이런 추적이 훨씬 어렵습니다. 과자통으로 만든 안테나가 없어도 액세스 포인트의 범위는 100미터까지 해당될 수 있습니다. 이 범위는 악당을 찾아내기에는 매우 넓은데, 특히 악당이 실제 누군가의 기기에서 의심을 사지 않고 작동하고 있는 악성 코드라면 더욱 그렇습니다.

그러면 우리는 어떻게 하면 될까요? 때로는 특수한 상황이 있을 수도 있습니다. 한 컨퍼런스에서 누군가의 노트북에서 악성 코드가 흘러나온 적이 있습니다. 우리는 스위치 로그를 통해 어떤 액세스 포인트가 결부되어 있는지 알 수 있었습니다. 네트워크 레이아웃을 보니 어떤 방에 문제의 기기가 있는지 꽤 확실해졌습니다. 누군가 해당 기기에 핑 플러드^{ping-flood}를 보내고 다른 사람은 깜박이는 LED와 왜 갑자기 망에서 빠져나갈 수 없는지 의아해하는 얼굴을 찾으러 방 안을 돌아다녔습니다.

물론 이보다 더 일반적으로 쓰는 기법도 있습니다. 타오^{Tao} 등은 RF 신호 감도로 수미터 내의 기기를 찾는 방법을 설명하지만, [2003] 이런 계획은 지향성 안테나로 막을 수 있습니다. [Wallach 2011] 일반적으로 가장 쉬운 방법은 문제되는 MAC 주소를 블랙리스트로 차단하는 것입니다. 결백한 사람의 기기가 감염된 경우에는 주인이 곧 항의할 것입니다. 이보다 더 나은 방법은 별도의 VLAN에 연결하여 이들이 방문하는 모든 웹페이지에서 이들에게 어떤 일이 일어나고 있는지, 어떻게 지원받을 수 있는지 알려주는 것입니다. 일부 대학교에서는, 특히 기숙사에서 기기를 사용하는 학생들에게 이런 방식을 활용하고 있습니다.[1] 이렇게 해도 MAC 주소를 바꿀 수 있는 능숙한 공격자는 막을 수 없지만, 프로여도 MAC 주소 변경을 잊어버릴 수 있다는 것을 기억해야 합니다. [Williams 2010]

9.2 연결한다면

와이파이는 적절한 암호화만 이용한다면 내부에서 사용할 때 충분히 안전합니다. 그러면 와이파이 링크 암호화에 대해 더 자세히 살펴봅시다. 모든 와이파이 기기에는 트래픽 암호화 기능이 있는데, 비용도 낮은 편이고 일반적으로 켜두어야 합니다. 하지만 지원되는 암호화는 다양하기 때문에 어떤 것을 선택하느냐에 따라 결과는 크게 달라집니다.

와이파이 암호화의 가장 오래된 형태인 유선급 보호^{WEP ; Wired Equivalent Privacy}는 쓸모 없으므로 피해야 합니다. [Borisov, Goldberg, Wagner 2001, Stubbfield, J. Ionannidis, Rubin 2002, Stubblefield, J. Ioannidis, Rubin 2004] WEP에는 오래된 하드웨어에 대한 하위 호환 지원 외에는 다른 장점이 없습니다. 필자가 보기에는 백악기 이후 제조된 기기는 모두 더 나은 것을 지원합니다. WEP는 약한 암호화를 허술하게 적용한 시스템입니다. [RC4] 또한 다음에 논의된 핵심적 배포 약점이 있습니다.

새로운 암호화 표준에는 WPA와 WPA2가 있습니다. WPA는 구식 하드웨어에서

---

1 "PaIRS: 담당자 및 사고 대응 시스템" http://goo.gl/xhroc

도 구동됩니다. 하지만 일반적으로 RC4를 사용하므로 1시간 정도면 뚫을 수 있으므로 [Vanhoef and Piessens 2015] 가능하면 WPA2를 이용해야 합니다. 여러분의 장비 중 이것을 지원하지 않는 장비가 있으면 구식 장비에는 다른 보안적 약점이 있을 가능성이 있으므로 하드웨어 및 OS를 업그레이드해야 합니다.

암호화를 사용할 때는 키 관리가 중요한 문제로 떠오릅니다. WEP가 설계되던 당시에는 알려지지 않았던 RC4의 암호 해독 약점 외에도 설계자들은 인증된 모든 기기에 똑같은 키를 사용한다는 아주 심각한 실수를 했습니다. 이 때문에 두 가지 중요한 결과가 발생했습니다. 우선 첫 번째는 직원 한 명이 회사를 떠나거나 전화, 노트북 등 장비 중 하나라도 분실하면 모두의 키가 위태로워져서 즉시 키를 변경해야 한다는 점입니다. 두 번째는 이런 일이 발생하면 재택 근무자와 외판원이 사용중인 기기의 키와 현재 수리를 보낸 12,345.67개의 노드까지 모든 장비와 액세스 지점의 키를 거의 동시에 재설정해야 하므로 조직의 규모와 상관없이 키를 변경하기가 매우 어렵다는 것입니다. 실질적으로 가족 이상의 규모인 조직에서 이렇게 하는 것은 불가능합니다. 그러므로 적합한 해답은 기업용 모드가 됩니다. 기업용 모드로는, 그리고 RADIUS 서버로는 모든 사용자가 별개로 로그인해야 합니다. 개별 키들은 다른 이들의 연결을 방해하지 않고도 취소할 수 있습니다. RADIUS 서버를 설치하는 것은 불필요한 작업이라고 생각할 수 있겠지만, 폭넓게 공유하는 키를 변경해야 하는 일을 처음 겪고 나면 반드시 후회하게 됩니다. 또한 다른 액세스 통제에 대한 의사 결정을 하기 위해서라도 RADIUS는 어차피 필요할 것입니다.

외부에서 사용하려면 액세스 통제가 되지 않습니다. 그러면 어떻게 해야 할까요? 이

WEP – 허술한 암호화 사례 연구

보안의 관점에서 WEP는 쓸모없고 사용해서도 안 됩니다. 이런 조언은 널리 받아들여지고 있지만, 모두가 따르고 있지는 않습니다. 필자의 이웃 중 지금 열두 명의 네트워크를 확인해 보면 아홉 명은 WEP를, 두 명은 WPA2를 사용하고 나머지 한 명은 암호화 없이 열어두고 있습니다. WEP는 어떻게 해서 이런 문제아가 되었을까요? 이유를 확인해 보니 공급자가 최종적으로 행동에 나서게 만든 결함은 피할 수 없는 것이었습니다. 그렇다면 WEP의 문제점은 무엇일까요?

- 키 관리 기능이 없습니다. 원래 키 관리 기능이 있어야 합니다. 표준 그룹이 이런 상태이면 또 다른 레이어에, 이어서 또 다른 그룹에 문제가 생기리라 생각했지만 그런 일은 발생하지 않았습니다.

- WEP는 스트림 암호인 RC4를 사용합니다. 하지만 스트림 암호는 신뢰할 수 있는 바이트 스트림으로 간주하기 때문에 와이파이처럼 신뢰할 수 없는 데이터그램 네트워크와 궁합이 아주 좋지 않습니다. 이것을 부분적으로 만회하기 위해 소위 초기화 벡터IV; Initialization Vector, 실제로는 키의 일부로 사용되는 패킷 카운터가 적용됩니다. 하지만 24비트에 불과해서 너무 작기 때문에 충돌이 발생한 결과, 같은 키를 가진 두 개의 서로 다른 평문plaintext의 암호화에 사용되는 스트림 암호의 잘 알려진 문제로 이어져서 결국 공격자가 아주 간단히 해독할 수 있게 되는 것입니다. 이 이슈에 대해서는 [Borisov, Goldberg, Wagner 2001]에서 찾아볼 수 있습니다.

- 스트림 암호를 인증 없이 적용하면 받은 평문에 예측할 수 있는 변화를 허용합니다. 이것도 평문을 읽는 데 활용하고 다르게 악용할 수 있습니다. 이것에 대해서도 [Borisov, Goldberg, Wagner 2001]을 참고하세요.

- RC4는 수년 간 웹에서 사용했어도 암호를 해독할 때 심각한 약점이 있는 것으로 밝혀졌습니다. 즉 연관 키 공격에 취약합니다. [Stubblefield, J. Ioannidis, Rubin 2002] 공격자가 키가 몇 비트 정도만 차이나는 둘 이상의 패킷을 탈취하면 암호를 해독할 수 있습니다. 연관 키 공격에 대한 민감성은 암호 디자인에서 심각한 이론적 약점으로 간주되지만, 실제로는 보통 키 관리 레이어가 이것을 방지하기 때문에 문제가 되는 경우는 거의 없습니다. 하지만 WEP에는 키 관리 레이어가 없고 IV 디자인면에서 볼 때 연관 키가 많습니다. RC4의 결함은 누구도 예측할 수 없었지만, 이러한 설계 결함 때문에 WEP에 대한 공격으로 변할 수도 있다는 것은 피할 수 없습니다. [Stubblefield, J. Ioannidis, Rubin 2002]

그러면 이런 실수가 왜 발생했을까요? 근본적인 이슈는 특히 와이파이가 처음 도입되었을 때의 비용 문제 때문입니다. RC4는 매우 저렴해서 저사양 하드웨어에서 충분히 빠르게 구동될 뿐만 아니라 운영 모델과 위협 모델에 충분한 주의를 기울이지 않았기 때문에 이런 설계상의 결정이 내려진 것입니다. 결국 저렴하고 빠른 암호화 하드웨어가 널리 공급된 지 오래되었지만 아직까지도 이런 실수에 대한 대가를 치르고 있는 것입니다.

미 말했듯이 가장 중요한 방어책은 바로 VPN입니다. 항상 트라이앵글 모드triangle mode를 활성화해야 하고 성능에 대한 불평을 무시해야 합니다. 하지만 다국적 대형 기업이라면 별난 지역법에서 이것을 막지 않는 한, 전 세계에 걸친 모든 VPN 노드에 직원들이 액세스할 수 있도록 해야 합니다. 구매하는 소프트웨어와 개발하는 소프트웨어, 그리고 사용자 교육과 훈련 과정에서 양방향 인증에 많이 주의하는 것이 중요합니다.

물론 이런 환경에서 어떤 것이 위협인지 묻는 것은 충분한 가치가 있습니다. 비번인 스파이들이 업무가 끝난 후 술을 마시는 시긴트SIGINT 정보기관의 밖에 있는 가상의 '벽의 귀' 술집이나, 일부 기업이 언제나 대표적으로 참가하는 컨퍼런스나 박람회 같은 극소수의 예외를 제외하면 타깃형 공격자들은 우려 대상이 아닙니다. 이런 적에게는 도청해야 할 곳이 너무 많기 때문에 실제로 성공하기는 어렵습니다.

물론 MI-31은 '위협'입니다. 타깃의 직원들이 어디에 자주 가는지 알아내는 것도 이들이 하는 일 중 하나입니다. 하지만 적당한 시간에 걸쳐 물리적으로 사람이 그 자리에 있어야 하기 때문에 적에게도 이것은 값비싼 공격에 해당합니다. 너무 잠깐 있으면 타깃을 놓치게 되고, 너무 오래 있으면 특히 '벽의 귀' 술집 안에 있는 방첩팀의 눈에 띄어 의심을 살 수 있습니다.

결국 악성 코드를 심은 가짜 액세스 포인트를 만들 실력이 있으면서 기회를 노리는 공격자가 바로 가장 큰 리스크입니다. 이들은 실력은 있지만 핫스팟마다 하나씩 있는 것은 아니므로 이런 공격자를 마주칠 확률은 매우 낮습니다. 다시 말해서 안드로메다 요원의 타깃만 아니면 일상적인 주의(패치를 완료한 시스템, VPN, 필요한 경우 안티바이러스 보안)와 보통의 운만으로도 충분히 안전하므로 편집증에 시달릴 필요가 없습니다.

9.3 연결을 끊을 것인가?

자, 나 같은 컴퓨터광(오리지널 디지털 노마드 …)은 넷에서만 벗어나면 실제로 불안해할 만한 위기란 거의 없어.

The Apocalypse Codex
— 찰스 스트로스Charles Stross

무작위적인 와이파이는 너무 위험하다고 생각해 봅시다. 그러면 어떻게 해야 할까요? 이것을 피했을 때 어떤 위험이 발생할까요?

'가용성은 보안의 속성'이라는 일반적인 사고는 사실입니다. 그러므로 와이파이에 대한 두려움으로 온라인 상태를 기피하는 것은 문제입니다. 실제로 이것은 매우 큰 문제가 될 수 있습니다. 하지만 강하게 강제적인 환경에서 올바른 균형점을 찾는 것이 바로 엔지니어링이 추구하는 일입니다. 그리고 가용성을 약간 희생하는 것은 완벽하지는 않아도 아주 합리적이고 좋은 선택입니다. 자, 그러면 더 이상의 위협이 있을까요?

한 가지 이슈는 보안 업데이트 액세스입니다. 때로 시급한 문제가 있을 때도 있습니다. 실제로 이 섹션을 쓰는 지금도 뉴스 블로그에는 'Goodin 2012a'라는 제목으로 '윈도우 사용자 모두 시스템을 바로 패치해 주세요. 화요일 마이크로소프트에서 패치한 치명적인 IE 취약성이 현재 악용되고 있습니다.'라는 기사가 떴습니다. 패치 설치를 미루는 것은 특히 다른 사람의 USB 드라이브를 거리낌 없이 시스템에 꽂는 사람들에게는 큰 피해를 줄 수 있습니다.

조직에서 의심스러운 와이파이 사용을 피하려면 모든 노트북에서 와이파이 기능을 꺼야 합니다. 물리적으로 하드웨어를 제거하면 더 좋습니다. 외부에서 와이파이를 금지한다면 내부에서도 와이파이를 사용해서는 안 됩니다. 공격자가 여러분 회사의 네트워크 식별자로 위장한 가짜 핫스팟을 설정하기가 너무 쉬워서 직원의 노트북이 자동으로 이 지점에 접속하기 때문입니다. [Legnitto 2012]

이러한 결정을 내리기 전에는 기업 문화, 개인의 훈련 정도, 실제 사용 요구 사항을 고려하는 것이 중요합니다. 업무상 사무실 외에서 파일을 교환하거나 웹사이트나 이메일을 사용해야 하면 대부분은 플래시 드라이브든지, 여러분의 개인적 데이터가 들어있는 개인용 기기에서 모든 방식을 사용할 것입니다. 실제로는 모든 네트워크 위협에 대해 기기들을 막아놓는 법을 찾아냈어도 그보다 와이파이를 막는 것이 더 큰 위협을 감수하는 것임을 깨닫게 될 것입니다.

또한 접속 차단 상태를 유지하는 것이 그럴 만한 가치가 있는가를 고려해야 하는데, 이것은 이 책의 주제이기도 합니다. 직원들은 노트북과 네트워크 접속이 업무에 필요하기 때문에 이런 수단을 제공받는 것이지, 외로운 호텔방에서 심심풀이로 사용하거나 집에 화상통화를 하기 위해 사용하는 것이 아닙니다. 늘 그렇듯이 질문은 "와이파이 접속이 안전한가?"가 아니라 "연결성이 사업에 가져오는 혜택이 위험 증가 요인보다 큰 가, 작은가?"여야 합니다.

9.4 스마트폰, 태블릿, 휴대폰 액세스

점점 더 많은 사람들이 스마트폰이나 태블릿과 같이 휴대성과 인터넷 연결이 매우 편리한 기기들을 가지고 다닙니다. 이런 기기들은 휴대폰과 와이파이 네트워크 양쪽 모두와 통신하는 특징이 있는데, 과연 안전할까요?

BYOD(Bring Your Own Device, 개인 소유의 기기를 회사 업무에 활용하는 것) 문제는 매우 복잡합니다. 이 문제의 다른 양상은 이후 장에서 다룰 것이므로 이번 장에서는 연결성에 집중해 봅시다.

와이파이 모드에서는 연결성 문제가 당연히 다른 기기와 같지만, 외부에서는 휴대용 기기가 휴대폰 네트워킹으로 들어갑니다. 사실 건물의 액세스 포인트와 와이파이 지형이 예측할 수 없게 변하기 때문에 사무실 안에서도 이런 일은 일어날 수 있습니다. 그 결과, 휴대용기기들은 대부분의 기기보다 더 양쪽에 걸쳐서 작동하며, 이런 식으로 작동할 수 있어야만 합니다. 특히 이메일과 같은 기본 자원에 대한 액세스는 휴대용기기가 어디에 있고 어떤 네트워크를 이용하든지 쉽고 분명하게 이루어져야 합니다. 이것을 가장 안전하게 달성하는 방법은 VPN을 통하는 것입니다.

특히 전화기는 외부 와이파이 이용을 금지한다고 해도 수긍할 수 있습니다. 사람들이 실제로 전화에서 처리하는 대부분의 이메일은 전화 네트워크에서 다운로드할 수 있을 만큼 짧습니다. 사람들이 불평하겠지만 이런 정도의 불편은 고려할 만합니다. 단 국제 로밍 비용은 매우 비싸기 때문에 해외 출장자는 예외여야 합니다. 물론 휴대폰 데이터 네트워크가 충분히 안전한지, 아니면 와이파이보다 안전한지에 대한 질문에는 아직 대답하지 않았습니다. 이 질문에 대해서 위에서와 같이 네 가지 범주로 살펴봅시다.

대부분의 공격자를 포함한 사람들에게는 와이파이보다 전화 트래픽을 가로채거나 변조하기가 훨씬 어렵습니다. 하지만 안드로메다를 포함한 국가 정부들은 이미 이 문제를 해결했습니다. 이들은 전화기와 모바일 핫스팟을 속여 진짜 네트워크 대신 접속하게 만드는 가짜 기지국들을 가지고 있습니다. [법무부 2005, B. Heath 2015, Strobel 2007, Valentino-DeVries 2011] 다시 말해서 와이파이 보안을 무력화할 수 있는 적과 동급에 대해서는 방어 기술이 실패할 수 밖에 없습니다. 그래도 와이파이 기술을 선호하여 노트 북에서 연결하고 싶다면 휴대용 블루투스나 와이파이에 연결된 핫스팟 대신 전용 USB 모뎀을 사용해야 합니다. 왜냐하면 공격받을 기회를 늘릴 필요는 없기 때문입니다.

오늘날 휴대폰 네트워크의 트래픽은 보통 암호화되어 있습니다. 암호화가 강력하지 는 않지만, 충분히 강력하기 때문에 방어책의 약점은 아닙니다. [Biryukov, Shamir, Wagner 2001] 사실 정부에 의해 의도적으로 약화되었다는 주장이 제기되었고 MI-31이 라면 이를 해독할 수도 있지만, 이렇게 하려면 가짜 기지국을 보유하거나 셀룰러 통신 망의 유선 부분에 액세스할 수 있는 사람만 가능합니다. 그리고 암호화는 데이터 패킷 에 대한 메타데이터 액세스에 대해 충분한 방어책이라고 할 수 있습니다.

휴대폰 네트워크 액세스에 대한 보안은 걱정할 필요가 없습니다. 이것은 휴대폰 서 비스 업체들이 우려할 일이고, 이러한 망을 직접 운영하는 조직은 극소수입니다. 많 은 점을 살펴보았지만, 오늘날 전화기 인증에 대한 기술적 공격은 거의 일어나지 않습 니다. 지금까지의 설명을 요약해 보면 휴대폰 네트워크는 APT 상태를 제외하고는 공 격자에 대해 매우 안전합니다. 휴대용기기 자체는 일부 위험하지만, 이 점에 대해서는 '15장. 시스템 관리'와 '16장. 보안 프로세스'에서 다시 살펴보겠습니다.

9.5 분석

영국 인구의 95%를 커버하려면 총 800만 대의 디지털 네트워크 망을 연결하는 CCTV 카메라(단말기)가 필요하다. 건물 밀집 지역에 있는 터미널은 SDSL/VHDSL 을 이용한 공용 스위치 전화 네트워크를 통해 연결할 수 있지만, 외딴 곳에 있는 시스템은 802.11a 메시 네트워크 라우팅을 이용하여 시골 지역에서 전염성 코드 가 번져나가지 않도록 할 수 있다.

The Atrocity Archives
— 찰스 스트로스 Charles Stross

표 9.1에서 살펴보았듯이 와이파이의 위험 증가 요인은 크지 않습니다. 모바일 노드에는 추가적인 위험이 약간 있지만, 대개 관리할 수 있는 수준입니다. 특히 VPN을 이용하고 짜증나는 웹 로그인 페이지를 거칠 필요가 없을 때는 더욱 그렇습니다. 위협 범주에 정확히 맞추려면 3차원 표가 필요하다는 사실을 눈치챘다면 대단한 일입니다.

조직에서 네트워크 액세스용 키를 제대로 통제할 경우 WPA2 Enterprise가 네트워크 컨트롤에서는 매우 효율적입니다. 장비를 도난당한다면 약간 위험하지만, 영향받은 로그인을 무효화하고 비밀번호를 바꿀 때까지만 그렇습니다. 물론 이 과정은 WPA2 Enterprise에서만 가능하기 때문에 기업용 버전이 필요하기도 합니다. 또 다른 리스크는 앙심을 품은 직원이 자신의 인증 정보를 고의적으로 공유하는 것이지만, 외부 터미널을 만드는 이들이 주는 위험도 이것과 비슷합니다.

표를 살펴보면 콘텐츠에 대한 액세스와 외부 와이파이 망에서의 호스트에 대한 리스크가 가장 우려되지만, 이것은 모두 수정할 수 있어 보입니다. 앞의 문제는 제대로 VPN을 적용하기만 하면 해결할 수 있고, 호스트에 관련된 대부분의 리스크는 로그인 화면에서 이런 보안이 부족한 데서 발생하는 것입니다.

로그인 화면은 없어지지 않을 것입니다. 로그인 화면의 주된 존재 이유는 기술적인 것이 아닙니다. 네트워크 인증과 액세스 802.1x에는 이미 IEEE 규정이 있습니다. 필자는 한 IETF 회의에서 단 한 번 본 적이 있는데, IETF는 당연히 표준화된 방식으로 일이 처리되는 것을 선호합니다. 대부분의 사이트는 HTTP 세션 하이잭을 선호합니다. 하지만 샌드박스형 브라우저라면 유용할 것입니다. 특히 해당 브라우저가 URL 입력을 막는 방식으로 불완전하다면 정해진 URL에만 통신할 수 있으므로 로그인 화면을 어렵게 불러올 것입니다. 그렇다면 미래에는 이 두 가지 항목도 ✔ 표시로 바뀔 수 있어야 합니다. 이 질문에 대한 답은 '10장. 클라우드와 가상화'에서 좀 더 자세하게 살펴보겠습니다.

* * *

그러면 모바일기기가 감염의 위험 때문에 방화벽 밖에 유지되어야 한다는 '5장. 방화벽과 침입 탐지 시스템'의 제안을 좀 더 자세히 살펴봅시다. 모바일기기가 유용하려면 기업의 일정 리소스에 액세스할 수 있어야 하는데, 여기에는 보안 문제가 있습니다. 그러면 문제는 무엇이고 부정적인 결과를 최소화하려면 어떻게 해야 할까요? 이메일은 기기 사용자에게 최소한의 요건이므로 사례 연구용으로 적합합니다. 그리고 하이 레벨 요건과 적용 수준 공격을 모두 고려해야 합니다.

우선 이메일 연결이 암호화되어야 한다는 것은 분명합니다. 이렇게 하기 위해 특수 VPN을 이용해도 좋지만, 특정 프로토콜만 지원하고 다른 프로토콜은 지원하지 않는 VPN을 지원하는 기기는 거의 없습니다. 위에서 설명했듯이 순수하게 VPN 환경에서 사는 것은 어렵습니다.

또 다른 방법은 보낼 때는 SMTP로, 읽을 때는 IMAP와 POP3로 이메일 프로토콜만 암호화하는 것입니다. 다행히 이 모두가 TLS^{Transport Layer Security, 전송 레이어 보안}를 지원합니다('6장. 비밀번호와 VPN' 참고). TLS는 매우 안전하지만, PKI^{Public Key Infrastructure, 공개키 기반 구조} 기술('8장. 공개키 인프라' 참고)을 이용하므로 매우 세심하게 처리하고 적용하지 않는 한 특정 리스크를 안게 됩니다. 여기에는 인증서 피닝^{certificate pinning}이 잘 맞지만, 이것을 지원하는 이메일 클라이언트는 극소수에 불과합니다. 불행하게도 일부 TLS를 적용하는 것, 특히 OpenSSL의 보안에 대해서는 평가가 매우 갈립니다. 예를 들어 Baxter Reynolds 2014, Bellovin 2014c, Ducklin 2014의 goto 오류 버그나 Andrade 2014, Bellovin 2014b, Schneier 2014의 하트블리드^{Heartbleed} 보고를 찾아봅시다. 메일 서버를 방화벽 외부로 옮기는 것도 충분히 고려할 만합니다. 좀 더 정확히 말하면 내부와 외부에서 모두 접근할 수 있는 DMZ 구역으로 옮기는 것이 낫습니다. 이렇게 하면 한 대에 문제가 생겨도 나머지가 조직에 미치는 영향을 제한할 수 있습니다.

인증은 두 번째 문제입니다. 공격자들은 메일 서버에 대해 온라인 비밀번호 추측 공격을 감행할 수 있는데, 추측 반응 속도를 제한하고 이메일 비밀번호를 강력하게 지정하는 등 확실하게 공격을 막는 방법은 다양합니다. 하지만 좀 더 나은 해결책은 단일 형태의 인증이든, 기존 비밀번호 인증에 덧붙이는 것이든 인증 암호화를 하는 것입니다. PKI가 아닌 이메일 서비스에서 발급되는 PKI 클라이언트측 인증이 TLS 수준의 강력한 인증을 제공하기 때문에 여기에는 잘 맞습니다. 클라이언트에 적절한 인증이 없을 때는 SMTP나 IMAP 수준으로 갈 수 없어서 비밀번호 추측 공격이나 적용에 대한 공격을 감행할 수 없게 됩니다. 멋진 해결책이지만, 불행하게도 오늘날 클라이언트측 인증은 지원되지 않습니다.

	액세스 유형			
	호스트	네트워크	콘텐츠	트래픽 분석
내부 와이파이	✓	✓	✓	×
외부(공용) 와이파이	?	없음	×	×
휴대폰	✓	없음	✓	✓

표 9.1 무선 보안 문제표. ✓ 표시는 안전함(또는 유선 랜 정도로 안전함), ×는 안전하지 않음, ?는 복잡함을 의미합니다. 비교 기준은 유선 랜이고 내부 와이파이 망의 경우는 WPA2나 WPA2 Enterprise라고 가정합니다.

한 가지 시나리오는 일부러 생략했습니다. 바로 탈취당한 모바일기기가 메일 서버 공격에 이용당하거나 단순히 이메일을 부당하게 검색하는 경우입니다. 모바일기기에 이런 리스크가 있는 것은 사실이지만, 외부 메일 서버 특유의 문제점은 아닙니다. 모바일기기에서 이메일을 받아오기 전에 방화벽 내부에 VPN을 생성해야 한다고 고집한다면 리스크는 더욱 커집니다. 이렇게 하면 이메일뿐만 아니라 방화벽에 있는 모든 것이 위험해집니다. 사실 이메일을 방화벽 밖으로 옮기라는 필자의 제안은 정확히 이런 상황을 우려했기 때문입니다.

다른 프로토콜에도 동일한 종류의 분석을 적용할 수 있습니다. 필요 조건은 전면적인 암호화, 양방향 인증, 그리고 암호화 인증으로, 매우 간단합니다. PKI 문제에 대한 좋은 해법만 있으면 웹 서버에는 이런 것들을 매우 쉽게 넣을 수 있습니다.

10장

클라우드와 가상화

그녀는 아직 구름을 뚫고 비행해 본 적이 없었다. 드디어 꿈꿔왔던 모험이 펼쳐
지는 순간이었다. 세찬 바람 때문에 격납고에서 무사히 몰고 나오기조차 쉽지 않
았지만, 일단 이륙하자 기체는 쌍둥이 도시 위로 빠르게 솟아올랐다. 난기류가
기체를 거칠게 흔드는 스릴감을 만끽하며 그녀는 큰소리로 웃음을 터뜨렸다. 그
녀는 마치 베테랑처럼 작은 비행기를 조종했다. 이런 경량기를 이렇게 거친 폭풍
속에서 몰아본 베테랑도 많지는 않으리라. 그녀는 구름쪽으로 날렵하게 오르면
서 폭풍에 휩쓸려온 파편 사이로 질주하다가 잠시 후 위에서 뭉게뭉게 부풀어오
르는 짙은 덩어리 속으로 빨려들어갔다.

The Chessmen of Mars
— 에드가 라이스 버로스EDGAR RICE BURROUGHS

10.1 분산과 격리

서로 이질적으로 보이는 두 가지 기술인 클라우드 컴퓨팅과 가상 컴퓨터VM ; Virtual Machine
에 최근 몇 년간 관심이 커지고 있습니다. 흔히 듣는 '가상화 클라우드 시스템'이라는
유행어보다 좀 더 있어 보이려면 여기에 매력적인 단어인 '에코시스템'만 붙이면 됩니
다. VM 기술은 1960년대 메이어Meyer와 시라이트Seawright 1970까지 거슬러 올라갑니다.
정확히 새로운 메커니즘이라고 할 수 없지만, 좀 더 나이든 세대는 과거의 시분할 처리
서비스time-sharing service와 클라우드cloud가 크게 다른 것인지 조금은 고민하게 됩니다. 어
쨌든 최근 몇 년간 이들 두 기술의 중요성이 매우 커지고 있습니다. 이에 대해 예상할
수 있는 보안적 약점에 대해서도 많이 우려하고 있지만, 대부분의 관심은 클라우드 서

비스의 경제성과 기능적 영향에 쏠려있습니다.

반면 가상화는 샌드박싱 데스크톱 앱부터 클라우드 보호에 이르기까지 보안적 문제의 해결책으로 환영받아 왔습니다. 바이러스 스캐닝까지도 VM 아키텍처로 향상시킬 수 있다고 합니다. 좀 더 넓은 관점에서 보면 둘은 상호보완적이라고 할 수 있습니다. 클라우드는 새로운 보안 문제를 만들어내는 것 같지만, 가상화가 이러한 문제를 해결합니다. 그런데 이것이 정확하게 요약한 것일까요? 꼭 그렇지는 않습니다. 각각의 기술에는 다른 쪽의 영향을 받지 않는 부분이 있으며, 이런 부분에서는 둘이 완전히 독립적으로 작동합니다. 더욱이 두 가지 기술이 상호작용하는 영역에서도 리스크와 혜택은 한쪽으로 치우치지 않습니다. 클라우드 서비스는 가상화 없이도 보안적 장점이 있고, VM에도 VM만이 갖는 리스크가 있습니다. 대부분의 경우 클라우드 컴퓨팅은 VM 기술을 기초로 하므로 가상화에 대해 먼저 살펴보겠습니다.

10.2 가상 컴퓨터

가상화의 기본 개념은 간단합니다. 시판중인 평범한 운영 시스템을 실제 하드웨어의 관리자 모드에서 구동하는 대신 하이퍼바이저hypervisor에서 제공하는 가상 주소 공간의 사용자 프로그램으로 구동하는 것입니다. 게스트guest OS가 관리자 권한 명령어를 실행 및 시도하면 실제 기기에서 구동하는 대신 하이퍼바이저에 가두고 의도된 명령을 검토한 후 에뮬레이트합니다. 그러므로 가상화 OS가 디스크 드라이브 메모리 블록에 쓰기를 시도하면 하이퍼바이저가 해당 블록을 가져가서 적절한 곳에 쓰도록 스케줄을 잡습니다. 그러면 해당 게스트에 물리 드라이브가 할당되고, 디스크 드라이브의 해당 위치를 차지하는 파일이나 네트워크 연결까지 저장 서버에 할당됩니다. 작동이 완료되면 하이퍼바이저는 게스트 컴퓨터에 중단을 시뮬레이트합니다. 현대적 기기는 특별한 아키텍처와 명령어가 있어서 좀 더 효율적으로 이 과정을 실행할 수 있지만, 기본 개념은 똑같습니다.

관리자 권한 명령어 에뮬레이팅 외에도 하이퍼바이저는 VM을 생성 및 파괴하고, 기저underlying 하드웨어(예: 디스크, 램, CPU 시간)의 자원을 할당 및 관리하며, 서로 다른

VM을 분리하는 등의 작업을 처리합니다. 사용자가 이런 행동을 컨트롤하면서 가상 리셋 버튼을 누르는 등의 일을 할 수 있게 때로는 명령 표시줄이 있고, 때로는 그래픽 인터페이스가 있습니다. VM이 별개의 요청을 할 수 있도록 허용하는 하이퍼바이저 콜^{하이퍼콜, hypervisorcall}도 있습니다. 게스트 OS와 기저 시스템 사이의 복사와 붙여넣기 같은 작업을 위해서 필요하기도 합니다.

'4장. 안티바이러스 소프트웨어'에서 소개한 가상 관리자 명령어와 효율적인 타깃 환경 개념의 관점에서 생각해 봅시다. 게스트 OS에 보내는 가상 관리자 명령어에는 모든 하드웨어 명령어가 포함되고 필요할 경우에는 에뮬레이트된 명령어와 하이퍼콜로 사용할 수 있는 모든 기능이 포함됩니다. 효과적인 타깃 환경은 하이퍼바이저가 배정한 물리적 또는 가상 리소스입니다. 하이퍼바이저는 운영 시스템으로, 그 자체만으로도 권한 상승의 취약점까지 있습니다(예: [CERT 2012] 참고). 오늘날 VM은 일반적으로 윈도우나 리눅스 OS와 비슷하게 몇 개의 추가 커널과 사용자 수준 모듈로 구성되지만, 꼭 이렇게 구성되어야 하는 것은 아닙니다. 사실 최초의 VM 하이퍼바이저 CP-67 [Meyer and Seawright 1970]은 매우 특화되어 OS에 흔히 연관되는 이런 기능은 전혀 제공하지 않았습니다. 1980년대 초반에는 사용자 VM을 만드는 시스템 관리자들이 각 가상 디스크에 배정할 디스크 실린더의 절대 범위를 직접 명시하기는 했지만, 파일 시스템조차 없었습니다.

대부분의 전형적인 설정에서 각 VM은 서로 엄격하게 구분되어 있습니다. 이러한 속성 때문에 일부에서는 VM 기술이 보안에 대한 우려 사항을 해결해 준다고 생각했습니다. 하지만 이것은 부분적으로만 맞는 이야기로, 특정 조건에서만 해당됩니다.

게스트 OS는 물론 OS입니다. 게스트 윈도우도 윈도우이고, 게스트 리눅스도 리눅스입니다. 그렇다고 해서 이들과 실리콘 사이에 하이퍼바이저가 있다는 것만으로 마법처럼 덜 취약해지는 것은 아닙니다. 가상 웹 서버에 대한 SQL 인젝션 공격^{injection attack}은 하이퍼바이저가 없는 것과 똑같이 설정되고 서버에서처럼 성공하거나 실패할 것입니다. 그러므로 똑같은 주의 사항과 똑같은 피딩^{feeding}, 똑같은 패치가 필요합니다. 사실 환경에 있는 다른 것들이 아무것도 바뀌지 않으면 VM은 운영 시스템의 수가 갑자기 증가하기 때문에 시스템 관리에 매우 큰 부하가 걸려서 오히려 보안성이 떨어질 수 있습니다.

반면 단일 박스에 있는 게스트 VM들을 격리하는 것은 전통적인 OS에서 서로 다른 두 사용자를 격리하는 것보다 훨씬 강력합니다. 그러므로 악성 코드는 모두 효과적인 타깃 환경이 줄어듭니다. VM은 이런 방식으로 침입을 제한하는 데 유용합니다. 하지만 VM 기술을 사용자 애플리케이션의 샌드박스^{sandbox} 기술에 이용할 때는 이것도 소용이 없습니다(10.3절 참고). 결국 너무 많은 상호작용과 연결이 필요하다는 것이 문제입니다. 가상 웹 브라우저는 다운로드된 파일을 저장하고 메일 서비스 URL로 발송 메일을 전달해야 합니다. 가상 메일 서비스는 웹 브라우저와 통신하여 내장 URL 등을 처리해야 하는데, 이런 환경에서의 가상화가 제공하는 보호 정도는 매우 제한적입니다. [Bellovin 2006b]

VM은 기껏해야 적이 여러분의 데이터센터 랙에 있는 기기를 하나만 차지하도록 제한하는 것과 같습니다. 캐시 타이밍 공격 리스크를 추가하고 가상 환경에서 빠져나오게 해 주는 버그가 없어도 이것은 반길 만한 선택이 아닙니다. 반면 VLAN 또는 내부 방화벽을 거치게 해서 해당 기기로부터의 네트워크 연결을 제한하면 위험 증가 요인은 낮아집니다.

하이퍼바이저가 그냥 OS라면 어째서 전통적인 OS보다 더 안전할까요? 결국 평범한 운영 시스템은 서로 다른 사용자의 프로그램을 각각 분리할 수 있어야 합니다. 그렇지 않으면 VM 아키텍처가 성공할 것이라고 생각할 이유가 있을까요?

그 답은 가상 관리자 명령어의 특성에 있습니다. 하이퍼바이저의 관점에서 보면 관리자 기능이 매우 적습니다. 어쩌면 관리자 기능이 전혀 없기 때문에 실수할 기회가 아주 적거나 아예 없을 수도 있습니다. 물론 가상 디스크 드라이브를 부착하는 것 같은 리소스 액세스 요청은 가능하지만, 이런 작업은 보통 VM 운영자가 명령 인터페이스를 이용해서 처리합니다. 따라서 VM 자체는 유효하든, 아니든 이런 요청을 할 수 없습니다.

왜냐하면 관리자 권한 VM이 없기 때문입니다. 역사적으로 커널에는 보안적 구멍이 매우 작았습니다. 물론 변화하는 추세이지만, 오히려 관리자 권한을 남용하도록 속이거나 직접 악용하는 결함 있는 애플리케이션이 문제입니다. 하지만 VM 악용은 게스트 OS 문제로, VM에는 특수 기능이 없기 때문에 VM이 위력을 잘못 발휘하도록 만들 방법은 없습니다.

강력한 분리에는 다른 장점도 있습니다. 하이퍼바이저가 공격 성공에 영향을 줄 염려 없이 게스트 OS에 대한 침입 감지와 바이러스 스캐닝을 할 수 있다는 점이 그것입니다. 이런 간섭은 단순한 수단, 즉 /etc/hosts에 엔트리를 추가하여 잘못된 위치에 바이러스 서명 업데이트 요청을 유도하는 것으로부터 정교한 루트킷뿐만 아니라 침입을 숨겨주는 다양한 프로그램과 툴에 이르기까지 다양합니다.

필자가 가장 즐겨 인용하는 예제는 유닉스 같은 시스템에 전통적으로 프로세스 1로 사용하는 /sbin/init의 사보타주sabotaged 버전입니다. 이 프로그램은 부팅할 때 커널에서 작동되고 시스템의 다른 모든 프로세스는 직접적이든, 간접적이든 여기에서 파생됩니다. 간단하게 변경된 파일 스캔만으로도 /sbin/init의 변조된 버전을 감지할 수 있기 때문에 이 사보타주 버전에는 예방책도 들어있습니다(예: 트립와이어Tripwire 이용 – G. Kim and Spafford 1994a, G. Kim and Spafford 1994b, G. Kim and Spafford 1994c]). 커널의 파일 시스템 코드를 변조하여 /sbin/init 열기 요청을 검색하는 모듈을 포함시킨 것입니다. 프로세스 ID가 1이면, 즉 OS 자체에서 부팅을 시도하여 init를 호출하면 해킹된 버전이 로딩됩니다. 트립와이어를 비롯한 다른 모든 요청은 변조되지 않은 원본 버전을 가져옵니다.

감염이 전파되지 않는다고 가정한다면 호스트 OS에 스캐너를 넣어서 이 문제를 해결할 수 있습니다. IDS에서 VM 설정에 대해 많은 것을 알고 있고 게스트 OS에 대해 어느 정도 안다면 이렇게 스캔할 수 있습니다. 이 과정에서 어려운 점이 있지만 극복할 수 있습니다. 예를 들어 [T. Garfinkel and Rosenblum 2003]을 참고하세요.

10.3 샌드박스

'감옥화jailing'라고도 부르는 샌드박싱sandboxing은 프로그램의 실제적인 타깃 환경인 액세스 권한에 제한을 두기 위해 설계된 기술입니다. 샌드박싱의 목적은 프로그램이 악성이거나, 감염되거나, 전복된 경우 일으킬 수 있는 피해에 제한을 두는 것으로, 이 개념은 수년 동안 계속되어 왔습니다. 빌 체스윅Bill Cheswick은 '버퍼드Berferd'라는 별명을 붙인 공격자를 감시하면서 감옥화를 이용했습니다. '감옥'이라는 표현을 처음 쓴 것도 체스윅Cheswick입니다. [Cheswick 1992, Cheswick 2010, Cheswick and Bellovin 1994] 체스웍이 사용한 근본적인 고립 프리미티브는 chroot( )로, 1970년대 후반부터 유닉스에 있었던 시스템 호출 방식입니다. 샌드박싱은 마이크로소프트와 애플 양사가 주로 브라우저와 그 외 리스크가 높은 애플리케이션의 데스크톱 아키텍처의 핵심으로 쓰면서 최근 몇 년간 많은 관심을 받아왔습니다.

샌드박스를 적용할 경우에는 매우 다양한 메커니즘을 사용해 왔습니다. 샌드박스의 세부 사항은 이 책의 주제에 중요하지 않지만, 아키텍처적 관점에서 볼 때 세 가지 흥미로운 질문 사항이 있습니다.

1. 샌드박스 프로그램에는 어떤 제약이 있는가? 대안으로는 어떤 민감 리소스를 계속 액세스할 수 있나?

2. 일반적인 제약에 대한 예외는 어느 정도인가?

3. 올바르게 사용하기가 얼마나 쉬운가? 즉 환경 설정과 유지 관리가 얼마나 어려운가?

이 모든 질문은 자연스럽게 서로 연관됩니다. 예를 들어 VM은 모든 유형의 액세스를 약간 제한하지만, 유지 관리하기는 어려우므로 추가적인 OS 전체를 패치해야 합니다. 이와 마찬가지로 아주 자세한 보안 정책에서는 정확히 어떤 리소스가 필요한지 알기 위해 매우 자세한 작업을 요구하는데, 이것을 통해 유연성을 제공하지만 잘못 처리하기도 쉽습니다. 너무 많은 제약을 두면 특이한 상황에서 애플리케이션이 구동되지 않을 수 있고, 너무 조금 제한하면 보안에 구멍이 생깁니다. 또한 의사 결정의 일부를 시스템 관리자에게 맡기거나 더 심하게는 최종 사용자에게 맡기는 것도 문제를 자초하는 것과 같습니다.

실제로 의심스러운 코드는 VM에 집어넣기만 하면 되므로 강력하게 격리하는 것은 비교적 쉽습니다. 그런데 유지 보수 문제는 별개로 간주해도 격리 자체가 너무 강력한 조치일 때가 많습니다. 정보 공유는 너무 어려워지고 정책 명세를 어떻게 작성해야 하는지에 대해서도 문제가 생기기 때문입니다. 강력한 격리 자체만으로도 VM은 일반적인 샌드박스의 목적을 달성하기에 좋은 수단이 아닙니다.

샌드박스의 경계를 넘나들도록 항목을 공유하는 데는 두 가지 이슈가 있습니다. 첫 번째는 이미 설명한 정책 명세 문제입니다. 두번째는 좀 더 미묘한데, 이제 신뢰할 수 없는 애플리케이션과 외부 세계에 통신 채널이 생긴다는 것입니다. 샌드박스에서 나오는 것은 모두 의심해 보아야 하는데, 개념상 해당 프로그램은 적의 통제 하에 있다고 보아야 하기 때문입니다. 물론 적의 실력이 더 뛰어날수록 이들에 대해 더 걱정해야 합니다.

단순한 양방향 스트림을 생각해 봅시다. 이것은 네트워크 연결과 정확히 똑같은데, 우리는 이미 인터넷 연결을 통해서 나쁜 일이 생길 수 있다는 것을 잘 알고 있습니다. 샌드박스에서 나온 스트림이라고 더 나을 것은 없습니다. 이런 상황은 마치 슈뢰딩거의 고양이 실험과 같습니다. [Trimmer 1980] 어떤 면에선 샌드박스 프로세스를 볼 때까지는 아무 일도 일어나지 않는다고 할 수 있지만, 우리의 경우에는 고양이 대신 관찰자가 죽을 수도 있습니다.

사례를 연구하기 위해 '9장. 무선 액세스'에서 공용 와이파이 네트워크 접속 개시는 샌드박스 브라우저를 통해야 한다는 필자의 제안을 다시 생각해 봅시다. 샌드박스가 어떻게 도움이 될까요? 어떤 종류의 샌드박스가 적합한지는 첫 번째 질문보다 더 중요합니다. 샌드박스로 보내지고 여기에서 받는 커뮤니케이션으로는 어떤 종류가 필요할까요?

우리가 걱정했던 리스크는 로밍 기능을 켠 노트북으로 공용 무선 네트워크에 접속했을 때 일어날 수 있는 악영향이었습니다. 필자가 제안한 해결책의 경우 외부로 가는 모든 트래픽은 암호화되고 내부로 들어오는 트래픽은 암호화로 보호되어야만 수락하는 엄격한 VPN이었습니다. 하지만 이러면 공용 네트워크에는 접속할 수 없으므로 결론적으로 샌드박스 브라우저를 제안한 것입니다.

VPN이 제 역할을 제대로 한다고 가정할 때는 샌드박스 브라우저에 어떤 일이 생길 수 있는지가 이슈가 됩니다. 이것은 샌드박스의 한 가지 특징, 즉 브라우저에 의한 것으로, DNS 쿼리처럼 반드시 필요한 부가적 부분 외의 다른 네트워크 I/O를 허용해서는 안 된다는 것을 암시합니다. 브라우저 자체가 최소한으로 설정되어 자바나 자바스크립트, 플래시 등이 없다면 좋겠지만, 이것은 현실적으로 불가능합니다. 너무 많은 로그인 화면이 자바스크립트나 플래시 둘 중 하나 또는 둘 다 필요하게 설계되어 있기 때문입니다. 하지만 샌드박스의 네트워크 기능은 엄격하게 제한되어야 합니다.

또 한 가지 특징은 초기 추정인데, 샌드박스에서는 출력이 필요 없기 때문에 보안이 매우 크게 강화됩니다. 불행하게도 이것은 초기 추정일 뿐이고 로그인 시스템에는 특별하고 놀라운 변형이 많습니다. 테드 레몬Ted Lemon의 말대로, "호텔 인터넷 공급자가 인터넷을 끊는 데 이용하는 방법은 정말 놀라울 정도로 기발하다. 이런 능력을 좋은 데 쓴다면 얼마나 좋을까!"[1]

필자의 경우 처음 로그인을 시도하면 다음에 이용할 때 필요한 비밀번호를 안내하는 화면도 보았고, 이번 세션이 언제 끝나는지 카운트다운 타이머가 돌아가는 팝업 창도 보았습니다. 이 경우 창을 닫으면 로그오프한 것으로 간주됩니다. 또한 신용카드 영수증을 띄우는 화면도 본 경험이 있는데, 이 영수증을 저장해야만 호텔 비용을 정산할 때 인터넷 이용 금액을 환불받을 수 있습니다. 세부적인 내용은 다양하지만, 이런 세션의 출력물을 최소한 이미지 파일로라도 저장할 방법이 분명히 필요합니다. 이것은 이상적이지는 않지만 매우 안전한 방법입니다.

하지만 세 번째 특징은 약간 문제가 있습니다. 왜냐하면 브라우저가 여러분의 비밀번호 관리자에 액세스해야 할 수도 있기 때문입니다('7장. 비밀번호와 인증' 참고). 여러분은 계정을 보유한 서비스 제공자가 운영하는 네트워크에 로그온할 때가 많습니다. 이 계정에는 비밀번호가 필요한데, 당연히 비밀번호 관리자가 이 기록을 보관하기를 바랄 것입니다. 그러면 이런 비밀번호는 어떻게 보관해야 할까요?

샌드박스에서 정기적으로 패스워드 관리 프로그램을 구동하는 것은 오답입니다. 이렇게 하는 것은 신뢰할 수 없는 환경이 여러분의 모든 인증 정보에 액세스할 수 있는 결과를 가져올 수 있습니다. 왜냐하면 샌드박스에서 브라우저를 구동하는 것은 위험한 일이기 때문입니다. 여기에서 별도의 비밀번호 관리자 인스턴스가 있으면 수용할 수도 있겠지만, 이렇게 하려면 샌드박스에 있는 여러 가지 인스턴스를 아우르는 저장 공간이 필요합니다. 그렇다면 감염도 유지될 수 있기 때문에 바람직하지 않습니다. 로그인을 마치면 이 샌드박스는 버릴 수 있어야 일부에게는 유용한 옵션일 수 있습니다.

또 다른 극단적인 방법은 자주 사용하는 환경에서 비밀번호 관리자를 구동하고 필요한 비밀번호를 찾은 후 샌드박스에 타이핑하거나 복사해서 붙여넣는 수동 처리 방법입

---

1 "테드 레몬(Ted Lemon) — 구글+ — 월드 IPv6 포럼의 네트워크에 포트 80을 가로채는 캡티브 포털(captive portal)이 있다." https://plus.google.com/108428495411541457022/posts/2782SLV9Fe2

니다. 이 방법은 대부분의 하이퍼바이저에서 가능하지만, 피싱 공격에 대해 유용한 방어책인 방문한 URL 기준으로 적합한 비밀번호를 자동으로 선택할 수 없다는 단점이 있습니다.

자, 이 정도가 되면 아주 적절한 쿼리를 허용하는 특화된 채널로 직접 솔루션을 고안하고 싶어질 것입니다. 실제 URL을 샌드박스로 내보내고 적합한 로그인 세부 사항을 들여올 수 있는 방법이 있을까요? 물론 이것은 가능하지만, 아마도 좋은 생각은 아닐 것입니다.

완전히 탈취된 샌드박스에서 구동되는 위험한 브라우저로부터 비밀번호 매니저로 돌아오는 채널이 있다고 가정해 봅시다. 첫 번째 리스크는 위에서 설명한 것처럼 이 채널에서 듣는 코드가 믿을 만한가입니다. 일단 믿을 수 있다고 가정해도 여전히 위험한 상황입니다. 브라우저는 '여기 URL이 있으니 로그인 정보를 달라!'는 직접적인 쿼리를 만들도록 허용하지 않고 대신 사용자가 해당 액션을 허용할지 묻는 대화상자를 표시합니다. 이 요청을 다음과 같은 약간 농담조의 대화상자를 정의하는 맥락에서 생각해 봅시다. 즉 대화상자를 '[확인]이라는 버튼 하나와 사용자들이 무시하게 마련인 여러 가지 텍스트와 기타 내용이 써 있는 창'[2]이라고 정의하는 것입니다. 다시 말해서 사용자들은 매우 자주 대화상자의 URL을 무시하고 자신의 비밀번호 수집에 동의합니다. 보안 경고에 대한 이런 습관은 매우 잘 알려져 있습니다. [Egelman, Cranor, Hong 2008 참고] 사용자가 비밀번호 대화상자가 나타나는 것을 예상하면서 공격일 수 있다고 의심하지 못할 경우에는 너무 자주 읽어보지도 않고 이런 요청에 간단히 동의하게 됩니다.

여기서 우리는 불편한 딜레마에 부딪힙니다. 사용자가 어떤 URL이 요청되고 있는지 알아차리고 적절한 비밀번호를 복사해 붙여넣을 수 있다고 신뢰하나요? 아니면 사용자가 대화상자의 가짜 호스트 이름을 알아차릴 것이라고 신뢰하나요? 이들 두 가지 실패 모드가 주는 피해를 비교해 보면 문제를 해결할 수 있습니다. 첫 번째 경우에는 악성 코드가 사용자가 접속하려고 하는 네트워크로의 비밀번호를 가로챕니다. 두 번째 경우에는 사용자가 임의로 정해진 비밀번호를 받습니다. 첫 번째 경우의 비밀번호는 비교적 덜 중요하지만, 후자의 경우에는 가치가 높을 수 있습니다. 하지만 공격의 성공 여

---

2 "용어집 - W3C Web Security Context Wiki" http://www.w3.org/2006/WSC/wiki/Glossary

부는 사용자의 비밀번호가 어떤 사이트를 위한 것인지를 추측하는 공격자의 능력에 달려있습니다. 구글이나 페이스북 로그인 또는 공항에서 사용한 아메리칸 익스프레스카드번호와 같이 뻔한 추측이 통하는 경우도 많지만, 타깃형 공격자나 MI-31이라면 연결하려고 하는 사이트가 무엇인지 알 가능성이 높습니다. 이런 관점에서 보면 무엇을 선택해야 할지는 매우 분명합니다. 샌드박스에서 비밀번호 관리자로 향하는 사용자 설정 인터페이스는 특히 뛰어난 적을 상대할 때는 훨씬 더 위험합니다.

샌드박싱의 한계를 깨닫는 것도 중요합니다. 앞의 시나리오에서는 샌드박스가 가짜 액세스 포인트에 접속하거나 가짜 서버에 신용카드 정보를 입력하는 것을 막아주는 데 아무것도 기여하지 못했습니다. 샌드박스는 구동하려는 소프트웨어로부터 여러분의 호스트를 보호하는 것인데, 이런 위협은 외부 박스에 대한 공격입니다.

10.4 클라우드

클라우드는 '안전'한가요?

이 질문에 대해서는 아직 '안전'이나 '클라우드'에 대해 엄격하게 정의되지 않았기 때문에 정확하게 답변할 수 없습니다. 우리는 이 질문을 보안적인 문장으로 바꿔서 물어야 합니다. "무엇을, 누구로부터 보호할 것인가요?" 또한 "어떤 대안과 비교하여 안전한가요?"라는 한 가지 질문을 더 자주 해야 합니다. 사실 마지막 질문이 더 흥미로울 때가 많습니다.

직관적으로 클라우드는 컴퓨팅 사이클(예: 아마존의 EC2)과 원격 저장 공간을 제공할 수 있습니다(10.7절 참고). 원격 저장 공간은 소유자만을 위한 공간이거나 권한 공유형일 수 있습니다. '보안'에 대해서는 일반적 3원칙인 '기밀성', '무결성', '가용성'을 적용하면 됩니다. 그렇다면 그 다음 질문은 원격 저장과 컴퓨팅을 통해 클라우드가 제공하는 같은 기능을 여러분이 직접 구성하여 사용하는 것과 비교할 경우 다양한 공격자에 대비해 어느 정도 기밀성, 무결성, 가용성을 제공하는가입니다.

가용성에 대해서는 가장 대답하기 쉬울 것입니다. 간혹 널리 보고되는 오류가 있지만, 전문적으로 운영되는 클라우드 서비스는 전형적인 내부 솔루션보다 가용성이 더 큽니다. 원인이 악성인지, 사고인지에 관계없이 서비스 정지 문제를 해결하는 데 활용할 수 있는 중복 자원도 더욱 풍부합니다. 좋은 클라우드 서비스는 RAID 디스크를 이용하여 자료를 백업합니다. 여러분의 컴퓨터는 언제 마지막으로 백업했나요? 디스크 크래시crash를 복구할 수 있는지 마지막으로 테스트해 본 것은 언제인가요? 질문을 바꿔보겠습니다. 여러분은 아마존보다 더 많은 서버를 가지고 있나요? 구글보다 대역폭이 더 넓은가요?

물론 대형 서비스 제공자에 오류가 발생하면 더 많은 사용자에게 영향을 미칩니다. [Brodkin 2012] 반대로 이런 오류 소식은 전형적인 기업이 일상적으로 자주 겪는 서비스 중단보다 더욱 자주 들려옵니다. 어려운 문제는 여러분 회사의 컴퓨터 용량 전부를 클라우드에 상주시킬 때 제대로 작동할 수 있는가이므로 다양한 곳에 분산시키는 것은 항상 좋은 선택입니다. 하지만 다양화를 적용할 때는 여러분 회사의 환경을 이용해야 할까요, 아니면 다양한 클라우드 제공자를 통해야 할까요? 매우 높은 가용성을 보장해야 하는 기업 형태라면 모든 게 문제없다는 클라우드 제공자의 약속을 그대로 믿을 수는 없습니다.

무결성과 기밀성은 가늠하기가 좀 더 어렵습니다. 대부분의 침입은 패치가 이미 가능해진 구멍을 악용하여 발생합니다. 내부 인력이 기민하게 가능한 모든 패치 버전을 설치할 수 있나요? 여러분의 시스템이, 특히 데이터를 공유할 때 적절하게 설정되어 있나요? 서비스 제공자가 이 일을 더 잘 해낼 수 있나요? 이런 질문에는 대답하기가 쉽지 않습니다.

리소스가 부족하여 패치가 지연된다면 클라우드 제공자가 더욱 잘 할 가능성이 높습니다. 하지만 많은 기업들이 새로운 시스템의 내부용 애플리케이션 호환성을 평가할 수 있을 때까지는 패치를 미룹니다. 그리고 클라우드 제공자에게는 신경써야 하는 애플리케이션이 아주 많습니다. 외부인과 리소스를 공유할 때는 클라우드를 통하는 것이 분명히 더 나을 것입니다. 이들의 액세스 통제 메커니즘은 이런 경우에 맞춰져 있고 복잡한 기저 플랫폼을 처리해 왔기 때문입니다.

공격자들을 감안할 때는 아마 내부 컴퓨팅이 경쟁 우위에 있을 것입니다. 제공자측의 직원이 악당이 되는 경우 외에도 다른 고객을 타깃으로 삼은 공격 때문에 부차적 피해를 입을 위험을 떠안아야 하거나 법적 이슈도 고려해야 합니다. 다양한 국가의 법에서는 사내에 저장되지 않은 데이터에 대한 '소환장 공격subpoena attacks'에 대해 덜 보호하고 있습니다. [Maxwell and Wolf 2012]

클라우드 컴퓨팅에 대한 대답이 간단하다고 주장하려는 것은 아닙니다. 보안적 관점에서 보더라도 직접 시스템을 구동하는 것이 반드시 더 낫지 않다는 점을 주장하는 것입니다. 문제에 대해 생각할 때는 선입견을 갖지 말고 특정한 상황에 대해 직접 자세하게 평가해 보아야 합니다.

10.5 클라우드 제공자의 보안 아키텍처

클라우드 제공자는 다양한 방법으로 구성할 수 있지만, 보안적 관점에서 보자면 연결된 서비스 플랫폼, 관리와 권한 설정 시스템, 그리고 기업, 이렇게 세 부분이 존재합니다. 이 중에서 어느 한 곳에 오류가 생기거나 이와 연관된 인력에 문제가 생기면 고객이 불편할 수 있습니다.

서비스 플랫폼은 모든 보안적 관심이 쏠리는 부분이지만, 여기에서도 몇 가지 질문에 대한 답이 필요합니다. 윈도우인가요, 리눅스인가요? 가상화는 어떻게 처리되나요? 어디에 파일이 저장되나요? 네트워크 세그먼트는 어떻게 분할되나요? 스위치와 라우터에는 어떤 보안 메커니즘이 사용되나요? 대역폭은 얼마나 사용 가능한가요? 어떤 특성의 하이퍼바이저hypervisor가 이용되나요? 신용카드 서비스 같은 부가적 서비스가 제공되나요? 데이터센터에 대한 물리적 접근권은 누구에게 있나요? 이것을 어떻게 스크리닝하고 있나요? 이러한 질문은 모두 중요합니다. 이에 대한 답은 [Amazon 2011]처럼 타당한 세부 사항까지 제공자의 문서에 담겨있어야 합니다.

하지만 서비스 플랫폼에만 리스크가 있는 것은 아닙니다. 관리와 권한 설정 시스템, 즉 고객이 요청을 보내고 서비스를 설정하는 웹 기반과 프로그램으로 된 메커니즘도 매우 중요합니다. 여기에서는 메커니즘을 직접적으로 남용하는 것(고객 A가 고객 B의 파일에 대한 액세스를 요청할 수 있나요? 고객 C의 비밀번호가 도난당하면 어떻게 되나요?)이라기보다 권한 설정 시스템이 뚫리면 어떻게 될 것인가가 이슈입니다. 이것은 매우 개연성 있는 위협입니다. 최소한 권한 설정 시스템에는 분명히 데이터베이스가 필요하고, 수

많은 웹사이트들이 SQL 인젝션 공격을 당해 왔으며, 인적 요인도 있습니다. 그러면 이런 시스템을 프로그래밍, 유지 보수, 관리, 운영하는 사람들에게도 서비스 플랫폼을 다루는 사람들만큼 충분히 신원을 조사하나요?

보안 퍼즐의 세 번째 부분은 기업 그 자체입니다. 클라우드 제공자들도 다른 기업처럼 마케팅 부서, 인사 부서, 직원, 변호사, 시스템 관리자, 회사 관리를 수행하는 부사장이 있습니다. [DeBuvitz 1989] 여기에서 오는 리스크는 직접적이지는 않지만 매우 현실적입니다. 해당 서비스를 운영하는 사람들과 권한 설정 플랫폼은 결국 해당 기업 소속이므로 IT 그룹이 운영하는 내부 웹 서버와 컴퓨터를 다루어야 합니다. 또한 당연히 회사에서 원하는 업무를 해야 합니다. 공격자가 내부 시스템을 뚫고 들어온다면 이것을 이용해 시스템 관리자의 컴퓨터를 감염시킬 수 있습니다. 서비스 플랫폼 통신에서 똑같은 컴퓨터를 사용하고 있으면 결과는 비참할 것입니다.

이런 시나리오에 대한 분명한 방어는 에어갭airgap입니다. 이런 직원들에게는 두 대의 컴퓨터를 지급하여 한 대는 일반적인 회사용 컴퓨팅을 처리하고, 한 대는 서비스 플랫폼에 관련된 작업을 처리하게 하며, 두 대의 컴퓨터가 서로 연결되지 않게 차단해야 합니다. 스턱스넷 사고를 생각해 보면 분명 간단한 방식은 아닙니다. [Falliere, Murchu, Chien 2011, Zetter 2014] 하지만 고객의 관점에서 보면 이런 방식이 실제로 시도되고 있는지, 직원들이 실제로 이것을 얼마나 잘 지키고 있는지가 중요합니다.

우리는 실세계에서도 비슷한 침입건을 보아 왔습니다. 몇 년 전 발생한 트위터 해킹 사건을 생각해 봅시다. [FTC 2010] 하나의 사고에서는 악당들이 관리자 로그인의 비밀번호를 추측하여 공격했고 또 다른 사고에서는 공격자들이 한 직원의 개인 이메일 계정에 침투했습니다. 두 개의 비슷한 비밀번호가 이 계정의 평문에 저장되어 있었고, 이 데이터를 통해 해커는 직원의 트위터 관리자 비밀번호를 추측하여 범죄에 이용했습니다.

10.6 클라우드 컴퓨팅

클라우드를 이용하는 단순하고 간단한 방식 중 하나는 연산, 특히 소량의 데이터에 대한 연산입니다. 특정 운영 시스템이 갖춰진 기기(주로 VM)를 임대하여 입력 데이터를 업로드하고 프로그램을 구동하여 결과를 다운로드하면 됩니다. 클라우드 제공자에 따라 많은 수의 VM을 쉽게 임대할 수도 있는데, 보통은 CPU 시간과 실제 사용하는 데이터 전송에 대해서만 비용을 지불합니다. 그렇다면 이에 따른 보안 리스크는 무엇인가요?

첫 번째로 알아야 할 것은, VM은 운영체제가 있는 컴퓨터이기 때문에 이에 따른 모든 리스크가 있다는 점입니다. 어떤 운영체제가 베어 실리콘bare silicon에서 구동할 때 안전하지 않다면 클라우드를 써도 마법처럼 안전해지지는 않습니다. 주변 환경 때문에 약간 보호될 수는 있지만 OS는 OS일 뿐입니다.

아직 버그가 없고, 안전하며, 완벽한 운영 시스템이 없으므로 이 점을 감안하면 때때로 패치를 적용해야 한다는 것은 분명합니다. 그렇다면 여러분의 VM 운영체제는 누가 유지 보수할 것인가요? 이 경우 다양한 모델이 가능합니다. 때로는 사용자 본인이 직접 책임져야 하지만, 클라우드 제공자가 하는 경우도 있습니다. 이 중 어느 쪽이 본질적으로 더 낫다고 할 수 없습니다. 이런 귀찮은 책임을 지지 않는다면 좋지만, OS 패치 때문에 애플리케이션이 망가질 수도 있습니다('13장. 최신 소프트웨어의 상태 유지하기' 참고).

일부 클라우드 제공자들은 단순한 OS를 넘어서 데이터베이스, 신용카드 빌링 시스템, 콘텐츠 관리 시스템, 심지어 소규모 온라인 상점을 위한 쇼핑카트 같은 공통 애플리케이션과 서비스 인터페이스를 제공합니다. 이런 프로그램에도 보안 버그가 있을 수 있으므로 패치가 필요합니다. 일반적으로 공급자들은 이것을 처리하겠지만, 그 과정에서 이런 서비스와 통신하는 여러분의 코드를 망가뜨릴 위험성도 당연히 있습니다.

그런데 여러분은 혼자 일해야 하고 클라우드 제공자가 여러분의 OS와 애플리케이션을 대신 패치해 주지 않는다면 어떻게 해야 할까요? 클라우드 제공자들은 대량의 연산 능력을 제공하면서 최대 부하peak load가 발생할 때를 대비한 급증 처리 방식과 대부분의 독립형 데이터센터보다 높은 가용성, 이렇게 세 가지를 제공합니다. 이것을 위해 여러분은 다른 고객, 제공자의 직원이나 클라우드 제공자 자체, 특히 그 지원 시스템에 대한 침투에 성공하는 일부 해커의 침입이라는 리스크를 감수해야 합니다. 이런 리스크의 경우 내부자의 공격은 특히 측정하기가 어렵습니다. 이런 범죄는 보고되지도 않고 감지되는 경우도 매우 드물기 때문입니다. 보유하고 있는 데이터센터의 물리 보안 투입 절약에서 챙길 수 있는 추가 이득도 있습니다. 클라우드 제공자에게는 많은 수의

VM을 관리하는 더 좋은 툴이 있을 수도 있기 때문입니다.

클라우드 컴퓨팅은 경제적인 이유에서 보안 문제 해결의 해답일 수 있습니다. 분명히 위험 증가 요인이 있지만, 다른 한편으로 특히 전기료와 냉방 비용을 포함할 경우 최대 부하를 처리할 수 있는 데이터센터를 운영한다면 큰 비용이 들어가기 때문입니다. 또한 이미 조직 내부인에 대해서도 걱정해야 하는데, 클라우드 제공자의 직원 관리보다 여러분의 직원 관리가 더 철저하다고 장담할 수 있을까요?

10.7 클라우드 저장

저장은 클라우드 컴퓨팅에서 특히 중요한 특수 케이스입니다. 컴퓨터 사용은 보통 프라이버시에 해당하며, 사용자들은 가능한 한 다른 고객들과 격리되기를 원합니다. 그래서 강력한 격리를 제공하는 VM은 무조건 환영해야 합니다.

그런데 저장은 문제가 다릅니다. 클라우드 저장은 데이터 공유가 쉽기 때문에 가치가 있는 것입니다. 드롭박스^{Dropbox}, Box.net, 구글 드라이브 같은 서비스는 폭넓은 대상에게든지, 선택적인 상대에게든지 파일을 쉽게 공유할 수 있게 만들어줍니다. 그런데 이것은 안전할까요?

이 경우 조직에서 외부와의 파일 공유를 사내에서 처리하기보다 외부 서비스 이용을 선호하는 이유가 무엇인지 자문해야 합니다. 결국 모든 주요 운영 시스템과 대부분의 비주류 운영 시스템은 파일 공유 기능을 제공합니다. 이런 서비스에서 제공하는 근사한 자동 동기화 외에도 최소한 세 가지 이유가 있을 것입니다.

우선 누군가 허용 목록을 관리해야 합니다. 외부인이 여러분의 파일을 볼 수 있게 하려면 이들을 지명할 수 있어야 합니다. 그렇다면 여러분의 시스템 일부에 어떤 식으로든지 로그인과 인증 정보가 있어야 하는데, 클라우드 제공자는 이런 일을 대신 처리해줍니다. 여러분은 단지 사용할 파트너의 로그인 이름만 알면 됩니다.

둘째, 파일 공유는 보안적 관점에서는 매우 미묘한 문제이기 때문에 수많은 유명한 네트워크식 파일 시스템이 오랫동안 보안 문제를 겪어왔습니다. 그러므로 위협이 큰 환경에서는 이런 시스템에 의존하지 않는 편이 좋습니다.

셋째, 부분적으로는 이런 이유 때문에 외부 사용자는 사용할 수 없는 방화벽의 뒤에 기업 파일 서버를 설치하는 경향이 있습니다. 사실 많은 기업의 방화벽은 이런 프로토콜의 외부로 향하는 요청까지 차단합니다. 반면 대부분의 클라우드 저장 서비스는 이런 요청이 허용되는 HTTP나 HTTPS를 이용합니다.

첫 번째 이유는 유효합니다. 이런 로그인 관리는 기술적이라기보다 절차적으로 힘든 일입니다. 귀찮은 일은 다른 이에게 맡기고 싶은 것은 충분히 이해하지만, 나머지 두 가지 이유는 걱정스럽습니다. 어떻게 마이크로소프트, 애플, 오라클 등보다 클라우드 저장소 제공자가 더욱 안전한 저장 액세스 코드를 만들 수 있나요? 솔직히 그럴 능력이 있을까요? 이들이 강력한 보안에 진짜 성공했다는 분명한 증거가 있나요? 하지만 낙관적인 생각을 가질 만한 이유가 있습니다. 즉 클라우드 프로토콜은 안전한 인터넷 공유를 위해 설계되었다는 한 가지 목적을 가지고 있습니다. 그래서 적어도 두 가지 로컬 솔루션인 오라클의 NFS와 마이크로소프트의 CIFS는 매우 일반적이고 문제적인 원격 프로시저 호출RPC ; Remote Procedure Call 프로토콜에 따라 구축되었습니다. 그 결과, 로컬 사용자를 겨냥한 인증 메커니즘을 가지고 있어서 보안 유지가 더욱 어렵습니다.

한편 최소한 클라우드 저장 벤더 중 하나인 드롭박스는 심각한 보안 사고를 경험했습니다. [Single 2011] 이유는 모르겠지만, 프로그램을 변경할 때 모든 비밀번호를 허용하는 버그가 발생하여 모든 파일에 액세스할 수 있었는데, 이러한 결함은 파일 액세스 프로토콜 자체가 아니라 인증 메커니즘에 있었습니다. 하지만 보안은 시스템 속성이 아니기 때문에 하나의 컴포넌트에만 주의해서는 안 됩니다. 클라우드 저장소가 인기를 끄는 세 번째 원인은 가장 우려되는 부분입니다. 보안 메커니즘이 유효한 사용을 배제하고 방화벽을 피해가도록 하는 외부 솔루션 사용을 강요한다면 우리의 프로토콜이나 방화벽, 정책 또는 이들 모두 어딘가가 심각하게 잘못된 것입니다. 이런 서비스는 사내에서도 할 수 있지만(258쪽의 박스 참고), 상당한 노력과 주의가 필요합니다.

인증과 파일 액세스 프로토콜의 설계나 적용상의 결함은 명백한 실패 요인입니다. 그 외에도 몇 가지 다른 가능성이 있지만, 그 중 가장 심각한 것은 클라우드 제공자가 해킹이나 내부자에게 공격을 당하는 것입니다. 클라우드 제공자는 한 번의 침투로 많은 다른 기업의 리소스가 노출될 수 있어서 숙련된 공격자들에게는 매력적인 먹잇감이 됩니다. 위협 분류 매트릭스에서 클라우드 제공자는 타깃형이나 APT 공격의 희생자가 됩니다. 그 고객은 아마도 기회를 노린 공격의 희생자에 속할 것입니다. 후자를 향한 일반적인 접근은 프로세스를 통한 것입니다. 클라우드 제공자는 엄격한 절차를 사용해서 사용자 파일에 접근할 수 있는 직원의 수에 제한을 둡니다. 기술적 관점에서 이 두 가지에 대한 더 나은 해결책은 클라이언트 기기의 파일을 암호화하고 복호화하는 것입니다. 하지만 이러면 공유가 훨씬 어려워집니다. 특히 액세스 취소 기능을 원한다면 매우 복잡한 암호화 프로토콜이 필요한데, 액세스 취소 기능은 반드시 필요합니다.

또 한 가지 이론적 이슈는 보안의 이전입니다. 대부분의 제공자들은 HTTP 대신 HTTPS를 확실한 솔루션으로 사용해 왔는데, 이 경우에는 경계할 점이 있습니다. 즉 개발자들이 매우 주의하지 않는 한, HTTPS 클라우드 저장은 웹 브라우저와 같은 PKI 결함에 취약해집니다. 클라우드 클라이언트에 인증서 피닝certificate pinning을 하기는 쉽지만, 실제로 이것을 적용한 프로덕트가 있는지가 불확실합니다. 사실 많은 모바일 앱에서는 기본적인 TLS조차 어렵습니다. [Fahl et al. 2012, Georgiev et al. 2012]

하지만 가장 큰 리스크는 클라우드나 실리콘더미 등과는 관계가 없고 오히려 공유 프로세스 자체에 내재되어 있습니다. 즉 정확한 접근 제어 리스트ACL ; Access Control List를 얻는 것입니다. 이것은 클라이언트측의 내부자 소행의 리스크를 말하는 것이 아닙니다. 모든 공유된 객체는 서버에 유효한 로그인 자격이 있는 사람이라면 누구나 잠재적으로 액세스할 수 있기 때문에 파일 읽기나 쓰기 요청을 구성할 수 있습니다. ACL로 제한되지만, ACL은 특히 복잡한 상황에서는 관리하기가 매우 어렵습니다. [Madejski, M. Johnson, Bellovin 2012, Reeder, Kelley et al. 2008, Maxion 2005, Smetters와 Good 2009]

다양한 사람들이 많이 공유한 리소스를 컨트롤할 수 있는 클라우드에서 이것은 재앙을 불러올 수도 있습니다. 예를 들어 여러분의 회사가 외부 벤더와 많은 파일을 공유하고 있다고 가정해 봅시다. 그런데 벤더를 교체할 경우 최초에 ACL을 만들고 유지 보수한 사람은 퇴사했고 원래의 계약서가 체결된 이후 여러 해가 지나면서 시스템 디자인이 변경되어 정확히 어떤 파일을 공유해야 하는지가 매우 많이 바뀐 상태입니다. 그러면 첫 번째 벤더가 가지고 있던 모든 액세스 권한을 어떻게 다 취소할 것인가요?

마지막으로 직접 만든 내부 파일 서버를 이용해도 이런 일은 똑같이 일어난다는 점을 다시 강조하겠습니다. 내부에서 관리할 때의 단 한 가지 장점은, 이런 모든 파일의 파일 시스템이나 '파일 시스템들'을 검색할 수 있는 커스텀 스크립트를 작성할 능력이 더욱 커진다는 것입니다. 클라우드 제공자를 사용할 때는 이것이 불가능할 수도 있습니다. 클라우드 제공자가 이런 문제를 해결하도록 도와주면서 그 외의 조건이 비슷하다면 이것이 보안면에서 가장 큰 차이점이 될 것입니다.

10.8 분석

자, 이제는 클라우드 보안에 대해서는 어떤 질문에도 간단한 답은 없다는 것을 깨달았을 것입니다. 클라우드 서비스와 사용 패턴은 유형이 너무 많고 각각 리스크와 혜택이 함께 있습니다. '클라우드' 자체의 보안에 대해서는 어떤 주장도 믿지 말아야 합니다. 샌드박싱과 가상화도 마찬가지입니다. 사용법뿐만 아니라 적용법과 보안적 속성도 다양합니다.

클라우드 저장의 장단점을 비교할 경우 외부 당사자들과 데이터를 공유할 때는 사용하는 편이 나아 보입니다. 사내 전용 클라우드 저장소에 비슷한 프로토콜이 있어도 외부 사용자 목록 관리 문제는 힘든 일이지만, 이런 책무를 외주화하는 데서 오는 이득에 비해 심각한 대가가 따를 수 있습니다. 왜냐하면 파트너를 제외하고 직원이 사용할 인증 메커니즘에도 통제권을 거의 가질 수 없기 때문입니다. '7장. 비밀번호와 인증'에서 설명했듯이 이것을 망칠 방법은 매우 많습니다. 하지만 이 이슈는 클라우드 자체의 문제가 아니라 특정 서비스를 어떻게 제공하느냐에 달려있습니다. 여러분 스스로도 똑같이 대충 결정한다면 리스크는 똑같을 수밖에 없습니다.

기업의 직원이 클라우드 저장소를 관리하지 않고 사용하는 것은 매우 위험합니다. 집에 일을 가져가고 싶을 때는 클라우드 저장소가 플래시 드라이브보다 훨씬 더 편리합니다. 둘 다 기업의 정책에 위반되는 행동이지만, 이것을 막기는 어렵습니다. 하지만 근본적으로 이것은 기술이라기보다 사람과 문화의 문제입니다. USB 드라이브의 이용을 제한하는 애드온 프로덕트를 설치할 수도 있지만, 그러는 순간 내부 직원들의 일상이 불편해질 것입니다. 프레젠테이션이 담긴 메모리 스틱을 동료에게 건네준 적이 있나요? 필자는 CD와 플로피디스크 시대부터 당연히 이런 기기들을 사용했습니다. 대규모 조직에서는 슬라이드쇼의 휴대가 꼭 필요하기 때문입니다. [Bumiller 2010] 인기 클라우드 서비스에 대한 비인가된 접속을 차단하는 방화벽 규칙 추가를 시도할 수도 있지만, 이렇게 막는 대신 외부 사설 서버로 전달되도록 설정하는 편이 더 쉽습니다. 사실 직원들의 작업 습관이나 욕구, 그리고 사람들이 어떻게 평가되는가와 기업의 보안 정책 간의 부조화가 가장 큰 문제입니다. 안드로메다인들의 타깃이 되지 않는 한, 사람들이 클라우드 저장소를 쓰지 못하게 막는 것보다 안전한 방법을 찾아주는 게 더 나을 것입니다.

여기에는 흥미로운 취사 선택이 필요합니다. 내부와 외부에서 접근 가능한 사설 파일 서버와 상용 클라우드 저장소 제공업체 중 어떤 쪽이 더 나을까요? 이미 설명했듯이 일반적 네트워크 파일 시스템 프로토콜은 보안적 측면에서는 평판이 좋지 못합니다. 하지만 상용 서비스 제공자들은 10.5절에서 설명했듯이 비교적 대규모의 공격에 노출되어 있습니다. 여러분의 기업도 마찬가지로 공격에 노출되어 있을 수 있지만, 타깃으로 삼을 만큼 관심이 없을 수도 있습니다. 또한 기업 내 사설 서버라면 어떻게 사전 대비를 했는지 정확히 안다는 이점이 있습니다.

사설 저장소에 대한 보안 이슈 중에서 일부에 대한 가능한 해결책은, 외부 네트워크를 설치하여 조직 내부인이라고 해도 VPN을 통해서만 접속할 수 있게 하는 것입니다. 두 개 이상의 안전한 네트워크, 즉 일반적인 액세스와 파일 저장용을 허용하면서 매우 유연하고 자동화되어 사용자가 어떻게 써야 하는지 고민할 필요 없는 VPN을 찾는 것이 관건입니다. 그래서 내부 망이라고 해도 암호화 액세스가 필요합니다. 사용자의 행동 방식을 내부에서나 외부에서 최대한 비슷하게 맞추기 위해서입니다. 여기서 근본적인 원칙은 사람들이 올바른 행동을 하기 쉽게 만드는 것입니다. 복잡한 메뉴와 싸우도록 강요한다면 동료들이 반길 수가 없습니다.

보안 정책상 일부 자료의 공유를 허용한다면 아마도 사용자들을 신뢰하는 편이 나을 것입니다. [M. Johnson et al. 2009] 공식적 메커니즘이 너무 복잡하다면 사람들은 이것을 무시하고 이미 설명한 우회법에 기댈 것입니다.

보안만 본다면 클라우드 연산은 외부 로그인을 유지할 필요가 없기 때문에 클라우드 저장소보다 더 까다로운 것이 문제입니다. 클라우드 저장은 액세스 공유라는 새로운 기능을 제공하지만, 클라우드 연산은 단지 비용을 절약해 줄 뿐입니다. 그렇다면 클라우드 연산 제공자에게 의존하는 데서 예상되는 손실 차이가 이런 시설을 이용하여 절약하는 액수보다 큰지, 작은지에 대한 질문에 답해야 합니다. 이런 질문은 다양한 상황에서 공격을 받을 가능성을 측정하는 것을 제외해도 보안에 대한 측정 자체가 불가능하기 때문에 답할 수가 없으므로 다른 접근법이 필요합니다. [Bellovin 2006a]

가능한 한 최선을 다해 각 제공자의 세 가지 요소를 기업 자체의 요소와 비교하는 것으로 시작해 봅시다(10.5절 참고). 각각의 서로 다른 고객을 격리하기 위해 설계된 메커니즘은 무시하는데, 여기에는 여러분이 대응할 요소가 없습니다. 아마도 권한 설정 컴포넌트는 최소한일 것이고 관리할 권한 설정이 없다면 제공자 서비스 플랫폼의 일부로 간주하면 됩니다.

대부분 클라우드 제공자는 가용성과 물리 보안에서 앞설 것입니다. 많은 경우 클라우드 제공자는 전달 플랫폼delivery platform에 대한 인력 보안에서도 앞섭니다. 결국 이것이 이들이 판매하는 것이지만, 많은 사업체에서 배경에 크게 신경 쓰지 못하고 있습니다. 기술 보안 이슈에 대해서는 자사의 보안을 사전에 측정할 수 없지만, 회고를 통해 살펴보면 잘 알 수 있습니다.

운영체제를 비롯하여 구동하는 소프트웨어 일부를 선택한 후 작년 한 해 동안 여기에 있었던 취약성을 자세히 살펴보세요. 이것을 벤더의 버그 리스트로만 제한해서는 안 됩니다. 벤더는 거의 항상 패치가 나올 때까지는 보안적 구멍을 공개하지 않습니다. CVECommon Vulnerabilities and Exposures, 정보보안취약점 표준 코드 목록(http://cve.mitre.org/cve/index. html)과 NVDNational Vulnerability Database, 국가 취약성데이터베이스(http://nvd.nist.gov), 그리고 버그트랙bugtraq과 완전 공개 보고서Full Disclosure와 같은 공식 개요서를 확인해 보세요. 취약성이 언제 알려졌나요? 패치는 언제 배포되었나요? 여러분은 패치를 언제 설치했나요? 여러분이 취약성에 노출되어 있던 기간은 어느 정도인가요? 클라우드 제공자로부터 이와 비슷한 데이터를 얻기가 어렵겠지만, 이제 어떤 질문을 해야 하는지는 알고 있습니다. 그러면 버그 리포트가 이런 리스트에 올라오는 것을 보면 클라우드 제공자는 무엇을 할까요? 이들이 리스트를 모니터링하지 않는다면 그것도 답으로 간주해야 합니다. 한편 여러분의 자사 보안 인력은 이런 리스트를 모니터링하나요? 클라우드 제공자가 제공하는 부가 서비스가 무엇인지 잊지 말고 물어보세요. 이런 서비스를 사용하지 않을 수도 있지만, 이들이 해킹당할 경우 여러분의 시스템에 들어올 수 있도록 하나요?

위협 모델을 고려하면 더욱 흥미로워집니다. 일반적인 주의만으로도 여러분과 클라우드 제공자를 아마추어 해커들로부터 보호할 수 있습니다. 타깃형 공격자에 대해서는 양쪽 모두 장점이 있습니다. 한편으로는 내부인들에게는 덜 알려졌기 때문에 외부 서비스를 선호할 수도 있습니다. 반면 유명 클라우드 제공자는 일단 침투에 성공만 하면 상당한 결실을 거둘 수 있다고 생각하는 외부 공격자들에게 매우 유혹적인 먹잇감일 것입니다. 그런데 정말 흥미로운 질문은 더욱 노련한 공격자, 기회주의적 해커, 그리고 안드로메다인이 제기합니다.

클라우드 제공자는 누군가 침투하면 많은 수확을 거둘 수 있기 때문에 매우 매력적인 타깃이 됩니다. 이들은 클라우드 제공자의 플랫폼에 엄청난 힘을 발휘할 수 있을 뿐만 아니라 수많은 고객사의 시스템에도 액세스할 수 있게 됩니다. 이 때문에 기회주의적 해커들이 타깃형 해커가 되고 노련한 타깃형 해커는 당연히 APT가 될 수 있습니다. 아마도 이들은 사분면의 왼쪽 아래에 있겠지만 — 이 책의 명명법칙에 따라 이들을 '하급 마젤란 클라우드Lesser Magellantic Cloud'라고 불러야 할까요? — 어쨌든 사분면 안에 있는 것만은 사실입니다. 여러분의 시스템은 이런 사고에 부수적인 피해를 입을 수 있지만, 위안을 삼을 수는 없습니다. 결론은 클라우드 제공자가 대부분의 기업보다 더 높은 보안 표준을 준수한다는 것입니다.

마지막으로 여러분 자신의 위협 모델에 안드로메다인의 공격이 포함되어 있으면 어떻게 될까요? 클라우드 제공자에게 의존하면 일이 더 심각해질까요? 제대로 된 클라우드 제공자라면 이미 그런 수준의 방어책을 구축하려고 노력하겠지만, 방어책이 거의 없는 방향으로부터 공격받을 수 있는 창구가 늘어난다는 것이 문제입니다. MI-31은 하이퍼바이저 버그, 뇌물, 직원 협박의 기회 등을 얼마든지 찾을 수 있는 조직입니다. 이들은 여러분이 이용하는 서비스를 구매하여 여러분에게 더 가까이 접근할 목적만으로 가짜 회사를 설립할 능력도 있습니다. 이것은 심각한 위협 모델이기 때문에 정말 신뢰할 수 있는 클라우드 제공자가 필요합니다. 여기서 최선의 경험 법칙은 기술, 인력, 프로세스 모든 면에서 여러분보다 보안이 뛰어난 곳을 선정하는 것입니다.

* * *

샌드박싱에서 혜택을 받는 많은 종류의 샌드박스와 애플리케이션이 있기 때문에 그 자체를 전체적으로 분석하는 것은 더 어렵습니다. 이 경우 가능한 보호 기술과 시나리오를 매치시키는 비법이 필요합니다. 또 한 가지 큰 문제는 샌드박스를 설치하는 데 필요한 시스템 관리의 부하입니다. 일반적으로 VM은 일반 장비와 마찬가지로 관리와 피드가 필요하므로 여러분의 조직이 시스템 관리면에서 얼마나 효율적인지에 따라 비용도 변동됩니다.

외부로 가는 채널이 극소수이고, 이런 채널을 통제하는 정책이 단순하며, 샌드박스를 생성하고 파괴하는 경우가 많지 않으면 VM 샌드박스에 잘 맞습니다. 예를 들어 내부 메일 처리 같은 고정적 서비스가 좋은 예입니다. 하지만 각각의 메시지마다 VM을 돌리는 것은 너무 빈도가 높기 때문에 말이 되지 않습니다.

클라이언트마다 샌드박스를 하나씩 만든다면 부서별 파일 서버가 생성률 테스트를 거쳐서 복잡한 액세스 통제 규칙이 어떤 사용자가 주어진 파일에 대해 어떤 작업을 수행할지 관장하게 됩니다. 방문하는 각 사이트마다 별도의 샌드박스를 원한다면 웹 브라우저는 이들 두 가지 테스트에 모두 통과할 수 없습니다.

또 한 가지 이슈는 샌드박스에서 활용할 수 있는 리소스입니다. VM은 많은 리소스를 제공하고 잘못 작동하는 코드를 기기의 파일에서 떼어놓는 데는 아주 좋지만, 네트워크 액세스를 제한하지는 않고 많은 특권 코드가 널려있다는 단점이 있습니다. 따라서 세세한 부분까지 제한해야 하면 감옥jail 기술을 사용하는 편이 더 나을 것입니다. 하지만 제한해야 하는 것이 네트워크 접근뿐이라면 내부를 향하는 방화벽에서 이것을 막고 가상화의 다른 이점은 취해도 됩니다.

하나의 샌드박스 메커니즘 외의 여러 가지 옳은 선택이 있다는 점을 기억하세요. 브라우저가 전반적으로 축소된 권한으로 구동될 수도 있지만, 서로 다른 사이트에서 별개의 사용자 ID를 이용할 수 있습니다. [S. Ioannidis and Bellovin 2001, H. J. Wang et al. 2009] 그리고 이렇게 하면 내부 브라우저 보안이 제공됩니다.

모든 주요 운영체제에는 각자의 샌드박스 설계법이 있지만, 디자인 원칙은 엄청나게 다릅니다. 일반적으로 설계와 적용, 그리고 더 나아가 샌드박스 애플리케이션의 적용과 환경 설정이 얼마나 간단한가와 유연한가를 기준으로 선택합니다. 그렇다면 최소한의 단위화와 이에 맞게 코딩되었다고 간주할 수 없는 한, 다른 OS로 샌드박스 애플리케이션을 포팅porting하기는 비교적 어렵다는 뜻이 됩니다. 파이어폭스Firefox를 때로는 가장 보안이 떨어지는 브라우저라고 부르는 이유 중 하나가 바로 이것입니다. [Anthony 2014] 파이어폭스는 다양한 플랫폼에서 매우 다른 샌드박싱 패러다임을 사용하기 때문에 샌드박스를 활용하지 않습니다. 그 결과, 똑같은 프로그램이 어떤 OS에서는 다른 OS에서보다 덜 안전할 수 있어서 어떤 것을 설치할 때 어떤 OS를 선택하는지는 유연성의 문제가 됩니다.

필자는 학생들에게 어떤 운영체제가 가장 안전한지 질문할 때가 있습니다. 하지만 이런 질문보다는 오히려 "어떤 OS가 안전한 애플리케이션을 작성하기에 가장 쉬운가요?"라고 묻는 것이 적합할 것입니다. 정답 중 하나는 샌드박싱입니다.

11장

안전한 시스템 구축하기

"지난 한 세기 동안 인류는 서서히 심연abyss 가까이 이끌려오면서도 심연이 존재한다는 생각조차 하지 못했다. 저 심연을 건너가면 다리 하나만 있을 뿐인데, 누구의 도움도 없이 이 다리를 발견한 종족은 거의 없었다. 아직 시간이 있는데 위험을 무릅쓰지도 않고 성취를 원하지도 않은 채 등을 돌린 이들도 있다. 이들의 세계는 쉽사리 얻은 것으로 가득 찬 천국 같은 섬일 뿐, 우주의 역사에는 아무것도 기여하지 못했다. 여러분의 운명, 아니 운은 이런 것이 아니었다. 여러분의 종은 그러기에는 너무 중요했고, 여러분은 그 다리를 절대 찾을 수 없기 때문에 모든 것을 황폐화시키고 다른 이들까지 망치고 말 거였다."

Karellen in Childhood's End
— 아서 C. 클라크ARTHUR C. CLARKE

기본 기술도 다 좋지만 우리가 정말 원하는 것은 시스템으로, 지금 이 책을 읽고 있는 여러분은 '안전한' 시스템을 원할 것입니다. 시스템 보안은 훌륭한 기본 기술(Part 2. '테크놀로지' 참고), 올바른 코딩, 적합한 디자인, 그리고 안전한 운영이라는 네 가지 서로 매우 다른 측면으로 구성됩니다. 이들 네 가지 사항은 모두 꼭 필요하며, 이 중 하나에라도 약점이 생기면 재앙이 발생할 수 있습니다. 대부분의 중요한 기본 기술은 이미 다루었습니다. 올바른 코딩에 대한 내용으로 책 전체를 채울 수도 있지만, 그런 책은 이미 많으므로 여기서는 가볍게 살펴보고 넘어가겠습니다. 그리고 시스템 구축과 평가, 즉 다양한 조각들을 어떻게 합쳤는가를 살펴보는 데 더 많은 시간을 할애하겠지만, 이것도 책 한 권을 채울 만한 커다란 주제이기는 합니다. 마지막에서는 '간단한 시스템 관리'나 '!@#$%& [1]사용자'와 같은 제목으로 묶이는 중요한 주제인 안전한 운영에 대해 설명하겠습니다. 이들 두 가지 주제 모두 논해야 할 것들이 더 있으므로 책의 뒷부분에서 다시 다루겠습니다. 늘 그렇듯이 문제에 대해서 어떻게 생각해야 하는지에 중점을 둡니다. 인간의 근본적인 한계를 제외하면 특정한 문제는 시간이 흐름에 따라 변하지만 기본적인 문제는 그대로 남습니다.

보안에서는 실패할 수 없는 해결책은 없다는 것을 기억해야만 합니다. 독자가 아무리 실력이 있고 필자의 조언을 주의해서 따라도 여전히 실패할 수 있습니다. 다시 말해서 훌륭한 설계는 한 번의 침해 사고로부터 파생된 피해를 제한하는 방법에 대해 고려해야 합니다.

11.1 정확한 코딩

정확하고 안전하게 코드를 쓰는 방법을 알려주는 책과 논문은 많으므로 굳이 이 장을 이런 내용에 대한 요약으로 채우고 싶지는 않습니다. 버퍼 오버플로를 피하고, 입력할 때 잘못된 부분을 삭제하며, XSS$^{Cross Site Scripting}$ 오류에 주의하는 등 일반적인 조언만으로도 충분합니다. 하지만 몇 가지 점은 여러 번 강조해야 할 만큼 매우 중요합니다.

첫 번째는 악용할 수 있는 버그의 종류나 우회할 수 있는 방어책과 같은 위협 모델이 하나로 고착되어 있지 않다는 점입니다. 오래 전에 스택 기반의 버퍼 오버플로를 방어할 때 단지 방어 담당자에게 카나리아(역자 주 : Canary, 소프트웨어의 초기 테스트 버전)를 제공해 주고 [Cowan et al. 2003] 데이터 공간을 실행 불가로 만든 후 모두 "문제 해결!"이라고 외치던 시절도 있었습니다. 이렇게 해서는 당연히 문제가 해결되지 않습니다. 힙 오버플로$^{heap overflow}$도 악용할 수 있고 ROP$^{Return-Oriented Programming}$ 같은 것들은 가능한 다른 공격 기술이 있다는 것을 보여주었습니다. [Pappas 2014, Shacham 2007] 보안 분야에서는 더 훌륭한 공격 방법을 발견할 수 있습니다.

하지만 '해결책'은 생각보다 간단하게 들립니다. 바로 코드를 정확하게 작성하는 것입니다. 물론 정확한 코드 작성은 간단하지도 않고 심지어 가능하지도 않기 때문에 필자는 '해결책'이란 단어에 작은따옴표를 붙였습니다. 하지만 올바른 코드 작성은 우리가 목표로 해야 하는 일이며, 정확성을 개선하면 보안성도 함께 향상됩니다. 여기에는 소프트웨어 엔지니어링 과정 전체, 즉 디자인 문서, 디자인과 코드 리뷰, 유닛과 시스템 테스트, 회귀 테스트regression test 등이 모두 포함됩니다.

보안 요건 중 많은 사항은 일반적인 요건과 매우 다르기 때문에 이런 기술 자체는 문제를 해결할 수 없습니다. '테인팅tainting', 즉 신뢰할 수 없는 소스로부터 입력하는 것은 특정한 맥락에 따른 확인 없이 특정 작업에 사용하지 않아야 한다는 개념을 포함하고 있습니다. 테인팅은 당연한 절차로 보이지만, 어떻게 진행해야 하는지는 맥락에 따라 달라집니다. 자, 그러면 웹 서버와 메일 서비스 간의 차이를 생각해 봅시다.

둘 다 문제가 있을지 주의해야 하지만, 똑같은 이슈가 내재되어 있어도 문제 자체는 달라질 수 있습니다. 수십 년 간 문제로 인식되어 왔어도 프로그래머들이 아직도 틀리기 때문에 자주 회자되는 예제가 바로 ".." 문제입니다. 파일 이름에 '/../'이 충분히 들어있으면 명목상의 기준치를 넘어서 트리에서 상위로 올려주지만, 이것을 달성하는 방법은 매우 다릅니다. 그래서 프로그래머들이 반드시 따라야 하는, 그래서 해당 애플리케이션의 명세가 되는 명확한 규칙이 다양해지는 것입니다.

웹 서버에서는 모든 파일이 'document root'라는 디렉터리에 들어가야 합니다. 너무 많은 /../을 쓰지 않아야 하는 것은 간단할 것 같지만, 실제로는 그렇지 않습니다. 우선 웹사이트 설정에서 어떤 인스턴스를 올바르게 실행시키면 수락되어 정확히 프로세싱되어야 합니다. html/../art/pic.jpg와 같은 것은 art/pic.jpg로 고쳐써야 하지만, html/../../docroot/art/pic.jpg는 궁극적으로는 똑같은 파일을 가리키는 것이라고 해도 유효하지 않습니다. 또한 /를 나타내는 방식은 %25와 &#0025; 등으로 매우 많습니다. 기술적으로는 일반적인 '슬래시'라기보다 '프랙션 슬래시fraction slash'인 ߼와 같이 /처럼 보이는 유니코드 문자는 말할 것도 없습니다. 여기에서 심각성을 깨닫지 못했다면 iana.org⟨fractionslash⟩othernastystuff.com 같은 부분이 들어있는 유니코드로 인코딩된 URL을 생각해 보세요. 이런 URL은 문제있는사이트.com이라기보다는 실제 iana.org의 웹사이트로 쉽게 오인될 수 있습니다.

메일과 관련된 문제는 좀 더 미묘합니다. 사람들이 이메일을 직접 파일로 보내는 것은 크게 문제가 되지 않습니다. 내부 메시지를 합법적인 수신자와 대조하기만 하면 간단히 처리할 수 있기 때문인데 (/etc/passwd@example.com이나 심지어 smb/../../etc/passwd@example.com 같은 메시지를 수락할 컴퓨터는 거의 없음), 파일 이름만 명시하면 자신의 이메일을 받을 수 있는 시스템도 있습니다. 때로는 내게 오는 메일을 /home/ smb/funky-mail로 써달라고 할 수도 있지만, 이것도 간단하게 들립니다. 메일 서비스는 단순히 내게 쓰기가 허용된 파일로 쓸 수 있으면 됩니다. 하지만 사실은 그렇지 않습니다. 세부적인 내용은 생략하겠지만, 매우 비슷한 상황에서 아파치^{Apache} 웹 서버는 대략 20가지 정도의 서로 다른 것을 체크합니다. 거듭 강조하지만 이 책의 주제는 안전한 코딩이 아닙니다.[1]

그렇다면 유용한 단순화는 /home/smb/로 어떤 파일이든지 전달하도록 허용하는 것이지만, 이 경우 문제가 발생합니다. 얼마나 잘게 쪼개든지 이것에 관련된 보안은 매우 복잡하지만, /../이 개념적으로 작업량을 추가하고 이것을 허용할 만한 확실한 이유가 없기 때문에 이런 상황에서는 막는 것이 이상한 일이 아닙니다.

한 가지 더 설명해야 할 변형은 바로 FTP 서버입니다. FTP 서버는 보통 사용자가 로그인한 다음에는 내재된 OS의 액세스 통제에만 의존합니다. 로그인이 일어나는 방식 때문에 메일 서비스보다 일반적인 사용자 로그인과 더 비슷해서 작업이 간단해집니다. 이렇게 FTP 서버는 패턴 기반의 액세스 컨트롤을 지원하지 않는 한 ─ 일부는 이런 방식을 지원함 ─ 이슈를 고려할 필요가 없습니다. 또한 패턴 기반의 액세스 컨트롤을 지원한다면 웹 서버와 비슷해지지만, 그래도 그것보다는 간단합니다. 이렇게 스트링의 적절한 처리는 맥락과 명세에 의존한다는 점을 알 수 있습니다. 규칙이 간단하면 실제로도 간단한 것입니다.

여러분이 사용하는 프로그래밍 언어도 중요합니다. C는 버퍼 오버플로에 민감하고 컨트롤되지 않는 포인터 등으로 악명이 높습니다. 보다 현대적인 언어를 쓰면 이러한 제반 문제를 해소할 수 있는데, 이것은 분명히 옳은 길입니다. 그런데 과연 그러한가요? 이런 문제에 대한 과학적 증거를 구하기는 매우 어렵습니다. 1999년 미국 학술원 ^{National Academies}의 연구에서는 다음과 같이 설명했습니다. [Schneider 1999]

---

1 "suEXEC Support" http://httpd.apache.org/docs/2.4/suexec.html

프로그래밍 언어의 선택이 신뢰도를 향상시킬 수 있는지에 대해서 일화적 증거는 넘치지만 견고한 실험적 증거는 거의 없다. 보고서 [컴퓨터학 및 통신위원회 1997]에서는 구체적인 증거를 찾아보았지만, 실질적으로 하나도 발견하지 못했다. 여기에 대해서는 더 많은 연구가 필요하며, 추가 연구가 진행된다면 프로그래밍 언어 커뮤니티에 연구할 방향을 안내하는 데 활용될 수 있을 것이다.

인용된 위의 보고서에서는 많은 연구를 논하고 있지만, 항상 결과가 의문스러운 혼란스러운 요인이 있었습니다. 또한 한 가지 고려해야 할 요인은 이런 현대적 언어가 너무 복잡한가입니다. 에이다^{Ada}가 미 국방성 프로젝트의 표준 프로그래밍 언어로 채택되었을 때 호어^{Hoare}가 다음과 같이 경고한 것을 기억합시다. [1981]

프로그래밍 언어의 오류 때문에 엉뚱한 곳으로 사라져버릴 다음 로켓은 금성으로 향하는 탐사용 우주 로켓이 아닐 수도 있다. 우리가 살고 있는 도시의 바로 위에서 핵탄두가 폭발할 수도 있다. 신뢰할 수 없는 프로그램을 생성하는 신뢰할 수 없는 프로그래밍 언어는 안전하지 못한 차량이나 독성 농약 또는 핵발전소 사고보다 우리의 환경과 사회에 훨씬 위험한데, 이러한 리스크를 줄이기 위해 애를 써야지, 늘려서는 안 된다.

이 모든 것을 감안하여 대부분의 보안 인력들은 C와 C++를 피하는 것이 올바르다고 느끼지만, 정답은 분명하지 않습니다. 결과적으로는 아마도 브룩스^{Brooks}의 분석이 가장 정확할 것 같습니다. [1987]

지금으로부터 10년 후에 에이다의 효율성을 측정하면 지금보다 상당한 차이를 보일 것으로 예측된다. 하지만 이것은 특별한 언어적 특징 때문이나 실제 모든 언어를 합친 특징 때문이 아닐 것이다. 새로운 에이다 환경이 향상의 원인으로 드러나지도 않을 것이다. 에이다의 엄청난 공헌은 현대 소프트웨어 디자인 기법을 프로그래머에게 훈련시킬 때 가끔 사용하는 정도가 될 것이다.

하지만 훈련도 프로세스의 중요한 부분입니다. 따라서 프로그래머들은 올바르고 안전한 코드 작성법을 배울 필요가 있습니다.

* * *

일부 요건을 제외하고 사실상 방금 설명한 모든 것들은 대규모 소프트웨어 개발 프로젝트에 적용되지만, 악의를 품은 적들이 있기 때문에 보안은 다릅니다. 평범한 코드라면 '기록은 1,024바이트를 넘어선 안 된다.'라고만 명시하면 걱정할 필요가 없지만, 보안에 민감한 코드의 경우에는 이런 주문이 재앙을 가져옵니다. 공격자들은 여러분이 부주의할 때를 노려 버퍼가 오버플로되게 하려고 신나게 이보다 긴 기록을 구성할 것입니다. 그렇다면 공격자들은 여러분이 충분히 주의하고 있는지 어떻게 알까요?

C는 물론 문제의 일부입니다. 스트링에 명시적으로 길이 필드가 없기 때문에 복사와 비교 등 많은 스트링 기능이 strcpy()와 strncpy()와 같은 두 가지 형태가 됩니다. 전통적인 0바이트 구분자를 이용하기도 하고 명시적 길이도 받아들입니다. 모든 곳에서 길이를 패스하는 것은 수년 동안 업데이트된 오래된 코드에서는 불편할 때가 많습니다. 그렇다면 strcpy() 같은 기능을 사용하는 것이 안전할까요?

불행하게도 답은 '그렇다'입니다. 때로는 편리하기도 할 뿐만 아니라 안전하기도 합니다. 정답이 '아니다'였다면 삭제되었거나 gets()처럼 컴파일러에서 인정사정없이 무시무시한 경고를 표시했을 것입니다. 프로그램이 이미 검증되어 문자열 길이가 안전하거나, 시스템 관리자 전용 파일처럼 신뢰할 수 있는 소스로부터만 입력이 들어온다면 이런 기능을 쓰지 않을 근거는 없습니다. 결국 이런 차이를 어떻게 구분하느냐, 특히 자신의 코드를 어떻게 검사할 것이냐가 문제입니다.

필자는 파이어폭스 웹 브라우저의 최근 버전의 소스를 아주 빠르게 살펴보았습니다. fgrep -wR에서 나온 실제 라인 수 중에서 strncpy()는 303개, strcpy()는 735개를 발견할 수 있었습니다. 그렇다면 파이어폭스는 완전히 불안전한 것일까요? 아마도 그렇지 않을 것입니다. 이런 인스턴스는 대부분 위양성 오류일 것이지만, 사람이 리뷰하기에는 코드가 너무 많습니다.

또한 이런 식으로 감지할 수 없는 일반적 오류도 많습니다. 이러한 오류의 가장 단순한 예는 모듈 간의 불일치로, C에서는 특히 쉽게 일어납니다. 또 다른 예는 결함 분석taint analysis의 어려움입니다. 직접적으로 또는 포인터를 통해서 변수가 어떻게 보내지는가에 따라 무엇이 어디에서 오는지 판단하기는 매우 어렵습니다.

해답은 프로그램을 살펴서 특정 분류의 실수를 찾아내는 프로그램인 특화된 정적 분석기^{static analyzer}를 이용하는 것입니다. 정적 분석기는 1970년대로 거슬러 올라갈 수 있는 오래된 개념이지만, [S. C. Johnson 1978] 새로운 분석기는 훨씬 더 종합적으로 분석합니다. 다른 것은 제외해도 정적 분석기는 보안에 민감한 이상 행동을 감지하도록 튜닝되었습니다.

이 책에서는 이런 프로그램에 대해 포괄적인 논의를 하지는 않겠습니다. 관심이 있으면 [Chess and West 2007, McGraw 2006]을 추천합니다. 마이크로소프트도 윈도우나 오피스 같은 대형 시스템을 다룰 수 있는 많은 툴을 개발해왔습니다. [Ball et al. 2004, Larus et al. 2004] 이번에는 이런 프로그램을 이용할 경우에 지켜야 하는 세 가지 주의점을 살펴보겠습니다.

- 정적 분석기는 만병통치약이 아니다. 잘못된 코드는 잘못된 코드일 뿐이고 창의적이면서 엉망인 프로그래머들은 최고의 툴을 이긴다. (Chess와 West 책도 실수를 피하는 방법에 대해서 현명하게 조언하고 있다.)

- 취약성, 즉 프로그래밍 오류는 언제나 늘어나게 마련이다. 새로 발견된 공격, 새로운 운영 환경, 그리고 새로운 언어는 각각 특징이 있다. 한때는 실제 안전했던 코드가 더 이상 안전하지 않을 수도 있다. 1999년경에는 전혀 알려지지 않았던 포맷 스트링 공격을 생각해 보면 낡은 코드는 새로 업데이트된 툴로 재검토해야 한다.

- 정적 분석은 코드 리뷰, 테스팅 등과 마찬가지로 개발 프로세스의 일부일 뿐이다. 단지 툴이 있다거나 툴을 약식으로 사용하는 것만으로는 충분하지 않고 프로세스가 중요하다.

* * *

이 절의 제목이 '올바른 프로그래밍'이 아니라 '정확한 코딩'인 이유가 있습니다. 정확한 코딩은 프로그램을 만드는 것보다 훨씬 심오하기 때문입니다.

11.2 디자인 이슈

전형적이지만 단순하지는 않은 예제, 현대의 웹 서버에 대한 고찰로 보안 원칙에 대한 논의를 시작해 봅시다. 오늘날 주요 웹 서버 사이트에서는 정적 파일을 제공하지 않습니다. 오히려 콘텐츠 관리 시스템으로 컨트롤되어 데이터베이스 중심으로 제공합니다. 즉 어떤 페이지에 대한 참조는 일반적으로 해당 페이지의 템플릿을 처리하는 스크립트를 불러옵니다. 이 템플릿은 데이터베이스 참조를 담고 있거나 다른 스크립트를 호출합니다. 데이터베이스는 제목과 요청한 페이지의 실제 텍스트, 해당 페이지에 표시되어야 하는 다른 링크 정보(가장 많은 이메일을 받은 기사, 트렌드, 동영상이나 오디오 등), 연관 콘텐츠 등 모든 콘텐츠의 구조화된 파일을 담고 있습니다. 이렇기 때문에 데이터베이스는 사용자의 정보와 받아야 하는 유형의 광고 등을 담고 있을 가능성이 있습니다.

그림 11.1은 전형적인 고급 웹 서버의 레이아웃을 보여줍니다. 여기에는 아무 필요가 없는 여러 지점들이 있지만, 모든 주요 컴포넌트가 복제되어 있다는 것이 가장 중요합니다. 이것은 안정성과 부하분산을 위한 것입니다. 두 개의 경계 라우터가 각각 서로 다른 ISP로 되돌아갑니다. 웹 서버는 여러 대이고 각각 로드 밸런서에서 피드됩니다. 데이터베이스도 여러 개입니다. 여기에서 격리된 것 중 일부는 서로 다른 역할과 액세스 특징 때문에 있을 것입니다. 새로운 네트워크조차도 복제되는데, 하나의 오류가 이 사이트를 완전히 마비시키면 안 되기 때문입니다.

두 번째로 아무 소용 없는 것은 설계면에서 내재되어 있는 보안입니다. 역시 인버스 프록시inverse proxies인 로드 밸런서는 포트 80과 포트 443을 통해서만 웹 서버에 피드를 보냅니다. 그 자체로는 방화벽 역할을 하는 것이 아니지만, 방화벽 기능을 하고 있습니다. 이와 비슷하게 어떻게든지 로드 밸런서나 라우터를 침해했어도 공격자는 데이터베이스에 도착할 수 없습니다. 웹 서버는 웹 서버일 뿐으로, '북단'과 '남단'의 이더넷 간의 IP 패킷을 라우팅하지는 않습니다.

세 번째 눈에 띄는 것은 남동쪽 '백엔드'로 가는 '사소한' 링크입니다. 웹 서버와 데이터베이스 간에, 그리고 설명하지 않은 백엔드 시스템에 강력한 보안 방어책이 있지 않은 한, 그림과 같은 시스템에서는 아마도 가장 위험한 부분일 것입니다.

네 번째 문제점은 그림에 심각한 결함이 보인다는 점입니다. 필자가 방금 개요를 짚

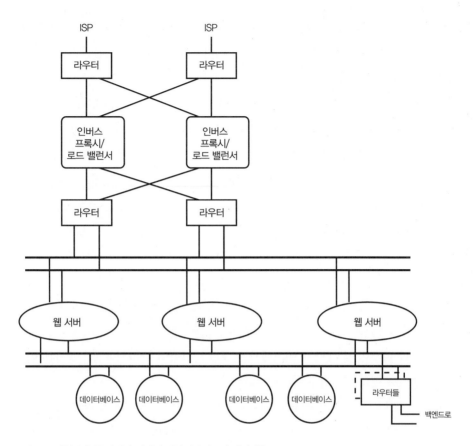

그림 11.1 전형적인 웹 서버와 연관된 데이터베이스의 레이아웃

은 보안 속성을 깨지 않는 한 이 설계도에는 더 많은 필수 기능을 적용할 수 없습니다. 잘 생각해 봅시다. 필자가 세부 사항을 생략한 것이 아닙니다. 이런 간략한 개요도에서는 필연적이지만, 오히려 이런 세부 사항을 추가할 때는 보안 속성의 많은 부분이 내재적으로 훼손됩니다.

가장 분명한 문제는 네트워크 운영센터NOC ; Network Operations Center입니다. NOC는 다양한 부분에 어떻게 통신할까요? NOC는 북단의 라우터, 로드 밸런서, 그리고 중간에 있는 라우터에 통신할 수 있어야 합니다. 또한 웹 서버의 양쪽에는 스위치도 있어야 합니다. NOC에는 어디에서 연결할까요? 그림에는 이런 모든 네트워크 요소에 통신할 수 있는 위치가 없습니다. 이런 것을 넣으면 보호 레이어 중 하나를 우회하는 것입니다.

두 쌍의 LAN에 통신할 수 있는 NOC 스테이션은 웹 서버를 우회하는 데이터베이스 서버로의 경로를 제공합니다. 외부 라우터와 내부 라우터에 통신할 수 있으면 로드 밸런서를 우회하는 경로가 됩니다.

네트워크, 시스템, 웹 관리자에 의한 액세스가 모두 비슷한 이슈를 제기합니다. 데이터베이스와 웹 서버 기기에 어떻게 백엔드 라우터를 통해 접촉할 수 있는지 보기는 쉽지만, 그림의 윗부분에 있는 네트워크 요소들은 누군가 유지 보수하고 재설정할 수 있어야 합니다. 아마도 이것은 별도의 관리 LAN에서 처리하겠지만, 이것도 프록시 서버의 보호를 우회하게 됩니다. 결국 이것은 NOC에도 도움이 될 수 있는 해결책입니다.

이 도표에서 빠진 기기들은 많지만, 이것들을 모두 연결하는 것은 어렵습니다. 그러면 고객 서비스 시스템은 어디에 연결되나요? 이들은 데이터베이스 곳곳에 액세스해야 하므로 아마도 남단 LAN에 있겠지만, 고객 서비스는 외주로 처리되거나 재택 근무자가 처리하는 경우가 많습니다. 사실 공급자, 은행, 배송 회사, 외부 웹 디자이너, 콘텐츠 공급자 등 도표만큼이나 복잡한 다른 외부 링크들이 있을 수 있습니다. 외부 링크는 11.3절에서 더 다루어 볼 것이고 여기에서는 이런 링크들이 고려해야 할 또 다른 이슈들을 제기한다는 정도만 알아두도록 합시다.

대고객 이메일은 커다란 도전 과제입니다. 배송 상태와 외부 이메일 오류 알림을 비롯해서 고객으로부터 오거나 고객에게 전달되는 모든 이메일은 고객 서비스 용도로 데이터베이스에 로그가 기록되어야 합니다. 메일 서버는 같은 데이터센터에 있을 필요는 없지만, 같은 데이터베이스에 액세스해야 하기 때문에 모든 보안적 문제를 안게 됩니다. 또는 메일 서버에서 이용하는 별도의 데이터베이스가 고객 서비스에 액세스할 수 있어야 하고 웹 서버를 통해 처리되는 링크가 필요해집니다.

필요한 액세스 유형은 매우 많습니다. 테이프를 쓰는 백업 머신, 파일 복구에 필요한 인터페이스, 지구 반대편에 있어도 가장 최근의 데이터베이스가 갖춰진 데이터센터, 콘솔 서버, 환경을 감지하고 통제하는 네트워크(장비실이 너무 뜨거워지면 장비를 차단해야 함), 직원 하나가 퇴사했는지 알 수 있도록 인사팀 기기에 연결해야 할 인증 서버 등 목록은 매우 많습니다. 몇 년 전 대형 기업의 빌링 시스템을 위한 개략적인 도해를 본 적이 있습니다. 여기에는 네 개의 서로 다른 데이터베이스와 18개의 다른 프로세싱 요소가 있었습니다. 이런 데이터베이스 중 하나에는 모든 관할 구역의 판매 세율이 들어있었습니다. 이것은 당연히 세율과 법령의 변경을 관리하고 필요할 때마다 데이터베이스를 업데이트하는 벤더에 실시간으로 연결되어 있다는 것을 의미합니다. 실제로 사용하는 시스템은 무한대로 복잡하며, 누군가 이렇게 복잡한 도표를 보여준다면 여러분은 "여기서 안 보여주고 있는 건 대체 뭡니까?"라고 질문해야 합니다.

보안 인력은 어떤 기능이 있어야 하는지 고르는 사람도 아니고, 어떤 것을 내부에서 처리하고 어떤 것을 외주 처리할지 결정하지도 않습니다. 하지만 이것저것 바꾸는 결정을 내리는 것이 조직의 나머지 인원이라고 해도 이 모든 것을 안전하게 보호할 책임은 우리에게 있습니다.

11.3 외부 링크

모든 디자인 이슈 중에서도 가장 어려운 것은 외부 연결성입니다. 수많은 다른 기업의 링크말입니다. 사실 이런 링크는 매우 많습니다. 한 번은 미국의 대형 기업 네트워크 보안 담당자에게 다른 기업으로 가는 인가된 링크가 얼마나 많은지 물었더니 "최소한 천 개는 되죠."라고 대답했습니다. 그래서 비인가된 링크는 얼마나 많은지 물었더니 "적어도 인가된 수만큼은 더 있죠."라고 대답했습니다. 이런 링크는 부주의하거나 보안 의식이 없어서 존재하는 것이 아니라 오히려 사업상 필요하기 때문에 있는 것입니다. 그렇기 때문에 보안적 질문은 이런 링크가 존재해야 하는가가 아니라 이들을 어떻게 안전하게 만들어야 하는가가 되어야 합니다. 이런 이슈에 대해서는 가끔씩 논쟁에서 이길 수도 있겠지만 지는 경우가 더 많을 것입니다. 그러면 사업을 이해하지 못하는 사람으로 취급받아서 논의에 끼워주지도 않을 것입니다.

그렇다면 외부 링크를 어떻게 보안화할 것인가요? 많은 사람들은 바로 "회사 외부에서 우리 네트워크로 들어오는 암호화된 VPN를 설치한다."라고 대답할 것입니다. 이것은 나쁜 생각은 아니어서 필자의 추천 사항 중 하나로 포함하고도 싶지만 우선 더 깊이 생각해 봅시다. 이 링크를 왜 암호화하고 싶으며, 암호화한다면 비용은 얼마나 될까요? 이 문제에 대해서는 암호화가 어떻게 적용되어야 하는지 좀 더 자세히 살펴보아야 합니다.

어떻게 '거절'할 것인가?

257쪽에서 설명한 것처럼 완전히 잘못된 아이디어에 맞서야 할 때가 있습니다. 어떤 상황에서는 여러분 자신의 완결성을 기준으로가 아니라 고용주의 이익까지 고려해서 행동해야 합니다. 이럴 때 비결은 메시지를 올바른 방식으로 전달하는 것입니다. 그러므로 다음의 두 가지 사항만 잘 기억합시다.

첫째, 여러분이 반대하는 아이디어는 사업적 이유로 제기된 것이므로 이것이 왜 나쁜 생각인지를 사업적 이유를 들어 증명해야 합니다. "절대 안 돼요. 그러면 해킹당합니다!"라고 말해서는 안 됩니다. 대신 해당 문제로 보안 침해가 일어날 경우 얼마나 큰돈이 들어가게 될지 보여주어야 합니다. 문제의 기획이 1억 유로를 벌어들일 수 있으면 "해킹당할 가능성이 3%이며 이것을 해결하려면 10만 유로가 소요됩니다."라고 말해서는 아무 것도 해결할 수 없습니다. 해킹이 성공한다고 해도 기대 수익보다 소요 비용이 낮고 해킹당할 가능성도 낮기 때문입니다. 반면 타깃[Target]처럼 4,000만 개의 신용카드 번호가 탈취되는 상황을 지적할 수 있으면 여러분의 말은 좀 더 진지하게 받아들여질 것입니다. 일부 분석에서는 이 회사가 입은 손실액을 10억대로 추산하기도 합니다. [Abrams 2014, Riley et al. 2014]

둘째, 논쟁은 명목상 돈에 관한 것이지만, 이런 토론은 언제나 정치적입니다. 즉 아군을 찾고 이들이 잘 이해할 수 있는 언어를 쓰는 등 정치적 접근을 해야 한다는 의미입니다. 많은 기술 직군 종사자는 자연스럽게 받아들이기 어렵겠지만, 우리가 살고 있는 세상에서 정치는 필연적인 것입니다.

여러분은 기술적 리스크를 이해하기 쉽게 논의할 준비를 해야 합니다. XSS 공격에 대해 말하는 대신 그 결과로 "공격자가 사용자의 로그인 정보를 탈취할 수 있는데, 그러면 우리가 법적 책임을 져야 합니다."라고 말하세요. 그리고 보안 사고가 정확히 어떻게 일어날 수 있는지 예를 들어 설명하세요. "저희는 작년 산 세리페은행[the Bank of San Serriffe]이 해킹당했을 때 분명 문제의 원인이 되었던 것과 똑같은 소프트웨어 패키지에 의존하고 있습니다. 따라서 공격 개연성이 있다는 것을 알고 있습니다."

이런 메시지는 더 안전하면서도 사업적 필요 사항을 만족시키는 대안을 제시할 때 더욱 공감을 줄 수 있습니다. 컴포넌트를 추가할 때는 비용이 조금만 오르지만, 보안은 크게 개선되면서도 원래의 사업적 이익은 유지됩니다. 타협도 도움이 됩니다. 필자가 참여했던 한 보안 리뷰에서는 분명히 리스크가 있었고, 초래할 결과는 심각했으며, 필연적인 침해 사고로부터 가능한 복구 전략이 없어 누구에게나 결과가 분명해 보였습니다. 하지만 결론은 프로젝트 취소가 아니었습니다. 오히려 결함을 복구하여 아주 제한된 규모의 베타 디플로이 진행이 예정되었습니다. 리스크가 수용 가능한 수준이 될 만큼 규모를 제한했고, 프로덕트 그룹은 다른 식으로라면 제품 기능이 얼마나 잘 작동하는지 배우면서 그 동안 시간을 벌어 대규모 사용 전에 적절하게 수정한다고 결정되었습니다.

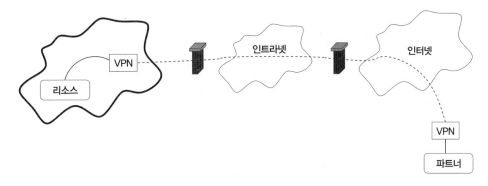

그림 11.2 공유 인클레이브^{enclave} — 외부에서 액세스하는 파트너 때문에 뚫릴 수 있는 조직의 나머지 부분을 보호하는 내부 방화벽

암호화는 도청에 대한 방어책이고 받은 패킷에 대한 인증도 제공합니다. 하지만 이런 일에는 누가 관여할 것인가요? 사업과 사업 간의 연결에는 양쪽 모두 자기가 사용하는 전용 ISP 연결이 있습니다. 액세스 링크나 ISP 백본^{backbone}에 대한 도청은 모두 쉬운 일이 아닙니다. 안드로메다인이라면 가능하겠지만, 그 외에는 할 수 있는 사람이 매우 적습니다. 다시 말해서 첩보 기관에 의한 감시가 여러분의 위협 모델에 포함되어 있으면 이런 링크에 대한 암호화가 필수입니다. 이것은 절대로 터무니없는 생각이 아니며 보편적인 위협 모델도 아닙니다. VPN은 저렴하고 쉬운 방법이지만, 몇 가지 이유로 환경에 VPN을 적용할 수 없는 문제가 있으면 상대해야 하는 적이 누구인지 치열하게 고민해 보아야 합니다. 하지만 암호화에 덤벼들기 전에 잠깐 생각해 보면 고려해야 하는 두 가지 사항이 더 있습니다.

　이 절의 끝까지 이것에 대한 논의는 미루겠지만, 이미 다른 견해를 암시했습니다. 암호화는 소스 IP 주소에 의존하지 않고도 패킷을 인증할 수 있고 이것도 위협 모델로 돌아갈 수 있습니다. 누가 주소를 위조할 수 있나요? 이것은 정교한 공격이지만, 도청보다 훨씬 쉽습니다. 한 가지 메커니즘은 라우팅 공격^{routing attack}으로 누군가 다른 이의 IP 주소를 BGP를 통해 선언하는 것입니다. 이것은 드물지만 가능한 일입니다. 스패머들이 이렇게 하는 것이 보고되었고, [Ramachandran and Feamster 2006, Vervier, Thonnard, Dacier 2015] 분명한 비트코인 절도^{Bitcoin thief}도 있었으며, [Greenberg 2014, Litke and Stewart 2014] 믿을 만한 제보자들로부터 다른 사고도 들은 경험이 있습니다. 또 한 가지 방법은 DNS를 직접적으로 또는 캐시 오염 공격cache contamination attack을 통해서 공격하거나 [Bellovin 1995, Kaminsky 2008] 사이트의 DNS 기록을 도메인 대행업체registrar를 통해 하이재킹하는 것입니다. [Edwards 2000] 이런 것은 매우 정교한 타깃형 공격이라는 것에 주목해야 합니다. 안드로메다까지는 아니어도 우리의 위협 매트릭스의 오른쪽 위에 해당하는 것입니다.

더 흔한 위협의 경우에는 더 많이 주의해야 합니다. 실제 위험은 다른 이들이 여러분의 네트워크에 들어오도록 허용하는 것입니다. 이들이 무엇을 할 것이며, 여러분은 자신을 보호하기 위해 무엇을 할 수 있나요? 해답은 맥락에 따라 매우 달라지지만, 몇 가지 표준적인 접근법은 있습니다.

가장 분명한 것은 할 수만 있으면 상호접속에 방화벽 규칙을 적용하는 것입니다. 즉 외부 기기에서 여러분의 어떤 호스트와 서비스에 접근할 수 있는지를 제한하는 것입니다. 암호화와 방화벽화 간에 갈등이 있을 수 있다는 점에 유의하세요. IPsec에서 보호하는 트래픽을 실제 목적지 주소와 포트 넘버에 따라 필터링할 수 없기 때문에 복호화 이후에 처리하거나 복호화에 적용해야 합니다.

하지만 액세스되는 여러분의 리소스가 여전히 취약하다는 것이 문제입니다. 리소스에 침투되면 네트워크의 나머지 부분까지 위험해집니다. 위협 모델이 그렇게 보이면 필자가 '공유 인클레이브shared enclave 모델'이라고 부르는 접근법이 더 흥미로운 해결책이 될 수 있습니다. 즉 리소스를 인클레이브로부터 회사의 나머지 부분을 보호하는 방화벽 뒤에 놓는 것입니다.

그림 11.2는 이 접근법을 도해화한 것입니다. 기업의 주요 방화벽은 외부 트래픽이 기업 네트워크에 접근하도록 허용하지만, 내부 VPN 게이트웨이를 통해서만 가능합니다. 그러면 트래픽은 두 번째 방화벽을 통해 암호화 게이트웨이로 가고 여기에서 실제 리소스에 도달할 수 있습니다.

그러면 이제 문제점을 생각해 봅시다. 조직의 나머지 인원은 어떻게 여기에 접근할까요? 그 답은 물론 이러한 액세스를 허용하는 내부 방화벽의 특별한 규칙에 있습니다. 반드시 필요한 액세스 유형은 무엇이 있나요? 당연히 이것은 상황에 따라 다르겠지만, 필수적으로 그림 11.1의 설정을 약간 복제하는 것이 분명하므로 모든 문제는 이때와 같습니다. 그렇다고 해서 이것이 좋지 않은 생각이란 것은 아니지만 대가가 따릅니다.

공유 인클레이브를 적용하는 이유는 여러분의 파트너가 고집할 수도 있다는 한 가지 이유 때문입니다. 결국 VPN을 설치한다면 파트너들이 여러분쪽에서 오는 공격에 취약해집니다. 그렇습니다! 독자 여러분은 순수한 마음으로 방화벽 열 대의 위력만큼 강력한 방화벽을 구성했지만, 파트너들은 이것을 깨닫지 못할 수도 있습니다. 인클레이브는 여러분의 직원 중 누가 VPN에 액세스할 수 있는지 제한하기 때문에 파트너를 위험에 빠뜨릴 수 있습니다.

이와 같은 이유로 파트너쪽에서 인클레이브 아키텍처를 고집해야 할 필요가 있습니다. 파트너들의 정직성을 신뢰한다고 해도 이들의 네트워크 보안 능력까지 신뢰할 수 있을까요? 결국 여러분의 사이트가 이들이 가진 단 하나의 외부 연결일 가능성은 매우 낮습니다. 부가적인 보호책이 없는 한, 여러분은 파트너들뿐만 아니라 이들이 통신하는 무한대의 다른 모든 회사에게 노출됩니다. 이런 종류의 연결된 네트워크의 이행적 폐쇄를 일컫는 명칭이 바로 '인터넷'입니다.

우리가 공유 인클레이브 아키텍처를 어떻게 끌어냈는지 유의해야 합니다. 이러한 개념은 세 가지 요인의 조합에서 왔습니다. 즉 보호해야 하는 리소스, 이 리소스를 호스팅하는 컴퓨터가 침투될 수도 있다고 가정하는 위협 모델, 그리고 (어느 정도는) 여러분의 사이트에서 일어나는 다른 오류로부터 파트너 조직을 보호할 필요성이 여기에 해당되는데, 이 중에서 두 번째 요인이 가장 결정적입니다. 아마도 특수한 목적의 웹이나 데이터베이스 서버의 공유 리소스는 충분히 강력하게 보호될 것이므로 추가적 보호 레이어가 필요 없습니다. 보호가 약하거나 외부에 매우 노출되어 있으면, 즉 여러분의 기업이 대형 도매업이며 매우 많은 수의 소매점에서 온 주문을 처리하고 있기 때문이라고 가정하면 보안에 대해 더욱 강력한 자세가 바람직합니다.

* * *

종종 파트너에게는 쉽게 분리되는 서버들의 단일 집단 이상에 대한 액세스가 필요합니다. 한 기업이 외부 감사 회사에 특정 분류의 거래를 확인받도록 법적으로 제재를 받은 적이 있습니다. 그래서 감사 회사는 상당한 수의 내부 데이터베이스에 대한 액세스를 요구했습니다. 데이터 아키텍처는 물론 외부 감사를 염두에 두고 설계되지 않았기 때문에 정보는 사방에 흩어져 있었습니다. 그러면 이런 문제는 어떻게 처리해야 할까요?

다시 한 번 위협 모델로 돌아가 봅시다. 여러분은 외부 기업을 얼마나 신뢰하나요? 이들이 정직하고 실력이 있으면 단순한 방화벽 규칙으로 충분할 것입니다. 즉 외부 회사에서 여러분의 네트워크에 있는 일부 데이터베이스 서버에 접근하는 것을 허용하는 액세스 통제 목록을 만들면 됩니다(264쪽의 박스 참고). 데이터베이스의 어떤 부분을 이들이 보도록 할지 제한하려면 GRANT와 VIEW와 같은 표준 데이터베이스 기관을 이용하세요. 이들이 정직하지만, 충분한 능력이 안 되면 올바른 해결책은 여러분이 아니라 이들측의 인클레이브가 될 것입니다. 이것을 어떻게 강제할 것인가요? 이것은 실생활에서 많은 다른 것을 강제할 때와 같은 방식, 즉 기술이 아니라 적합한 제재 조항을 담은 계약을 통해야 합니다.

그것으로 충분한 보호가 되지 않는다면 최고의 접근법은 애플리케이션 게이트웨이일 때가 많습니다. 분명한 시작 지점은 그림 2.1과 같이 위험한 것들을 필터링하는 SQL 프록시입니다. 그리고 여러 가지 독립적인 데이터베이스를 하나로 취급해 주는 연합 데이터베이스federated database [Josifovski et al. 2002]를 적용합니다. 다시 한 번 표준 SQL 제약 메커니즘을 사용할 수 있고 사용해야만 합니다. 좀 더 자세히 말하자면 이것을 통해 프록시가 접근할 수 있는 것을 제한하는 것입니다. 이렇게 하면 외부자는 실제 데이터베이스에 접근할 수조차 없기 때문에 데이터베이스 액세스 통제 적용의 결함에서도 일정 부분 보호됩니다.

적절한 디자인은 리소스와 위협 모델에서 유래한다는 것을 다시 한 번 더 기억합시다. 리소스가 매우 중요하고 위험이 크다면 더 강력한 보호책이 필요하지만, 보통의 상용 제품 사용만으로도 충분할 때가 많습니다.

11.4 신뢰 패턴

다양한 보호 계획을 선별하는 기준은 리소스의 가치와 위협 모델입니다. 하지만 다양한 보안 계획의 안전성 수준을 결정하는 것은 무엇일까요? 그리고 공유 인클레이브가 방화벽 규칙 설정보다 더 안전한 이유는 무엇인가요? 우리의 모형 웹 서버 컴플렉스가 모든 필요 요소를 갖추었어도 연결성 요건이 빠졌다는 것 때문에 보안에 위협이 되는 이유는 무엇인가요? 이런 질문에 대한 답, 즉 신뢰 패턴은 안전한 시스템 디자인을 어떻게 해야 하는가의 핵심이라고 할 수 있습니다.

그렇다면 '신뢰 패턴trust pattern'이란 무엇을 의미하나요? 누가 누구에게 통신하나요? 누가 누구에게 통신할 수 있나요? 이들이 무엇을 할 수 있나요? 여러분은 적용된 보안 컨트롤의 힘을 빌어 모듈화된 이런 것들이 다른 기기들에 하는 어떤 것을 신뢰하나요?

단순한 케이스와 그 변형을 생각해 봅시다. 하나의 네트워크에 있는 A와 B라는 두 호스트와, 포트 80으로만 A에서 B로 패스될 수 있도록 허용하는 방화벽에 의해 분리되어 있는 똑같은 두 호스트 간의 차이는 무엇인가요? B가 포트 80으로 접속을 시도하는 A만 신뢰하고, 다른 어떤 포트나 호스트 C의 어떤 포트도 허용하지 않는다면 차이가 없습니다. 또한 방화벽의 유무도 상관 없습니다. A가 악성의 경향을 보이거나 악의를 품은 외부인이 A에 침입했을 수 있다는 이유로 B가 A를 크게 신뢰하지 않을 경우 방화벽은 B를 신뢰하고 있다고 강제로 가정하여 A에서 B:80으로 연결만 할 수 있게 됩니다. 여기에서 우리는 두 가지 근본적인 설계와 분석 원칙을 볼 수 있습니다. 시스템 디자인은 어떤 일이 생길지에 대해 특정 가설을 세울 수 있다는 점과, 외부 컴포넌트가 이러한 가설에 활용될 수 있다는 점입니다. 앞에서 설명한 몇 가지 디자인적 대안에서 이 점을 확인할 수 있습니다.

그림 11.1을 이런 관점에서 다시 살펴봅시다. 특히 각 네트워크와 직접 통신할 수 있는 NOC의 존재에 의한 효과를 고려해 보겠습니다. 여기에서는 두 가지 근원적인 보안적 가정이 있습니다. 웹 서버는 포트 80과 포트 443으로만 접속할 수 있고 웹 서버를 통하지 않고서는 데이터베이스에 접근할 방법이 없습니다. 앞의 속성은 리버스 프록시reverse proxies에 의해, 후자는 환경 설정의 토폴로지topology에 의해 강제로 설정됩니다.

NOC의 존재는 두 가지 가정 모두를 무효화합니다. 이제 프록시 서버를 거치지 않고 웹 서버로 가는 경로가 있으며, 웹 서버를 통하지 않고 데이터베이스 서버로 갈 수 있는 경로도 생겼습니다. 이런 위반은 환경 설정을 내재적으로 불안전하게 만들지 않고 대신 더 깊이 살펴보도록 만듭니다. 원래의 디자인은 웹 서버들이 프록시 서버를 신뢰하도록 요구했고 데이터베이스 서버에서는 어떠한 신뢰 가정도 요구하지 않았습니다. 이제는 두 가지 가정이 더 요구됩니다. 즉 NOC 자체가 부적절한 연결을 시도하지 않아야 합니다. 이때 '부적절'하다는 데 의미가 더 복잡할 수 있습니다. 그리고 NOC 자체

방화벽 규칙 관리

써카Circa 2000에서 필자는 방화벽 환경 설정의 감사를 의뢰받았는데, 바로 500개나 되는 서로 다른 규칙이 있다는 문제만 제외하면 매우 간단한 일이었습니다. 필자는 조직에 이런 룰셋을 이해할 수 있는 사람은 없으므로 반드시 구멍이 있을 것이고 디자인이 전혀 안전하지 않다고 전했습니다. 이것은 맞는 말이었지만 동시에 틀린 이야기이기도 했습니다. 즉 연결성이 사업상 반드시 필요하다는 사실을 무시했던 것입니다. 이 경우에는 어떻게 하면 안전하게 디자인할 수 있는지를 대답해야 옳습니다.

근본적으로 방화벽 룰셋은 어떤 연결이 허용되어야 하는지 결정하는 프로그램입니다. 문제를 이 관점에서 접근하면 솔루션이 구체화되기 시작합니다. 올바른 프로그래밍을 위해 우리가 가진 모든 도구를 적용해야 합니다. 여기에는 모듈화, 버전 컨트롤, 컴파일러, 코드 리뷰, 테스팅 등이 포함되는데, 이 중에서 모듈화가 가장 중요합니다. 이런 상황에서는 대부분의 룰셋이 서로 다른 내부 그룹으로부터 나옵니다. 아마도 빌링 부서에 예외 조항이 하나 있을 것이고, 인사 부서에도 또 하나 있는 방식일 것입니다. 이런 예외 조항이 서로 간섭하지 않는다면 독립적으로 분석할 수도 있고, 심지어 서로 다른 파일에 저장할 수도 있습니다. 컴파일러의 역할 중 하나는 서로 다른 파일을 하나의 룰셋으로 합치는 것입니다.

이 문장에서 결정적인 부분은 '서로 간섭하지 않는다'는 것입니다. 그러면 컴파일러가 이것을 어떻게 판단할 수 있나요? 정답은 매우 간단합니다. IP 주소 범위가 겹치지 않는다면 규칙은 서로 간섭하지 않습니다. 그런데 서로 간섭하는 두 개의 다른 규칙 모듈이 있으면 컴파일러는 여기에 오류 플래그를 붙여야 합니다. 또한 같은 기기에 여러 개의 IP 주소가 부여되는 것도 특정 상황에서는 문제가 될 수 있는데, 이것에 대한 분석은 독자 여러분이 직접 해 보세요.

사이트에 좋은 방화벽 규칙 분석 툴이 있는 것이 가장 이상적입니다. 방화벽 규칙 분석 툴은 구축되었지만, [Bartel et al. 2004, Mayer, Wool, Ziskind 2000] 흔히 사용되지는 않는 것 같습니다. 너무 많은 프로덕트가 잘 만든 GUI를 넣는 방법을 선택하지만, 여기에는 위험이 숨어있습니다.

모든 규칙 모듈은 특정 조직의 특정 요청으로 추적해 올라갈 수 있어야 합니다. 이것은 표준적인 티켓 트래킹 시스템으로 쉽게 처리할 수 있습니다. 규칙에는 만료일자가 있어야 하고 이 만료일자를 주기적으로 검토하여 더 이상 필요 없을 때는 제거해야 합니다.

룰셋을 쉽게 관리하게 해 주는 또 하나의 팁이 있습니다. 모든 외부 파트너가 서로 다른 라우터 인터페이스로 통신하게 하고, 이들의 룰셋을 해당 인터페이스에 결합시키는 것입니다. 여기에는 물리적인 별도의 인터페이스가 아니라 가상 인터페이스, 즉 MPLS 채널, GRE 터널 또는 IPsec VPN이면 충분합니다. 사실 많은 경우 외부 연결에 IPsec을 이용하는 실제적인 이득은 이것일 것입니다. 이 방식은 적정한 방화벽 규칙에 편리한 연결성을 제공합니다.

가 충분히 안전하여 공격자를 위한 우회 경로를 만들지 않아야 합니다.

앞의 가정은 아마도 안전할 것입니다. 여러분의 NOC 엔지니어를 신뢰할 수 없다면 아마도 더 큰 보안 문제를 안게 될 것입니다. (이들을 신뢰할 수 있나요? 어떤 예방 조치를 취해야 하는지는 로그에 대한 16.3절을 참고하세요.) 좀 더 흥미로운 질문은 NOC 기기가 충분히 안전한가이며, 안전하지 못할 때는 무엇을 해야 하는가입니다.

간단히 말해서 컴퓨터는 두 가지 중 하나의 방식으로 침투될 수 있습니다. 컴퓨터가 네트워크 포트를 통해서 수신하는 무언가의 결함을 통해서가 아니면 컴퓨터 사용자가 의심스러운 무언가를 부주의하게 다운로드했기 때문입니다. 표준 윈도우와 맥 OS X의 박스들을 크게 신뢰하기에는 박스의 밖에 있는 너무 많은 포트의 통신을 수신하는 경향이 있습니다. 이들은 안전할 가능성이 많지만, 확신할 수는 없으므로 어떤 개선책이 필요합니다. (NOC의 운영적 필요 사항이 표준 방화벽과 충돌하는 경향이 있기 때문에 이런 포트들로 오는 외부 접속을 어떻게 막을 것인지는 약간 까다롭지만, 그 자세한 해결책은 이 책의 범위를 넘는 것이므로 생략하겠습니다. 지금으로서는 해결할 수 있다는 것만 알면 충분합니다.) 무심코 다운로드한 것은 'NOC 콘솔에서는 웹 브라우징을 금지한다.'라는 정책이나, 이들 박스에서 브라우저를 모두 삭제하는 기술적 방법으로 처리할 수 있습니다. 특정 사항을 환경 설정하거나 모니터링하기 위해 브라우저를 삭제할 수 없다면 모든 브라우징이 여러분의 규칙과 로그 예외 사항을 강제로 규정하는 프록시를 통해 가도록 해야 합니다.

요약하자면 더 현실적인 서버 컴플렉스의 환경 설정 분석은 신뢰해야 하는 추가적 노드와 경로가 있다는 것을 보여줍니다. 사실 이들을 완전히 신뢰할 수는 없지만, 약간의 추가 작업으로 충분한 수준의 보안을 성취할 수 있습니다. 여기서 우리는 무엇을 했나요? 분석의 본질은 누가 누구에게 통신할 수 있는지를 살펴보고, 단순한 연결이 충분히 안전한지 판단하는 것입니다. 보호하는 리소스, 토폴로지, 시스템과 환경 설정의 내재적인 속성 등의 상황에 따라 우리는 행동을 취해야 할 수도 있고, 보안을 보장할 컴포넌트를 추가해야 할 수도 있습니다.

토폴로지와 위협 모델을 변경하고 무슨 일이 일어나는지 살펴보겠습니다. 우선 데이터베이스 중 하나가 원격 위치에 있다고 가정해 봅시다. 즉 데이터베이스 서버가 두 개의 남쪽 LAN에 연결되는 대신 다른 장소에 있는 또 다른 라우터에 직접 링크되는 라우터가 있고, 이 장소에는 또 다른 LAN과 우리의 데이터베이스 서버가 있습니다. 단순화하기 위해 이러한 변형의 신뢰성 측면은 생략하겠지만, 많이 복제될 것입니다. 그러면 이러한 변경이 우리의 보안 분석에 어떤 영향을 줄까요?

초기 추정으로는 변하는 것은 없고 단지 새로운 라우터와 링크가 안전하다고 가정해야만 합니다. 하지만 두 가지 잠재적 이슈가 있습니다. 첫째, 우리는 다른 장소가 실제로 안전하고 이 장소의 다른 기기들이 원격 데이터베이스에 액세스할 방법이 없다는 것을 확신할 수 있어야 합니다. 둘째, 링크가 안전하다고 가정할 필요가 있다고 설명했지만, 적이 주요 국가의 정부일 경우 이러한 가정은 유효하지 않습니다. [Timberg 2013]

두 가지 이슈 모두 암호화가 해답이지만, 어떻게 설치할지는 다를 수 있습니다. 단 하나의 위험 요소가 안드로메다인이면 링크 암호화로는 불충분합니다. 반면 원격 장소에서 무슨 일이 벌어지고 있는지 걱정된다면 (멀리 있고 그곳에 있는 시스템 관리자들에게 의존해야 하므로 아마도 걱정해야 할 것입니다.) 위에서 논의한 VPN 링크를 통한 인클레이브 전략 같은 것이 필요할 것입니다. 사실 정부에 대해서는 걱정하지 않는 대신 원격 환경 설정이 걱정된다면 인클레이브에 대한 비암호화된 터널로 충분합니다. 하지만 암호화를 사용해도 나쁠 것이 없기 때문에 위협 모델을 잘못 상정했어도 안전해집니다.

신뢰 패턴을 분석할 때 노드는 무엇인가요? 여기에는 간단한 답이 없습니다. 노드는 프로세스일 수도, 컴퓨터일 수도 또는 이 둘의 조합일 수도 있습니다. 이상적으로는 그냥 프로세스이지만, 분석에는 해당 프로세스가 탈취되었을 때 이로 인한 권한 상승 공격privilege escalation attack, 네트워크 활동을 통해 침투되었을 수도 있는 기기의 활성화된 프로세스 등의 위험도 포함해야 합니다. 마찬가지로 방어책에는 파일 액세스 허용, 샌드박스, 가상 컴퓨터, 그리고 다른 호스트를 둘러싼 개념이 포함되어야 합니다. 보안과 보안 결함은 시스템의 속성이므로 너무 좁게 보는 것이 전형적인 실수 유형입니다.

11.5 레거시 시스템

필자는 디자인에 대해 많이 이야기했지만, 레거시 시스템legacy system에 대해서는 아직 설명하지 않았습니다. 이 분야에는 개발 가능한 디자인이 매우 적으며, 모든 것을 스스로 처음부터 구축해야 합니다. 또한 이런 사치를 누릴 수 있는 경우는 매우 드뭅니다.

구석기시대의 메인프레임이 어딘가에 숨어있을 때도 있습니다. 프로젝트에 필수인 데이터베이스가 이런 데 담겨있지만, TLS의 COBOL을 실행할 방법이 없기 때문에 안전하게 통신할 수 없습니다. 그러면 어떻게 해야 할까요? 우리의 분석 툴은 레거시 시스템에도 적용할 수 있지만, 일반적으로는 추가 컴포넌트가 더 필요할 것입니다.

여기서도 신뢰 패턴의 평가로부터 시작합니다. 레거시 시스템이나 이것으로 향하는 경로를 신뢰하나요? 심심치 않게 이들 두 가지에 대한 대답은 '아니다'입니다. 하지만 시스템을 건드릴 예산이나 시간, 권한도 없을 것입니다. 무제한적인 예산과 권한이 있어도 '건드리지 말라'가 옳은 답입니다. 여러분의 프로젝트가 의지하는 모든 레거시 시스템을 다시 쓰려면 결과는 재앙이 되어 소프트웨어 엔지니어링 수업 시간의 사례 연구로 애용될 것입니다. 결국 시스템이 너무 크고 복잡해져서 손도 댈 수 없게 될 것이기 때문입니다. 최선의 방법은 레거시 시스템을 (NOC 같이) 유쾌하지는 않지만 필요한 다른 컴포넌트와 마찬가지로 다루는 것입니다. 이들은 이 상태로 존재하고, 여기에 통신해야 하며, 변경할 수 없는 특정 속성도 있습니다. 그러므로 여러분이 해야 할 일은 잠재적인 위험을 우회하여 엔지니어링하는 것입니다.

일반적으로 최선의 해답은 프론트 엔드나 여러분이 통제하는 프록시에 있습니다. 속성이 알려져 있고 허용 가능한 이 박스만 레거시 시스템에 통신을 주고받을 수 있도록 허용됩니다. 본질적으로 이것은 양쪽에 보호를 제공하는 프록시 방화벽입니다. XML에서 펀치카드 기반의 포맷으로 변환하는 것처럼 구성 변환 등의 추가 기능을 추가하는 것도 나쁘지는 않지만, 이 경우에는 주의해야 합니다. 보안 박스가 너무 많이 복잡해지면 언제나 보안이 약화됩니다. 하지만 이런 종류의 변환이 어딘가에서는 일어나야만 한다는 것을 고려해야 하는데, 이것은 아키텍처적으로 어려운 판단입니다. 이 레거시 시스템이 박스나 보안 게이트웨이 또는 양쪽 모두와 인터페이스되나요? '둘 다'라고 대답할 확실한 이유가 있지만, 이 박스가 어떻게 적용되는지도 주의해야 한다는 의미입니다. 그러면 샌드박싱 같은 기술이 활용되어야 하나요?

프록시 전략에는 한 가지 중요한 결점이 있는데, 바로 정보가 손실된다는 점입니다. 특히 레거시 시스템에는 누가 특정 처리를 시작했는지에 대한 권한 정보가 더 이상 남지 않습니다. 이것은 액세스 통제와 로깅에 모두 영향을 미칩니다. 어떤 경우에는 프록시가 개별 사용자를 가장하게 하고 싶겠지만, 이렇게 하면 실행이 불가능하거나 다른 부작용이 생길 수 있습니다. 우선 프록시 서버가 사용자를 가장할 수 있는 인증 정보를 어떻게 얻을 수 있을까요? 또한 레거시 시스템은 이렇게 많은 로그인이 가능하도록 디자인되지 않았을 수도 있습니다. $O(n^2)$ 알고리즘은 n이 작을 때는 완벽하게 허용되지만, 누구도 예상하지 못한 정도로 커지면 허용되지 않습니다.

급여 시스템을 예로 들어봅시다. 오래 전 펀치카드가 전 세계적으로 널리 사용되던 시절에는 직원들이 종이로 된 근무시간표를 직접 기입했습니다. 이런 종이가 천공기로 보내지고 처리된 카드들이 시스템에 입력되었습니다. 이때는 물론 로그인할 필요가 없었습니다. 이후 기술이 한 세대 진보한 후에는 부서별 관리 직원이 IBM 3270 터미널 같은 곳에 인터랙티브 항목을 넣게 되었습니다. 이 시점부터 로그인과 비밀번호가 추가되었지만, 이것도 한 부서를 기준으로 이루어졌습니다. 물론 오늘날에는 모든 직원들이 웹 브라우저나 특수한 스마트폰 앱으로 이런 일을 처리하게 되었습니다. 사용자의 수가 최소한 한 자릿수가 더 많아진 것인데, 시스템이 이것을 처리할 수 있을까요?

액세스 통제의 관점에서 해답은 프록시에 메인프레임 데이터베이스에 대한 완전한 권한을 주는 것입니다. 하지만 이렇게 되면 로깅에 나쁜 영향을 줍니다(16.3절 참고). 메인프레임은 이제 알 수 없으므로 더 이상 특정 처리를 시작할 실제 사용자 ID를 기록할 수 없습니다. 이것은 좋은 일은 아니지만, 일이 진행되다 보면 종종 피할 수 없는 필연적인 결과입니다. 단 한 가지 해결책은 프록시에서 방대하게 로깅을 하면서 가능하면 레거시 시스템으로 프록시의 로그파일 항목들을 자동으로 수정할 수 있도록 충분한 정보를 넣는 것입니다.

11.6 구조적 방어

우리가 마주하는 디자인은 위협 모델이 아니라 애플리케이션 로직에 더 많은 영향을 받는데, 이것은 매우 놀랍고도 미묘한 주제입니다. 즉 웹 서버, 데이터베이스 기기, 서비스 호스트 등의 상호 접속은 대부분 적들이 어떤 일을 시도할지와는 관계없이 설계되어 있습니다. 수준 높은 웹사이트는 웹사이트를 구축하는 최선의 방법이기 때문에 데이터베이스를 가지고 있습니다. 노출도가 높은 웹 서버에서는 매우 중요한 리소스를 격리하고 싶어도 이것이 아무런 영향을 주지 못합니다. 위협 모델은 우리가 서로 다른 곳에 암호화, 패킷 필터, 어떤 방어책을 넣을지 결정할 때 위력을 발휘합니다. 그러면 더 잘 할 수 있을까요? 사실 로직을 다르게 나누고 데이터베이스가 위협을 반영하도록 구축하면 가능합니다.

수준 높은 타깃형 범죄 행위로 주로 위협하는 전자상거래 사이트를 고려해 봅시다. 다시 말해서 이 디자인은 안드로메다인들을 상대하기 위한 것이 아니라 돈을 노리는 늑대들을 처리하기 위한 것입니다. 여기에서는 신용카드번호를 탈취하고, 해커가 통제하는 주소로 허위 주문을 배송시키며, 고객의 개인 정보를 탈취해서 회사에게 재정적, 홍보적 손실을 주는 등 이렇게 세 가지가 주된 위협입니다. 데이터 유출에 대한 흔한 반응은 사고가 발생한 기업이 유출 사고를 당한 사람들에게 신용 모니터링에 대한 비용을 지급하는 것입니다. 1인당 얼마의 비용이 들어갈지는 판단하기 어렵지만, 대략 5달러 정도로 예상되는데, [Burke 2015] 대부분의 회사에게 이 금액은 소액이 아닙니다.

그러면 위협을 하나씩 살펴봅시다. 이 분석에서는 분명히 데이터베이스와 내용에 가장 큰 위협이 있습니다. 따라서 보호는 특정 분야에 집중되어야 합니다. 웹 서버 자체 같은 다른 컴포넌트는 중요도가 훨씬 떨어집니다.

신용카드번호 절도는 아마도 가장 큰 위협일 것입니다. 타깃사의 추정 손실액을 믿는다면 [Abrams 2014, Riley et al. 2014], 탈취된 카드번호당 약 50달러가 소요되었습니다. 다시 말해서 다른 어떤 것이 침해되더라도 이런 사고만은 절대 일어나지 않도록 매우 노력해서 안전을 보장해야만 합니다.

첫 번째 접근법은 위에서 간단히 설명한 것처럼 데이터베이스 액세스 통제를 활용하여 웹 서버가 신용카드번호를 절대 읽을 수 없게 보장하는 것입니다. 웹 서버는 직접적인 공격의 진입점이 될 가능성이 높습니다. 하지만 데이터베이스 서버 자체가 침해되었다면 액세스 통제 메커니즘은 유지되지 못할 수도 있고, 서버의 데이터는 사업 운영의 중심이 되기 때문에 이미 기업 네트워크에 접근할 수 있게 된 누군가에게 노출되었을 가능성이 높습니다. 하지만 사실 신용카드번호를 읽을 필요가 있는 컴퓨터는 한 대 뿐으로, 이 컴퓨터가 실제로 은행에 빌링 정보를 보냅니다. 따라서 신용카드번호를 암호화할 때는 공용키 암호화를 사용해야 합니다. 이 경우 빌링 컴퓨터만 복호화 키가 있으면 됩니다. 이 컴퓨터는 극도로 특화되어 있으므로 대부분의 다른 기기보다 훨씬 잘 감옥화할 수 있습니다. 이 정도로도 아직 너무 취약하거나 공용키 복호화를 할 수 없다면 특수한 암호화/복호화 컴퓨터를 갖추면 됩니다. 웹 서버나 데이터베이스 기기가 이 컴퓨터에 AES 등을 이용하여 신용카드 번호를 암호화하라고 요청할 수 있습니다. 그리고 빌링 컴퓨터만 복호화를 요청합니다.

분석할 가치가 있는 대안적 디자인도 있습니다. 신용카드번호를 더욱 안전하게 지킬 수 있는 별도의 데이터베이스에 저장하는 것입니다. 이 대안은 카드번호를 주요 데이터베이스에 저장하는 것보다 좋지만, 좋은 방법은 아닙니다. 첫째, 빌링 컴퓨터가 자체적으로 복호화한다면 카드번호가 실제로 필요한 단일 지점 외에서는 절대로 노출되지 않습니다. 다른 모든 것을 제외해도 이 지점에서 노출될 수밖에 없습니다. 다른 설계는 엄격히 따지면 약간 약합니다. 둘째, 데이터베이스 서버는 본질적으로 대안 설계의 암호화/복호화 서버보다 더 복잡하기 때문에 매우 덜 안전해질 확률이 높습니다. 세부적으로는 분석하지 않을 또 한 가지 방법도 있습니다. 많은 소매상들이 신용카드번호로 고객의 신원을 파악합니다. 이것으로 온라인과 오프라인의 구매 내역을 동일인의 것으로 연결할 수 있습니다. 여기에는 식별자로 솔티드 해시^{salted hashes} 이용을 포함한 다양한 해결법이 있습니다.

데이터베이스의 침투 때문에 가짜 주소로 배송되는 두 번째 위협에 대해서도 비슷한 전략을 이용할 수 있습니다. 사실 사용자의 계정 탈취는 별도의 이슈입니다. 배송 주소는 특별히 민감하지 않으므로 반드시 암호화할 필요는 없지만(아래 참고), 반드시 인증 과정을 거쳐야 합니다. 여기서 중요한 점은 사용하는 암호화 키입니다. 이 중에서 하나는 사용자의 비밀번호에서 옵니다. 좀 더 정확히 말해서 사용자의 비밀번호가 디지털 서명 알고리즘^{DSA ; Digital Signature Algorithm}이나 해당 타원 곡선 암호 방식의 비밀키로 사용됩니다. 여기에서 공용키가 나오고 자격 인증^{CA ; Certificate Authority} 서버로 전송됩니다. 비밀키는 모든 배송 주소에 서명하는 데 사용되는데, 사용자 프로필 데이터베이스에 저장된 자격이 이것을 인증합니다.

이러한 절차를 주의해서 살펴봅시다. 웹 서버나 심지어는 데이터베이스 서버를 장악한 공격자라고 해도 유효한 배송 주소를 생성할 수 없습니다. 그 시각에 해당 사이트에서 실제로 구매한 계정만 이 과정을 처리할 수 있습니다. 사실 새로운 배송 주소를 입력할 때마다 사용자는 반드시 비밀번호를 입력해야 합니다. 이미 고가의 구매가 이루어지는 일부 사이트에서는 일상적으로 적용되는 방식입니다. 가장 중요한 기기는 CA 서버입니다. 카드번호 복호화 서버가 있는 첫 번째 시나리오에서는 데이터베이스 서버보다 훨씬 튼튼하게 감옥화가 가능한 특수한 기기가 됩니다.

세 번째 문제인 다른 사람의 정보 탈취는 암호화로 해결할 수 있는데, 이런 모든 정보를 사용자의 비밀번호로 암호화하는 것입니다. 그래서 사용자가 로그인할 때 웹 서버에 완전히 노출되지만, 다른 경우에는 보호됩니다. 물론 웹 서버가 침해된 동안 정보를 캡처할 수는 있지만, 대부분의 계정은 늘 활성화되어 있지 않습니다.

이 설계에는 몇 가지 흥미로운 장단점이 있습니다. 특히 비밀번호 재설정과 '빅 데이터' 분석이 어려워진다는 점입니다. 그러면 이런 단점을 하나씩 살펴보겠습니다. 사용자의 프로필 데이터는 사용자의 비밀번호로 암호화되어 있고 이 비밀번호를 잊어버리면 데이터를 잃게 됩니다. 이 문제를 해결하는 데는 최소한 두 가지 접근법이 있습니다. 첫 번째는 이것을 이점으로 활용하는 것입니다. 비밀번호를 재설정하는 흔한 이유 중 하나는 바로 고객의 이메일 계정이 침해되었기 때문입니다. 이 경우 공격자는 해당 계정을 이용하여 다른 이득이 되는 계정의 비밀번호를 재설정하고 액세스 권한을 얻게 됩니다. 신용카드번호 같은 중요한 데이터를 사용자에게 다시 입력하도록 강제하는 데는 사실 이점이 있을 수 있습니다.

두 번째 접근법은 데이터의 백업 카피를 다른 키로 암호화하여 보관하는 것입니다. 웹 서버에 연결되면 안 되는 비밀번호 재설정 서버가 이 카피를 복호화하는 유일한 기기라면 이 방법도 유효합니다. 하지만 이미 논의했던 신용카드번호 복호화 서버처럼 단순한 프로세스는 아니라는 점에서 전자보다는 위험한 접근법입니다. 하지만 적어도 데이터를 그대로 유지하는 것보다는 좀 더 강력합니다. 그러면 이러한 접근법이 사용할 만한 가치가 있을까요? 이것은 사업적 선택의 영역으로, 이런 설계에는 비용이 더 들어갑니다. 또한 완벽하게 강력한 것도 아닙니다. 고객이 프로필 데이터를 재입력할 때 느끼는 번거로움을 감수할 수 있을까요? 여러분이 저장해 둔 데이터의 손실 비용은 얼마나 될까요? 너무 많은 데이터를 저장하지 않는 것은 프라이버시 보호 측면과 함께 비용을 절감하는 방편이 될 수도 있습니다. 이전에 개략적으로 살펴본 신용카드번호에 대한 별도의 보호책을 사용하지 않는다면 최소한 이런 변형이라도 활용하는 것이 신중한 판단으로 보일 것입니다.

다른 사업적 비용도 있습니다. 이때 민감한 항목이 바로 사용자의 이메일 주소입니다. 이메일 주소 목록이 탈취되면 스패머들이 소중하게 사용할 것입니다. JP모건 체이스 은행 침투건에 연루된 일부 사람들이 노린 것은 이메일 주소였습니다. [Goldstein 2015] 이 점을 보면 이메일 주소는 암호화되어야 합니다. 반면 많은 기업들이 특히 최근 활동이 뜸한 고객에게 이메일을 보내고 싶어 합니다. 이것은 수신자 입장에서는 스팸이 될 수도, 아닐 수도 있지만, 매우 많은 기업들이 이것을 유용한, 즉 수익을 창출하는 활동이라고 인식하고 있습니다. 이것은 전형적으로 보안 비용을 감수하더라도 사업적 기회를 높이는 취사 선택으로, 각 기업의 요구 사항에 따라 그렇게 평가되어야 합니다.

빅 데이터 분석은 다루기가 좀 더 쉽습니다. 일반적으로 이런 분석은 새로운 인적 데이터보다 분류 항목들을 처리하는 것입니다. 사용자 데이터는 암호화 이전에 적절하게 분류됩니다. 예를 들어 한 회사가 고객을 데이터 브로커들이 취합한 엄청난 상점 정보에 매치시키고 싶어 한다고 가정해 봅시다. [FTC 2014] 원하는 정보는 사용자가 로그인했을 때 추출되거나 해시될 수 있습니다. 이후의 분석은 평문으로 된 신원 참조 없이 부차적 정보에 대조해서 처리됩니다. 이전에 평문plaintext에서 필요한 데이터를 추출하지 못하고 새로운 분석을 수행할 때는 문제가 발생합니다.

* * *

이런 방어책은 보호해야 하는 것들의 고유한 구조를 반영하기 때문에 필자는 '구조적'이라고 부릅니다. 여러분의 에셋들assets을 이런 모델에 맞출 수 있고, 조직의 주된 목적을 달성하면서 민감 정보를 격리할 방법을 찾을 수 있으면, 특정 위협으로부터 매우 강력한 보안을 달성할 수 있습니다. 하지만 이들 두 가지 조건은 사실 매우 엄청난 것입니다. 비밀번호를 빼고 이것은 일반적인 방어적 접근법이 아닙니다. '7장. 비밀번호와 인증'에서 설명한 것처럼 비밀번호는 일반적으로 솔트salted되고 해시됩니다. 하지만 이런 방법은 생각하지 못해서 일반적으로 쓰이지 않는 것도 사실이므로 바로 이런 방법을 생각해야만 합니다.

11.7 보안 평가

지금 나는 판사
그것도 좋은 판사다
그래, 지금 나는 판사
또한 좋은 판사다
내 법은 모두 엉터리라도
나는 절대, 절대 꿈쩍하지 않겠다
나는 판사로 살고 판사로 죽겠다
그것도 좋은 판사로

Trial by Jury
— W. S. 길버트^{W. S. GILBERT}와 아서 설리반^{ARTHUR SULLIVAN}

디자인의 반대는 분석으로, 이것은 어떤 시스템을 두고 안전한지 확인하는 것입니다. 안전하지 못하다면 문제는 어디에 있으며, 어떻게 고치거나 개선할 수 있나요?

조직은 다른 여러 지점에서 보안 리뷰를 수행할 수 있습니다. 적용 단계 동안 다양한 지점에서 보안 리뷰를 할 수도 있고, 최초 고객 배포 직전이나 IT 인프라에 대한 주기적 감사 동안 또는 다른 시스템의 침해로 인해 경영진이 경각심을 품게 된 이후에 보안 리뷰를 할 수도 있습니다.

리뷰는 최초 디자인과 많은 공통점이 있습니다. 사업적 필요성이 있고, 보안적 리스크도 필요할 가능성이 높습니다. 이전에 설명한 것처럼 여러분은 정직해야 하지만, 반드시 '안 된다'고 말해야 할 때가 있는데, 이것은 항상 어려운 일입니다. 258쪽의 조언이 여기에도 적용됩니다. "이거 감이 안 좋아요!"라고 말하는 대신 문제가 정확히 무엇이고 어떻게 해야 이것을 고칠 수 있는지 보여주어야 합니다.

하지만 디자인과 리뷰 간에는 한 가지 매우 중요한 차이가 있습니다. 디자이너는 '올해 K 벤더사에서 기기를 더 구매하면 더 많이 할인받을 수 있다.'라는 일상적인 이유나 백업 배터리 공장에서 생산하는 −48V DC를 구동할 수 있는가와 같이 중요하지만 보안과는 관계없는 이유로 다양한 컴포넌트를 자유롭게 선택할 수 있습니다. 그러면 어째서 −48V DC일까요? 이 규격은 옛날 전화회사의 중앙 사무소 표준이었습니다. 오늘날까지도 통신회사의 중앙 사무소에서 구동되는 장비는 이 전압을 지원합니다. 라우터와 네트워크 스위치 같은 일반 하드웨어는 반드시 이 규격이어야 합니다.

분석자는 현재 있는 디자인을 가지고 작업해야지, 어떻게 구축되어야 한다고 믿는 것을 토대로 분석해서는 안 됩니다. 비유하자면 건축가와 정말 멋진 건물 폭파 비디오를 가져온 통제 폭파controlled demolition 전문가의 대결로 볼 수 있습니다. 둘 다 재료의 강도, 벽을 무너뜨리려면 얼마나 많은 기둥이 해체되어야 하는지 등을 이해해야 합니다. 사실 건축가는 미적 요소, 고객의 예산, 공간을 어떻게 활용할 것인가에 대해 걱정하지만, 폭파 전문가는 이 모든 것을 가지고 어떤 순서로 얼마나 많은 폭발물을 설치해야 적절하게 해체할 수 있는지를 생각합니다. 세심하게 색상과 반사도, 열효율에 따라 선택된 벽의 외장 피복 같은 것을 사용해야 할 플라스틱 폭탄의 양에 그 강도나 다른 물리적 속성이 영향을 미치지 않는 한 고려할 필요가 전혀 없습니다.

분석 자체를 수행할 때 공격자는 규칙을 따르지 않는다는 것을 기억하는 것이 가장 중요합니다('2장. 보안에 대한 생각' 참고). 더 자세히 말하자면 이들은 어떤 일이 발생할 수 있다는 여러분의 생각대로 행동하지 않고 단지 자신에게 허용되는 곳만 공격하므로 항상 더 넓게 생각하세요. 예를 들어 도해에서 '웹 서버'라고 라벨이 붙은 단일 노드를 고려해 봅시다. HTTP 서버 자체가 아파치인지, IIS인지, 어떤 버전인지, 어떤 환경 설정 옵션을 지원하는지 등을 살펴보는 것은 순진한 접근법입니다. 이런 질문은 필요하지만 절대로 충분하지 않습니다. 공격자는 보호되지 않은 ssh 포트 하나를 사용하거나, 웹사이트 디자인을 맡겼던 외주사에 침투하는 것만으로도 충분히 만족합니다. 이후 허가된 접속을 이용하여 백도어 스크립트backdoored scripts를 업로드하면 이것이 FTP나 그 외의 특이한 것에 침투할 수 있게 됩니다. 컴퓨터를 전체적으로 고려해야 하며, 가상 컴퓨터라면 하이퍼바이저도 고려해야 합니다.

그렇기 때문에 필자는 보안 분석에 공격 트리attack trees나 다른 하향식 방법을 사용하는 것을 좋아하지 않습니다. 이런 방법론은 "X를 공격하려면 우선 Y나 Z에 침투해야 한다."는 말로 시작됩니다. 물론 Y나 Z에 침투하는 것만으로 충분할 수도 있지만, 이런 접근법은 알려진 경로를 위주로 하는 경향이 있습니다. 대신 상향식을 적용해 봅시다. 각 컴퓨터를 살펴보고 이 컴퓨터들이 침해되었다고 가정한 후 어떤 일이 발생할 수 있는지를 보는 것입니다.

필자는 시스템 보안 분석을 입력 의존성을 보여주는 박스와 화살표, 즉 트리가 아닌 방향 그래프로 접근합니다. 이 접근법은 레스콜라Rescorla의 '프로토콜 모델'과 정확히 일치하지는 않지만 비슷합니다. [Rescorla and IAB 2005], [Shostack 2014의 '데이터 플로 다이어그램' 참고] 자신을 향하는 화살표가 너무 많은 모듈은 공격이 감행될 수 있는 길이 많기 때문에 안전하지 않습니다. 더 나아가 이런 모듈로부터 들어온 입력은 손상되었을 가능성이 높으므로 조심스럽게 취급해야 합니다.

이 프로세스는 반복 적용됩니다. 그리고 박스나 화살표나 서로 불가분의 관계에 있습니다. 개념상 화살표가 TCP 연결을 표시한다면 해당 TCP 연결이 보호되는지, 어떤 다른 TCP를 생성할 수 있는지 질문해야 합니다. 이와 비슷하게 개략적인 도해에 '웹 서버'라고 라벨이 붙은 박스는 사실 여러 SQL 데이터베이스를 기반으로 한 콘텐츠 관리 시스템의 구동일 수도 있습니다. 이런 도해에 가중치나 침투 가능성을 부여하여 구체화하려는 유혹을 뿌리쳐야 합니다. 어떤 컴포넌트를 얼마나 신뢰할 수 있는지 제대로 수치화할 수 없습니다. 사실 공격자와 보호되는 에셋의 종류에 따라 각각의 취약성은 크게 좌우되므로 서로 다른 맥락에서 신뢰할 만한 수치가 유용한지조차 분명하지 않습니다.

바로 여기에서 방어책의 활약이 필요해집니다. 우선 어떤 나쁜 일을 막고 있는지 살펴보아야 합니다. 그림 11.1로 되돌아가서 웹 서버가 어떤 이유로든지 다운되었다고 가정해 봅시다. 이 도해에서 데이터베이스 서버들은 이제 큰 위험에 처합니다. 이것을 보호하기 위한 메커니즘은 어떤 것이 있나요? 이러한 액세스 통제 목록이나 LAN에 있는 다른 방화벽 같은 메커니즘이 웹 서버를 SQL 자체를 제외한 다른 어떤 포트로부터도 지킬 수 있나요? 데이터베이스가 액세스를 적절하게 제한하도록 설정되어 있나요? 예를 들어 웹 서버가 고객의 저장된 신용카드번호를 읽을 수 있게 할 이유는 전혀 없고 이 서버는 기록만 할 수 있어야 합니다. 사용자 인터페이스 디자인에 카드번호의 마지막 네 자리 표시가 포함되어 있으면 이것은 별도의 칼럼으로 구성되어 실제 카드번호를 작성할 때 웹 서버로 기록해야 합니다. 두 필드를 항상 일관성 있게 보장하는 것은 짜증나는 일이지만, 지나치게 번거로운 프로그래밍은 아닙니다.

물론 특정 컴퓨터가 침해될 가능성을 묻는 것은 합당한 일입니다. 분석자가 단순히 "Q가 침해된다면 아주 나쁜 일이 일어날 것이다."라고만 하고 그런 일이 어떻게 일어날 수 있는지 설명하지 않는다면 치명적인 결함이 있는 것입니다. "Q는 강력하게 보호

해야 한다."고만 하고 실제 리스크에 대해서는 아무 말도 없다면 기껏해야 주의 경고일 뿐입니다. 어떤 컴퓨터의 강점과 약점을 평가하는 분석의 이 부분은 분석자의 경험과 판단과는 엄격히 독립적이어야 합니다. 또한 이 부분은 적의 능력에 가장 큰 영향을 받는 부분이기도 합니다. 리눅스가 윈도우보다 더 안전한가요? 디비언 리눅스^{Debian Linux} 5.0이 윈도우 8.1보다 더 안전한가요? 그 답은 패치 설치 전략이나 패킷 필터와 같은 외부 보호책에 따라 달라지나요? 설치되어 있는 아파치나 MySQL 같은 서드파티^{third-party} 소프트웨어의 평판은 어떤가요? 실제적인 공격자가 일부 컴포넌트에 물리적 액세스를 할 수 있으면 어떻게 되나요? 이런 간단한 질문조차 쉽거나 분명한 해답은 없습니다. 하물며 MI-31의 숨겨진 제로데이 공격이나 소프트웨어의 약점을 조합한 공격에 대한 명확한 답은 더욱 어렵습니다.

하위 시스템의 보안 분석에 대한 한 가지 접근법은 RASQ^{Relative Attack Surface Quotient}입니다. [Howard, Pincus, Wing 2005] RASQ는 컴포넌트에 절대적 보안 수치를 부여하지 않고 오히려 서로 다른 하위 시스템의 디자인을 비교하여 어떤 것이 더 안전한지 비교합니다. 평가는 공격 가능성과 함께 오픈 커뮤니케이션 채널이나 액세스 권리 같은 다른 차원에서 확인하는 과정을 통해 이루어집니다. RASQ는 완벽한 솔루션이 아니므로 평가하기 위해서는 둘 이상의 하위 시스템 버전이 필요합니다. 하지만 기존 시스템 아키텍처의 대안이나 변경 설계를 평가하는 데 유용합니다.

운영적인 면을 고려하는 것도 중요합니다. '2장. 보안에 대한 생각'에서 게이트웨이 게스트 로그인에 대해 다루었던 부분을 기억해 봅시다. 그런 오류의 연발을 예상할 사람은 없겠지만, 비상 액세스를 위해서 어떤 대비가 마련되어 있는지 묻는 것은 당연한 일입니다. 이들은 안전한가요? 필자는 예전에 디자인을 리뷰한 후 "컴퓨터실을 제외하고는 콘솔 액세스는 안 됩니다."라고 선언한 적이 있습니다. 이것은 괜찮은 생각이었고, 1980년대에는 타당성 있는 예방 조치였을 수 있습니다. 하지만 오늘날 서버들은 종종 아무도 지키지 않고 불도 꺼진 데이터센터에 설치됩니다. 사실 실제 코드는 클라우드 제공자의 인프라에서 구동될 수도 있습니다. 그렇다면 '컴퓨터실'이란 무엇인가요? 그리고 실제로 다른 액세스 방법이 없다면 비상 사태가 발생했을 경우에는 무슨 일이 일어날 것인가요? 필자가 리뷰한 시스템은 미리 안전한 콘솔 액세스가 가능하도록 계획했다면 더 안전했을 것입니다.

그림 11.1을 분석하면서 알아낸 것처럼 밀어붙여보면 주어진 도해에 나온 것보다 실제로 더 많은 컴포넌트가 있다는 것을 알 수도 있으므로 밑바닥까지 파헤쳐야 합니다. 그러므로 이런 것에 대해 계속 질문하세요! 하지만 몇 개의 추가 컴포넌트를 찾아낸 후 "더 숨기고 있는 게 뭐죠?"라고 묻는 식으로 서툴게 행동하지 않기를 바랍니다. 시스템 아키텍트가 자신의 컴포넌트만 있는 디자인을 보여주는 것은 매우 정상적인 일입니다. 지루한 운영기기들은 콘솔 서버, NOC 등을 처리하는 데 익숙한 데이터센터 사람들에게 넘어가는 법입니다. 물론 공격자들은 조직의 경계가 어디까지인지는 신경 쓰지 않습니다.

시스템을 이해하고 평가하는 것은 간단한 일이 아닙니다. 사실 위협을 이해하는 것만도 어려운 일이고 이러한 주제로 책 한 권을 할애할 수도 있습니다([Shostack 2014]가 훌륭한 예). 결국 이런 질문에 시스템적으로 접근하는 것이 본질입니다. 매우 높은 비율의 오류가 디자이너나 평가자가 아키텍처의 일부 측면을 완전히 간과하거나 잠재적 적의 실력과 리소스를 과소평가해서 발생합니다. 모든 컴포넌트와 모든 링크를 보면서 누가 그것을 침해할 수 있으며 어떤 영향이 있을지 자문해 보세요. 그러면 올바른 답을 더욱 쉽게 찾을 수 있을 것입니다.

12장

소프트웨어 선택하기

대부분의 악마는 망치 자루만큼이나 멍청하다. 그렇다고 건드려도 된다는 뜻은 아니다. 그것은 C++ 컴파일러를 열성적인 컴퓨터과학 전공 학부생의 손에 맡기는 것만큼 위험하다. 어떤 이들은 무엇이든지 모두 망칠 수 있고 컴퓨팅의 악마 연구는 '메모리 누수memory leak'와 '디버거debugger'라는 용어에 새롭고 달갑지 않은 의미까지 더했다.

The Jennifer Morgue

— 찰스 스트로스Charles Stross

12.1 품질 문제

소프트웨어에서 선택해야 하는 문제는 소프트웨어를 사느냐, 만드느냐입니다. 프로덕트가 복잡하기 때문에 오늘날은 대부분 로컬에서 소프트웨어를 구축하는 대신 구매하고 있습니다. 여기에는 거의 모든 운영 시스템과 워드프로세서, 웹 서버, 웹 브라우저, 컴파일러, 데이터베이스, 그리고 수많은 다른 애플리케이션이 있습니다. 즉 우리의 보안은 벤더의 변화에 매우 의존적이지만, 그에 비해 벤더의 소프트웨어는 너무 안전하지 못합니다. 폭넓게 말하자면 소프트웨어의 품질만을 뜻하는 것이 아니라 프로덕트 품질 개선은 세 가지 서로 다른 요인, 즉 시장의 압력, 법적 책임, 규제에 의해 견인되는데, 지금까지 이들 세 가지 모두 실패했습니다. 그러면 이제부터 이것을 하나씩 살펴봅시다.

최소한 단기적으로 아마도 중기적으로 대부분의 소프트웨어 프로덕트는 매우 꾸준히 시장 점유율을 유지하고 있습니다. 일부 프로덕트는 실질적으로 독점적 지위를 가지고 있습니다. 마이크로소프트는 기업용 데스크톱 컴퓨팅에 있어서 경쟁자가 없습니다. 애플조차도 극소의 시장 점유율을 차지할 뿐입니다(리눅스 예외). 그렇다고 이것이 잘못된 일은 아닙니다. 다른 기업들이 정말 경쟁할 준비가 되어 있는지 분명하지 않기 때문입니다. 기업용 데스크톱 컴퓨터는 홈 컴퓨터처럼 한 번에 하나씩 관리할 수 없으므로 오히려 시스템 관리자가 다양한 툴을 이용해야 합니다. 윈도우용 툴은 훨씬 잘 개발되어 있습니다.

툴이 있어도 서비스 전환은 힘듭니다. 소프트웨어는 '오랜 시간 다양하게' 사용하게 마련입니다. 프로덕트를 대체하면 기술적인 면에서나, 사용자 경험 면에서나 100% 호환성이 보장되는 경우가 드뭅니다. 예를 들어 메일 서버를 바꾸는 것은 쉬운 일처럼 들립니다. 모두 IMAP에 통신하지 않나요? 하지만 그렇지는 않습니다. 많은 조직이 마이크로소프트 익스체인지 자체의 프로토콜을 사용한다는 점을 제외하면 서로 다른 IMAP의 적용은 서로 다른 옵션 기능을 지원합니다. 그리고 다양한 메일 필터링 언어가 있으며, 서로 매우 다른 환경 설정이 필요합니다. 이 과정에서 각각 메일 저장 포맷이 다르다는 것이 심각한 문제입니다. 당연히 저장 포맷을 바꿀 수 있지만, 이 과정은 간단하지도, 저렴하지도 않습니다. 따라서 최소한 클라이언트의 환경 설정을 변경할 필요가 있습니다.

그렇다면 소프트웨어 프로덕트를 전환할 때는 상당한 기술적 장벽이 있다는 결과가 나옵니다. 일부는 개념상 내재되어 있지만, 현재의 벤더가 이런 방식을 좋아하며 의도적으로 고객을 더 묶어놓으려고 노력하는 것도 사실입니다. 그 결과, 시장은 많은 보안 침해의 시장 외부 효과를 제외하고도 우리가 원하는 데 근접할 정도로 보안성을 수정할 수 없습니다.

두 번째로 흔한 동일인인 법적 책임(일반적으로는 책임보험)도 두 가지 다른 이유로 실패했습니다. 그 중 하나는 만연해 있는 문제로, 사실상 모든 소프트웨어가 최종사용권자 계약EULA와 함께 제공되어 여러분의 컴퓨터가 깊은 바다 속에서 튀어나온 악마의 수중에 떨어지는 상황을 포함해서 거의 모든 일에 어떤 법적 책임도 지지 않는다고 선언하는 점입니다. 애플의 Mac OS X EULAEnd-User License Agreement에서 발췌한 샘플 조항을 살펴봅시다. 여기에서 진한 부분은 원문 그대로 발췌한 것입니다.

B. 귀하는 준거법이 허용하는 범위와 귀하의 전적인 책임하에서 애플 소프트웨어 및 애플 소프트웨어가 수행하고 접근하는 서비스를 사용하고, 품질에 대한 만족도, 성능, 정확도 및 노력에 대한 전적인 책임도 귀하에게 있다는 것을 명시적으로 인정하고 이에 동의한다. C. 준거법이 허용하는 최대의 범위에서 애플 소프트웨어 및 서비스는 매수인의 책임으로, 또한 기타 다른 종류의 보증 없이 있는 그대로의 상태 및 이용 가능한 상태로 제공된다. 애플과 애플이 사용권을 부여한 자(제7조와 제8조와의 관련상 총칭하여 '애플'이라고 함)는 이로써 명시적이든, 묵시적이든 또는 법규상의 것이든, 상품으로서의 적합성, 품질에 대한 만족도, 특정한 목적을 위한 적합성, 정확성, 문제 없는 사용에 대한 묵시적 보증이나 조건 및 제3자의 권리를 침해하지 아니할 것 등의 애플 소프트웨어 및 서비스와 관련된 모든 보증이나 조건에 대하여 책임이 없다. D. 애플은 애플 소프트웨어에 포함된 기능 또는 애플 소프트웨어도 수행하거나, 제공하는 서비스가 귀하가 요구하는 사항을 충족시키거나, 애플 소프트웨어가 귀하의 애플 소프트웨어와 서비스의 작동이 방해되지 않을 것이고 오류가 없을 것이라는 점, 어떠한 서비스가 계속 이용 가능할 것이라는 점 등 귀하가 애플 소프트웨어 및 서비스를 사용하는 데 대한 장애에 대하여 보증하지 않는다.

8. 책임 제한

준거법으로 금지되지 않는 범위 안에서 애플은 애플 소프트웨어나 서비스 또는 애플 소프트웨어나 서비스와 관련된 제3자 소프트웨어 또는 애플리케이션의 사용이나 사용 불능 때문에 발생하거나, 그와 관련이 있거나 상관없이, 나아가 어떠한 이유로 초래된 것인지와도 상관없이 기대 이익 상실의 손해, 데이터의 변형 또는 분실, 데이터나 정보의 송신이나 수신 실패, 영업의 중단 또는 기타 상업적인 손해와 멸실 등을 포함하여 인사 사고나 어떠한 '형태의 우연적인, 특수한, 간접적이고 결과적인 손해이든지 그 손해에 대하여' 책임을 지지 않는다. 또한 이것은 배상책임의 법리(계약, 불법행위 또는 기타) 여하와 상관없으며, 더 나아가 애플이 사전에 그러한 손해의 가능성에 대하여 통보받았다고 해도 마찬가지이다. 애플은 어떤 경우에도 여러분이 입는 모든 피해에 대해 완전히 면책되며 (개인적 부상이 연관된 경우 적용 가능한 법에서 요구하는 것을 제외하고) 50달러 이상의 금액은 보상하지 않는다. 앞에서 말한 제약은 위에서 설명된 처리 방안이 근원적 목적에 실패한다고 해도 적용된다.

마이크로소프트의 면책 조항도 비슷한 정신에 입각합니다. 여기에서 진한 부분은 원문 그대로 발췌한 것입니다.

제조사나 설치자, 마이크로소프트는 매매 가능성, 특정 목적에 대한 부합 여부, 침해 되지 않음을 포함한 모든 암시적인 보증에서 배제된다.

환불하는 경우를 제외하고 직접적이거나 결과적인 이익 손실, 특수하거나 간접적이 거나 우연한 피해를 포함한 어떠한 피해에 대해 제조사나 설치자나 마이크로소프트 에는 배상을 받을 수 없다. 마이크로소프트로부터 배상을 받을 근거가 있을 경우 해 당 소프트웨어에 대해 지불한 금액까지만 한하여 직접적인 피해에 대해 보상받을 수 있다(해당 소프트웨어를 무료로 취득한 경우 최대 50달러). 이 계약의 피해 제외와 제한은 소프트웨어의 수리, 교환 또는 환불이 입은 피해를 완전히 보상해 주지 않거나 제조 사나 설치자 또는 마이크로소프트가 피해 가능성에 대해 알고 있었거나 알았어야 해 도 적용된다. 일부 주와 국가에서는 부수적이거나, 결과적이거나, 다른 피해에 대해 서 제외나 제한을 허용하지 않으므로 이런 제한과 제외는 여러분에게는 적용되지 않 을 수 있다.

GPL 일반 공공 라이선스, GNU Public License도 이런 방식으로 적용됩니다. 여기에서 진한 부분은 원 문 그대로 발췌한 것입니다.

15. 보증 부인

적용 법이 허용하는 한, 프로그램에 대해 보증하지 않는다. 달리 서면으로 명시한 경 우를 제외하고 매매 가능성과 특정 목적 부합을 암묵적으로 보장하는 것을 포함하여 판권 소유자 또는 다른 당사자는 프로그램을 보증 없이 '그대로' 제공한다. 프로그램 의 품질과 성능에 관련된 위험은 전적으로 구매자에게 있다. 프로그램에 결함이 있을 경우 필요한 모든 서비스, 수리, 수정에 대한 비용은 구매자가 책임진다.

16. 책임 제한

적용 법에서 요구하거나 서면으로 동의된 경우를 제외하고는 어떤 경우에도 저작권 소유자나 위에서 허용되어 프로그램을 수정하거나 전달하는 당사자는 프로그램의 사용이나 사용 불가 상태로 인한 데이터 손실이나 부정확한 데이터 생성 및 손실 또는 이 프로그램이 다른 프로그램과 함께 작동하지 못하는 오류 때문에 구매자나 제3자가 입은 피해를 포함하여 일반적인, 특수한, 부차적인 또는 결과적 피해를 포함한 피해에 책임지지 않는다. 이러한 저작권 소유자나 다른 당사자가 이러한 피해의 가능성에 대해 통보받은 경우도 예외가 아니다.

이런 라이선스 계약을 읽는 사람은 아무도 없지만, 어쨌든 이런 조항에 묶입니다. 미국 최고 법원 수석 재판관 로버스Robers조차 라이선스 계약 사항을 읽지 않았습니다. [Weiss 2010] 라이선스 계약의 내용은 모두 똑같습니다. 소프트웨어가 여러분의 컴퓨터를 사악하게 장악해도 벤더에게는 책임이 없습니다.

하지만 법적 책임이 어느 정도 있다고 가정해 봅시다. 그렇다면 거의 틀림없이 사이버 책임 보험이 나올 것이지만, 보험 업계에도 문제가 있을 것입니다. 다른 많은 문제가 있지만, 우선 보험요율을 정하는 근거가 될 데이터가 충분하지 않습니다. 대부분의 침해는 감지되지 않고 감지된다고 해도 대다수는 보고되지 않습니다. 또 다른 이유는 이런 종류의 보험은 근본적인 구조물의 개선을 이끌어야만 제대로 작동할 수 있는데, 전문가인 우리가 실제의 세세한 오류 원인을 충분히 알지 못하므로 그 자체가 문제입니다. [Bellovin 2012] 예를 들어 전기 코드는 원래 화재보험 업계에서 만든 것입니다.

품질 개선을 이끄는 세 번째 압력은 규제입니다. 소프트웨어에는 규제에 대한 매우 큰 문제가 있습니다. 정부에서는 매우 역동적인 업계에 규제를 가하는 것을 꺼릴 뿐만 아니라 어떤 규제를 말하는 것인지도 분명하지 않은 경우가 많습니다. '버퍼 오버플로를 실행하지 말라?', '안전하지 못해서는 안 된다?', 'C나 C++를 사용하지 말라?', '여기 소프트웨어 개발을 위한 진정한 단 하나의 모델이 있다?'와 같은 가능한 규칙은 어떻게 처리해야 하는지 아무런 합의가 이루어지지 않은 분야에 대해 너무 진부하거나 과감해서는 안 됩니다.

공정하게 말해서 소프트웨어는 계속 향상되어 왔습니다. 필자가 이 업계에 발을 들였을 때만 해도 메인프레임이 하루에 한 번 이상 작동되지 않는 일이 많았습니다. 현재 필자의 컴퓨터 중 한 대가 가동된 가장 긴 기간은 다음과 같습니다.

```
$ uptime
 1:28PM up 1124 days, 9:35, …
```

이런 향상은 보안에서도 눈에 띕니다. 이 책과 다른 저작물에서도 이미 설명했듯이 마이크로소프트는 소프트웨어 보안에 엄청나게 노력했고, 그 결과는 매우 눈에 띄였습니다. 애플도 마이크로소프트보다는 덜 발표하지만, 코드베이스가 향상되었습니다. 하지만 소프트웨어가 까다로운 점은 이전의 때로는 엉망인 디자인과 하위 모델과 호환되어야 한다는 것입니다. 일반적으로 기업용 소프트웨어를 업그레이드할 때의 단점은 아주 오랜 시간 문제 있는 코드가 남아있다는 것입니다.

12.2 현명하게 소프트웨어 선택하기

이 모든 것을 감안하여 어떻게 하면 소프트웨어를 현명하게 선택할 수 있을까요? 이미 암시했듯이 문제는 돈입니다. 좀 더 정확히 말하자면 어떻게 시간의 흐름에 따른 총 경비를 최소화할 수 있을지에 대한 문제입니다.

하지만 가장 먼저 해야 하는 질문은 "이 소프트웨어가 여러분이 원하는 것을 하나요?"입니다. 여러분의 요건을 충족시키지 못하는 완벽하게 안전한 소프트웨어는 결국 쓸모없는 것입니다. 물론 이런 소프트웨어를 사용한다면 해킹을 당할 염려는 없겠지만, 아무런 이득도 누릴 수 없습니다. 사실 이런 소프트웨어 때문에 해킹을 당할 수도 있습니다. 빠진 기능 때문에 스스로 코드를 작성해야 한다면 해당 부분을 안전하게 작성할 수 있나요? 안전한 개발에 대한 경험이 없다면 이것은 실제로 심각한 리스크가 됩니다.

그렇다면 제품에 올바른 기능이 있다고 가정해 봅시다. 이 기능을 신뢰할 수 있나요? 아니면 여러 경쟁적인 제품이 있고, 모두가 여러분이 원하는 것을 할 수 있으며, 보유하는 데 드는 총 비용이 비교 가능선 안에 있으면 그 중에서 무엇이 가장 안전할까

보안 랩 시트 security rap sheets

주기적으로 일어나는 엄청나게 많은 보안 사고의 중심에는 코드의 일부가 있는 것처럼 보입니다. 예를 들어 2001년 가트너그룹 Gartner Group 은 다음과 같은 내용이 담긴 권고문을 배포했습니다.[a]

> 마이크로소프트 IIS 웹 서버 소프트웨어를 사용중인 기업은 모든 IIS 서버에 거의 매주 배포 되는 마이크로소프트 보안 패치를 모두 업데이트해야 한다. 하지만 님다 Nimda 와 낮은 등급의 코드 블루 Code Blue 가 IIS를 사용할 경우 더 많이 위험할 것으로 보이며, 마이크로소프트의 잦은 보안 패치를 때맞춰 적용하는 데도 많은 노력이 필요하다.

코드에 버그가 심각하게 많았기 때문에 가트너는 해당 클라이언트의 사용 중지를 권했습니다.

그러면 버그가 정말 그렇게 심각했을까요? 왜 그렇게 많은 버그가 발견되었을까요? 종종 이런 것은 단지 운이 좋지 않아 걸리는 케이스가 아닙니다. 이것은 일부 코드의 품질이 근본적으로 낮다는 점을 반영하기 때문에 해커 집단이 여기에 집중하는 것입니다. 프로그램을 대충 작성한다면 버그가 많을 것이고, 한두 문제가 아닐 것입니다. 악당들이 늘 하는 일이 바로 이런 것을 노출시키는 것입니다. 반면 버그가 많은 대형 프로그램을 수정하면서 하위 호환성을 유지하는 것은 엄청난 작업입니다. 최선의 방법은 낮은 코드를 모아서 새로 작성하는 것일 때도 많지만, 이러면 전환할 때 반드시 문제가 발생합니다.

시스템을 평가할 때는 이런 히스토리를 감안하는 것이 확실히 타당하므로 이렇게 안 할 이유가 없습니다. 결국 해커들은 다음에 무엇을 뚫어볼지 결정할 때 이렇게 하고 있습니다. 하지만 현재 상태를 유지하는 것도 중요합니다. 필자가 강조하는 위험한 소프트웨어의 목록은 10년 전, 심지어는 5년 전의 것과도 다릅니다. 엉망인 새 소프트웨어가 낡은 것들을 대체하고 있습니다. 벤더가 충분히 노력하면 보수할 수 있는 것입니다. 예를 들어 IIS의 경우 가트너 그룹의 경고는 마이크로소프트가 엄청나게 충실한 코드와 시스템 품질 관리 노력을 개시하게 만든 기폭제 중 하나였습니다. 마이크로소프트는 신화 속 헤라클레스가 아우게이아스왕의 거대하고 더러운 외양간을 청소한 것보다 더 끔찍한 일을 감탄스러울 만큼 깔끔하게 정리했습니다. 결국 이들의 코드는 이제 업계 최고의 수준을 유지하게 되었고, IIS 경고는 2004년 철회되었습니다.[b]

---

a "님다 웜(Nimda Worm), 패치는 언제나 충분히 빨리 할 수 없음을 보여준다."
https://www.gartner.com/id=340962

b "관리 업데이트 : IIS, 더 이상 웹 서버 보안 문제가 아니다."
https://www.gartner.com/id=464817

요? 불행하게도 이것을 정하는 것은 매우 어렵습니다.

한 가지 방법은 제품의 평판을 보는 것입니다(285쪽 참조). 분별력 있게만 활용한다면 이것은 합리적인 시작점입니다. 일련의 보안 결함은 개발 과정 중 근본적으로 주의가 부족했다는 것을 보여줍니다. 마지막으로 발견한 결함이 해당 제품의 단 한 가지 결함이라고 생각할 이유도 없습니다. 반면 발견되는 결함은 종종 내재적인 코드 품질보다 덜 주의했다는 것을 반영합니다. 예를 들어 애플의 OS X의 보안보다 윈도우의 보안에 더 구멍이 있다고 보고되고 있지만, 이것은 코드 품질을 반영하는 것일까요, 아니면 윈도우가 훨씬 시장 점유율이 높기 때문일까요? 공격자들은 멍청하지 않습니다. 이들이 악용할 곳을 찾으려고 한다면 더 많은 희생자가 발생할 곳을 선호할 가능성이 높습니다.

오픈 소스 소프트웨어의 미덕을 장점으로 내세우는 사람들도 있습니다. 결국 '보는 눈만 충분하면 모든 버그는 크게 문제되지 않습니다.' [Raymond 2000] 불행하게도 이 격언은 아무리 좋게 말해도 지나치게 단순화한 것으로, 위험스러운 오해가 될 수도 있습니다. 우선 눈으로 실제 코드를 검토해야지, 단순히 다운로드만 해서는 안 됩니다. 둘째, 눈에도 동기가 있고 능력이 있어야 합니다. 이 '눈'이 실제 코드를 검토할 줄 아는 사람의 것인가요? 셋째, 단지 코드를 보는 것만으로는 절대 충분하지 않습니다. 안전한 코드는 복잡한 개발 과정의 산물입니다. 많은 툴과 테스팅, 그리고 단지 코드를 읽는 것보다 훨씬 깊이 있는 작업이 필요합니다. 다른 저작에서 논의했듯이 [Bellovin 2009b] 많은 오픈 소스 프로젝트에는 안전한 소프트웨어 개발을 위한 리소스나 규율이 부족합니다. 이것이 매우 잘 알려진 OpenSSL의 주된 실패 요인입니다.

이러한 모든 사실에도 불구하고 오픈 소스 패키지에는 매우 중요한 장점이 있습니다. 특정한 허점을 찾기 위해서라기보다 코드의 전반적인 품질을 알아보기 위해 소스 코드를 볼 수 있다는 점입니다. 직접 분석할 때는 한 가지 주의해야 할 중요한 요인이 있습니다. 즉 상정한 적이 누구냐는 점입니다. 타깃형 공격자를 상정했다면 어떤 OS를 구동하든지 개발 중에서 여러분을 공략할 악용점을 노릴 공격자의 입장을 취하는 게 좋습니다. 이와 비슷하게 매우 수준 높은 공격자라면 새로운 취약성에 연결할 수 있는 기존의 프레임워크와 툴킷을 가지고 있을 가능성이 높습니다. 다시 말해서 여러분의 적이 위협 모델 그래프의 근원점에 있을수록 드문 운영체제나 애플리케이션 묶음을 구동한다고 해도 덜 보호됩니다. 실제로 매우 드문 플랫폼에서 악성 코드가 구동된 사례인 스턱스넷과 '아테네 사건Athens Affair'의 원격 감청 악용 사건을 기억해 봅시다. [Prevelakis and Spinellis 2007] 일반에서는 두 사건이 첩보기관이 벌인 일로 간주하고 있습니다. 아테네 사건은 미국 정부에도 책임이 있는 것으로 생각됩니다. [Bamford 2015]

평판 외에 살펴볼 수 있는 다른 요인들도 있는데, 이 중 하나는 제품이 보안과 관련된 컴포넌트들을 얼마나 잘 처리하느냐입니다. 필요하고 가능한 곳에 암호화를 활용하나요? 그렇다면 선택된 알고리즘은 합리적인가요? 루트Root나 관리자 권한으로 구동할 필요가 있나요? 그렇다면 이유는 무엇인가요? 시험 설치를 검토할 수 있으면 파일 허용을 살펴보세요. 모든 것이 제대로 잠겨있나요? 아니면 쓰기 가능한 파일과 디렉토리가 잔뜩 있나요? 때로는 이런 것들에 적합한 이유가 있을 때도 있습니다. 하지만 더 많은 경우 이것은 게으르거나 보안에 무지한 프로그래머가 작성했다는 신호입니다. 제품에서 적합할 때는 다양한 보안적 맥락을 이용하나요? 예를 들어 아파치는 사용자의 월드와이드웹www에서 구동되지만, 다른 사용자 ID에서 보유한 파일을 이용해서 설치됩니다.

이 회사의 보안 그룹에 우려 사항을 이야기할 수 있나요? 이들이 잘 알고 있는 것처럼 보이나요? 여러분이 보기에 디자인이 완벽하지 않아도 그럴 만한 합리적 이유가 있었나요? 필자는 사용중인 패스워드 매니저를 개발한 회사의 보안 최고 담당자와 매우 긴 이메일을 교환하면서 이상한 점과 몇 가지 우려 사항을 지적했습니다. 이 기업의 담당자는 착실하게 응답했지만, 필자가 우려하는 사항은 이미 인지하고 있다고 대답한 것이 이상했습니다. 결국 이들은 시장(멀티플랫폼 프로덕트), 사용성, 유지력, 그리고 레거시 코드 등을 고려하여 취사 선택을 했던 것으로 밝혀졌습니다. 필자도 이들과 같은 결정을 내렸을 수도 있겠지만, 이들의 선택은 불합리하지 않았고 제품의 근본적인 보안을 훼손하지도 않았습니다.

11.7절에 설명했던 평가 방법을 적용해 봅시다. 얼마나 많은 다양한 컴포넌트가 프로덕트를 위태롭게 하나요? 컴포넌트들이 서로 어떻게 통신하나요? 공격자가 이런 채널로 메시지를 보내거나 메시지를 가로챌 수 있나요? 프로덕트의 컴포넌트 하나가 어떻게 메시지 소스를 인증하나요? 예를 들어 유닉스 기반의 다양한 프로세스를 사용하는 시스템을 고려해 봅시다. 파이프를 통해 통신한다면 채널은 매우 안전합니다. 유닉스 도메인 소켓을 사용한다면 리스크는 기껏해야 시스템에 대한 공격자가 되며, 심지어 이런 이들이 걱정하지 않아도 될 수 있습니다. 반면 인터넷 도메인 소켓을 사용한다

면 상당히 큰 리스크가 매우 클 것이며, 한 가지 경우에서는 이 결정이 회사에 대한 규제로 이어질 수도 있습니다.[1]

이 경우 해당 회사의 개발과 보안 실행에 대해 무엇을 알고 있느냐가 가장 중요할 것입니다. 이들은 자신의 보안을 어떻게 평가하나요? 이들은 어떤 종류의 보안 분석과 테스팅을 하나요? 보안은 사전에 계획해야지, 나중에 끼워넣어서는 안 된다는 점을 기억하세요. 이들이 이렇게 하고 있나요?

보안 자격 인증제도가 있지만, 대부분 조직에 대해 이 인증이 타당한지는 의문입니다. 우선 가장 중요한 것은 인증이 정해진 보안 모델에 적용된다는 점입니다. 여러분의 필요 사항과는 맞지도 않고 인증이 있든, 없든 해당 모델로 디자인된 소프트웨어에서 여러분이 받을 수 있는 혜택은 있어도 얼마 안 될 것입니다. 필자가 보안업계에 들어온 지 얼마 안 되었을 때 국방부의 오렌지북 원칙을 [DoD 1985a] 표준적인 상업 구성인 다수의 사용자, 웹이 아닌 서버, 데이터베이스 등에 적용하려고 한 적이 있었지만, 잘 되지 않았습니다. 오렌지북은 군에서 기밀 정보(1급 기밀, 기밀, 비밀과 그 분류)를 위해 만든 것으로, 이것은 필자가 전혀 원하는 것이 아니었기 때문에 유용한 보호책 제공에는 근접하지도 못했습니다. 더욱이 인증에는 시간이 걸렸기 때문에 — 첨단보다 뒤진 제품을 써야 하는데, 이것이 늘 단점이기만 한 것은 아니었지만 — 매우 특별한 하드웨어 설정에만 적용되는 경우가 많았습니다.

이러한 모든 전제에도 불구하고 특히 기밀 환경에서 근무한다면 이런 것들이 필요할 것입니다. 이런 환경은 심각한 위협 모델과도 깊게 연관되어 있으므로 소프트웨어를 선택할 때도 이 점을 고려해야 한다는 것을 잊지 말아야 합니다. 궁극적으로 여러분은 어떤 프로그램이나 프로그램 제품에서 어떤 일이 일어날지 예측할 수 없습니다. 보안 문제가 있으면 세 가지 질문을 해 봅시다. 여러분이 찾아낸 문제에 대해 벤더가 얼마나 즉시 대응하나요? 이 컴포넌트에 오류가 발생해도 전체적인 시스템 아키텍처가 대부분의 에셋을 보호하나요? 마지막으로 얼마나 쉽고 빠르게 다른 것으로 대체하면서도 그 과정에서 더 많은 문제를 발생시키지 않을 수 있나요?

---

1 "기업 HTC 아메리카 주식회사의 경우"
  http://www.ftc.gov/sites/default/files/documents/cases/2013/07/130702htccmpt.pdf

13장

최신 소프트웨어의
상태 유지하기

나는 방랑하는 음유시인-
너덜너덜 기운 옷을 입고
발라드, 노래와 이야기,
그리고 꿈 같은 자장가를 노래하네!

Nanki-Poo in The Mikado
— W. S. 길버트 W. S. GILBERT , 아서 설리반 ARTHUR SULLIVAN

13.1 구멍과 패치

기술과 관련된 모든 툴 중에서도 보안 패치만큼 사람들이 꺼려하는 것은 없습니다. 왜냐하면 원래의 코드베이스에 엔트로피 entropy, 시스템 내 정보의 불확실 – 역자 주를 도입하는 경향이 있어서 귀찮기 때문입니다. 하지만 패치는 반드시 필요합니다. 소프트웨어는 늘 불완전한데, 이러한 불완전 상태가 구멍으로 드러나면 땜질하고, 사포질하고, 페인트칠을 해야 한다는 것입니다. 대안으로는 시스템 어드민 admin 역할을 하도록 구멍 앞에 가구를 옮겨놓는 방법이 있습니다. 하지만 이것은 매력적인 방법도 아니고 아키텍처적인 유연성이 떨어질 뿐만 아니라 여러분보다 벽에 더 가까이 있는 공격자에게는 매우 취약한 방식이므로 이런 방식은 반드시 무시해야 합니다.

보안 버그가 발생하고 시스템이 복잡하다면 이것을 고치거나 완화해야 합니다. 완화 법에는 구멍과 잠재적 공격자 사이에 방화벽을 설치하거나 이에 대응할 수 있는 또 다른 액세스 메커니즘을 넣는 방법이 있습니다. 아니면 침투될 것이라고 간주하고 보통의 방식으로 감지와 복구에 대비하여 추가 백업을 준비한 후 침투 감지 특수 스크립트 등을 만들 수 있습니다. 마지막으로 극단적인 상황에서는 다른 대안을 사용할 수 있을 때까지 취약한 시스템을 끌 수도 있습니다.

마지막 대안을 선택하는 사람들도 있을 것입니다. 하지만 이 방법은 문제를 무시하고 그저 얻어맞지 않기만 기대하는 것으로, 이것은 희망 사항일 뿐 전략이라고 볼 수 없습니다. 왜냐하면 얻어맞지는 않겠지만, 자세히 감시하지 않으면 과연 맞는지, 아닌지조차 알 수 없기 때문입니다.

이런 옵션 중 하나를 선택하려면 복잡한 분석과 계산이 필요한데, 필요한 데이터를 손에 넣을 수 없기 때문에 계산은 항상 불완전합니다. 일반적 정량적 솔루션에 대한 시도는 계속되어 왔습니다. [Beattie et al. 2002는 훌륭한 시도] 하지만 이럴 때 나오는 계산값은 좋게 말하면 개연성에 의거한 것이고, 나쁘게 말하면 불충분한 데이터 때문에 무의미해지는 것입니다. 더욱이 타깃형 공격이 있으면 더 이상 무작위 기능을 다루는 게 아니기 때문에 결과가 왜곡됩니다. 사실 고려해야 하는 요인은 매우 많습니다. 일부는 일반적 보안 질문이고, 특정 구멍에 대해 특화된 질문도 있습니다.

공격자의 동기   타깃이 되어 있는가? 그렇다면 누구에 의한 것인가? 대답이 '아니다'라면 확정적일 때가 드물지만, '그렇다'라면 심각하게 다루어야 한다.

공격자의 역량   이 특정 구멍에 공격하려면 얼마나 정교해야 하는가? 암호화의 키를 찾는 복잡성을 2^{256}의 작업에서 2^{70}으로 줄인다면 안드로메다인을 제외한 다른 이들로부터는 아마 안전할 것이다. 반면 아마추어 해커라도 "P0wn!"만 클릭하면 되는 키트가 나와 있으면 리스크는 매우 높아진다.

악용 가능성   악용 코드가 얼마나 널리 퍼져있는가? 구멍이 원래 버그트랙bugtraq과 풀 디스클로저Full Disclosure와 같은 공개 메일링 리스트에 보고된 것이면 원하는 이것은 누구나 가지고 있을 것이다. 패치를 배포할 때까지 벤더가 기밀을 유지하고 있던 구멍이라면 처음에는 악용할 가능성이 적지만, 시간이 흐르면서 악용할 가능성이 높아진다. 공격자들은 패치를 연구하여 패치되지 않은 시스템에 대해 어떤 새로운 공격을 할 수 있을지 배운다. 사실 어떤 사람들은 마이크로소프트의 정기 월간 '화요 패치' 보안 업데이트 다음 날 '수요 악용'이란 용어를 사용한다. [Leffall 2007] 반면 제로데이가 실제로 사용되고 있다고 보고되면 재빠르게 움직여서 패치가 나오는 대로 패치하고 이때까지의 악영향을 완화시켜야 한다.

패치 품질   얼마나 제대로 패치가 되어 있는가? 문제를 정말 해결해 주는가? 아니면 새로운 문제를 만들어 내는가? 패치는 소프트웨어이므로 버그가 있을 수 있다. 또한 패치는 빠르게 제공하라는 압박을 받을 때가 많으므로 기본 코드보다 테스팅을 덜 거칠 수도 있다.
패치의 보안과 기능성 문제는 그리 새로운 소식이 아니다. 때로는 문제를 수정하지도 않고서 [Greenburg 2012] 새로운 패치를 내놓기도 한다. [Gueury and Veditz 2009] 새로 발표된 구멍에 대한 반응 속도도 좋지만, 품질을 등한시한다면 보안을 보장할 수 없다. [Bellovin 2009b]

패치 타이밍   패치를 언제 내놓는가? 주 초반에 업무를 시작할 때인가? 휴일 주말 새벽 3시인가? 공격자의 작업 일정과 비교해서 패치 타이밍을 잡고 싶겠지만, 아마도 소용 없을 것이다. 안드로메다인의 작전 캘린더는 무작위적인 두 쌍둥이 소수twin prime의 영향으로 원격 펄서가 회전하는 것과 슈뢰딩거(양자역학을 구체화한 물리학자)가 키우는 고양이의 현재 건강 상태를 반영한 것이라고 할 수 있을 정도로 추정 자체가 불가능하다. [Trimmer 1980] 공격자들이 전 세계 어디에나 있을 수 있다는 것이 더욱 심각한 문제이다. 만만찮은 공격자라면, 특히 이들이 여러분을 타깃으로 삼고 있으면 — 주말이라고 쉴 리는 없으므로 — 언제든지 공격할 것이다.

잠재적 피해   시스템이 해킹당할 경우 잠재적 위험성은 어느 정도인가? 민감한 정보가 침해당하는가? 시스템에 있는 데이터가 의무적인 침해고지법의 범위 안에 포함되는가?

가용성의 중요도 시스템의 가용성은 얼마나 필수적인가? 어떤 조건에서 누구에게 해당되는가? 이것은 필수적인 사항인가? 이때 온라인 상점이라면 웹사이트가 사업 그 자체인데, 시스템은 '파이값 속 깊숙이 숨겨져 있는 열한 개의 차원에 있는 메시지'를 찾는 배경 작업을 구동할 뿐인가? [Sagan 1085] 그렇다면 잠시 시스템을 사용할 수 없어도 괜찮은가? 더욱 곤란한 것은 지금 가용성을 멈출 것인지, 아니면 해킹을 당했을 때 클린업과 복구를 하는 동안 멈출 것인지이다.

패치가 나와 있지 않거나 위에 나열한 이유 중에서 하나로 즉시 패치할 수 없는 경우를 생각해 봅시다. 이제 어떻게 해야 할까요? 어떻게 진행할지는 상황에 따라 매우 달라집니다. 위의 질문 외에도 어떻게 진행할 것인지는 악용에 대해 얼마나 알고 있는지, 어떻게 악용되었는지에 대한 지식에 따라 달라집니다.

어떤 경우 올바른 대응은 절차적인 것이 될 수도 있습니다. 예를 들어 제로데이 PDF가 널리 악용되어 있으면 조직에 수상한 PDF를 열지 말라고 공지하여 이것을 방어할 수 있습니다. 물론 먹힐 수도 있지만, 그 이상의 지시나 통제를 제공하지 않는다면 이것은 매우 위험한 접근법입니다. 하지만 많은 것들이 공격의 정확한 성질에 따라 달라집니다.

부비트랩이 설치된 것을 알면서 파일을 여는 사람은 거의 없습니다. 그래서 사람들이 사기성 메시지임을 알 수 있도록 정보를 알려주는 것이 효과적입니다. 아마도 대부분의 사람들은 가짜 항공권 영수증이나 소포 추적 안내 등을 정확히 알아챌 것입니다. 하지만 솜씨 좋게 만들어낸 스피어 피싱 첨부 파일은 모든 직원이 사내 메일에서 수신자 줄을 꼼꼼하게 살펴보는 성격이 아닌 한 알아채기가 훨씬 어렵습니다.

또 하나의 접근법은 순전히 기술적인 것으로, PDF 파일이 첨부된 메시지는 모두 빼거나 거부하고 내부 메시지에서는 이런 첨부 파일을 제거하는 것입니다. 물론 이것은 자발적인 서비스 거부입니다. 이것을 우회하려면 직원들이 클라우드 기반 저장 서비스에 URL을 보내서 PDF를 담은 이메일을 개인 계정을 대신 보내 플래시 드라이브 등을 통해 첨부 파일을 불러올 수도 있습니다. 흥미롭게도 이런 상황과 위협 모델에서 스피어 피싱 공격은 PDF 뷰어의 제로데이 취약점을 악용했는데, 이런 행동은 보안적 구멍을 만들지 않을 수도 있습니다. 문제의 파일이 알 수 없는 발신인으로부터 왔다면 대안 채널을 구성할 경우에 양방향 커뮤니케이션이 필요하다는 점을 고려하세요. 이것은 발신인이 최소한 이메일 주소로는 검증되었다는 의미입니다. 지금까지 우리가 본 스피어 피싱 사건은 계정 하이재킹 등이 아닌 소극적 신원 가장이었습니다. MI-31에서 이런 이메일을 읽고 그에 따라 조정할 수 있으리라고 상상할 수 있지만, 이것은 전형적인 공격 중에서도 매우 수준이 높다는 것을 의미합니다. 이제까지 설명한 것처럼 이것은 차선책입니다. 독자 여러분은 실제로 가능한 빠르게 보안 구멍을 패치하고 싶겠지만, 그 비결은 바로 효과적으로 하는 것입니다.

13.2 패치 관련 문제

실제로 관련된 보안 문제를 수정하는지와 별개로 패치에는 주의해야 하는 두 가지 측면이 있습니다. 첫째, 패치는 소프트웨어로, 당연히 '해당 [코드]가 상속하는 부자연스러운 충격이 천 가지는 됩니다'. [Shakespeare 1603] 즉 패치 자체에도 기본 코드처럼 버그가 있고, 안전하지 않은 등의 문제가 있을 수 있으며, 사실 패치가 더 심할 때도 있습니다.

새로운 코드를 작성할 때는 비교적 깨끗한 상태로 필요한 것을 적절한 인터페이스로 디자인할 수 있습니다. 이와 반대로 패치는 결함이 있어도 현존하는 코드베이스에 변경하는 것이므로 해당 코드의 구조 때문에 원하는 것을 쉽게 적용할 수 없을 때가 있습니다. 간단한 예를 들어봅시다. 여러분은 더욱 세심하게 절차상 입력을 확인해야 하고, 문제가 있을 때는 오류 표시를 다시 패스해야 한다는 것을 깨닫습니다. 이것은 단순해 보이지만, 프로세스에 상태 표시 리턴 기능이 없다면 어떻게 될까요? 심지어 여러 곳에서 일어나는데, 이 중 일부는 오류 처리에 맞지 않는다면 어떻게 해야 할까요? 노련한 프로그래머라면 필자가 이런 유형을 해결하는 데 걸리는 시간보다 짧은 시간 안에 다양한 솔루션을 생각할 수 있을 것입니다. 하지만 이런 필요성을 처음부터 알고 작성한 코드보다 덜 깔끔한 코드가 될 것이라는 사실은 변하지 않습니다. 더욱이 '불가능' 값을 정상적 출력으로 다시 패스하는 분명한 방법 중 하나는 일부 코드의 다른 부분에 문제를 발생시킬 수도 있습니다. 특히 '불가능'이 과장되었을 경우에는 더욱 그렇습니다.

두 번째 문제는 특히 대기업의 경우 심각합니다. 왜냐하면 특화된, 그리고 아마도 로컬에서 작성한 애플리케이션이 패치에 호환되지 않는 경우가 종종 있기 때문입니다. 이들은 내재적으로든지, 외적으로든지 낡았고 버그가 있는 행동 양식에 의존하고 있습니다. 보안 패치를 배포했기 때문에 회사가 기능할 수 없다는 보고를 듣고 CEO는 좋아하지 않을 것입니다. 영향을 받은 애플리케이션이 급여를 작성하는 급여 시스템이면 여러분도 기분이 좋을 수 없을 것입니다.

물론 해결책은 소프트웨어 벤더와 회사 자체의 테스트 랩에서 테스트하는 것입니다. 역사적으로 첫 번째 테스팅이 고품질로 진행된 적은 한 번도 없습니다. 한 번 이상의 패치가 심각한 문제를 발생시키거나 [Goodin 2013] 메꾸려고 했던 보안상의 구멍을 수정하는 데 실패합니다. [Greenberg 2012] 그 외에도 벤더 테스팅 자체로는 여러분의 환경에 곧바로 적용하기에 불충분합니다. 왜냐하면 벤더는 정확한 환경 설정이나 애플리케이션을 모르기 때문입니다. 그러므로 모든 것을 직접 테스트해야 하고 중요한 애플리케이션이 계속 작동하도록 보장해야 합니다. 즉 괜찮은 테스트 랩을 갖추고 이것을 이용하는 인력을 갖춰야만 하는 것입니다. 물론 이것만으로 모든 것이 보장되지는 않습니다. '프로그램 테스팅은 버그의 존재를 보여줄 수 있지만, 버그가 없다는 것을 증명할 수는 없습니다.' [Dijkstra 1970]

패치는 불완전하거나 버그가 있을 수 있고, 벤더는 이것을 충분히 잘 테스트하지 못했을 수 있으며, 직접 테스트하는 것은 귀찮은 일입니다. 그러면서도 모든 문제를 다 증명하지는 못하므로 패치를 설치하는 방법뿐입니다. 악당들은 패치를 자주 역분석reverse-engineer하기 때문에 [Leffall 2007, Naraine 2007] (그리고 안드로메다인들도 분명 역분석을 합니다.) 패치가 나오면 늘 리스크가 증가합니다. 그러므로 누구에게서 얼마나 큰 리스크가 올지는 위협 모델에 따라 달라집니다.

제품의 새 버전에 대해서도 연관 이슈가 있습니다. 바로 언제 설치하는 것이 좋은가라는 문제입니다. 경험이 많은 시스템 관리자라면 ".0 버전은 아무 것도 설치하지 말라!"는 주문을 듣거나 말해 봤을 것입니다. 이러한 조언은 프로덕션 시스템에도 유효하지만, 결국 선택의 여지가 없습니다. 벤더가 언제까지나 낡은 코드베이스를 지원하려고 하지 않을 것이므로 결국 일정 시점에는 단종EOL ; End Of Lifetime됩니다. 하나의 프로덕트가 단종되면 더 이상 보안 패치가 나오지 않습니다. 그리고 보안 패치 설치보다 더 나쁜 게 하나 있다면 바로 아무 패치도 설치하지 않는 것입니다. 이런 문제가 상관 없다고 해도 OS의 새 버전이나 구식 OS에서 지원하지 않는 새로운 하드웨어와 같은 다른 업그레이드까지 피할 수 있나요? 버전은 종종 건너뛸 수도 있겠지만, 결국 언젠가는 업그레이드해야 할 것입니다. 따라서 이에 대한 적합한 대응은 필요성을 부정하는 것이 아니라 어떻게 할 것인지 계획하고 필요한 예산과 인력에 대해 상위 임원들을 설득하는 것입니다.

13.3 어떻게 패치할 것인가?

보안 패치를 설치한다는 결정이 내려졌다고 가정하면 이제 절차상으로 중요한 다음의 세 가지 단계가 있습니다.

- 기기 한 대당 설치 스케줄 정하기
- 실제 패치 설치하기
- 패치가 설치된 기기와 설치되지 않은 기기 추적 관리하기

이것은 모든 패치에 적용되지만, 보안 패치에 대한 상황은 다릅니다. 버그가 있는 플랫폼에서 구동할 때 눈에 띄게 기능이 떨어지는 것 외에는 설치하지 않는다고 해서 불편하지 않기 때문입니다.

언제 패치를 설치할지는 다음의 네 가지 요인에 달려있습니다. 첫 번째 요인은 해롭지 않다는 자신감이 어느 정도인가입니다. 아무 것도 망가뜨리지 않는다는 강한 자신감이 있으면 아마도 테스팅 결과 때문에, 또는 영향을 받는 모듈이 여러분이 사용하지 않는 것이기 때문에 미룰 이유가 없습니다. 반대로 패치가 업무 수행에 필수적인 코드에 영향을 주는데, 아직 테스트해 보지 못했다면 기다려야 합니다.

두 번째 중요한 요인은 보안 구멍이 얼마나 적극적으로 악용되고 있는가입니다. 이런 정보는 종종 [Goodin 2012a]나 소셜 미디어 또는 보안 메일링 리스트 등의 기술 정보지에 나옵니다. 또는 최근의 인터넷 익스플로러 버그 때문에 발생된 일처럼 [Rosenblatt 2014] 동료로부터 또는 정부 기관으로부터 들을 수도 있습니다. 분명 이런 사건이 일어나면 아주 발빠르게 조치를 취해야 합니다.

하지만 위협 모델에 대해서는 매우 주의해야 합니다. 마이크로소프트의 보고서를 살펴보면 여러 개의 새로운 구멍이 언제 악용되며, 누가 악용하는지 대충 짐작할 수 있습니다. 이들은 2년간에 걸쳐 발견된 열여섯 가지 새로운 취약성을 검토했습니다. 그 결과, 단 두 명만 이것을 보통의 범죄자가 쓸 수 있는 악용 키트로 만들어냈고, 약간 늦게 개발되었지만, 그 중에서 아홉 개가 타깃형 공격의 아주 초반에 사용되었다는 것을 발견했습니다. [Batchelder et al. 2013, p.9] 다시 말해서 드문 사고가 발생했거나 MI-31로부터 공격받지 않은 한 일상적인 패치는 프로그램 크래시를 발생시키기보다는 대개 문제를 해결해 줍니다.

때로는 시스템 패치가 준비될 때까지 다른 방어책에 의존해야 할 수도 있습니다. IE를 악용하는 경우 웹 프록시를 설정하여 IE 사용자들의 외부 웹 브라우징을 차단할 수 있습니다. 단 이 경우 전 직원이 강제로 방화벽을 사용해야 합니다. 마이크로소프트의 EMET^{Enhanced Mitigation Experience Toolkit}[1]는 다운로드된 후에도 효과적으로 악용을 막을 수 있는 것으로 유명합니다. 하지만 이런 것에 의존하는 것은 매우 위험합니다. 왜냐하면 모든 악용 경로가 차단되었는지 확신할 수 있어야 하기 때문입니다. 예를 들어 메일 게이트웨이가 악성 파일을 감지하여 삭제한 기록을 확인하고, 해당 악성 파일이 웹을 통해 다운로드되었는지 또는 USB 드라이브를 통해 들어왔는지 알 수 있을까요?

마지막으로 여러분의 조직이 위험에 처하지 않은 사실을 알 때도 있습니다. 웹 브라우저가 사용하는 암호화 모듈과 메신저 프로그램에 버그가 있을 수도 있지만, 후자만 악용할 수 있습니다. 여러분의 조직은 메신저를 사용하지 않으므로 위험에 빠지지 않았습니다. 대신 암호화된 웹 브라우징에 의존하므로 이것을 깨는 위험은 감수하고 싶지 않을 것입니다.

어떤 패치를 설치해야 한다고 결정했다고 가정해 봅시다. 이상적인 세상이라면 데이터베이스 기반의 시스템 관리 플랫폼에 이것을 입력하기만 하면(15.3절 참고) 마법이 펼쳐지고 모든 것이 잘 될 것입니다. (여러분이 대규모 조직에 있는데, 이런 툴이 없다면 갖춰야 합니다. '15장. 시스템 관리'를 읽고 나서 이 부분을 다시 읽어보기를 권합니다.) 분산적인 열린 조직이라면 이것은 더욱 어렵습니다. 이런 조직은 사용자가 제대로 행동하기를, 즉 이

---

1 "The Enhanced Mitigation Experience Toolkit" https://support.microsoft.com/kb/2458544

야기를 들으면 곧바로 패치를 설치하기를 기대하기 때문입니다.

사용하는 플랫폼이 다양해질수록 시스템 관리자 그룹의 업무도 더욱 어려워집니다. 이들에게는 더 많은 시간과 테스트용 기기, 다양한 벤더의 패치를 평가하고 올바른 판단을 내릴 전문 지식이 필요합니다. 일반적으로 옳은 대응은 완전히 지원되는 플랫폼과 사용자가 직접 책임지는 다른 허용 사례를 분할해서 나열하는 것입니다. 필자의 대학교 IT 그룹에 다음과 같은 공고가 났다고 가정해 봅시다.

현재 관리 애플리케이션은 윈도우 8에서 인증되지 않았다. 또한 윈도우 제품에서 지원되는 설치 버전은 윈도우 8뿐이므로 CUIT에서는 지금으로서는 윈도우 8 기능을 지원하지 않는다.

이들은 윈도우 8을 구동하지 말라고 하지는 않고 단지 인증되지도, 지원되지도 않는다고 할 뿐입니다. 이렇게 해도 잘 될 수 있지만, 문제가 발생한다면 여러분이 책임을 져야지, 그들이 책임지는 것은 아닙니다. 여기는 대학교이고 많이 개방된 환경입니다. 최소한 상상할 수 있는 모든 시스템 중 하나는 설치되어 있고 IT그룹이 할 수 있는 일에는 분명히 한계가 있습니다.

기업에서는 사용하는 컴퓨터에 이런 유연함을 적용하는 경우가 매우 드뭅니다. 하지만 BYOD 트렌드 때문에, 특히 스마트폰에는 직원들이 자신의 장비를 사용하는 것이 허용되는 등 예외 사항이 점점 늘어나고 있습니다. 이런 기업이라면 패치 설치에 큰 한계가 있습니다. 결국 장비는 직원 소유이기 때문입니다. 이 경우에는 회사 네트워크에 연결을 허용하기 전에 최신 패치와 안티바이러스 소프트웨어가 시스템에 완전히 추가되도록 보장하는 회사 제공의 감사 툴을 구동하도록 고집하는 것이 최선일 때가 많습니다. 특히 윈도우 기기에는 이런 소프트웨어가 마련되어 있습니다.

패치 설치에 대해 마지막으로 중요한 측면은 패치가 설치된 기기와 설치되지 않은 기기의 추적 관리입니다. 항상 켜져 있는 건물의 데스크톱과 서버들은 쉽게 처리할 수 있는데, 이것들은 거의 항상 최신 상태로 유지됩니다. 하지만 수리를 맡긴 모바일기기와 가정용 기기, 시스템의 처리는 더 까다롭습니다. 자동화된 시스템 관리 툴은 보통 큰 문제없이 이런 것을 처리하지만, 이런 툴을 사용하지 않는다면 다른 기록과 감사 메커니즘을 사용해야 합니다. 패치되지 않은 기기, 특히 방화벽 밖으로 돌아다니는 모바일기기는 조직 전체에 위험이 됩니다. 코드 레드 웜Code Red worm 사고가 한창인 2001년 8월에 IETF 미팅이 열렸습니다. 필자는 회의실 LAN에서 발생하는 공격이 있는지 살펴 보았는데, 회의장에는 감염된 노트북이 최소한 10여 대는 있었고, 이 노트북들은 그 다음 주 홈 네트워크와 그 밖의 물리적으로 연결된 곳을 감염시켰습니다. 코드 레드는 제대로 설계되고 관리되는 방화벽은 뚫지 못했어야 하는데, 사실상 모든 기업의 네트워크 내부에 코드 레드가 있었습니다. 아마도 이것이 감염된 이유 중 하나일 것입니다. 설치를 자동으로 추적할 수 없다면 감사 툴 사용이 아마도 최선의 선택일 것입니다.

14장

사람들

"어, 네, 글쎄요, 발신 콘솔에 보안 콘솔을 마주하면 비드 넷 vid net 어디에서든지 보안 파일을 읽을 수 있어요. 물론 본부에 콘솔들을 정확하게 조정하고, 여러분에게 파일을 호출해 줄 수 있으며, 그럴 의향이 있는 사람이 필요하지요. 플래시 다운로드는 할 수 없고요. 어, 이미 알고 계시리라 생각합니다만."

"완벽한 보안이군." 보르코시건 백작이 애써 웃음을 참는 목소리로 말했다. 껄껄 웃던 마일즈는 소스라치게 놀라며 진실을 알아차렸다.

일리언은 신 레몬이라도 입에 문 표정이었다. "당신 어떻게 …." 일리언이 우뚝 서서 백작을 노려보며 말문을 열고는 여러 번 물었다. "어떻게 당신이 이걸 알아낸 거지?"

"뻔하지 않소."

"보안이 아주 탄탄하다고 여러분이 말했잖소."라고 웅얼거리는 보르코시건 백작의 입가에 감출 수 없는 웃음기가 맴돌았다. "가장 값비싸지만 사람이 만들어낸 것. 가장 영리한 바이러스, 가장 복잡한 도청 장비에 대해서도 안전한. 그런데 소위 둘이 유유히 통과했다?"

짜증난 일리언이 되받아쳤다. "바보들을 막아준다곤 약속하지 않았네!"

보르코시건 백작이 눈가를 닦아내며 한숨을 지었다. "아, 인적 요인이란. 이 결함은 고치도록 하지, 마일즈. 고맙네."

The Vor Game
— 로이스 맥마스터 부욜LOIS MCMASTER BUJOLD

14.1 직원, 훈련, 교육

필자는 몇 년 전 TLA^Three Letter Agency에서 강연한 적이 있었습니다. 점심시간에 주최측에 여러분은 최소한 컴퓨터 보안에 대해 진지하게 생각하는 조직이라고 평했는데, 사람들이 곤란한 표정을 짓더니 한 명이 "음, 최소한 조직의 일부는 그렇죠."라고 답하는 것이었습니다.

2년 정도의 시간이 지난 후 필자는 TLA.gov에서 근무하는 지인에게 이 이야기를 했는데, 돌아온 대답은 "솔직하네요. 일은 해야 하잖아요."였습니다. 보안 규칙이 걸림돌이 되는데, 그녀는 보안 규칙을 지키는지와 아무 관계 없는 업무로 평가를 받고 있었고 업무에 대한 자긍심도 높았기 때문이었습니다. 그녀와 동료들의 말도 맞긴 합니다. 규칙은 분명 중요한 일을 처리하는 데 방해가 됩니다. 하지만 그들은 TLA에서 일하고 있으며, 안드로메다인들은 이들을 노릴 것이 분명합니다. 이런 규칙은 방해가 되겠지만, 아마도 보안에는 도움이 될 것입니다.

두 번째로는 보안 정책을 알면서도 위배하는 사람들이 있습니다. 전임 중앙정보국장 존 도이치^John Deutch는 기밀이 아닌 기관에서 발급한 컴퓨터를 기밀 자료를 준비하는 데 이용했는데, 이것이 발각되었습니다. [Snider and Seikaly 2000] 또한 가족들도 이 노트북을 함께 사용했는데, 조사 결과, 도이치 외의 누군가가 '리스크가 높은 인터넷 사이트'를 방문한 사실이 밝혀졌습니다. [Snider and Seikaly 2000, p.31] 이후 이 컴퓨터에 AOL이 연결되어 성인용 웹사이트에 접속하는 데도 사용되었다는 기사가 폭로되었습니다. [Powers 2000] 이 사고는 기술적 문제가 아닌 인적 문제를 보여줍니다. 그런 면에서도 보안 정책은 이러한 행동에 대해 다루어야 합니다.

인적 요소 삼각형의 마지막 꼭지점에는 클릭해서는 안 되는 것들을 클릭하는 직원들의 실수가 있습니다. RSA가 뚫린 사건도 부비트랩이 설치된 스프레드시트에 첨부되어 있는 잘 만든 이메일 메시지를 통한 것이었습니다. [Rivner 2011], [Richmond 2011]

이 사건에서 공격자는 이틀 간에 걸쳐 두 개의 서로 다른 피싱 이메일을 보냈고 두 개의 이메일은 두 개의 소규모 직원 그룹에게 보내졌다. 이런 사용자가 특별히 눈에 띄거나 중요한 사람이라고는 생각할 수는 없다. 이메일 제목은 '2011 채용 계획'이었다.

이 이메일은 아주 잘 만들어졌기 때문에 직원 중 한 명이 스팸 메일함에서 꺼내서 첨부된 엑셀 [*sic*] 파일을 열 정도였다. 스프레드시트의 제목은 '2011 채용 계획.xls'였다. [*sic*]

이 공격은 APT에서 감행한 것일 수도 있습니다. 다른 무엇보다 첨부된 파일은 정말 제로데이 악용을 담고 있었습니다. 하지만 유명인의 누드로 알려진 사진부터 택배 추적 알림, 소셜 네트워크 사이트에 사진을 올렸다는 막연한 위협까지 변형된 예들이 계속 나타나고 있습니다.

이런 사고에서 공통적으로 눈에 띄는 것은 기술이 아니라 사람이 문제로 이끄는 약한 고리 역할을 한다는 점입니다. 이런 문제를 기술적으로 해결하고 싶다는 유혹을 느끼겠지만, 좋든 싫든 항상 기술적 해결이 가능한 것은 아닙니다. 해답은 결국 훈련, 교육, 그리고 동기 부여에 있는데, 안타깝게도 많은 기업들이 더 이상 훈련 이외의 노력을 하지 않습니다.

표준 사전을 펼쳐보면 '훈련^{train}'과 '교육^{educate}'에 대해 다양하게 정의하고 있습니다. 하지만 필자가 말하는 것은 이런 의미가 아닙니다.

훈련 특정한 목적을 위해 (마음가짐, 정신, 능력 등을) 함양하거나 발달시키는 것. 특정한 기능을 수행하는 데 익숙하게 하는 것

교육 (사람이나 마음가짐을 대상으로) 일반적인 지적이고 도덕적인 능력 발달을 돕거나 유발시키는 것. 지혜를 전하는 것. 일깨우는 것

훈련은 '특정 목적'에 집중하는 것이고 교육은 보다 폭넓은 것입니다. 훈련은 "강력한 비밀번호를 선택하세요."라고 말하면서 어떻게 하면 되는지 알려주는 것입니다. 교육은 공격이 실제로 어떤 것인지, 비밀번호 추측이 어떻게 작동하는지 보여준 후 이런 프로그램을 직접 짜 보도록 가르치는 것일 수도 있습니다.

교육은 훈련보다 더 많은 시간과 비용이 듭니다. 하지만 더욱 심각한 문제는 보안 전문가를 제외하면 공격의 자세한 내용에 관심이 없을 수도 있다는 점입니다. 이들 모두

일리가 있는 반박입니다. 충분한 정보의 전달이 유용하다고 느끼는 사람들과, 더 중요한 회사 일이 있는데 필자 같은 사람의 이야기를 듣는 것은 시간 낭비라고 생각하는 사람들의 차이는 아주 작기 때문입니다. 하지만 유효하지 않은 세 번째 반박은 보안이라면 반사적으로 비밀을 지키려는 충동이 드는 것과 같은 경우입니다. 결국 약점을 말한다는 것은 악당들에게 어떻게 공격하면 될지를 알려주는 것과 마찬가지입니다. 오래전에 이미 지적되었듯이 [Hobbs 1857] '악당들은 자기 일을 매우 열심히 하고 이들이 저지르는 사기에 대해 우리가 가르칠 수 있는 것보다 훨씬 많은 것들을 그들은 이미 알고 있습니다.'

직원들에게 공격을 받은 사실을 감추는 것은 비생산적입니다. 왜냐하면 이렇게 하면 바람직한 규칙과 정말 중요한 규칙을 직원들이 구분할 수 없기 때문입니다. 물론 차이는 있습니다. 규칙의 효력이 낮아지는 것을 보세요. 보안 절차의 중요성이 잘 통용되지 않아서 중대한 결과를 빚은 역사적으로 유명한 사건이 있었습니다. 바로 영국이 암호화 담당자의 무지와 게으름을 활용해 독일군의 에니그마^{Enigma} 기계에 가한 공격입니다. [Kahn 1991]

> 독일 공군 에니그마의 암호 분석가들은 'cillies'라는 용어를 잡아냈다. cillies는 에니그마 암호 담당자의 여자 친구 이름이었는지, 아니면 철자 배열을 바꿔서 놀리는 의도였는지는 몰라도 이 용어를 키로 사용했다. 에니그마 조작자들은 규정에서 금지하고 있었는데도 몇 가지 바보 같은 행동을 계속 저질렀다. 하나는 메시지의 키를 키보드 자판 배열 그대로 QWE나 NBV로 사용하거나, 첫 번째 세 글자에 여자친구 이름이나 음란한 단어를 사용한 것이었다. 또 다른 실수는 게으른 암호화 담당자가 메시지 키를 이전 메시지의 마지막 암호에서부터 반복한 것이었다.

위에서 용어 'cillies'의 사용을 '규정에서 금지하고 있었는데도 불구하고' 발생했다는 부분에 주목합시다. 거의 대부분의 직원들은 암호 해독 기술에 대해 무지했는데, 그 결과 자신들이 얼마나 중대한 실수를 범하고 있는지 깨닫지 못했습니다.

이 마지막 문제는 어떻게 해결할 수 있었을까요? 오늘날이라면 기술적으로 해결할 수 있습니다. 암호 박스에서 세션(메시지)키가 선택되고 사용자는 이런 실수를 저지르고 싶어도 저지를 수가 없습니다. 에니그마는 기계적으로 작동했으므로 획기적으로 다른 설계 없이는 이 방법을 사용할 수 없었을 것입니다. 여기에는 인적 문제가 있었고 영국은 바로 이 점을 악용했습니다. 독일인들이라고 해서 이 리스크에 대해 낙관적으로 임했던 것은 아닙니다. 이들의 해결책은 절차적인 위반을 저지르는지 지켜볼 수 있도록 트래픽 모니터를 갖추는 것이었습니다. 물론 나쁜 접근법은 아니지만, 전시의 트래픽 볼륨은 처리하기에 너무 컸기 때문에 결국 독일의 트래픽은 해석되고 말았습니다.

가끔 보상 구조에서 해답을 찾을 수도 있습니다. 규칙을 깨는 이들을 처벌하는 부정적 보상도 있겠지만, 긍정적 보상이 더욱 효과적일 뿐만 아니라 사기와 생산성을 올려주기까지 합니다. 이 장의 초반에서 다룬 TLA.gov 케이스를 기억해 봅시다. '보안을 위반할 수 없게 만들고야 말겠어.'라고 다짐할 수도 있고, 규칙을 지키지 않는 데 대한 처벌을 가할 수도 있습니다. 하지만 더 나은 접근법은 '어떤 기술을 사용하면 보안을 해치지 않으면서도 그녀의 생산성을 향상시킬 수 있을까요?'나 심지어는 '규정을 좀 풀어주고 정말 중요한 일에 집중할 수 있도록 해 줄 수 있을까요?'라고 고민하는 것입니다. 이 마지막 두 가지 접근법을 차단해 버리는 근거는 보통 비용입니다. 하지만 이것은 컴퓨터가 값비싸던 시절에나 통하던 이야기이고 오늘날에는 컴퓨터보다 인력이 더 값비쌉니다.

국제적인 규정을 무시하는 것도 문제입니다. 도이치 사건에서 감사관은 [Snider and Seikaly 2000, p.3] "도이치는 기밀 정보를 처리하는 데 기밀이 아닌 컴퓨터 사용을 금지한다는 조항을 알고 있었다. 또한 기밀이 아닌 컴퓨터를 인터넷에 연결해서 사용하는 데 관련된 특정 취약성도 알고 있었다. 하지만 도이치는 극비 정보를 이런 기밀 처리되지 않은 컴퓨터에서 대량으로 처리했고 정보에 대해 비인가된 접속을 제한하는 조치를 취하지 않아 국가 보안 정보를 위험에 처하게 했다."라고 보고했습니다. 이것은 생산성을 높이려고 했다거나 규정이 너무 엄격하기 때문이 아니었습니다. [Powers 2000] 아울러 "도이치는 참을성이 없고, 다른 이들의 우려를 무시하며, 논쟁을 할 때는 격해지고, 동의하지 않는 의견은 듣지 않는 성격이다. 결국 이 모든 측면이 어우러져서 펜타곤과 C.I.A.에서 함께 일하는 사람들에게 오만한 모습을 보였다. 이들 모두가 하나도 빠짐없이 도이치의 오만함이 문제를 일으켰다고 입을 모았다. 규정은 알지만 자신에게는 적용되지 않는다고 생각한 것이다." 마르쿠스 랜엄Marcus Ranum은 "소프트웨어로는 인적 문제를 해결할 수 없다."라고 말했습니다. [Cheswick, Bellovin, Rubin 2003, p.202]

가장 다루기 어려운 문제는 사용자가 속았을 때입니다. 더 많은 교육이나 훈련이 도움이 된다거나, 규정에 더 많은 조항을 넣는 게 낫다고 말할 수도 있지만, 이것이 그렇게 쉬운 문제만은 아닙니다. 보안은 대립 관계에 있는 절차여서 자기 일에는 매우 유능하지만, 보안 전문가가 아닌 사람들을 사기 전문가, 즉 공격자에 대항할 수 있게 준비시켜야 합니다. 또한 공격자는 한 번만 이기면 되기 때문에 훨씬 유리한 위치에 있습니다. 물론 기술적 조치를 향상시킬 수도 있습니다. 감염된 스프레드시트가 더 나은 안티바이러스 스캐너에는 잡힐까요? 때로는 RSA 사건처럼 제로데이 공격에 당할 수도 있습니다. 아마도 훈련을 더 하면 도움이 될 수도 있을 것입니다. 스팸 메일함에서 이메일을 회수하여 열어본 직원은 적합한 절차를 취한 것일까요? 하지만 훈련으로 강화할 수 있는 데는 한계가 있습니다.

여기서 적절한 해답은 다른 수많은 상황에서도 그렇듯이 균형 감각을 유지하는 것입니다. 이런 설계에 의해 뚫리는 빈도수가 얼마나 될까요? 이런 사고가 발생하면 비용이 얼마나 들까요? 그리고 더 많은 훈련과 기기에 투입하는 비용과 생산성 손실 비용과의 수치적 비교값은 얼마일까요? 안드로메다인의 타깃이 되었다고 생각되고 잠재적인 손실이 높을 경우 중대한 에셋은 에어갭airgap과 매우 엄격한 절차적 보호를 포함하여 고도로 방어할 필요가 있습니다. RSA 사고에서는 토큰의 키 자료가 탈취되었을 것으로 보입니다. 이런 방법은 이후 록 히드Lockheed를 공격하는 데 활용되었습니다. [Drew 2011] 사람의 행동으로 인한 사고가 불가피하다면 이런 키 자료를 보호하는 것은 피할 수 있는 결함입니다.

14.2 사용자

14.1절에서는 직원들의 보안에 대한 측면에 집중했습니다. 하지만 보안에 민감하면서 고객을 직접 응대하는 리소스를 가지고 있으면 아주 다른 문제를 다루어야 합니다. 여기에는 여러분의 사업에서 보안에 민감한 서비스를 제공하는 웹사이트 로그인과 환경(예: ISP)이 모두 포함됩니다. 사용자도 인적 요소이지만, 이들과 여러분의 관계는 매우 다르다는 것을 기억해야 합니다. 간단히 말해서 여러분은 이들이 필요하지만, 이들에

게 무엇을 하라고 시킬 수는 없습니다.

직원이라면 강의를 받도록 시킬 수 있습니다. 이들에게 웹 기반의 강의 세션을 완료하도록 강제하고 온라인 퀴즈까지 풀게 할 수 있습니다. 이들이 방문하거나 하지 않을 웹사이트에 대한 정책을 만들어서 강제할 수도 있고, 심지어 보안 위반에 관련된 황당한 훈련을 시킬 수도 있습니다.

하지만 사용자에게는 그럴 수 없습니다. 비밀번호 강화 같은 사소한 일을 강제로 요구할 수도 있고, 교육용 자료를 제공할 수도 있습니다. 하지만 고객을 계속 짜증나게 군다면 사업이 잘 될 리가 없습니다. 엄밀히 말해서 사실이라고만 할 수는 없습니다. 미국에서 대부분의 브로드밴드 ISP와 같이 사실상 시장을 독점하고 있는 사업은 이런 행동을 꽤 오래 해 왔습니다. 하지만 결국 고객의 원성을 사고 조롱거리가 되어 독과점의 해체를 불러올 기술이나 경제적 변화에 취약해지는 결과를 낳았습니다. 그때가 올 때까지는 규제 기관에 시달리게 될 수도 있습니다. 이것을 어떻게 처리해야 할지 살펴보려면 보안 이슈를 기업에 직접 영향을 미치는 것, 간접적인 경제적 피해를 유발하는 것, 기업이 어느 정도 그 중간에 걸려 있게 만드는 것의 세 가지 범주로 분류할 필요가 있습니다.

직접적 피해를 가져오는 한 가지 분명한 경우는 바로 신용카드번호가 저장된 사용자 계정을 남용하는 것입니다. 예를 들어 비자Visa는 '많은 가맹점 계약서에는 이제 사업자나 서비스 제공자가 충분한 데이터 보안 조치를 취하지 않아 유출된 카드 데이터에서 초래된 손실에 대해 사업적 책임을 지지 않는다는 조항이 포함된다.'라고 경고하고 있습니다. [Visa 2008] 다시 말하면 보안이 충분히 강력하지 않아서 고객 계정이 유출된 경우 고객 소유의 계좌에 청구된 신용카드 대금을 여러분이 내야 할 수도 있습니다. 사용자가 협조하지 않거나 분명히 잘못해도 충분히 강력한 보안을 제공할 책임은 여러분에게 있습니다.

여기에는 흥미로운 사업적 결정이 결부되어 있습니다. 기업은 고객을 원하지만, 돈이 들어가게 만드는 고객은 별로 매력적이지 않습니다. 그렇기 때문에 사용자 수와 비용이 비례하지 않는 보안 메커니즘은 처음부터 강력하게 설치하는 편이 좋습니다. 이때 두 가지 사항을 주의해야 합니다. 우선 일부 메커니즘은 사용하기에 너무 어렵거나, 거슬리거나 불편해서 사용자를 쫓아낼 수도 있습니다. 좋아하는 검색엔진에서 쇼핑 카트 상품 미구매 관련 기사를 검색해 보세요. 대부분의 설문조사에서 카트에 담은 상품을 구매하지 않는 이유를 묻는 대부분의 설문조사에서 가장 중요한 이유로 내세우는 답은 너무 많은 정보를 요구하여 사기가 우려되기 때문임을 알 수 있습니다. 두 번째는 일부 메커니즘, 특히 이슈를 해결하기 위해 인력 개입이 필요한 것들은 매우 많은 비용이 필요합니다.

바이러스에 감염된 사용자 같은 경우 때문에 간접 비용도 발생합니다. 여러분이 잘못한 게 아무것도 없는데도 누군가 여러분의 웹사이트 주소를 계속 새로 고쳐서 과부하가 걸리거나 대역폭을 너무 많이 소모하여 피해를 입는 것입니다. 한편 마지막으로 지적한 대역폭에서는 실제 소비율이 변동할 수 있습니다. 일부 ISP는 대역폭 사용 초과를 혜택으로 보고 고객에게 정량요금제를 판매하려고 합니다. 이것은 ISP 업체에 달려 있지만, 물론 고객들이 판매 전략에 의도적으로 감염시키는 것은 부적절한 일입니다. 그리고 가장 큰 비용은 사람들이 개입해야 할 때 발생합니다. 왜냐하면 회선보다 인력이 훨씬 비싸기 때문입니다.

이것은 '비용 회피 게임'이라고도 부를 수 있습니다. 그렇다면 무엇을 설치해야 문제를 개선할 수 있을까요? 일부 대학교에서는 이런 일을 매우 잘합니다. 감염된 기기를 탐지하여 복구용 VLAN으로 연결시키는데, 여기에서 지시서와 패치, 안티바이러스 소프트웨어만 다운로드하면 됩니다.[1] 여기에서 경제적인 교환은 주로 이런 메커니즘에 투입되는 가격 대 이것을 통해 막을 수 있는 기회 비용의 비교로 이루어집니다.

세 번째 범주는 문제를 초래할 아무 일도 하지 않았고 아무런 해도 입지 않았는데, 다른 사람들이 여러분에게 문제를 해결하라거나, 최소한 해결에 일부 책임을 지라고 하는 것으로, 매우 번거로운 일입니다. 상용 ISP사들은 이런 일을 항상 겪습니다. 사용자 중 하나가 잘못하거나 보안 문제에 부딪치면 이들이 고객의 문제를 해결해 주어야 합니다. 사용자의 기기에 바이러스가 감염되어 다른 사이트들을 공격하고 있을 때는 ISP에서 항의를 받습니다. 자, 그러면 이것을 어떻게 해야 할까요?

한 가지 접근법은 비용을 회피하는 것입니다. 다른 이들의 분노를 사지 않도록 충분히 필터링하세요. 이 방법은 매우 중요한 특수 케이스가 포트 25를 차단하는 것입니다.

---

1 "PaIRS: 담당자 및 사고 대응 시스템" http://goo.gl/xhroc

스팸 방지 수단으로서 대부분의 주택용 ISP들은 고객들이 다른 사이트의 SMTP 서버에 직접 통신하지 못하게 막고 있습니다. 하지만 지나치면 독이 되는데, 특히 내부 트래픽에 대해서는 그렇습니다. 인터넷의 획기적인 발전에도 이것은 걸림돌이 되고 있습니다. [Hagino 2003]

ISP는 경쟁이 심한 시장이지만, 마케팅적인 이점을 보안에 활용할 수도 있습니다. 실제로 안티바이러스 패키지를 할인 가격에 제공하는 것은 인기 있는 전략 중 하나입니다. 사실 경쟁을 떠나서 고객센터로 걸려오는 전화와 이메일의 수를 줄여주기 때문에 비용 효율이 높을 수 있습니다. 하지만 파일 공유 등을 금지하는 정책을 수용해도 항상 이 방법을 사용할 수는 없는데, 이런 기능을 원하는 사용자들은 필터링이나 차단 소프트웨어를 장점으로 보지 않기 때문입니다.

여기서 한 가지 주목해야 할 것은 합법적인 환경입니다. 이것은 물론 국가마다 다릅니다. 미국에서는 ISP에 매우 소수의 보안 요건만 부과하지만, 변화할 가능성이 있습니다. [Lichtman and Posner 2006]. 다음의 예를 살펴봅시다. 인터넷 서비스 제공사는 인터넷 감염이 공용 컴퓨터 시스템에 들어와서 재진입할 수 있는 게이트웨이를 제어합니다. 그러므로 이런 감염이 확산되기 전에 막을 책임이 있고 악성 코드의 근원이었던 개인을 찾아내는 데 도움을 주어야 합니다. 그리고 '한 당사자에게 다른 사람이 저지른 잘못에 대한 책임을 돌리는 규정은 여기에서처럼 악한 행위자들에게 직접 적용된다면 법적 책임이 효과적이지 못하다고 예측할 수 있습니다. 그리고 관련이 있는 당사자들이 이런 악한 행위자들을 제어하거나 이들이 초래한 피해를 줄일 수 있는 능력이 있는 상황에는 표준적인 법적 대응이다.'라는 법적 근거를 바탕으로 하고 있습니다. 미국에는 아직 이런 법이 없지만, 언제든지 상황이 변할 수 있습니다.

결국 사용자로부터 기인하는 보안 문제는 직원 문제보다 훨씬 다루기 어렵습니다. 사용자는 여러분에게 의무를 지고 있지도 않고 여러분도 서비스를 차단하는 방법 외에는 이들에게 큰 영향력을 발휘할 수 없습니다. 그리고 고객을 화나게 하는 것은 절대 사업적으로 좋은 선택이 아닙니다.

14.3 사회공학

컴퓨터보다 사람을 노리는 '사회공학social engineering'이라는 공격은 매우 끔찍한 변종입니다. 공격자는 여러분을 유혹하거나 겁을 주려고 시도하는데, 기본적인 목적은 여러분을 속이려는 것입니다. 결국 공격자에게 속아서 해서는 안 될 일을 하게 되는 상황의 수만큼이나 사회공학적 공격의 변종 유형은 매우 다양합니다. 사람은 정말 다양한 방법으로 속일 수 있습니다.

변종 유형의 전형적인 예 중 하나는 매력적인 여성을 이용하는 것입니다. 온라인에서 가짜로 여성인 척 행세하는 것부터 진짜 여성을 이용하는 것까지 다양한 방식이 있습니다. 칸Kahn은 '돈이 아니라 스릴 때문에' 코드 네임 CYNTHIA [1967]로 활동했다는 스파이의 이야기를 들려주었습니다. 그녀는 여러 명의 외교관을 유혹하여 이들 국가의 해군 암호를 빼냈습니다. 이런 수법은 아직도 사용되고 있는데, 구소련이 이 방법을 애용했습니다. 동독에서는 비밀경찰 슈타지Stasi가 정반대의 방법을 사용했습니다. 2차 세계대전 중 많은 남성들이 사망했기 때문에 많은 여성들이 짝을 찾기 어려울 것으로 생각하고 매력적인 남성 첩보원을 투입하여 취약한 타깃을 유혹했습니다. [Knightley 2010] 이런 트릭은 반드시 이성에게만 국한된 것도 아닙니다. 많은 문화권에서는 동성애가 활용하기에 더 좋습니다. [Milmo 2006]

온라인에도 이와 같은 트릭이 있습니다. 협박을 노리는 이들이 온라인 포르노 사이트나 변태 포르노 사이트를 만들었다고 상상해 봅시다. 특히 광고와 현대적 웹 트래킹 기술을 전부 사용하여 포르노 사이트에 자주 오는 이들을 식별할 수 있는 합법적인 웹사이트를 상상해 볼까요? 이런 것을 이용해서 협박한 사례는 아직 들어보지 못했지만, 이런 사이트의 악성 코드 사건을 보면 충분히 가능합니다. [Wondracek et al. 2010]

수많은 스팸 메일 발송자들은 훨씬 재미없는 형태의 사회공학을 활용합니다. 쫓겨난 독재자가 두고 간 재산을 약속하면서 인간의 탐욕을 부채질하는 이메일이든지, 두려움을 일으키는 것이든지('미수금 처리 대행사에 전달되기 전에 납기 기한이 지난 청구서를 확인하려면 여기를 클릭하세요!'), 욕망을 자극하는 것이든지('누드 사진!') 이들 개념은 모두 똑같습니다. 스팸 발송자는 사람들을 속여 첨부 파일을 클릭하는 것처럼 하면 안 되는 일을 하게 만들려는 것입니다(그림 14.1 참고). 이런 이메일은 대부분 너무 노골적이어서 그

럴 듯해 보이지 않지만, 아주 똑똑한 사람도 이런 수법에 걸려들곤 합니다. [Ellement 2004]

스피어 피싱은 훨씬 더 위험합니다. 이런 이메일은 특정인의 관심을 끌도록 정성스럽게 만들어집니다. 내부 프로젝트와 수신인의 동료 같이 아주 특별한 세부 사항을 담고 있는 경우도 많습니다. 이 장의 앞부분에 설명한 RSA에 대한 공격이 바로 이런 경우였습니다. 많은 전문가들은 미국 인사관리처OPM 컴퓨터 시스템이 뚫려 더 많은 스피어 피싱 공격이 계속될 것을 걱정했습니다. [Zetter 2015] OPM 데이터베이스에는 비밀 정보 취급 허가가 있는 사람들의 자세한 개인 정보가 들어있었던 것입니다. 위협 매트릭스에서 보자면 보통의 피싱 공격은 기회를 노리는 이들이 행하지만, 스피어 피싱 메시지는 타깃형 공격입니다.

이렇게 기술이 발전한 지금까지도 사회공학은 오프라인 전화로도 행해집니다. 미트닉Mitnick은 [2002] 법망을 벗어나서 활동하던 시절에 사용했던 이런 수많은 사기 수법을 설명하고 있습니다. 영리한 사기꾼이라면 사람들을 설득해서 놀라운 양의 정보를 빼낼 수 있습니다. 최근 발생했던 기업 스캔들 중 하나는 사립탐정이 HP의 이사를 사칭하는 프리텍스팅pretexting 기법을 사용하여 이 회사의 전화 기록을 손에 넣은 사건입니다. [Darlin 2008]

사회공학이 오프라인에서 일어날 때는 강력한 기술적 보호책이 전혀 없습니다. 문제의 핵심은 인가된 사람이 속거나 협박에 의해 부적절한 이유로 허가된 무언가를 하는 것입니다. 때로는 프로세스가 도움이 되지만, 이렇게 하려면 해당 인물이 프로세스를 충실하게 따라야만 합니다. 한 번은 민감한 시설의 입구로 장군이 다가갔을 때의 이야기를 들은 적이 있습니다. 보초를 서던 이등병은 복장에 달린 별을 보고는 차렷 자세로 경례를 했습니다. 장군도 경례를 하고는 걸어 지나간 후 다시 되돌아와서 이등병을 꾸짖었습니다. "왜 내게 총을 쏘지 않았나?" 그의 질문에 이등병은 "장군님?"이라면서 몸을 떨었습니다. "내가 자네를 지나쳐가는데도 제군은 신분을 묻지 않았다. 내가 이 군복을 어디서 구했는지 제군이 어떻게 아나?" 장군은 문제를 정확히 이해하고 있었습니다. 이등병은 고위 직급자가 기분 나빠할까봐 너무 두려워서 자기 임무를 수행하지 않았던 것입니다.

때로는 로그가 도움이 됩니다. 누군가 접근하지 않아야 할 리소스에 액세스하거나

From: American Express Dustin.Quinones@americanexpress.com 📎
제목: 최신 활동 보고서 – 사고 #6B16ME5NBG4J1BD
날짜: 7월 15일, 2014년 8:48 AM
To: ■■■■■■■■■■■■■■

보안 조치의 일환으로 저희는 아메리칸 익스프레스 온라인 시스템에서 일어나는 특이하거나 수상한 활동과 전송 내역을 확인하고 고객님의 전송 내역 모니터링 결과를 알려드리고 있습니다.

본 이메일에 첨부된 '수상한 활동 보고' 문서를 검토해 주시기 바랍니다.

아메리칸 익스프레사의 고객 서비스 이메일임을 확인하실 수 있게 고객님의 카드회원 정보가 문서의 오른쪽 위에 기재되어 있습니다. 이메일 보안에 대해 더 알아보시기니 ✦싱한 이메일을 신고하시려면 나름 주소를 방문해 주세요.
http://www.americanexpress.com/phishing

저희 아메리칸 익스프레스카드를 애용해 주셔서 감사합니다.

감사합니다.
Dustin.Quinones
3단계 고객 지원
아메리칸 익스프레스 계좌 보안팀
사기 방지 및 감지 네트워크

Copyright 2014 American Express Company. All rights reserved.

그림 14.1 최근 필자가 본 재미있는 피싱 이메일. 아메리칸 익스프레스 피싱 웹으로 가는 주소는 정확하지만, 해당 URL은 사실 HTTPS를 이용하는 다른 사이트로 다시 연결된다. 또한 첨부된 압축 파일에는 내용에 기재된 실제 보고서가 아니라 .exe 파일이 들어있다.

인가된 것보다 더 많은 리소스에 액세스하는 사실이 로그파일에서 드러나기 때문입니다. 물론 로그파일도 제대로 살펴보지 않으면 도움이 되지 않습니다. 그래서 교육이 필요합니다. 한 번은 동네에 있는 대형 상점에서 물건을 구매하고 단말기에 신용카드를 긁은 후 지갑에 다시 집어넣은 적이 있습니다. 그런데 직원이 신용카드를 달라면서 마지막 네 자리 숫자를 보아야 한다는 것입니다. 필자가 번호를 불러주자 화면에 나타난 숫자와 비교하고는 만족스러워했습니다. 그녀는 만족스러워했을지 모르지만, 필자가 점원을 속였을 수도 있습니다. 도둑들은 적합한 브랜드의 카드에 훔친 신용카드번호를 새겨넣기도 합니다. 점원은 사실 마그네틱 띠에 있는 번호와 카드에 새겨진 번호가 같은지 확인했어야 합니다. 필자는 이 절차가 필요한 이유를 알지만, 점원은 몰랐기 때문에 실제로 보안을 제대로 확인하는 게 아니라 단지 정보를 듣는 데 만족한 것입니다.

결국 잘 속는 데는 고치는 약도 없습니다. 보안은 시스템 문제라는 이야기를 여러 번 반복했습니다. 사람도 시스템의 일부로 간주해야 합니다.

14.4 사용성

인간은 고급 암호화 키를 안전하게 저장할 능력이 없고 암호화 작업 수행 속도와 정확도도 용납할 만한 속도가 아니다. 이들은 크고, 유지 비용이 많이 들며, 관리하기 어렵고, 환경을 오염시킨다. 이런 기기가 계속 제조되고 설치되는 것은 놀라운 일이지만, 구석구석 퍼져 있으므로 이런 한계를 우회하는 프로토콜을 디자인해야 한다.

Network Security: Private Communication in a Public World
— 찰리 카우프만CHARLIE KAUFMAN , 라디아 펄만RADIA PERLMAN , 마이크 스페시너MIKE SPECINER

이 말은 사실입니다. 우리가 일하고 있는 컴퓨터 직군 종사자 중 일부에게는 실망스러운 일이지만, 컴퓨터 시스템 사용자는 거의 사람이라는 것이 사실입니다. 다시 말해서 우리의 시스템은 보안 시스템을 포함하여 사람이 사용할 수 있게 설계되어야 한다는 의미로, 이것을 무시하면 문제가 생길 수밖에 없습니다.

돈 노먼Don Norman은 몇 해 전에 에세이 'RISKS Digest'를 통해 이 점을 매우 잘 표현했습니다. [Norman 2003] 노먼 자신이 '강의'라고 부른 이 에세이는 오히려 '불평'에 가까운데, 내용은 다음과 같습니다.

기술을 사용하는 사람들이 멍청하다고 간주한다면 우리는 계속해서 대충 구상한 장비, 절차, 소프트웨어를 디자인할 것이고, 그렇게 더 많은 사고가 생길 것이며, 잘못 구상한 소프트웨어, 잘못 구상한 절차적 요건, 잘못 구상한 사업 실행, 잘못 구상한 전반적 디자인이라는 근본 원인이 아니라 불운한 사용자들을 탓할 것이다. 이것은 RISKS 온라인 저널의 세련된 독자/기고가들조차 자주 반복해서 배워야 할 교훈이다.

시스템 오류가 발생했을 때 사람들을 탓하기는 너무나 쉽다. 그 결과, 모든 사고의

75% 이상이 인적 책임으로 돌려진다. 정신 차려라! 이렇게 사고의 비율이 높을 때는 무언가 다른 곳에 문제가 있다는 징후다. 즉 시스템이 사람의 관점에서는 너무 대충 설계되었다는 것이다. 이전에도 여러 번 말했듯이 (RISKS 메일링으로도 전했다) 밸브의 오작동률이 75%라면 밸브에게 짜증을 내면서 그저 계속 교체할 것인가? 이 경우에는 아마도 디자인 명세를 다시 살펴볼 것이다. 여러분은 밸브가 왜 오작동하는지 알아내서 문제의 근본 원인을 해결하려고 할 것이다. 명세가 없을 수도 있고, 밸브가 거기 있으면 안 되는 것일 수도 있으며, 밸브로 들어가는 시스템을 변경해야 할 수도 있을 것이다. 원인이 무엇이든지 그것을 찾아서 고칠 것이다. 이와 같은 철학이 사람에게도 적용되어야 한다.

이것은 정확한 지적입니다. 보안 시스템에도 같은 종류의 오류 모드가 있는데, 사람을 위해 디자인되지 않았을 경우에는 오류가 불가피하게 발생합니다.

고객이든, 직원이든 사람들이 보안에 민감한 일을 할 때 이런 상황을 가장 분명히 발견할 수 있습니다. 사람들이 이런 과제를 정확하게 수행하나요? 제대로 수행하는 방법을 모른다는 것을 깨달았나요? 아니면 이들이 정말 좋은 의도를 가지고서도 잘못된 일을 실행하는 것인가요?

전형적인 예로 비밀번호를 둘러싼 온갖 규칙과 관습, 믿음이 있는데, 이것에 대한 자세한 내용은 '7장. 비밀번호와 인증'에서 이미 설명했습니다. 여기서 근본적인 문제는 다른 사람들이 추측할 수 있거나, 자신은 기억하기 불가능한 문자열에 의존하는 시스템 디자인과 평범한 사람의 능력 차이에 있다는 것이 중요합니다. 이런 관점에서 보면 비밀번호를 없애는 것이 올바른 해결책임이 분명합니다. 그런데 이 개념은 경제적인 제약과 충돌하는 경우가 많습니다.

지적인 사용자를 대상으로 하는 인터페이스도 나을 것은 없습니다. 그림 14.2는 윈도우 7의 파일 허용 설정 대화상자로, 오류 횟수를 살펴보면 믿기 어려울 정도입니다. '허용'이나 '거부Deny'를 둘 다 선택하지 않는다면 무슨 일이 일어날까요? '쓰기Write'와 '수정Modify'의 차이는 무엇인가요? '전면 컨트롤Full control'은 다른 모든 허용('특별 허용special permissions' 포함)을 모두 허용하는 것일까요, 아니면 무엇인가 다른 기능일까요? 사용자 권한과 그룹 권한이 충돌하면 이들 두 가지는 상호작용할까요?

이런 모든 질문에 대한 해답은 이미 있지만, 필자의 생각으로는 대부분의 프로그래머조차 이것들이 무엇을 뜻하는지 모를 것입니다. 리더Reeder와 맥시온Maxion의 윈도우 XP 실험에서는 [2005] 이와 매우 비슷한 인터페이스를 제시하면서 이 인터페이스를 정확하게 활용하는 것이 얼마나 어려운지를 보여주었습니다. 대부분의 사용자들이 비교적 단순한 과제도 수행할 수 없었던 것입니다. 반면 내재된 보안 메커니즘에 변화를 주지 않고 인터페이스만 다시 디자인했더니 오류율이 1/4로 감소했습니다.

이것은 내재된 메커니즘이 문제가 아니기 때문에 비교적 단순한 케이스입니다. 즉 리더Reeder와 맥시온Maxion은 어떤 과제가 한 방식보다 다른 방식으로 더 잘 수행될 수 있음을 보여주었지만, 현행 보안 모델이 실제로 필요한 것들을 달성하고 있는지에 대해서 묻지도, 대답하지도 않았습니다. 다른 상황에서는 이 질문이 더욱 곧바로 제시됩니다. 그러면 인간의 행동 특징을 감안하여 올바른 답이 분명하지 않을 때는 정보를 어떻

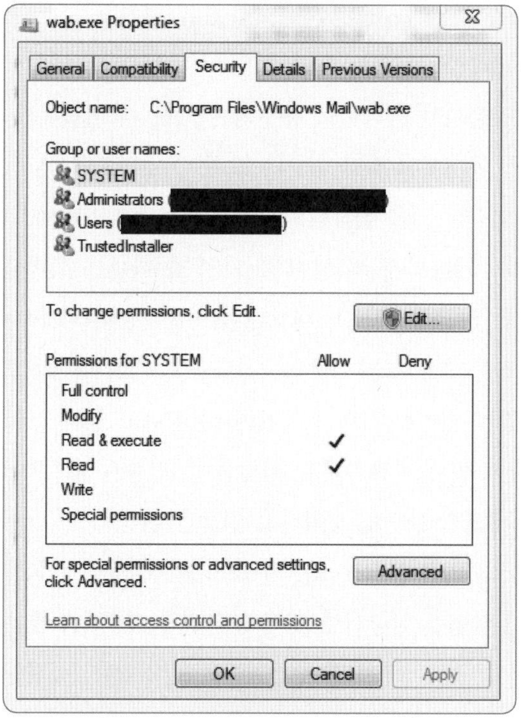

그림 14.2 윈도우 7의 파일 허용 설정 대화상자

게 제시해야 하나요?

이 질문을 제대로 파악하려면 여러 가지 유명한 웹 브라우저의 인증 경고 메시지를 비교해 보는 것이 좋습니다. 사파리, 파이어폭스, 구글 크롬, 그리고 윈도우 7의 인터넷 익스플로러IE의 경고 메시지가 그림 14.3에 모두 나타나 있습니다(정확히 말하면 맥 OS 10.8.5의 사파리 6.1과 파이어폭스 25.0, 그리고 크롬북의 크롬 31.0 버전). 재현한 상황은 직접 서명한, 즉 브라우저는 알지 못하는 인증기관에서 서명한 인증서가 있는 사이트를 방문할 때 실행됩니다. 이것은 사용성 관점에서 이들을 비교하면 분명히 알 수 있을 것입니다.

사파리 메시지(그림 14.3 (a) 참고)는 보통 사람에게는 낯선 개념인 '인증서'를 설명합니다. 디폴트로 선택되는 것은 없지만, 인증서 스푸핑certificate-spoofing이 심각하게 위험하다는 점을 고려하면 — 때로는 실제로 그런 일이 일어나지만 — '취소'가 디폴트여야 합니다. 계속하는 것 외에 단 하나 다른 옵션은 인증서를 디스플레이하는 것입니다. 하지만 그 결과, 해야 하는 행동은 대부분의 보통 사용자에게는 혼란스러울 뿐입니다.

파이어폭스의 메시지 상자(그림 14.3 (b) 참고)는 훨씬 낫습니다. 이 메시지 상자는 '신뢰할 수 없다'라고 되어 있지만, 암호 전문가가 아니어도 충분히 이해할 수 있습니다. 오류 메시지에 대해서 이해할 수 있도록 안내하고 있고 이 사이트에서 이 박스를 본 경험이 별로 없었다면 이 자체로 문제가 있다는 것을 짐작할 수 있습니다. 마지막으로 메시지 창에서는 '중단', '자세히 알아보기', '계속하기', 이렇게 세 가지 중 하나를 선택하도록 이해하기 쉬운 형태로 표시합니다. 분명히 '여기서 내보내줘!Get me out of here!'가 가장 좋은 선택이고, '위험한 것을 알고 있음I Understand the Risks'은 상황을 충분히 이해하고 동의할 때 사용하며, '기술적 세부 사항Technical Details'은 무슨 일이 일어나고 있는지 확인하고 싶은 경우에 선택합니다. 솔직히 필자는 대부분의 사람들이 '인증서 보기Show Certificate'를 누르면 무엇인가 알 수 없는 정보가 표시될 것이라고 생각합니다.

크롬과 인터넷 익스플로러 10(그리고 필자가 시험해 본 모든 버전의 IE)은 사파리만큼 불편합니다. 이들 브라우저도 어딘가에서 발행한 인증서에 대해 말하지만, 한 가지 좋은 점이 있습니다. 즉 사용자가 무엇을 해야 할지 명확하게 추천한다는 점입니다. 하지만 IE의 경우는 전문가나 알아들을 수 있는 말을 잔뜩 늘어놓습니다. 최소한 사파리는 문제가 신원 인증이란 것은 분명히 알 수 있게 써 두었고 크롬은 어떻게 상황을 판단해야

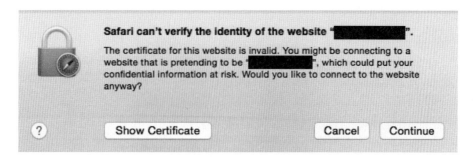

(a) 사파리

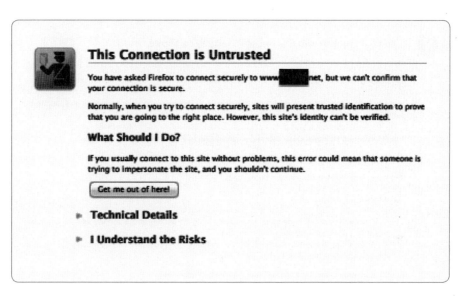

(b) 파이어폭스

그림 14.3 일부 브라우저에서 직접 서명한 인증서에 대해 경고하는 메시지

The site's security certificate is not trusted!

You attempted to reach **www.███████.net**, but the server presented a certificate issued by an entity that is not trusted by your computer's operating system. This may mean that the server has generated its own security credentials, which Chrome cannot rely on for identity information, or an attacker may be trying to intercept your communications.

You should not proceed, **especially** if you have never seen this warning before for this site.

[Proceed anyway] [Back to safety]

▶ Help me understand

(c) 크롬

There is a problem with this website's security certificate.

The security certificate presented by this website was not issued by a trusted certificate authority.

Security certificate problems may indicate an attempt to fool you or intercept any data you send to the server.

We recommend that you close this webpage and do not continue to this website.

🛡 Click here to close this webpage.

🛡 Continue to this website (not recommended).

🛡 More information

- If you arrived at this page by clicking a link, check the website address in the address bar to be sure that it is the address you were expecting.
- When going to a website with an address such as https://example.com, try adding the 'www' to the address, https://www.example.com.

For more information, see "Certificate Errors" in Internet Explorer Help.

(d) 인터넷 익스플로러

그림 14.3 일부 브라우저에서 직접 서명한 인증서에 대해 경고하는 메시지

하는지에 대해 간단한 가이드를 제공하고 있습니다.

크롬은 '더 알려주세요' 버튼(Help me understand)을 클릭하면 실제로 어떤 일이 일어나게 되는지 이해하기 쉽게 설명하기도 합니다. IE의 '더 자세히 보기' 텍스트(More information)는 링크된 URL을 확인해 보거나 '인증서 오류'에 대한 정보를 도움말센터에 문의하도록 유도합니다. 클릭하면 '인증서 오류는 인증서나 웹 서버의 인증서 사용에 문제가 있을 때 일어납니다.'라는 근사한 설명을 읽을 수 있습니다.

파이어폭스는 이해도 측면에서 가장 좋습니다. 크롬은 첫 부분이 좀 모호하게 시작하지만, 전체적인 그림은 더 잘 보여줍니다. 사파리는 설명이나 조언을 전혀 하지 않으며, IE 시리즈는 불필요하고 반복적으로 쓸데없는 기술적 이야기만 늘어놓으면서 대체로 부정적인 뉘앙스를 풍깁니다. '더 자세히 보기' 버튼More information은 더 심한데, 버튼을 클릭하면 나오는 설명은 문제가 사소한 설정상의 또는 사용자의 오류라고 암시하기 때문입니다. 물론 그럴 수도 있지만, 더 이상 진행하지 말라는 강력한 경고와는 크게 다릅니다.

하지만 보안은 시스템 속성이라는 점을 기억합시다. 초기 경고가 중요하지만, 이것만으로 끝나는 것은 아닙니다. 경고에도 불구하고 클릭한다면, 그것도 한 번뿐만 아니라 여러 번 클릭한다면 어떻게 될까요? 크롬과 사파리는 이어지는 사이트 방문을 허용하고 IE는 똑같은 경고 문구를 표시합니다. 파이어폭스는 예외 처리를 계속 적용할지, 아닐지 선택권을 주지만, 대부분의 사람들이 수락하는 디폴트 옵션은 사이트 방문과 그 인증서를 향후 수락하도록 되어 있습니다. 그러면 어떤 쪽이 올바른 선택일까요? 계속 선택 수락을 적용하는 것은 '통과할 수 없습니다!'라는 태도를 고수하는 것일까요, 아니면 사용자에게 맡기는 것일까요? [Tolkien 1954, Book II, Chapter 5]

사용자를 탓하는 데는 문제가 있지만, '8장. 공개키 인프라'에서 다룬 웹 PKI의 심각한 적을 상대하는 것은 큰 장애가 아닙니다. 그러면 브라우저는 최초 접근에 따라서 행동해야 할까요, 아니면 이후의 시도에 따라 행동해야 할까요? 초기 경고는 올바른 것으로 보입니다. 웹 PKI의 의미적 정의는 무엇인가를 말해야 한다고 요구하지만, PKI가 너무 약하고 그다지 중요하지 않다고 반박할 수 있습니다.

브라우저가 이후 연결에 대해 어떻게 행동해야 할지는 결정하기가 더욱 어렵습니다. 한 가지 접근법은 우리의 위협 매트릭스로 돌아가는 것입니다. 어떤 유형의 공격자가 자신이 서명한 인증서가 실행되도록 할 가능성이 높은가요? 이 질문에 대한 정답은 묘하게도 중간 정도 실력의 공격자라는 것입니다. 아마추어 해커는 가짜 인증서를 만드는 방법이나 이것을 요구하는 웹사이트로 누군가를 유혹하는 기술은커녕 인증서 자체를 모를 수도 있습니다. 안드로메다인들은 신뢰받는 루트 CA를 해킹해서 경고가 뜨지 않고 수락되는 인증서를 획득할 수 있습니다. [Galperin, Schoen, Eckersley 2011] 다른 축에 있는 타깃형 공격자도 약간 가능성이 있습니다. 웹 서버는 모두 접속할 수 있습니다. 그리고 타깃형 공격자는 누군가 방문할 가능성이 있는 사이트가 무엇인지 알거나 누군가를 해당 사이트로 유인할 수도 있지만, 이것은 타깃형 공격자가 늘 갖는 이점입니다.

넷에는 직접 서명한 인증서가 매우 많다는 데 유의해야 합니다. 한 설문조사에 따르면 모든 웹사이트의 1/4 이상이 기술적으로 무효한 인증서를 갖추고 있고 [Ristic 2012, p.23] 모든 사이트의 16%는 '신뢰받지 않는' CA의 인증서를 이용합니다. 거의 틀림없이 이런 사이트의 대부분은 악성이 아닙니다. 사이트의 모습이 변하는 것은 사이트가 처음 나타나는 것보다 더 강한 악성 행위의 지표입니다. 파이어폭스와 크롬의 경고는 둘 다 이것을 제대로 처리하고 있습니다. 또한 이것은 이들 두 개의 브라우저가, 그리고 사파리가 '까다롭게' 반복하도록 만든 것을 정당화시켜 주지만, 이런 상태를 나중에 어떻게 바꿀지 모호해질 때가 많고 브라우저에 따라 다른 것도 문제입니다.

하지만 인터넷 익스플로러는 현재 브라우저 세션 동안을 제외하면 이런 인증서를 수락하고 계속할 옵션을 제공하지 않습니다. 마이크로소프트는 이런 사이트를 방문하는 것이 본질적으로 안전하지 못하므로 방문할 수는 있게 하지만, 방문 절차가 쉽지 않도록 결정한 것입니다. 사용자나 시스템 관리자는 새로운 루트 인증서를 추가할 수 있습니다. 아니면 계속해서 경고 창을 클릭하면 되지만, 이렇게 하면 인적 요소의 비용이 발생합니다. 결국 사용자들이 보안 경고를 단순히 클릭해서 넘어가는 버릇을 갖게 되는 것입니다.

필자는 이미 W3C Wiki의 '대화상자'에 대해 정의했습니다. 사용자들이 경고 내용을 이해하지 못하고 원하는 것을 성취하기 위해 필요하다면 경고 창을 계속 클릭할 것입니다. 여기서는 마이크로소프트가 이런 인증서의 디자이너들에게 공정한지가 아니라 이들로 인한 위험이 클릭해서 넘어가는 버릇을 강화하는 위험보다 더 큰지를 질문해야 합니다. 이것은 매우 다른 질문으로, 대답을 찾기도 더 어렵습니다. 브라우저들이 활

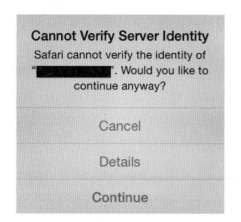

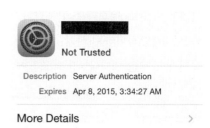

그림 14.4 신뢰할 수 없는 인증서에 대한 iOS의 첫 '상세' 경고 문구

짝 열린 핫스팟에서부터 집, 그리고 빡빡하게 운영되는 조직의 네트워크까지 매우 다른 환경에서 구동되므로 정답을 구하기가 매우 어렵습니다. 또한 각각의 과정에서 만날 리스크도 그에 따라 다릅니다.

모바일기기가 급부상되면서 이 문제를 더욱 심각하게 만들고 있습니다. 작은 화면 크기 때문에 경고 창에 표시할 수 있는 정보가 더욱 적어지고 읽기도 어려워졌기 때문입니다. 그림 14.4는 아이폰이나 아이패드에 나타나는 최초의 '세부 정보' 팝업 창입니다. 애플의 데스크톱 브라우저(그림 14.3 (a) 참고)에 비해 얼마나 적은 정보만 주는지를 보면 이것을 정확한 안내의 모델로 삼을 수 없다는 것은 분명합니다. 마법의 단어인 '인증서'를 사용하지 않는 것은 편리하지만, 사용자들은 문제가 무엇인지, 어떤 리스크가 있는지는 전혀 모릅니다. 크롬과 IE 경고문의 모든 결함에도 불구하고 전화기에서 표시되는 대화상자는 대형 화면 컴퓨터에서 보는 것과 같습니다.

14.5 인적 요소

여러 가지 좋은 문구를 다르게 해석해 보면 컴퓨터는 사람을 위해 만들어진 것이지, 사람이 컴퓨터를 위해 탄생한 것은 아닙니다. 훈련과 다양한 관련 프로세스가 포함된 모든 시스템은 이 점을 기억해야 성공할 수 있습니다.

시각을 다르게 하면 이 점을 잘 설명할 수 있습니다. 사람과 관련된 보안 문제는 아키텍처나 코드보다 시스템 운영에 버그가 있다는 것을 보여줍니다. 이런 문제를 보안 설계자가 주로 걱정하는 전통적인 버그보다 중요하지 않다고 무시해서는 안 됩니다. 특성상 개연적이라는 사실, 즉 모든 사용자가 똑같은 실수를 저지르지 않는다는 것은 문제가 되지 않습니다. 경합 조건race condition 공격도 개연적인 것으로, 사회공학적 사기보다 성공률이 훨씬 낮습니다. 버퍼 오버플로를 무시하는 것만큼 인적 요소를 무시하는 것도 보안 디자인에서는 합리적이지 않습니다. 정말 질문해야 하는 것은 적합한 솔루션을 어떻게 찾을 것이냐, 찾느냐 하는 문제입니다.

물론 첫 번째 측면은 누구에게나 분명합니다. 시스템 디자인을 인간의 능력에 맞추는 것으로, 기술과는 달리 인간의 능력은 비교적 멈춰있습니다. 앞에서 설명했듯이 호모 사피엔스 2.0이 조만간 배포될 것 같지는 않습니다. 어떤 환경이나 교육, 훈련 또는 절차가 이것을 보완하여 약간의 변화가 일어날 수는 있지만, 대체로 사람의 반응과 지각적 한계는 지금과 똑같을 것입니다('16장. 보안 프로세스' 참고).

솔루션의 두 번째 측면은 그리 분명하지 않습니다. 사용성 디자인 원칙이 있지만, 무작정 이것을 따라한다고 전문가가 될 수는 없으므로 받아들여야 합니다. 대부분의 컴퓨터 전문가들은 일반인들이 어떤 것을 사용할 만하다고 받아들이는지에 대해서 잘 모릅니다. 필자는 어떻냐고요? 필자는 정규 표현식이 매우 분명하고 쉬우며, *vi*가 사용자 친화적이라고 생각합니다. 그렇다면 필자가 다른 사람들이 이해할 만한 것을 디자인할 수 있을까요? 그러므로 보안만큼은 인적 요소에 대해서도 전문가가 아니라면 도와줄 사람을 찾는 게 좋습니다.

물론 [Reeder, Kowalczyk, Shostack 2011]에서 설명했듯이 보안이나 사용성 중 어느 것도 대부분 시스템의 주요 목적이 아닙니다. 따라서 대부분의 개발자는 사용할 수 있는 보안을 제외하고 어느 쪽의 전문가도 아닐 것입니다. 이런 사람들이 NEAT, 즉 필요한, 설명한, 동작할 수 있는, 테스트한 보안 경고의 단순한 가이드라인을 개발했습니다. 다시 말해서 다른 선택의 여지가 없을 때까지는 경고문을 제시하면 안 되고 사용자가 올바른 결정을 내릴 수 있는 상황에서 사용자에게 완전한 정보를 제공해야 합니다. 더욱이 선택된 특정 디자인은 엄격히 테스트해야 합니다.

지나치게 단순한 접근법은 성공하기 어렵습니다. 복잡한 인터페이스를 GUI로 덮는 것은 수많은 선택을 더욱 분명하게 표시할 수 있습니다. 그러나 반드시 이해하기 쉽게 해 주는 것은 아닙니다. 이것을 알아내려면 사용자를 연구하고 전문가들도 함께 연구해야 합니다.

마지막으로 사용성은 나머지 보안 사항과 마찬가지로 시스템 문제입니다. 즉 모든 부분이 사용성 관점에서도 상호작용합니다. 직원과 사용자의 차이는 분명하지만, 나머지 측면은 별로 그렇지 않습니다. 비밀번호 변경 요청 타이밍을 한 번 살펴봅시다. 지금은 일단 7.2절에서 논의했던 비밀번호를 오래 쓰는 데서 오는 문제를 무시합시다. 일부 시스템에서는 로그인할 때 이런 일이 발생합니다. 이때 일어나는 문제는 오래 전 그램프Grampp와 모리스Morris가 다음과 같이 지적했습니다. [Grampp and Morris 1984] '조금만 생각해 보면 너무 어렵지 않으면서도 좋은 비밀번호를 고를 수 있는데, 로그인할 때 깜짝 놀라면 생각할 여유가 없어진다. 이런 추측을 뒷받침하는 확실한 증거는 없지만, 대부분의 말도 안 되게 단순한 비밀번호는 비밀번호 에이징password aging 기능이 있는 시스템에서 발견되는 경향이 있다.' 즉 타이밍 자체가 문제가 되는 것입니다.

사람이 중심이 되는 리스크는 일정 정도 위협 모델에 의존합니다. 오프라인 공격은 그 비용 때문이라도 타깃형이 더 많습니다. 안드로메다인들이 결부되어 있으면 일반적 경우보다 더 심각할 것입니다. 첩보기관은 일반인의 생각보다 훨씬 더 사람을 조종하는 데 능숙합니다. 대부분의 스파이는 전문적인 훈련을 받은 사기꾼입니다. 이들은 보호받고 있는 건물에 실제로 침입하여 비밀을 훔쳐내지 않고 오히려 이미 접근 권한이 있는 이들을 조종합니다. [Bellovin 2014a]) 그리고 방위와 첩보 커뮤니티 외에는 이런 공격을 감지하고 대응할 수 있는 전문가를 제대로 갖춘 사이트가 거의 없다는 것이 더욱 심각한 문제입니다.

원격 변경이 사용성 문제를 일으키는 경우도 자주 있습니다. 좀 더 정확히 말하자면 갑자기 사용할 수 없는 인터페이스가 눈에 보여 중요해지는 결과가 발생할 수도 있습니다. 스팸과 안전하지 못한 첨부 파일을 처리하기 위한 메커니즘은 수신자의 이메일 주소가 '인기를' 끌 때까지는 상관이 없습니다. 데스크톱 방화벽과 필터링 규칙은 인터넷 접속이 순전히 NAT를 통하는 집에서는 문제가 없지만, 로컬 ISP가 IPv6로 변환될 때는 직접 연결됩니다. 가정용 기기로의 직접 연결은 좋을 때가 많지만, 사용자가 적합한 액세스 컨트롤 메커니즘을 켤 수 있을 때만 그렇습니다.

보안 설정에서 사람의 역할을 평가할 때는 이 모든 것을 고려해야 합니다. 결국 사람과 이들의 배경, 기술과 언제 사용되는가와 같은 모든 것이 변화합니다.

15장

시스템 관리

"계속 멍청한 질문을 하는데, 너무 멍청해서 자기가 저지른 실수에서 배우는 것
도 없고, 남들이 다 자기 뒤치다꺼리를 하게 만들질 않나, 의견은 또 얼마나 많은
지 일일이 받아 적을 수도 없어. 이 수업에 들어오면 안 되는 녀석이었는데, 볼먼
박사님한테 상담 좀 해 보라니까 그 말도 안 듣더라고. 프레드는 공간이나 낭비
하는 녀석이야. 또한 여기서 가장 강력한 보곤bogon 분출기라고나 할까?"

"보곤?"

"가상의 멍청함 입자야. 바보들은 보곤을 발산해서 바보들이 있으면 기계가 오작
동을 하거든. 시스템 관리자들은 보곤을 흡수해서 기계가 다시 작동하게 해 주
지. 해커들이 믿는 전설이라고나 할까?"

The Atrocity Archives

— 찰스 스트로스Charles Stross

15.1 시스템 관리자 – 가장 중요한 보안 리소스

〈불평〉

좋은 시스템 관리자의 가치는 '루비보다 훨씬 값지다.'라는 잠언 31장을 인용해서 표
현할 수 있습니다. 제대로 된 시스템 관리자는 다른 어떤 수단보다 훨씬 더 잘 보안 문
제를 방지할 수 있습니다. 시스템 관리자는 패치를 적용하고, 방화벽 환경을 설정하며,
사고를 조사하는 등 다양한 일을 합니다. 시스템 관리자의 경우 스트레스는 크지만 직
위는 낮을 때가 많고 일 자체에도 방해 요인이 많습니다. 늪지의 물을 어떻게 빼야 하
는지는 완벽히 알고 있지만, 악어가 너무 많아서 손을 댈 수가 없는 격입니다. 시스템

관리자는 일을 제대로 해내기에 리소스가 너무 부족한 경우가 많지만, 피할 수 없는 오류가 발생할 때 늘 욕을 먹습니다. 이들은 하루도 쉬지 않고 24시간 동안 대기할 때가 많지만, 컴퓨터 한 대에 윈도우 업데이트하는 것과 현대의 데이터센터를 끊기지 않게 구동하는 것을 똑같은 일로 생각하는 이들에게 보고해야 할 때가 많습니다. 물론 이 모든 이슈는 주어진 방어책이 실제로 어떤 일을 달성했는지 확인하기 어려울 때가 많은 보안에 대해서는 확대 해석되곤 합니다. 하지만 경영진은 일에 책임을 지고 있는 사람들에게 필요한 리소스를 주지도, 존중하지도 않으면서도 모든 일이 완벽하게 돌아가기만 원합니다.

〈/불평〉

시스템 관리자의 중요성에 대한 필자의 말은 100% 진심입니다. 최소한 대부분의 보안 문제는 버그가 있는 코드 때문만이 아니라 이미 패치가 존재하는 버그 있는 코드 때문에 일어납니다. 시스템 관리자는 물론 이런 패치를 설치하는 사람들입니다. '13장. 최신 소프트웨어의 상태 유지하기'를 살펴보면 절대 다운되면 안 되는 근간 시스템에 대해서는 이 과정이 간단하지 않다는 것을 알 수 있습니다. 데이터센터든지, 네트워크든지, 서비스든지, 운영 관계자로 일해 보았다면 이 일을 잘 해내는 것이 왜 중요한지 잘 알 것입니다. 그런데 어떻게 해내는가는 좀 더 까다로운 질문입니다.

그렇다고 필자가 관리 전문가라는 것은 아닙니다. 시스템 관리자들로부터 들어온 가장 큰 불만은 사용자 커뮤니티와 그 연장선상에 있는 상위 관리자들이 제대로 존중해 주지 않는다는 것입니다. 어떻게 보면 필연적이기도 합니다. 무언가 거의 항상 작동한다면 자연히 대부분은 무시하게 마련이고, 오류가 발생했을 때만 관심을 기울이게 됩니다. 그리고 이 시점이 되면 사람들은 누군가 비난할 대상을 찾게 마련입니다. 많은 사용자들도 마찬가지로 더 잘 작동하는 비슷한 서비스를 찾아 다른 서비스 제공사로 옮겨가면서 이전과 하나도 다를 게 없거나 시스템 관리자가 통제할 수 없는 요인에서 똑같은 오류를 겪으면 시스템 관리자를 욕합니다. 이들에게는 완충 작용과 우산 역할을 해 줄 수 있는 매니저 등의 강력한 리더십이 실질적인 인정 보상만큼 중요합니다.

이것이 이 책과 어떤 연관이 있나요? 정답은 간단합니다. 시스템 관리자들은 보안을 위한 전쟁의 최전선에 서 있는 전사들입니다. 이들은 시스템 설계자가 선택한 많은 보안 메커니즘을 적용하고 패치 설치와 시스템 업그레이드도 관리합니다. 이들은 로그를 보거나, 성능 이상을 알아채거나, 사용자의 불만을 처리하면서 보안 문제를 알아낼 가능성이 가장 높은 사람들이기도 합니다. 더욱이 좋은 시스템 관리자는 실생활에서의 보안 이슈와 위협을 매우 많이 알고 있어야 합니다. 정말 훌륭한 보안 인력들은 상당수가 시스템 관리자 출신이기도 합니다. 이 장에서 해결하려는 질문은 이 책의 원칙을 어떻게 시스템 관리자에게 적용하면서 시스템 관리자의 원칙을 어떻게 이 책에 적용하는가입니다.

15.2 올바른 경로 선택하기

이 책에서 설명하는 대부분의 주제는 보안 정책을 세우는 것입니다. 이 외에 시스템 관리자가 내려야 하는 가장 중대한 결정은 바로 얼마나 많이 통제할 것인가입니다. 완전한 무정부주의나 전체주의라는 두 가지 극단적인 상황에서는 보안적 약점을 포함하여 저마다 단점이 있습니다.

정책을 세우지 않거나 변동 요구에 너무 쉽게 응하는 무정부주의의 보안적 리스크는 분명합니다. 플래시 드라이브가 아수라장을 만들 정도로 단순한 세상에서는 [Falliere, Murchu and Chien 2011, Kenyon 2011, Mills 2010] 매우 엄격한 정책이 필요합니다. 둘째로는 이 정책을 강제로라도 제대로 실행해야 합니다.

한편 사소한 문제에 대해서까지 너무 엄격한 것도 피하는 게 좋습니다. 시스템 관리자들도 사람입니다. 액톤 경^{Lord Acton}의 '권력은 부패하게 마련'이라는 격언이 여기에도 적용됩니다. 보안이라는 실제적 필요성이 확고부동하고 의미 없는 규칙으로 변모하여 일리 있는 요구조차 들어주지 않는 경우가 너무 많습니다. 스콧 애덤스^{Scott Adams}가 만화 '딜버트^{Dilbert}'에서 '정보 서비스를 막는 자 모닥'으로 묘사한 전형적인 관리자 캐릭터는 실제 세계에서도 자주 볼 수 있습니다.

너무 엄격한 규칙은 사람들이 이것을 기피하게 만든다는 점이 문제입니다. xv페이지의 모뎀에 대한 이야기는 사실입니다. (그렇습니다! 필자는 이 일이 어떤 회사에서 익어난 것인지도, 그 시기 그 회사에 다녔던 사람들도 알고 있습니다.) 이것은 어떤 문화권에서 보안 정책이 너무 엄격할 때 무슨 일이 일어나는지 볼 수 있는 전형적인 예입니다. 보안 정책에는 위협 모델을 이해하는 보안 인력과 무엇을 적용할 수 있는지, 그리고 얼마가 드는지 아는 시스템 관리자와 조직이 무엇을 해야 하는지 아는 사업 매니저, 그리고 어떤 직원이 이것을 참을 수 있는지의 여부를 아는 직속 상사, 이렇게 네 명 사이의 서로 다른 관심사가 균형 있게 포함되어야 합니다. 사실 직원 각자에게 묻는 편이 더 좋지만, 이렇게 하기에는 어려울 때가 많습니다.

정책을 결정하는 것은 반복 적용되는 프로세스로, 여러 사람들이 한 가지 이상의 역할을 합니다. 시스템 운영자는 "네, 그 기능을 활성화할 수는 있지만, 데스크톱 OS를 새 릴리스 버전으로 업그레이드해야만 합니다. 그 버전이 안전하게 적용할 수 있으니까요."라고 대답할 수도 있습니다. 두 관리자군 모두 업그레이드에 들어가는 예산에 반대하겠지만, 큰 침투 사건이 벌어진다면 모두가 곤란해집니다. (직속 상사들은 자기들이 비용을 내지 않으면 자신이 관리하는 직원들을 위해 예쁘고 반짝거리는 새 하드웨어를 허가할 수도 있습니다.) 이런 다툼에서 문화적인 갈등이 촉발되는 경우가 매우 많습니다. 개발자들은 회계 담당자들과 대립하고 기술 전문가들은 사업부서와 대립하는데, 사람들이 뭘 해도 되는지에 '불필요하게' 규제를 한다면서 맹비난을 사는 이들이 시스템 관리자일 때 특히 문제가 심화됩니다.

물론 이것을 해결해 주는 결정론적 알고리즘은 없습니다. 모두를 위한 최선의 접근법은 숫자와 대안을 갖추는 것입니다. 매니저들이 선호하는 전략 때문에 회사의 사업이 얻을 수 있는 달러, 유로, 골드 혜택은 얼마인가요? 그리고 얼마 안 들지만 더 안전한 대안의 비용과 리스크는 무엇인가요? 침투 사고가 일어나면 어떤 자산이 리스크에 노출되나요? 가능한 적은 누구이고 각 그룹이 관심을 가질 자산은 어떤 것인가요? 이런 그룹 중 하나가 공격당할 확률은 어느 정도이고 어떤 경로를 통해서인가요? 방어책은 얼마나 강력한가요? 특정 대책을 적용할 때 직원들의 의욕에 얼마나 심하게 타격을 받나요? 결과적으로 생산성의 하락을 불러오나요? 그리고 총매출은 올라갈까요?

이런 질문은 정확하거나 자신 있게 대답할 수 있는 것이 아닙니다. 사업부서에서는 '가장 정확한'이란 뜻으로 최선의 수치를 가지고 올 가능성이 높습니다. 정량화에 더 능숙한 사람들이 개발자가 아니라 사업부서쪽이라는 것은 아이러니컬합니다. 사업부서의 시장이나 개발 비용 예측이 언제나 정확하다는 의미는 아닙니다. 이들도 예언자는 아니고 수익을 중시하는 이들일 뿐인데, 대체로 이들의 예측이 보안부서보다 훨씬 유능하다는 의미입니다. 또한 이들은 실패를 죄악시하기보다는 단순히 경제 예측이 빗나간 것으로 보는 경향이 있습니다. 이들이 하는 일의 본질은 계산된 리스크를 받아들이는 것이지만, 보안 담당자들은 일반적으로 리스크를 회피하는 쪽을 선택합니다.

이전 단락에서 시스템 관리자들은 대개 중립적인 이들이라고 암시했습니다. 보안 때문에 지연되는 것은 이들의 제품이 아닙니다. 또한 제품의 전반적 보안 아키텍처에 책임을 져야 하는 것도 이들이 아닙니다. 물론 업그레이드가 아주 잘못되거나 침투 사고가 발생하면 이들이 비난을 받을 것입니다.

* * *

이 점을 잘 보여주는 최근의 이슈는 바로 BYOD^{Bring Your Own Device} 트렌드, 즉 직원들이 회사에서 지급한 전화나 노트북 등이 아니라 자기가 구입한 장비를 사용하는 것입니다. 직원들이 대부분의 비용을 내기 때문에 회사는 이로 인해 재정적 이익을 취할 수도 있고, 어쩌면 사기가 오를 수도 있으며, 기능적 문제에 부딪힐 수도 있습니다. 사실 애플 애호가는 윈도우 기기를 강제로 사용하게 하면 좋아하지 않는 경향이 있고 그 반대의 경우도 있습니다. 무작위적인 운영체제의 무작위적 릴리스 버전이 구동되는 무작위적 컴퓨터에서 필수적 기업 소프트웨어가 반드시 작동할까요? 유지 보수 문제는 어떻게 할 것인가요? 하지만 이 책에서 우리는 더 단순한 질문으로 주제를 한정하려고 합니다. 자, 그러면 BYOD가 안전한지 살펴봅시다.

첫 번째 큰 이슈는 시스템 관리입니다. 사용자 소유의 기기는 적절하게 관리되는지를 누가 보장하나요? 제로데이 침투는 매우 드문 경우입니다. 압도적인 수의 공격이 패치가 있는 취약점을 이용합니다. 이미 살펴보았듯이 패치는 쉽지 않지만, 회사에서 관리하는 기기는 이런 것을 처리해 주는 담당자가 있습니다. 그런데 기업의 시스템 관리자 그룹이 직원 소유의 기기에 패치를 설치할 권리가 있을까요? 특히 특정 종류의 기기에 대한 권한이나 인프라가 없는 경우에는 패치를 설치할 수 있을까요? 안티바이러스 소프트웨어는 설치되어 있나요? 업데이트는 되어 있나요? 업데이트가 필요하거나 가능하기는 한가요? 최소한 지금으로서는 서드 파티^{third-party}에서 애플 iOS용으로 기능할 수 있는 안티바이러스 소프트웨어를 작성할 수 없습니다. 이것을 위한 커널이나 애플리케이션 훅도 없고 비인가된 애플리케이션 설치를 막기 위한 메커니즘이 AV 소프트웨어도 막고 있습니다. 그렇기 때문에 이런 패키지의 설치를 요구하는 기업 정책과 부합할 수도, 아닐 수도 있습니다.

그러니 당연히 위협 모델을 고려해야 합니다. 안드로메다인을 상대한다면 정확히 어떤 기기를 사용하는가는 크게 문제되지 않습니다. 아랍에미리트공화국에서는 정부의 통제를 받는 휴대폰 회사가 블랙베리 고객에게 스파이웨어가 담긴 업데이트를 밀어넣었습니다. 아마도 RIM(Research In Motion, 블랙베리 제조사의 이름 – 역자 주)의 기기에 이용되는 강력한 암호화를 우회하기 위한 것으로 생각됩니다. [Zetter 2009b] 중국을 방문하는 여행객들은 노트북과 스마트폰을 집에 두고 가는 경우가 많습니다. [Perlroth 2102] 기업의 시스템 관리가 이런 종류의 공격에 충분히 대응할 수 있으리라고 보기는 어렵습니다. 이란인들이 배운 것처럼 다른 국가의 MI-31과 동일한 기관들이 신뢰할 만한 방어책이 될 수 있는지조차 분명하지 않습니다.

하지만 더 낮은 위협에 대해서는 충실한 관리가 효과를 발휘할 수 있습니다. 대부분의 사용자들은 소프트웨어를 업그레이드하지 않습니다. [Skype 2012] 더 완전하게 표현하자면 사용자들은 서로 다른 소프트웨어 패키지의 상대적인 리스크와 혜택을 평가할 준비가 되어 있지 않습니다. 그렇다면 인터넷 익스플로러, 파이어폭스, 사파리, 크롬, 오페라 중 어떤 브라우저가 더 안전한가요? 인터넷 익스플로러 6과 파이어폭스 14를 비교하면 어떻게 될까요? 인터넷 익스플로러 9와 파이어폭스 13이라면? 어떤 패치나 서비스팩이 설치되어 있을 때인가요? 또는 어떤 운영체제의 어떤 릴리스 버전에서인가요?

사용자가 전문가처럼 모든 것을 관리한다고 해도 한 가지 이슈는 남습니다. 다른 어떤 것들이 설치되어 있고 사용자가 방문하는 웹사이트는 어디인가요? 기업 정책에서 회사 소유의 기기에 대해 '~은 해서는 안 된다'라고 할 수 있습니다. 하지만 다른 가족 구성원과 공유할 수도 있는 직원 소유의 기기에 대해 이것을 고집하는 것은 다른 문제입니다. 하지만 여기에는 타당할 만한 우려 사항이 있습니다. '성인' 웹사이트가 컴퓨터에 대해 성적으로 전염되는 질병에 해당하는 병을 옮긴다는 표현은 절대 과장이 아닙니다. [Wondracek et al. 2010] 또한 종교나 이념적 사이트는 더욱 심각합니다. [P. Wood 2012]

위의 분석을 살펴보면 BYOD가 좋은 생각이 아니라는 것이 분명해 보이지만, 그렇게 간단한 일은 아닙니다. 보안 미비를 죄악으로 보는 관점과 보안 미비를 경제적인 리스크로 보는 것과의 차이를 기억해 봅시다. BYOD에는 금전적, 그리고 직원 사기 측면에서의 이익이 있습니다. 이 이익을 잠재적인 비용과 비교해 볼 필요가 있습니다. 그렇다면 어떻게 선택할 것인가요?

늘 그렇듯이 리스크가 너무 불확실하기 때문에 엄격하게 정량적으로 분석할 수는 없지만, 도움이 될 만한 가이드라인은 있습니다. 우선 두 가지 평가로부터 시작해 봅시다. 보안 정책이 얼마나 엄격한가요? 그리고 시스템 관리자 그룹의 전반적인 지식 수준은 어느 정도인가요? 예를 들어 어느 한 대학교처럼 정책이 느슨한 사이트에서는 BYOD를 허용하는 데 따른 추가적 리스크가 비교적 적습니다. 반면 방위 도급 업체라면 그렇지 않겠지만 대부분의 사이트는 그 중간 어디쯤에 있습니다. 여기에서 시스템 관리자 그룹이 중요해집니다. 각각의 주요 관심사가 다른 모든 사용자의 시스템을 최소한으로 평가할 수 있는 툴을 스스로 구입하거나 구축할 수 있나요? 어려운 일처럼 들리겠지만 실제로는 직원이 많이 요구하는 것들은 몇 개 되지 않습니다. 이 툴을 네트워크 연결을 위한 최소한의 선행 조건으로 설치할 것을 고집하고, 이런 기기에 필수적인 보안 상태를 평가하는 데 활용하세요. 이런 툴이 어떤 역할을 하는지 솔직하게 알려주고 고지식할 정도로 기능 제한에 주의하는 것이 필수라는 점을 강조해야 합니다. 직원의 신뢰를 배신하는 것은 온갖 나쁜 결과를 촉발하는 지름길입니다.

이런 툴을 제대로 개발하고 이용하기는 쉽지 않습니다. 보통 대규모 조직은 시스템 관리자 그룹의 규모가 충분히 크기 때문에 이것을 관리할 수 있습니다. 하지만 작은 조직에서는 솔직하고 가격대도 적당히 받는 컨설턴트가 지원해 주지 않는 한 이럴 수 없을 것입니다. 여러분이 그런 경우라면 9.4절의 분석대로 직원 소유의 기기는 전적으로 신뢰하지 않는 쪽을 고려하세요. 많은 스마트폰처럼 평가 툴을 갖추기 어려운 기기에 대해서도 마찬가지입니다.

위협 모델도 잊으면 안 됩니다. 위협이 심각할수록 BYOD의 안전성은 떨어집니다. 이것은 시스템 관리자가 짐작해야 하는 부분으로, 절감 요인으로 활용해야 합니다. 특히 이것을 평가하는 것은 공격자에게 이런 정보가 유용하게 활용될 수 있기 때문에 양날의 검과 같습니다.

15.3 시스템 관리 툴과 인프라

넷에 돌아다니는 도표(그림 15.1 참고)를 살펴보면 시스템 관리의 다양한 문제점을 알 수 있습니다. 대부분 디스크에 크래시crash가 발생하거나, 프린트 스풀print spool이 제대로 작동하지 않거나, 일부 벤더가 긴급 보안 패치를 배포하는 등 통상적인 문제로 작업을 중단시킵니다. 동시에 랜 스위치를 기가비트 이더넷으로 업그레이드하고 법무팀을 전용 VLAN으로 옮기거나, CEO 회의실에 최신 32테라픽셀 디스플레이를 설치하는 등의 기본적인 작업도 계속해야 합니다.

시스템 관리의 많은 측면이 자동화의 혜택을 받을 수 있지만, 이 책은 보안에 관한 것이므로 보안 이슈에만 초점을 맞추겠습니다. 이 모든 것의 중요성은 조직의 규모에 비례합니다. 스크립트를 작성하고 인프라를 구축하는 것은 소규모 사이트에서는 비용 효율이 떨어집니다. 여기에는 패치와 소프트웨어 업그레이드 배포, 정기적인 로그 수집과 분석, 사고(의심 사례)를 조사하고 분석하면서 여러 기기에 특정 쿼리를 발송하는 대략 세 가지 활동이 연관됩니다. (일반적으로 [Limoncelli, Hogan, Chaup 2007]이 시스템 관리에 대해 좋은 저서를 많이 출간했으므로 참고하세요.)

이 모든 노력의 시작점은 그냥 일반적인 기기와 IP 주소뿐만 아니라 하드웨어 정보와 각각 어떤 소프트웨어 패키지의 어떤 버전이 설치되어 있는지까지 수록되어 있는 제대로 된 컴퓨터 데이터베이스입니다. 더 나아가 각 기기는 역할별로 표시해 두는 게 좋습니다. 말하자면 필수적인 기기를 덜 필수적인 것들과 구분해야 합니다. 벤더 하나가 어

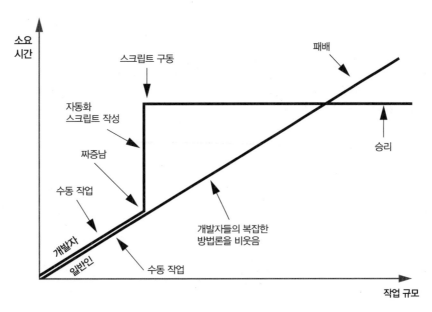

〈개발자와 반복 작업〉

그림 15.1 자동화의 이점

떤 패키지의 필수 패치를 배포한다고 생각해 봅시다. 이 패치를 곧바로 모든 기기에 설치하고 싶지는 않을 것입니다. 왜냐하면 패치에도 리스크가 따르기 때문입니다('13장. 최신 소프트웨어의 상태 유지하기' 참고). 대신 패치 배포 시스템이 데이터베이스 검색을 거쳐 심각한 리스크가 있는 기기들을 선택해야 합니다. 가동 상태로 성공적으로 설치된 이런 기기들은 업데이트된 상태로 표시해야 합니다. 마지막 항목은 중복 설치를 피하기 위해서가 아니라 벤더가 업데이트된 버전의 패치를 내놓을 경우 이것을 쉽게 설치하기 위해 중요합니다. 사실 중복 설치는 기기 자체에서 거부할 가능성이 높습니다.

패치는 아마도 기기의 드라이버에 이루어지고 특정 하드웨어 버전에만 영향을 주므로 영향을 받지 않은 기기에 패치를 설치하고 싶지는 않을 것입니다. '무해한' 업데이트에 어떤 부작용이 있을지는 아무도 모릅니다. 아주 오래 전, 필자는 관리하는 시스템 업데이트의 릴리스 노트를 읽을 때마다 이전 버전 기기 드라이버는 전혀 테스트하지 않은 것을 깨닫곤 했습니다. 하지만 그랬을 리가 없습니다. 이 책에서 설명할 필요가 없는 복잡한 이유 때문에 메모리에 로딩되지조차 못했을 것입니다. 링커linker에서 거부했을 테니까 말입니다.

환경 설정 파일은 단순한 소프트웨어 업그레이드보다 다루기가 더 어렵습니다. 소프트웨어 업그레이드라면 벤더가 오래된 코드를 삭제하고 새로운 코드를 설치하기 위해 필요한 것들을 처리했을 것입니다. 하지만 환경 설정 파일은 각각의 기기당 설치해야 합니다. 그냥 덮어쓸 수도 없지만, 적합한 데이터베이스만 있으면 마스터 기기에 새로운 환경 설정 파일을 구축한 후 올바른 곳으로 내보내면 됩니다. [Bellovin and Bush 2009, Finke 1997a, Finke 2000, Finke 2003]

가능한 시나리오는 많지만, 지금쯤이면 자동화 시스템의 기반으로 실제 데이터베이스가 있어야 한다는 것을 분명히 알았을 것입니다. 지금 설명한 것은 대형의 복잡한 시스템이지만, 훨씬 단순한 버전도 작업을 단순화하려면 갈 길이 멉니다. 하지만 둘은 크게 다르므로 단순한 GUI 형태를 데이터베이스로 오인하면 안 됩니다. 더 일반적으로 말하자면 끔찍한 명령어 대신 풀스크린 인터페이스가 있으면 경험이 있으면서 당연히 사용자 친화적일 것이라는 잘못된 생각이 만연해 있습니다. 좋은 시스템 관리자는 친구를 까다롭게 고릅니다. 이들은 진짜 원하는 것을 훨씬 더 많이 할 수 있게 기꺼이 약간의 시간을 미리 내서 먼저 공부해야 합니다. GUI를 이용할 때는 해당 형식의 디자이너가 기대하는 바에 의해 여러분의 선택권이 제한됩니다. 즉 여러분의 환경 설정과 원하는 것이 정확히 맞지 않을 수도 있습니다.

적합한 데이터베이스를 구축하고 유지 관리하는 일은 쉽지도, 저렴하지도 않습니다. 이전에는 한 대의 기기에 단일 패키지를 설치하는 것처럼 단순했던 일이 이제는 좀 더 복잡하고 값비싸졌습니다. 배포 파일을 더블클릭만 한다고 모든 게 해결되지 않습니다. 이제는 마스터 시스템 관리자 박스에 파일을 복사하고, 데이터베이스를 어디에 넣을지 업데이트하며, 환경 설정 파일의 템플릿을 만든 다음에야 '확인' 버튼을 클릭해야 합니다. 컴퓨터 몇 대만 구동한다면 이렇게까지 할 필요가 없지만, 수백 대를 처리해야 한다면 이야기가 달라집니다.

물론 이런 종류의 셋업이 합리적인 대규모 설치도 많지만, 이미 설명한 중단과 방해 요소 때문에 흔히 이루어지지는 않습니다. 다시 말해서 시스템 관리자 그룹은 효율적인 운영에 필요한 인프라를 구축하는 데 중요한 인력, 예산, 시간 같은 리소스를 갖추기가 어렵습니다. '효율적으로'를 '안전하게'라고 해석하면 이것은 정말 중대한 결함입니다. 그리고 선견지명이 있는 임원진은 이 점을 잘 알고 있습니다.

안타깝게도 필요한 것들을 구축한다고 해도 경영진의 근시안적 사고 때문에 노력이 물거품이 될 수도 있습니다. 데이터베이스 기반을 매우 훌륭하게 관리해서 일견 시스템 관리자가 할 일이 별로 없는 것처럼 보이는 한 팀이 있었습니다. 하지만 팀원이 대폭 감원되면서 데이터베이스가 쓸모없어질 정도로 망가졌을 뿐만 아니라 갑자기 시스템 관리자들의 업무가 많아져서 다시 충원되었습니다. 하지만 정말 일을 잘 하던 인력들은 이미 회사를 빠져나간 후였습니다. 그렇다면 회사 자체는 어떻게 되었을까요? 결국 사업을 접었지만, 시스템 관리자 문제 때문은 아니었습니다.

데이터베이스 기반 시스템 관리 도구에는 또 다른 이점이 있습니다. 궁극적으로 코드가 덜 필요하다는 것입니다. 코드가 나쁘다는 게 아니라 코드에는 버그가 있을 수밖에 없고 유지 보수 등도 필요합니다. 특수 목적의 툴을 통해 해야 할 일이 많아질수록 유지 보수해야 하는 프로그램도 많아집니다. 새로운 종류의 기기나 기존 기기의 새로운 버전만 해도 완전히 새로운 프로그램이 필요합니다. 반면 데이터베이스를 기반으로 하는 디자인에는 새로운 템플릿이 필요할 수도 있습니다. 새로운 코드가 필요하다면 잘 정의된 곳에 하나의 작은 토막을 넣을 가능성이 높습니다. 복잡한 컨트롤 로직은 대부분 변경되지 않는 드라이버 프로그램에 있습니다.

16.3절에서 논의하겠지만 자동화 로그파일 분석 툴도 필요합니다. 이것에 대해서는 여기에서 길게 설명하는 대신 시스템 관리자들은 이런 툴을 사용하고, 그 결과를 분석하는 최전방에 서 있다는 정도만 설명하겠습니다.

15.4 외주 시스템 관리

보안에서 시스템 관리자가 얼마나 중요한지, 그리고 시스템을 잘 관리하기가 얼마나 어려운지를 고려하면 자연스럽게 이 기능을 외주 처리하는 것에 대해 의문이 생깁니다. 외주 처리는 과연 좋은 생각일까요? 많은 경우 "그렇다!"라고 대답하지만, 이 경우에는 몇 가지 주의할 점이 있습니다.

이미 설명했듯이 시스템 관리는 쉬운 일이 아닙니다. 하지만 필요한 툴과 데이터베이스를 구축할 리소스가 있으면 효율적이고 능률적으로 시스템을 관리할 수 있는데, 여기에는 조건이 따릅니다. 즉 리소스가 '있어야만' 제대로 해낼 수 있다는 것입니다. 이 장의 도입 부분에서 전형적인 조직의 경우 시스템 관리자의 지위에 대해 필자가 설명한 것을 기억해 봅시다. 이들에게 그런 리소스가 있을까요?

그렇다면 대부분의 조직에서는 시스템 관리를 외주 처리하는 것이 합리적일 것입니다. 하지만 이 문제는 그렇게 단순하지 않은데, 그 원인 중 하나는 바로 정책 때문입니다. 외주를 제공하는 조직의 정책은 어떤가요? 보안 정책이 물론 중요하지만, 정책에는 보안에 대한 내용만 있는 게 아닙니다. 사실 어떤 운영체제의 어떤 버전과 어떤 애플리케이션이 지원되는지와 어떤 환경 설정인지가 더 중요할 때가 많습니다.

말도 안 되는 일반화를 한 번 해 봅시다. 리눅스 기반의 사이트라면 거의 확실히 윈도우 전문 외주사가 반갑지 않을 것입니다. 이보다 타당한 경우가 더 많겠지만, 문제도 더 많습니다. 예를 들어 특정 OS의 특정 릴리스 버전에서만 구동되는 매우 중요한 애플리케이션이 있다고 가정해 봅시다. 외주 제공사가 해당 버전을 충분히 오래 지원하여 여러분이 안전하게 이전할 수 있게 해 줄 것인가요? 이것은 전형적인 사례지만, 너무 쉬운 문제이기도 합니다. 기기가 하나라면 언제든지 다시 가져와서 직접 구동하면 되지만, 이런 경우가 너무 많으면 양쪽에서 최악의 경우를 맞게 됩니다. 벤더 툴이나 단순한 스크립트로 쉽게 다룰 수 있는 데스크톱 기기들은 값비싼 외주 관리를 이용하고 훨씬 복잡한 서버들의 처리는 사내에서 아마도 수동으로 처리할 것입니다. 아니면 직원의 생산성과 사기가 (아마도 개념상의) 보안과 일부 상충되는 BYOD나 재택근무라는 난제를 생각해 봅시다. 여러분의 평가가 외주사의 평가와 동일할까요?

이런 상반점은 문제 자체에 내재되어 있는 것입니다. 대규모 시스템 관리에는 자동화된 툴이 필요합니다. 그런데 자동화는 균일할 때 잘 작동합니다. 이것은 물론 사내에서 구축한 자동화나 외주사가 구축한 자동화 양쪽 모두에 해당하는 문제입니다. 대규모로 운영하는 외주사가 여러분보다 더 유연하게 지원할 수도 있겠지만, '제대로 된' 유연성을 제공할 것인가요? 조직에 맞으면서도 여러분의 목표에도 잘 맞는 균형점을 찾아 외주사가 지원할 수 있을까요?

미래를 내다보면 이런 의사 결정은 더욱 복잡해집니다. 가까운 미래에는 기기 선택과 환경 설정 옵션 모두 이질성이 줄어드는 게 아니라 오히려 더 커질 것입니다. 그러면 어떤 솔루션을 적용하는 것이 더 나을까요? 외주사보다 천천히 나아가고 싶은가요, 아니면 더 빠르게 앞서가고 싶은가요?

이런 질문에 대한 정답은 한 가지만 있는 것이 아닙니다. 이 질문의 요점은 이런 선택을 제대로 이해하는 데 있습니다. 분명 좋은 시스템 관리 서비스 제공자라면 가장 크고 가장 정교한 조직을 제외하고는 운영의 효율성 면에서 좀 더 앞설 것입니다. 반면 이런 효율성은 여러분이 필요로 하는 기능에 상당한 비용을 치러야만 얻을 수 있습니다.

15.5 다크 사이드는 강하다

적의 편에 선 시스템 관리자가 가져올 수 있는 잠재적 위험을 말할 수 있어야 시스템 관리에 대해 모두 논의했다고 볼 수 있습니다. 일반적으로 시스템 관리자는 막강한 힘을 누립니다. 즉 나쁜 쪽으로도 좋은 쪽만큼의 힘이 있습니다. 유닉스 같은 기기의 루트 접근처럼 강력한 관리자 로그인 권한이 있는 시스템에서는 시스템 관리자가 파일 권한을 어떻게 설정하든지 모든 파일에 접근할 수 있습니다. 시스템 관리자가 나쁜 마음을 먹었다면 복호화가 적용되었어도 모든 기기를 컨트롤할 수 있기 때문에 암호화도 도움이 되지 않습니다. 키스트로크 로거keystroke logger나 다른 형태의 키 탈취 소프트웨어 설치 정도는 제대로 배운 슈퍼 유저에게는 애들 장난처럼 매우 쉽습니다. 이런 위협은 다만 권한이 매우 높은 내부자가 적이라는 점 외에는 6.4절에서 설명한 것과 똑같습니다.

다른 통제책이 없다면 시스템 관리자가 조직 안의 어떤 멤버의 것이든지 모든 파일과 리소스에 액세스할 수 있다고 또는 잠재적으로 액세스할 능력이 있다고 간주해야 합니다. 가치가 높은 리소스를 보호하기 위한 조직의 일반적인 솔루션은 2인 컨트롤 방식으로 어떻게 변경하든지 다른 시스템 관리자가 승인해야 하게끔 설정하는 것입니다. 이 문제에 대한 접근법에 대해서는 계속 연구되어 왔지만, [Potter, Bellovin, Nieh 2009] 상업적인 솔루션은 매우 적고 아주 드뭅니다. 또한 솔루션이 있어도 이론적인 것일 뿐입니다. 특히 소규모의 조직에서는 인간의 행동이 현실적으로 보호책을 무효화할 수 있습니다.

자, 생각해 봅시다. 이것은 위에서 설명한대로 업무는 과중하고 인정은 받지 못하는 한 시스템 관리자에게 과도한 압박을 주는 관리자들에게서 똑같은 포탄세례를 맞으며 힘겨워하는 가까운 동료를 신뢰할 수 없는 사람이라고 간주하도록 요구하는 것입니다. 이런 전제가 갖는 온갖 모욕적인 암시에도 불구하고 잠재적인 악의적 변경을 유의해서 확인할 것인가요, 아니면 읽어보지도 않고 그냥 '확인'을 클릭할까요? 그렇다고 다른 조직의 시스템 관리자에게 더블클릭하는 일을 넘긴다고 잘 될 것 같지도 않습니다. 수많은 통상적인 변경이 너무 많은 내용을 요구하기 때문에 외부인이 쉽게 이것을 평가하기는 어렵습니다.

NSA에서는 이미 오래 전에 악의를 품거나 적에게 넘어간 시스템 관리자에 의한 위험을 인지했습니다. [[Redacted] 1996]

네트워크 컴퓨터 시스템의 큰 장점을 누리기 위해 미군과 첩보 기관들은 거의 모든 기밀 정보 '계란'을 컴퓨터 시스템 관리자들이라는 아주 위태로운 한 바구니에 담았다. 그 결과, 비교적 적은 수의 시스템 관리자들이 특정 정부기관이나 조직이 처리하는 기밀 정보를 거의 모두 읽고 복제, 이동, 변경, 파괴까지 할 수 있게 되었다. 루트 권한을 획득할 만큼의 해킹 기술이 있는 내부자가 변절할 경우 이와 비슷한 수준의 능력을 가질 수 있었다. 이렇게 엄청난 통제권을 매우 극소수에게 허용하면서 관리 감독이나 보안 감사를 거의 또는 아예 거치지 않는 것은 놀라운 일이다. 시스템 관리자들은 사용자를 평가하겠지만, 이들은 누가 평가하겠는가?

시스템 관리자 전체의 진실성을 공격하려는 의도이거나 이런 커다란 취약성을 누군가에게 책임을 돌려 비난하려고 하는 것은 아니다. 오히려 시스템 관리자들이 갖는 정보에 대한 특별한 액세스 권한 때문에 외국 첩보 기관들의 타깃이 되고 이럴 가능성이 높아지는 데 대해 경고하는 것이다.

다음 번 올드리치 아멘스(Aldrich Ames ; CIA 고위간부 출신으로, 구소련 이중간첩 행위로 미 방첩 활동의 최대 오점으로 남은 인물 – 역자 주)는 분석가나 다른 사용자들이 온라인에 저장한 기밀 보고서를 탈취하여 팔아넘기는 시스템 관리자가 될 수도 있는데, 이런 사용자들에게 어떻게든지 법적 책임을 물을 수 있을까? 분명히 시스템 관리자들에 대한 위협에 대응하고 전자적으로 생성되고 처리되거나 저장되는 기밀 정보에 대한 개별적 책임을 보장할 수 있는 절차를 취해야 한다.

타깃형 공격에 대한 부분에 유의하고 여기에서 어떤 부류의 적이 이런 일을 할지 잘 생각해 봅시다. 물론 NSA는 늘 APT에 대해 우려해 왔습니다.

작업을 확인할 수 없다면 사람은 어떻게 확인할 수 있나요? 다시 말해서 직원들의 배경을 확인한다고 썩은 사과를 모두 걸러낼 수 있을까요? 눈에 띄는 부적격자는 식별할 수 있어도 이것을 보장할 수는 없습니다. 심지어 NSA조차도 실패한 전력이 있습니다. [Drew and Sengupta 2013] 히스Heath는 사회 등급적 자격 박탈 요인과 조사관이 알아낸 등급을 비교하는 흥미로운 분석을 실행했습니다. [2005, p.76] 1960년대 NSA는 '일탈'은 '분명한' 보안적 약점이라는 이유로 동성애자에게서 지위를 박탈하기로 결정했습니다. 하지만 집중적으로 색출에 나섰는데도 찾으리라 예상했던 인원의 1%만 찾아냈을 뿐입니다. 아마도 자기 선택적 편견이 원인으로 작용했지만, 이유가 그것뿐이지는 않았을 것입니다. 또한 히스는 알코올 남용 같은 표준적 이슈 중에서 예측과 같은 값을 보여주는 제대로 된 데이터가 없다고 설명했습니다.

최고의 해답은 여러 가지 개선책을 함께 쓰는 것입니다. 확실히 고도의 보안이 필요한 기업의 경우 일정 수준의 배경을 확인하는 것은 좋은 생각입니다. 예를 들어 은행이라면 횡령 관련 전과가 있는 사람의 고용은 피하는 것이 좋습니다. 이와 마찬가지로 무작위적이어도 2인 컨트롤을 어느 정도 시행하면 도움이 됩니다. 마지막으로, 그리고 아마 가장 중요한 것은 왜 변경되었는지에 대해 일정 수준의 감사가 필요하다는 점입니다. 이렇게 하려면 모든 관리자 권한 작업은 장애 보고서trouble ticket에 대응하여 처리해야 합니다.

장애 보고서는 직접 생성할 수도 있지만 좋은 시스템 관리자는 평범한 사용자가 아직 감지하지 못한, 또는 최소한 식별하지 못한 문제들을 종종 감지합니다. 이런 문제들을 수정하지 않도록 그냥 두는 일은 없지만, 항목 자체는 존재합니다. 이런 문제를 다른 시스템 관리자가 수정해야 한다고 주장해야 할까요? 아마 그럴 수도 있겠지만, 이슈의 세부 사항을 이해하는 데 필요한 학습 곡선이 급격해질 우려가 있습니다. 마지막으로 모든 관리자 권한 작업은 정확히 무슨 일이 있었는지 로그를 남기는 인터페이스를 통해 수행되어야 합니다. 스크립트가 구동되면 해당 스크립트의 사본이 파일로 남아야 합니다. 새로운 파일이 기존 파일을 대체하면 두 개의 카피를 모두 저장해야 하는데, 구조가 이런 식이어야만 나중에 감사관이 분석할 수 있습니다.

악의를 품은 시스템 관리자에 대한 사상 최악의 사건은 에드워드 스노든Edward Snowden 사건입니다. 스노든 사건은 아직 끝나지 않았는데, 일정 시점까지를 잘 요약한 내용은 [Landau 2013, Landau 2014]에서 찾아볼 수 있습니다. 스노든의 활동 때문에 제기된 가장 큰 이슈를 시작하기 전에 기술적인 사항을 먼저 살펴볼 것입니다. 그는 어떻게 이런 일을 해낼 수 있었을까요? 어떤 안전책을 마련할 수 있었을까요? NSA는 이런 행동을 막거나 감지하기 위해 어떤 일을 할 수 있거나, 했어야 할까요? 또는 최소한 이런 일이 일어난 후 어떻게 대책을 마련해야 할지 생각했을까요? 이 중 어느 것도 대답하기는 쉽지 않습니다. 적어도 이 사건은 매우 민감한 데이터, 다크 사이드로 변절하여 다른 사용자로 가장한 후 시스템 관리자 등에 가장 완벽하게 위협한 모델이라고 볼 수 있습니다. [Esposito, Cole, Sindrem 2013]

16장

보안 프로세스

우리 런드리 회사는 뛰어난 절차를 자랑한다. 사무실 무단 침입과 출입 프로세스, 종이 클립 재고 부족 보고 절차, 심연에서 악마를 소환하는 절차, 절차를 작성하는 절차까지 모든 절차를 갖추고 있다. 우리 회사는 세계 최초로 ISO-9000 품질 보증을 받은 정보기관이라는 명성에 빛나는 회사이다.

The Atrocity Archives
— 찰스 스트로스 Charles Stross

16.1 계획

보안은 그냥 이루어지지 않고 조직 전체의 노력과 사전 계획, 그리고 프로세스가 필요합니다. 이와 같은 기술 서적을 339쪽이나 읽었으니 독자도 필자와 같은 기술 전문가일 것입니다. 그렇다면 앞의 문구에 두려움을 느끼겠지만, 안타깝게도 필자는 안전한 운영을 위해 프로세스는 매우 필수적인 컴포넌트라는 결론을 얻었습니다.

첫 번째 이슈는 매우 단순합니다. 보안에 대한 어떤 결정을 누가 내리나요? 아주 작은 조직이라고 해도 이 질문에 대해서는 약간의 고민이 필요합니다. 단 한 명의 시스템 관리자가 정책을 시행할 수는 있겠지만, 정책의 형태를 정하는 것은 경영진의 몫입니다. 더 큰 조직이라면 당연히 경영진의 구조가 더욱 복잡할 것이므로 정책 수립에도 복잡한 준비가 필요합니다. 사실 정책 수립이란, '15장. 시스템 관리'에서 개괄적으로 설명했듯이 상호작용이 필요한 과정입니다. 여기에는 최소한 전체적인 기조를 정하는 관리자, 정책이나 정책 변경에 자신의 전문 분야가 영향을 받을 관리자, 위협 요인에 대해 잘 알고 있는 보안 담당자, 실제로 기술적 측면을 처리하는 시스템 담당자, 이렇게 네 명의 당사자가 참여해야 합니다. 침투 사고 이후 등의 상황이라면 법무팀과 인사팀까지 포함하여 훨씬 더 많은 사람들이 참여해야 합니다. 작은 조직에서는 이런 뚜렷한 직무의 담당 인력이 없을 때도 있지만, 누군가가 이런 역할을 맡고 있습니다

두 번째로 중요한 이슈는 보안에 투입할 리소스, 즉 돈입니다. 보안에는 항상 돈이 들 뿐만 아니라 수익을 창출하는 영역도 아닙니다. 또한 기기 구입 같은 지출과 달리 보안은 생산성 향상에도 크게 도움이 되지 않습니다. 사실 반드시 필요한 메커니즘은 많이 불편합니다. 여러분은 보험, 감사, 직원 배경 확인과 같은 귀찮은 일과 마찬가지로 보안에도 돈을 써야 합니다. 하지만 보안 문제에는 이중적인 측면이 있습니다. 앞에서 설명했듯이 직원들에게 방해가 되고, 짜증을 불러일으키며, 보안에 투자한 돈이 어떤 이득을 가져왔는지 확인할 수 없기 때문에 협상이 중요해집니다. 보안 담당자인 여러분이 위협 모델을 제일 잘 파악하고 있지만, 보안은 부가적 비용입니다.

보안에는 사전 계획과 프로세스가 도움이 되는 다양한 측면이 있습니다. 그 중 하나가 직원 교육으로, 지루하고 흔히 무시당하지만 반드시 필요한 일입니다. 적어도 법적으로는 그렇습니다. 미연방 거래위원회와 트위터와의 합의에는 몇 가지 직원 교육 요건이 포함되어 있습니다.[1]

조달 전략도 중요합니다. 더 안전하다고 생각하는 하드웨어와 소프트웨어에 더 큰 돈을 지출할 만한 가치가 있을까요? 아니면 시스템 관리자들이 이것을 더 잘 처리할 수 있을까요? 그리고 위협 모델의 변화를 꾸준히 추적해 주는 메커니즘을 만들면 결국 이들이 꾸준히 보안 메커니즘을 재평가해 달라고 고집을 부려서 시스템 관리자들을 짜증나게 하겠지만 분명히 도움이 됩니다.

마지막으로는 실생활에서 어떤 시스템이 업데이트되고, 업데이트되지 않나요? 언제 인증서가 만료되나요? 모든 외부 링크는 어디로 향하는지 등 보안을 성공시키거나 위

---

1 "트위터 소송 협의" http://www.ftc.gov/opa/2010/06/twitter.shtm

배할 수 있는 온갖 사소한 일을 기록해야 합니다. 모든 것들을 꼼꼼하게 기록해야 하므로 불편하지만, 이런 기록 없이는 아주 작은 사이트라도 안전하게 운영될 수 없습니다.

16.2 보안 정책

보안 정책은 어디에서 오나요? 더 정확히 표현하자면 보안 정책을 수립할 때 어떤 요인을 고려해야 하나요? 일단 개념을 일반화한 방화벽 규칙을 만드는 법에서부터 설명을 시작하겠습니다.

'전체적인 기업 정책에서 끌어오라'거나 '모든 이해 당사자와 협의하라'는 말은 크게 도움이 되지 않습니다. 16.1절에서 정리한 전체적 메커니즘은 일찍 수립해야 한다는 사실 외에도 다음과 같은 질문이 필요합니다. 그런 정책은 어떻게 수립하나요? 또는 이해당사자를 어떻게 정하나요? 궁극적으로 기회, 리스크, 위협 모델 간의 균형이 핵심이지만, 이것도 뻔한 말입니다. 사실 이것보다는 더 구조적인 프로세스가 필요합니다.

대부분의 조직에서 기본 정책은 '무조건 부인하는' 것입니다. 그러므로 우리는 바람직한 기능을 식별하는 것으로 시작해 봅시다. 정책은 주의해서 읽어야 합니다. 'TCP 포트 X로 내부 연결 허용'은 '기능'이 아니라 오히려 사용 방법이라고 할 수 있습니다. 아직은 이런 결정을 내릴 때가 아닙니다. 11.3절의 내용대로 원하는 결과를 달성하는 데는 가능한 메커니즘이 다양할 때가 많으므로 이 시점에서는 모든 옵션을 고려해야 합니다.

다음 단계는 여러 옵션의 비용과 보안 리스크를 평가하는 것입니다(11.7절 참고). 대규모의 프로젝트에는 법무팀을 참여시키는 편이 좋습니다. 리스크 중 외부 당사자와의 계약을 통해 개선할 수 있는 부분이 있는지 확인할 수 있기 때문입니다. 해당 당사자에게 일부 보안 요건을 요구해야 하나요? 목표는 무슨 일이 있어도 보안을 준수하는 것이 아니라 비용 대비 이익이 상응하는지를 따져서 적합한 보안을 적용하는 것입니다. 절대로 보안 위배 사고를 겪지 않겠다는 마음가짐은 지나치게 보수적인 접근일 수도 있습니다.

한편 최악의 경우에 대한 분석은 반드시 필요합니다. 침투 가능성에 대한 추정은 매우 불확실하기 마련이고 시스템은 예상과 달리 훨씬 잘 뚫릴 수 있습니다. [Perlroth

2014] 스스로에게 물어봅시다. 새로 알게 된 이 구멍 때문에 심각한 침투 사고가 일어나면 어떻게 할 것인가요? 이것으로 인한 피해를 억제할 수 있을까요?

바로 이럴 때 위협 모델이 간접적으로 활용됩니다. 능력 있는 적이라면 직접적이지 않은 경로를 찾아서 이것을 악용해 침투할 것입니다. (안드로메다인 정도는 아니어도 이에 필적할 만한 상대를 상정해 보세요.) 여러분이 사용하고 있는 보안 방식은 최상위급일 수도 있지만, 파트너들은 어떠한가요? 타깃 사건은 HVAC 시스템을 구동하는 도급 업체로 링크해 해킹되었다고 보고되었습니다. [Krebs 2014]

이쯤에서는 독자들도 솔루션을 선택하고 설치하기 시작할 수 있겠지만, 이것을 위한 프로세스는 아직 끝나지 않았습니다. 여기에는 요청자, 정당성, 고려한 대안, 유관 위협 모델의 양상, 해당 요청을 처리하기 위해 일반적 규칙에 적용한 예외 사항이 무엇인지를 포함하여 원래의 요청을 로그로 남기는 프로세스가 필요합니다. 왜 이 모든 것을 적어야 할까요? 일정 시점이 되면 상황이 변화하므로 이런 예외 사항을 다시 검토해야 하기 때문입니다. 어쩌면 프로젝트가 끝나서 예외 사항을 모두 삭제할 수도 있습니다. 아니면 위협 모델이나 자사의 내부 토폴로지가 변했을 수 있고 이렇게 하면 더 선호하는 솔루션으로 변경해야 할 수도 있습니다. 그렇습니다! 이미 설치한 시스템의 변경은 쉽지 않지만, 이것은 소프트웨어 담당자라면 늘 겪는 일입니다. 변경할 보안건이 있고 사업건과도 맞는다면 실행하면 됩니다.

모두는 아니지만 많은 대학교에서 차용하고 있는 '디폴트 수락' 정책을 쓰면 프로세스가 이와는 좀 달라야 합니다. 보호해야 하는 자산과 이에 대한 위협으로 시작한 다음 방어 옵션을 계획합니다. '방화벽 설치'는 해답이 아닙니다. 방화벽은 특정 정책을 강제하는 것이지, 그것 자체가 정책은 아닙니다.

대부분 개방형 넷을 사용하는 조직에는 보통 그것에 맞는 문화가 있기 때문에 보안을 강화할 때 조직적인 비용이 듭니다. 보안을 강화하면 사람들이 짜증을 냅니다. 특히 계속 할 수 있던 것들을 못하게 될 때는 그 정도가 심해집니다. 그래서 소수의 서버만 보호하면서 가장 많이 악용되는 TCP 포트를 차단하는 등 업무 방해가 최소화 되는 옵션을 찾아야 합니다. 불행하게도 중요한 자산을 하나만 격리하는 것은 쉬운 일이 아니고 침입을 정리하는 경우에도 담당자의 시간이 필요합니다. 간단한 답은 없지만, 기본적인 질문과 취사 선택은 늘 보안 강화가 투입될 비용만큼의 가치가 있는지가 중요합니다. 여기에서 비용의 일부인 직원의 사기는 양으로 측정하기 어렵지만, 그래도 비용임에는 틀림없습니다.

소프트웨어 설치와 BYOD 같이 방화벽을 사용하지 않는 정책을 고려할 때도 직원의 사기가 쉽게 문제로 제기될 수 있습니다. 이때는 해당 기술이 주는 이점으로부터 분석을 시작하는 게 좋고 위와 비슷하게 진행합니다. 해당 기술이 조직에 어떤 혜택을 주나요? 생산성과 직원의 사기 양쪽을 모두 올리기 위해 무엇을 포함할 수 있을까요? 그리고 이에 반하는 리스크와 비용, 특히 보안을 침해하는지 살펴보아야 합니다. 쉽게 관리할 수 있는지와 인력 투입 시간도 중대한 요인입니다. 누군가 비표준 소프트웨어 설치를 원한다고 생각해 봅시다. 해당 인력에게 이런 소프트웨어가 주는 혜택은 분명하지만, 사용해도 될 만큼 안전한가요? 이런 평가에는 시간이 걸리므로 시스템 관리자와 보안 그룹이 이것을 수행해야 합니다. 그리고 이런 프로세스를 시작할 정도만큼 가치 있는 일일까요?

BYOD를 둘러싼 보안적 이슈와 비용 간의 취사 선택은 약간 까다롭습니다. 보안적 질문과는 별개로 직원 소유의 기기는 결국 직원의 것이기 때문에 관리할 때 어려운 문제가 발생합니다. 기기에 대한 권한을 누가 갖느냐 뿐만 아니라 시스템 관리자 그룹이 통상적인 관리 프로세스를 수행할 수 있는지에 대해서도 영향을 주기 때문입니다. 이에 대한 전형적인 케이스가 바로 블랙베리 대 아이폰, 그리고 이후 안드로이드폰에서 겪는 문제입니다. 블랙베리는 기업의 IT그룹이 폰의 환경을 설정하고 사용자가 이용할 수 있는 앱과 이용할 수 없는 앱을 결정하는 등 처음부터 중앙 관리를 고려해서 디자인되었습니다. (블랙베리에는 캘린더, 주소록, 음성 메일 시스템 통합과 같은 기업 사용과 중앙 관리용으로 설계된 기타 기능이 있습니다. 이런 부분은 보안 이슈가 아니므로 더 이상 논의하지는 않겠지만, 이런 기능의 부재가 비용/혜택 등식에서 혜택면에 영향을 준다는 점을 기억해야 합니다.) 반면 아이폰과 안드로이드폰은 개인용으로 디자인되어 중앙 관리 기능의 경우 최초 사용할 때는 블랙베리만큼 좋지 않습니다. 그렇다면 이런 중앙 관리 기능의 부재가 보안에 영향을 미칠까요? 물론입니다. 그러면 이것은 치명적인 결함일까요? 이것은 함께 고려해야 하는 장점이 많기 때문에 대답하기가 어렵습니다. 직원의 사기도 한 가지 요인이지만, 많은 이들은 새로운 기기 때문에 생산성이 더욱 높아진다고 느낍니다. 물론 직원이 자기 기기를 회사에 가져오면 기업에서는 이런 기기를 구매하는 비용을 절

감할 수 있습니다. 하지만 기기의 가격이 매우 떨어졌기 때문에 프로 수준의 직원이 필요한 모든 장비를 갖추는 데 비용이 특별히 많이 드는 것은 아닙니다.

조직이 일반적 정책을 정하거나 강제할 수 없다는 점이 가장 어려운 이슈입니다. 일부는 회사에서 제공하는 소프트웨어의 패치와 안티바이러스 소프트웨어가 최신이어야 한다고 고집하는데, 이것은 대체로 반박하기 어렵습니다. 성인 웹사이트를 차단하거나 방문을 금지하는 등 더 크게 침해하는 기업 정책도 있습니다. 위에서 설명했듯이 [Wondracek et al. 2010], 순전히 보안적인 관점에서만 보더라도 이것은 합리적이지만, 동시에 많은 사람들이 이런 정책에도 불구하고 그런 사이트를 방문하는 것도 사실입니다. 그런데 개인 소유의 기기에서는 문제가 더욱 많습니다. 일부 게임에는 사용자의 컴퓨터에서 일어나는 다른 활동을 감시하는 것으로 보이는 안티 치팅 모듈^{anti-cheating module}이 들어있습니다. [Ward 2005]

> 호글룬드^{Hoglund}는 워든^{The Warden}이 어떤 창에 있는 다른 어느 프로그램이 제목 표시줄의 텍스트도 스캔한다는 것을 발견했다.
>
> 호글룬드는 발견한 내용을 자신의 블로그에 이렇게 썼다. "워든이 내가 MSN으로 대화하는 사람들의 이메일 주소, 당시에 열어보았던 여러 웹사이트의 URL, 그리고 내가 구동하는 프로그램의 이름을 추적하는 것을 목격했다."

기업이 골칫거리로 여기는 이유는 분명하지만, 일부 직원들이 컴퓨터게임을 설치하기를 바라는 이유도 쉽게 짐작할 수 있습니다.

오늘날에도 다른 정책과 관련된 어려운 문제가 제기되고 있고 미래에는 이런 경향이 더욱 심해질 것이 분명합니다. 하지만 이것을 처리하는 구조적인 방법론을 마련하는 것이 중요합니다. 반사적으로 "안 된다!"라고만 거절하는 것은 반사적으로 허용하는 것만큼이나 나쁜 결정입니다. 사업적 압력 때문에 몇 년 전만 해도 그냥 허용하는 것이 훨씬 타당한 전략으로 여겨졌을 것입니다.

16.3 로그와 보고

피드백 없이도 잘 작동하는 자동화 시스템은 거의 없습니다. 컴퓨터 보안 시스템도 예외는 아닙니다. 여러분은 시스템에서 무슨 일이 진행되고 있는지 알아야 하는데, 그렇게 하려면 로그파일이 필요합니다. 여기에서 우리는 세 가지 근본적인 질문을 던져야 합니다. 즉 "무엇을 로그로 남기나요?", "어떻게 로그를 기록하나요?", "로그를 가지고 무엇을 하나요?"

첫 번째 질문에 대한 두 가지 정답은 '보안에 민감한 사건'과 '모두'일 것입니다. 둘 다 정답은 아니지만, 후자쪽이 더욱 정답에 가깝습니다. 보안에 민감한 정보만 로그에 제한하려고 하면 어떤 것들이 관련이 있는지 미리 다 알고 있을 수 없기 때문에 문제가 생깁니다. 그렇다면 우선 부하 기준으로 취합에 한계를 두어야 하지만, 강력한 운영상의 이유 없이 민감한 프라이버시 정보를 기록하거나 보유하고 있지 않도록 세심하게 주의해야 합니다.

이전에는 디스크 공간이 주된 병목지역(장애물)으로 작용했지만, 오늘날 디스크 공간은 분명 큰 문제가 되지 못합니다. 오히려 분주한 호스트에서 세세한 로그를 기록한다면 (예: 파일을 열 때마다 로그를 남김) CPU 시간이 더 큰 문제가 됩니다. 하지만 더 큰 이슈는 실제로 이해할 수 있는 데이터의 양이 얼마나 되는가입니다. 필요한 연관성을 연산할 수 있을 만큼 충분한 CPU 파워와 RAM 등을 갖추고 있나요?

이 모든 것을 종합해 볼 때 이중 전략이 적절한 방법입니다. 먼저 모든 박스의 로그를 '높음'으로 설정하고 필요하면 낮춥니다. 두 번째는 시스템 관리 데이터베이스를 비상시 다시 '높음'으로 되돌릴 수 있도록 설정하는 것으로, 첫 번째 방법만큼 중요합니다(15.3절 참고). 이런 사전 조치는 다음 절에서 다시 자세히 설명하겠지만, 빠른 대응에 필수적입니다.

로그를 어떻게 남길 것인지는 개념적으로는 분명하지만, 엔지니어링 이슈에는 매우 주의해야 합니다. 우선 두 가지 요건이 있습니다. 시스템에 침투한 공격자가 로그를 삭제할 수 없도록 하는 것과 로그가 분석을 위해 한 곳에 준비될 수 있어야 한다는 것입니다. 이들 두 가지 모두를 감안하면 집중형 로그머신이 필요합니다. 물론 대규모 사이트에서는 링크와 디스크의 대역폭이 충분하지 못하므로 모두 한곳에 모을 수는 없을 것입니다. 이것을 엔지니어링적으로 해결하는 열쇠는 바로 적합한 방식으로 분리되도록 설계하는 것입니다.

로그 기록은 플랫 파일flat file이 아니라 데이터베이스에 저장하는 것이 가장 좋습니다. 이렇게 하려면 최소한 필요할 경우 모든 기록에 대한 액세스 허용에 연합 데이터베이스를 사용해야 합니다. [Josifovski et al. 2002] 가능하다면 하나의 데이터베이스에 쿼리를 한정하고 싶을 때가 많을 것입니다. 그렇다면 하나의 쿼리에서 필요한 연관 기록을 그룹화해야 합니다. 분명한 시작점은 서비스 복제입니다. 특히 복제를 통해 똑같은 서비스를 제공한다면 모든 웹 서버의 로그나 모든 VPN 서버, 아니면 모든 인증 서버의 로그가 같은 로그 데이터베이스로 들어가야 합니다.

그림 16.1은 이것을 그림으로 표현한 것입니다. 다양한 시스템 요소들이 로그파일 항목을 생성하고 이들 항목은 파서parser/디멀티플렉서demultiplexer로 전송됩니다. 파서는 필자의 관점으로는 끔찍한 코드로, 텍스트 문자열을 가져가서 유용한 데이터베이스 항목으로 변환합니다. (이때 모든 박스의 각 버전마다 수많은 종류의 메시지를 만듭니다.) 이것을 처리하면 구성 파일configuration file이 어떤 데이터베이스가 어떤 항목을 받아야 할지 지정하는데, 쿼리 과정에서 성능을 높이기 위해 일부 항목을 복제하는 것은 합리적인 일입니다.

파서와 데이터베이스는 모두 복제되어야 합니다. 물론 한 가지 이유는 안정성이고 두 번째 이유는 포렌식 분석forensic analysis을 돕기 위해서입니다. 로그파일 쿼리와 폴링polling을 적용하는 방법은 OS에 따라 다릅니다. 유닉스 같은 시스템, 즉 리눅스, 솔라리스, 맥 OS X에서는 내장형 유틸리티가 각 엔드 시스템end system에서 데이터를 쉽게 축소합니다. 윈도우에서는 파일을 모니터링 서버로 다시 끌어와서 이 서버에서 압축하는 것이 더 쉬울 것입니다. 아니면 각 머신에 파이썬Python이나 펄Perl 같은 스크립트 언어를 설치할 수도 있습니다. 아파치 같은 포터블 애플리케이션 패키지는 이러한 대안에 더욱 매력적입니다. 자, 그러면 이제 하나의 예를 살펴봅시다. 다음은 동료의 소규모 호스팅센터에서 가져온 로그파일 항목의 하나입니다.

```
Jul 23 19:45:17 r0/r0 32773: Jul 23 19:45:16.206:
 %SEC-6-IPACCESSLOGP: list serial-out4 denied
 tcp 10.13.0.22(65276) -> 69.16.175.10(80)
```

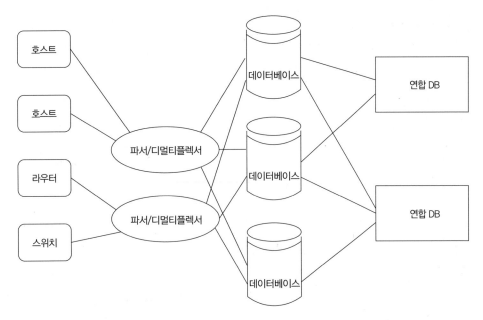

그림 16.1 데이터베이스에 로그파일 항목 넣기

동료의 라우터들은 네트워크 10/8로 가거나 여기에서 오는 패킷들을 모두 차단합니다. 왜냐하면 이 주소 블록이 인트라사이트 용도로 예약되어 있기 때문입니다. [Rekhter et al. 1996] 이 메시지는 시스코^{Cisco} 라우터에서 생성된 것입니다. 해당 패킷이 원래 어디에서 온 것인지 조사하고 싶다고 가정한다면 어떤 데이터베이스 쿼리들을 보내야 할까요?

한 가지 경로는 문제의 패킷이 어떤 컴퓨터에서 나온 것인지 확인하는 것입니다. 이렇게 하려면 모든 스위치에 어떤 포트에서든지 소스 IP 주소가 10.13.0.22인 것을 보았는지 묻는 쿼리가 필요합니다. (일부 이더넷 스위치는 이 정보를 로그로 남기지만, 그렇지 않은 스위치도 있습니다.) 데이터센터에 다른 라우터가 있으면 이 라우터들의 트래픽 매트릭스도 확인하여 이런 트래픽을 보았는지 살펴보아야 합니다. 이런 쿼리는 다른 로그로 남지 않은 정보가 데이터베이스에 추가되었다는 가정을 전제로 한다는 점에 주의하세요. 네트워크 관리 서버는 주기적으로 SNMP를 활용하여 다양한 네트워크 요소에서 트래픽 데이터를 폐기합니다.

또한 해당 시간에 어떤 사용자들이 로그인했는지도 확인할 수 있습니다. 이것은 문제되는 시간 동안 로그인했는지를 확인하는 간단한 쿼리이지만, 모든 머신의 로그인

데이터가 필요합니다. 패킷이 네트워크로 들어갈 수 있는 또 한 가지 방법은 VPN을 통하는 것입니다. 어떤 VPN 세션들이 해당 시간에 활성화되어 있었나요? 일반적으로 풀 패킷 로깅full-packet logging을 시행하는 것은 합리적이지 않습니다. (또한 프라이버시적 리스크도 있습니다.) 근래 이런 기록을 전면적으로 처리하는 사이트는 드물지만, 이상한 일이 일어날 때 빠르게 실행하기에는 좋은 옵션입니다. 다시 말해서 이런 기록은 조사관의 수고를 덜어주기 위해 데이터베이스에 추가할 필요가 있습니다.

또 다른 예를 들어보겠습니다. 예를 들어 특정 머신의 SQL 데이터베이스가 192.0.2.42의 누군가에게서 온 것으로 조사된 것으로 판단된다고 가정해 봅시다. 올바른 인프라를 갖추고 있으면 SQL 서버가 있는 기기에만 한정하여 192.0.2.42에서 온 쿼리에 대한 SQL 로그파일을 쉽게 확인할 수 있습니다. (SQL 서버들에 이런 로그가 없나요? 그렇다면 벤더사 개발자가 이 책을 아직 안 읽은 게 분명합니다. 벤더사에 이 책을 읽도록 여러 권 사라고 주문하세요. 여러분의 데이터베이스 시스템은 로그를 제공하지만 내부 SQL 서버에 이것을 아직 활성화하지 않았나요? 이러한 문제는 시스템 관리 데이터베이스를 통해 푸시되도록 간단히 설정만 바꿔주면 해결됩니다. 물론 똑같은 데이터베이스 항목이 자동으로 새로 생성된 로그파일을 모니터링합니다.)

조사 외에 이례적인 현상을 찾기 위해서도 통상적인 로그 분석을 자동으로 수행해야 합니다. 여기에도 여러 가지 이유로 데이터베이스를 쓰는 것이 훨씬 낫습니다. 그중 하나는 기기의 역할에 따라 모니터링을 조정하기가 쉽다는 점입니다. [Finke 2994, Finke 1997b] 예를 들어 웹 서버에서는 웹 로그를 확인하고 싶을 것입니다. 하지만 테스트용 웹 서버는 프로덕션 서버와는 접촉 패턴이 매우 다르므로 이에 맞춰서 로그 수집을 조율하고 식별 표시를 하고 싶을 것입니다.

서로 다른 항목들을 연관시키는 것은 강력한 공격 감지 기법이기도 합니다. 예를 들어 [Abad, J. Taylor et al. 2003, Aba, Y. Li et al. 2004, Kruegel and Vigna 2003]을 읽어보세요. 정교한 침입 감지 시스템 뒤에 있는 공식이 복잡해도 기본 개념은 단순합니다(5.3절 참고). 즉 다양한 활동을 조합해 보면 흥미로운 것들이 드러납니다. 매닝이나 스노든을 잡으려면 적절한 로그파일 분석만이 유일한 방법일 수도 있습니다. 이 둘은 다운로드한 많은 파일에 대해 어쩌면 모든 파일에 접근 권한이 있지만, 이들의 활동량을 보면 분명 의심할 만 했습니다. [Toxen 2014]

NSA는 한 명이 얼마나 많은 문서에, 어느 정도의 속도로 액세스하는지 모니터링한 후 이것을 감지하고 제한해야 한다. NSA의 침해 사건과 타깃이 2013년 후반 4,000만 개의 신용카드 데이터를 탈취당한 사건처럼 대규모의 데이터 탈취 사건을 아무도 눈치 채지 못하고 아무 조치도 취하지 않았다는 것은 매우 놀라운 일이다. 제대로 된 실시간 모니터링과 사고에 대해 자동으로 대응했다면 두 사건 모두 초기에 감지할 수 있었을 뿐만 아니라 대부분 방지할 수 있었을 것입니다.

오픈 소스 로그 확인과 로그 감시 프로그램은 거의 실시간으로 비정상적 활동에 대해 경고하고 Fail2Ban 프로그램은 공격자를 격리시킬 수 있습니다. 이 모두가 무료이고 과도한 분량의 문서 다운로드를 감지하도록 변경하기도 쉽습니다. 이런 기능을 갖춘 상용 애플리케이션이 많고 NSA는 분명 필요한 애플리케이션을 직접 만들 예산도 있습니다.

보안 모니터링을 위한 로그파일 '항목 자동 검사'라는 개념은 새로운 것이 아닙니다. [S.E. Hansen and Atkins 1992, S. E. Hansen and Atkins 1993] 하지만 오늘날에조차 이것을 실행하는 곳은 매우 적습니다. 로그파일은 침해 사고가 일어난 다음에야 검사하는 것으로 취급되는 실정입니다. 물론 로그를 모니터링하지 않는다면 해킹당한 사실도 눈치채지 못할 것입니다.

16.4 사고 대응

여러분의 사이트가 해킹된다면 어떻게 할 것인가요? '만약'이나 '혹시'라고 묻는 것이 아닙니다. 대규모의 사이트를 운영하고 있으면 언젠가는 이런 문제에 당면할 것이 거의 확실합니다. 사전 계획과 준비가 되어있으면 일이 어떻게 진행되고 얼마나 빠르게 다시 서비스를 개시할 수 있는지의 차이가 매우 큽니다.

일부 이슈는 비기술적인 것입니다. 공격이 감지되었을 때는 누가, 언제 통보받아야 하나요? 가끔은 지금 공격 상황에 처한 것인지 불확실할 때도 있습니다. 나쁜 소식으로 짐작되는 것을 언제 상위에 보고해야 할까요? 분명히 조직의 규모에 따라 세부 사항은 다를 것입니다. 대규모 조직에서는 CISO(정보 보안 최고 담당자, Chief Information Security Officer)가 이런 어려운 결정을 내리겠지만, 이것은 CISO가 사고가 발생했을 때 매우 초반부터 보고를 받았다는 전제 하에서 가능합니다. 소규모 조직이라면 IT 그룹의 책임자가, 또는 한 명뿐인 시스템 관리자가 일을 처리할 가능성이 높습니다. 하지만 침투는 기술적 이슈뿐만 아니라 수많은 사람들이, 또는 직군이 연관됩니다.

CEO 침투는 심각한 사고일 수도 있고 이 때문에 기업이 사업을 접을 수도 있다, [Butler 2014] 그리고 기업의 명성과 [Ziobro and Yadron 2014] 심지어 임원진에게까지 큰 영향이 미칠 수 있다. [Ziobro and Lublin 2014]

법무팀 어떤 업계인지, 그리고 무슨 일이 일어났는지에 따라 침해 사고에는 법적 결과가 따를 수 있다. 예를 들어 미국 대부분의 주에서는 기업에서 개인 정보가 탈취당한 경우 개인 정보가 침해된 이들에게 통보해야 한다. [Stevens 2012] 또한 심각한 해킹을 당해 주가에 영향이 있을 때도 이것을 공개 통보해야 한다. [Michaels 2014]

일부 기업들은 침해 사고에 대해 공개적으로 설명하는 일을 가능하면 늦추고 싶어 한다. [Yadron 2014]. 최소한 어반 아웃피터스^{Urban Outfitters}에서는 법무팀이 이런 결정을 내렸다. [Yadron 2014]

고객 데이터에 관련된 해킹 이후 그녀가 처음 보고한 사람은 직속 상관인 어번^{Urban}의 기술 대표가 아니었다. 대신 회사의 법무 자문위원에게 보고했는데, 이것은 타깃 사고 이후 변호사의 비밀 유지 특권으로 대화 내용을 숨기려고 하는 회사의 정책 변경 때문이었다. 그 후 계획에 따라 허친슨^{Hutchinson}은 이름을 밝히지 않은 외부 조사관이 어번 본사에서 24시간 내에 임무에 착수했다고 밝혔다.

필자는 공식적으로 지나친 비밀 엄수에 대해서는 반대하는 입장이지만, [Bellovin 2012] 이것은 CEO와 법무 자문위원이 결정할 문제이다.

홍보팀 사고에 대한 이야기가 일단 흘러나가면 언론의 질문이 쏟아질 것을 예상해야 한다. 사실 운이 없다면 언론을 통해 사고 사실을 알게 될 때도 있다. 업계 전문기자가 해킹의 증거를 찾아내서 회사에 접촉해 오는 것이다. (사고에 대해서는 어떻게 대답해야 할까? 필자의 조언은 '정직하라'는 것이다. 셰익스피어가 썼듯이 '진실은 드러나게 되어 있다.' [1596]) 그렇긴 하지만 문제에 대한 첫인상은 거의 예외 없이 잘못되어 있게 마련이므로 전략을 짤 때는 이 점을 염두해야 한다.

인사팀　모든 직원들에게 주의를 줄 때는 아마도 인사팀 직원이 이것을 처리해야 할 것이다. 회사 내부의 일이므로 분명 이들이 관여해야 한다.

물리 보안　필자는 모든 직원의 비밀번호를 재설정하고 이들의 컴퓨터에 패치를 설치해야 하는 해킹 사건을 본 적이 있다. 출입구를 지키는 보안 요원들이 이런 일의 실행을 담당한다.

제조 본부 조직장　고객이 사용해야 하는 것이어도 특정 제조 시스템을 차단해야 할 수 있다. 이런 결정은 함께 내려야 하겠지만, CISO의 권한이라고 해도 제조팀에서 이것을 알아야 한다.

1980년대조차도 물류가 얼마나 복잡했는지 한 번 읽어보기를 권합니다. [Eichin and Rochlis 1989, Stoll 1988]. 사실 오늘날에는 물류가 더욱 복잡해졌습니다.

이들 두 가지 논문 모두 한 가지 점을 더 보여주는데, 이메일을 사용할 수 없을 때도 커뮤니케이션 수단을 마련해 두는 것이 중요합니다. 이메일은 사용하지 못할 때도 있고 (메일 서버가 아직 구동중인가요? 접근 가능한가요?), 공격자들이 눈치챌 수 없게 이메일 사용을 자제해야 할 때도 있습니다. 다시 말해서 관련된 모든 인력은 종이에 인쇄한 전화번호부가 있어야 합니다. 이 비상연락망에는 사무실 전화가 VoIP 기능을 활용할 경우 집전화와 휴대폰번호가 모두 포함되어야 합니다. 비상연락망을 언제 사용해야 하는지는 잘 정의된 정책을 마련하여 알려두어야 하지만, 필요할 경우 비상연락망의 중요성은 엄청납니다.

회사의 규모가 클수록 통보와 대응 플로차트의 필요성이 커지면서 모의연습까지 필요할 수 있습니다. 소규모 조직이라도 사전에 이런 문제에 대해 생각해 보아야 하고 최소한 호출될 사람들은 그 가능성에 대해 알고 있어야 합니다.

또한 순수하게 기술적인 예방책도 취해야 합니다. 특히 진행중인 문제에 대한 모니터링을 하고, 피해를 계산하며, 감염되지 않은 완전한 기능을 복구하려면 무엇을 해야 하는지 알아야 합니다. 기능의 완전 복구는 대체로 사내에서 해야 할 일이고, 문제 모니터링과 피해 산정은 외주로 맡길 수도 있는데, 이럴 때는 누구에게 연락해야 하는지 알고 있어야 합니다. 직접 처리하려면 특수한 소프트웨어와 어쩌면 하드웨어까지 필요할 수 있습니다. 네트워크 모니터링은? 유관 스위치나 라우터의 모니터링 포트에 어떤 컴퓨터를 연결할 것인가요? 모니터링 포트에 올바른 것들이 피드되기 시작하려면 해당 노드를 어떻게 재설정할 것인가요? 이메일로 보내고 싶지 않을 때는 올바른 당사자 모두에게 해당 데이터와 분석 결과를 어떻게 배포할 것인가요? 어떻게 기소에 유용한 형식으로 데이터를 보존할 것인가요?

업계와 관할구의 적합한 법적 권한이 누구에게 있는지 먼저 알아내세요. 이들에게 이야기하고 사고가 발생한 경우에는 어떤 조치를 취하기를 원하는지 알아내세요. 유용한 증거를 가장 잘 보존하고 있을 것 같은 로그가 무엇인지 회사 변호사는 검사와 대화해야지, 지역 경찰을 부르는 것은 옳은 선택이 아닐 수 있습니다. 많은 경찰서에는 외국에서 시작된 컴퓨터 침투 사고를 처리할 전문가가 없습니다. 이와 비슷하게 업계에 특화된 정보 공유 기관들이 있을 때도 종종 있습니다. 이들은 지속되는 위협뿐만 아니라 적합한 법 집행 기관이 누구인지 알려줄 수 있습니다.

기소할 의사가 없어도 포렌식 분석을 완전히 갖추는 것은 필수입니다. 왜냐하면 어떤 피해를 입었는지, 공격자가 어떻게 침투했는지, 이것을 완전히 제거했는지 알아야 하기 때문입니다. 시스템 감염 청소에서 고전으로 여겨지는 조언, 즉 디스크 포맷과 재설치로는 충분하지 않습니다. 무엇인가 변경하지 않는다면 결국 취약성을 재설치하는 것에 불과합니다. 오랜 전의 금언에서 일깨워주듯이 똑같은 일을 거듭 반복하면서 결과가 달라지기를 바라는 것은 말도 안 되는 일입니다. 재설치가 필요할 수도 있지만, 그것만으로는 불충분합니다. 재설치는 설치용 매체와 백업에 액세스해야 한다는 의미로, 어떤 백업이 깨끗하고 어떤 것에 공격자가 설치한 백도어가 있는지 알 수 있어야 합니다.

바로 여기서 로그가 제 역할을 합니다. 로그만이 언제 어떻게 최초의 침투가 일어났는지 알려주는 유일한 수단입니다. 로그에서 가리키는 시스템을 검사해서 일정 부분

겸허함을 배우고 확신도 함께 얻게 됩니다. 하지만 지나치게 서두르면 안 되고 꼼꼼하게 시간을 들여 생각해야 합니다. 복구는 절대로 신속한 프로세스가 아닙니다. 최소한 수많은 시스템과 애플리케이션을 설치해야 하고 새로운 셋업을 테스팅하게 됩니다. (이 기회에 새로운 버전으로 업그레이드할 수도 있습니다.) 새로운 버전으로 업그레이드하지 않아도 분명히 미루어둔 패치를 설치하고 싶을 것입니다. 보통의 상황이었다면 테스트 랩을 돌렸을 편리함까지는 누리지 못하겠지만, 그렇다고 해서 약간의 테스트까지 못할 이유는 없습니다. 여분의 기기와 디스크를 준비해서 재구축을 진행하는 동안 지속적으로 운영될 수 있도록 하세요. 이것도 미리 마련해 둘 필요가 있습니다. 복구는 많은 인력이 투입되는 작업이므로 모두 상당한 추가 근무를 해야 합니다. (CFO도 통보 목록에 넣을 수 있을까요?)

침해 사고에 대처하는 것은 절대 쉽지 않으며 즐거운 일도 아닙니다. 빌 체스윅Bill Cheswick과 애비 루빈Avi Rubin, 그리고 필자는 '17장. 사례 연구'에서 우리의 경험에 대해 설명합니다. [Cheswick, Bellovin, Rubin 2003] 우리는 운이 좋아서 사용하지 않은 실험용 기기를 대량으로 갖추고 있었습니다. 어떤 조치를 취해야 하는지 알고 필요한 하드웨어와 소프트웨어까지 갖추면 인생은 훨씬 쉬워집니다.

Part 4

미래

17장

사례 연구

"이게 모두 가상의 시나리오라는 건 아시죠." T.J.는 말했다. "모든 경우에서 넷은 열리기를 거부했다."

To Say Nothing of the Dog
— 코니 윌리스CONNIE WILLIS

이제 모든 것을 종합하여 몇 가지 시나리오를 검토해 봅시다. 좀 더 정확히 말해서 다양한 시스템의 하이 레벨 종이 디자인과 가상의 기술, 필요성 또는 운영 환경의 변화가 시스템 아키텍처와 보안에 미칠 수 있는 영향을 실제와 비슷한 경우를 통해 자세히 살펴보겠습니다.

이런 디자인을 너무 문자 그대로 받아들일 필요는 없습니다. 필자는 실질적 시나리오를 제시하겠지만, 묘사하려는 정확한 요점과 관계없는 중요한 세부 사항은 가급적 생략했습니다. 가장 중요한 것은 사고 과정, 즉 어떻게 해답에 도달하는가입니다.

17.1 소규모 병원

병원은 다른 어떤 소규모 업체보다도 24시간 내내 정보에 대한 빠르고 안전한 접근이 반드시 필요합니다. 동시에 대형 병원을 제외하면 보안 전문가는커녕 IT 전담 인력을 갖춘 병원이 거의 없습니다. 다시 말해서 이런 병원은 미래는 고사하고 지금 당장이 큰 문제입니다.

대형 병원의 경우에는 많이 다르겠지만, 소규모의 네트워크화된 컴퓨터는 대개 윈도우로 구동된다는 공통점이 있습니다. 백업은 로컬 파일 서버에 저장되고, 인터넷이 연결되어 있는데, 이것은 이메일과 특수한 웹사이트를 통한 전자처방전 등에 활용됩니다. 언젠가는 이 링크가 전자 의료 기록 전송에 사용되겠지만, 현재로서는 다양한 브랜드의 시스템이 서로 잘 통신하지 않으므로 이것은 아직 먼 훗날의 일입니다. [Pear 2015]

이런 시스템이 발전할 수 있는 방향은 다양합니다. 의약계의 정보 환경이 점점 복잡해지면서 이런 소규모 네트워크가 경제적으로 지속 가능한지는 분명하지 않습니다. 하지만 가까운 시일 안에 바뀔 사항은 의사들이 환자의 요청에 의한 원격 전자 의료 기록이나 진료실 밖에 있을 때 응급 상황에서 환자의 기록에 원격 접속해야 한다는 것입니다.

여기에서는 두 가지 중대한 제약이 있습니다. 첫째, 보안이 매우 중요해집니다. 프라이버시 법이 상대적으로 약한 미국에서조차 건강보험 양도 및 책임에 관한 법HIPAA ; Health Insurance Portability and Accountability Act에서는 의사들이 환자의 정보를 다룰 때 최대한 주의해야 할 것을 요구합니다.[1]

기술적 요건에는 접근 통제, 감사, 무결성 메커니즘, 그리고 전송 보안이 포함됩니다. 이 규정은 매우 엄격해서 일부 기업들은 고객에게 HIPAA에서 정의한 정보를 다루는 설비 사용을 명백하게 금지하고 있습니다. 예를 들어 Pair.com의 클라우드 서비스 제공 조건에서 모든 고객은 '개인을 식별할 수 있는 정보를 게재, 저장, 발행, 전송, 복제 또는 배포하거나 다른 방식으로 미국 HIPAA와 2005년 환자 안전 및 의료 질 향상 법PSQIA 또는 관련 있는 관할 구역에 적용되고 이에 준하는 미국 내 프라이버시 보호법을 위배할 수 없다.'라고 명시하고 있습니다.[2] 이런 제약에는 이유가 있습니다. 기술적 가능성과 관계없이 HIPAA에서 정한 법적 요건에 부응하여 실행할 수 있는 절차와 프로세스가 거의 없기 때문입니다.

두 번째 중요한 제약은 기술적으로 이것을 실행할 역량이 매우 부족하다는 점입니다. 소규모 병원에서는 계약직 IT 인력에 의존하므로 정교한 솔루션을 구하기 어렵습니다. 처음에는 제대로 작동한다고 해도 곧 고장날 가능성이 높습니다. 다시 말해서 지

---

1 "HIPAA 보안 규칙 요약"

http://www.hhs.gov/ocr/privacy/hipaa/understanding/srsummary.html

2 "-pair Networks" https://www.pair.com/company/hosting-policies/paircloud contract.html

속적으로 관리 및 보수하지 않아도 되는 튼튼한 솔루션이 필요합니다.

고려할 만한 해결책에는 외부 기기를 진료실 네트워크에 붙이거나 데이터를 안전한 클라우드 환경에 저장하는 등 두 가지 방법이 있는데, 이것들 각각 장단점이 있습니다.

외부 기기 연결은 개념적으로는 쉬운 솔루션입니다. 진료실 네트워크에 VPN 게이트웨이를 설치하고 VPN 소프트웨어를 각각의 외부 클라이언트에 설치하면 됩니다. VPN 설치는 우선 외부 계약으로 처리할 수 있고 클라이언트 소프트웨어가 제대로 작동하면 많은 문제가 생길 수 없습니다.

하지만 늘 그렇듯이 문제는 그렇게 간단하지 않습니다. 호텔에 설치된 NAT 박스, 핫스팟 등에서는 VPN 소프트웨어가 매끄럽게 작동하지 않을 때가 종종 있습니다. 필자는 개인적으로 지금까지 겪어온 여러 가지 오류 모드에 대응하기 위해서만 다양한 VPN 셋업을 시도해야 했습니다. 한 가지만 예를 들자면 웹 브라우징만 허용하려고 해도 네트워크를 우회해야 하기 때문에 TCP 포트 443에서 구동되는 VPN 서버에 연결해야 할 때가 있습니다. TCP 애플리케이션을 TCP 기반의 VPN에서 구동하면 성능에 매우 이상한 문제가 발생하므로 이상적인 방식은 아니지만, 아무 것도 할 수 없는 것보다는 낫습니다. 예를 들어 의사들이 집처럼 특징을 잘 아는 몇 군데서만 접속한다면 VPN이 잘 작동할 것이지만, 그렇지 않다면 작동할지 확실하지 않습니다. 그래서 이것은 안전하지만 종종 사용할 수 없는 해결책입니다.

안전한 클라우드 저장 서비스의 사용으로 이 문제를 해결할 수 있습니다. 여기에서 '안전하다'는 것은 클라이언트 머신이 업로드하기 전에 데이터를 '암호화'하고 다운로드한 후에는 '복호화'한다는 의미입니다. 서비스 자체에는 복호화 키가 없습니다. 그러므로 클라우드에 저장된 데이터는 해당 서비스가 해킹당해도 안전하게 보호됩니다. 단한 가지 이슈는 클라우드를 통해 공유되는 디렉토리의 데이터를 검색하는 다양한 의료용 애플리케이션의 설정이지만, 이 작업은 크게 어렵지 않습니다.

클라우드 저장 서비스는 일반적으로 사용법이 간단합니다. 어려운 부분은 서버이지만, 이것은 제공자가 관리하는 것이지, 최종 사용자가 관리하지는 않습니다. 또한 클라이언트 프로그램은 일반적으로 HTTP나 HTTPS를 이용해서 통신합니다. 이미 설명했듯이 이 방식은 대부분의 NAT를 통과할 수 있는 범용 용제입니다.

이들 두 가지 해결책에는 모두 의사가 사용할 클라이언트 컴퓨터에 대한 두 가지 골칫거리가 있습니다. 첫째, 의사의 컴퓨터가 충분히 안전한가요? 일반적인 인터넷 작업용으로 사용하는 컴퓨터라면 인터넷에는 악성 코드가 너무 많이 떠다니기 때문에 아마도 안전하지 않을 것입니다. 미 정부 관계기관에서 따라야 하는 가이드라인이 있지만, [Scholl et al. 2008, Appendix I] 결국 '컴퓨터를 안전하게 사용하라'는 것이 핵심입니다. 그래서 기록 전용 컴퓨터를 사용하는 것이 더 안전합니다. 요즘은 노트북 가격이 싸기 때문에 부담스럽지 않을 것입니다. 반대로 의사의 진료실 컴퓨터들은 당연히 일반적 작업 용도로도 사용해서는 안 됩니다.

두 번째 이슈는 좀 더 골치 아픕니다. 의사들이 환자의 기록에 접근할 때 휴대폰 앱을 이용하나요? 보통 휴대폰과 휴대폰 앱들은 데스크톱이나 노트북보다 설정 사항이 더 제한적이어서 클라우드 저장소를 자유롭게 이용하지 못할 수도 있습니다. 이런 경우에는 VPN 솔루션이 유일한 대안일 수 있습니다.

17.2 전자상거래 사이트

'11장. 안전한 시스템 구축하기'에서 논의한 전자상거래 사이트에 대해 생각해 봅시다. 여러 가지 데이터베이스의 프론트 엔드front end인 웹 서버가 있습니다. 이들 데이터베이스 중 하나에는 주소와 신용카드번호를 포함한 사용자 프로파일 정보가 들어있고 청구, 주문 추적, 인벤토리용을 포함한 다른 중요한 데이터베이스도 있습니다.

이 사이트가 매우 확장되어 아마존Amazon처럼 다른 여러 사이트의 판매 허브 역할을 하려고 합니다. 이것은 해당 사이트로부터 링크되어, 말하자면 VeryBigCo.com이 VerySmallCo.com의 대표로 상품을 팔아준다는 의미입니다. 이 과정을 안전하게 처리하려면 VeryBigCo의 사이트 아키텍처를 어떻게 변경해야 할까요? (당연히 여기서는 데이터베이스 시맨틱의 불일치 같은 것이 아니라 보안적 변경만 논의합니다.)

이 책은 완전한 설계를 다루는 것이 아닙니다. 실제 시스템에는 너무나 많은 요소와 메시지가 들어갑니다. 하지만 일어나는 사건의 종류를 살펴보면 어떤 보안 이슈를 해결해야 하는지 큰 그림을 이해할 수 있을 것입니다. 다시 말해서 기능 디자인의 박스와 화살표를 봅니다('11장. 안전한 시스템 구축하기' 참고).

가장 먼저 물어야 할 질문은 보안 담당자가 해야 하는 첫 번째 질문과 같습니다. "무엇을, 누구로부터 보호하고 싶나요?" 전자상거래 사이트는 데이터베이스의 기밀성과 무결성에 사활이 달려있으므로 가장 강력하게 보호해야 할 것은 이 두 가지입니다. 더욱이 이 사이트는 방어 장비를 파는 곳이 아니라 평범한 전자상거래 사이트이므로 MI-31에 대해서는 우려할 필요가 없습니다. 우리의 적은 주로 기회를 노리는 해커일 것이고 일부 타깃형 공격 요소도 존재할 수 있습니다.

데이터베이스 보호는 네트워크 보안이 아니라 애플리케이션 보안의 문제입니다. (이런 전제로 11.3절에서 논의한 암호화가 좋은 아이디어일 수 있지만, 필수적이라고는 할 수 없습니다.) '11장. 안전한 시스템 구축하기'에서 제안한 인클레이브 전략은 좋은 시작점이지만, 여기서는 충분하지 않습니다. 사실 공유용 시스템에서의 데이터베이스 운용이 정확한지 확인하는 것이 가장 중요합니다. 다시 말해서 데이터베이스 컴퓨터를 보호하는 것만으로는 충분하지 않습니다. 우리는 데이터베이스가 타당하게 변경되도록 보장해야 합니다.

또 다른 질문은 어떤 사이트의 보안에 프라이버시를 보장해야 하는가입니다. VeryBigCo.com과 VerySmallCo.com을 똑같이 보호할 수 있는 단일 디자인 방법을 찾지 못한다고 가정해 봅시다. 그렇다면 어떤 쪽이 더 중요한가요? 이 질문에 대한 해답을 찾는 데는 다양한 방법이 있는데, 그 중 하나는 VeryBigCo.com이 소비자를 상대한다는 점에 주목하는 것입니다. 그러므로 이 회사가 모든 오류에 대해서 책임을 져야 합니다. 두 번째 접근법은 더 큰 회사가 기술력을 더 갖추고 있기 때문에 이런 의사결정을 내려야 한다고 추정하는 것입니다. 이 추정에는 물론 이견의 여지가 있습니다. 또한 대형 사이트는 공격의 대상이 될 가능성이 더 높습니다. 물론 실용적인 힘의 정치라는 접근법을 사용할 수도 있습니다. VeryBigCo.com은 VerySmallCo.com보다 크므로 자기가 원하는 것을 관철시킬 수 있습니다.

하지만 이 책은 기술 서적이므로 우리는 기술적 보안 기준을 살펴보면 됩니다. 어떤 해결책이 가장 단순하고 안전성을 보장할 가능성이 높은가요? 이런 접근법을 쓴다고 해도 분석에는 사업적 고려 사항이 포함되어야 합니다. 결국 우리는 균형 잡힌 해법을 고안하게 됩니다. 더 큰 회사쪽에 이런 솔루션을 설치해야 할 이유가 더 많고 아마도 그럴 능력도 있겠지만 이 디자인은 대칭적입니다.

먼저 표준적인 예방책, 즉 인클레이브, 암호화, 입력 메시지 파싱 주의 등이 이미 적용되었다고 가정합니다. VeryBigCo.com의 데이터베이스, 특히 그 내용을 보호하려면 어떤 조치를 더 취해야 할까요? 다음과 같이 정의하면 목적이 더 분명해집니다. 어떻게 하면 타당한 변경만 이루어지도록 보장할 수 있을까요? 이것은 디자인 요건에 직결됩니다. VerySmallCo.com에서 VeryBigCo.com으로 이루어지는 거래 상태를 이해하는 요청의 의미적 일관성을 보장하는 컴포넌트가 있어야 합니다. 예를 들어 "방금 17개의 위젯을 납품했습니다. 437,983¼유로를 지급해 주십시오."라는 메시지는 누군가 실제로 이런 주문을 넣지 않은 한 발생해서는 안 됩니다. 그러면 이것을 어떻게 제어할 것인가요?

잘못된 방식은 VeryBigCo.com의 데이터베이스 시스템에 로직을 추가하는 것입니다. 이 데이터베이스 시스템은 매우 복잡하기 때문에 더욱 복잡해지면 보안이 약해집니다. 더욱이 회사의 가장 중요한 부분에 신뢰할 수 없는 당사자VerySmallCo.com가 접근할 수 있도록 허용하고 싶지 않을 것이므로 모든 거래를 인증하는 작은 프록시 게이트웨이를 설치해야 합니다. 이것은 애플리케이션 방화벽으로, 두 회사 사이에서 실제 경계 역할을 합니다.

이 프록시 박스를 서로 다른 당사자의 데이터베이스 사이를 해석하는 데 필요한 코드와 합치는 것이 매력적으로 보이겠지만, 그래서는 안 됩니다. 왜냐하면 우선 해석이 어렵고 비특권 기능이기 때문입니다. 이 작업은 방화벽에서 이루어지는데, 방화벽은 침투될 리스크가 더 높습니다. 둘째, 해석은 파트너마다 다르므로 파트너쪽에 더 가까워야 합니다. (여러분이 대기업의 직원이라면 소규모 파트너에게 이렇게 말해도 됩니다. "이것이 우리가 주고받는 내역입니다. 그쪽의 데이터베이스가 이런 식으로 작동하지 않는다면 우리가 아니라 그쪽에서 거래를 취급할 수 있습니다.") 셋째, 인증 로직은 파트너에 따라 달라지지 않습니다. 같은 모듈을 이용하여, 좀 더 정확히 표현하면 해당 모듈의 또 다른 인스턴스를 이용하여 모든 파트너의 프록시 역할을 합니다. 인증 로직이 해석 로직과 내부적으로 얽혀있으면 이 작업이 훨씬 어려워집니다. 여러분은 필연적으로 시스템이 이해하는 개념으로 인증하고 싶을 것입니다. 물론 이것은 여러분의 데이터베이스 유형과 다른 것입니다.

인증을 수행할 때는 거래가 여러분쪽의 현재 상태 인식과 반대인지 프록시 방화벽에

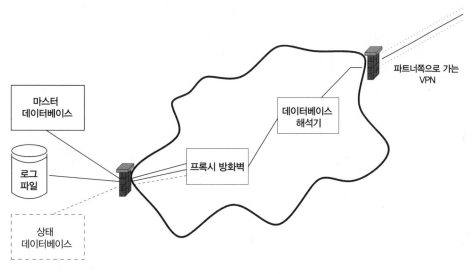

그림 17.1 연결된 전자상거래 사이트의 인클레이브 디자인

서 확인하는 과정이 필요합니다. 여기에는 흥미로운 취사 선택이 존재합니다. 프록시가 마스터 데이터베이스에 질문하면 모든 거래의 확정적 상태를 알게 됩니다. 반면 이렇게 노출된 박스는 매우 폭넓게 접근할 수 있습니다. 그렇다면 대안은 별도의 트랜잭션 상태 데이터베이스를 갖추어 이런 리스크를 없애는 것이지만, 이 경우에는 두 개의 서로 다른 곳에 같은 정보가 있게 되어 실행 결과가 언제나 확실하지 않습니다. 이 모든 것을 감안하면 프록시가 인증된 명령을 통과시킬 때 매우 넓은 액세스를 갖게 하므로 첫 번째 대안이 더 나아 보입니다. 반면 여러분의 데이터베이스에 프록시에서 사용해서는 절대 안 되는 민감한 부분이 있으면 두 번째 접근법이 더 나아 보입니다.

또 한 가지 고려할 점이 있는데, 그것은 바로 로그입니다. 16.3절에서 다룬 것처럼 프록시는 모든 입력과 출력을 로그로 남겨야 합니다. 더욱이 로그파일은 인클레이브 밖의 기기에 저장해야만 프록시에 침투되어도 보호할 수 있습니다.

최종적인 아키텍처는 그림 17.1과 같습니다. 파트너로 향하는 VPN을 갖춘 인클레이브가 있고 인클레이브에는 두 대의 컴퓨터가 있습니다. 즉 데이터베이스 해석용 컴퓨터와 여러분의 프록시입니다. 인클레이브로부터는 정확히 두 가지 유형의 아웃바운드 outbound 연결이 허용됩니다. 즉 로깅 서버와 데이터베이스입니다. 두 대의 데이터베이스를 사용하려면 이들 모두의 액세스를 허용하거나 상태 데이터베이스를 인클레이브 안에 두어야 합니다. 이것은 좋은 생각이 아니지만, 여기까지 읽었다면 그 이유를 알 것입니다. (힌트 : 두 가지 질문을 해 봅시다. "이 데이터베이스는 누가 작성해야 하나요?" "해킹 당한다면 그 결과는 어떨까요?")

중요한 것은 필자가 어떻게 이런 디자인에 도달했는가입니다. 11.7절에서 말한 것처럼 우리는 박스를 그렸습니다. 처음에는 여러분의 데이터베이스와 다른 쪽의 쿼리 모듈뿐이었지만, 모두 그린 후에 질문했습니다. "다른 쪽에서 악의를 가지고 있으면 어떤 일이 일어날까요?" 정답은 여러분의 데이터베이스가 손상된다는 것이므로 프록시가 필요하다는 것입니다. 오류에 대한 보호책은 로그파일입니다. 로그파일을 보호해야 하기 때문에 이것을 인클레이브의 외부에 놓은 것입니다.

17.3 암호화의 약점

설계가 아무리 훌륭해도, 사용자가 아무리 주의해도 언젠가는 새로운 보안 구멍(예: Heartbleed [Bellovin 2014b, Schneier 2014])과 암호의 약점(예: RC4에 대한 심각한 공격 [Vanhoef와 Piessens 2015])에 대해 보고받는 날이 올 것입니다. 자, 그러면 이제 무엇을 하나요? 그리고 사전에는 무엇을 했어야 할까요?

첫 번째 단계는 간단합니다. 허둥대지 마세요. [Adams 1980] 대부분의 문제는 업계 신문에서 떠드는 것처럼 쉽게 악용할 수 있는 게 아니고 응급대응이 필요하지도 않습니다. 두 번째 단계는 해당 문제에 대한 견실한 기술적 정보를 얻는 것입니다. 정확히 무엇이 잘못되었나요? 그리고 정확히 어떤 조건에서 공격자가 여러분에게 이것을 사용할 수 있나요? 세 번째로 시스템 관리 데이터베이스를 살펴보고 어떤 컴퓨터들이 공격 당할 수 있는지 알아봅니다(15.3절 참고).

이후의 분석은 이 절을 읽은 직후 해야 할 일에 대한 조언을 따르는 것에 그쳐서는 안 됩니다. 필자는 특정 공격에 어떻게 대응해야 하는지 설명하는 것으로, 여러분이 이 책을 읽을 쯤에는 더욱 강력한 공격이 출현할 수도 있습니다. 오히려 이것을 다음 사고가 발생할 때 필요한 분석의 예로 삼아주기를 바랍니다.

그러면 RC4 암호 해독 공격부터 시작해 봅시다. RC4는 흔히 TLS와 WPA-TKIP, 이렇게 두 가지 맥락에서 사용됩니다. TKIP^{Temporal Key Integrity Protocol, 임시 키 무결성 프로토콜}는 WPA와 함께 사용하는 RC4 기반의 암호화 프로토콜입니다. WPA^{Wireless Protected Access, 무선 보호 액세스}는 WEP를 대체한 표준으로, 이제는 구식 모델이지만, 새로운 AES 기반의 WPA2 표준을 사용하기에는 너무 느린 하드웨어에서 구동할 수 있습니다. 그러면 이런 것은 어디에 사용할 수 있을까요? 여러분의 메일과 웹 서버는 아마도 TLS일 것입니다. 그리고 이것을 이용하는 다른 소프트웨어도 있을 것입니다. WPA-TKIP는 와이파이 네트워크를 보호하려고 도입된 것입니다. 여러분의 시스템 관리 데이터베이스는 이 모든 것을 가리켜야 하지만, WPA라면 직원들이 집에서 사용하는 것을 발견할 수도 있습니다.

분석의 다음 단계는 위협 모델을 고려하는 것입니다. 와이파이 신호는 일반적인 범위가 100미터입니다. 아무리 좋은 안테나를 달아도 공격자가 1~2킬로미터 범위 안에 있어야 합니다. 다시 말해서 멀리 있는 공격자는 아무리 실력이 뛰어나도 RC4를 사용하는 WPA를 악용할 수 없습니다. 안드로메다인이라면 아마도 여러분의 건물 근처에 있는 누군가를 포섭할 것이고 타깃형 공격자도 이것을 시도할 수 있겠지만, 많은 타깃형 공격자들은 무선 랜에 액세스 권한이 있는 내부자입니다. 하지만 여러분이 MI-31의 타깃이 되었다고 생각해 봅시다. 이들이 누군가를 가까이 보내서 물리적인 노출을 감수할까요? 물론 발생할 수 있는 일이지만, 인터넷 간첩 행위의 큰 이점 중 하나는 위험한 환경에 사람을 투입할 위험을 무릅쓸 필요가 없다는 점입니다.

물론 WPA-TKIP를 사용할 수 있는 다른 곳이 있는데, 아마도 여러분의 데이터베이스가 아니라 바로 직원의 홈 네트워크입니다. 대부분 같은 로직이 적용되고 여기에도 원격 위협은 없습니다. 직원의 네트워크는 새로 나온 영리한 암호 해독 툴을 손에 넣은 야심 찬 아마추어 해커의 공격을 받을 가능성이 더 높기 때문에 기업으로 직접 들어오는 트래픽은 여전히 안전합니다.

VPN을 사용하지 않나요? 그렇다 해도 약간의 리스크는 있습니다. '9장. 무선 액세스'의 분석처럼 직원의 컴퓨터는 이제 공격자와 랜을 공유합니다. 그 결과, 기기는 공용 핫스팟에서처럼 네트워크로의 공격에 노출될 수 있습니다. 하지만 공격자가 랜에 연결된 다른 기기들을 추적하여 이들을 통해 직원의 기기를 간접적으로 공격할 수 있다는 것이 더 나쁩니다. 예를 들어 감염된 실행 파일을 집의 파일 서버에 넣는다고 상상해 봅시다. 조직의 파일 서버는 아마도 더 안전하게 운영될 것이므로 이러면 조직의 랜에 대해 같은 기법을 쓴 것보다 더 큰 리스크가 발생합니다.

그렇다면 RC4 해킹이 기업에 줄 수 있는 직접적 리스크는 비교적 낮은 편입니다. 물론 이것을 피해야 하지만, 대부분의 조직에서 이것을 위기로 볼 수 없습니다. 여러분의 데이터베이스는 정확히 어떤 박스들을 대체해야 하는지 알려줄 것입니다. 홈 네트워크는 아마도 더 많은 리스크를 제기하겠지만, 우리 차트의 오른쪽 위 사분면의 공격자로부터의 리스크뿐입니다. 기업에서 안전하지 않은 홈 네트워크를 이용하는 직원들에게 새로운 장비를 구매할지도 고려해 볼 만한 문제입니다.

우리의 TLS 리스크 분석도 비슷하게 진행됩니다. 하지만 우선 두 가지를 기억합시다. 일반적으로 커뮤니케이션 링크의 도청은 쉽지 않고(11.3절 참고) 안드로메다인을 제외하면 극소수의 공격자들만 암호를 공격합니다(96쪽 참조). 그리고 문제가 발생하려면 두 가지 상황이 합쳐져야 합니다. 공격자가 암호 분석에 능숙하고 이 공격자가 도청할 수 있는 링크에 RC4를 사용해야 합니다.

MI-31이라면 수중 케이블까지 포함하여 어떤 링크라도 거의 다 도청할 수 있습니다. [Sontag and Drew 1998] 하지만 이보다 실력이 낮은 공격자들도 공용 핫스팟의 와이파이 트래픽을 엿들을 수 있습니다. 핫스팟은 사람들이 이메일을 확인하는 데 많이 사용하기 때문에 이것은 진짜 위협이 됩니다. 그렇다면 외부에서 사용 가능한 메일 서버는 리스크입니다.

이것이 들어오는 공격에 대한 완전한 이해가 필요한 부분입니다. 필자가 이 글을 쓰고 있는 지금도 RC4를 활용한 TLS에 대해 최고의 가장 많은 공개적 공격은 IMAP를 엿보기 위한 게 아니라 웹 쿠키를 복구하기 위해 설계되어 있습니다. [Vanhoef and Piessens 2015] 더욱이 여기에는 자바스크립트 인젝션과 52시간의 트래픽 모니터링이 요구됩니다. 커피를 계속 마시는 직원이어도 이렇게 장시간 연속해서 근무할 수는 없습니다. 다시 말해서 실제로 문제가 있어도 대단히 중대한 위급 상황은 아니므로 즉시 웹 메일 서버를 내릴 필요는 없습니다. 또한 이로 인해 마지막 고려 사항, 즉 대응에 드는 비용은 얼마나 되는가라는 문제가 대두됩니다.

서비스를 차단하면 사람들이 이것을 이용할 수 없게 됩니다. 직원들이 이메일을 읽을 수 없다면 사업에 어떤 비용이 초래되나요? 고객들이 웹으로 주문을 넣을 수 없다면 얼마나 많은 돈을 잃게 될까요? 브라우저 버전이 오래되어 더 나은 것을 지원하지 못한다고 해서 RC4를 막는다면 영구적으로 잃게 될 고객 수는 몇 명이나 될까요? 사용자들이 다시 평문을 써서 모니터링이 소용없게 될까요? 형편없는 암호화라 해도 없는 것보다는 낫습니다. 다시 한 번 더 강조하지만 대부분의 공격자는 어떤 암호화를 사용하든지 막을 수 있습니다.

새로운 결함을 알게 되면 이런 종류의 분석을 거쳐야 합니다. 어떤 것이 누구로부터, 어떤 조건에서 위험에 처하며, 이에 대응하는 비용은 얼마나 될지 스스로에게 물어보세요. 때로는 새로운 결함이 인기 있는 애플리케이션에서 발견되고 널리 악용되는 응급 상황도 있습니다. [Goodin 2015a, Krebs 2013, Krebs 2015] 하지만 그보다는 생각할 시간이 조금은 주어지는 경우가 더 많습니다.

17.4 사물 인터넷

"여기선 물건들이 떠다니네요!" 때로는 인형처럼 보이고 가끔은 반짇고리처럼도 보이는 커다랗고 밝은 물건이 계속해서 윗칸으로 올라가는 것을 1분쯤 멍하니 올려다보던 그녀가 마침내 애처로운 소리로 말했다. "여기에서도 제일 짜증나는 물건이에요. 그런데 있잖아요." 갑자기 어떤 생각이 딱 떠오르자 소녀는 말을 이었다. "저걸 따라서 맨 위 선반까지 올라가 볼래요. 천장까진 뚫고 올라가지 못하니까 어리둥절해 할 거에요. 아마!"

하지만 소용없는 계획이었다. '물건'은 꽤 익숙한 듯이 가능한 조용히 천정을 뚫고 사라져버렸다.

Through the Looking-Glass, and What Alice Found There
— 루이스 캐럴LEWIS CARROLL

이제 아직은 최종 형태가 정립되지는 않은, 이른바 '사물 인터넷IoT'에 우리의 방법론을 적용해 봅시다. 사물 인터넷은 많은 객체(지금부터는 '사물'이라 부르겠습니다.)에 마이크로프로세서뿐만 아니라 네트워크 프로세서까지 넣어서 원격 모니터링과 조작이 가능해진 것으로, 미래 기술에 붙여진 명칭입니다. 사물 인터넷의 시작 단계는 이미 인터넷 기능이 접목된 온도 조절기, 피트니스 기록 장치 등에서 목격되고 있습니다. 앞으로는 분명히 더 많은 기기들을 접하게 될 것입니다. 그렇다면 사물 인터넷을 위한 보안 아키텍처는 어떤 모습이어야 할까요?

우선 서로 다른 컴포넌트부터 이해하기 시작해야 합니다. 많은 디자인적 선택이 가능하지만, 현재의 기술력과 사업 모델의 디자인적 제약에 맞출 수밖에 없습니다. 물론 이 모든 것이 앞으로 바뀌겠지만, 일단은 미래에 대한 예측보다는 실현 가능한 모델을 세우는 것으로 충분합니다.

- 사물의 사용자 인터페이스는 매우 조잡할 것이므로 보안 설정이 복잡해진다. 많은 것들이 집에 설치된 허브/충전기의 사설 프로토콜을 통해 통신해야 하며, 이 장치들이 사물의 IP와 통신한다.

- 글로벌 규모의 라우팅 가능한 IP 주소가 부족하므로 사물에 고유 주소를 부여하는 경우가 있어도 극소수일 것이다. 오히려 로컬 주소가 배정되고 [Rekhter et al. 1996] 홈라우터 같은 NAT 박스 뒤에 들어갈 것이다. IPv6의 출현으로 이런 필요성은 없어지겠지만, 홈 NAT는 아마도 사라지지 않을 것이다. 80쪽의 박스 내용처럼 NAT는 일정 정도 방화벽의 역할을 해 주므로 가까운 시일 안에 사라져서는 안 되기 때문에 가정용 랜 외부에서 직접 접속할 수 없다.

- 이런 전제를 바탕으로 대부분의 IoT 기기는 일부 벤더의 (클라우드) 서버 집단에 보고되고 이것의 통제를 받게 될 것이다. NAT에 구멍을 내는 것은 가능하지만, 모든 가정용 라우터가 서로 다르고 대부분의 사람들은 그럴 능력이나 시간이 없기 때문에 이것을 시도하는 사람은 극소수이다. 여러분이 벤더라면 IoT 기기들을 자주 연결하는 것이 더 쉽다.

- 벤더에서 제공하는 서버가 있고 수많은 데이터를 캡처하므로 이런 많은 기업들에서는 해당 데이터를 통해 수익을 내려는 유혹에 빠질 것이다. 프라이버시 측면을 무시하면 (최소한 이 책에서는) 이것은 개인적으로 민감한 대량의 데이터베이스가 있다는 뜻이므로 보호해야 한다.

- 벤더가 여러 명일 것이므로 다양한 서버 집단이 있을 것이다. 이들은 최소한 IoT 기기가 서로 통신할 때 프록시로서 부분적으로라도 서로 통신해야 한다. 가정에 있는 일부 정적 IoT 기기는 서로 직접 통신하려고 할 수도 있지만, 다른 이동용 IoT 기기들은 클라우드를 통해 통신해야 한다. ("이봐, 보일러! 난 로빈의 전화기야. 심박수, 속도, 경로를 보니까 로빈이 지금 조깅중인 것 같아. 20분 후면 집에 돌아가서 샤워할 것 같은데, 물 좀 데워주지?" "고마워, 전화기! 하지만 지금 기온과 오늘 아침 온수 사용량을 보면 그냥 있어도 될 것 같아.")

- IoT 기기가 해킹당할 경우 초래될 결과는 심각할 수도, 그렇지 않을 수도 있다. 이 것은 IoT 기기의 성격에 따라 다르다. 스마트TV에는 보통 마이크와 카메라가 달려 있는데, 이것을 악용하면 집에 있는 사람을 감시할 수 있다. 이런 짓을 일삼는 나쁜 사람들이 있다는 것도 우리는 잘 알고 있다. [N. Anderson 2013] 하지만 커피메이커는 소프트웨어로 제어하는 과열 방지 장치가 탑재되지 않은 이상 훨씬 덜 위험하다. IoT 기기가 해킹당하는 것은 짜증나지만, 일부 인형처럼 클라우드 서버와 통신하는 마이크를 내장한 경우에는 [Halzack 2015] 위험하기까지 할 수 있다. 해킹당한 자동차와 [Greenberg 2015b] 라이플이라면 [Greenberg 2015a] 말할 나위도 없다.

우리의 아키텍처에는 '사물', '허브', '서버'라는 여러 가지 레벨이 있는데, 사물은 적합한 허브에만 통신해야 합니다. 허브는 로컬에서 다른 허브나 허브가 없는 사물과 통신할 수 있습니다. 모든 허브는 인터넷을 통해 배정된 서버와 통신하고 이 서버들은 서로 통신합니다. 그렇다면 우리가 걱정해야 할 보안적 속성은 무엇인가요?

우선 허브부터 살펴봅시다. 허브는 서버에 등록되어야 하고 이 등록은 소유권에 어느 정도 묶여 있어야 합니다. 필자는 필자의 온도 조절기는 제어할 수 있지만, 이웃집 온도 조절기는 제어할 수 없어야 합니다. 이것을 어떻게 처리하는지 세부적인 내용은 다양하지만, 이것을 안전하게 처리해야 한다는 필요성은 항상 있습니다. 이 때문에 허브는 가정 네트워크(아마도 와이파이)에 연결되어야 하며, SSID와 WPA2 비밀번호를 설정해야 합니다. 여기에는 몇 가지 흥미로운 사용상의 어려운 문제가 있습니다. 허브가 해킹당하면 연결되는 다른 로컬 허브와 IoT 기기, 서버 집단을 공격할 수 있습니다. 따라서 인터넷 연결성이 갖춰지면 봇^{bot}으로 변해서 스팸을 보낼 수도 있습니다.

연결되는 사물로부터 가능한 한 매우 짧은 거리의 무선 연결을 제외하면 허브로부터의 모든 연결을 암호화해야 합니다. 인터넷을 통한 링크는 도청하기 어려워도, 그리고 안드로메다에서 여러분의 세탁 주기를 감시하는 데 관심 없어도 가정용 와이파이 네트워크로는 인증 데이터가 보내집니다. 가정에 있는 어떤 컴퓨터라도 해킹당하면 다른 허브를 포함하여 이것을 탈취할 수 있습니다.

서버 대 서버 링크도 암호화해야 합니다. 이 장의 앞부분에서 설명한 것처럼 인증에는 기밀성 외에도 다른 측면이 많습니다. 그렇지만 많은 사람으로부터 오는 대량의 데이터에는 MI-31이 관심을 가질 만한 중요 인물의 현재 위치 같은 정보가 있을 수 있습니다.

컴퓨터 서버는 허브와 사물을 공격할 수 있습니다. 허브와 사물의 펌웨어를 대체하는 것이 가장 위험하지만, 이런 악성 펌웨어가 미칠 수 있는 영향도 어떤 사물이냐에 따라 달라집니다. 또한 인증 데이터베이스의 침해, 다른 개인의 데이터 훼손 등 서버와 관련된 다른 통상적 이슈가 모두 존재합니다.

서버로 조절하는 사물 대 사물 간 커뮤니케이션에도 미묘한 아키텍처적인 의문이 있습니다. 누가 누구를 신뢰할 것인가요? 휴대폰에서 온수기로 전달되는 위의 대화에 대해 다시 고려해 봅시다. 이 메시지를 어떻게 인증할 것인가요? 소비자들은 복잡하게 관리하는 것을 싫어하기 때문에 휴대폰이 통신할 수 있는 각 사물마다 로그인하게 하는 해결책은 답이 될 수 없습니다. 휴대폰과 온수기가 모두 같은 서버에 통신한다면 아마도 신뢰할 수 있는 관계로 간주할 수 있을 것입니다. 서버는 두 기기가 모두 로빈의 것임을 알기 때문입니다. 하지만 두 기기가 각각 서로 다른 회사의 클라우드에 있는 서버에 연결된다면 문제가 있습니다. 두 개의 사물이 같은 사람의 소유라면 통신이 이루어지도록 허용해야 하지만, 그렇다는 사실을 어떻게 확인할 것인가요? 서버가 서로를 신뢰해야 할까요? IoT 회사 간에 적절한 계약이, 그리고 적절한 법적 책임과 면책 조항이 체결되어 있다고 간주하면 해답은 간단할 수 있습니다. 하지만 이렇게 해결할 수 없다면 허브들이 인증 요청을 이용하거나, 두 개의 키를 공유하거나, 다른 방식을 사용하게 해 줄 복잡한 암호화 프로토콜이 필요합니다. 허브, 사물, 가정, 서버 회사를 취득하고 폐기하는 전체 과정에서 이들 간의 신뢰를 어떻게 구축하고 관리하는가에 대한 문제에는 다양한 해결책이 있습니다. 하지만 대부분의 해결책은 매우 복잡하기 때문에 이런 아키텍처의 보안 평가는 매우 까다로울 것입니다.

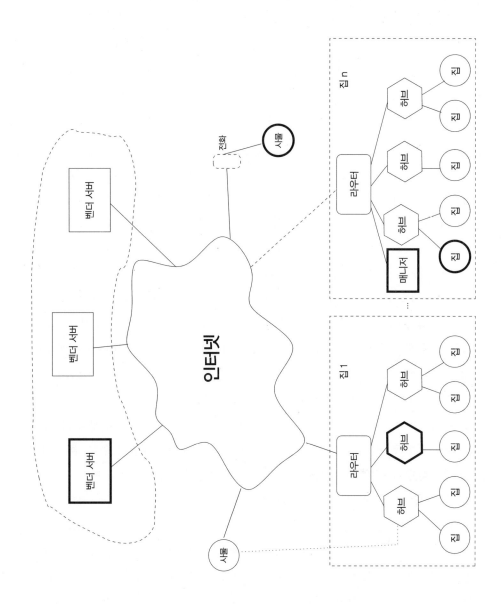

그림 17.2 가능한 IoT 설정. 굵은 선 상자에 그려진 사물은 해킹될 수 있다.

액세스 통제 관리는 또 다른 문제입니다. 사물에 대한 액세스 허용은 생각보다 복잡해질 수 있습니다. 학부모라면 10대 자녀가 온도 조절기를 조작하기를 바라지 않겠지만, 집에 온 손님에게는 허용하고 싶을 수도 있습니다. 또한 집으로부터 특정 반경 범위 안에서 미리 선택한 전화기가 감지되면 자동으로 온도가 조절되기를 원할 수도 있습니다. 이 기능은 현재 시장에 나와 있습니다. 이미 설명했듯이 액세스 통제 목록의 관리는 어려운 일이지만, IoT에 반드시 필요한 부분이고 벤더들은 이런 사용성을 무시할 수 없습니다.

솔루션의 이 부분은 다른 박스, 즉 가정용 사물 매니저에서 찾을 수도 있습니다. 매니저에는 전화기를 비롯한 (여기에 적합한 앱을 설치해야 합니다.) 모든 사물에 대한 랜 액세스가 필요합니다. 매니저를 일부 허브에 설치한 후 웹 브라우저를 통해 접속할 수도 있습니다. 이것도 설정과 관리를 위해서 또 비밀번호가 필요해진다는 의미입니다.

허브와 사물은 소프트웨어를 구동시킵니다. 이 소프트웨어는 버그가 있을 수도 있고 업데이트가 필요하므로 양방향성 신뢰 경로가 있어야 합니다. 서버들은 기기에 자신을 인증해야 합니다. 이것은 아이폰 탈옥처럼 자기 기기를 다시 프로그래밍하고 싶어 하는 일부 사람들의 바람과 충돌할 수 있습니다. 그러면 이런 문제는 어떻게 처리해야 할까요?

초기 보고를 보면 심각한 수준입니다. 현재 많은 기기들은 기초적인 암호화조차 되어 있지 않습니다. [Barcena, Wueest, Lau 2014] 필자가 일부 온도 조절기를 분석한 결과도 비슷한 취약성을 보였습니다. 하지만 필자가 여기에서 설명하는 분석 방법으로도 충분할 것으로 보입니다. 서로 다른 요소와 링크 간의 민감도를 확인할 수 있게 해 주고 어디에 방어책을 넣어야 할지도 이해할 수 있습니다.

그림 17.2는 이런 제약에 맞는 토폴로지의 도해입니다. 모든 가정에는 허브가 있지만, IoT 매니저는 있는 집도 있고, 없는 집도 있습니다. 모바일 IoT 기기는 일부 허브에 연결된 것으로 간주합니다. 아니면 일부는 연결된 전화기에서 직접 관리할 수 있어서 벤더의 서버에 거의 영구적으로 연결될 가능성이 높습니다. 그러면 서로 다른 컴포넌트들이 해킹될 때 어떤 일이 벌어질지 살펴봅시다. 좀 더 분명히 볼 수 있게 일부는 굵은 선으로 표시했습니다.

모든 링크는 암호화로 보호되어 있다고 가정하여 도청과 넷을 통한 신원 가장을 막을 수 있습니다. 링크가 암호화되지 않는다면 엔드포인트 중 하나가 해킹된 것과 같은 결과가 발생합니다.

먼저 서버 방어부터 살펴봅시다. 이것은 힘든 일이라는 것을 알 수 있습니다. 디자인 상 서버들은 소비자가 제어하는 많은 사물뿐만 아니라 다른 서버와도 통신합니다. 서버는 매우 다양한 종류의 사물을 처리하기 때문에 수많은 당사자로부터 자주 업데이트 해야 할 것입니다. 그래서 서버들은 제조사가 개발한 기기들보다 훨씬 취약해집니다.

벤더의 서버가 해킹당했다고 생각해 봅시다. 그 결과는 무엇인까요? 앞에서 다룬 것 처럼 연결된 사물에 악성 명령을 보낼 수도 있고, 사물에 악성 펌웨어를 보낼 수도 있으며, 인증 데이터를 탈취할 수도 있습니다. 따라서 이런 각각의 위험에 방어하고 서버 자체가 침해되지 않도록 막아야 합니다.

악성 명령에 직접적으로 취할 수 있는 일은 별로 없습니다. 설계상 사물은 무조건 서버의 지시를 따르게 되어 있습니다. 하지만 위험한 행동을 막을 수 있게 하드웨어에 한도 설정을 내장할 수 있습니다. 예를 들어 네스트^{Nest} 서모스탯에는 '안전 온도'가 있어서 너무 춥거나 더워서 이 값을 넘어서면 온도 조절기가 꺼져 있는 상태에서도 적합한 장치를 작동시킵니다. 최소한 기기의 일부 버전은 부적절해 보이는 요청을 무시하기도 합니다.

> 네스트 서모스탯은 [*sic*] 온도가 45℉/7℃ 미만일 때는 냉방기를, 95℉/35℃를 초과할 때는 온풍을 가동하지 않는데, 이 한도 설정은 변경할 수 없다.

위의 내용은 이전 버전과 함께 네스트 웹사이트에 게재되었지만, 현재 웹사이트에서 같은 문구가 빠진 이유는 분명치 않습니다.[3]

IoT 디자인 속성 1 사물은 위험한 요청은 거부해야 한다. 실행 가능한 한, 이런 한도는 소프트웨어가 아니라 하드웨어에서 강제로 실행되어야 한다.

우리는 악성 펌웨어에 대해 더 잘 방어할 수 있습니다. 서버는 취약한 기기이므로 펌웨어 파일은 제조자가 디지털 서명을 해야 하지만, 완벽하게 방어되는 것은 아닙니다.

---

3 "안전 온도 작동 원리" https://web.archive.org/web/20140205203310/http://support.nest.com/article/How-do-Safety-Temperatures-work

공격자들은 오래되어 버그가 더 많은 펌웨어 버전을 재현할 수 있지만, 침투할 수 있는 기기가 서버뿐이라면 펌웨어를 임의적 악성으로 변경하기는 어려워질 것입니다. 이것은 '앱 스토어에서만 구매'하는 모델과는 다르다는 점에 유의해야 합니다. 모든 펌웨어가 서명되어야 한다는 것은 보안 요건이 아닙니다. 어떤 서명이 수락되어야 하는지는 이 요건과는 별개의 정책적 결정입니다.

IoT 디자인 속성 2 모든 펌웨어에는 제조자의 디지털 서명이 있어야 한다. 그리고 서명키는 서버가 액세스할 수 없는 것이어야 한다.

마침내 인증 데이터가 리스크에 놓입니다. 이것은 사물에서 서버로 인증할 때 비밀번호의 사용을 완전히 배제하는데, 사람들이 모든 사물에 기억하기 쉬운 똑같은 비밀번호를 이용할 게 분명하기 때문입니다. 하지만 사물은 인간이 아니라 컴퓨터입니다. 많은 숫자를 기억할 수 있고 복잡한 계산도 하므로 어떤 형태든지 암호화 인증이 최선의 방법으로 보입니다. 그래도 사용자들은 서버의 웹 인터페이스와 통신해야 할 것입니다. '7장. 비밀번호와 인증'의 조언을 따르는 외에는 할 수 있는 방법이 많지 않습니다. 마지막으로 사물과 사물 간 통신은 서버를 통하므로 이들 간의 인증은 엔드 투 엔드^{end to end}여야 합니다. 그렇게 해야만 해킹된 서버가 이러한 메시지에 간섭할 수 없게 됩니다. 그러면 '가정용 PKI'도 필요할 수 있습니다. 즉 각 고객에게 인증서를 발급하는 것입니다. 이 인증서는 다시 고객의 모든 허브와 사물에 인증서를 발급하는 데 사용됩니다.

IoT 디자인 속성 3 암호화 인증, 특히 공용 키보드 암호화 인증을 사용하여 사물 대 서버, 사물 대 사물 메시지를 인증한다.

서버들이 해킹당하면 많은 클라이언트들이 리스크에 놓입니다. 하지만 벤더의 서버가 아니라 집에 있는 사물과 허브에 허가 기능을 추가하면 리스크가 최소화됩니다.

IoT 디자인 속성 4 허가는 서버가 아니라 사물과 허브에서 이루어진다.

최종 방어선이 있습니다. 서버 집단은 전문적으로 가동되므로 정교한 침투 감지 시스템, 별도의 인증 서버, 실력 있는 시스템 관리자 등을 갖출 수 있습니다. 다시 말해서 약간의 운과 보통 정도의 능력만 있으면 침해 사고는 피할 수 있고, 침해 사고가 발생해도 신속하게 감지하여 조치를 취할 수 있습니다.

하지만 허브와 사물 같은 가정용 기기에는 이런 장점이 없습니다. 허브가 해킹당하면 어떻게 될까요? 새로 제기되는 위험은 별로 없습니다. 허브는 대체로 메시지의 전달 역할만 합니다. 메시지가 엔드 투 엔드로 보호된다면 해킹된 허브가 이것을 도청할 수 없습니다. 하지만 허브에는 한 가지 역할이 더 있는데, 새로 손에 넣은 사물의 에이전트 역할과 어쩌면 이들에게 인증서 발급도 할 수 있습니다. 또한 사물 대신 허가를 처리할 수도 있습니다. 타버린 전구를 교체할 때마다 교체하는 사람이 액세스 규칙을 재설정하기보다는 해당 램프를 켜는 사람이 조명 제어기를 조절하는 것이 더 이치에 맞기 때문입니다. 전력이 낮은 사물에 대해서는 허브가 모든 암호화의 종단점endpoint이 될 수도 있습니다. 다시 말해서 사물은 허브를 완전히 신뢰하며 도움을 구할 대안적 통신 경로는 없다는 의미입니다.

허브는 로컬 랜에 붙어 보통 집 안이나 해킹된 서버로부터 공격을 받습니다. 일반적으로 외부에서 직접 접근하지 않으며, 웹 브라우징 같은 위험한 활동에 연관되지도 않습니다. 그렇다면 최선의 방어책은 침입 감지입니다. 허브는 서버로부터 들어오는 탐색이나 악성 코드 등을 살펴보고 무언가 잘못되었을 때 기기 소유자에게 알려야 합니다. 침해된 허브는 교체해야 할 수도 있습니다. 최소한 공장 초기화는 반드시 해야 합니다.

IoT 디자인 속성 5 모든 허브는 침투 감지에 포함되어야 한다. 또한 서로 다른 소프트웨어 버전 간에도 구성 파일을 업로드하고 다운로드할 수 있어야 한다.

사물 자체가 해킹될 수도 있습니다. 해킹된 사물은 허브나 연결된 전화기를 공격할 수도 있고, 허브를 통해 서버나 다른 사물에 공격 메시지를 보낼 수도 있습니다. 서버는 전문적으로 가동되므로 스스로를 보호해야 합니다. 하지만 허브는 엔드 투 엔드 암호화가 없다면 전달된 메시지에서 침투 감지를 수행할 수 있습니다. 메시지는 여전히 엔드 투 엔드로 인증되어야 합니다. 이렇게 하려면 복잡한 키 관리 시나리오가 필요한

데, 이것이 위험 지점이 될 수 있습니다.

IoT 디자인 속성 6 사물과 사물 간의 메시지는 엔드 투 엔드로 인증되어야 한다. 하지만 허브에서의 침입 감지를 허용하기 위해 사물에서 허브로, 허브에서 허브로, 허브에서 사물로 암호화된다. 또한 서버로 전송되는 메시지는 엔드 투 엔드 암호화가 될 수도 있다.

마지막으로 관심을 기울여야 할 컴포넌트는 사물 매니저로, 독립형 박스나 허브 안에 내장된 컴포넌트일 수 있습니다. 매니저들은 웹 브라우저를 통해 사용자가 제어합니다. 사용자의 컴퓨터는 물론 해킹당할 위험이 매우 크므로 매니저도 — 최소한 매니저에서 관리하는 설정은 — 리스크에 놓입니다. 매니저에는 사용자를 인증할 수단이 있어야 한다는 데 유의해야 합니다. 이것은 틀림없이 비밀번호를 기반으로 외부 인증 서버를 거치지 않을 것입니다. 또한 비밀번호 재설정이라는 매우 골치 아픈 이슈도 있습니다. 그렇다면 설정은 어떻게 처리해야 하고 (이때 개인키도 포함됩니다. 매니저는 집의 CA일 수도 있습니다.) 매니저에 저장된 허가는 어떻게 해야 할까요? 누군가 새로운 비밀번호를 설정하면 어차피 모든 액세스 허용이 재설정되므로 그냥 유지되어야 할 것 같지만, 프라이버시 이슈도 고려할 필요가 있습니다.

IoT 디자인 속성 7 매니저는 해킹된 사용자 기기로부터 공격당할 위험이 높다. 최선의 대응책은 강력한 비밀번호와 키 보호이고 이와 함께 변칙적인 변경 요청 탐색이 필요할 수도 있다. 하지만 분명히 허용된 사용자가 이상한 일을 할 때 누구에게 통보해야 할지는 알기 어렵다.

사물 인터넷의 전체적인 디자인은 이것보다 훨씬 복잡할 것입니다. 하지만 이런 수준이어도 각 박스의 유형을 살펴보면서 각각의 컴포넌트에 어떤 리스크가 있는지 분석하고 필요한 방어책을 생각해 볼 수 있습니다.

18장

제대로 된 보안

"어린이 여러분, 여러분은 모든 일에 준비를 마쳤습니다. 물론 저처럼 완전히 어른이 되고 힘이 생기진 않았죠. 그건 오로지 시간이 지나야만 가능합니다. 하지만 지금은 우리가 여러분을 떠나는 게 최선입니다. 여러분 세대는 우리보다 훨씬 강하고 큰 능력을 갖출 잠재력이 있습니다. 우리는 얼마 전에 우리 세대가 이룰 수 있는 최고 정점에 도달했습니다. 이제 더 이상 계속 늘어만 가는 삶의 복잡성에 적응할 수 없는 때가 온 것입니다. 어떤 위급 상황이든지 미리 알 수 있는 수단을 충분히 갖춘 새로운 종인 젊은 여러분의 세대는 복잡성에 적응할 수 있을 것입니다. 이런 능력과 도구를 가지고 여러분은 우리가 떠난 곳에서부터 시작하기 바랍니다."

Mentor of Arisia in Children of the Lens
— E. E. '닥' 스미스^{E. E. 'DOC' SMITH}

18.1 노화

여기까지 읽은 독자라면 이전 섹션 중 일부는 이미 무용지물이 되었고, 책 전체가 이미 옛이야기가 되어가고 있다고 느낄 것입니다. 이것은 어쩔 수 없는 현실입니다. 첨단 기술은 매우 역동적인 분야이고 위협 모델도 계속 변화하고 있습니다. 위협 모델의 변화는 기술적 변화, 즉 새로운 기기, 새로운 서비스 등이 가까운 미래에 계속 나타나기 때문이지만, 공격자가 누구이며, 이들이 원하는 것이 무엇인지도 변하기 때문입니다. 주요 국가 정부보다 더 심각한 위협은 상상하기 어렵습니다. 하지만 이런 정부들의 관심사도 변할 수 있고 또한 그렇게 될 것입니다. 그런 면에도 불구하고 이 책의 주된 목적은 변화에 대해 어떻게 생각해야 하는지 알려주는 것입니다. 이런 면에서 필자는 이 책의 가치가 책에서 설명한 특정 사실보다 오래 지속되기를 바랍니다.

이러한 변화를 전제로 몇 가지 사항은 특히 변화가 클 것으로 보여지기 때문에 특별히 살펴보아야 합니다. 특정 아이디어가 반드시 진행된다는 것은 아니고 그보다는 불가피해보이는 폭넓은 기술적 트렌드를 살펴보려고 합니다. 미래에 어떤 것이 유행할지 필자가 확실히 안다면 교수로 일하기보다는 벤처 투자 컨설팅으로 더 큰 돈을 벌 수 있을 것입니다. 예를 들어 하드웨어가 더 작아지고 저렴해질 것은 거의 확실합니다. 놀라운 새 기기가 나오지 않는다고 해도 무어의 법칙(Moore's Law, 반도체 집적회로의 성능이 18개월마다 2배로 증가한다는 법칙 – 역자 주)이 무너지는 것을 우리는 수년 동안 목격해 왔습니다. 이와 비슷하게 5년이나 10년 후에 우리는 분명 아직 발명되지도 않은 서비스를 이용하고 있을 것입니다. 이 책을 쓰고 있는 2016년 현재 아이폰은 아직 출시된 지 9년 밖에 되지 않았고 트위터와 페이스북은 각각 설립 10년과 11년을 맞았습니다. 이렇게 출시된 지 얼마 안 된 기술인데도 이런 것들이 없었던 시절이 있었는지 떠올리기가 어려울 정도로 단기간 안에 컴퓨팅과 그 위협 모델 자체를 바꿔놓았습니다. 트위터와 페이스북의 영향력이 의심스럽다면 페이스북을 통해 공격자들이 '보안'적 질문에 대한 답을 얼마나 쉽게 찾아낼 수 있게 되었는지 생각해 보세요. 트위터 때문에 하원의원이 선거에 졌고 [Barrett 2011] 정권 자체를 무너뜨리기도 했습니다. [Saletan 2011] 이런 위력을 가지면 정부와 군의 관심을 끌게 됩니다.

진화는 기술뿐만 아니라 경제와 정치에 의해서도 견인되고 위협도 변합니다. 스턱스넷Stuxnet은 단지 가능하기 때문에 개발된 것이 아니라 이란 핵 융합 시설에 피해를 입히려는 고도의 실력을 갖춘 적이 있었기 때문에 탄생했습니다. 마찬가지로 사우디아라비아의 정유사 컴퓨터를 공격한 샤문Shamoon은 [Goodin 2012c, Leyden 2012] 새로운 기술 개발의 결과라기보다 이란을 향한 사이버 공격에 대한 대응일 가능성이 높았습니다. 상업적 동기에 의한 공격은 돈을 위한 것이라고 정의할 수 있지만, 이런 자금의 출처도 변하고 있습니다. 이미 비트코인(Bitcoin, 온라인에서 사용되는 사이버 머니의 일종

– 역자 주)을 훔치는 정교한 해킹이 보고되고 있습니다. [Greenburg 2014, Litke and Stewart 2014]

이런 것을 예언하기는 어렵습니다. 다음에 어떤 일이 일어날 것인지 자신 있게 말할 수는 없습니다. 우리가 이야기할 수 있는 것은 미래에 새롭게 문제를 일으킬 수 있는 새로운 특징이 무엇인가입니다.

18.2 새로운 기기

앞으로 수년간 하드웨어가 계속 향상될 것이라는 예측은 매우 확실합니다. 메가헤르츠 부품이 열 때문에 종말을 맞은 것처럼 반갑지 않은 일도 생기겠지만, 계속 상당하게 진전되리라는 것은 분명해 보입니다. 디스크 용량은 CPU 가격/성능보다 더 향상되었다는 사실이 중요한데, 여기에서 얻을 수 있는 몇 가지 결론이 있습니다.

첫째, 더 많은 곳에서 저렴한 소형 컴퓨터를 설치할 수 있습니다. 더욱이 이런 CPU는 네트워크화될 것이 거의 분명하므로 몇 가지 명백한 보안 이슈가 제기됩니다. 칫솔이나 화장실 체중계에 있는 칩에 불법으로 액세스하는 것은 기껏해야 프라이버시 침해 우려를 불러일으키므로 일부는 리스크가 낮습니다. 하지만 작동 장치에 직접적으로나 간접적으로 연관된 것에 대한 액세스는 우려됩니다.

작고 특화된 컴퓨터는 직접 관리하기가 더 어렵습니다. 전통적인 입력 장치와 출력 장치가 없을 뿐만 아니라 사실 MAC 주소를 알아내기가 더 까다로울 때도 많습니다. 물론 이런 기기에 방화벽을 설치하기가 쉬울 때도 있습니다. 예를 들어 디지털 칫솔은 배터리 충전을 위해서라도 도킹 스테이션에 장착되어야 하므로 이러한 도킹 스테이션이 액세스 통제 정책을 관리할 수 있습니다. 하지만 다른 기기들은 이전에 다루었던 사물 인터넷에 대한 논의와 같이 뚜렷한 초크포인트^{chokepoint}가 없고 더 넓게 연결해야 할 것입니다(17.4절 참고).

물론 이런 기기의 디자이너들이 보안에 적절하게 신경을 쓰면 좋을 것입니다. 이것은 기본적인 액세스 통제만 뜻하는 것이 아닙니다. 여기까지 읽었다면 보안에 대해 일반적인 이해를 갖추었겠지만, 프로그래밍에도 적절하게 주의하고 더 큰 정책 틀에 위젯을 결부시킬 방안을 찾아야 합니다. 암호화가 적용된다고 해도 신뢰할 수 없습니다. [Barcena, Wueest, Lau 2014] 사실 이런 성과는 거의 일어나기 힘들다고 보아야 하므로 보안쪽 종사자라면 당분간 일자리가 없어질 걱정은 없을 것입니다.

여기에는 한 가지 중요한 결과가 발생합니다. 우리는 이런 새로운 컴퓨터에서 이용되는 네트워크 프로토콜 디자인에 영향을 줄 수 없습니다. 그렇다면 이것을 위한 보안 메커니즘을 고안할 때 단점까지 모두 있는 그대로 받아들여야 한다는 뜻이 됩니다. 이것은 엄밀히 말해서 버그로 볼 수는 없고 단지 현실로 받아들여야 하는 것입니다.

그렇다면 미래는 보안에 더욱 크게 도전할 것입니다. 보호해야 하는 중요한 컴퓨터가 훨씬 많아질 것이고, 이 중 다수는 오늘날의 기기보다 다루기가 더 어려워질 것입니다. 가장 큰 난제는 누가 누구에게, 어떻게 통신해야 하는지 이해하는 일일 것입니다.

18.3 새로운 위협

새로운 위협을 예측하기는 어렵습니다. 개념을 상상하는 것보다 내용이 무엇이 될지가 어려운 부분입니다. 사이버 첩보 행위는 새로 생긴 것이 아닙니다. 이견의 여지는 있지만 무려 25년 동안 계속되어 왔습니다. [Stoll 1988, Stoll 1989] 현대적 사이버 첩보 행위는 노리는 정보가 온라인으로 옮겨갔기 때문에 가능해진 것입니다. 타이프라이터로 쓴 종이를 해킹할 수는 없습니다. 상황에 변화를 가져온 것은 바로 경제입니다. 네트워크로 연결된 컴퓨터에서 산업과 방위 정보를 생성하고 저장하는 데서 오는 생산성의 이득은 엄청났습니다. 따라서 이것을 꺼린다는 것은 말이 안 되는 일이었지만, 이런 움직임에는 당연히 결과가 따랐습니다.

개념적으로 가장 '최신'의 위협은 새로운 것이 아니라는 점을 반드시 기억해야 합니다. 오히려 이들 위협은 실제로 발생했거나 그 규모가 실제적이 되었다고 하는 편이 맞습니다. 예를 들어 은행 계좌의 소프트웨어 팅커링tinkering은 지각 능력이 있는 컴퓨터를 통했지만, 거의 50년 전 공상과학 책에서 설명되었습니다. [Heinlein 1966] 사이버 첩보 행위는 리드Reed가 설명했습니다. [2004] 고의로 파괴하는 바이러스는 제롤드Gerrold [1972]가 상상했고 이것은 소위 '이라크 프린터 바이러스Iraqi printer virus'라는 상상 속 전쟁

무기로 나오기도 했습니다. [G. Smith 2003] 이것들이 오늘날과 똑같지는 않지만, 기본 개념은 그만큼 오래된 것입니다.

우리는 미래에 발생하지 않을지도 모를 모든 종류의 위협을 분명히 다 생각해 낼 수 있을 것입니다. 예를 들어 자동 주행 자동차를 생각해 봅시다. [R. Wood 2012] 특히 오늘날의 차량 네트워크가 안전하지 않다는 것을 알고 있으면 해킹된 자동차 때문에 가능한 끔찍한 시나리오까지 쉽게 상상할 수 있습니다. [Koscher et al. 2010] 하지만 공격은 단지 가능하다고 해서 일어나는 것이 아니라 누군가 공격을 통해 무언가를 어떻게든지 얻어낼 수 있기 때문에 발생하는 것입니다. '3장. 위협 모델'에서 인용했던 위협의 정의, '취약성을 악용할 동기와 능력이 있는 적'을 기억해 봅시다. 문제가 발생하려면 '취약성', '능력', '동기'라는 세 가지 요소가 모두 필요합니다. 순수하게 기술적인 시각으로만 이것을 본다면 첫 번째 두 가지 요인인 '취약성'과 '능력'에 집중하겠지만, 세 번째 요인인 '동기'도 똑같이 중요합니다.

새로운 위협을 예측하려면 세 단계가 필요합니다. 첫째, 새로운 서비스와 장치를 파악하세요. (새로운 기기를 손에 넣어 조작해 보는 것은 실제로 여러분의 자격 요건에 해당합니다. 상사에게 내 이름을 대며 그렇게 말해도 좋습니다.) 둘째, 보안 서적(물론 블로그 포스트와 뉴스레터도 포함)을 구독하여 새로운 공격과 허점, 그리고 악용하기에 얼마나 쉽거나 어려운지 배우세요. (언론은 종종 새로운 허점을 과장합니다.) 마지막으로 뉴스에 관심을 가지고 새로운 공격에서 누가 이득을 볼 수 있을지 확인하세요. 필요한 실력 수준과 함께 해당 공격이 가능한 적의 목표에 부합하는지, 이들 두 가지 요인을 모두 기억하세요.

18.4 새로운 방어

보안 연구의 궁극적 목적은 당연히 강력하고 새로운 방어책으로 오래되었든지, 새로운 것이든지 공격을 이겨내는 방법을 찾는 것입니다. 대부분 근본적으로 새로운 디자인 원칙이 필요할 것입니다. 이 책에서 여러 번 설명했듯이 대부분의 보안 문제는 버그가 있는 코드에서 비롯됩니다. 지난 수십 년에 걸쳐 제안되었던 모든 만병통치약이 실패한 것을 보면 이에 대해 어떻게 방어할지 상상하기는 어렵습니다.

울프Wulf와 존스Jones는 보안 분야에서 매우 오랫동안 정말 새로운 아이디어를 전혀 내놓지 못했다고 평가했습니다. [2009] 이들의 평가는 옳습니다. 대부분의 시스템은 필자가 칭하는 '벽과 문' 원칙을 기반으로 합니다. 보안적 맥락 사이에 튼튼한 벽을 세우고 이 벽에 선택적인 요청에만 열어주는 문을 다는 것입니다. 우리는 분리된 맥락에 대한 '벽' 구축은 완벽하지는 않지만 꽤 잘합니다. 하지만 '문'은 문제가 되는데, 어떤 요청이든지 모두 통과시켜서는 안 되고 정책에 부합할 때만 열려야 합니다. 하지만 불행하게도 적합한 정책을 명시하고 적용하는 것은 모두 까다로운 일입니다.

사람의 이름을 검색하는 간단한 웹 중재 데이터베이스를 생각해 봅시다. 이름 하나 외에는 아무 것도 받아들이지 않는 단순한 보안 정책만 있으면 가능할 것처럼 보이지만, (xkcd가 설명한 그림 2.1 참고) 이것을 제대로 해내기는 매우 어렵습니다. 이름을 적절하게 처리하기가 어렵다고 가정해 봅시다. [McKenzie 2010] 하지만 SQL 인젝션 공격에 대해서는 변명의 여지가 없습니다. 그런 면에도 불구하고 이런 공격은 매우 자주 일어납니다.

물론 기술의 발전 때문에 SQL 공격 정도는 사소하게 우려하는 날이 올 것입니다. 훌륭한 프로그래머들의 인식과 새로운 API가 합쳐져서 잘못된 것보다는 올바른 것을 만들어내기가 쉬워질 것입니다. 그렇게 되면 이런 공격의 중요성이 훈련과 더 나은 툴을 통해 (예: 주소 공간 레이아웃 확률화 [ASLR] [Shacham et al. 2004]와 스택 캐너리(stack canaries [Cowan et al. 2003]) 버퍼 오버플로buffer overflow가 개선되었듯이 줄어들 것입니다. 그렇다면 다음은 무엇일까요? 수년 간 다양한 종류의 공격이 이루어졌지만, 심각한 것은 얼마나 많은 공격이 문지기, 즉 안전 정책을 강제하는 프로그램을 향하느냐입니다. 1990년대에는 하나의 보안 콘텍스트를 다른 콘텍스트로 옮겨야 하는 메일 서비스가 매력적인 타깃이었습니다. 하지만 오늘날에는 실제 콘텐츠에 관련되는 자바스크립트JavaScript와 자바Java와 관련된 공격이 엄청납니다. (마이크로소프트는 2013년도 악성 키트의 75%가 자바를 타깃으로 했으며, 나머지 중 10%는 플래시Flash가 대상이었다고 발표했습니다. [Batchelder et al. 2013])

벽의 내부에는 일반적으로 아무런 방어책이 없다는 점이 문제를 더 복잡하게 만듭니다. 이것은 정의상의 문제라고 간주할 수 있습니다. 아니면 내부에 강도는 조금 약해도 잘 보호된 문이 있는 내벽을 갖춘 아키텍처를 고안할 수도 있습니다. 이렇게 하면 하나의 보안 버그가 시스템에 대한 완전한 침투로 이어져서 그 안의 모든 것을 침해하여 결과적으로 공격에 대한 방어선이 완전히 무너지는 '보안 깨짐' 문제에 도움이 될 수 있습니다. [Bellovin 2006a]

이런 탄력적 시스템은 어떻게 구축할 수 있을까요? 필자가 '11장. 안전한 시스템 구축하기'에서 개략적으로 제안한 전자상거래 사이트 보호안은 암호화된 데이터베이스 기록을 활용하는 것입니다. 이것은 완벽한 해결책이 아닙니다. 전자상거래 사이트에는 고객 정보를 담은 데이터베이스만 있는 것이 아니고 다른 종류의 취약한 시스템도 많습니다. 하지만 이것에 대한 접근법만은 분명히 보여주고 있습니다.

물론 다른 방법도 가능합니다. 예를 들어 암호화 설계법을 사용할 수도 있습니다. 완전한 준동형 암호화homomorphic encryption [Gentry 2010]여야 할까요? 아니면 기능적 암호화functional encryption [Boneh, Sahai, Waters 2012]여야 할까요? "어떤 것이 문을 통과할 수 있는가?"에서 "누가 키에 액세스할 수 있는가?"로 단순히 정책적 질문을 바꾸는 데 그치지 않도록 세심하게 주의해야 합니다. 내재된 로직이 같다면 버그도 똑같을 가능성이 높습니다.

어쨌든 벽과 문에 의존하는 것만으로 성공할 수 없다는 것은 분명합니다. 좀 더 정확히 말해서 수십 년 동안의 노력에도 불구하고 성공하지 못했으므로 이제는 새로운 패러다임이 필요한 때입니다. 당연히 필자는 이 책에서 설명한 원칙이 언제가 되었든지 이런 패러다임을 적용하는 데 도움이 되기를 바랍니다.

18.5 프라이버시 고려하기

이 책은 컴퓨터 보안에 대한 책이지, 프라이버시에 대한 책이 아니지만, 프라이버시에 대한 몇 가지 이야기는 해도 될 것 같습니다. 우선 프라이버시의 중요성은 점점 더 높아지고 있습니다. 전 세계 정부들은 점점 더 엄격한 요건을 강제로 집행하고 있습니다. 부주의 때문이라고 해도 이것을 어기는 기업들은 제재를 받아왔습니다. 예를 들어 미국 연방통상위원회FTC와 트위터 간의 합의를 설명한 http://www.ftc.gov/opa/2010/06/twitter.shtm을 살펴보면[1] 소비자들의 관심도 점점 높아지고 있습니다.

많은 설계 원칙에 중요한 차이점이 있지만, 결국은 모두 비슷합니다. 최소한 데이터 기밀성을 보호할 수 없는 시스템이라면 사용자의 프라이버시도 보호할 수 없습니다. 왜냐하면 이런 시스템을 해킹하면 누구든지 모든 데이터를 가져갈 수 있기 때문입니다.

더욱 중요한 것은 기술과 공격자의 변화로 적절한 보안 행위가 변한 것처럼 프라이버시 위협도 달라진다는 점입니다. 일단 매우 간단한 설계법은 데이터 익명화로 충분합니다. 오늘날 비익명화 기술은 충분히 발전하여 (예를 들어 [Narayanan과 Shmatikov 2008] 참고) 법적 주의를 끌 정도입니다. [Ohm 2010] 기술의 발전은 늘 위협 모델의 변화를 동반합니다. 더 많은 사람들, 특히 적들은 기꺼이 소비자를 매우 오랜 시간 동안 추적합니다. [Valentino-DeVries and Singer-Vine 2012]

이 자체로는 '프라이버시 중심 디자인privacy by design' 같은 원칙에 의문을 제기할 필요가 없습니다. [Cavoukian 2009] 하지만 특정 디자인을 선택할 때는 확실한 수학적 근거에 기반을 두거나, 아니면 주어진 기술과 위협의 상태에 대한 명백한 평가에 기반을 두어야 합니다. 예를 들어 '2장. 보안에 대한 생각'의 [Cavoukian 2009]에서는 신체의 일부를 키로 변환하여 개인 데이터를 보호하는 '생체 암호화biometric encryption'를 지지합니다. 이것은 원칙면에서는 좋지만, [Ballard, Kamara, Reiter 2008]에서 지적하는 것처럼 제안된 구성의 보안성을 평가하기는 어렵습니다. 사실 여러 번 제안된 설계법이 이후 공격의 대상이 되기도 했습니다. 그렇다고 해서 생체 암호화 기반의 프라이버시 디자인이 좋지 않은 생각이라는 것은 아닙니다. 다만 프라이버시는 절대적으로 보장되지 않으며 시간이 흐를수록 약해진다는 의미입니다.

---

1 예를 들어 미국 연방통상위원회(FTC)와 트위터 간의 합의를 설명한 http://www.ftc.gov/opa/2010/06/twitter.shtm을 살펴보자.

18.6 종합적 결론

이 책이 의미하는 단 한 가지 원칙은 바로 보안 디자인은 특정 시기에 한해서만 평가할 수 있다는 것입니다. 이러한 사항과 기술 변화의 속도를 고려해 보면 우리는 "다음에는 무엇이 올 것인가요?"라고 반드시 질문해야 합니다.

이것은 보안 업계가 대체로 무시해온 부분으로, 눈에 띄는 예외는 훌륭한 암호 사용자들 정도입니다. 필자는 아직 시간이나 위협에 따른 가정을 분명히 밝힌 시스템을 분석해 본 적이 없습니다. 그런 면에도 불구하고 — 이제는 독자들도 분명히 알겠지만 — 이런 가정에는 언젠가 가정이 어긋나고 보안은 환상에 불과하다는 결론이 내재되어 있습니다.

최근 들어 다행스럽게도 제품의 주요한 변경에 대해 새로운 보안 리뷰의 실행이 점점 늘어나는 추세입니다. 그런데 이런 새로운 리뷰도 약간 미흡한 경우가 너무 많습니다. 이런 리뷰는 당연히 새로운 기능, 새로운 컴포넌트, 그리고 새로운 인터페이스에 중점을 맞추고 있습니다. 새로운 것이라는 문을 활짝 열어놓고 "어서 오세요, 해커님!"이라고 써붙여 놓는 것과 같기 때문에 이것은 필요한 일이지만, 그것으로 충분한 것은 아닙니다. 이런 리뷰에서 이전으로 되돌아가서 지난 리뷰를 살펴보는 경우는 드물고, 그런다고 해도 평가했던 보안의 상한선이 어딘지를 확실히 살펴보려는 노력이 불필요할 때가 많습니다. 리뷰는 우유처럼 유통기한이 정해져 있습니다.

대형 프로젝트에는 대형 프로젝트만의 난관이 있습니다. 주요 기업 차원의 소프트웨어를 설치할 때는 설계, 개발, 설치까지 수년이 걸립니다. [R. Stross 2012]와 [Israel 2012]를 보면 두 개의 실패한 메가프로젝트에 대한 논의를 확인할 수 있습니다. 이런 규모의 기간을 스마트폰이 얼마나 짧은 기간 안에 출현했는지와 비교하면 깜짝 놀랄 것입니다. 이와 같이 기민함이 결정적인 역할을 하는 것입니다.

필자는 가끔 간단히 마술봉을 흔드는 것만으로 오늘날의 모든 보안 문제를 해결할 수 있으면 좋겠다는 생각을 합니다. 이 마술봉은 물론 매우 크고 아주 강력한 마법을 걸 수 있어야 하지만, 이런 이미지는 옳지 않습니다. 주문은 강화할 수 있어야 하고, 계속해서 다시 걸 수 있어야 하며, 마술봉은 쉴 새 없이 움직여야 할 것입니다. 보안 문제는 계속 변화하므로 보안에는 최종적인 해답이 있지도 않고, 그럴 수도 없습니다. 그러므로 우리가 할 수 있는 것은 계속 연구하고 시스템을 개선하면서 마술봉을 계속 흔드는 것뿐입니다.

노인은 다시 앞으로 몸을 기울였다. "어서 가, 토니! 이 횃불을 네게 준다. 네 자리는 한때 내가 차지했던 거야. 이 사람들을 이끌어라. 싸워라! 살아라! 영광을 이루어내라!"

After Worlds Collide
— 필립 와일리PHILIP WYLIE와 에드윈 발머EDWIN BALMER

Abad, C., J. Taylor, C. Sengul, William Yurcik, Y. Zhou, K. Rowe(2003년 12월) "침입 감지를 위한 로그 상관 관계: 개념 증명" 출처 : 19회 연례 컴퓨터 보안 애플리케이션 회의 의사록, p.255~264. DOI : 10.1109/CSAC.2003.1254330

Abad, Cristina, Yifan Li, Kiran Lakkaraju, Xiaoxin Yin, William Yurcik(2004년) "침입 감지를 위한 넷플로 시스템과 네트워크 뷰 간의 상관 관계" 출처 : SDM과 함께 열린 링크 분석, 테러 방지, 프라이버시, 워크샵

Aboba, B. W. Dixon(2004년 3월) IPsec 네트워크 주소 해석(NAT) 호환성 요건 RFC 3715. http://www.rfc-editor.org/rfc/rfc3715.txt

Abrams, Rachel(2014년 8월 6일) "타깃사, 데이터 유출로 1억 4,800만 달러 비용 손실, 수익 하락 예측" 출처 : 뉴욕타임즈. http://www.nytimes.com/2014/08/06/business/targetputs-data-breach-costs-at-148-million.html

Adams, Douglas(1980) 우주를 여행하는 히치하이커를 위한 안내서 미국 초판본. 뉴욕: 하모니북스

Adrian, David, Karthikeyan Bhargavan, Zakir Durumeric, Pierrick Gaudry, Matthew Green, J. Alex Halderman, Nadia Heninger, Drew Springall, Emmanuel Thomé, Luke Valenta, Benjamin VanderSloot, EricWustrow, Santiago Zanella-Béguelin, Paul Zimmermann(2015년). "불완전한 순방향 비밀성: 디피-헬먼 모델의 실패" 출처 : 22회 ACM 컴퓨터와 통신 보안 회의(CCS) 의사록. https://weakdh.org/imperfect-forward-secrecy.pdf

Allen, Peter(2012년 2월 22일) "영국 드론 기밀, 파리 기차역에서 탈취당하다" 출처 : 텔리그라프. http://www.telegraph.co.uk/news/worldnews/9099410/British-drone-secretsstolen-from-Paris-train-station.html

Amazon(2011년 5월) 아마존 웹 서비스 보안 프로세스의 개요. 백서. http://d36cz9buwru1tt.cloudfront.net/pdf/AWS Security Whitepaper.pdf

Anderson, Nate(2007년 7월 26일) "심층 패킷 조사와 '넷 중립성, CALEA'의 만남" 출처 : 아스 테크니카(Ars Technica). http://arstechnica.com/gadgets/2007/07/deep-packet-inspection-meets- netneutrality

_____(2013년 3월 11일) "웹캠으로 여성들을 훔쳐보는 남성들" 출처 : 아스 테크니카. http://arstechnica.com/tech-policy/2013/03/rat-breeders-meet-the-men-who-spyon-women-through-their-webcams

Anderson, Poul(1966) 플랜드리 소위(Ensign Flandry) 필라델피아: 칠튼북스

Anderson, Poul(1983년) "오류의 비극" 출처 : 기나긴 밤. 갤럭시(Galaxy)에서 1967년 발표되었던 소설. 뉴욕: TOR

Andrade, Jose(2014년 4월 12일) "도대체 하트블리드는 무엇인가?" 출처 : 엔가젯(Engadget). http ://www.engadget.com/2014/04/12/heartbleed-explained

Anonymous(2011년 12월) 개인적 대화

Anthony, Sebastian(2014년 3월 17일) "파이어폭스 브라우저 안전성 최악. 네 개의 폰투오운(Pwn2Own) 제로데이 악용에 취약" 출처 : 익스트림 테크(ExtremeTech). http://www.extremetech.com/computing/178587-firefox-is-still-the-least-secure-web-browser-falls-to-four-zero-day-exploits-atpwn2own

Appel, Andrew W.(2011년 9월) "투표 기기의 보안 씰: 사례 연구" 출처 : ACM 정보 시스템 보안 처리. 14.2, 18:1- 18:29. ISBN : 1094-9224. DOI : 10.1145/2019599.2019603.http://doi.acm.org/10.1145/2019599.2019603

Apple(2015년 6월) iOS 보안. https://www.apple.com/business/docs/iOSSecurityGuide.pdf

Arends, R., R. Austein, M. Larson, D. Massey, S. Rose(2005a 3월) DNS 보안 개요 및 요건. RFC 4033. http://www.rfc-editor.org/rfc/rfc4033.txt

_____(2005b 3월) DNS 보안 확장을 위한 프로토콜 개조. RFC 4035. http://www.rfc-editor.org/rfc/rfc4035.txt

_____(2005c 3월) DNS 보안 확장을 위한 리소스 기록. RFC 4034. http://www.rfc-editor.org/rfc/rfc4034.txt

Arnold, Ken과 James Gosling(1996년). 자바 프로그래밍 언어. 서적, MA: Addison-Wesley

Asimov, Isaac(1951년) 재단. 뉴욕: Doubleday & Company

Baez, John, William G. Unruh, William G. Tifft(1999년 10월 21일) "전문가들에게 묻는 시간의 정량화" 출처 : 사이언티픽 아메리칸(Scientific American). http://www.scientificamerican.com/article.cfm?id=istime-quantized-in-othe

Ball, Thomas, Byron Cook, Vladimir Levin, Sriram K. Rajamani(2004년) "SLAM과 정적 드라이버 입증기: 마이크로소프트의 정형 기법 기술 변화" 영어. 출처 : 통합 정형 기법(Integrated Formal Methods). 편집 : EerkeA. Boiten, John Derrick, Graeme Smith. Vol. 2999.

컴퓨터과학 강의록. Springer Berlin Heidelberg, p.1~20. ISBN : 978-3-540-21377-2. DOI : 10.1007/978-3-540-24756-2 1. http://dx.doi.org/10.1007/978-3-540-24756-2_1

Ballard, Lucas, Seny Kamara, Michael K. Reiter(2008년 8월) "생체 키 생성의 현실적 민감성" 출처 : 17회 USENIX 보안 심포지엄 의사록. http://cs.unc.edu/_fabian/papers/bkgs.pdf

Bamford, James(2012년 3월 15일) "미국 최대 규모의 스파이센터를 건설중인 NSA(말 조심 합시다)" 출처 : 와이어드(Wired): 위협 레벨. https://www.wired.com/2012/03/ff_nsadatacenter/all/1

_____(2015년 9월 29일) "아테네의 죽음" 출처 : 인터셉트(The Intercept). https://theintercept.com/2015/09/28/death-athens-rogue-nsa-operation

Barcena, Mario Ballano, Candid Wueest, Hon Lau(2014년 7월) 당신의 정량화된 자신은 얼마 나 안전한가? 보안대응센터(Symantec Security Response). http://www.symantec.com/content/en/us/enterprise/media/security response/whitepapers/how-safe-is-your-quantified-self.pdf

Barker, Elaine, William Barker, William Burr, William Polk, Miles Smid(2012년 7월) 키 관리 권장 사항. 파트 1: 일반론(3차 수정본). Tech. rep. 800-57. NIST. http://csrc.nist.gov/publications/nistpubs/800-57/sp800-57part1rev3general.pdf

Barnes, R.(2011년 10월) 개체명의 DNS 기반 인증의 용도와 요건(DANE). RFC 6394. http://www.rfc-editor.org/rfc/rfc6394.txt

Barnett, Emma(2009년 3월 18일) "최악의 컴퓨터 바이러스 탑 10" 출처 : 텔리그라프. http://www.telegraph.co.uk/technology/5012057/Top-10-worst-computer-viruses-of-all-time.html

Barrett, Devlin(2011년 6월) "와이너 사임: 민주당 고위층의 압력으로 의석 유지를 그만두기로 한 의원" 출처 : 월스트리트저널. http://online.wsj.com/article/SB10001424052702304186404576389422646672178.html

_____(2015년 7월 23일) "미국, 산업 스파이와의 전쟁을 위해 방첩법 이용 계획" 출처 : 월 스트리트저널. http://www.wsj.com/articles/u-s-plans-to-use-spy-law-to-battle-corporateespionage-1437688169

Bartal, Yair, Alain Mayer, Kobbi Nissim, Avishai Wool(2004년). "Firmato: 새로운 방화벽 관리 툴킷" 출처 : ACM의 컴퓨터 시스템 변화(TOCS) 22.4, p.381~420. https://www.eng.tau.ac.il/_yash/infosec-seminar/2005/tocs04.pdf

Barth, A. (2011년 4월) HTTP 상태 관리 메커니즘. RFC 6265. http://www.rfc-editor.org/rfc/rfc6265.txt

Batchelder, Dennis, Joe Blackbird, David Felstead, Paul Henry, Jeff Jones, Aneesh Kulkami, John Lambert, Marc Lauricella, Ken Malcomson, Matt Miller, Nam Ng, Daryl Pecelj, Tim Rains, Vidya Sekhar, Holly Stewart, Todd Thompson, David Weston, Terry Zink(2013년 7월)

마이크로소프트 보안 정보 보고서. SIR Volume16. http://www.microsoft.com/security/sir/default.aspx

Baxter-Reynolds, Matt(2014년 3월 19일) "애플의 'goto 오류', 쿠퍼티노의 소프트웨어 출시 프로세스에 대한 의심 품게 해." 출처 : ZDnet. http://www.zdnet.com/apples-goto-fail-tellsus-nothing-good-about-cupertinos-software-delivery-process-7000027449

BBC(2014년 4월 23일) "프로파일링: 퍼스트 클래스 매닝 일병" 출처 : BBC News. http://www.bbc.com/news/world-us-canada-11874276

Beattie, Steve, Seth Arnold, Crispin Cowan, Perry Wagle, Chris Wright, Adam Shostack(2002년) "최적의 가동시간 보장을 위한 보안 패치 적용 타이밍" 출처 : 16회 USENIX 시스템 관리 회의 의사록. http://www.usenix.org/publications/library/proceedings/lisa02/tech/beattie.html

Bellare, M., R. Canetti, H. Krawczyk(1996년) "메시지 인증을 위한 해시 기능 키 설정" 출처 : 암호화의 발전: '96 CRYPTO 의사록. Springer-Verlag, p.1~15. http://citeseerx.ist.psu.edu/viewdoc/summary?doi=10.1.1.44.9634

Bellovin, Steven M.(1992년 9월) "용이 있으라" 출처 : 제3회 유즈닉스 유닉스 보안 심포지엄 의사록, p.1~16. https://www.cs.columbia.edu/_smb/papers/dragon.pdf

Bellovin, Steven M.(1995년 6월) "시스템 침입을 위한 도메인 네임 시스템 이용" 출처 : 제5회 유즈닉스 유닉스 보안 심포지엄 의사록 유타, 솔트레이크시티, p.199~208. https://www.cs.columbia.edu/_smb/papers/dnshack.pdf

_____(1996년 7월) "IP 보안 프로토콜의 문제 영역" 출처 : 제6회 유즈닉스 유닉스 보안 심포지엄 의사록, p.205~214. https://www.cs.columbia.edu/_smb/papers/badesp.pdf

_____(1997년) "IP 보안 프로토콜의 가능한 평문 암호 해독" 출처 : 네트워크와 분산 시스템 보안 심포지엄 의사록, p.155~160. https://www.cs.columbia.edu/_smb/papers/probtxt.pdf

_____(1999년 11월) "분산형 방화벽" 출처 : ;로그인: p.39~47. https://www.cs.columbia.edu/_smb/papers/distfw.pdf

_____(2003년 4월 1일) IPv4 헤더의 보안 플래그. RFC 3514. http://www.rfc-editor.org/rfc/rfc3514.txt

_____(2006a 7월~8월) "소프트웨어의 불안정성과 보안 메트릭스의 실행 불가능성" 출처 : IEEE 보안과 프라이버시 4.4. https://www.cs.columbia.edu/_smb/papers/01668014. pdf

_____(2006b 10월) "가상 컴퓨터, 가상 보안" 출처 : ACM 커뮤니케이션 49.10. "RISKS 인사이드" 칼럼

_____(2009a 2월) IPsec 버전 2 사용 명세를 위한 가이드라인. RFC 5406. http ://www.rfc-editor.org/rfc/rfc5406.txt

_____(2009b 4월 29일) "오픈 소스 품질의 도전" 출처 : SMBlog(블로그). https://www.cs.columbia.edu/_smb/blog/2009-04/2009-04-29.html

_____(2010년 9월 27일) "스틱스넷: 최초의 무기화된 소프트웨어?" 출처 : SMBlog(블로그). https://www.cs.columbia.edu/_smb/blog/2010-09/2010-09-27.html

_____(2011a 5월~6월) "클라우드의 양면" 출처 : IEEE 보안과 프라이버시 9.3. ISBN : 1540-7993. http://dx.doi.org/10.1109/MSP.2011.48

_____(2011b 7월) "프랭크 밀러(Frank Miller): One-Time Pad의 창시자" 출처 : 암호학(Cryptologia) 35.3. 초기 버전은 기술 보고서 CUCS-009-11, 203~222쪽에서 찾을 수 있다. http://dx.doi.org/10.1080/01611194.2011.583711

_____(2012년 11월~12월) "메이저 사이버사건 조사 위원회" 출처 : IEEE 보안과 프라이버시 10.6, p.96. ISBN : 1540-7993. DOI : 10.1109/MSP.2012.158

_____(2013년 5월~6월) "군사 사이버 기술" 출처 : IEEE 보안과 프라이버시 11.3, p.88. https://ieeexplore.ieee.org/stamp/stamp.jsp?tp=&arnumber=6521321

_____(2014a 7월~8월) "어떻게든 가능하다: 첩보 기관들은 어떻게 데이터를 취득했는가?" 출처 : IEEE 보안과 프라이버시 12.4. https://www.cs.columbia.edu/_smb/papers/ possible.pdf

_____(2014b 4월 11일) "하트블리드: 겁먹지 말자" 출처 : SMBlog(블로그). https://www.cs.columbia.edu/_smb/blog/2014-04/2014-04-11.html

_____(2014c 2월 24일) "Goto 오류에 대해" 출처 : SMBlog(블로그). https://www.cs.columbia.edu/_smb/blog/2014-02/2014-02-24.html

Bellovin, Steven M., Randy Bush(2009년 4월) "환경 설정 관리와 보안" 출처 : 선별적 통신 영역에 대한 IEEE 저널 27.3, p.268~274. https://www.cs.columbia.edu/_smb/papers/ config-jsac.pdf

Bellovin, Steven M., Russ Housley(2005년 6월) 암호화 키 관리를 위한 가이드라인. RFC 4107. http://www.rfc-editor.org/rfc/rfc4107.txt

Bellovin, Steven M., Michael Merritt(1992년 5월) "암호화된 키 교환: 사전 단어 공격 (Dictionary Attacks)에 안전한 비밀번호 기반 프로토콜" 출처 : 보안과 프라이버시 연구에 대한 IEEE 컴퓨터 소사이어티 심포지엄 의사록 캘리포니아, 오클랜드, p.72~84. https://www.cs.columbia.edu/_smb/papers/neke.pdf

_____(1993년 11월) "보강형 암호화된 키 교환" 출처 : 제1회 컴퓨터와 통신 보안 ACM 컨퍼런스 의사록. 버지니아, 페어팩스, p.244~250. https://www.cs.columbia.edu/_smb/papers/aeke.pdf

Bellovin, Steven M,, Eric K, Rescorla(2006년) "새로운 해시 알고리즘 설치" 출처 ; NDSS '06 의사록. https://www.cs.columbia.edu/_smb/papers/new-hash.pdf

Bellovin, Steven M., Jeffrey I. Schiller, Charlie Kaufman, eds.(2003년 12월) 인터넷을 위한 보안 메커니즘. RFC 3631. http://www.rfc-editor.org/rfc/rfc3631.txt

Bernstein, Daniel J.(2006년) "Curve25519: 새로운 디피-헬먼 신기록" 출처 : 공용키 암호화 (PKC 2006). Springer, p.207~228. http://cr.yp.to/ecdh/curve25519-20060209.pdf

Bernstein, Daniel J., Tung Chou, Chitchanok Chuengsatiansup, Andreas Hülsing, Tanja Lange, Ruben Niederhagen, Christine van Vredendaal(2014년 7월 22일) 곡선 표준 조작법: 블랙햇 백서. http://safecurves.cr.yp.to/bada55/bada55-20140722.pdf

Best, D.M., R.P. Hafen, B.K. Olsen, W.A. Pike(2011년 10월) "대규모 네트워크 트래픽의 전형적 행동양식 식별" 출처 : 대규모 데이터 분석과 시각화 IEEE 심포지엄(LDAV), p.15~22. DOI : 10.1109/LDAV.2011.6092312

Best, Martin(2011년) CIA의 항공: 1954년부터 1975년까지 라오스 전쟁의 보급 항공 지원. http://www.vietnam.ttu.edu/airamerica/best

Bester, Alfred(1953년) 파괴된 사나이(The Demolished Man). 시카고: Shasta Publishers

Biham, Eli, Alex Biryukov, Adi Shamir(1999년) "불가능한 차이(impossible differentials)를 이용해 31회로 줄인 스킵잭(Skipjack) 암호 해독" 출처 : 17회 국제 이론과 응용 암호화 기술 컨퍼런스 의사록. EUROCRYPT'99. 체코공화국 프라하: Springer-Verlag, p.12~23. ISBN : 3-540-65889-0. http://dl.acm.org/citation.cfm?id=1756123.1756126

Bijl, Joost(2011년 11월 21일) "RSA-512 인증서의 걷잡을 수 없는 남용" 출처 : 폭스 IT 인터내셔널 블로그(Fox-IT International Blog). http://blog.fox-it.com/2011/11/21/rsa-512-certificates-abused-in-the-wild

Biryukov, Alex, Orr Dunkelman, Nathan Keller, Dmitry Khovratovich, Adi Shamir(2010년) "AES-256 변형의 실제적 복잡성을 이용하여 10라운드에 푸는 키 복구 공격" 출처 : 암호학의 발전 - EUROCRYPT 2010. Springer, p.299~319

Biryukov, Alex, Adi Shamir, David Wagner(2001년) "PC에서 실시간 A5/1 암호 해독" 출처 : 빠른 소프트웨어 암호화(Fast Software Encryption). Gerhard Goos, Juris Hartmanis, Jan van Leeuwen, Bruce Schneier 편집. Vol. 1978. 컴퓨터과학 강의록. 10.1007/3-540-44706-7-1. Springer Berlin / Heidelberg, p.37~44. ISBN : 978-3-540-41728-6. http://dx.doi.org/10.1007/3-540-44706-7_1

Bishop, Matt(2007년) 레드팀 보고서 개요(Overview of Red Team Reports). 전체 내용은 http://votingsystems.cdn.sos.ca.gov/oversight/ttbr/red-overview.pdf 참고. http://votingsystems.cdn.sos.ca.gov/oversight/ttbr/red-overview.pdf

Bittau, Andrea, Michael Hamburg, Mark Handley, David Mazieres, Dan Boneh(2010년) "유비쿼터스 전송 레벨 암호화 사례" 출처 : USENIX 보안 심포지엄 의사록. http://www.usenix.org/events/sec10/tech/full

Blaze, Matt(1993년 11월) "유닉스를 위한 암호화 파일 시스템" 출처 : 제1회 컴퓨터와 통신 보안 ACM 컨퍼런스 의사록. 버지니아, 페어팩스, p.9~16. http://www.crypto.com/papers/cfs.pdf

_____(2010년 3월 24일) "곤경에 빠진 스파이" 출처 : Exhaustive Search(블로그). http://www.crypto.com/blog/spycerts

Boehret, Katherine(2011년 11월 23일) "갤럭시 넥서스: 대담한 안드로이드폰" 출처 : 월스트리트저널. http://online.wsj.com/article/SB10001424052970204531404577054233319145676.html

Bogdanov, Andrey, Dmitry Khovratovich, Christian Rechberger(2011년) "풀 AES의 비클리크(biclique) 암호 분석" 출처 : ASIACRYPT 의사록. http://www.springerlink.com/content/j5h1350162456m29

Boneh, Dan, Amit Sahai, Brent Waters(2012년 11월) "기능적 암호화: 공용키 암호화의 새로운 비전" 출처 : Commun. ACM 55.11, p.56~64. ISBN : 0001-0782. DOI : 10.1145/2366316.2366333. http://doi.acm.org/10.1145/2366316.2366333

Borisov, Nikita, Ian Goldberg, DavidWagner(2001년) "모바일 통신 가로채기: 802.11의 비보안성" 출처 : MOBICOM 2001 의사록. http://www.cs.berkeley.edu/_daw/papers/wep-mob01.ps

Bowen, Brian M.(2011년) "컴퓨터 보안의 디코이(decoy) 시스템 설계와 분석" 박사 논문. 콜럼비아대학. http://academiccommons.columbia.edu/download/fedoracontent/download/ac:132237/CONTENT/Bowen columbia 0054D 10190.pdf

Bowen, Brian M., Shlomo Hershkop, Angelos D. Keromytis, Salvatore J. Stolfo(2009년) "미

끼용 문서를 이용한 내부 공격자 적발" 출처 : 제5회 통신 네트워크 보안과 프라이버시 국제 컨퍼런스(SecureComm). http://www.cs.columbia.edu/_bmbowen/papers/Decoy DocumentsCameraReadySECCOM09.pdf

Brainard, John G., Ari Juels, Ronald L. Rivest, Michael Szydlo, Moti Yung(2006년) "제4 요소 인증: 당신이 아는 사람" 출처 : ACM 컴퓨터와 통신 보안 컨퍼런스, p.168~178. http://www.rsasecurity.ca/rsalabs/staff/bios/ajuels/publications/fourth-factor/ ccs084-juels.pdf

Broad, William J., John Markoff, David E. Sanger(2011년 1월 15일) "이란 핵의 지연을 위해 크루셜(Crucial) 웜을 테스트하는 이스라엘" 출처 : 뉴욕타임즈. http://www.nytimes. com/2011/01/16/world/middleeast/16stuxnet.html

Brodkin, Jon(2012년 6월 18일) "불운의 연대기: 메인, 백업, 보조 백업 동력이 다 끊어질 때" 출처 : 아스 테크니카. http://arstechnica.com/information-technology/2012/06/ annals-of-bad-luck-when-primary-backup-and-second-backup-power-fail

Brooks Jr., Frederick P.(1987년 4월) "마법의 묘약은 없다: 소프트웨어 엔지니어링의 본질과 사고" 출처 : 컴퓨터(Computer) 20.4, p.10~19. ISBN : 0018-9162. DOI : 10.1109/ MC.1987.1663532

Bryant, B.(1988년 2월 8일) 인증 시스템 설계: 네 가지 이야기. Draft. http://web.mit.edu/ kerberos/dialogue.html

Bujold, Lois McMaster(1990년) 보르게임(The Vor Game) 뉴욕: Baen

Bumiller, Elisabeth(2010년 4월 27일) "적을 만났다. 바로 파워포인트다" 출처 : 뉴욕타임즈. http://www.nytimes.com/2010/04/27/world/27powerpoint.html

Burke, Kathleen(2015년 6월 10일). "데이터 유출 이후의 '무료 크레딧 모니터링'은 구원이 아니라 재앙이다" 출처 : 마켓워치(MarketWatch). http://www.marketwatch.com/story/ free-credit-monitoringafter-data-breaches-is-more-sucker-than-succor-2015-06-10

Burroughs, Edgar Rice(1920년) 화성의 여인 투비아(Thuvia, Maid of Mars). 시카고: A.C. McClurg & Co. http://www.gutenberg.org/ebooks/72

_____(1922년) 화성의 체스말(The Chessmen of Mars) 시카고: A.C. McClurg & Co. http:// www.gutenberg.org/ebooks/1153

Butler, Brandon(2014년 6월 24일) "클라우드를 위한 모닝 콜" 출처 : 네트워크월드(Network World). http://www.networkworld.com/article/2366862/iaas/a-wakeup-call-for- the-cloud.html

Capehart, George(2012a 5월 13일) "위키리크스 소동: 전령들을 쏴 죽이고 코끼리는 무시하기, 파트 1" 출처 : 데일리 코스(Daily Kos). http://www.dailykos.com/story/ 2012/05/14/1091460/-The-WikiLeaks-Brouhaha-Shooting-the-Messengers-and- Ignoring-the-Elephants-Part-1?detail=hide

_____(2012b 5월 15일) "위키리크스 소동: 전령들을 쏴 죽이고 코끼리는 무시하기, 파트 2" 출처 : 데일리 코스(Daily Kos). http://www.dailykos.com/story/2012/05/15/1091858/- The-WikiLeaks-Brouhaha-Shooting-the-Messengers-and-Ignoring-the-Elephants- Part-2?detail=hide

_____(2012c 5월 16일) "위키리크스 소동: 전령들을 쏴 죽이고 코끼리는 무시하기, 파트 3" 출처 : 데일리 코스(Daily Kos). http://www.dailykos.com/story/2012/05/17/1092355/- The-WikiLeaks-Brouhaha-Shooting-the-Messengers-and-Ignoring-the-Elephants- Part-3?detail=hide

_____(2012d 5월 19일) "위키리크스 소동: 전령들을 쏴 죽이고 코끼리는 무시하기, 파트 4" 출처 : 데일리 코스(Daily Kos). http://www.dailykos.com/story/2012/05/19/1093112/- The-WikiLeaks-Brouhaha-Shooting-the-Messengers-and-Ignoring-the-Elephants- Part-4?detail=hide

_____(2012e 6월 11일) "위키리크스 소동: 전령들을 쏴 죽이고 코끼리는 무시하기, 파트 5" 출처 : 데일리 코스(Daily Kos). http://www.dailykos.com/story/2012/06/11/1096025/- The-Wikileaks-Brouhaha-Shooting-the-Messengers-and-Ignoring-the-Elephants- Part-5

Carroll, Lewis(1872년) 거울나라의 앨리스(Through the Looking-Glass, and What Alice Found There). 런던: Macmillan and Co. https://www.gutenberg.org/ebooks/12

Cavoukian, Ann(2009년) 프라이버시 중심 디자인: 도전을 받아들이자. 앤 카부키안. http:// www.privacybydesign.ca/content/uploads/2010/03/PrivacybyDesignBook.pdf

CERT(2012년 6월 12일) SYSRET 인텔 CPU 하드웨어의 64비트 운영 체제 권한 상승 취약성. Tech. rep. VU#649219. US-CERT. http://www.kb.cert.org/vuls/id/649219

Chan, Casey(2011년 10월 21일) "스마트 커버가 있는 사람이라면 당신의 아이패드 2에 침입할 수 있다" 출처 : 기즈모도(Gizmodo). http://gizmodo.com/5852036/how-to-break- into-any-ipad-2-with-just-a-smartcover

Checkoway, Stephen, Ruben Niederhagen, Adam Everspaugh, Matthew Green, Tanja Lange, Thomas Ristenpart, Daniel J. Bernstein, Jake Maskiewicz, Hovav Shacham, Matthew Fredrikson(2014년 8월) "TLS 듀얼 EC 적용의 실제 악용 가능성" 출처 : 23회 USENIX 보안 심포지엄(USENIX Security14). 캘리포니아 샌디에고: USENIX Association, p.319~335. ISBN ： 978-1-931971-15-7. https://www.usenix.org/conference/usenixsecurity14/technical-sessions/presentation/checkoway

Chen, Shuo, John Dunagan, Chad Verbowski, Yi-Min Wang(2005년) "최소 권한의 비호환성의 원인을 파악할 수 있는 블랙박스 트레이싱 기술" 출처 ： NDSS 2005 의사록. http://research.microsoft.com/en-us/um/people/jdunagan/leastprivilegetracing-ndss-2005.pdf

Chess, Brian과 Jacob West(2007년) 정적 분석을 통한 프로그래밍 보호(Secure Programming with Static Analysis) 뉴저지, 어퍼 새들 리버: Addison-Wesley

Cheswick, William R.(1992년 1월) "버퍼드와 함께 한 저녁, 크래커를 유인하고, 참아내고, 연구하다" 출처 ： 동계 USENIX 컨퍼런스 의사록. 캘리포니아, 샌프란시스코 http://www.cheswick.com/ches/papers/berferd.ps

_____(2010년) "다시 버퍼드(Back to Berferd)" 출처 ： 26회 연례 컴퓨터 보안 애플리케이션 회의 의사록 ACSAC '10. 텍사스, 오스틴: ACM, p.281~286. ISBN ： 978-1-4503-0133-6. DOI ： 10.1145/1920261.1920303. http://doi.acm.org/10.1145/1920261.1920303

Cheswick, William R. Steven M. Bellovin(1994년) 방화벽과 인터넷 보안: 교활한 해커 물리치기. 1쇄, 서적, MA: Addison-Wesley. http://www.wilyhacker.com/1e

Cheswick, William R., Steven M. Bellovin, Aviel D. Rubin(2003년) 방화벽과 인터넷 보안: 교활한 해커 물리치기. 2쇄, 서적, MA: Addison-Wesley. http://www.wilyhacker.com

Clark, Sandy, Travis Goodspeed, Perry Metzger, Zachary Wasserman, Kevin Xu, Matt Blaze(2011년) "왜(첩보 요원) 자니는(아직도) 암호화를 할 수 없는가: APCO 프로젝트 25 쌍방향 라디오 시스템의 보안 분석" 출처 ： USENIX 보안 심포지엄 의사록. http://www.usenix.org/events/sec11/tech/full

Clarke, Arthur C.(1953년) 유년기의 끝(Childhood's End) 뉴욕: Ballantine Books

Clarke, Richard A., Robert K. Knake(2010년) 사이 버전: 차기 국가 보안의 위협, 그리고 어떻게 대처할 것인가. 뉴욕: Ecco

Clayton, Richard(2005년) "사이버전의 익명성과 추적 가능성" 기술 보고서 UCAM-CL-TR-653로도 출간됨. 박사 논문. 캠브리지대학교 다윈칼리지. http://www.cl.cam.ac.uk/techreports/UCAM-CL-TR-653.html

Cohen, Fred(1986년) "컴퓨터 바이러스" 박사 논문. 서던캘리포니아대학교. https://all.net/books/Dissertation.pdf

_____(1987년) "컴퓨터 바이러스: 이론과 실험" 출처 ： 컴퓨터와 보안(Computers & Security) 6.1, p.22~35

Comerford, Richard(1998년 10월) "인터넷의 상태: Roundtable 4.0" 출처 : IEEE 스펙트럼(IEEE Spectrum) 35.10, p.69~79. ISBN : 0018-9235. DOI : 10.1109/MSPEC.1998.722325

Comptroller General(1991년 12월 13일) Public Law 106-229—국내외 상거래상의 전자 서명에 관한 법률. http://www.gpo.gov/fdsys/pkg/PLAW-106publ229/content-detail.html

Computer Science and Tele Communications Board(1997년) ADA와 그 너머: 국방부 소프트웨어 정책. 워싱턴, DC: National Academy Press. http://www.nap.edu/catalog.php?record id=5463

Conti, Gregory와 James Caroland(2011년 7월~8월) "고바야시 마루의 포용: 학생들에게 부정행위를 가르쳐야 하는 이유" 출처 : IEEE 보안과 프라이버시 9.4, p.48~51. http://ieeexplore.ieee.org/xpl/articleDetails.jsp?arnumber=5968086

Cooper, D., S. Santesson, S. Farrell, S. Boeyen, Russ Housley, William Polk(2008년 5월) Internet X.509 Public Key Infrastructure Certificate and Certificate Revocation List(CRL) Profile. RFC 5280. http://www.rfc-editor.org/rfc/rfc5280.txt

Cowan, Crispin, Steve Beattie, John Johansen, Perry Wagle(2003년) "포인트가드: 버퍼 오버플로 취약성으로부터 포인터 보호하기" 출처 : 제12회 USENIX 보안 심포지엄 컨퍼런스 의사록 - Volume 12. SSYM'03. 워싱턴, DC: USENIX Association, p.7-7. http://dl.acm.org/citation.cfm?id=1251353.1251360

Crossman, Penny(2013년 6월 10일) "새로운 종류의 은행 악성 코드로 문자 메시지 하이재킹" 출처 : 아메리칸 뱅커(American Banker). http://www.americanbanker.com/issues/178111/new-breed-of-bankingmalware-hijacks-text-messages-1059745-1.html

Cui, Ang와 Salvatore J. Stolfo(2010년) "임베드 네트워크 기기의 비 보안 정량 분석: 광범위한 스캔 결과" 출처 : 연례 컴퓨터와 보안 애플리케이션 컨퍼런스(ACSAC) 의사록. http://www.hacktory.cs.columbia.edu/sites/default/files/paper-acsac.pdf

_____(2011년 12월 27일) "용기 있으면 인쇄해 봐: 펌웨어 개조 공격과 프린터 악성 코드의 범람" 출처 : 28회 카오스 커뮤니케이션 회의(Chaos Communication Congress). http://ids.cs.columbia.edu/sites/default/files/CuiPrintMeIfYouDare.pdf

Darlin, Damon(2008년 7월 7일) "휴렛 패커드, 유출 관련 저자들을 감시했다" 출처 : 뉴욕타임즈. http://www.nytimes.com/2006/09/08/technology/08hp.html

Daugman, John(2006년) "IrisCodes의 독창성과 무작위성 살펴보기: 2000억 홍채 쌍 비교 결

과" 출처 : IEEE 의사록 94.11, p.1927~1935. http://www.cl.cam.ac.uk/users/jgd1000/ ProcIEEEnov2006Daugman.pdf

Debar, Hervé와 Andreas Wespi(2001년) "침입 감지 경보의 총합과 연관성" 출처 : 침입 감지 의 최신 발전. Wenke Lee, Ludovic Mé, Andreas Wespi 편집. Vol. 2212. 컴퓨터과학 강의록. 10.1007/3-540-45474-8 6. Springer Berlin / Heidelberg. p.85~103. ISBN : 978-3-540-42702-5. http://dx.doi.org/10.1007/3-540-45474-8_6

DeBuvitz, William(1989년 1월) "새로운 원소 발견" 출처 : 피직스 티처(The Physics Teacher). http://www.lhup.edu/ DSIMANEK/administ.htm

Denning, Dorothy E., Giovanni M. Sacco(1981년 8월) "키 배포 프로토콜의 타임스탬프" 출 처 : ACM 커뮤니케이션 24.8., p.533~536

Department of Justice(2005년 6월). 전자 감시 매뉴얼. 원본 : http://www.justice.gov/ criminal/foia/docs/elec- sur-manual.pdf. https://www.cs.columbia.edu/_smb/ Thinking Security/docs/elec-sur-manual.pdf

Dierks, T., Eric K. Rescorla(2008년 8월) 전송 레이어 보안(TLS) 프로토콜 버전 1.2. RFC 5246. http://www.rfc-editor.org/rfc/rfc5246.txt

Diffie, Whitfield과 Martin E. Hellman(1976년 11월) "암호화의 새 방향" 출처 : IEEE 정보 처 리 이론 IT-22.6, p.644~654

Dijkstra, E.W(1970년 4월) "구조화된 프로그래밍" 출처 : 소프트웨어 엔지니어링 기술. J. N. Buxton과 B. Randell 편집. http://homepages.cs.ncl.ac.uk/brian.randell/NATO/ nato1969.PDF

Dobbertin, Hans(1996년 여름) "최근 공격 이후 MD5의 상태" 출처 : 크립토바이트(Crypto Bytes) 2.2

DoD(1985a) DoD Trusted Computer System Evaluation Criteria. Tech. rep. 5200.28-STD. DoD 컴퓨터 보안센터. http://csrc.nist.gov/publications/secpubs/rainbow/std001. txt
_____(1985b) DoD 비밀번호 관리 가이드라인. Tech. rep. CSC-STD-002-85. DoD 컴퓨터 보안센터. http://csrc.nist.gov/publications/secpubs//rainbow/std002.txt

Dodis, Yevgeniy, Leonid Reyzin, Adam Smith(2007년) "퍼지 익스트랙터(Fuzzy Extractors): 2004년부터 2006년까지 서베이 결과 요약". 출처 : 복잡한 데이터 보안(Security with Noisy Data). Pim Tuyls, Boris Skoric, Tom Kevenaar 편집. 베를린: Springer. http:// www.cs.bu.edu/_reyzin/fuzzysurvey.html

Domin, Rusty(2007년 5월 23일) "2 문장으로 된 코카콜라 영업 기밀 사례" 출처 : CNN Money. http://money.cnn.com/2007/05/23/news/newsmakers/coke

Drew, Christopher(2011년 6월 4일) "탈취된 데이터, 록히드사에서 해킹된 것으로 추적되다" 출처 : 뉴욕타임즈. http://www.nytimes.com/2011/06/04/technology/04security.html

Drew, Christopher와 Somini Sengupta(2013년 6월 23일) "N.S.A. 유출, 시스템 관리자에 초점을 맞추다" 출처 : 뉴욕타임즈. https://www.nytimes.com/2013/06/24/technology/nsa-leak-puts-focus-on-system-administrators.html

Ducklin, Paul(2014년 2월 24일) "'Goto 오류' 분석 - 애플의 SSL 블로그 설명, 그리고 OS X 비공식 패치!" 출처 : 네이키드 시큐리티(Naked Security). http://nakedsecurity.sophos.com/2014/02/24/anatomy-of-a-goto-fail-apples-ssl-bug-explained-plus-an-unofficial-patch

_____(2015년 9월 28일) "워드 악성 코드가 BASIC인 이유: SophosLabs, 부비트랩 설치된 문서를 퇴치하다" 출처 : Sophos Blog. https://blogs.sophos.com/2015/09/28/why-wordmalware-is-basic

Duff, Tom(1989a 봄) "UNIX 시스템의 바리어스 경험" 출처 : 컴퓨터 시스템즈(Computer Systems) 2.2, p.155~171. http://www.usenix.org/publications/compsystems/1989/spr duff.pdf

_____(1989b 겨울) "UNIX 시스템 보안에 대한 바이러스 공격" 출처 : 유즈닉스 컨퍼런스 의사록

Eastlake 3rd, D.(1999년 3월) 도메인 네임 시스템 보안 확장자(Domain Name System Security Extensions). RFC 2535. http://www.rfc-editor.org/rfc/rfc2535.txt

Eastlake 3rd, D.와 T. Hansen(2011년 5월) US 보안 해시 알고리즘(SHA와 SHA-기반의 HMAC와 HKDF). RFC 6234. http://www.rfc-editor.org/rfc/rfc6234.txt

Eastlake 3rd, D., J. Reagle, D. Solo(2002년 3월)(확장성 마크업 언어) XML-Signature 신택스와 프로세싱. RFC 3275. http://www.rfc-editor.org/rfc/rfc3275.txt

Eastlake 3rd, D., Jeffrey I. Schiller, S. Crocker(2005년 6월) 보안의 무작위성 요건. RFC 4086. http://www.rfc-editor.org/rfc/rfc4086.txt

Editorial Board New York Times(2015년 7월 19일) "긱 이코노미(Gig Economy)의 '직원' 정의" 출처 : 뉴욕타임즈. http://www.nytimes.com/2015/07/19/opinion/sunday/definingemployee-in-the-gig-economy.html

Edwards, M.(2000년 2월 15일) "오래된 것, 새로운 것: DNS 하이재킹" 출처 : Windows IT Pro. http://windowsitpro.com/networking/something-old-something-new-dns-hijacking

Egelman, Serge, Lorrie Faith Cranor, Jason Hong(2008년) "경고합니다: 웹 브라우저 피

싱 경고의 효율성에 관한 실증적 연구" 출처 : 제26회 연례 SIGCHI 컴퓨터 시스템의 인적 요인 컨퍼런스 의사록. CHI '08. 이탈리아, 플로렌스: ACM. p.1065~1074. ISBN : 978-1-60558-011-1. DOI : 10.1145/1357054.1357219. http://doi.acm.org/10.1145/1357054.1357219

Eichin, M.W.와 J. A. Rochlis(1989년 5월) "현미경과 핀셋으로: 1988년 11월의 인터넷 바이러스 분석" 출처 : IEEE 보안과 프라이버시 연구 심포지엄 의사록. 캘리포니아, 오클랜드, p.326~345. http://dl.acm.org/citation.cfm?id=63528

Electronic Frontier Foundation(1998년 7월) DES 크래킹: 암호화 연구의 비밀, 와이어탭(Wiretap) 정책과 칩 디자인. O'Reilly & Associates. ISBN : 1-565-92520-3

Ellement, John(2004년 4월 1일) "전임 연구원에게 [sic] $600,000의 보석금 설정" 출처 : 보스톤 글로브(The Boston Globe). http://www.boston.com/news/education/higher/articles/2004/04/01/bail set a 600000 for former researcher

Ellison, Carl(1999년 9월) SPKI 요건. RFC 2692. http://www.rfc-editor.org/rfc/rfc2692.txt

_____(2007년) Ceremony 디자인과 분석. IACR eprint archive 2007/399. http://eprint.iacr.org/2007/399.pdf

Ellison, Carl, B. Frantz, B. Lampson, Ronald L. Rivest, B. Thomas, Tatu Ylönen(1999년 9월) SPKI 인증 이론. RFC 2693. http://www.rfc-editor.org/rfc/rfc2693.txt

Esposito, Richard, Matthew Cole, RobertWindrem(2013년 8월 29일) "취재원에 따르면 스노든은 NSA 관리를 자처했다" 출처 : NBC News. http://investigations.nbcnews.com/news/2013/08/29/20234171-snowden-impersonated-nsa-officials-sources-say

Evans, C.(2011년 6월 14일) "새로운 크롬 보안 기능, 2011년 6월" 출처 : The Chromium Blog. http://blog.chromium.org/2011/06/new-chromium-security-features-june.html

Evans, C., C. Palmer, R. Sleevi(2015년 4월) HTTP를 위한 공용키 피닝 확장. RFC 7469. http://www.rfc-editor.org/rfc/rfc7469.txt

Fahl, Sascha, Marian Harbach, Thomas Muders, Lars Baumgärtner, Bernd Freisleben, Matthew Smith(2012년) "이브와 맬로리가 안드로이드를 사랑하는 이유: 안드로이드 SSL(비)보안성 분석" 출처 : 2012 컴퓨터와 통신 보안 ACM 컨퍼런스 의사록. ACM, p.50~61

Falliere, Nicolas, Liam O Murchu, Eric Chien(2011년 2월) W32.StuxnetDossier. 시만텍의 보안 대응. 버전 1.4. http://www.symantec.com/content/en/us/enterprise/media/securityresponse/whitepapers/w32stuxnetdossier.pdf

Farley, R.D.와 H.F. Schorreck(1982년 8월) 닥터 솔로몬 컬백과의 구전 역사 인터뷰. http://

www.nsa.gov/public info/ files/oral history interviews/nsa oh 17 82 kullback.pdf

Federal Trade Commission(2010년 6월 24일) 트위터, 고객의 개인 정보 보호 실패에 대한 고소 합의. 독립 감사 정보 보안 프로그램 설치 예정. http://www.ftc.gov/opa/2010/06/twitter.shtm

_____(2014년 5월) 데이터 브로커: 투명성과 책임을 물을 때. http://www.ftc.gov/system/files/documents/reports/data-brokers-call-transparency-accountability-reportfederal-trade-commission-may-2014/140527databrokerreport.pdf

Feilner, Markus(2006년) OpenVPN: 가상 사설망 구축과 통합. 영국, 버밍엄: Packt Publishing. http://www.openvpn.net

Felten, Edward W.(2009년 11월 3일) "선거일. 더욱 무방비 상태의 투표 기기들" 출처 : Freedom to Tinker(블로그). https://freedom-to-tinker.com/blog/felten/election-day-more-unguarded-voting-machines

Fenker, S.P.와 K.W. Bowyer(2011년 1월) "홍채 인식의 템플릿 노후화의 영향에 대한 실험적 증거" 출처 : 2011 IEEE 컴퓨터 비전 애플리케이션 워크샵(WACV), p.232~239. DOI : 10.1109/WACV.2011.5711508

Ferguson, N., J. Kelsey, S. Lucks, Bruce Schneier, M. Stay, DavidWagner, D. Whiting(2000년) "레인달의 향상된 암호 분석(Improved Cryptanalysis of Rijndael)" 출처 : 제7회 빠른 소프트웨어 암호화 워크샵. http://www.schneier.com/paper-rijndael.pdf

Field, Tom(2010년 12월 24일) "2011 마커스 래넘 보안 전망(Marcus Ranum on 2011 Security Outlook)" 출처 : 은행 정보 보안(Bank Info Security). http://www.bankinfosecurity.com/marcus-ranum-on-2011-security-outlook-a-3205/op-1

Fillinger, Maximilian Johannes(2013년) "플레임 악성 코드 배후의 암호 분석 공격 재구성" 석사 논문. 암스테르담대학교. http://www.illc.uva.nl/Research/Reports/MoL-2013-23.text.pdf

Fine, Glenn A.(2003년 8월) FBI의 로버트 필립 한센(Robert Philip Hanssen) 스파이 활동 차단, 감지, 수사. 기밀이 아닌 종합 보고. http://www.usdoj.gov/oig/special/0308/index.htm

Finke, Jon(1994년 9월) "관계형 데이터베이스가 있는 워크스테이션의 이용 모니터링" 출처 : 제8회 시스템 관리 컨퍼런스(LISA). Usenix. 샌디에고. http://static.usenix.org/publications/library/proceedings/lisa94/finke.html

_____(1997a 10월) "사이트 환경 설정 관리 자동화" 출처 : 제11회 시스템 관리 컨퍼런스(LISA). Usenix. http://static.usenix.org/publications/library/proceedings/lisa97/fullpapers/18.finke/18.pdf

_____(1997b 10월) "라이선스 서버 로그와 애플리케이션 사용 모니터링" 출처 : 제11회 시스템 관리 컨퍼런스(LISA). Usenix. http://static.usenix.org/publications/library/proceedings/lisa97/full papers/03.finke/03.pdf

_____(2000년 12월) "데이터베이스에서 구성 파일 생성을 위한 개선된 접근 방법" 출처 : 제14회 시스템 관리 컨퍼런스(LISA). Usenix. 뉴올리언즈, p.23~38. http://www.rpi.edu/_finkej/Papers/LISA2000-FileGen.pdf

_____(2003년) "구성 파일 생성하기: 감독 버전" 출처 : 제17회 시스템 관리 컨퍼런스. Usenix. p.105~204. http://static.usenix.org/events/lisa03/tech/finke.html

FINRA(2010년 1월) 블로그와 소셜 네트워킹 웹 사이트 안내. Tech. rep. 10-06. 금융 업계 규제 위원회 http://www.finra.org/Industry/Regulation/Notices/2010/P120779

_____(2011년 9월) 공인 증권업자를 위한 웹 가이드. 웹쪽. http://www.finra.org/industry/issues/advertising/p006118

Flaherty, Mary Pat(2008년 8월 21일) "오하이오 투표 기계, 투표를 누락하는 프로그래밍 오류 있어" 출처 : 워싱턴 포스트. http://www.freerepublic.com/focus/f-news/2065845/posts

Florêncio, Dinei와 Cormac Herley(2010년) "보안 정책은 어디에서 오는가?" 출처 : 제6회 사용 가능한 프라이버시와 보안 심포지엄 의사록, p.10. http://dl.acm.org/citation.cfm?id=1837124

Florêncio, Dinei, Cormac Herley, Baris Coskun(2007년) "강력한 웹 비밀번호가 무엇이든지 다 성취할 수 있는가?" 출처 : HOTSEC '07 의사록. http://www.usenix.org/events/hotsec07/tech/full papers/florencio/florencio.pdf

Ford-Hutchinson, P.(2005년 10월) TLS를 이용한 FTP 보호. RFC 4217. http://www.rfc-editor.org/rfc/rfc4217.txt

Forrest, Stephanie와 Anil Somayaji(2000년 8월) "시스템 콜 딜레이를 이용한 대응 자동화" 출처 : 제9회 USENIX 보안 심포지엄 의사록

Frankel, Sheila, P. Hoffman, Angela Orebaugh, Richard Park(2008년 7월) SSL VPN 가이드. NIST 특별 발간물 800-113. http://csrc.nist.gov/publications/nistpubs/800-113/SP800-113.pdf

Fuller, V.와 T. Li(2006년 8월) 인터도메인 라우팅 클래스(CIDR): 인터넷 주소 배정과 통합 플랜. RFC 4632. http://www.rfc-editor.org/rfc/rfc4632.txt

Gage, Deborah(2008년 2월 15일) "중국에서 계속 베푸는 바이러스라는 선물" 출처 : SFGate. http://www.sfgate.com/cgi-bin/article.cgi?f=/c/a/2008/02/14/BU47V0VOH.DTL

Galbally, Javier, Arun Ross, Marta Gomez-Barrero, Julian Fierrez, Javier Ortega-Garcia(2013년) "바이너리 템플릿의 홍채 이미지 인식: 유전적 알고리즘에 대한 효과적인 개연적 접근법" 출처 : 컴퓨터 비전과 이미지 이해 117.10, p.1512~1525. http://www.sciencedirect.com/science/article/pii/S1077314213001070

Gallagher, Sean(2012년 11월 21일) "프렌치 프라이: 미국이 플레임으로 사르코지 집무실을 해킹하다" 출처 : 아스 테크니카. http://arstechnica.com/security/2012/11/french-fried-us-allegedlyhacked-sarkozys-office-with-flame

Galperin, Eva, Seth Schoen, Peter Eckersley(2011년 9월 13일) "이란 DigiNotar 공격 회고" 출처 : Deep Links(블로그). https://www.eff.org/deeplinks/2011/09/post-mortem-iranian-diginotar-attack

Ganesan, R.과 C. Davies(1994년) "무작위 발음 가능 비밀번호 생성기에 대한 새로운 공격" 출처 : 17회 NIST-NCSC 국립 컴퓨터 보안 회의 의사록. http://fortdodgewebsites.com/docs/ANewAttackonRandomPronounceablePassw.pdf

Garfinkel, Simson L.(1995년) PGP: Pretty Good Privacy. 캘리포니아, 세바스토폴: O'Reilly & Associates

Garfinkel, Simson L.과 Robert C. Miller(2005년) "자니 2: S/MIME와 아웃룩 익스프레스의 키 지속성 관리 사용자 테스트" 출처 : SOUPS '05: 2005 사용 가능한 프라이버시와 보안 심포지엄 의사록. 펜실베니아, 피츠버그: ACM, p.13~24. ISBN : 1-59593-178-3. DOI : http://doi.acm.org/10.1145/1073001.1073003

Garfinkel, Simson L.과 A. Shelat(2003년 1월~2월) "통과된 데이터의 기억: 디스크 영구 삭제 연구" 출처 : IEEE 보안과 프라이버시 1.1, 17-27. ISBN : 1540-7993. DOI : 10.1109/MSECP.2003.1176992

Garfinkel, Tal과 Mendel Rosenblum(2003년) "침입 감지를 위한 가상 컴퓨터 내성 기반 아키텍처" 출처 : NDSS '03 의사록. http://www.isoc.org/isoc/conferences/ndss/03/proceedings/papers/13.pdf

Gentry, Craig(2010년 3월) "암호화된 데이터의 임의적인 기능 연산" 출처 : ACM 커뮤니케이션 53.3., p.97~105. http://crypto.stanford.edu/craig/easy-fhe.pdf

Georgiev, Martin, Subodh Iyengar, Suman Jana, Rishita Anubhai, Dan Boneh, Vitaly Shmatikov(2012년) "세계에서 가장 위험한 코드: 비 브라우저 소프트웨어의 SSL 인증서 검증" 출처 : 2012 ACM 컴퓨터와 통신 보안 컨퍼런스 의사록. ACM, p.38~49

Gerrold, David(1972년) 할리가 하나였을 때(When Harlie Was One). 뉴욕: Ballantine Books

Gilbert, W. S.와 Arthur Sullivan(1875년) 배심 재판(Trial by Jury) 런던: Chappell & Co.

_____(1885년) 미카도(The Mikado). 뉴욕: W. A. Pond

Goldman, William(1987년) 프린세스 브라이드(The Princess Bride). 영화

Goldstein, Matthew(2015년 7월 22일) "JP 모건과 체이스 침해 사건에 연관된 것으로 알려진 범행으로 4명 체포" 출처 : 뉴욕타임즈. http://www.nytimes.com/2015/07/22/business/dealbook/4-arrested-in-schemes-said-to-be-tied-to-jpmorgan-chase-breach.html

Golić, Jovan(1997년) "RC4 키스트림 생성기로 추정되는 선형 통계 약점" 출처 : 암호화의 발전 – EUROCRYPT '97. Walter Fumy 편집. Vol. 1233. 컴퓨터과학 강의록. 10.1007/3-540-69053-0 16, Springer Berlin / Heidelberg, p.226~238. ISBN : 978-3-540-62975-7 http://dx.doi.org/10.1007/3-540-69053-0_16

Goodin, Dan(2009년 9월 23일) "텍사스 인스트루먼트, 계산기 해커에게 변호사로 대응" 출처 : 레지스터(The Register). http://www.theregister.co.uk/2009/09/23/texas instruments calculator hacking

_____(2012a 6월 13일) "모든 윈도우 사용자 주의: 지금 시스템 패치 요망: 화요일 마이크로소프트에서 패치한 치명적인 IE 취약성이 현재 악용중" 출처 : 아스 테크니카. http://arstechnica.com/security/2012/06/windows-users-patch-now

_____(2012b 6월 7일) "암호 해독으로 플레임은 세계 수준의 과학자들이 설계했음이 드러나다" 출처 : 아스 테크니카. http://arstechnica.com/security/2012/06/flame-crypto-breakthrough

_____(2012c 8월 16일) "수수께끼의 악성 코드, 에너지 부문의 컴퓨터들에 소동을 일으키다" 출처 : 아스 테크니카. http://arstechnica.com/security/2012/08/shamoon-malware-attack

_____(2013년 4월 12일) "마이크로소프트, 윈도우 7 사용자들에게 오류 있는 보안 업데이트 삭제를 요청" 출처 : 아스 테크니카. http://arstechnica.com/security/2013/04/microsoft-tells-windows-7-usersto-uninstall-faulty-security-update

_____(2015a 7월 12일) "해킹 팀, 보유하지 않은 IP 하이재킹을 위해 엄청난 BGP 핵 이용" 출처 : 아스 테크니카. http://arstechnica.com/security/2015/07/hacking-team-orchestratedbrazen-bgp-hack-to-hijack-ips-it-didnt-own

_____(2015b 9월 9일) "고도로 발전한 해커들이 어떻게 위성을 이용(악용)해 레이더를 피하는가" 출처 : 아스 테크니카. http://arstechnica.com/security/2015/09/how-highly-advancedhackers-abused-satellites-to-stay-under-the-radar

_____(2015c 9월 18일) "D 링크가 코드로 서명한 키를 발급하여 윈도우 사용자들을 터무니없이 위협하다" 출처 : 아스 테크니카. http://arstechnica.com/security/2015/09/inblunder-threatening-windows-users-d-link-publishes-code-signing-key

_____ (2015d 9월 21일) "악성 HTTPS 구글 인증서 발급으로 인해 해고된 시만텍 직원들" 출처 : 아스 테크니카. http://arstechnica.com/security/2015/09/symantec-employeesfired-for-issuing-rogue-https-certificate-for-google

Grampp, Fred T.와 Robert H. Morris(1984년 10월) "유닉스 운영 시스템 보안" 출처 : AT&T Bell Laboratories Technical Journal 63.8, Part 2, p.1649~1672

Green, Matthew(2013년 9월 18일) "듀얼 EC DRBG의 많은 결함" 출처 : A Few Thoughts on Cryptographic Engineering(블로그). http://blog.cryptographyengineering. com/2013/09/themany-flaws-of-dualecdrbg.html

Greenberg, Andy(2012년 8월 31일) "연구원들이 심각한 버그 수정 중 발견한 버그로 오라클의 자바 보안 우려 상승" 출처 : 포브즈(Forbes). http://www.forbes.com/sites/andygreenberg/2012/08/31/oracles-java-security-woes-mount-as-researchers-spot-a-bug-in-its-critical-bug-fix

_____ (2014년 8월 7일) "비트코인 절도를 위해 19개 인터넷 서비스사의 트래픽을 전용한 해커" 출처 : 와이어드(Wired): 위협 레벨. http://www.wired.com/2014/08/isp-bitcoin-theft

_____ (2015a) "해커들, 저격용 라이플을 무력화하거나 목표를 변경할 수 있다" 출처 : 와이어드. http://www.wired.com/2015/07/hackers-can-disable-sniper-rifleor-change-target

_____ (2015b 7월 21일) "해커들, 저자가 탄 고속도로 위의 짚차를 원격으로 망가뜨리다" 출처 : 와이어드. http://www.wired.com/2015/07/hackers-remotely-kill-jeep-highway

Griffith, Virgil과 Markus Jakobsson(2005년) "텍사스 사고: 공공 기록을 이용하여 어머니의 결혼 전 성을 추출하다" 출처 : 응용 암호화와 네트워크 보안. John Ioannidis, Angelos D. Keromytis, Moti Yung 편집. Vol. 3531. 컴퓨터과학 강의록. Springer 베를린 / 하이델베르그, p.91~103. ISBN : 978-3-540-26223-7. DOI : http://dx.doi. org/10.1007/11496137 7. http://citeseerx.ist.psu.edu/viewdoc/download?doi=10.1.1 .147.2471&rep=rep1&type=pdf

Gueury, Marc와 Daniel Veditz(2009년 4월 27일) "Crash in nsTextFrame::ClearTextRun()" 출처 : 모질라재단 보안 자문 2009-23. https://www.mozilla.org/security/announce/2009/mfsa2009-23.html

Haber, S.와 W. S. Stornetta(1991a) "디지털 문서에 타임스탬프 기록법" 출처 : 암호화의 발전: CRYPTO '90 의사록. Springer-Verlag, p.437~455

_____ (1991b) "디지털 문서에 타임스탬프 기록법" 출처 : 암호학 저널 3.2, p.99~112

Hagino, Jun-ichiro "itojun"(2003년 10월) 엣지 기반 포트 필터링의 영구적 설치를 반대하는 IAB의 우려(IAB Concerns against Permanent Deployment of Edge-Based Port Filtering). 인 터넷 아키텍처 보드 성명. https://www.iab.org/documents/correspondence-reports-documents/docs2003/2003-10-18-edge-filters

Halderman, J. Alex, Brent Waters, Edward W. Felten(2005년 5월) "비밀번호의 안전한 관 리를 위한 편리한 방법" 출처 : 14회 국제 월드와이드웹 컨퍼런스. http://userweb. cs.utexas.edu/_bwaters/publications/papers/www2005.pdf

Haller, N.(1995년 2월) S/KEY 일회용 비밀번호 시스템(The S/KEY One-Time Password System). RFC 1760. http://www.rfc-editor.org/rfc/rfc1760.txt

Halzack, Sarah(2015년 3월 11일) "프라이버시 보호론자들, '으시시하고', '도청을 하는' 헬 로우 바비 판매 반대" 출처 : 워싱턴 포스트(The Washington Post). https://www. washingtonpost.com/blogs/the-switch/wp/2015/03/11/privacy-advocates-try-to-keep-creepy-eavesdroppinghello-barbie-from-hitting-shelves

Hamzeh, K., G. Pall, W. Verthein, J. Taarud, W. Little, G. Zorn(1999년 7월) 포인트 투 포인 트 터널링 프로토콜(PPTP). RFC 2637. http://www.rfc-editor.org/rfc/rfc2637.txt

Handley, Mark, Christian Kreibich, Vern Paxson(2001년) "네트워크 침입 감지: 회피, 트래 픽 정상화, 그리고 엔드 투 엔드 프로토콜 시맨틱" 출처 : USENIX 보안 심포지엄 의사 록, p.115~131. http://static.usenix.org/events/sec01/handley.html

Hanks, S., T. Li, D. Farinacci, P. Traina(1994년 10월) Generic Routing Encapsulation(GRE). RFC 1701. http://www.rfc-editor.org/rfc/rfc1701.txt

Hansen, Stephen E.와 E. Todd Atkins(1992년 9월) "스와치의 중앙화 시스템 모니터링" 출처 : 유닉스 보안 III 심포지엄. 메릴랜드, 볼티모어 USENIX, p.105~117. http://static.usenix. org/publications/library/proceedings/sec92/full papers/hansen.pdf

_____(1993년 11월) "스와치의 자동화 시스템 모니터링과 통보" 출처 : 제7회 시스템 관 리 컨퍼런스(LISA). Usenix. 몬테레이. http://static.usenix.org/publications/library/ proceedings/lisa93/hansen.html

Hardt, D., ed.(2012년 10월) OAuth 2.0 인증 프레임워크. RFC 6749. http://www.rfceditor. org/rfc/rfc6749.txt

Harper, Tom(2013년 6월 22일) "또 하나의 해킹 스캔들: 법률 사무소, 통신계의 거물, 보험 사들이 일상적으로 범죄자들을 고용해 라이벌 업체의 정보를 훔쳐내는 것을 드러낸 비 밀 보고서" 출처 : 인디펜던트(The Independent). http://www.independent.co.uk/ news/uk/crime/the-other-hacking-scandal-suppressed-report-reveals-that-lawfirms-telecoms-giants-andinsurance-companies-routinely-hire-criminals-to-steal-rivals-information-8669148.html

Heath, Brad(2015년 8월 24일) "경찰, 일상적 범죄 해결을 위해 비밀리에 휴대폰 추적" 출처 : USA Today. http://www.usatoday.com/story/news/2015/08/23/baltimore-police-stingraycell-surveillance/31994181

Heath, Laura J.(2005년) "미 해군 함대의 방송 시스템의 시스템적 보안 약점에 대한 분석, 1967~1974, CWO 존 워커에 의해 악용" MAS. 미육군 지휘참모 대학. http://www.fas.org/irp/eprint/heath.pdf

Heinlein, Robert A.(1966년) 달은 무자비한 밤의 여왕(The Moon Is a Harsh Mistress). Putnam

Hoare, C.A.R.(1981년 2월) "임금님 귀는 당나귀 귀(The Emperor's Old Clothes)" 출처 : ACM 커뮤니케이션 24.2., p.75~83 http://dl.acm.org/citation.cfm?id=358549.358561

Hobbs, Alfred Charles(1857년) 문 자물쇠 구조의 기초 논문(Rudimentary Treatise on the Construction of Door Locks). Charles Tomlinson 편집. 런던: J. Weale

Hoffman, P.와 J. Schlyter(2012년 8월) 개체명의 DNS 기반 인증의 용도와 요건(DANE) 전송 레이어 보안(TLS) 프로토콜: TLSA. RFC 6698. http://www.rfc-editor.org/rfc/rfc6698.txt

Hofmeyr, S. A., Anil Somayaji, Stephanie Forrest(1998년) "시스템 콜 시퀀스를 이용한 침입 감지" 출처 : 컴퓨터 보안 저널(Journal of Computer Security) 6

Hollis, Duncan B(2011년 여름) "사이버 공간에 대한 e-SOS" 출처 : 하버드 인터내셔널 법률 저널(Harvard International Law Journal) 52.2. http://ssrn.com/abstract=1670330

Housley, Russ(2004년 9월) 224비트 일방 해시 기능: SHA-224. RFC 3874. http://www.rfc-editor.org/rfc/rfc3874.txt

_____(2009년 9월) 암호화 메시지 신택스(CMS). RFC 5652. http://www.rfc-editor.org/rfc/rfc5652.txt

Housley, Russ와 Tim Polk(2001년) PKI 기획: 공용키 인프라 설치를 위한 최고의 가이드. 뉴욕: Wiley

Howard, Michael, Jon Pincus, Jeannette M. Wing(2005년) "상대적 공격 표면 측정" 출처 : 21세기 컴퓨터 보안. D.T. Lee, S.P. Shieh, J.D. Tygar 편집. Springer US, p.109~137. ISBN : 978-0-387-24005-3. DOI : 10.1007/0-387-24006-3_8. http://dx.doi.org/10.1007/0-387-24006-3_8

Hypponen, Mikko(2011년 11월 14일) "정부 서명키로 서명된 악성 코드" 출처 : FSecure News from the Lab(블로그). http://www.f-secure.com/weblog/archives/00002269.html

Intel(1983). iAPX 286 프로그래머 참고용 매뉴얼. 캘리포니아, 산타 클라라: Intel Corporation.

http://bitsavers.trailing-edge.com/pdf/intel/80286/210498-001 1983 iAPX 286 ProgrammersReference 1983.pdf

Internet Initiative Japan, Inc.(2012년 2월) "타깃형 공격과 그 처리" 출처 : 인터넷 인프라스트 럭처 리뷰: 인프라 보안. http://www.iij.ad.jp/en/company/development/iir/pdf/iir vol14 infra EN.pdf

Ioannidis, Sotiris와 Steven M. Bellovin(2001년 6월) "안전한 웹 브라우저 구축" 출처 : 유즈닉 스 컨퍼런스. https://www.cs.columbia.edu/_smb/papers/sub-browser.pdf

Ioannidis, Sotiris, Steven M. Bellovin, Jonathan Smith(2002년 9월) "하위 운영 체계: 애 플리케이션 보안의 새로운 접근법" 출처 : SIGOPS 유러피언 워크샵. https://www. cs.columbia.edu/_smb/papers/subos.pdf

Israel, Jerome W.(2012년 6월) "FBI는 왜 케이스 관리 시스템을 구축할 수 없는가" 출처 : IEEE Computer. http://www.computer.org/csdl/mags/co/2012/06/mco2012060073.html

ITU-T(2012년) ITU-T 권장 사항 X.509―ISO/IEC 9594−8:2005, 정보 기술 ― 오픈 시스 템 상호접속 ― 디렉토리: 공용키와 속성 인증 프레임워크. http://www.itu.int/itu-t/ recommendations/rec.aspx?rec=X.509

Jacobs, Andrew와 Miguel Helft(2010년 1월 12일) "구글, 공격을 이유로 중국 철수를 위협하다" 출처 : 뉴욕타임즈. http://www.nytimes.com/2010/01/13/world/asia/13beijing.html

Johnson, Maritza, Steven M. Bellovin, Robert W. Reeder, Stuart Schechter(2009년 9월) "레 세즈 페어 파일 공유: 종단점의 개인을 위해 설계된 액세스 컨트롤" 출처 : 새로운 보안 패러다임 워크샵. https://www.cs.columbia.edu/_smb/papers/nspw-use.pdf

Johnson, S. C.(1978년) Lint, C 프로그램 체커. Tech. rep. 65. Bell Labs. http://citeseerx.ist. psu.edu/viewdoc/summary?doi=10.1.1.56.1841

Jolly, David(2011년 11월 10일) "해커, 사이클리스트, 임원, 스파이" 출처 : 뉴욕타임즈(그린 블로 그). http://green.blogs.nytimes.com/2011/11/10/hacker-cyclist-executive-spy

Joncheray, Laurent(1995년) "TCP에 대한 단순하고 효과적 공격" 출처 : 제5회 유즈닉스 유닉 스 보안 심포지엄 의사록 유타, 솔트레이크 시티

Jones, Douglas W.와 Barbara Simons(2012년) 망가진 투표소: 당신의 투표는 개표되는가? 캘 리포니아, 스탠포드: 언어와정보연구센터. http://brokenballots.com

Josefsson, S.(2006년 10월) Base16, Base32, Base64 데이터 인코딩. RFC 4648. http ://www.rfc-editor.org/rfc/rfc4648.txt

Josifovski, Vanja, Peter Schwarz, Laura Haas, Eileen Lin(2002년) "Garlic: DB2를 위한 연합 쿼리 프로세싱의 새로운 맛" 출처 : 2002 ACM SIGMOD 데이터 관리 국제 컨퍼런스 의

사록. SIGMOD '02. 위스콘신, 매디슨: ACM, p.524~532. ISBN : 1-58113-497-5. DOI : 10.1145/564691.564751. http://doi.acm.org/10.1145/564691.564751

Kahn, David(1967년) 코드 브레이커(The Codebreakers). 뉴욕: Macmillan

_____(1991년) 수수께끼 풀기: 독일 U 보트 코드를 풀기 위한 경쟁, 1939~1943. 보스턴: Houghton Mifflin

Kaliski, B.(2000년 9월) PKCS #5: 비밀번호 기반의 암호화 명세 버전 2.0. RFC 2898. http://www.rfc-editor.org/rfc/rfc2898.txt

Kaminsky, Dan(2008년) 우리가 아는 캐시의 종말. Black Ops. http://kurser.lobner.dk/dDist/DMK BO2K8.pdf

Kaufman, Charlie, ed.(2005년 12월) 인터넷 키 교환(IKEv2) 프로토콜. RFC 4306. http ://www.rfc-editor.org/rfc/rfc4306.txt

Kaufman, Charlie, Radia Perlman, Mike Speciner(2002년) 네트워크 보안: 공개된 세상에서의 사적인 커뮤니케이션. 2판. Prentice Hall

Kent, Jonathan(2005년 3월 31일) "말레이지아 자동차 도둑, 손가락을 훔치다" 출처 : BBC News. http://news.bbc.co.uk/2/hi/asia-pacific/4396831.stm

Kent, Stephen T.와 Lynette I. Millett, eds.(2003년) 누가 그곳에 가지? 프라이버시를 통해 본 인증. National Academies Press. http://www.nap.edu/catalog/10656.html

Kent, Stephen T.와 K. Seo(2005년 12월) 인터넷 프로토콜을 위한 보안 아키텍처. RFC 4301. http://www.rfc-editor.org/rfc/rfc4301.txt

Kenyon, Henry(2011년 6월 30일) "소형 드라이브: 직원들이 보안의 위협이 되는 또 다른 방식" 출처 : GCN. http://gcn.com/articles/2011/06/30/dhs-test-found-thumb-drives-disksnetwork.aspx

Kim, Gene과 Eugene H. Spafford(1994a) "트립와이어 경험: 침입 감지를 위한 무결성 체커 이용" 출처 : 시스템 관리, 네트워킹, 보안 III 의사록. http://docs.lib.purdue.edu/cgi/viewcontent.cgi?article=2114&context=cstech

_____(1994b 11월) "트립와이어 설계와 적용: 파일 시스템 무결성 체커" 출처 : 제2회 ACM 컴퓨터와 통신 보안 회의 의사록. https://dl.acm.org/citation.cfm?id=191183

_____(1994c) "트립와이어 작성, 지원, 평가: 대중이 사용할 수 있는 보안 툴" 출처 : 유즈닉스 유닉스 애플리케이션 개발 심포지엄 의사록. http://www.usenix.org/publications/library/proceedings/appdev94/kim.html

Kim, Hyoungshick, John Tang, Ross Anderson(2012년) "소셜 인증: 보기보다 어렵다" 출처 : 금융 암호화와 데이터 보안 의사록

Kivinen, T., B. Swander, A. Huttunen, V. Volpe(2005년 1월) Negotiation of NAT-Traversal in the IKE. RFC 3947. http://www.rfc-editor.org/rfc/rfc3947.txt

Knightley, Phillip(2010년 3월 12일) "허니 트랩(Honey Trap)의 역사" 출처 : Foreign Policy. http://www.foreignpolicy.com/articles/2010/03/12/thehistory of the honey trap

Knudsen, Lars,Willi Meier, Bart Preneel, Vincent Rijmen, Sven Verdoolaege(1998년) "RC4를 위한 분석 방법" 출처 : 암호화의 발전 - ASIACRYPT '98. Kazuo Ohta and Dingyi Pei 편집. Vol. 1514. 컴퓨터과학 강의록. 10.1007/3-540-49649-1 26. Springer Berlin / Heidelberg, p.327~341. ISBN : 978-3-540-65109-3. http://dx.doi.org/10.1007/3-540-49649-1_26

Koenig, Andrew(2008년 5월 16일) "불법 점유에 의한 인터페이스 디자인" 출처 : Dr. Dobbs. http://www.drdobbs.com/architecture-and-design/interface-design-by-adverse-possession/228701758

Kohnfelder, Loren M.(1978년 5월) "실용적 공용키 암호 시스템을 향해" 석사 논문. 매사추세츠 공과대학 전자 공학과

Kolata, Gina(2001년 2월 20일) "키가 사라진다: 풀 수 없는 코드에 대한 과학자의 개요" 출처 : 뉴욕타임즈. http://www.nytimes.com/2001/02/20/science/the-key-vanishes-scientistoutlines-unbreakable-code.html

Kormanik, Beth(2011년 11월 16일) "기기를 이용한 ATM 기기 절도로 3명 기소" 출처 : 뉴욕타임즈. http://www.nytimes.com/2011/11/17/nyregion/chase-atm-fraud-case-indictment-is-unsealed.html

Koscher, Karl, Alexei Czeskis, Franziska Roesner, Shwetak Patel, Tadayoshi Kohno, Stephen Checkoway, Damon McCoy, Brian Kantor, Danny Anderson, Hovav Shacham, Stefan Savage(May 2010 5월) "현대적 자동차의 실험적 보안 분석" 출처 : IEEE 보안과 프라이버시 심포지엄 의사록 http://www.autosec.org/pubs/carsoakland2010.pdf

Kravets, David(2011년 7월 12일) "지옥에서 온 이웃의 와이파이 해커에게 18년형 선고" 출처 : 와이어드(Wired): 위협 레벨. http://www.wired.com/threatlevel/2011/07/hacking-neighbor-fromhell

Krawczyk, H., M. Bellare, R. Canetti(1997년 2월) HMAC: 메시지 인증을 위한 키 해싱. RFC 2104. http://www.rfc-editor.org/rfc/rfc2104.txt

Krebs, Brian(2007년 8월 2일) "새로운 웹메일 계정 하이재킹 자동화 툴" 출처 : 워싱턴 포스트: Security Fix. https://web.archive.org/web/20081006085441/ http://blog.

washingtonpost.com/securityfix/2007/08/new tool automates webmail acc.html

_____(2008년 8월 20일) "웹 사기 2.0: 장물 검증하기" 출처 : 워싱턴 포스트: Security Fix. http://voices.washingtonpost.com/securityfix/2008/08/webfraud20try before you bu.html

_____(2009년 10월 12일) "잠긴(마이크로소프트 이외) PC에서의 e-뱅킹" 출처 : Security Fix(워싱턴 포스트 블로그). http://voices.washingtonpost.com/securityfix/2009/10/e-banking on a locked down non.html?wprss=securityfix

_____(2011a 11월 8일) "당신의 신원 정보는 얼마짜리?" 출처 : Krebs on Security. http://krebsonsecurity.com/2011/11/how-much-is-your-identity-worth

_____(2011b 9월 26일). "오른쪽에서 왼쪽으로 덮어써서 이메일 공격 돕기" 출처 : Krebs on Security. http://krebsonsecurity.com/2011/09/right-to-left-override-aids-email-attacks

_____(2012년 6월 21일) "자세히 보기: 이메일 기반 악성 코드 공격" 출처 : Krebs on Security. http://krebsonsecurity.com/2012/06/a-closer-look-recent-email-based-malware-attacks

_____(2013년 2월 13일) "어도비 리더 아크로뱃의 제로데이 결함" 출처 : Krebs on Security. http://krebsonsecurity.com/2013/02/zero-day-flaws-in-adobe-reader-acrobat

_____(2014년 2월 5일) "타깃 해커들, HVAC사를 통해 뚫고 들어오다" 출처 : Krebs on Security. http://krebsonsecurity.com/2014/02/target-hackers-broke-in-via-hvac-company

_____(2015년 4월 15일) "윈도우, 플래시, 자바의 아주 중요한 업데이트" 출처 : Krebs on Security. http://krebsonsecurity.com/2015/04/critical-updates-for-windows-flash-java

Kruegel, Christopher와 Giovanni Vigna(2003년) "웹 기반 공격의 변칙 감지" 출처 : 제10회 컴퓨터와 통신 보안 ACM 컨퍼런스 의사록. CCS '03. 워싱턴 DC: ACM, p.251~261. ISBN : 1-58113-738-9. DOI : 10.1145/948109.948144. http://doi.acm.org/10.1145/948109.948144

Lamport, Leslie(1981년 11월) "안전하지 않은 통신의 패스워드 인증" 출처 : ACM 커뮤니케이션 24.11., p.770~772. http://dl.acm.org/citation.cfm?id=358797

Landau, Susan(2004년) "국가 공공 서비스의 다양성: 대수를 이용한 고급 암호화 표준 설계" 출처 : American Mathematical Monthly, p.89~117

_____(2013년) "스노든 사건 이해하기: NSA 감시 폭로에서 중요한 점" 출처 : IEEE 보안과 프

라이버시 11.4, p.54-63. ISBN : 1540-7993. DOI : 10.1109/MSP.2013.90

_____(2014년 1월~2월) "스노든 이해하기 하이라이트, 파트 II: NSA 폭로에서 중요한 점" 출처 : IEEE 보안과 프라이버시 12.1, p.62-64.http://ieeexplore.ieee.org/xpls/abs_all.jsp?arnumber=6756737

Landwehr, Carl E., Alan R. Bull, John P. McDermott, William S. Choi(1994년 9월) "컴퓨터 프로그램 보안 결함의 분류" 출처 : Computing Surveys 26.3, p.211~254. http://citeseerx.ist.psu.edu/viewdoc/download?doi=10.1.1.85.4150&rep=rep1&type=pdf

Larus, James R., Thomas Ball, Manuvir Das, Robert DeLine, Manuel Fähndrich, Jon Pincus, Sriram K. Rajamani, Ramanathan Venkatapathy(2004년 5월) "소프트웨어 바로잡기" 출처 : IEEE Software 21.3, p.92~100. ISBN : 0740-7459. DOI : 10.1109/MS.2004.1293079

Laurie, B., A. Langley, E. Kasper(June 2013년 6월) 인증 투명성(Certificate Transparency). RFC 6962. http://www.rfc-editor.org/rfc/rfc6962.txt

Lee,Wenke와 Salvatore J. Stolfo(1998년) "침입 감지를 위한 데이터 마이닝 접근법" 출처 : 제7회 USENIX 보안 심포지엄. 텍사스, 샌 안토니오 http://static.usenix.org/publications/library/proceedings/sec98/lee.html

Leffall, Jabulani(2007년 10월 12일) "패치가 악용으로 인도하는가?" 출처 : Redmond. http://redmondmag.com/articles/2007/10/12/are-patches-leading-to-exploits.aspx

Legnitto, Jan(2012년 5월 25일) "FBI 해외 여행객들에게 경고: 와이파이와 호텔 핫스팟 범죄 주의" 출처 : privatei(블로그). http://www.privatewifi.com/fbi-warns-travelers-abroad-watchout-for-wifi-crime-at-hotel-hotspots

Lemos, Rob(1998년 7월 28일) "US Report: 게이머들, 액티비전의 'SiN'에 CIH 바이러스가 있다고 믿는다" 출처 : ZDNet UK. http://www.zdnet.co.uk/news/security-management/1998/07/28/us-reportgamers-believe-activisions-sin-carries-cih-virus-2068990

Leyden, John(2012년 12월 10일) "Saudi Aramco: 외국 해커들, 우리가 생산하는 가스를 빼돌리려고 해" 출처 : 레지스터(The Register). http://www.theregister.co.uk/2012/12/10/saudi aramco shamoon inquest

Li, Wei-Jen, Salvatore J. Stolfo, Angelos Stavrou, Elli Androulaki, Angelos D. Keromytis(2007년 7월) "악성 코드를 담은 문서 연구" 출처 : 제4회 GI 침입과 악성 코드 감지, 취약성 평가 국제 컨퍼런스 의사록. 스위스, 루체른 http://sneakers.cs.columbia.edu/ids/publications/Sparse.pdf

Li, Zhiwei, Warren He, Devdatta Akhawe, Dawn Song(2014년 8월) "Emperer의 새로운 비밀번호 매니저: 웹 기반 비밀번호 매니저 보안 분석" 출처 : 제23회 USENIX 보안 심포지엄. http://devd.me/papers/pwdmgr-usenix14.pdf

Libicki, Martin C.(2009년) 사이버 저지와 사이버전(Cyberdeterrence and Cyberwar). Tech. rep. MG-877. 랜드 코퍼레이션(Rand Corporation) http://www.rand.org/pubs/monographs/MG877.html

Lichtman, Doug와 Eric Posner(2006년) "인터넷 서비스 제공사에게 책임 묻기" 출처 : Supreme Court Economic Review 14, p.221~259. http://www.law.uchicago.edu/files/files/217-dgl-eap-isp.pdf

Limoncelli, Thomas A., Christina J. Hogan, Strata R. Chalup(2007년) 시스템과 네트워크 관리의 실행(The Practice of System and Network Administration). 보스턴: Addison-Wesley

Lindholm, Tim과 Frank Yellin(1996년) 자바 가상 컴퓨터(The Java Virtual Machine). 서적, MA: Addison-Wesley

Linn, J.(1989년 8월) 인터넷 전자메일을 위한 프라이버시 강화: 파트 I — 메시지 암호화와 인증 절차. RFC 1113. http://www.rfc-editor.org/rfc/rfc1113.txt

Litke, Pat와 Joe Stewart(2014년 8월 7일) "사이버 통화 이득을 위한 BGP 하이재킹" 출처 : Dell SecureWorks Counter Threat Unit. http://www.secureworks.com/cyber-threat-intelligence/threats/bgp-hijacking-for-cryptocurrency-profit

Lochter, M.과 J. Merkle(2010년 3월) 타원형 곡선 암호화(ECC) 브레인풀 표준 곡선과 곡선 생성. RFC 5639. http://www.rfc-editor.org/rfc/rfc5639.txt

Lowe, Gavin(1996년) "FDR을 이용한 니덤 슈뢰더 공용키 프로토콜 뚫기와 수정" 출처 : 시스템 구축과 분석을 위한 툴과 알고리즘(TACAS). Vol. 1055. 독일 베를린, Springer-Verlag, p.147~166. http://www.intercom.virginia.edu/_evans/crab/lowe96breaking.pdf

Lucas, Michael W.(2006년) PGP & GPG: 피해 망상증을 위한 이메일. 샌프란시스코: No Starch Press

Lynn III, William J.(2010년 9월~10월) "새로운 도메인 방어" 출처 : 외무부 89.5, p.97~108. http://www.foreignaffairs.com/articles/66552/william-j-lynn-iii/defending-anew-domain

Lynn, C., Stephen T. Kent, K. Seo(2004년 6월) IP 주소와 AS 식별자를 위한 X.509 확장자. RFC 3779. http://www.rfc-editor.org/rfc/rfc3779.txt

MacAskill, Ewen(2013년 6월 30일) "새로운 NSA 유출, 미국이 어떻게 유럽의 우호국들을 도청했는지 보여주다" 출처 : 가디언(The Guardian). http://www.guardian.co.uk/

world/2013/jun/30/nsa-leaks-usbugging-european-allies

Madejski, Michelle, Maritza Johnson, Steven M. Bellovin(2012년) "온라인 소셜 네트워크의 프라이버시 설정 오류 연구" 출처 : SESOC 2012 의사록. https://www.cs.columbia.edu/_smb/papers/fb-violations-sesoc.pdf

Malis, A.와 W. Simpson(1999년 6월) SONET/SDH보다 Pp.RFC 2615. http://www.rfc-editor.org/rfc/rfc2615.txt

Mandiant(2013년) APT1: 중국의 사이버 첩보 부대 중 하나의 노출. 백서. http://intelreport.mandiant.com/Mandiant APT1 Report.pdf

Markoff, John(2011a 2월 11일) "이란을 노린 악성 코드, 다섯 개 사이트를 공격했다고 보도" 출처 : 뉴욕타임즈. http://www.nytimes.com/2011/02/13/science/13stuxnet.html

_____(2011b 10월 18일) "스턱스넷의 설계자로 의심되는 이들에 의한 새로운 악성 프로그램" 출처 : 뉴욕타임즈. http://www.nytimes.com/2011/10/19/technology/stuxnet-computer-wormscreators-may-be-active-again.html

_____(2011c 3월 17일) "SecurID사, 데이터 보안 침해 피해" 출처 : 뉴욕타임즈. http://www.nytimes.com/2011/03/18/technology/18secure.html

Markoff, John과 Thom Shanker(2009년 8월 1일) "03 이라크 플랜 정지, 미국의 사이버전 리스크에 대한 두려움을 보여주다" 출처 : 뉴욕타임즈. http://www.nytimes.com/2009/08/02/us/politics/02cyber.html

Marlinspike, Moxie와 David Hulton(2012년 7월 29일) "분할 정복: 100% 성공하는 MSCHAPv2 크래킹" 출처 : CloudCracker(블로그). https://www.cloudcracker.com/blog/2012/07/29/cracking-ms-chap-v2

Martin, David M., Sivaramarkrishnan Rajagopalan, Aviel D. Rubin(1997년 2월) "방화벽에서 자바 애플릿 막기" 출처 : 네트워크와 분산 시스템 보안 심포지엄 의사록. 샌디에고, p.16~26

Martin, George R. R.(2000년) 성검의 폭풍(A Storm of Swords). 뉴욕: Bantam Books

Matsui, M.(1994년) "DES 암호를 위한 선형 암호 해독 방법" 출처 : 암호화의 발전 - EUROCRYPT '93. Tor Helleseth 편집. Vol. 765. 컴퓨터과학 강의록. 10.1007/3-540-48285-7_33. Springer Berlin / Heidelberg, p.386~397. ISBN : 978-3-540-57600-6. http://dx.doi.org/10.1007/3-540-48285-7_33

Matsui, M., J. Nakajima, S. Moriai(2004년 4월) 카멜리아 암호화 알고리즘 설명. RFC 3713. http://www.rfc-editor.org/rfc/rfc3713.txt

Matsumoto, Tsutomu, Hiroyuki Matsumoto, Koji Yamada, Satoshi Hoshino(2002년 1월) "지

문 시스템에 대한 인공 '고무' 손가락의 영향" 출처 : SPIE: 최적의 보안과 위조 방지 기술 IV 의사록. Vol. 4677, p.275~289. http://dx.doi.org/10.1117/12.462719

Maxwell, Winston과 ChristopherWolf(2012년 5월 23일) 범세계적 현실: 클라우드 데이터에 대한 정부의 액세스. 백서. http://goo.gl/zAmKkO

Mayer, Alain, Avishai Wool, E. Ziskind(2000년) "팽(Fang): 방화벽 분석 엔진" 출처 : IEEE 보안과 프라이버시 심포지엄 의사록, p.177~187

McGraw, Gary(2006년) 소프트웨어 보안: 보안 구축(Software Security: Building Security In). 뉴저지, 어퍼 새들 리버: Addison-Wesley

McGraw, Gary와 Edward W. Felten(1999) 자바 보안: 모바일 코드로 비즈니스 시작하기 (Securing Java: Getting Down to Business with Mobile Code). 뉴욕: John Wiley & Sons. http://www.securingjava.com

McGrew, D., K. Igoe, M. Salter(2011년 2월) 본질적 타원 곡선 암호화 알고리즘(Fundamental Elliptic Curve Cryptography Algorithms). RFC 6090. http://www.rfc-editor.org/rfc/rfc6090.txt

McKenzie, Patrick(2010년 6월 17일) "이름에 대해 프로그래머들이 믿는 거짓말" 출처 : Kalzumeus(블로그). http://www.kalzumeus.com/2010/06/17/falsehoods-programmers-believe-about-names

Meserve, Jeanne(2007년 9월 26일) "소스: 전력망의 취약성을 드러낸 치밀한 사이버 공격" 출처 : CNN. http://articles.cnn.com/2007-09-26/us/power.at.risk1generator-cyberattack-electric-infrastructure

Meyer, R. A.와 L. H. Seawright(1970년) "가상 컴퓨터 시간 공유 시스템" 출처 : IBM Systems Journal 9.3, p.199~218. ISBN : 0018-8670. DOI : 10. 1147 / sj . 93. 0199

Meyers, Michelle(2009년 8월 28일) "기소된 TJX 해킹 천재 유죄 인정" 출처 : CNET News. http://news.cnet.com/8301-1009_3-10320761-83.html

Michaels, Dave(2014년 7월 2일) "해킹 당한 기업들, 공개와 통제에 대한 SEC 조사에 직면" 출처 : 샌프란시스코 크로니클(San Francisco Chronicle). http://www.sfgate.com/business/article/Hacked-companies-face-SEC-scrutiny-over-5596541.php

Microsoft(2009년 1월 15일) 마이크로소프트 루트 인증 프로그램. http://technet.microsoft.com/enus/library/cc751157.aspx

Miller, Frank(1882년) 전보 전송의 프라이버시와 비밀성 보장을 위한 전신 부호(Telegraphic Code to Insure Privacy and Secrecy in the Transmission of Telegrams). 뉴욕: Charles M. Cornwell. http://books.google.com/books?id=tT9WAAAAYAAJ&pg=PA1#v=onepa

ge&q&f=false

Miller, S. P., B. Clifford Neuman, Jeffrey I. Schiller, J. H. Saltzer(1987년 12월) "커베로스 인증과 승인 시스템" 출처 : 프로젝트 아테나 기술 플랜(Project Athena Technical Plan). Section E.2.1. MIT. http://web.mit.edu/Saltzer/www/publications/athenaplan/e.2.1.pdf

Mills, Elinor(2010년 8월 25일) "최악의 미육군 침해의 원인이 된 오염된 플래시 드라이브" 출처 : CNET News. http://news.cnet.com/8301-270803-20014732-245.html

Milmo, Cahal(2006년 6월 30일) "'허니 트랩'의 비밀 밝혀지다" 출처 : 인디펜던트(The Independent). http://www.independent.co.uk/news/uk/this-britain/secrets-revealedof-gay-honey-trap-that-made-spy-of-vassall-406096.html

Mitnick, Kevin D., William L. Simon, Steve Wozniak(2002년) 사기의 기술: 보안의 인적 요소 통제하기(The Art of Deception: Controlling the Human Element of Security). 뉴욕: John Wiley & Sons

Mockapetris, P.V.(1987년 11월) 도메인 이름 – 적용과 명세(Domain Names—Implementation and Specification). RFC 1035. http://www.rfc-editor.org/rfc/rfc1035.txt

Moore, David, Vern Paxson, Stefan Savage, Colleen Shannon, Stuart Staniford, Nicholas Weaver(2003년 7월~8월) "슬래머 웜 내부" 출처 : IEEE 보안과 프라이버시 1.4. http://cseweb.ucsd.edu/_savage/papers/IEEESP03.pdf

Morris, Robert H.와 Ken Thompson(1979년 11월) "유닉스 비밀번호 보안" 출처 : ACM 커뮤니케이션22.11., p.594. http://dl.acm.org/citation.cfm?id=359172

Morse, Stephen(1982년) The 8086/8088 Primer. 2판. 인디애나폴리스: Hayden Book Co., Inc.

Myers, M., R. Ankney, A. Malpani, S. Galperin, C. Adams(1999년 6월) X.509 인터넷 공용키 인프라 온라인 인증 상태 프로토콜—OCSP(X.509 Internet Public Key Infrastructure Online Certificate Status Protocol-OCSP). RFC 2560. http://www.rfceditor.org/rfc/rfc2560.txt

Nakashima, Ellen, Greg Miller, Julie Tate(2012년 6월 19일) "미국 공직자들, 이스라엘에서 이란의 핵 개발을 늦추기 위해 플레임 컴퓨터 바이러스를 개발했다고 발언" 출처 : 워싱턴 포스트(The Washington Post). http://www.washingtonpost.com/world/national-security/us-israel-developed-computervirus-to-slow-iranian-nuclear-efforts-officials-say/2012/06/19/gJQA6xBPoV_story.html

Naraine, Ryan(2007년 6월 13일) "MS의 화요일 패치를 따라오는 수요일 악용" 출처 : ZDnet.

http://www.zdnet.com/blog/security/exploit-wednesday-follows-ms-patch-tuesday/296

_____(2012년 2월 14일) "노르텔(Nortel) 해킹 공격, 거의 10년간 눈치 못 채" 출처 : Zero Day(ZDnet 블로그). http://www.zdnet.com/blog/security/nortel-hacking-attack-went-unnoticed-for-almost-10-years/10304

Narayanan, Arvind와 Vitaly Shmatikov(2008년 5월) "대규모의 드문 데이터셋의 튼튼한 비익명화" 출처 : IEEE 보안과 프라이버시 심포지엄 의사록, p.111~125. DOI : 10.1109/SP.2008.33. http://www.cs.utexas.edu/_shmat/shmat oak08netflix.pdf

National Research Council(2010년) 사이버공격 방지에 대해 위원회에 보낸 보고서: 미국 정책을 위한 정보 전략과 개발 옵션(Letter Report for the Committee on Deterring Cyberattacks Informing Strategies and Developing Options for U.S. Policy). 워싱턴, DC: National Academies Press. http://www.nap.edu/catalog.php?record id=12886

Needham, R. M.과 M. Schroeder(1978년 12월) "대규모 컴퓨터 네트워크의 인증을 위한 암호화 사용" 출처 : ACM 커뮤니케이션 21.12., p.993~999 http://dl.acm.org/citation.cfm?id=359659

_____(1987년 1월) "인증 재 검토" 출처 : 운영체제 리뷰(Operating Systems Review) 21.1, p.7

Neuman, B. Clifford, T. Yu, S. Hartman, K. Raeburn(2005년 7월) 커베로스 네트워크 인증 서비스(The Kerberos Network Authentication Service(V5)). RFC 4120. http://www.rfc-editor.org/rfc/rfc4120.txt

Newman, Lesléa(1989년) 헤더는 엄마가 둘(Heather Has Two Mommies). 보스턴: Alyson Wonderland

NIST(2013년 7월) 디지털 서명 표준(Digital Signature Standard(DSS)). Federal Information Processing Standards Publication 186-4. http://nvlpubs.nist.gov/nistpubs/FIPS/NIST.FIPS.186-4.pdf

_____(2015a 8월) SHA-3 표준: 치환 기반 해시와 확장 가능한 출력 기능(SHA-3 Standard: Permutation-Based Hash and Extendable-Output Functions). Draft FIPS Pub 202. http://nvlpubs.nist.gov/nistpubs/FIPS/NIST.FIPS.180-4.pdf

_____(1993년 10월) 자동 비밀번호 생성기(APG ; Automated Password Generator). Tech. rep. 181. NIST. http://csrc.nist.gov/publications/fips/fips181/fips181.pdf

_____(2015b 8월) 안전한 해시 표준(Secure Hash Standard). Tech. rep. 180-4. NIST. http://nvlpubs.nist.gov/nistpubs/FIPS/NIST.FIPS.180-4.pdf

Niven, Larry(1977년) 링월드(Ringworld). 뉴욕: Holt, Rinehart와 Winston

_____(1985년) "텔리포테이션의 이론과 실제" 출처 : 무수한 길(All the Myriad Ways). 뉴욕: Del Rey

Niven, Larry와 Jerry Pournelle(1993년) 꽉 잡은 손(The Gripping Hand). 뉴욕: Pocket Books

_____(1994년) 신의 눈의 티끌(The Mote in God's Eye). Simon과 Schuster

Norman, Don(2003년 12월 11일) "'인적 요소'의 올바른 이해" 출처 : RISKS Digest 07

Oates, John(2010년 7월 21일) "델, 스파이웨어에 감염된 서버 메인보드에 대해 경고: 윈도우 스눕웨어가 서버 펌웨어에 숨어 있다" 출처 : 레지스터(The Register). http://www.theregister.co.uk/2010/07/21/dell iserver warning

Office of the National Counterintelligence Executive(2011년 10월) 사이버 공간에서 미국 경제 기밀을 훔치는 외국 스파이들(Freign Spies Stealing US Economic Secrets in Cyberspace). Report to Congress on Foreign Economic Collection and Industrial Espionage, 2009-2011. http://www.ncix.gov/publications/reports/fecie all/Foreign Economic Collection_2011.pdf

Office of the Privacy Commissioner of Canada(2007년 9월 25일) 개인 정보 보안, 수집, 보유에 대한 조사 보고서. http://www.priv.gc.ca/cfdc/2007/TJXrep070925_e.cfm

Ohm, Paul(2010년) "프라이버시에 대한 약속이 깨지다: 익명화의 놀라운 실패에 대한 반응" 출처 : UCLA Law Review 57. U of Colorado Law Legal Studies Research Paper No. 9~12, p.1701~1777. http://ssrn.com/abstract=1450006

Oprea, Alina, Michael K. Reiter, Ke Yang(2005년) "공간 효율적인 블록 저장 무결성" 출처 : NDSS 2005 의사록. http://www.cs.unc.edu/reiter/papers/2005/NDSS.pdf

Organick, Elliot(1972년) 멀틱스 시스템: 구조 검토(The Multics System: An Examination of its Structure). 매사추세츠, 캠브리지: MIT Press

Orman, H.와 P. Hoffman(2004년 4월) 대칭키 교환에 사용되는 공용키를 위한 강도 결정. RFC 3766. http://www.rfc-editor.org/rfc/rfc3766.txt

Owens, William A., Kenneth W. Dam, Herbert S. Lin, eds.(2009년) 미국의 사이버 공격 능력 획득과 사용에 대한 기술, 정책, 법률, 윤리. 워싱턴, DC: National Academies Press. http://www.nap.edu/catalog.php?record id=12651

Pappas, Vasilis(2014년) "리턴 지향성 프로그래밍에 대한 방어" 박사 논문. 콜럼비아대학교

Parker, Donn(1976년) 컴퓨터에 의한 범죄(Crime by Computer). 뉴욕: Scribner

Paul, Ryan(2011년 12월 1일) "위키리크스 문서, 정부의 감시를 위한 악성 코드 사용 폭로" 출처 : 아스 테크니카. http://arstechnica.com/business/news/2011/12/wikileaks-docsreveal-that-governments-use-malware-for-surveillance.ars

Pauli, Darren(2014년 7월 23일) "DNS와 악성 코드 폭격으로 스위스 은행을 급습한 공격자들" 출처 : 레지스터(The Register). http://www.theregister.co.uk/2014/07/23/ruskie_vxers change_dns_nukemalware_in_swiss_bank_raids

_____(2015년 8월 10일) "HTC, 모두가 읽을 수 있는 평문으로 지문 저장 적발" 출처 : 레지스터(The Register). http://www.theregister.co.uk/2015/08/10/htc_caught_storing fingerprints_as_worldreadable_cleartext

Paxson, Vern(1998년) "Bro: 네트워크 침입자들을 실시간으로 탐지하는 시스템" 출처 : USENIX 보안 심포지엄 의사록, p.31~51

_____(1999년) "Bro: 네트워크 침입자들을 실시간으로 탐지하는 시스템" 출처 : 컴퓨터 네트워크(네덜란드, 암스테르담: 1999) 31.23 – 24, p.2435~2463

Pear, Robert(2015년 5월 26일) "기술 경쟁, 디지털 의료 기록 공유를 짓밟다" 출처 : 뉴욕타임즈. http://www.nytimes.com/2015/05/27/us/electronic-medical-record-sharingis-hurt-by-business-rivalries.html

Perlroth, Nicole(2012년 2월 10일) "디지털 탈취, 빛의 속도로 이동" 출처 : 뉴욕타임즈. http://www.nytimes.com/2012/02/11/technology/electronic-security-a-worryin-an-age-of-digital-espionage.html

_____(2014년 7월 21일) "까다로운 기업 면접의 단 한 가지 질문: 이것을 해킹할 수 있습니까?" 출처 : 뉴욕타임즈. http://www.nytimes.com/2014/07/21/business/a-tough-corporate-job-asksone-question-can-you-hack-it.html

Perlroth, Nicole and Matthew Goldstein(2014년 9월 13일) "보안 사고 이후에도 여전히 공격의 범위를 산정하고 있는 JP 모건" 출처 : 뉴욕타임즈. http://www.nytimes.com/2014/09/13/technology/after-breach-jpmorgan-still-seeks-to-determine-extent-of-attack.html

Perlroth, Nicole, Jeff Larson, Scott Shane(2013년 9월 6일) "NSA, 웹 프라이버시의 기본 안전망을 뒤엎을 수 있다" 출처 : 뉴욕타임즈. http://www.nytimes.com/2013/09/06/us/nsa-foils-much-internet-encryption.html

Perrow, Charles(1999년) 보통의 사건: 하이 리스크 기술 사용(Normal Accidents: Living with High-Risk Technologies). 뉴저지, 프린스턴: 프린스턴대학교 출판부

Poe, Robert(2006년 5월 17일) "궁극의 넷 모니터링 툴" 출처 : 와이어드. http://www.wired.com/science/discoveries/news/2006/05/70914

Postel, J.(1981년 9월) 전송 컨트롤 프로세스(Transmission Control Protocol). RFC 793. http://www.rfc-editor.org/rfc/rfc793.txt

Postel, J.와 J. Reynolds(1985년 10월) 파일 전송 프로토콜(File Transfer Protocol). RFC 959. http://www.rfceditor.org/rfc/rfc959.txt

Potter, Shaya, Steven M. Bellovin, Jason Nieh(2009년 11월) "2인 통제 관리: 복제를 통해 관리 문제를 막는다" 출처 : LISA '09. http://www.usenix.org/events/lisa09/tech/full papers/potter.pdf

Poulsen, Kevin(2003년 8월 19일) "슬래머 웜, 오하이오 핵발전소 네트워크를 중단시키다" 출처 : SecurityFocus. http://www.securityfocus.com/news/6767

Poulsen, Kevin과 Kim Zetter(2010년 6월 10일). "'이런 고백을 하다니 믿을 수 없네요': 위키리크스 채팅" 출처 : 와이어드(Wired): 위협 레벨. http://www.wired.com/2010/06/wikileakschat

Powers, Thomas(2000년 12월 3일) "컴퓨터 보안, 신세대 vs. 구세대" 출처 : 뉴욕타임즈. http://www.nytimes.com/2000/12/03/magazine/computersecurity-the-whiz-kid-vs-the-old-boys.html

Prevelakis, Vassilis와 Diomidis Spinellis(2007년 7월) "아테네 사건" 출처 : IEEE Spectrum 44.7, p.26~33. http://spectrum.ieee.org/telecom/security/the-athens-affair/0

Ramachandran, Anirudh와 Nick Feamster(2006년) "스패머들의 네트워크 수준 행동 방식 이해" 출처 : ACM SIGCOMM Computer Communication Review 36.4, p.291~302

Ramsdell, B.와 S. Turner(2010년 1월) 안전/다목적 인터넷 메일 확장자(S/MIME) 버전 3.2 메시지 명세. RFC 5751. http://www.rfc-editor.org/rfc/rfc5751.txt

Rawnsley, Adam(2013년 7월 1일) "간첩? 내가요?" 출처 : Foreign Policy. http://www.foreignpolicy.com/articles/2013/07/01/espionage_moi_france

Raymond, Eric Steven(2000년) 성당과 시장(The Cathedral and the Bazaar). 버전 3.0. http://www.catb.org/_esr/writings/cathedral-bazaar/cathedral-bazaar/index.html

[Redacted](1996년) "조종 불가" 출처 : Cryptologic Quarterly 15, 특집판. 기밀로 분류되어 있었음. http://www.nsa.gov/public_info/files/cryptologic_quarterly/Out_of_Control.pdf에 다르게 편집된 버전이 있다. http://www.gwu.edu/_nsarchiv/NSAEBB/NSAEBB424/docs/Cyber-009.pdf

Reed, Thomas(2004년) 심연에서: 내부에서 본 냉전의 역사(At the Abyss: An Insider's History of the Cold War). 뉴욕: Presidio Press

Reeder, Robert W., Patrick Gage Kelley, Aleecia M. McDonald, Lorrie Faith Cranor(2008년) "P3P 프라이버시 정책 시각화에 적용된 확장 가능한 그리드 사용자 연구" 출처 : WPES '08: 제7회 ACM 전자 소사이어티 프라이버시 워크숍 의사록. 버지니

아, 알렉산드리아: ACM, p.45~54. ISBN : 978-1-60558-289-4. http://doi.acm.
org/10.1145/1456403.1456413

Reeder, Robert W., E Kowalczyk, Adam Shostack(2011년) 개발자들의 NEAT 보안 경고 디
자인 돕기(Helping Engineers Design NEAT Security Warnings). 펜실베니아, 피츠버그,
http://download.microsoft.com/download/2/C/A/2CAB7DDD-94DF-4E7B-A980-
973AFA5CB0D0/NEATandSPRUCEatMicrosoft-final.docx

Reeder, RobertW.와 Roy A. Maxion(2005년) "목표-오류 방지를 통한 유저 인터페이스 의존
가능성" 출처 : 의존성 시스템과 네트워크 국제 컨퍼런스, p.60~69

Rekhter, Y., B. Moskowitz, D. Karrenberg, G. J. de Groot, E. Lear(1996년 2월) 개인 인터넷
을 위한 주소 배정. RFC 1918. http://www.rfc-editor.org/rfc/rfc1918.txt

Rescorla, Eric K.(2011년 9월 23일) "리조/두옹 CBC '비스트(BEAST)' 공격의 보안적 영향" 출
처 : Educated Guesswork(블로그). http://www.educatedguesswork.org/2011/09/
security_impact_of_the_rizzodu.html

Rescorla, Eric K. IAB(2005년 6월) 프로토콜 모델 작성. RFC 4101. http://www.rfceditor.
org/rfc/rfc4101.txt

Rescorla, Eric K., N. Modadugu(2006년 4월) 데이터그램 전송 레이어 보안. RFC 4347.
http://www.rfc-editor.org/rfc/rfc4347.txt

Richmond, Riva(2011년 4월 2일) "RSA 핵: 어떻게 했는가" 출처 : 뉴욕타임즈(Bits 블로그).
http://bits.blogs.nytimes.com/2011/04/02/the-rsa-hack-how-they-did-it

Rifkin, Glenn(2011년 2월 8일) "DEC에 힘을 실어준 켄 올슨, 향년 84세로 별세" 출처 : 뉴
욕타임즈. A24. http://www.nytimes.com/2011/02/08/technology/business-
computing/08olsen.html

Riley, Michael(2011년 12월 20일) "훔친 신용카드, 아마존 방식의 온라인 시장에서 3.50달
러에 거래" 출처 : 비즈니스위크(Businessweek). http://www.businessweek.com/
news/2011-12-20/stolen-credit-cards-gofor-3-50-at-amazon-like-online-bazaar.
html

Riley, Michael, Ben Elgin, Dune Lawrence, and Carol Matlack(2014년 3월 13일) "경고음을
놓쳐 4천만 개의 신용 카드 번호 탈취: 타깃은 어떻게 일을 망쳤나" 출처 : 비즈니스위크
(Businessweek). http://www.businessweek.com/articles/2014-03-13/target-missed-
alarms-in-epic-hack-of-creditcard-data

Ristic, Ivan(2010년 11월) Internet SSL Survey 2010. http://media.blackhat.com/bh-ad-10/
Ristic/BlackHat-AD-2010-Ristic-Qualys-SSL-Survey-HTTP-Rating-Guide-slides.pdf

Ritchie, Dennis M.과 Ken Thompson(1974년 7월) "UNIX 시간 공유 시스템" 출처 : Commun. ACM 17.7, p.365~375. ISBN : 0001-0782. DOI : 10.1145/361011.361061. http://doi.acm.org/10.1145/361011.361061

Rivner, Uri(2011년 4월 1일) "공격 해부" 출처 : Speaking of Security(블로그). http://blogs.rsa.com/rivner/anatomy-of-an-attack

Roberts, Paul(2003년 6월 5일) "소빅(Sobig): 스팸인가, 바이러스인가, 아니면 둘 다인가?" 출처 : 컴퓨터 월드(Computer World). http://www.computerworld.com/s/article/81825/Sobig_Spam_virus_or_both

Roesch, Martin(1999년) "스노트(Snort) - 네트워크용 경량 침입 감지" 출처 : LISA '99: 제13회 시스템 관리 컨퍼런스. http://static.usenix.org/publications/library/proceedings/lisa99/full_papers/roesch/roesch.pdf

Roizenblatt, Roberto, Paulo Schor, Fabio Dante, Jaime Roizenblatt, Rubens Belfort Jr.(2004년) "백내장 수술 후 생체 인증 방식으로서의 홍채 인식" 출처 : Biomedical Engineering Online 3.2. DOI : http://dx.doi.org/10.1186/1475-925X-3-2. http://www.biomedical-engineering-online.com/content/3/1/2

Rosenblatt, Seth(2014년 4월 28일) "버그 수정까지 마이크로소프트 IE 브라우저 사용을 중지하라고 미국과 영국이 경고" 출처 : CNET. http://www.cnet.com/news/stop-using-ie-until-bug-is-fixed-says-us

Ross, Blake, Collin Jackson, Nick Miyake, Dan Boneh, John C. Mitchell(2005년) "브라우저 확장자를 이용한 더 강력한 비밀번호 인증" 출처 : 제14회 USENIX 보안 심포지엄. https://www.usenix.org/legacy/events/sec05/tech/full papers/ross/ross_html

Rouf, Ishtiaq, Rob Miller, Hossen Mustafa, Travis Taylor, Sangho Oh, Wenyuan Xu, Marco Gruteser, Wade Trappe, Ivan Seskar(2010년) "자동차 내장 무선 네트워크의 보안과 프라이버시 취약성: 타이어 압력 모니터링 시스템의 사례 연구" 출처 : USENIX 보안 심포지엄 의사록. http://www.usenix.org/event/sec10/tech/full papers/Rouf.pdf

Rubin, Aviel D.(2006년) 용감한 새 투표소(Brave New Ballot). http://www.bravenewballot.org/. 뉴욕: Random House

Sagan, Carl(1985년) Contact. 뉴욕: Simon과 Schuster

Saletan, William(2011년 7월 18일) "트위터의 봄: 인터넷이 아랍의 봄 혁명의 동인인가?" 출처 : 슬레이트(Slate). http://www.slate.com/articles/technology/future_tense/2011/07/springtime_for_twitter.html

Sanger, David E.(2012년 1월 1일) "오바마 지시로 이란에 대한 사이버 공격 속도를 더하다"

출처 : 뉴욕타임즈. http://www.nytimes.com/2012/06/01/world/middleeast/obama ordered-wave-of-cyberattacks-against-iran.html

Sanger, David E., David Barboza, Nicole Perlroth(2013년 2월 19일) "중국 군부대, 미국에 대한 해킹에 연루된 것으로 보여" 출처 : 뉴욕타임즈. https://www.nytimes.com/2013/02/19/technology/chinas-army-is-seen-as-tied-to-hacking-against-us.html ?pagewanted=all

Santesson, S., Russ Housley, S. Bajaj, L. Rosenthol(2011년 5월) 인터넷 X.509 공용키 인프라 인증과 인증서 회수 목록(CRL) 프로파일. RFC 6170. http://www.rfc-editor.org/rfc/rfc6170.txt

Santesson, S., Russ Housley, T. Freeman(2004년 2월) 인터넷 X.509 공용키 인프라: X.509 인증서 로고타입. RFC 3709. http://www.rfc-editor.org/rfc/rfc3709.txt

Scarfone, Karen과 Peter Mell(2007년 2월) 침입 감지와 방지 시스템 가이드(IDPS). Tech. rep. National Institute of Standards and Technology(NIST). http://csrc.nist.gov/publications/nistpubs/800-94/SP800-94.pdf

Schiffman, Allan M.(2007년 7월 2일) "즉석 불멸성" 출처 : Marginal Guesswork. http://marginalguesswork.blogspot.com/2004/07/instant-immortality.html

Schneider, Fred B., ed.(1999년) 사이버 공간에서의 신뢰. National Academy Press. http://www.nap.edu/openbook.php?record id=6161

Schneier, Bruce(2000년 7월 15일) "유니코드의 보안 리스크" 출처 : Crypto-Gram Newsletter. http://www.schneier.com/crypto-gram-0007.html#9

_____(2005년 2월 16일) "유니코드 URL 핵" 출처 : Schneier on Security(blog). http://www.schneier.com/blog/archives/2005/02/unicode_url_hac1.html

_____(2008년 3월 20일) "보안 전문가의 비뚤어진 마음 들여다보기" 출처 : 와이어드. http://www.wired.com/politics/security/commentary/securitymatters/2008/03/securitymatters0320

_____(2013년 9월 13일) "새로운 NSA 유출, 유수 인터넷 서비스에 대한 MITM 공격 폭로" 출처 : Schneier on Security(블로그). https://www.schneier.com/blog/archives/2013/09/new_nsaleak_sh.html

_____(2014년 4월 9일) "하트블리드" 출처 : Schneier on Security(블로그). https://www.schneier.com/blog/archives/2014/04/heartbleed.html

Schneier, Bruce와 Mudge(1999년) "마이크로소프트 PPTP 인증 확장자(MS-CHAPv2)의 암호 해독" 출처 : CQRE '99. Springer-Verlag, p.192~203. http://www.schneier.com/

paper-pptpv2.html

Scholl, Matthew, Kevin Stine, Joan Hash, Pauline Bowen, Arnold Johnson, Carla Dancy Smith, Daniel I. Steinberg(2008년 10월) 건강보험 양도 및 책임에 관한 법(HIPAA) 보안 규정 적용을 위한 초기 리소스 가이드. NIST Special Publication 800-66 수정본 1. National Institute of Standards and Technology(NIST). http://csrc.nist.gov/publications/nistpubs/800-66-Rev1/SP-800-66-Revision1.pdf

Schreier, Jason(2011년 4월 25일) "'외부 침입'으로 플레이스테이션 네트워크가 다운된 후 재빨리 행동에 나선 소니" 출처 : 와이어드(Wired); 게임 라이프 http://www.wired.com/gamelife/2011/04/psn-down

Schwartz, Matthew J.(2011년 7월 13일) "제우스 뱅킹 트로이목마, 안드로이드폰을 공격하다" 출처 : Information Week. http://www.informationweek.com/news/security/mobile/231001685

_____(2012년 7월 16일) "해커를 막을 단 하나의 비밀: 여자친구" 출처 : Information Week. http://www.informationweek.com/news/security/management/240003767

Schwartz, Nelson D.(2012년 6월 26일) "FBI, 신용카드 절도 계획을 세운 24명 체포 발표" 출처 : 뉴욕타임즈. http://www.nytimes.com/2012/06/27/business/fbi-says-24-people-arearrested-in-credit-card-theft.html

Seltzer, Larry(2015년 6월 12일) "VPN을 사용해도 오픈 와이파이는 사용자를 노출시킨다" 출처 : 아스 테크니카. http://arstechnica.com/security/2015/06/even-with-a-vpn-open-wi-fi-exposes-users

Shacham, Hovav(2007년) "뼛속까지 결백한 플래시의 지오메트리: 기술적 요구가 없는 것으로 귀환(x86)" 출처 : 제14회 컴퓨터와 통신 보안 ACM 컨퍼런스(CCS) 의사록

Shacham, Hovav, Matthew Page, Ben Pfaff, Eu-Jin Goh, N. Modadugu, Dan Boneh(2004년) "주소 공간 무작위화의 효과에 대해" 출처 : 제11회 컴퓨터와 통신 보안 ACM 컨퍼런스 의사록. CCS '04. 워싱턴 DC: ACM, p.298~307. ISBN : 1-58113-961-6. DOI : 10.1145/1030083.1030124. http://doi.acm.org/10.1145/1030083.1030124

Shakespeare, William(1596년) 베니스의 상인. http://www.gutenberg.org/ebooks/1515

_____(1603년) 햄릿. http://www.gutenberg.org/ebooks/1524

Shannon, Claude E.(1948년 7월) "수학적 커뮤니케이션 이론" 출처 : Bell System Technical Journal 27.3,4, p.379~423, p.623~656

_____(1951년) "인쇄된 영어의 예측과 엔트로피" 출처 : Bell System Technical Journal 30.1, p.50~64

Shannon, Colleen과 David Moore(2004년 7월) "위티(Witty) 웜의 확산" 출처 : IEEE 보안과 프라이버시 2.4, p.46~50. ISBN : 1540-7993. DOI : 10.1109/MSP.2004.59

Sheffer, Y. R. Holz, P. Saint-Andre(2015년 2월) 전송 레이어 보안(TLS)과 데이터그램 TLS (DTLS)에 대한 알려진 공격 요약. RFC 7457. http://www.rfc-editor.org/rfc/rfc7457.txt

Shirey, R.(2007년 8월) 인터넷 보안 글로서리, 버전 2. RFC 4949. http://www.rfc-editor.org/rfc/rfc4949.txt

Shor, Peter W.(1994년) "양자 연산을 위한 알고리즘: 이산대수와 인수분해" 출처 : 제35회 연례 컴퓨터과학재단 심포지엄 의사록. IEEE Computer Society, p.124~134. http://www.csee.wvu.edu/_xinl/library/papers/comp/shor focs1994.pdf

Shostack, Adam(2014년) 위협 모델링: 보안을 위한 디자인. 인디애나폴리스: Wiley. http://threatmodelingbook.com

Simske, Steven J., Jason S. Aronoff, Margaret M. Sturgill, Galia Golodetz(2008년 9월) "보안 인쇄 제지 요소: 발열식 잉크젯, 드라이 전자사진, 액체 전자사진 인쇄술의 비교" 출처 : 이미지 과학과 기술 저널(Journal of Imaging Science and Technology) 52.5. http://jist.imaging.org/resource/1/jimte6/v52/i5/p050201_s1?bypassSSO=1

Singel, Ryan(2011년 6월 20일) "드롭박스, 일요일 4시간 동안 사용자 계정을 잠그지 않고 방치" 출처 : 와이어드(Wired): 위협 레벨. http://www.wired.com/threatlevel/2011/06/dropbox

Singer, Abe, Warren Anderson, Rik Farrow(2013년 8월) "비밀번호 정책 재고" 출처 : ;login: 38.4. https://www.usenix.org/sites/default/files/rethinking_password policiesunabridged.pdf

Skype(2012년 7월 23일) 설문조사 결과, 거의 절반의 소비자들이 정기적인 소프트웨어 업그레이드를 하지 못하고, 소비자의 25%는 소프트웨어 업데이트의 필요성을 모른다는 것이 밝혀짐. 언론 보도. http://about.skype.com/press/2012/07/survey_finds_nearly_half_fail_to_upgrade.html

Smedinghoff, Thomas J., Ruth Hill Bro(1999년 봄) "변화에 동참: 발전하는 전자상거래를 위한 차량 전자 서명 등록" 출처 : 존 마셜 컴퓨터와 정보 법률 저널(The John Marshall Journal of Computer & Information Law) 17.3. http://library.findlaw.com/1999/Jan/1/241481.html, p.723~768에서 이 기사의 같은 버전을 찾을 수 있다.

Smetters, D. K.와 Nathan Good(2009년) "사용자들이 액세스를 어떻게 통제하는가" 출처 : 제5회 사용 가능한 프라이버시와 보안 심포지엄 의사록(SOUPS '09), 15:1–15:12. http://dl.acm.org/citation.cfm?id=1572552

Smith, E. E. "Doc"(1950a) 최초의 렌즈맨(First Lensman). 소설, PA: Fantasy Press

_____(1950b) 은하계 패트롤(Galactic Patrol). 소설, PA: Fantasy Press

_____(1953년) 2단계 렌즈맨(Second Stage Lensman). 소설, PA: Fantasy Press

_____(1954년) 칠드런 오브 더 렌즈(Childern of the Lens). 소설, PA: Fantasy Press

Smith, George(2003년 3월 10일) "이라크 사이버전: 희대의 조크" 출처 : SecurityFocus. http://www.securityfocus.com/columnists/147

Snider, L. Britt과 Daniel S. Seikaly(2000년 2월) CIA 감찰관의 조사 보고서: 존 M. 도이치의 부적절한 기밀 정보 처리. 1998-0028-IG. 중앙 첩보 기관 감찰관. https://www.cia.gov/library/reports/general-reports-1/deutch.pdf

Soghoian, Christopher(2007년 10월) "비 보안 전쟁: 탑승권 위조와 비효율적인 테러리스트 감시 목록" 출처 : First IFIP WG 11.6 Working Conference on Policies & Research in Identity Management(IDMAN 07). http://papers.ssrn.com/sol3/papers.cfm?abstract id=1001675

Song, Yingbo, Michael Locasto, Angelos Stavrou, Angelos D. Keromytis, Salvatore J. Stolfo(2010년) "다형 셸코드(Shellcode) 모델링의 불가능함에 대해" 출처 : 머신 러닝(Machine Learning) 81(2). 10.1007/s10994-009-5143-5, p.179~205. ISBN : 0885-6125. http://ids.cs.columbia.edu/sites/default/files/polymorph-mlj.pdf

Sontag, Sherry와 Christopher Drew(1998년) 맹인의 허풍: 미국 잠수함 스파이 활동에 대한 알려지지 않은 이야기. 뉴욕: Public Affairs

Spafford, Eugene H.(1989년 1월) "인터넷 웜 프로그램: 분석" 출처 : Computer Communication Review 19.1, p.17~57. http://dl.acm.org/authorize.cfm?key=729660

_____(2006년 4월 19일) "보안 신화와 비밀번호" 출처 : CERIAS Blog. http://www.cerias.purdue.edu/site/blog/post/password-change-myths

Springer, John(2010년 12월 28일) "배우자의 이메일을 훔쳐보는 것은 범죄인가?" 출처 : MSNBC. http://today.msnbc.msn.com/id/40820892/ns/today-todaytech/t/snooping-your-spouses-email-crime

Srisuresh, P., K. Egevang(2001년 1월) 전통적 IP 네트워크 주소 해석(전통적 NAT). RFC 3022. http://www.rfc-editor.org/rfc/rfc3022.txt

Srivatsan, Shreyas, Maritza Johnson, Steven M. Bellovin(2010년 7월) 단순한-VPN: 간단한 IPsec 환경 설정. Tech. rep. CUCS-020-10. 콜럼비아대학교 컴퓨터과학과. https://mice.cs.columbia.edu/getTechreport.php?techreportID=1433

Staniford, Stuart, Vern Paxson, Nicholas Weaver(2002년 8월) "남는 시간에 어떻게 인터넷을

소유할 수 있을까" 출처 : 제11회 USENIX 보안 심포지엄 의사록. http://www.icir.org/vern/papers/cdc-usenix-sec02

Steiner, Jennifer, B. Clifford Neuman, Jeffrey I. Schiller(1988년) "커베로스: 오픈 네트워크 시스템을 위한 인증 시스템" 출처 : 동계 USENIX 컨퍼런스 의사록. 텍사스, 달라스, p.191~202. http://www.cse.nd.edu/_dthain/courses/cse598z/fall2004/papers/kerberos.pdf

Stevens, Gina(2012년 4월 12일) 데이터 보안 침해 통지법. CRS Report for Congress R42475. 국회 조사 서비스. http://fas.org/sgp/crs/misc/R42475.pdf

Stoll, Cliff(1988년 5월) "교활한 해커 추적하기" 출처 : ACM 커뮤니케이션 31.5., p.484~497. DOI : 10.1145/42411.42412. http://doi.acm.org/10.1145/42411.42412

_____(1989년) 뻐꾸기알: 컴퓨터 간첩 활동의 미로 속에서 스파이 추적하기(The Cuckoo's Egg: Tracking a Spy Through the Maze of Computer Espionage). 뉴욕: Doubleday

Strobel, Daehyun(2007년 7월 13일) IMSI 캐처. 출간되지 않은 세미나 논문. http://www.emsec.rub.de/media/crypto/attachments/files/2011/04/imsi_catcher.pdf

Stross, Charles(2004년) 애트로시티 아카이브(The Atrocity Archives) 일리노이, 어바나: Golden Gryphon Press

_____(2006년) 제니퍼 시체 안치소(The Jennifer Morgue) 일리노이, 어바나: Golden Gryphon Press

_____(2012년) 아포칼립스 코덱스(The Apocalypse Codex) 뉴욕: Ace Books

_____(2015년) 전멸 점수(The Annihilation Score). 뉴욕: Ace Books

Stross, Randall(2012년 12월 8일) "10억 달러 소수점 연산: 소프트웨어 계획에 휘청이는 공군" 출처 : 뉴욕타임즈. https://www.nytimes.com/2012/12/09/technology/air-force-stumblesover-software-modernization-project.html

Stubblefield, Adam, John Ioannidis, Aviel D. Rubin(2002년 2월) "WEP를 뚫기 위한 플러러, 마틴, 샤미르 공격 이용" 출처 : 2002 네트워크와 분산 시스템 보안 심포지엄 의사록. 캘리포니아, 샌디에고, p.17~22. http://www.isoc.org/isoc/conferences/ndss/02/papers/stubbl.pdf

_____(2004년 5월) "802.11b 유선급 보호 프로토콜(WEP)에 대한 키 복구 공격" 출처 : ACM Transactions on Information and System Security. http://avirubin.com/wep.pdf

Sullivan, Bob(2005년 6월 9일) "이스라엘 간첩 사건, 새로운 넷 위협을 가리키다" 출처 : MSNBC. http://www.msnbc.msn.com/id/8145520/ns/technology_and_science-security/t/israel-espionage-case-points-new-net-threat

Tao, Ping, Algis Rudys, Andrew Ladd, Dan S.Wallach(2003년 9월) "보안 애플리케이션을 위한 무선 LAN 위치 감지" 출처 : 무선 보안을 위한 ACM 워크샵(WiSe 2003). 캘리포니아, 샌디에고. http://www.cs.rice.edu/_dwallach/pub/wise2003.html

Tatlow, Didi Kirsten(2013년 6월 26일) "미국은 '해커의 제국'이라고 중국 군사 분석가가 말하다" 출처 : I.H.T Rendezvous(블로그). http://rendezvous.blogs.nytimes.com/2013/06/26/u-s-is-ahacker-empire-says-chinese-military-analyst

Taylor, T., D. Paterson, J. Glanfield, C. Gates, S. Brooks, J. McHugh(2009년 3월) "FloVis: 플로 시각화 시스템" 출처 : 국내 보안을 위한 사이버 보안 애플리케이션과 기술 컨퍼런스(CATCH), p.186~198. DOI : 10.1109/CATCH.2009.18

Thornburgh, Nathan(2005년 8월 25일) "중국의 해킹 공격 들여다보기" 출처 : 타임(Time). http://www.time.com/time/nation/article/0,8599,1098371,00.html

Timberg, Craig(2013년 9월 6일) "구글, 대중의 반발에 의해 NSA 감시에 대항하여 데이터 암호화" 출처 : 워싱턴 포스트(The Washington Post). http://www.washingtonpost.com/business/technology/google-encrypts-data-amid-backlash-against-nsa-spying/2013/09/06/9acc3c20-1722-11e3-a2ecb47e45e6f8efstory.html

Tolkien, J. R. R.(1954년) 반지의 제왕(The Lord of the Rings). 런던: Allen & Unwin

Townsley, W., A. Valencia, A. Rubens, G. Pall, G. Zorn, B. Palter(1999년 8월) 레이어 투 터널링 프로토콜 "L2TP". RFC 2661. http://www.rfc-editor.org/rfc/rfc2661.txt

Toxen, Bob(2014년 5월) "NSA와 스노든: 모든 것을 보는 눈을 보호하기" 출처 : Commun. ACM 57.5, p.44~51. ISBN : 0001-0782. DOI : 10.1145/2594502. http://doi.acm.org/10.1145/2594502

Trimmer, John D.(1980년 10월 10일) "양자 메커닉의 현상황: 슈뢰딩거의 '고양이의 역설' 논문 해석" 출처 : 미국 철학 소사이어티 의사록 124.5, p.323~338. http://www.jstor.org/stable/pdfplus/986572.pdf

UPI(2012년 6월 4일) "8200부대와 이스라엘의 하이테크 신세대" 출처 : UPI.com. http://www.upi.com/BusinessNews/Security-Industry/2012/06/04/Unit-8200-and-Israels-high-tech-whizkids/UPI-43661338833765

Valdes, Alfonso와 Keith Skinner(2001년) "확률적 연관관계 경보" 출처 : 제4회 침입 감지의 최신 발전 국제 컨퍼런스 의사록. 하이델베르그, 베를린: Springer. http://www.cc.gatech.edu/_wenke/ids-readings/Valdes Alert Correlation.pdf

Valentino-DeVries, Jennifer(2011년 9월 21일). "'스팅레이' 폰 추적기, 구조적 결함에 불을 붙이다" 출처 : 월스트리트저널. http://online.wsj.com/article/SB10001424053111904194600

4576583112723197574.html

Valentino-DeVries, Jennifer and Jeremy Singer-Vine(2012년 12월 7일) "당신이 무엇을 사는 지 그들은 알고 있다" 출처 : 월스트리트저널. http://www.wsj.com/articles/SB100014 241278873247844045781431441 32736214

Vanhoef, Mathy와 Frank Piessens(2015년 8월) "당신의 편견은 모두 우리 탓이다: WPA-TKIP 와 TLS로 RC4 뚫기" 출처 : 제24회 USENIX 보안 심포지엄(USENIX Security15). 워싱턴, DC: USENIX Association. https://www.usenix.org/conference/usenixsecurity15/technical-sessions/presentation/vanhoef

Verini, James(2010년 11월 10일) "엄청난 사이버 범죄" 출처 : 뉴욕타임즈. http://www.nytimes.com/2010/11/14/magazine/14Hacker-t.html

Vervier, Pierre-Antoine, Olivier Thonnard, Marc Dacier(2015년 2월) "블록 주의: 악성 BGP 하이재킹의 은밀함에 대해" 출처 : NDSS '15 의사록. http://www.internetsocietyorg/doc/mind-your-blocks-stealthiness-malicious-bgp-hijacks

Visa(2008년) 비자 처리점을 위한 카드 수락과 비용 청구 가이드라인. http://www.uaf.edu/business/forms/cardacceptanceguide.pdf

Vixie, P.(1999년 8월) DNS 확장 메커니즘(EDNS0). RFC 2671. http://www.rfc-editor.org/rfc/rfc2671.txt

Volz, Dustin(2015년 7월 14일) "IPM 데이터 유출로 인한 백만 개의 지문으로 해커들이 얼마나 큰 피해를 입힐 수 있는가?" 출처 : Government Executive. http://www.govexec.com/paybenefits/2015/07/how-much-damage-can-hackers-do-million-fingerprints-opm-data-breach/117760

Wagner, David와 Bruce Schneier(1996년 11월) "SSL 3.0 프로토콜 분석" 출처 : 제2회 USENIX 전자상거래 워크샵 의사록, p.29~40. http://www.cs.berkeley.edu/_daw/papers/ssl3.0.ps

Wallach, Dan S.(2011년 10월) 개인적 대화

Wang, Helen J., Chris Grier, Alex Moshchuk, Samuel T. King, Piali Choudhury, Herman Venter(2009년) "가젤(Gazelle) 웹 브라우저의 OS 구성 원칙" 출처 : USENIX 보안 심포지엄 의사록. http://static.usenix.org/events/sec09/tech/full papers/wang.pdf

Wang, Xiaoyun, Dengguo Feng, Xuejia Lai, Hongbo Yu(2004년) MD4, MD5, HAVAL-128과 RIPEMD 해시 기능의 충돌. Cryptology ePrint Archive, Report 2004/199. http://eprint.iacr.org/2004/199

Ward, Mark(2005년 10월 31일) "워크래프트 게임 메이커가 감시 대상" 출처 : BBC News.

http://news.bbc.co.uk/2/hi/technology/4385050.stm

Weil, Nancy(1999년 4월 8일) "일부 압티바(Aptiva), CIH 바이러스가 담긴 채 출시" 출처 : CNN. http://articles.cnn.com/1999-04-08/tech/9904_08_aptivirus.idg_1_aptiva-pcs-cih-ibm-representatives

Weinrib, A.와 J. Postel(1996년 10월) IRTF 연구 그룹 가이드라인과 절차. RFC 2014. http://www.rfc-editor.org/rfc/rfc2014.txt

Weir, Matt, Sudhir Aggarwal, Michael Collins, Henry Stern(2010년) "대규모 노출된 비밀번호 공격을 통한 비밀번호 생성 정책 테스팅" 출처 : 제17회 컴퓨터와 통신 보안 ACM 컨퍼런스 의사록. CCS '10. 시카고: ACM, p.162~175. ISBN : 978-1-4503-0245-6. http://doi.acm.org/10.1145/1866307.1866327

Weiss, Debra Cassens(2010년 10월 20일) "대법관 로버츠, 컴퓨터의 깨알 같은 글씨를 읽지 않는다고 인정" 출처 : ABA Journal. http://www.abajournal.com/news/article/chief_justice_roberts_admits_he_doesnt_read_the_computer_fine_print

White House(2011년 4월 15일) 사이버 공간에서 신뢰되는 신원을 위한 국가 전략. http://www.whitehouse.gov/sites/default/files/rss_viewer/NSTICstrategy_041511.pdf

Whitney, Lance(2013년 2월 28일) "중국, 미국이 군사 웹사이트에 대한 사이버 공격 대부분의 주범이라 비난" 출처 : CNET News. http://news.cnet.com/8301-10093-57571811-83/china-blames-u.sfor-most-cyberattacks-against-military-web-sites

Whittaker, Zack(2015년 8월 5일) "해커들, 안드로이드폰에서 지문을 원격 탈취할 수 있다" 출처 : ZDnet. http://www.zdnet.com/article/hackers-can-remotely-steal-fingerprintsfrom-android-phones

Whitten, Alma와 J.D. Tygar(1999년) "자니는 왜 암호화할 수 없는가: PGP 5.0의 사용성 평가" 출처 : USENIX 보안 심포지엄 의사록. http://db.usenix.org/publications/library/proceedings/sec99/whitten.html

Williams, Christopher(2010년 7월 1일) "러시아 스파이와의 연계를 배신한 두 가지 인포섹의 실수" 출처 : 레지스터(The Register). http://www.theregister.co.uk/2010/07/01/spy_ring blunders

_____(2011년 2월 16일) "이스라엘 안보장관, 스틱스넷 사이버 공격 축하" 출처 : 텔레그래프(The Telegraph). http://www.telegraph.co.uk/technology/news/8326274/Israeli-security-chief-celebrates-Stuxnet-cyber-attack.html

Willis, Connie(1997년) 개는 말할 것도 없고(To Say Nothing of the Dog) 뉴욕: Bantam Books

Wilson, Charles, R. Austin Hicklin, Harold Korves, Bradford Ulery, Melissa Zoepfl, Mike

Bone, Patrick Grother, Ross Micheals, Steve Otto, Craig Watson(2004년 6월) 지문 벤더 기술 평가 2003: 결과 요약과 분석 보고서. Tech. rep. 7123. National Institute of Standards and Technology. http://www.nist.gov/itl/iad/ig/fpvte03.cfm

Wise, David(2002년) 스파이: FBI의 로버트 한센은 어떻게 미국을 배신했는가? Random House

Wondracek, Gilbert, Thorsten Holz, Christian Platzer, Engin Kirda, Christopher Kruegel(2010년) "인터넷은 포르노를 위한 것인가? 온라인 성인 산업에 대해서" 출처 : 정보 소사이어티 경제 워크샵 의사록. http://iseclab.org/papers/weis2010.pdf

Wood, Paul, ed.(2012년 4월) 인터넷 보안 위협 보고서: 2011 동향. Vol. 17. 캘리포니아, 마운틴 뷰: Symantec. http://www.symantec.com/content/en/us/enterprise/other resources/bistrmain report_2011_21239364.en-us.pdf

Wood, Roy(2012년 10월 5일) "자동 운전 자동차" 출처 : 와이어드(Wired): 아빠는 기술광. http://archive.wired.com/geekdad/2012/10/self-driving-cars

Wright, Peter(1987년) 스파이캐처: 시니어 첩보 임원의 솔직한 자서전(Spycatcher: The Candid Autobiography of a Senior Intelligence Officer). 뉴욕: Viking

Wulf, William A., Anita K. Jones(2009년) "사이버 보안 회고" 출처 : 사이언스(Science) 326.5955, p.943~944. DOI : 10.1126/science.1181643. http://www.sciencemag.org/cgi/reprint/326/5955/943.pdf

Wuokko, D.R.(2003년 4월 2일) 웜 바이러스 감염. 핵규제위원회에 보낸 이메일. http://pbadupws.nrc.gov/docs/ML0310/ML031040567.pdf

Wylie, Philip과 Edwin Balmer(1934년) 세계 충돌 이후(After Worlds Collide). 뉴욕: Frederick A. Stokes Company

Abrams, Rachel(2014년 8월 5일) "중역들, 데이터 침해 공개의 장점을 재고하다" 출처 : 월스트리트저널. http://online.wsj.com/articles/a-contrarian-view-on-data-breaches-1407194237

Ylönen, Tatu(1996년 7월) "SSH-인터넷에 대한 안전한 로그인 연결" 출처 : 제6회 유즈닉스 유닉스 보안 심포지엄 의사록, p.37~42. http://www.usenix.org/publications/library/proceedings/sec96/ylonen.html

Zetter, Kim(2008년 9월 18일) "페일린의 이메일 해커, 쉬웠다고 증언" 출처 : 와이어드(Wired): 위협 레벨. http://www.wired.com/threatlevel/2008/09/palin-e-mail-ha

_____(2009a 9월 30일) "새로운 악성 코드, 사기 은폐를 위해 온라인 은행 거래 내역서를 다시 쓴다" 출처 : 와이어드(Wired): 위협 레벨. http://www.wired.com/

threatlevel/2009/09/rogue-bank-statements

_____(2009b 7월 14일) "연구원: 중동 블랙베리 업데이트, 사용자들을 감시" 출처 : 와이어드: 위협 레벨. http://www.wired.com/threatlevel/2009/07/blackberry-spies

_____(2009c 6월 18일) "TJX 해커 돈더미에 앉아. 무일푼의 코더는 수감 직전" 출처 : 와이어드(Wired): 위협 레벨. http://www.wired.com/threatlevel/2009/06/watt

_____(2010년 11월 12일) "세라 페일린의 이메일 해커, 1년 구류형 선고" 출처 : 와이어드(Wired): 위협 레벨. http://www.wired.com/threatlevel/2010/11/palin-hacker-sentenced

_____(2011년 12월 18일) "포렌식 전문가: 매닝의 컴퓨터에는 스크립트를 다운로드하는 10K 케이블이 있었다" 출처 : 와이어드(Wired): 위협 레벨. http://www.wired.com/threatlevel/2011/12/cables-scriptsmanning

_____(2012년 5월 28일) "이란 컴퓨터를 침입한 대규모 스파이 악성 코드 '플레임'" 출처 : 와이어드(Wired): 위협 레벨. http://www.wired.com/threatlevel/2012/05/flame

_____(2014년) 제로데이 카운트다운: 스틱스넷과 세계 최초의 디지털 무기 발사(Countdown to Zero Day: Stuxnet and the Launch of the World's First Digital Weapon). 뉴욕: Crown Publishers

_____(2015년 7월 9일) "대규모 OPM 해킹, 실제 2,100만 명을 공격하다" 출처 : 와이어드. http://www.wired.com/2015/07/massive-opm-hack-actually-affected-25-million

Zhang, Yinqian, Fabian Monrose, Michael K. Reiter(2010년) "현대적 비밀번호 만료의 보안: 알고리즘 프레임워크와 실증적 분석" 출처 : 제17회 컴퓨터와 통신 보안 ACM 컨퍼런스 의사록. CCS '10. 시카고: ACM, p.176~186. ISBN : 978-1-4503-0245-6. DOI : http://doi.acm.org/10.1145/1866307.1866328. http://www.cs.unc.edu/_reiter/papers/2010/CCS.pdf

Zhao, Hang and Steven M. Bellovin(2009년 7월) ROFL로 소스 접두 부호 필터링. Tech. rep. CUCS-033-09. 콜럼비아대학교 컴퓨터과학과. https://mice.cs.columbia.edu/getTechreport.php?techreportID=613

Zhao, Hang, Chi-Kin Chau, Steven M. Bellovin(2008년 9월) "ROFL: 방화벽 레이어로 라우팅" 출처 : 새로운 보안 패러다임 워크샵. 다른 버전은 기술 보고서 CUCS-026-08에서 찾을 수 있다. https://mice.cs.columbia.edu/getTechreport.php?techreportID=541

Zimmermann, Philip(1995년) 공식 PGP 사용자 가이드(The Official PGP User's Guide). 매사추세츠, 캠브리지: MIT Press

Ziobro, Paul와 Joann S. Lublin(2014년 5월 28일) "ISS의 타겟 이사진을 보는 시선, 사이버 보

안의 새로운 신호" 출처 : 월스트리트저널. http://online.wsj.com/articles/iss-calls-for-anoverhaul-of-target-board-after-data-breach-1401285278

Ziobro, Paul과 Danny Yadron(2014년 1월) "타깃, 이제 7,000만 명이 데이터 유출 대상이라고 말하다" 출처 : 월스트리트저널. http://online.wsj.com/news/articles/SB10001424052702303754404579312232546392464

Zittrain, Jonathan, Kendra Albert, Lawrence Lessig(2014년 6월 12일) "퍼마(Perma): 법률 인용의 낡은 링크와 참조 관련 문제의 규모와 해결 방법" 출처 : Legal Information Management 14.02, p.88~99. http://journals.cambridge.org/action/displayAbstract?fromPage=online&aid=9282809&fileId=S1472669614000255

Zwienenberg, Righard(2012년 6월 22일) "ACAD/Medre.A — 1만 개의 AutoCAD 파일들이 산업 스파이 의심 건으로 유출" 출처 : ESET Threat Blog. http://blog.eset.com/2012/06/21/acadmedre-10000s-of-autocad-files-leaked-in-suspected-industrial-espionage

찾아보기